**DENIS ROULLEAU**

# LOPÉDIE

W0361941

Flammarion

Pour Céline, Joséphine, Philomène et Théophile
*It's only rock and roll (but I like it)*

**« Il y a des gens rock qui ne jouent pas de rock and roll : Jean-Paul Sartre n'a rien à voir avec le rock et pourtant il est rock ! C'est pour cela que, finalement, je crois qu'il s'agit d'une culture. »**
Pete Townshend (The Who)

**« Pour moi, la culture rock est aussi importante que la religion ou l'art. »**
Salman Rushdie

© Flammarion, Paris, 2011 - ISBN : 9782081242258 - Dépôt légal : octobre 2011
Responsable éditoriale : Gaëlle Lassée assistée de Sarah Tacito - Conception graphique : Serge Bilous
Préparation de copie et relecture des textes : Colette Malandain - Fabrication : Murielle Meyer
Photogravure : MCP, Saran - Solution Épreuvage à Distance
Achevé d'imprimer sur les presses de Toppan à Hong Kong en juillet 2011.

# Avant-propos

**L'enregistrement de *That's All Right Mama* par un certain Elvis Aaron Presley** à Memphis, en 1954, a révolutionné les fondements de la musique populaire, mais aussi l'existence de plusieurs générations, depuis cette date… jusqu'à nos jours.

L'avènement du rock et de ses nombreux courants dérivés (pop, hard, punk, new wave, grunge…), dans une deuxième moitié du XXe siècle marquée par la libération des mœurs, a engendré et accompagné un nouveau mode de vie. Alors que les jupes raccourcissaient et que les cheveux s'allongeaient, le rock imprégnait de nombreux domaines : littérature, presse, mode, cinéma, télévision, graphisme, photographie, bande dessinée… le tout formant le socle d'une culture spécifique où se croisent et s'entrecroisent depuis bientôt soixante ans des musiciens, des écrivains, des cinéastes, des artistes en tous genres nourris au rythme binaire, à ses codes et à ses rituels.

En 250 entrées, cet ouvrage propose une plongée dans cette culture fascinante et cet univers cosmopolite peuplé de groupies peu farouches, de managers plus ou moins véreux, d'érudits maniaques, de roadies mal embouchés, d'écrivains maudits, de musiciens mystérieusement disparus… Des Converse au Perfecto©, du Teppaz à Deezer, du Golf Drouot au CBGB, des scopitones à MTV, du haschisch à l'héroïne, du service militaire aux cures de désintox, du vinyle aux iPod, des guitares aux claviers, cette encyclopédie traque la matière rock dans ses moindres recoins, triture son influence, décrit les excès, déniche les trésors, révèle les scandales, dénonce les impostures et les contrefaçons…

Bref, elle analyse avec sérieux, mais sans se prendre au sérieux, ce qui a peut-être été le plus grand bouleversement socioculturel du siècle dernier et qui continue de faire des siennes aujourd'hui.

Évidemment, nul doute que dans cette somme d'informations, de faits et d'anecdotes qui dessinent une histoire parallèle du rock, certains lecteurs, candides ou avertis, contesteront l'absence de ceci ou la trop grande place accordée à cela… Ces objections sont inhérentes au genre et nous assumons fièrement nos choix… et notre mauvaise foi !

**Denis Roulleau et Gilles Verlant**

**MODE D'EMPLOI**

**Le classement alphabétique a été établi en fonction des titres français des œuvres (albums, livres, films…). Ainsi, par exemple, le film *Quatre Garçons dans le vent* figure à la lettre Q et non pas à la lettre A comme l'aurait voulu l'intitulé original, *A Hard Day's Night*.**

**Dans le texte, les mots suivis d'un astérisque font l'objet d'une entrée spécifique.**

**Les sources des citations et les repères bibliographiques classés par entrée ainsi qu'un index des noms de personnes et de groupes figurent à la fin de l'ouvrage.**

# A

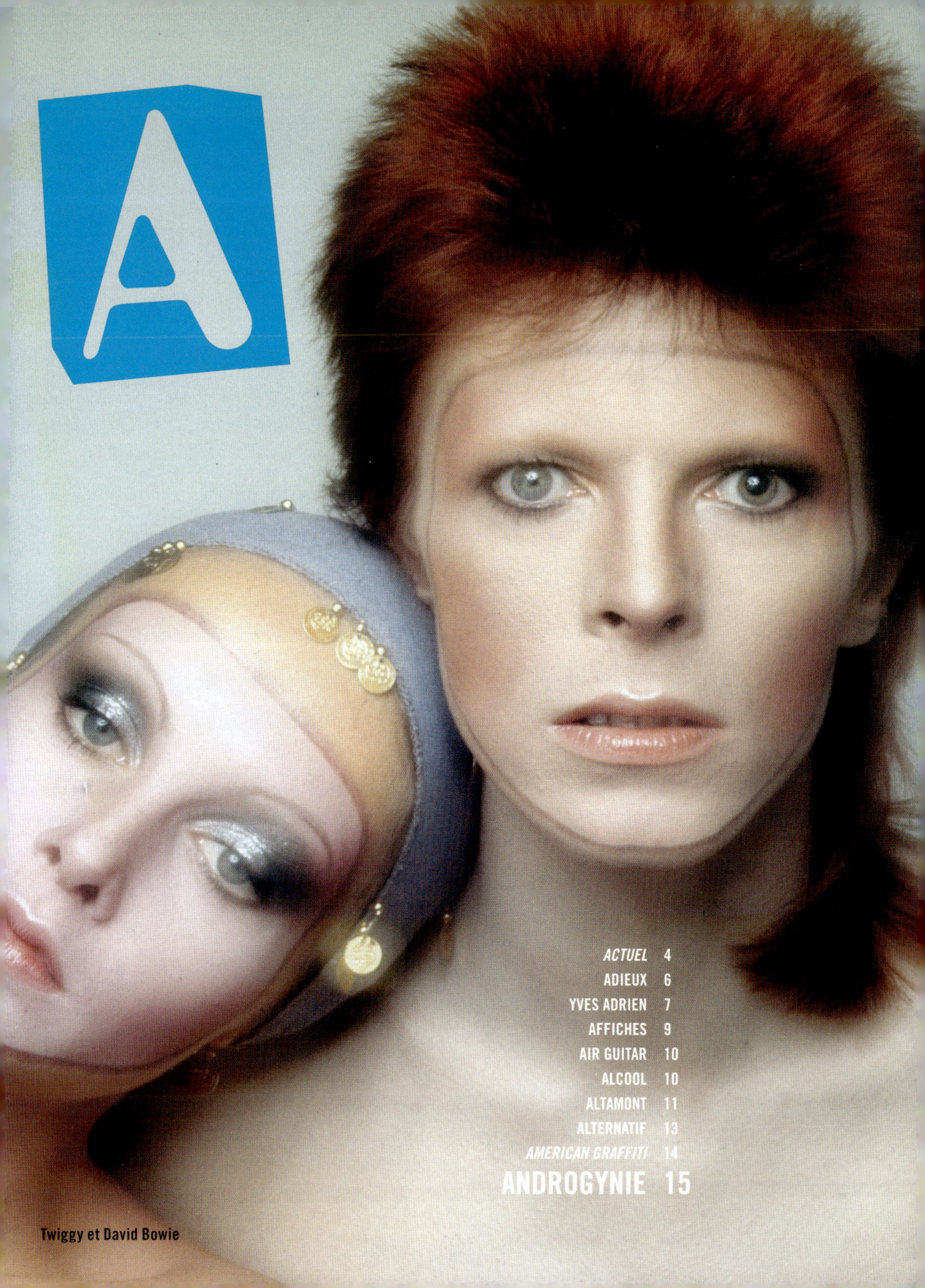


*ACTUEL* 4
ADIEUX 6
YVES ADRIEN 7
AFFICHES 9
AIR GUITAR 10
ALCOOL 10
ALTAMONT 11
ALTERNATIF 13
*AMERICAN GRAFFITI* 14
**ANDROGYNIE 15**


Twiggy et David Bowie

# Magazine branché
# ACTUEL

**« *Actuel* commence là où *Rock & Folk*[x] s'arrête »**, avait coutume d'affirmer Jean-François Bizot (*voir encadré*), son créateur avec Michel-Antoine Burnier, Patrick Rambaud (futur prix Goncourt 1997 pour *La Bataille*, futur auteur des délicieuses *Chroniques du règne de Nicolas Ier*) et Bernard Kouchner (futur ministre des Affaires étrangères, sous le même Nicolas Ier). Les fondateurs considéraient en effet le rock comme l'un des courants majeurs de la contre-culture et souhaitaient avant tout concevoir « un journal pour enrichir le gauchisme d'humour et de délire, un journal de promotion abusive et permanente de l'*underground* ».

***ACTUEL* 1re SÉRIE (1969-1975)** : ancien journal artistique d'avant-garde puis de free-jazz, tous deux confidentiels, *Actuel* (qui a failli s'appeler *Acide*), publie son premier numéro « nouvelle formule » en octobre 1970 avec un dessin de Robert Crumb[x] en couverture. S'appuyant sur une maquette bariolée (parfois tellement psychédélique[x] qu'elle en devenait illisible), le magazine brasse toutes les passions et les thèmes hérités des années 1960 : la vie en communauté, la route, le féminisme, le sexe, la drogue et la musique, de préférence planante (Pink Floyd), progressive[x] (Genesis) ou psychédélique (Frank Zappa). Autour de Jean-Pierre Lentin, responsable de la rubrique « Mosik », Hervé Muller, Marjorie et Paul Alessandrini, Alain Dister[x], Pierre Lattès et Patrice Blanc-Francard dissertent sur Captain Beefheart, les Fugs et le MC5.
Jean-Pierre Lentin confie : « *Actuel* n'était pas un journal musical, mais l'époque était tellement baignée dedans que les rubriques les plus importantes et sans doute les plus lues étaient sans conteste ces dernières. » Et ça marche. *Actuel* se vendra jusqu'à 60 000 exemplaires par mois et réussira à créer un lien privilégié avec un lectorat initié, qui ne sort plus sans consulter les bons plans de l'*Underguide* et qui alimente le courrier des lecteurs de longs témoignages personnels (cette rubrique sera le théâtre des premiers *outings*).
Mais en 1975 l'*underground* remonte à la surface, et fumer un joint en écoutant Soft Machine ne ressemble plus à un acte de rébellion insensé. Malgré des ventes en constante augmentation, *Actuel* se saborde en octobre 1975 : « *Actuel* c'est fini ! » se lamente une fille, la larme à l'œil, en couverture du dernier numéro. Jean-François Bizot avoue : « On en avait marre. On avait fait deux fois une couverture dope, trois fois une couverture sur la route et trois fois les communautés. Tous les ans, les mêmes questions se répétaient : Comment je fume un pétard ? Je fais quoi de mon sexe ? Bon, ras le bol ! Le journal s'est suicidé. »

**ACTUEL 2e SÉRIE (1979-1994)** : après la parution de deux almanachs, en 1977 et 1978, l'équipe d'*Actuel* revient avec une nouvelle ambition : sortir de la marginalité, coller à son époque et devenir un véritable magazine mixant grands reportages à la Joseph Kessel, impostures potaches, enquêtes d'investigation et actualités culturelles. « Le principe d'*Actuel* était génial : tu vas quelque part et quand tu as compris, tu rentres et tu en parles », confiait Jean-François Bizot. Né de l'*underground* en 1969, *Actuel* devient, dans les années 1980, la bible des « branchés », terme qui avait été lancé dans ses colonnes dès le début de la décennie précédente. Musicalement, Devo, Suicide, Kraftwerk et Père Ubu ont remplacé Pink Floyd et le Grateful Dead dans les pages du magazine autoproclamé « nouveau et intéressant », qui définira avec Radio Nova la sono mondiale (futur World Music) dès 1981 et qui rendra compte, sous la plume de Bernard Zekri, des premiers *flows* du rap new-yorkais. La mayonnaise prend, et au plus fort de sa popularité, au milieu des *eighties*, *Actuel* vendra jusqu'à 350 000 exemplaires par mois.

Cependant deux dispositions légales vont profondément modifier le modèle économique de la presse française et d'*Actuel* en particulier. La loi Sapin (1986) et la loi Évin (1991) provoquent la réduction progressive des investissements publicitaires. Jean-François Bizot constatait ainsi : « La presse indépendante s'était intoxiquée à la pub. Nous avons subi durement la suppression des publicités alcool-tabac. En trois ans, cela nous a privés de quelque vingt-cinq millions de francs. Sans parler des effets de la loi Sapin sur la publicité. » De plus, la formule s'épuise, se moralise, et ne parvient plus à intéresser les branchés qui découvrent parallèlement *Globe* et *L'Autre Journal*. Les ventes chutent à 150 000 exemplaires ; il est temps pour Bizot de passer à autre chose. *Actuel* s'éteint en décembre 1994, non sans avertir le lecteur de la sortie imminente de *Nova Magazine*, magazine urbain inspiré du *Time Out* londonien qui captera un lectorat plus jeune, jusqu'en 2004. En 1999, un copieux Almanach de 350 pages conclura en beauté la saga d'*Actuel*. Sur la couverture, une question plus que jamais d'actualité : « Hé ! T'emmènes quoi au XXIe siècle ? »

## JEAN-FRANÇOIS BIZOT, L'IRRÉDUCTIBLE

**Né en 1944, riche héritier, Citizen Bizot consacre toute sa vie et sa fortune (il investit trois millions de francs de ses deniers personnels pour ressusciter *Actuel* en 1979) à l'idée qu'il se fait d'une presse libre, « nouvelle et intéressante ». Ancien journaliste à *L'Express*, il applique à son magazine *underground* un traitement et des techniques professionnelles qui vont largement le hisser au niveau de la grande presse culturelle anglo-saxonne. Épris d'indépendance, il prophétise déjà en 1986 la concentration des médias et la mort de la presse et des radios alternatives : « Il y a en France de grands groupes de communication qui se sont étoffés et renforcés depuis dix ans et qui accumulent les trésors de guerre pour concentrer en leurs mains l'essentiel des médias. » Fondateur de Radio Nova en 1981 et de *Nova Magazine* en 1994, découvreur de jeunes talents comme Karl Zéro, Philippe Vandel, Ariel Wizman, Édouard Baer ou Jamel Debbouze, auteur de plusieurs ouvrages, dont *Les Déclassés*, chronique picaresque des années 1960 et 1970, Bizot décède en 2007, victime d'un cancer qu'il a surnommé avec humour « Jack le Squatteur ». Avec lui s'éteint également une certaine idée de la presse indépendante et fière de l'être : « En pleines années 1970, j'étais allé voir Jann S. Wenner, chez *Rolling Stone*[x]. Il me reçoit les pompes sur le bureau, jette un œil méprisant sur mon *Actuel* tout bigarré et me dit : "Je vais vous expliquer ce qu'est le journalisme…" Cause toujours, enculé d'Américain ! »**

# ADIEUX

## Farewell Tour

**« Je crois que c'est notre dernière tournée. L'année prochaine, on ne tourne de toute façon pas, et l'année suivante, j'aurai trente ans. »**
Robert Smith, The Cure, 1987.

Sacré Robert, qui en 2008, à l'âge de quarante-neuf ans, achevait une triomphale tournée mondiale… mais le leader de The Cure n'est pas le seul artiste à avoir fait le coup de la tournée[x] d'adieux, c'est même une intox récurrente dans le monde du rock, un passage presque obligé. Prenez par exemple Tina Turner, qui réalisa un gigantesque *Farewell Tour* en 2001, puis un autre en 2009 (l'année de ses soixante-dix ans), ou bien encore Status Quo, qui depuis quinze ans enchaîne les concerts en annonçant que là, cette fois, c'est sûr, promis-juré-craché, c'est le dernier… Alors, les rockers ne sauraient-ils pas comment nous dire adieu ? Plus prosaïquement, l'appât du gain et la publicité médiatique incitent souvent les artistes à annoncer un baroud d'honneur fictif. Dans le cas d'adieux sincères, un musicien à la retraite reste avant tout un musicien qui n'hésitera pas à revenir sur sa décision s'il désire renouer avec la scène. En 2004, Phil Collins avait plutôt astucieusement intitulé sa tournée[x] solo *Finally… The First Farewell Tour* (« Finalement… la première tournée d'adieu »), coupant ainsi court à tout commentaire si l'envie le reprenait de remettre un jour le couvert… ce qu'il fit d'ailleurs au sein de Genesis (son autre boulot) en 2007. Bob Dylan, lui, a résolu le problème : pas d'adieux célébrés en grande pompe mais un *Never Ending Tour* entamé en 1988, qui lui permet de donner sans discontinuer une centaine de shows par an autour du globe. Mais la palme du business de la dernière tournée revient sans conteste au groupe Kiss : une première tournée d'adieu planétaire de 2000 à 2002, une série de shows symphoniques en 2003, *Rock the Nation Tour* en 2004, *Alive 35* de 2008 à 2009, et *Sonic Boom Over Europe : From the beginning to the Boom* en 2010. Encore plus effrayant : partant du principe que la marque Kiss est plus forte que les membres du groupe, Gene Simmons, le bassiste-leader à la langue bien pendue, souhaite que le quatuor perdure à travers les siècles grâce à de nouveaux musiciens qui endosseraient la musique, la panoplie et le maquillage du Kiss originel… Cela n'en finira donc jamais !

## CAISSE-BACK

**Après la vraie-fausse tournée d'adieux, vient donc logiquement le temps du *come-back* et en la matière, tous les moyens sont bons pour renflouer les caisses des retraités du binaire. Tour des *come-back* par catégorie :**

Riders on the Storm, *alias* The Doors nouvelle génération

**LE *COME-BACK* TÉLÉVISUEL :** après une dizaine d'années passées à tourner des navets improbables pour Hollywood, Elvis Presley revient à la musique le temps d'un show télévisé diffusé sur NBC le 3 décembre 1968. Tout de cuir noir vêtu, le King explose l'audimat et signe le premier grand *come-back* de l'histoire du rock.

**LES *COME-BACK* DES MORTS-VIVANTS :** leurs chanteurs-leaders sont morts mais même pas peur, ils reviennent quand même sous un nom différent (Riders on the Storm *alias* The Doors en 2002, Queen + Paul Rodgers en 2005…).

**LES *COME-BACK* POUR FAIRE LA NIQUE :** leurs chanteurs et/ou leaders ne sont pas morts mais leurs anciens copains ont besoin d'argent. Alors ils reviennent quand même, au grand dam de leurs anciens chefs, sous un nom différent (From The Jam – anciennement The Jam – avec Bruce Foxton et Rick Buckler, mais *pas* Paul Weller, Bijou SVP en France avec les ex-Bijou *sans* Vincent Palmer).

.E *COME-BACK* POUR BLINDER
.A RETRAITE COMPLÉMENTAIRE : ;éparé depuis 1986, Police (Sting, \ndy Summers, Stewart Copeland) ·emet le couvert en 2007 pour ıne tournée mondiale qui rapporte ı chacun des trois membres ɔriginaux plusieurs dizaines de nillions d'euros. Du coup, on est :ranquille jusqu'en 2027...

.E *COME-BACK* POUR SE VENGER : a courte carrière des Sex Pistols, séparés en 1977, avait ;urtout rapporté de l'argent à eur manager Malcolm McLaren. En 1996, John Lydon (*alias* Johnny Rotten) décide de réparer cette njustice et reforme le groupe ıvec les membres originaux (abîmés, mais vivants) en ınnonçant clairement la couleur de leur *Filthy Lucre Tour*, soit ıne tournée « obscènement ucrative ».

.E *COME-BACK* AVORTÉ : Michael ackson souhaitait se « reformer » et donner cinquante concerts ı Londres en 2009... Le vilain docteur en a décidé autrement !

.ES *COME-BACK* NON CERTIFIÉS D'ORIGINE : Dr. Feelgood et Thin Lizzy reviennent régulièrement relever es compteurs sans *aucun* membre d'origine présent sur scène.

.ES *COME-BACK* QUI FERAIENT DU BIEN : Téléphone, dont la ligne est occupée depuis trop longtemps, Noir Désir, qui malheureusement porte trop bien son nom...

.E *COME-BACK* QUI N'A JAMAIS EU LIEU : appelé de leurs vœux par tous leurs fans, le « retour » des Beatles fit surtout vendre des journaux durant les années 1970. Puis Lennon fut assassiné en 1980. Quelques années plus tard, George Harrison fit cette déclaration définitive : « Il n'y aura pas de reformation des Beatles tant que John Lennon sera mort ! »

**« Il existe généralement, vers les dix heures du matin, une énergie renaissante. »** Ces quelques mots introduisent un texte devenu mythique, un manifeste, qui, à la date de sa parution dans *Rock & Folk*[x], en janvier 1973, annonçait la rupture, en même temps qu'il la provoquait. Un électrochoc : personne n'avait jamais

# Yves Adrien

## Éclaireur sonique

écrit comme cela sur le rock, avec autant d'emphase et de flamboyance stylistique. Sur quatre pages illustrées, entre autres, de pochettes de Them et de Ronnie Bird, l'article « Je chante le rock électrique » annonce le mouvement punk[x] (avec trois ans d'avance) et appelle à la renaissance de l'électricité et du plaisir instinctif retrouvé, à l'image de la nouvelle scène américaine qu'Yves Adrien affectionne et suit pour *Rock & Folk* (Stooges, Ramones, New York Dolls...). Une figure unique était née... celle d'Yves Adrien, rock-critique mystique, dandy sonique, éclaireur esthétique... soit le secret le mieux gardé de la littérature française.

**FLASHBACK** : Yves Adrien est né le 27 juin 1951 en banlieue parisienne. Fils unique chéri par sa mère, surdoué, atteint d'un type rare d'hémophilie qui porte >

## je chante le rock electrique

### *IL N'EST JAMAIS TROP TARD POUR RECOMMENCER*[1]

Yves Adrien aurait annoncé son retour pour 2016. Cela dit, le lecteur incrédule peut s'attendre à tout de la part d'un tel *extraterrien*, qui annonça un jour à Philippe Koechlin, rédacteur en chef de *Rock & Folk*, qu'il ne pouvait rendre son papier à temps en raison de l'arrivée subite d'un nuage, ou qui planta au dernier moment Thierry Ardisson, un fervent admirateur, qui l'avait invité à participer à son émission *Bains de minuit*. Juste avant l'antenne, alors qu'il était au maquillage, Adrien déguerpit pour ne pas manquer la diffusion du *Cercle rouge* de Jean-Pierre Melville sur une autre chaîne. L'une de ses dernières apparitions publiques remonte en avril 2008 lors du vernissage de l'exposition[x] « Des jeunes gens mödernes » (Galerie du jour Agnès B), où évidemment il figurait en bonne place.

1. Conclusion de l'article « Je chante le rock électrique », *Rock & Folk* nº 72, 1973.

son nom (« Insigne privilège », écrira-t-il), le jeune Yves quitte le domicile familial à l'âge de quinze ans. Première disparition. Direction le Paris des Halles et de Pigalle, celui des interlopes et des entourloupes. Vendeur à l'Open Market de Marc Zermati[x], le dealer de vinyle des *seventies*, Adrien affûte parallèlement sa plume dans la revue *underground Le Parapluie* (où il cosigne déjà, avec Marc Zermati, un *Manifeste de la panthère électrique*), avant de publier sa première chronique dans *Rock & Folk* en janvier 1971.
S'il ne passe pas inaperçu physiquement avec ses cheveux longs et ses éternels gants en chevreau, ses textes se distinguent également par leur style, plus proche de l'essai flamboyant que du journalisme traditionnel. Dans sa rubrique « Trash », Adrien complète sa signature d'anglicismes qui deviendront sa marque de fabrique : Yves *Milk Shake Mademoiselle* Adrien et autres Yves *Punk* ou *Eve Punk* Adrien deviennent bientôt des doubles littéraires qu'il met en scène dans des articles où les métaphores et digressions s'enchevêtrent autour de considérations esthétiques et historiques. Après « Je chante le rock électrique », Adrien creuse dans *Rock & Folk*[x] le sillon de « l'énergie renaissante » jusqu'en 1974 et l'article « *Exit* », lapidaire autodafé rock qui annonce sa prochaine éclipse : « Le ciel est la limite, ne pas dépasser la dose prescrite… » Lorsqu'il revient en 1978, dans la peau d'Orphan, nouvel *alias*, le cheveu court, le discours froid et synthétique, Adrien révèle clairement les années 1980 à venir : il invente l'*Afterpunk*, théorise le *Növörock* et porte aux nues le disco, rebaptisé *diskö*. Bowie, Kraftwerk, Amanda Lear et autres égéries noctambules deviennent les nouvelles muses d'Orphan qui tire une fois de plus sa révérence en 1979. Direction New York-Manhattan, d'où il reviendra avec un premier livre, *Novovision* (voir *encadré*). Suivront quelques chroniques *Métawaves* dans *Libération*[x], et de nouveau le silence et l'abstinence.
Année 1988, *Rock & Folk* n° 256, Bono de U2 en couverture. Entre un article sur le groupe Niagara et un autre sur Huey Lewis & The News, deux pages sorties de nulle part sur fond rose passé, un tableau de Léonard de Vinci, et un texte : « Messie, mais si… » Orphan est de retour, réveillé par le décès de son ami Julien Regoli du groupe Angel Face. En dix segments, Adrien prophétise l'apocalypse rock 2001 (encore une fois, les faits ne lui donneront pas tort…), et convoque au siècle finissant Iggy et Enzo Ferrari, Brando et James Brown, Prince et La Callas.
Année 1990, rideau, nouvelle disparition, où Orphan mute en *Mister Lonely*, se réfugie en son sanctuaire de Verneuil, se rend plusieurs fois aux Seychelles et écrit : *Portraits cannibales*, *Adrianisme*, *Odyssette*, *Religion*, *Apogée*…
Une partie de ces manuscrits inédits a fait l'objet d'une compilation chez Flammarion, sous le titre *F. pour Fantomisation* (2004), qui, selon l'auteur, constituerait le premier volume de *La Bibliothèque fantôme*. Cet ouvrage, inégal car disparate par nature, est aussi la dernière livraison à ce jour d'un auteur insaisissable, qui en une poignée d'articles et trois livres aussi épais qu'Amy Winehouse, a élevé le discours électrique au firmament des belles-lettres.

### *NOVOVISION*, LES CONFESSIONS D'UN COBAYE DU SIÈCLE

**Épuisé et introuvable avant sa réédition en 2000 (première édition chez Speed 17[x] en 1980), *Novovision* est la quintessence des visions *novos* d'Yves *Orphan* Adrien. Un « Je chante le rock synthétique » asséné froidement au début d'une décennie qu'il théorise et anticipe. Tout est déjà là : le *name-dropping* et l'autofiction avant Bret Easton Ellis[x], la techno avant Daft Punk, le pouvoir addictif de la télévision avant l'overdose des réseaux câblés… Sous forme de journal intime découpé en séquences jour/nuit cinématographiques, puis en zapping télévisé frénétique, Adrien et son double littéraire Orphan plongent le lecteur dans un trip musical, sociologique et biographique halluciné. De Paris à New York, en compagnie de Nico ou de Donna Summer, d'Alain Pacadis[x] ou d'Iggy Pop, Adrien promène son spleen lysergique, bouscule la syntaxe, les mots et leurs représentations. Car la mise en page même des textes fait partie intégrante de l'œuvre : signes typographiques et mots répétés, images insérées dans le texte (une photo crépusculaire des deux tours du World Trade Center, déjà…)… Sur le fond comme sur la forme, *Novovision* est une œuvre fondatrice qui sort du cadre de la culture rock, à relire régulièrement, comme un mode d'emploi pour mieux comprendre les tourments technoïdes de notre époque : « Ici, Wänx et moi sommes comme les deux touches jumelles du Xylophone de l'Univers. Nous sommes des émetteurs-récepteurs. Nous sommes des voyeurs, surtout… »**

**On aurait pu croire l'affiche rock moribonde, délavée à l'ère du numérique, des réseaux sociaux, des blogs et de la surinformation.** C'est tout le contraire. Grâce à la démocratisation des outils de PAO, d'impression offset, et à l'énergie de jeunes labels et graphistes indépendants, il se crée depuis le milieu des années 1990 plus d'affiches rock que durant les quarante années précédentes. Mieux, les affichistes actuels rivalisent de créativité en associant les enluminures psychédéliques[x] avec des codes hérités du graphisme punk[x]. Même la technique sérigraphique traditionnelle revient en force et achève de conférer à l'affiche contemporaine une qualité artistique et technique indéniable. La récente dématérialisation des supports d'écoute a donc profité au genre, tout comme la disparition du 33 tours dans les années 1980 avait multiplié la production d'affiches et soutenu, de fait, le mouvement alternatif[x]. Nées en même temps qu'Elvis Presley, les premières affiches s'inspiraient des posters qui annonçaient les matchs de boxe et les concerts de country music : pavés de texte énormes et purement informatifs, quelques photos dans le meilleur des cas… L'affiche rock ne véhiculera l'interprétation personnelle de son auteur qu'à partir de 1965, sous l'impulsion de Bill Graham, patron de la salle Fillmore[x] à San Francisco. Ce dernier demandera à de jeunes artistes de réaliser des posters en toute liberté pour promouvoir ses concerts. Le lettrage s'étoffe alors et constitue une entité graphique spécifique, les couleurs se multiplient, les formes se distendent… En devenant psychédélique à partir des préceptes de l'Art nouveau, l'affiche rock se métamorphose en œuvre d'art à part entière, miroir des courants artistiques et musicaux des époques qu'elle traversera ensuite : détournement d'images officielles et collages anarchiques en 1977, motifs fluorescents et lignes courbes dans les années 1980… Les posters *vintage* sont aujourd'hui des pièces de collection recherchées, pour leur valeur graphique autant qu'historique. Comptez environ 5 000 dollars pour une affiche rare de Jimi Hendrix ou du Grateful Dead, 1 000 dollars pour un exemplaire authentique de celle du festival de Woodstock[x], et 50 000 dollars pour les affiches à encre fluorescente de la célèbre compagnie américaine Glow Poster… ce qui fait un peu cher le *Smiley* !

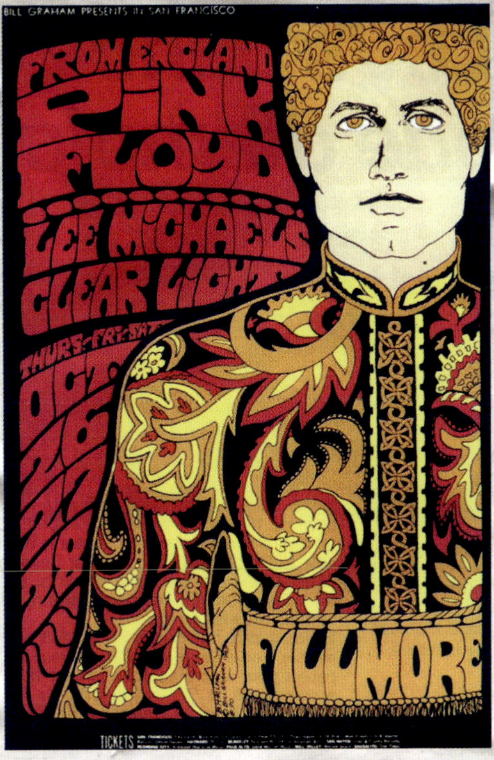


# AFFICHE

## Iconolâtrie

**Souvenez-vous… Woodstock*, dimanche 17 août 1969, Joe Cocker reprend le « With a Little Help from My Friends » des Beatles.** Devant 500 000 enfants du *Flower Power** à peu près tous aussi cramés que lui, Cocker agite frénétiquement ses mains dans le vide, comme s'il grattait le manche et les cordes d'une guitare imaginaire. L'ancien plombier de Sheffield est alors loin de penser que, trente ans plus tard, sa prestation mémorable inspirera une nouvelle discipline, l'Air guitar,

# Air guitar

## Guitar z'héros

réglementée par de très officielles instances et compétitions internationales. Principe : mimer les gestes d'un guitar hero sur une bande-son durant 60 secondes, sans instrument, mais en s'affublant des pires accoutrements possibles : pantalons moule-burnes (et fluos), choucroutes capillo-tractées, chorégraphies à la ringardise Gym Tonic assumée… les air guitarists n'ont peur de rien et surtout pas du ridicule. Cocorico, le champion du monde 2009 du genre est français et se fait appeler Gunther Love (Sylvain Quimene de son vrai nom, né en 1982). Le 21 août 2009, aux 14e championnats du monde d'Oulou (Finlande), sur un atroce titre hard-FM du groupe Sweatmaster, Gunther Love a subjugué les 8 000 spectateurs présents grâce à un lancer de fausse guitare d'anthologie et à une improbable combinaison lamée qui révélait un « paquet » bien fourni, propre à réchauffer la libido des jeunes Finlandaises. Depuis, accompagné d'un collectif d'Air musiciens baptisé les Airnadettes, Gunther court de gala en gala, vend son image à la publicité et donne des interviews au *Point* ou sur NRJ… Mais pourquoi tout cela ? Selon l'ami Gunther, « l'Air guitar, c'est un message de paix dans le monde car si tous les militaires se battaient avec des Air flingues, la guerre ne ferait plus de morts ». Belle leçon d'humanité, certes ! Si seulement certain(e)s représentant(e)s de la nouvelle chanson française pouvaient prendre exemple et se mettre sérieusement au Air vocal…

**« C'est depuis que nous sommes sobres qu'Aerosmith fait de mauvais disques. »**
Steven Tyler, 2004.

À en croire le chanteur des tueurs de Boston, le bon gros rock qui tache serait donc soluble dans les breuvages fermentés ou distillés… En tout cas, l'alcool et le rock ont toujours fait la paire : historiquement lié aux racines blues du rock, les tord-boyaux en tous genres constituent le sujet majeur de nombreuses chansons et ont même contribué à la dénomination d'un style musical à part entière, le pub rock. D'ailleurs, si l'on cédait à la facilité, on serait tenté de dire qu'il existe deux types de rockers : les alcooliques et ceux qui ont arrêté. Dans les années 1970, Alice Copper estimait que son groupe avait consommé pour 300 000 dollars d'alcool en une seule année, et Lemmy Kilmister (Motörhead) pouvait ingurgiter jusqu'à une bouteille de bourbon par jour. Les deux affreux se sont un peu calmés depuis, à l'image de James Hetfield (Metallica),

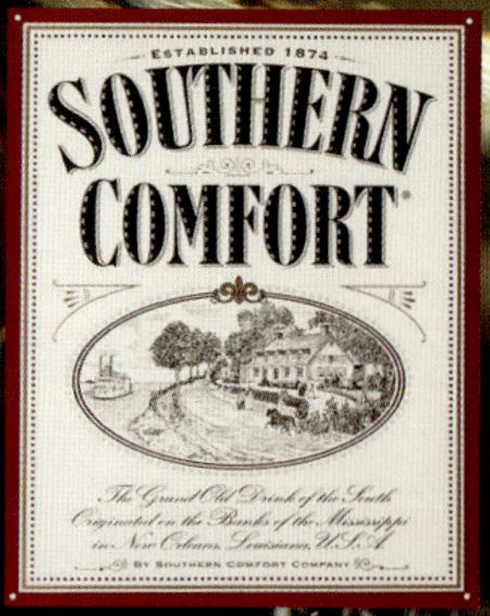

alcoolique repenti qui ne manque pas une occasion d'assurer la promotion des Alcooliques Anonymes (AA). D'autres ont malheureusement oublié d'éponger et se sont noyés dans un océan d'alcool : Hank Williams, retrouvé inerte dans sa voiture au milieu de bouteilles de scotch et d'eau-de-vie frelatée (1953) ; John Bonham (Led Zeppelin), étouffé dans son sommeil par son vomi suite à l'absorption successive de quarante verres de vodka en 1980 ; Bon Scott (AC/DC), retrouvé mort pour les mêmes causes, la même année… La récente apparition de rockers bio totalement sobres (le désespérant Thom Yorke, entre autres) reste une exception, l'alcool demeurant à plus ou moins grosses doses un carburant apprécié par beaucoup d'artistes. Certains d'entre eux sont même naturellement associés dans l'imagerie populaire à leurs boissons fétiches. Que seraient Keith Richards sans Jack Daniel's, Janis Joplin sans Southern Comfort, Serge Gainsbourg sans son 102 (double Pastis 51) ? Sur un plan économique, les grandes marques d'alcool ont bien compris la portée du marché rock et sont très vite entrées dans la danse. Il est bien loin le temps où Pink Floyd créait le scandale en signant en 1974, un peu rapidement, le premier contrat de sponsoring de l'histoire du rock avec... Gini (qui a la couleur et le goût de l'alcool, mais qui n'en est pas) ! Aujourd'hui, le brasseur Budweiser, par exemple, sponsorise des tournées (*Urban Jungle* des Rolling Stones en 1990), gère un festival itinérant (*Budweiser Superfest*) et organise un concours international de talent rock, sans que personne y trouve à redire. L'Irlandais Rory Gallagher, qui savait de quoi il parlait, avait peut-être raison lorsqu'il chantait, en 1974, « Too Much Alcohol » (« Il y a beaucoup trop d'alcool »)… D'ailleurs, il est mort des suites d'une infection après une greffe du foie. 💀

Janis Joplin

# AlcOoL
## La vie en cirrhose

**« Frères et sœurs, s'il vous plaît ! Calmez-vous. Il faut qu'on se calme tous !… »**
Keith Richards sur la scène du festival d'Altamont, le 6 décembre 1969.

**« Va te faire foutre ! »**
Un membre des Hell's Angels, s'emparant du micro.

# ALTAMONT
## La fin du rêve

Les organisateurs de Woodstock[x] n'avaient pas jugé utile de convier les Rolling Stones à leurs trois jours de paix et de musique qui avaient réuni 500 000 spectateurs en août 1969. Qu'à cela ne tienne : au terme de leur première tournée triomphale aux États-Unis, Jagger et sa bande – horriblement vexés par cet affront – entendent bien prendre leur revanche et organiser eux-mêmes leur propre festival gratuit sur la côte ouest, >

Mort en direct

le 6 décembre de la même année. L'objectif est clair : profiter du concert pour tourner un film à leur gloire qui serait projeté dans les salles obscures dès le 15 mars 1970, soit quinze jours *avant* la sortie très attendue du long métrage consacré au festival de Woodstock. Il faut donc faire vite. Santana, Jefferson Airplane, les Flying Burrito Brothers, Ike & Tina Turner, Crosby, Stills, Nash & Young et les Grateful Dead (qui au final ne joueront pas) ont rapidement accepté de participer, mais les organisateurs peinent à dénicher le site idéal. Après plusieurs revirements et refus administratifs, les propriétaires du circuit automobile d'Altamont, situé à 70 kilomètres de San Francisco, donnent leur accord seulement vingt-quatre heures avant la date prévue du concert.
La suite est connue et appartient désormais à l'histoire : 500 000 spectateurs au lieu des 250 000 attendus, une avalanche de mauvais trips provoqués par des acides coupés, Jagger qui reçoit un coup de poing dès son arrivée sur le site… Sans oublier les Hell's Angels[x], engagés personnellement par les Stones pour assurer le service d'ordre. Des Hell's totalement imbibés, payés selon la légende en bières gratuites, des Hell's qui frappent à coups de queues de billard quiconque s'approche un peu trop de leurs motos[x], des Hell's qui cognent même Marty Balin, le chanteur du Jefferson Airplane, des Hell's qui provoquent une cohue indescriptible autour de la scène, des Hell's qui, pendant que les Stones interprètent « Under my Thumb », tueront de deux coups de couteau Meredith Hunter, un jeune Noir qui s'apprêtait à brandir un revolver. Pour se défendre, comme l'affirmeront plusieurs témoins ? Ou pour shooter Mick Jagger, comme le prétendront les biens nommés Anges de l'Enfer ? Sur scène, les Stones tentent de calmer les esprits, interrompent plusieurs fois leur prestation, l'écourtent même et quittent précipitamment Altamont en hélicoptère, sans être informés de l'ampleur du drame qui vient de se jouer. À savoir le meurtre de l'un de leurs fans qui signe symboliquement la fin des années 1960, la fin du rêve et des illusions hippies[x]. Mais, comme toutes les fins, Altamont est aussi un début, l'électrochoc tragique qui a subitement permis la naissance au grand jour d'une conscience souterraine, plus rageuse, plus nihiliste… plus punk[x]. Les temps changent : dès juillet 1970, six mois seulement après Altamont, l'album *Fun House* des Stooges achevait définitivement le *Flower Power*[x] et dessinait déjà le *No Future* des punks.
Au final, le film du concert tant désiré par les Rolling Stones, *Gimme Shelter* (*voir encadré*), sortira seulement au mois de décembre 1970 et personne ne saura jamais si Meredith Hunter comptait utiliser son revolver et, si oui, contre qui. Mais que diable, pourquoi les Stones n'ont-ils pas été invités à Woodstock ?

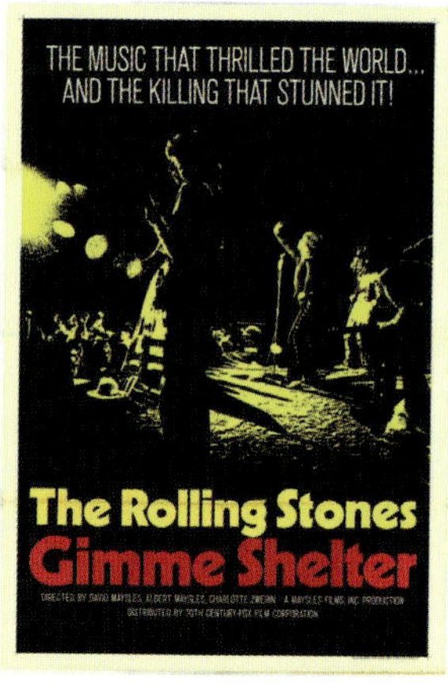


## *GIMME SHELTER*, MEURTRE EN DIRECT

**Bill Wyman, bassiste des Rolling Stones, confie : « Quand nous avons visionné le film pour la première fois, nous avons compris que nous étions assis sur une poudrière. Nous avions filmé la séquence du meurtre dans sa totalité. » Le film, réalisé par les frères Mayles (avec un jeune caméraman prometteur nommé George Lucas), fut à ce titre présenté comme pièce à conviction au procès du Hell's Angel Alan Passaro, accusé du meurtre de Meredith Hunter. Pour la petite histoire, il fut jugé en état de légitime défense et acquitté. Il n'hésitera pas, ensuite, à réclamer 200 000 livres de dommages et intérêts aux Rolling Stones pour atteinte à sa vie privée !**
**Alternant les scènes musicales *live* et des plans *off* sur les coulisses de l'organisation avant, pendant et après le concert, *Gimme Shelter* restitue magnifiquement le désastre en marche, que tout le monde pressent mais qu'aucun membre du groupe, excepté Keith Richards, ne veut ou ne peut arrêter. Considéré comme « une vraie descente d'acide » par David et Albert Maysles, le film atteint pourtant des sommets de tension et d'émotion lorsque les deux frères filment le visage livide et décomposé de Mick Jagger pendant qu'il visionne les rushes de la séquence du crime. Une tragique mise en abyme qui tord également le cou, images à l'appui, à une rumeur persistante selon laquelle Meredith Hunter aurait été tué pendant que les Stones jouaient « Sympathy for the Devil » et non pas « Under my Thumb ». Cette confusion alimentera longtemps les supposées sympathies des Rolling Stones pour les cultes satanistes. Quoi qu'il en soit, quelques mois après Altamont, Jagger avait d'autres démons à fouetter et les gazettes le montraient plus souvent au bras de Bianca Pérez Morena de Macías dans une boîte jet-set qu'au bras d'un mage noir dans un cimetière…**

# ALTERNATIF

## Conducteur de décibel

**Le terme ayant été mis, au fil des ans, à toutes les sauces, il convient de distinguer :**

**ALTERNATIF, COMME COURANT ALTERNATIF (CA) :** sans lui, pas d'instruments électrifiés, sans lui, pas de rock. Comme tout guitariste électrique le sait, son instrument produit des sons *via* des micros qui captent et transforment les vibrations des cordes en courant alternatif. Ce courant, où les électrons circulent alternativement dans une direction puis dans l'autre, est ensuite converti en signal sonore par un amplificateur… Au-delà de ces considérations techniques, la simple écoute de l'hymne américain, « Star Spangled Banner », revisité par Hendrix à Woodstock˟, devrait suffire à convaincre des énormes possibilités du CA lorsqu'il est placé entre des mains expertes. Et prudentes, à l'inverse de Les Harvey, guitariste de Stone The Crows, électrocuté sur scène en 1972, ou de Keith Relf, des Yardbirds, décédé le 14 mai 1979 dans son *home-studio* d'une décharge de courant alternatif provoquée par sa guitare.

**ALTERNATIF, COMME AC/DC :** soit *Alternating Current/Direct Current* (courant alternatif/courant continu). Angus et Malcom Young, les deux fondateurs du célèbre groupe australien de hard-rock˟, auraient adopté ce sigle sur la suggestion de leur sœur aînée Margaret, qui l'avait repéré sur le transformateur de son aspirateur. Certains ont perçu dans cet acronyme une allusion aux pratiques bisexuelles, AC/DC pouvant également signifier en argot « à voile et à vapeur »… *High Voltage Rock and Roll*, la devise jamais démentie du groupe depuis plus de trente ans de carrière, ne laisse pourtant aucun doute quant à sa dévotion pour la fée électricité.

**ALTERNATIF, COMME ROCK ALTERNATIF :** apparue au milieu des années 1980, l'appellation « rock alternatif » regroupait essentiellement des groupes signés sur de petits labels et diffusés par des radios universitaires et indépendantes : REM et The Pixies aux États-Unis, The Smiths et The Cure en Grande-Bretagne, Bérurier Noir, Les Garçons Bouchers et La Mano Negra en France… Vaste fourre-tout musical de pop, de punk˟, de noisy et de new wave˟, les groupes de rock dits « alternatifs » avaient pour seul point commun la même défiance envers l'ordre établi et les stratégies commerciales des multinationales du disque (les majors˟). De beaux et bons sentiments qui voleront en éclats avec l'avènement du grunge et le succès fracassant de Nirvana en 1991, qui incitera chaque major à engager son petit groupe de rock alternatif. Difficile alors de rester en état de rébellion lorsque votre musique passe en boucle sur MTV˟ et que vous jouez au festival « alternatif » (et itinérant) de Lollapalooza devant… 150 000 spectateurs.

# AMERICAN GRAFFITI

## Ex-fan des sixties

**« J'ai moi-même passé une partie de ma jeunesse à sécher les cours et à poursuivre les filles en voiture. »**
George Lucas, 1977.

En partie autobiographique (adolescent dans les *sixties*, Lucas est toujours aujourd'hui un grand collectionneur de voitures[x] anciennes et de vinyles[x] rock), *American Graffiti* peut être considéré comme le premier teen movie rock de l'histoire, celui qui a établi les canons d'un genre dont il a, par son immense succès, contribué au développement.
En 1962, dans une petite ville californienne, Curt Henderson (Richard Dreyfuss) le rebelle, Steve Bolander (Ron Howard) le gentil, Terry Fields (Charlie Martin Smith) le puceau et John Milner (Paul Le Mat) le cancre s'apprêtent à vivre ensemble leur dernière nuit de lycéens. Courses de voitures en Ford Thunderbird et Chevrolet chromée, flirts au coin du drive-in, embrouilles avec une bande de Hell's Angels[x]… *American Graffiti* décrit aussi bien la fin d'un âge d'or minutieusement reconstitué (à la limite du documentaire) que le difficile passage à l'âge adulte des principaux protagonistes. Au bout de la nuit, à l'heure du choix (partir ou non à l'université ?) et sur fond de guerre du Viêtnam, les quatre copains se sépareront à l'aéroport et connaîtront des destins divers…
Tourné en seulement vingt-huit jours avec un budget très serré de 775 000 dollars, *American Graffiti* sort du lot grâce à une réalisation enlevée, une structure scénaristique originale (les quatre histoires évoluent parallèlement avant de converger) et une bande-son hallucinante qui pèsera sur plus de 10 % du budget en achat de droits. Lucas, qui souhaitait que son film ressemblât à un juke-box[x], a soigneusement sélectionné chaque morceau en fonction des séquences afin que la musique fusionne totalement avec le décor et l'intrigue.
Les quarante et un hits de la bande originale, parmi lesquels « Runaway » (Del Shannon), « All Summer Long » (Beach Boys) et « Ya Ya » (Lee Dorsey), annoncés par le mythique DJ Wolfman Jack – dont les interventions radiophoniques rythment le film –, évoquent d'ailleurs plus la fin des années 1950 que les années 1960, comme si « le rock and roll n'avait pas cessé de descendre la pente depuis la mort de Buddy Holly » (réplique de John Milner au début du film). Maniaque jusqu'au bout du microsillon, Lucas a même choisi le titre, *American Graffiti*, en hommage au tube de Chuck Berry, « Almost Grown », dont il reprend les initiales.

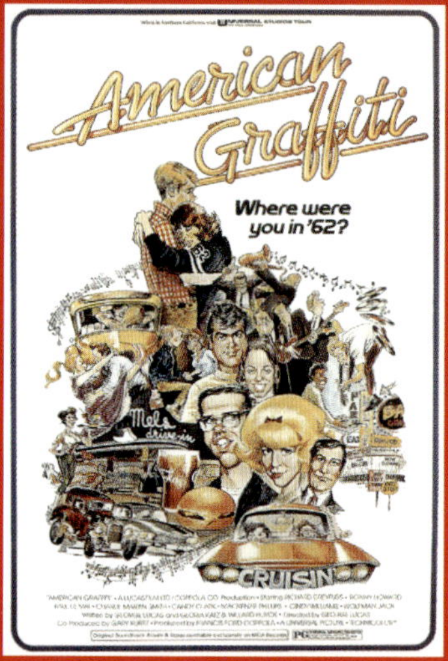


En 1973, au moment de la sortie, la compagnie Universal n'y croit pas beaucoup et envisage même une simple diffusion télé avant de le passer définitivement à la trappe. Il faudra l'intervention de Francis Ford Coppola, tout auréolé du succès de son *Parrain*, pour que le film soit projeté dans les salles obscures où il récoltera finalement 118 millions de dollars de bénéfices dans le monde. Avec sa part – 7 millions de dollars, quand même – George Lucas peut désormais concrétiser son rêve : acquérir les droits de *Flash Gordon*. Mais ceux-ci vont lui échapper, l'obligeant à écrire lui-même son *space-opera*. Ce sera son troisième film, il s'appellera *Star Wars*, mais c'est évidemment une autre histoire…

### GRAINES DE STARS

**En plus d'une suite totalement dénuée d'intérêt (*More American Graffiti*, réalisé en 1980 par Bill Norton), *American Graffiti* a généré une célèbre série télévisée, *Happy Days*[x], où le futur réalisateur Ron Howard interprète encore une fois le niais de la bande, Ritchie Cunningham. Outre Howard, *American Graffiti* a également lancé les carrières de Richard Dreyfuss, Mackenzie Phillips (la fille du chanteur des Mamas & The Papas)… et Harrison Ford, qui fut choisi alors qu'il effectuait des travaux de charpente sur le toit de la maison de George Lucas !**

# Androgynie

## XXXY

Boy George

David Bowie et Mick Jagger

**1973, en pleine période Ziggy Stardust, David Bowie donnait une conférence de presse à Paris.** Première question : « En parlant de Bowie, doit-on l'appeler il ou elle ? » À ce moment précis, Bowie-Ziggy sait qu'il a gagné la partie en imposant l'image d'un extraterrestre androgyne, un être hybride XXXY qui présente les caractéristiques des deux sexes sans en rendre aucun prééminent. Bowie avait déjà fait scandale dans les colonnes du *Melody Maker*[x] en janvier 1972 en clamant sa bisexualité alors qu'il était marié à Angie Barnett et déjà père d'un petit Zowie (rebaptisé Duncan, aujourd'hui réalisateur de cinéma).

Cela dit, en 1993, la même Angie révélait dans son livre *Backstage, ma vie avec David Bowie*, qu'elle avait surpris son mari et Mick Jagger nus dans un lit et qu'elle avait eu le sentiment qu'ils avaient fait l'amour ensemble. Vrai ou faux, peu importe, Bowie avait réussi à faire de la différence sexuelle et des paillettes un succès commercial et artistique qui, à l'époque, contrastait radicalement avec le rock dur et machiste de Led Zeppelin et Deep Purple.

Juste avant lui, Iggy Pop et Marc Bolan (T. Rex) avaient ouvert la voie de la gestuelle équivoque et du maquillage outrancier, eux-mêmes inspirés par le pionnier Little Richard qui, dès la fin des années 1950, aguichait les hit-parades[x] sous une épaisse couche de khôl et 15 centimètres de choucroute permanentée. Roxy Music adoptant des fringues extravagantes, des paillettes et des boas, se perchant sur des talons compensés vertigineux, les New York Dolls crachant leur jubilatoire pré-punk en combinaisons léopard moulantes : le rock androgyne brilla de tous ses feux dans ces années 1970 glam[x] et décadentes. Après, l'androgynie devint dans certains cas une posture et un argument marketing utilisé pour rameuter les foules et masquer une production discographique peu inspirée. Pour un Prince royal en bas résille, un Klaus Nomi impérial en redingote spatiale ou un Gainsbourg travesti par le photographe William Klein, combien de Dead or Alive, de Marilyn Manson ou de Nicola Sirkis, aussi pathétiques sous leur rimmel que dans leurs compositions convenues ? Sauvons juste de ce désastre post-glam George Alan O'Dowd, plus connu sous le nom de Boy George, qui, s'il n'a pas révolutionné le monde du binaire, était à la ville comme à la scène un authentique *Queer*. Du temps de sa splendeur avec Culture Club en 1983, il n'était pas rare de croiser le Boy à Londres, en tongs, pantalon de soie, kimono et ombrelle de bambou, quelle que soit la saison. Bill Kaulitz, le chanteur andro-toc de Tokyo Hôtel qui a brièvement émoustillé, dans la seconde moitié des années 2000, les très jeunes filles en fleur, fait bien pâle figure à côté de cette excentricité *so british*… Chaque époque a le XXXY qu'elle mérite !

LESTER BANGS 17

**BASSISTE 18**

BATTEUR 20

BAZOOKA 21

*BEACH PARTY MOVIES* 21

*BEAT GENERATION* 22

*BEST* 23

*LA BLONDE ET MOI* 25

*THE BLUES BROTHERS* 25

BOOTLEG 26

*BOUTON ROUGE* 28

*LA BRUNE ET MOI* 28

CHARLES BUKOWSKI 29


# B

Dee Dee Ramone (The Ramones)

**« J'étais peut-être candidat – sinon aujourd'hui, du moins demain – au titre de meilleur écrivain d'Amérique (qui était meilleur ? Bukowski[x] ? Burroughs ? Hunter Thompson[x] ?). Laissez tomber. J'étais le meilleur. Je n'écrivais pratiquement que des critiques rock, et encore, pas tant que ça... »** Lester Bangs.

# LESTER BANGS

## Peut-être bien le meilleur

Derrière l'aspect frondeur de cette déclaration se dissimule le drame de Lester Bangs, qui souhaitait être reconnu comme un auteur à part entière et non comme un simple rock-critique, aussi crucial soit-il, qui fut le maître inspirateur de toute une génération : Nick Kent[x], Yves Adrien[x], Patrick Eudeline[x], Philippe Garnier[x], Philippe Manœuvre[x]... *L'America's Greatest Rock Critic* accédera à ce statut tant désiré après sa mort à l'âge de trente-trois ans seulement, grâce à la sortie de deux anthologies (traduites en français) vivement recommandées : *Psychotic Reactions & autres carburateurs flingués* et *Fêtes sanglantes & mauvais goût*. Comme les Hendrix, Joplin et Morrison, Bangs sera victime du syndrome « je meurs jeune, je deviens une légende ». Une cruelle ironie du sort pour ce *pistolero* qui tirait à vue sur la mythification du rock et qui cherchait avant tout à restituer l'âme de la musique en essayant de sauver la sienne.

Une mère témoin de Jéhovah qu'il accompagnait dans ses tournées de porte-à-porte, un père décédé dans un incendie, un pervers qui l'abusa sexuellement à l'âge de onze ans, des Hell's Angels[x] qui le forcèrent à assister à une séance de viol collectif... On a connu jeunesse plus dorée. Résultat, en 1969, âgé de vingt et un ans, Bangs passe le plus clair de son temps à se défoncer au Romilar (sirop contre la toux), à lire les

écrivains de la *Beat Generation*[x], à écouter du jazz, à écrire quelques nouvelles et à vendre des chaussures dans un magasin de sa ville natale, Escondido. L'écoute de *Sister Ray* du Velvet Underground et la découverte des Rolling Stones feront basculer le jazzeux dans le monde du binaire, de San Francisco à New York en passant par Detroit, en trois étapes essentielles :

**SAN FRANCISCO – *ROLLING STONE*[x] (1969-1973)** : engagé par Greil Marcus[x] en 1969 suite à l'envoi à la rédaction de *Rolling Stone* d'une critique incendiaire du premier album du MC5 (*Kick Out The Jams*), Bangs écrira jusqu'en 1973 plus de 150 articles pour le magazine de San Francisco où il a désormais élu domicile. Essentiellement influencée par les *Beats*, l'écriture automatique de Bangs, où sa personnalité tourmentée trouve une place de choix, explose les règles et la forme de la rock-critique. Doté d'un sens inné du rythme, il improvise comme un soliste et ses articles font le bonheur des lecteurs en même temps que le cauchemar des maisons de disques. En quelques lignes, Bangs peut provoquer l'achat d'un disque joué par un groupe totalement inconnu ou littéralement assassiner une institution comme le groupe blues-rock Canned Heat : « Achetez cet album si vous avez beaucoup d'argent ou ne vous souciez guère de ce pourquoi vous claquez votre pognon, mais que ça ne vous fasse pas oublier quoi que ce soit des trucs vraiment cosmiques comme les Stooges... » Cette chronique lui vaudra d'être finalement viré de *Rolling Stone* par Jann S. Wenner qui l'accusera « d'irrespect envers les musiciens ».

**DETROIT – *CREEM*[x] (1973-1976)** : depuis 1971, parallèlement à ses articles pour *Rolling Stone*, Bangs collaborait régulièrement à *Creem*, magazine *underground* de Detroit. Une chronique de l'album des Stooges, *Fun House* (*Creem*, janvier 1971), lui avait d'ailleurs valu cette lettre signée du rédacteur en chef, Dave Marsh : « Écoute, kid, on surveille tes trucs depuis un petit moment. C'est plutôt bon, mais on dirait que tu prends un peu trop d'acide et >

ne bois pas suffisamment de whisky… » Après son départ de *Rolling Stone*, Bangs rejoint définitivement *Creem* en tant que rédacteur en chef adjoint, s'installe dans la capitale américaine de l'automobile où il s'emploie à rattraper son retard en matière d'absorption de whisky et à contribuer au succès grandissant du magazine, porté par une scène locale sous haute tension (MC5, The Stooges…). Ses analyses bouillonnantes rédigées la nuit dans un état comateux s'étalent désormais sur plusieurs pages et infligent à la langue anglaise des outrages argotiques et des néologismes tordus qui deviendront sa marque de fabrique tout comme ses titres d'articles à rallonge : « Le pop, les tartes, le pied : un programme de libération de masse sous forme de critique d'un disque des Stooges, ou *qui est l'imbécile*? » Bangs prône l'esthétique trash et devient le premier à rivaliser avec le son et l'énergie du rock avec une simple machine à écrire. Mais dans les locaux de *Creem*, l'ambiance est souvent électrique, notamment avec Dave Marsh, révolutionnaire convaincu qui s'accorde mal avec le détachement idéologique de Bangs. Après une énième dispute, Bangs quitte *Creem, America's Only Rock 'n' Roll Magazine,* pour lequel il aura écrit plus de 170 comptes rendus, 70 articles et d'innombrables légendes photos. Direction New York.

**NEW YORK – *VILLAGE VOICE* (1976-1982)** : dans la *Big Apple*, Bangs débarque en terrain connu : des groupes comme Television, les Ramones, les Dictators et autres Dead Boys, qu'il considère comme les enfants du Velvet Underground, embrasent le CBGB[x], et la scène locale reconnaît en lui une sorte de prophète déjanté de la vague punk. Se devant d'être fidèle à son image, Bangs s'enfonce dangereusement dans l'alcool[x] et pour la première fois de sa vie éprouve quelques difficultés avec son instrument, la machine à écrire. Lui qui rédigeait aussi vite qu'il pouvait taper, se relit, hésite, corrige, sabre… Certains de ses articles, de plus en plus autobiographiques, sont même refusés par le *Village Voice* auquel il collabore régulièrement, entre autres fanzines et magazines plus confidentiels. En avril 1979, l'hebdomadaire publie l'article « Les Suprématismes du bruit blanc », où Bangs interroge les paroles et les actes prétendument racistes de plusieurs personnalités punk : « Quand je vais au CBGB, j'ai l'impression d'être à Berlin-Est. » Scandale. En fait, Bangs, qui depuis 1981 assiste aux réunions des Alcooliques Anonymes, est en mal de reconnaissance : il veut quitter le journalisme musical pour entrer en littérature et décide, en guise d'apothéose, de coécrire avec Michael Ochs *Rock Gomorrah*, un inventaire décadent du mode de vie rock and roll. Le 30 avril 1982, Bangs remet le manuscrit à son éditeur (le texte n'a jamais été publié) et ingurgite pour fêter cela une grosse quantité de Darvon (médicaments antidouleurs) qui lui sera fatale. Il sera retrouvé mort, le soir même, allongé sur son canapé. Overdose. Naît alors la légende de Lester Bangs, celui qui voulait être reconnu comme un écrivain et qui ne fut considéré de son vivant que comme un journaliste musical inspiré et exubérant… peut-être bien le meilleur de tous ! 💀

**« Je ne sais toujours pas comment on s'y est pris pour faire un groupe. J'étais aussi incapable d'accorder une basse que d'en jouer. […] Tout ce que je savais faire, c'était un mi. »**
Dee Dee Ramone,
The Ramones, 1997.

À l'image du bassiste des Ramones et contrairement à son complément rythmique,

# BA

le batteur[x], le bassiste tend généralement à la sveltesse dégingandée et à la discrétion taciturne. Concentré sur son instrument, souvent immobile en retrait de la scène ou collé aux fûts du cogneur, le bassiste n'accroche pas la lumière et devient rarement, malgré son manche oblong, l'objet de tous les fantasmes féminins. Qui plus est, la basse constitue fréquemment le choix par défaut de batteurs frustrés et de ceux, à l'instar de Sid Vicious, qui ne pratiquent aucun instrument mais qui souhaitent néanmoins intégrer un groupe. Alors, dur dur de devenir une rock-star quand on pratique le *tapping* (la corde est tapée avec le bout des doigts) ou le *step/slap* (claqués alternatif des deux mains sur les cordes) ? Certains y sont parvenus en taquinant habilement leurs Rickenbacker, Gibson ou Vigier et bien d'autres choses encore :

# SSISTE

## Bass heroes

**AVEC SEULEMENT QUATRE CORDES, ILS SONT DEVENUS LES LEADERS DE LEUR GROUPE** : le gaucher Paul McCartney (Beatles), bien sûr, flanqué de sa célèbre basse *Höfner* 500/1, le torturé Roger Waters (Pink Floyd), le peinturluré Gene Simmons (Kiss), le graisseux Steve Harris (Iron Maiden), l'inaltérable Lemmy Kilmister (Motörhead), l'hirsute Nikki Sixx (Mötley Crüe)…

**ILS ONT RÉUSSI À FAIRE TREMBLER LES MIDINETTES EN JOUANT DE LEUR PHYSIQUE AVANTAGEUX** : le très Anglais Sting (Police), le *rude boy* Paul Simonon (The Clash)…

Paul Simonon (The Clash)

Kim Gordon (Sonic Youth)

**ILS N'ONT PAS JETÉ DE POUDRE AUX YEUX MAIS SE LA SONT INJECTÉE… ET EN SONT MORTS** : Kristen Pfaff de Hole en 1994 (suicide par overdose dans sa baignoire), Dee Dee Ramone des Ramones en 2002 (overdose dans son appartement), John Entwistle des Who en 2002 (arrêt cardiaque suite à l'absorption de cocaïne en compagnie de deux call-girls)…

**ILS SONT FRANÇAIS ET PAS MAUVAIS BASSISTES POUR AUTANT** : la bonne copine Corine Marienneau (Téléphone, Bertignac et les Visiteurs), le sixième dan de Shidokan Jean-Jacques Burnel (The Stranglers), le prolixe Jannick Top (Magma, Michel Berger, Johnny Hallyday, France Gall, Jacques Dutronc)…

**ILS… SONT DES FILLES** : la joyeuse Tina Weymouth (Talking Heads, Tom Tom Club), la blonde Kim Gordon (Sonic Youth), la brune Kim Deal (The Pixies, The Breeders), la tondue Gail Ann Dorsey (David Bowie, Tears for Fears)…

**IL A COMMIS UN TUBE SOLO** : miraculeusement inspiré, Roger Glover, bassiste de Deep Purple, compose le tube « Love Is All » en 1974, chanté par Ronnie James Dio et assorti d'un film animé mettant en scène une grenouille. Nombre de gamins, dont l'auteur de ces lignes, ont connu leur premier frisson rock en regardant cet ancêtre du clip vidéo[x], régulièrement diffusé à l'époque comme interlude sur Antenne 2.

**IL A QUITTÉ LE PLUS GRAND GROUPE DU MONDE** : engagé en 1962 parce qu'il possédait un ampli, Bill Wyman quittera les Rolling Stones en 1991 – après avoir collectionné un nombre proprement ahurissant de groupies[x] durant trente années de tournées – en raison de nombreux soucis conjugaux et de sa phobie de l'avion. Certains fans, qui négligeaient l'apport du Stone immobile, commencent aujourd'hui à regretter son sens du groove et sa solide ligne de basse : un bassiste vous manque…

# BATTEUR

## Tchac-tchac Poum

**Que serait le tube de Queen « We Will Rock You » sans l'intro tchac-tchac-poum, tchac-tchac-poum de Roger Taylor ?** Que serait « Voodoo Chile », le morceau de bravoure du Jimi Hendrix Experience, sans les éclats de cymbale de Mitch Mitchell ? Que serait un groupe de rock sans son moteur rythmique, à l'image du Rolling Stones Charlie Watts, roi du tempo et, selon Mick Jagger, « gardien indispensable de la cohésion musicale des Stones » ? Classiquement retranché au fond de la scène derrière ses fûts, le batteur est le musicien rock le plus dévoué à son instrument. Pieds et poings liés à ses caisses, qu'elles soient grosses ou claires, il peut difficilement, à l'inverse du guitariste[x] ou du clavier, chanter en même temps qu'il administre les derniers outrages à ses peaux tendues. Un handicap qui le relègue souvent au rang de bûcheron anonyme aux yeux du public. Il aura fallu, dans les années 1960, deux musiciens anglais fantasques et hors normes pour élever le cogneur besogneux au rang de rock-star à part entière. Le premier, Keith Moon, batteur des Who, intégra le groupe en 1964 en volant simplement la place du batteur titulaire au cours d'un concert et en détruisant totalement la batterie une fois sa prestation achevée. Outre ses frasques incessantes (consommation homérique d'alcool[x] et de drogues en tous genres, chambres d'hôtel systématiquement dévastées…), celui qui était surnommé Moon the Loon (Moon le Fou) détonnait par son rythme puissant et anarchique au service de l'énergie collective des Who et des moulinets guitaristiques de Pete Townshend. C'est d'ailleurs Keith Moon qui soufflera à Jimmy Page le nom de son nouveau groupe : Led Zeppelin. L'ex-Yardbirds aura ensuite la bonne idée de recruter John Bonham en 1968, qui avait déjà été banni de trente clubs des Midlands en raison de sa frappe retentissante. Les grooves sismiques, les beats puissants et le jeu de cymbales progressif du surnommé Bonzo contribueront au son unique de Led Zeppelin au même titre que les trois autres musiciens. L'alcool et un rythme de vie hallucinant auront finalement raison de celui qui inspira à Jimmy Page le riff de *Kashmir* et que beaucoup considèrent toujours comme le meilleur batteur de l'histoire du rock. Sans l'aura et le talent de ces deux figures désormais mythiques, il est peu probable que Dave Grohl (ancien batteur de Nirvana, leader des Foo Fighters) ou Phil Collins (ancien batteur de Genesis, devenu leader et chanteur du groupe tout en menant sa propre carrière) aient pu devenir des *frontmen* reconnus et célébrés. En revanche, il est certain que Moon the Loon et Bonzo se seraient régalés du jeu massif et teigneux du trop sous-estimé Tommy Lee (Mötley Crüe), capable de frapper ses fûts dans une cage tournante à 25 mètres au-dessus du public… Après tout, John Bonham avait bien joué le solo de *Moby Dick* à mains nues pendant trente minutes. Très joueurs, les membres du groupe avaient dissimulé ses baguettes. À l'impossible, le batteur est toujours tenu… ☠

John Bonham (Led Zeppelin)

Keith Moon (The Who)

**«La stratégie de Bazooka c'était de tenter d'infiltrer tous les supports, on avait l'impression que notre passage était bénéfique pour l'espèce humaine.»** Kiki Picasso, 2003.

# BAZOOKA

## Punks graphiques

Formé aux Beaux-Arts en 1974, le collectif Bazooka fait ses premières armes dans les pages de *Métal hurlant*[x] avant de rejoindre *Libération*[x] à la demande de Serge July, qui souhaite que cette « première génération dont la culture dominante est celle de l'image et non du texte » pirate graphiquement les pages du quotidien. Kiki Picasso, Loulou Picasso, Olivia Clavel, Lulu Larsen, Philippe Vidal et Philippe Bailly iront au-delà de ses espérances. Nourri au Bauhaus et au constructivisme russe, autant qu'à la BD et au punk[x] des Clash, Bazooka terrorisera la maquette du journal et violentera sa bonne conscience humaniste avec un sens corrosif du slogan : « Moquons-nous des vieux », « Apprenons l'amour aux enfants », sans oublier un peu reconnaissant « Pauvre con, July »... L'art bariolé et provocateur de Bazooka, équivalent plastique du punk, n'ira pas sans causer quelques problèmes au quotidien qui sera condamné pour outrage aux bonnes mœurs en raison d'illustrations de fellation disséminées sur plusieurs pages. Sous la pression des journalistes de *Libération* mécontents du traitement infligé à leurs articles, ces apôtres de l'action directe seront virés du quotidien avant de *splitter* en 1979, tel un groupe de rock. En 2008, Kiki et Loulou Picasso ont transféré leur activisme graphique sur la toile (Unregardmoderne.com) où ils retravaillent des images d'actualité pour en détourner le sens.

# Beach Party Movies

## Coquillages et crustacés

**Suite au fulgurant succès de *Beach Party* en 1963, qui imposa les canons du genre, Hollywood** (notamment la compagnie American International Pictures) produira dans les années 1960 une quarantaine de *Beach Party Movies* (films de plage), dont l'intérêt résidait principalement dans les bikinis des naïades ingénues et dans l'illustration musicale très relevée : les parrains de la musique surf, bien sûr (Dick Dale, The Beach Boys, The Pyramids, The Kingsmen...), mais également Stevie Wonder ou Nancy Sinatra ont >

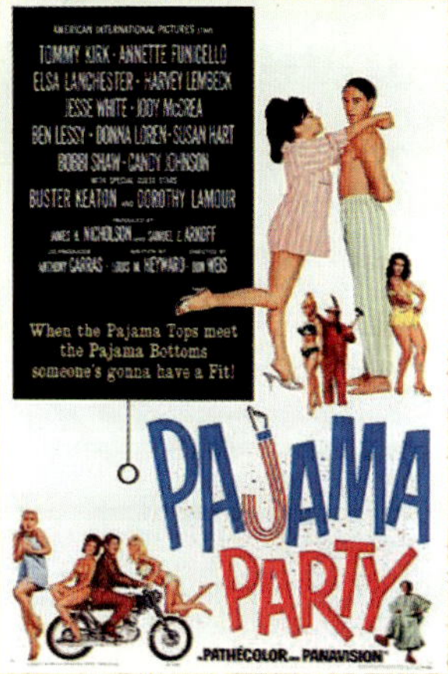


bercé ces films aux intrigues improbables qui mixaient tous les genres, du comique à la science-fiction. Ainsi, *Pajama Party*, réalisé en 1964, qui voit un extraterrestre (Frankie Avalon, bien meilleur acteur que chanteur, c'est dire…) débarquer sur la plage de Malibu afin d'estimer la possibilité de conquérir cette planète un peu étrange, habitée par de beaux jeunes gens en maillots de bain à fleurs qui se tripotent gentiment. Produits à l'époque pour concurrencer à moindre coût les longs métrages d'Elvis Presley (qui sacrifiera également à la mode des films de plage en jouant dans *Girl Happy* en 1964), les *Beach Party Movies* renvoient à un âge d'or gorgé d'optimisme où la vue d'une cuisse dénudée et bronzée pouvait faire frémir tout un drive-in. Depuis, Pamela Anderson, son mini-maillot de bain rouge et ses *sex-tapes* ont quelque peu écorné l'image de la *beach girl* de bonne famille, façon Annette Funicello, archétype du genre dans les années 1960… Il reste les riffs échevelés de Dick Dale (présent sur de nombreuses bandes originales de *Beach Party Movies*), l'authentique inventeur de la surf music et le premier guitariste[x] à avoir joué sur une guitare[x] Fender Stratocaster.

# Beat Generation

## Les garçons sauvages

**«J'ai lu *Sur la route* vers 1959. Cela a changé ma vie comme celle de tout le monde.»** Bob Dylan.

À l'origine, ils étaient trois qui se rencontrèrent à New York au milieu des années 1940. *A priori*, peu de chose en commun entre Allen Ginsberg (étudiant réfractaire), Jack Kerouac (ancien de la marine marchande) et William S. Burroughs (ancien exterminateur de cafards), si ce n'est leur anticonformisme, leur sexualité libérée, leurs addictions toxiques, leurs plumes libertaires, échevelées et quasi automatiques. Le tout, connu sous le nom de *Beat Generation*, secouera violemment les préceptes de la littérature du XX^e siècle et influencera considérablement la naissance et l'évolution de la culture rock.

**JACK KEROUAC**

« Si Jack Kerouac n'avait pas écrit *Sur la route*, les Doors n'auraient jamais existé », déclarait Ray Manzarek, clavier des Doors, en 1997. Même si l'ont sait aujourd'hui que Kerouac passait plus de temps chez sa mère que sur la route, il reste à jamais l'auteur incontournable du manifeste picaresque de la *Beat Generation*. De Tom Waits à la Blank Generation des punks de 1976-1977 en passant par Charles Bukowski[x] ou Hunter S. Thompson[x], la prosodie bop spontanée de Kerouac et la figure de Sal Paradise (son double littéraire) errant à travers le continent américain auront marqué au fer rouge la création musicale et littéraire contemporaine. Jusqu'à la génération alternative (Jeff Buckley, Michael Stipe, John Cale…) qui habillera électriquement les textes et les poèmes de Kerouac sur l'album hommage *Kicks Joy Darkness* (1997).

**ALLEN GINSBERG**

L'auteur scandaleux en 1955 de la rapsodie hallucinée et censurée *Howl* est difficilement lisible aujourd'hui, tant son œuvre littéraire semble empreinte et indissociable de l'époque qu'elle interpellait. Sa poésie décousue a d'ailleurs fortement influencé les théories hippies du *Flower Power*[x], terme directement issu de son imagination. Très proche de Bob Dylan, son légendaire faciès de barde beatnik figure au verso de la pochette de l'album *Bringing It All Back Home* (1965) et dans le célèbre clip vidéo[x] à pancartes *Subterranean Homesick Blues* tourné en 1965.

**WILLIAM S. BURROUGHS**
« De mon temps, je respectais William Burroughs, parce qu'il fut le premier homme blanc jamais arrêté pour avoir fumé de la marijuana », disait Hunter S. Thompson[x], en 1999. « Quel type, ce William ! [...] Quand les flics sont arrivés, William les attendait, flingue en main. Wacko ! Boom ! Reculez, la Loi c'est moi ! Il fut mon héros avant même que je sache qu'il existe. »
Saluée aussi bien par Kurt Cobain que par Alain Pacadis[x] et Lester Bangs[x], l'influence de Burroughs, l'écrivain mais aussi l'homme et sa vie tumultueuse de toxicomane, est considérable. Lexicalement, le grand William inventa dans le recueil de nouvelles *Nova Express* l'expression « heavy metal », que Steppenwolf popularisera dans la chanson « Born to Be Wild » (1968). Musicalement, ses *cut-ups* littéraires et sonores inspirèrent de nombreux musiciens, à commencer par David Bowie, notamment pour la composition de *Diamond Dogs* (1974), et Paul McCartney, comme en témoignait, en 2004, le journaliste Barry Miles : « Les montages sonores de Burroughs donnèrent à Paul l'idée d'introduire de nouveaux éléments dans la musique des Beatles : extraits d'émissions radio, cris d'animaux et autres collages qui surgirent plus tard tout au long de la période *Sgt. Pepper.* » Burroughs apparaît d'ailleurs sur la pochette de cet album mythique, entre autres personnalités de la contre-culture, coincé entre Marilyn Monroe et le gourou Mahavatar Babaji. Figure adulée par les rockers de toutes les générations, Burroughs collaborera avec Laurie Anderson (« Language is a Virus », 1986), Ministry (« Just One Fix », 1993) et par la magie du mixage avec Kurt Cobain pour un duo virtuel intitulé « The Priest They Called Him » (1993). En 1975, à la demande du magazine *Crawdaddy*[x], Burroughs avait interviewé Jimmy Page, le guitariste de Led Zeppelin. L'article intitulé « Rock et Magie 7 » revenait sur l'influence du mage Aleister Crowley[x] et contenait cette définition « burroughsienne » de la vocation du rock : « On peut voir la musique rock comme une tentative d'échapper à cet univers mort et sans âme, pour rétablir l'univers de la magie. »

William Burroughs, entouré de Sting et d'Andy Summers (The Police)

Best
Rock&Poster

**Fondé en 1968 sur les cendres du gauchisme par Gérard Morlain** (qui vendra le titre à Patrick Boutin en 1969) et Gérard Bernar (ancien maquettiste-rédacteur de *Disco Revue*[x] et créateur du nom du magazine), *Best* a été, jusqu'à la fin des années 1990, le concurrent direct de son aîné *Rock & Folk*[x].
Paru en septembre 1968, le premier numéro ne paye pas de mine : bimensuel, douze pages en bichromie non agrafées, les Rolling Stones et Simon & Garfunkel en couverture... Les 2 000 exemplaires sont pourtant rapidement épuisés et au bout d'un an *Best*, sous-titré *La meilleure actualité du disque Pop, R'n'B, Rock, Folk, Blues*, se vend à 30 000 exemplaires et opte pour une parution mensuelle en quadrichromie. Entre *Disco Revue*[x] et un *Melody Maker*[x] à la française, le magazine propose une alternative populaire à l'intellectualisme post-68 de *Rock & Folk*. « La musique ne se définit pas, elle se >

ressent », écrit Gérard Bernar dans le numéro 17 du mensuel qui, grâce à son ton jeune et insolent, aux posters géants du photographe[x] maison Jean-Yves Legras et à son classement des albums/single établi par les lecteurs (Bestop), a trouvé sa place aux antipodes du littéraire *Rock & Folk*.
Au milieu des années 1970, Christian Lebrun (*voir encadré*) remplace Sacha Reins au poste de rédacteur en chef et sera jusqu'à sa mort en 1989, le grand timonier du navire *Best*. Sous son commandement discret et inspiré, le magazine navigue vers des terres peu cultivées par son concurrent : le hard-rock[x], la musique progressive[x] et le rock français avec la célèbre rubrique « Rock d'ici » où officiaient, entre autres, Michel Embareck, Brenda Jackson et Philippe Lacoche.
*Best* se démarque également en misant sur les nouvelles tendances et gagnera le gros lot en débusquant les punks avant son rival. Mieux, *Best* se dote d'une véritable conscience et crédibilité punk[x] en employant de jeunes plumes alertes et concernées, comme Bruno Blum (correspondant londonien du magazine) et Patrick Eudeline[x] (chanteur d'Asphalt Jungle).
« Punk ou pas, voici la nouvelle vague », claironne fièrement la couverture du numéro d'août 1977 (nº 109) qui contient une série d'articles sur Dr. Feelgood, Eddie and the Hot Rods, les Sex Pistols, Damned, The Jam et les Saints. Chez *Rock & Folk*, l'ambiance du numéro d'août (nº 127) est plutôt au dictionnaire rock français, tendance folk, avec Alain Souchon, Malicorne et, tout de même, un jeune groupe français qui monte : Téléphone. Porté par

la vague à crêtes, le tirage de *Best* ne cesse d'augmenter. De 100 000 exemplaires en 1977, il atteindra près du double en 1980, dépassant même parfois qui vous savez.
Les années 1980 seront plus compliquées. Si *Best* capitalise sur les grosses locomotives issues de la new wave[x] (Depeche Mode, The Cure, U2, Simple Minds…) et la nouvelle génération des groupes français indépendants[x] (Les Garçons Bouchers, Mano Negra, Bérurier Noir…), le magazine souffre néanmoins de l'éclosion des radios libres et de la généralisation des clips vidéo[x]. Le rock est à la fois partout et nulle part et la presse spécialisée n'a plus le monopole d'un genre devenu un produit de consommation courante. Le déclin des ventes est déjà amorcé quand disparaît brusquement Christian Lebrun en 1989, remplacé au pied levé par Francis Dordor.
Au début des années 1990, alors que *Rock & Folk* se refait progressivement une santé, *Best* peine à retrouver une véritable identité éditoriale et ressemble plus à un catalogue détaillé de nouveautés discographiques qu'à un magazine critique et défricheur. La parution de plusieurs excellents hors-séries *Best-Of* du magazine (*Seventies Graffiti*, *The Cure*, *Reggae*, *Blues*…) n'empêchera pas le *Best* originel de cesser de paraître en 1994. Originel, car différentes émanations (*B-mag* puis un *Best* nouvelle formule comprenant un CD-Rom) seront bon an mal an disponibles en kiosques jusqu'en mars 2000. Depuis, hormis un ouvrage qui compile les meilleurs articles du magazine (*Best of Best*, 2010), plus de nouvelles d'un journal qui porta merveilleusement bien son nom entre 1976 et 1982 et dont les fameux posters géants ont tapissé plus d'une chambre d'adolescent.

## CHRISTIAN LEBRUN, LA FORCE TRANQUILLE

**Né en 1948, Christian Lebrun a gravi tous les échelons avant de devenir rédacteur en chef de *Best* au milieu des années 1970. Sa passion pour l'âge d'or des *sixties* et son penchant pour les nécrologies lyriques ne l'empêchera pas d'aiguiller le magazine vers les nouvelles tendances musicales. Le 14 juillet 1989, il meurt noyé au cours d'une baignade anodine qui marque la fin de vingt années de bons et loyaux services à la cause rock. Son oreille, son engagement et son professionnalisme faisaient de lui un rédacteur en chef estimé aussi bien des journalistes que des musiciens qui louaient sa probité. Au début des années 1980, un paparazzi avait ainsi souhaité lui vendre des photos de Bob Dylan en goguette adultérine avec une violoniste country. Indigné, Christian Lebrun avait catégoriquement refusé ! Pas sûr qu'un autre, aujourd'hui, ferait de même…**

Bijou vintage

# La Blonde et moi

**Réalisé en 1956 par l'ancien cartoonist Franck Tashlin,** *La Blonde et moi* (*The Girl Can't Help It*) mérite sans conteste sa place au panthéon des grands films musicaux de l'histoire. Malgré ses apparats kitsch et ses gags à répétition bien sentis, cette comédie, malheureusement trop négligée par les cinéphiles, œuvre clairement dans un registre satirique plutôt osé pour l'époque : Tom Miller (Tom Ewell), manager[x] au bout du rouleau et de la bouteille, est chargé par un malfrat miteux de transformer Jerri Jordan (Jayne Mansfield), sa compagne plantureuse, en chanteuse à succès. Mais – et c'est là où *La Blonde et moi* se démarque des comédies hollywoodiennes classiques et des *wannabes* de la *Star Academy* – la belle possède une voix de crécelle, n'entend rien à la musique et n'aspire qu'à devenir une convenable ménagère de moins de cinquante ans avec pavillon, enfants et barbecue le dimanche... À partir de cette trame, sur un rythme d'enfer, Tashlin taille un costard à toutes les corporations de l'industrie du spectacle : les ratés véreux de Hollywood, les artistes préfabriqués, les pin-ups décérébrées (Marilyn Monroe, grande rivale de Jayne Mansfield, est clairement visée...).
Ce petit bijou *vintage* est également serti des apparitions et numéros musicaux de pionniers du rock and roll (Little Richard, Gene Vincent, Eddie Cochran, les Platters...), et évidemment de la blondissime présence de Jayne Mansfield, dont chaque mouvement provoque une décharge érotique inédite dans ce type de comédie. Il faut voir les bouteilles de lait exploser sur le passage de la Mansfield (Franck Tashlin ne vient pas du cartoon pour rien) ; il faut voir la Mansfield, gros plan serré sur son opulente poitrine, déclarer : « Personne ne pense que je suis aussi équipée pour la maternité » ; bref il faut voir *La Blonde et moi* et se rappeler qu'en 1957, lors de sa sortie en France, les copies projetées n'étaient pas toujours complètes.
En effet, les projectionnistes coupaient et gardaient pour eux leurs séquences préférées...
Encore une histoire de blondes !

**« Je ne suis pas homosexuel, lui non plus, mais quand il est entré pour la première fois dans ma loge, j'ai eu ce rush d'adrénaline, cette décharge que tu reçois quand tu rencontres une superbe nana. Belushi et moi, ça s'est passé comme lors d'un branchement électrique. Tziif ! »**
Dan Aykroyd, *alias* Elwood Blues, 1983.

Si la réussite du film tient effectivement beaucoup à la complémentarité électrique du duo Dan Aykroyd/John Belushi, il serait réducteur de cantonner *The Blues Brothers* à la catégorie du buddy movie. Ce long métrage, orchestré par John Landis en 1980 (qui trois ans plus tard réalisera le clip vidéo[x] *Thriller* pour Michael Jackson), joue avec bonheur sur plusieurs partitions : road movie[x] déjanté, comédie cartoonesque, film d'action hyperactif, scènes musicales d'anthologie... autant annoncer la couleur, *The Blues Brothers* est un régal pour les yeux et pour les oreilles, une ordonnance de Prozac à lui tout seul, sans les effets secondaires.

Nitro et Glycérine

# THE BLUES BROTHERS

Les terribles frangins Jake (John Belushi) et Elwood Blues (Dan Aykroyd) avaient chaussé leurs lunettes[x] Ray-Ban Wayfarer et revêtu leurs costumes noirs pour la première fois en 1976, lors d'une soirée spéciale blues de la mythique émission télévisée *Saturday Night Live*. Succès oblige, les >

désormais dénommés *Blues Brothers* apparaissent alors régulièrement dans le show avant d'enregistrer en 1978 leur premier album, *Briefcase Full of Blues*, consacré double platine deux semaines seulement après sa sortie. Logiquement, Hollywood leur tend ensuite les bras avec un scénario basique, une idéale pâte à modeler les délires de la fratrie bleue : pour sauver l'orphelinat de la mère supérieure Mary Stigmata, Jack et Elmer doivent gagner honnêtement 5 000 dollars en trois jours. Pour ce faire, ils décident de partir à la recherche de leurs anciens musiciens afin de reformer leur groupe pour un concert exceptionnel.
« En mission pour le Seigneur » à bord de leur antique voiture de police Dodge Monaco, « le duo le plus explosif depuis Nitro et Glycérine » (accroche de l'affiche française) croisera sur sa route une ancienne fiancée belliqueuse armée d'un lance-roquette (Carrie Fisher, la Princesse Leia de *Star Wars*), des chanteurs country mal embouchés, un groupe de néo-nazis plus nazis que néo, la police de Chicago, des forces d'intervention très spéciales… Et tout ce beau monde s'emploiera à détruire le maximum de voitures lors de cascades incroyables, lesquelles figurent encore aujourd'hui parmi les plus spectaculaires de l'histoire du cinéma.
Entre deux tôles froissées et scènes de destruction massives, Jake et Elwood auront également affaire à quelques énergumènes pas comme les autres : James Brown en révérend shampouiné de l'église Triple Rock, Aretha Franklin en propriétaire du Soul Food Cafe, Ray Charles en vendeur d'instruments de musique, le Ray's Music Emporium, John Lee Hooker, Cab Calloway… un casting impressionnant qui s'emploie à reprendre les plus grands standards de la musique noire américaine. Clou du spectacle, le concert final des Blues Brothers au grand complet, devant une foule en délire, exécutant des versions incendiaires de « Gimme Some Lovin' » et « Everybody Needs Somebody To Love ». La mère supérieure Mary Stigmata peut être soulagée : son orphelinat est sauvé… Mais pour cela il aura fallu la destruction d'un nombre ahurissant de voitures et la vista de deux frères dont la musique, loin de donner des bleus à l'âme, réjouira tous les cœurs purs.

### THE BLUES BROTHERS 2000

**Flop relatif aux États-Unis, *The Blues Brothers* gagnera son statut de film culte en Europe et relancera les carrières de James Brown et de Cab Calloway, du propre aveu des intéressés. Dix-huit ans après, Dan Ayckroyd et John Landis remettront le couvert en tournant *Blues Brothers 2000*, une suite intégralement calquée sur l'original. On prend les mêmes et on recommence donc, sauf qu'il en manque un, le meilleur : John Belushi, retrouvé overdosé le 5 mars 1982, à trente-trois ans, dans une chambre de l'hôtel Chateau Marmont[x] à Hollywood. Malgré tous leurs efforts, les trois remplaçants (John Goodman, Joe Morton et le gamin J. Evan Bonifiant) ne parviendront pas à rétablir ce fameux branchement électrique qui produisait tant d'étincelles dans le premier opus.**

**« Quand je vais au Japon, je vais dans le rayon Led Zeppelin et je n'exagère pas quand je dis que je peux ramener 250 pirates. »**
Jimmy Page, 1998.

Recherchés par les collectionneurs et les fans *hardcore*[x] à qui la discographie légale ne suffit plus, les *bootlegs* (disques pirates) tiennent leur nom des consommateurs d'alcool qui, durant la prohibition américaine des années 1920, dissimulaient leurs bouteilles dans la partie montante de leurs bottes, littéralement dénommée *bootleg*. Bob Dylan fut le premier rocker à faire les frais de ce trafic illégal quand sortit en 1969 le double 33 tours connu sous le nom de *Great White Wonder*. L'album, qui contient des enregistrements studio inédits et des captations *live* de grande qualité, se vend rapidement sous le manteau comme des petits pains.
La brèche est alors suffisante pour ouvrir la porte du piratage en série, que ce soit des disques *live* enregistrés depuis la salle ou la table de mixage, ou bien encore des chutes inédites de studios, volées, entre autres, par le personnel d'entretien et les ingénieurs du son peu scrupuleux. Les grosses locomotives sont évidemment les plus touchées : les Rolling Stones (en 1970, ils sortiront le *live Get Your Ya-Ya's Out* pour contrer une version officieuse), Led Zeppelin (Peter Grant, manager du groupe et accessoirement ancien catcheur, corrigeait les *bootleggers* du Zep qui avaient le malheur de croiser son

chemin)… Hormis quelques réfractaires comme Neil Young, farouche adversaire du piratage, les artistes considèrent généralement les *bootlegs* comme une consécration et la preuve ultime de la passion de leurs fans[x]. Lors de ses concerts, Metallica réserve d'ailleurs un emplacement spécial dans la salle pour les *bootleggers* du groupe, comme le faisait déjà Grateful Dead depuis des années.

# BOOTLEG

## Pirates audio

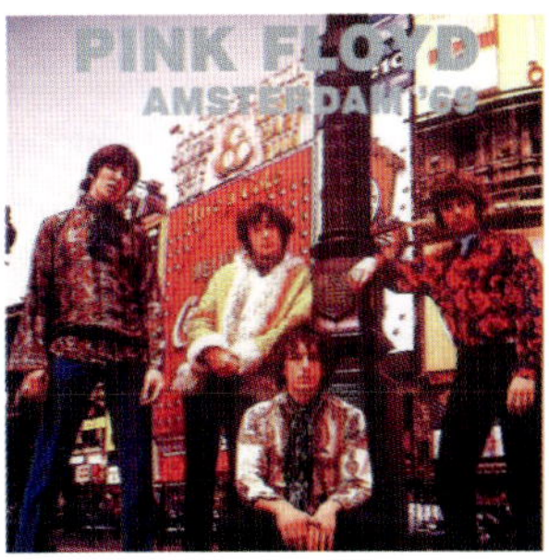


**BOOTLEG MASHUP**

**Depuis une quinzaine d'années, les DJ's ont détourné le terme *bootleg* en lui adjoignant le mot *mashup* pour désigner l'art de mixer deux titres afin d'en créer un troisième. Héritier musical des *cut-ups* littéraires de William S. Burroughs, généralement diffusé sur Internet et illégal si produit sans l'accord des artistes concernés, le *mashup* a ses DJ stars (2 Many DJ's, DJ Zebra…), ses hits (« Let's Get It On » de Marvin Gaye *vs.* « Where Is My Mind » des Pixies) et ses joyeux drilles comme le groupe français Delpech Mode qui, comme son nom l'indique, plaque les paroles des succès de Michel Delpech sur les musiques de Depeche Mode. Ne manquez pas leur « Enjoy The Loir et Cher » d'anthologie.**

Restent les maisons de disques qui, pour tenter de lutter contre le phénomène, distribuent officiellement les *bootlegs* qui rencontrent le plus de succès sur le marché parallèle. Depuis 1991, Bob Dylan a déjà commercialisé neuf volumes de sa *Bootleg Series*, qui s'apparentent à un prodigieux *best-of* alternatif[x] de sa longue carrière. La palme de l'opportunisme revient à Aerosmith et à son double album en concert de 1978, intitulé *Live ! Bootleg*. Pochette hideuse et *cheap*, titre évocateur, son crasseux, le groupe américain inverse la tendance et fait passer son album officiel pour un disque pirate (seuls deux titres de l'album sont de réels *bootlegs*, ironie du sort, achetés directement aux *bootleggers*).

Aujourd'hui, à l'heure d'Internet, le *bootleg* fait florès. Le moindre enregistrement pirate d'un obscur groupe punk/folk néo gothique (cela doit bien exister) est disponible sur la toile 24 heures sur 24 et 7 jours sur 7, souvent réalisé à partir d'un quelconque téléphone portable. Certains puristes regrettent aujourd'hui le plaisir qu'ils avaient à fouiner dans les échoppes ou vide-greniers et l'immense orgasme discographique qui suivait par exemple la découverte, entre deux disques anodins, de l'édition originale du pirate des Who, *Tales from the Who*, sorti en 1973 sur le célèbre label angelino *Trade Mark of Quality*. Une galette rarissime : sur 2 000 exemplaires pressés à l'époque, 250 ont été distribués et 1 750 ont été brûlés précipitamment avant que le FBI déboule dans les locaux pour opérer une saisie. Ce qui a quand même plus de gueule que la loi Hadopi…

**Une heure de pur rock chaque semaine sur une chaîne de télévision française...** ne rêvez pas, vous ne trouverez ni le jour ni l'horaire dans votre *Télé 7 Jours*... C'était en 1967 sur la deuxième chaîne, cela s'appelait *Bouton Rouge* et c'était la première émission de rock diffusée en France. Précédemment baptisée *À plein tube*, *Bouton Rouge* accueillait la crème du rock anglo-saxon dans des conditions

# bouton rouge

## Premier rock cathodique

qui relevaient encore de l'amateurisme, comme en témoigne son présentateur historique, Pierre Lattès (ex-collaborateur de *Rock & Folk*˟ et du *Pop Club* de José Artur), qui officiait derrière son pupitre, baguette à la main, tel un professeur en rock appliqué : « Nous n'avions aucun budget et nous étions obligés de nous débrouiller par des connaissances pour avoir des groupes comme les Moody Blues, Pink Floyd ou Cream. Les formations profitaient quelquefois d'un petit dédommagement, 200 livres sterling pour Cream, mais en général on ne les payait pas. » Outre les groupes cités, Ten Years After, Jefferson Airplane, Steve Miller Band, Captain Beefheart et Procol Harum ont ainsi, pour pas un rond, joué *live* dans cette émission qui entrecoupait les concerts filmés de petits reportages sociétaux sur la jeunesse et la musique. L'histoire retiendra que c'est dans *Bouton Rouge*, le 9 mars 1968, que les Yardbirds de Jimmy Page ont interprété dans les studios de la maison de la radio une première mouture de *Dazed And Confused*, futur classique de Led Zeppelin (ce document, ainsi que quelques autres concerts de l'émission, est disponible sur les sites Internet de partage vidéo). Deux mois plus tard, les bouleversements d'organigramme de la télévision française dus aux événements de Mai 68* mettront un terme au programme. Un comble, quand on connaît la couleur du bouton qui a permis à toute une génération de découvrir qu'il existait une alternative aux yé-yés de *Salut les copains*˟.

# La Brune

## Pellicule new wave

**Si on ne compte plus les films et documentaires anglais sur la période punk˟/new wave˟,** la France est beaucoup moins bien lotie. Qui plus est, l'unique film digne d'intérêt, *La Brune et moi*, réalisé par Philippe Puicouyoul, n'est resté à l'affiche qu'une semaine en 1980 dans un petit théâtre de la rive gauche. Dans ce faux *remake* du très glamour *La Blonde et moi*˟, une jeune punk (jouée par Anoushka, égérie *underground* de

l'époque) passe un marché avec un richissime banquier (Pierre Clémenti) : elle se donnera à lui s'il accepte de financer sa carrière de chanteuse. Enchaînés l'un à l'autre, les deux héros errent du Centre Pompidou au Club 100, à la rencontre des figures du post-punk français de 1979 : Taxi Girl (qui a composé la chanson du générique « Les Yeux des amants »), Marquis de Sade, Ici Paris, Go-Go Pigalles, Edith Nylon… soit une assourdissante colonie de jeunes gens modernes et désinvoltes qui confirme que le Paris punk était surtout une question d'attitude et de morgue, loin des revendications sociopolitiques new-yorkaises ou du nihilisme londonien.

## et moi

Hormis une fin morbide hors de propos, ce moyen métrage de 50 minutes constitue un précieux document sur une scène à son apogée qui vivait alors ses derniers moments d'insouciance avant l'arrivée des assommantes années 1980. Précieux… et rare jusqu'à la fin 2010, date de sortie en DVD du film, qui restait invisible depuis 1980, hormis quelques projections à la Cinémathèque française et dans quelques festivals indépendants. Ne ratez pas cette belle brune, elle ne compte pas pour des prunes.

# Charles Bukowski

## Vieux dégueulasse

**« Moi, je ne suis pas un punk mais je joue aux courses. »**
Charles Bukowski, 1978.

L'auteur américain des *Contes de la folie ordinaire*, que certains critiques qualifiaient assez facilement de Céline punk, n'écoutait pas de rock. Son truc à lui et à son double littéraire Henry Chinaski, c'était fumer des cigarettes à la chaîne, enquiller les bières en écoutant Mahler ou Mozart (la première rock-star de l'histoire, bien entendu) et parier sur des canassons. Mais le vieux dégueulasse aux hémorroïdes purulentes écrivait rock… ou presque : sa sainte trinité des bas-fonds américains – bars, vieilles putes et courses hippiques – valait bien tous les *Sex, Drugs et Rock and Roll* du monde. Les téléspectateurs français se souviendront longtemps de son intervention alcoolisée en 1978 au cours de l'émission *Apostrophes* de Bernard Pivot : Buk est bourré, Buk fait du gringue à une rombière dans le public, Buk se frite avec Cavanna et se fait finalement jeter du plateau avec la morgue titubante que seuls les vrais ivrognes possèdent en toute circonstance.
Bukowski a néanmoins écrit sur le rock, en l'occurrence deux textes sur les Rolling Stones. Le premier est paru dans les colonnes de *L.A. Free Press* (1972) au moment de la tournée *Stones Touring Party* et décrit magnifiquement un Jagger au bout du rouleau : « Il essaya. Et il fut merveilleux. Il répandit plus de sang sur ce plancher qu'une armée de cinq mille hommes, mais en pure perte. Il avait essayé tous les trucs pour se faire accepter… Il était fatigué. Il représentait trop d'argent. Il était trop célèbre. Il mentit au public. Il essayait de se rappeler comment c'était au début. Comment c'était quand il était vraiment et purement vrai. » Le second a été publié dans les colonnes de *Creem*[x] en octobre 1975 grâce à Lester Bangs[x] qui envoya son écrivain favori assister à un concert des pierres qui roulent : « Bon, OK, c'est ça le cirque. Quand même plus propre que le Viêtnam, […] Mick galope, saute en l'air, colle un coup de latte dans le cul d'un de ses violonistes. Le crincrin lui exhibe un grand sourire en retour, doucement, en connivence, genre la paie est bonne. […] Je me suis débiné en avance. Dehors ils avaient l'air de se faire chier. » Plus propre que le Viêtnam certes, mais décidément beaucoup moins grisant que les courses hippiques pour Bukowski : « Un champ de courses c'est là où on va pour ne pas rester à fixer les murs, se branler ou avaler du poison à fourmis. » Même les Rolling Stones ne peuvent lutter contre cela !

Freddy Mercury (Queen)

# C


CANAL+ 31
*CANDY* 32
JOHN CARPENTER 33
ANTOINE DE CAUNES 34
CBGB 35
CD 36
CENSURE 37
LE CHALET DU LAC 38
LAURENT CHALUMEAU 39
**CHANTEUR 40**
CHATEAU MARMONT 41
CHELSEA HOTEL 41
*CHORUS* 42
CLIP VIDÉO 43
COCAÏNE 44
*COCKSUCKER BLUES* 45
NIK COHN 46
COMBI VW 48
*COMICS* 48
COMPILATIONS 49
CONVERSE 50
COULISSES 51
LA COUPOLE 52
CRASH 52
*CRAWDADDY !* 53
*CREEM* 54
CROSSROADS 56
ALEISTER CROWLEY 57
ROBERT CRUMB 58

**«Canal+ au début, c'était comme un groupe de rock.»**
Gilles Verlant, 2010.

Si la première chaîne à péage française, née le 4 novembre 1984, a fondé son succès sur le foot et le cinéma, un rapide coup d'œil sur les noms des collaborateurs des dix premières glorieuses années de la chaîne suffit pour comprendre que Canal, c'était aussi + de rock : Pierre Lescure (ex-*Les Enfants du rock*[x], directeur général), Alain de Greef (ex-chef d'atelier des *Enfants du rock*, directeur des programmes), Antoine de Caunes[x] (ex-*Chorus*[x] et *Les Enfants du rock*, animateur et producteur), Karl Zéro (ex-*Rock & Folk*[x] et *Actuel*[x], animateur), Étienne Robial (ex-*Métal hurlant*[x], directeur artistique et créateur de l'habillage Canal), Gilles Verlant (biographe et journaliste musical, voix *off*), Alain Chabat (fan absolu d'Aerosmith et de Ted Nugent, *Les Nuls*), Jean-Pierre Dionnet et Philippe Manœuvre (ex-*Sex Machine* dans le cadre des *Enfants du rock*), Brenda Jackson (ex-*Best*[x], responsable de la musique, etc.), Alain Burosse (ex-*Haute Tension* dans le cadre des *Enfants du rock*, responsable des programmes courts, créateur de *L'Œil du cyclone*), et d'autres… Inutile de préciser que tous ces authentiques passionnés de rock contribuèrent largement à créer « l'esprit Canal », frondeur et impertinent, dans une ambiance décontractée, voire parfois stupéfiante. *Surtout l'après-midi*, *Top 50*, *Rapido*[x], *Les Nuits spéciales* (Serge Gainsbourg, Johnny Hallyday, Elvis Presley) ; *l'Album de la semaine*, *La Musicale*, *Le Live de l'été*… Sur Canal, le rock a toujours été dans la place et les différentes émissions *live* et *talk-shows* de la chaîne constituent un passage obligé pour les musiciens français et internationaux en tournée[x]. Aujourd'hui, si l'esprit Canal a perdu un peu de son souffle, si les vannes d'Omar et Fred sont plus téléphonées que celles des *Nuls* ou du cultissime programme *Le Grand Détournement*, si le *Grand Journal* est moins mordant que le *Nulle Part ailleurs* de la grande époque avec ses concerts d'anthologie (Sepultura, David Bowie, Iggy Pop, Metallica, Blur, AC/DC…), Canal+ reste tout de même la chaîne généraliste la plus marquée rock, très attachée au *live*, sous la houlette experte de Stéphane Saunier, directeur des programmes musicaux depuis 1994.
La réunion de NTM en mars 2008, Prince dans la foulée de ses concerts au Grand Palais et à La Cigale en octobre 2009, Gorillaz flanqué des ex-Clash Mick Jones et Paul Simonon à Cannes en mai 2010… Désolé pour les détracteurs de la chaîne cryptée, mais c'est encore sur Canal+ que cela se passe, et nulle part ailleurs. ☠

James Hetfield (Metallica)

Nirvana

CANAL+
*La télé pas comme les autres*

# Candy
## Psychédélices

**« La fille fleur mille fois cueillie. »** Accroche de l'affiche française, 1968.

Lorsque son ami Terry Southern (*voir encadré*) lui cède pendant deux semaines seulement les droits de son best-seller humoristique *Candy* (écrit avec Mason Hoffenberg), l'acteur et réalisateur Christian Marquand (frère de Nadine Trintignant) n'a pas vraiment le choix. Il ouvre son carnet d'adresses et appelle quelques copains qui, pour la plupart, acceptent de tourner sans avoir lu une seule ligne du scénario, par ailleurs très succinct : Candy (Ewa Aulin, miss Suède adolescente 1966), une jeune fille naïve, entreprend de rechercher le sens de la vie. Chemin faisant, sur les pavés du psychédélisme[x] ambiant, elle se fera gentiment arnaquer et régulièrement culbuter à l'insu de son plein gré… par les fameux amis de Marquand : Charles Aznavour en bossu agile, Marlon Brando en guide spirituel inquiétant, James Coburn en savant fou, Ringo Starr en jardinier priapique, Richard Burton en poète alcoolisé…
Ce casting impressionnant est autant l'atout de cette sucrerie délirante que son plus gros défaut. Pour ce film tourné en Italie en quinze jours, Marquand a en effet dû composer avec les plannings de chacune de ses stars, négligeant de fait l'intrigue générale et réalisant au final un film à sketchs sans queue ni tête qui oscille entre le conte fantastique, l'œuvre expérimentale et la comédie érotique. Mais derrière ce grand n'importe quoi cosmique rythmé par une bande-son certifiée d'époque (Byrds, Steppenwolf…), *Candy* n'est pas si naïf, qui dresse une critique acerbe de la contre-culture et de certains de ses parangons plus intéressés par le profit personnel que par l'épanouissement collectif. Sorti en France en plein mois de mai 1968[x], condamné à l'époque par le Vatican et interdit dans de nombreux pays, *Candy* est resté quasiment invisible depuis, jusqu'à sa ressortie au cinéma en 2003 puis en DVD en 2005. Une curiosité pop à découvrir avachi dans un ball chair *vintage*, sous une boule à facettes de préférence…

### TERRY SOUTHERN

**« L'écrivain le plus profondément spirituel de notre génération », selon Gore Vidal… l'un des plus influents de la contre-culture des années 1960 et 1970 mais aussi l'un des plus méconnus du grand public. Et pourtant, Terry Southern, né en 1924, a été de tous les bons coups, jugez plutôt : scénariste de *Barbarella* (1968), d'*Easy Rider*[x] (1969) et de *Dr Folamour* (1964), c'est lui qui fit découvrir à Stanley Kubrick le livre d'Anthony Burgess, *Orange mécanique*[x] et qui, en 1959, convainquit l'éditeur parisien Maurice Girodias (Olympia Press) de publier *Le Festin nu*, roman d'un auteur encore inconnu nommé William Burroughs. Comme si tout cela ne suffisait pas, Southern apparaît dans *Cocksucker Blues*[x] (1974), le film interdit des Rolling Stones, et figure sur la pochette du *Sgt. Pepper Lonely's Heart Club Band* (1967) des Beatles, en haut à gauche, entouré par Lenny Bruce et Dylan Thomas. Également auteur de plusieurs romans et d'articles précurseurs du nouveau journalisme[x], Terry Southern est décédé en 1995 dans une indifférence quasi générale.**

# John Carpenter

## *Autant en emporte Elvis...*

**Réalisateur, producteur, compositeur, acteur, scénariste...** depuis plus de trente ans, le nom de John Carpenter est associé au meilleur du cinéma *bis* américain qui secoue les tripes et flatte les oreilles. *Halloween, la nuit des masques* (dont il compose lui-même le thème entêtant), *New York 1997* et *Los Angeles 2013* (les aventures de Snake Plissken, sans doute le punk ultime du grand écran), *The Thing* (avec un héros looké à la Jim Morrison), autant de films de genre devenus aujourd'hui cultes pour tous les fans de série B et de rock qui apprécient la passion du maître pour les synthétiseurs et ses castings relevés : Alice Cooper, Isaac Hayes, Steve Vai, Anthrax, Ice Cube, Dave Davies...

Assez logiquement, l'unique film « traditionnel » (entendez sans morts-vivants, décapitations ou éviscérations) de ce grand amateur de country, de rock synthétique et de heavy metal, est un *biopic* d'Elvis Presley. Commande de la chaîne ABC, *Le Roman d'Elvis* a été diffusé le 11 février 1979 face à *Autant en emporte le vent* dont CBS avait acquis les droits sur vingt ans pour 150 millions de dollars. Résultat : victoire d'Elvis the Pelvis avec 39 % d'audimat contre *Rhett Butler* avec 36 %. Un énorme succès pour un téléfilm de trois heures tourné en seulement trente jours, qui dresse un honnête portrait du jeune Elvis, de l'enfance jusqu'en 1969 : ses relations avec sa mère, le traumatisme jamais guéri de la perte de son frère jumeau Jesse Garon (Elvis serait-il devenu Elvis si son jumeau n'était pas mort-né ?), la gloire internationale, le service militaire[x], sa rencontre avec une lolita de quatorze ans, Priscilla Beaulieu, par ailleurs engagée comme consultante sur le film pour un cachet de 50 000 dollars...

Dans le rôle-titre et pour sa première collaboration avec un Carpenter tout en sobriété, Kurt Russel est éblouissant de justesse, qui va même jusqu'à reproduire l'accent et les moues boudeuses de l'enfant de Tupelo. Le futur interprète de Snake Plissken avait d'ailleurs commencé sa carrière en 1963 par une apparition au côté de Presley dans le navet *Blondes, brunes, rousses* et se mariera en 1979 avec Season Hubley, l'interprète de Priscilla Beaulieu Presley dans *Le Roman d'Elvis*. Plus troublant, dans *L'habit ne fait pas la femme* (*Change of Habit*), son dernier film sorti en 1969, le docteur joué par Presley se nomme... John Carpenter, un patronyme que le King utilisait souvent quand il souhaitait se déplacer incognito. La coïncidence est plutôt angoissante... comme les films de Carpenter.

# ANTOINE DE CAUNES

## *Il vient de là, il vient du rock…*

**« Je me suis retrouvé un jour embarqué par la fille du meilleur ami de mon père à un concert de Sylvie Vartan. L'affiche, c'était Sylvie Vartan, Trini Lopez et les Beatles !… Et je peux te dire que je n'ai aucun souvenir de Sylvie Vartan… Par contre, j'ai un souvenir très vif des Beatles ! »**
Antoine de Caunes, 2006.

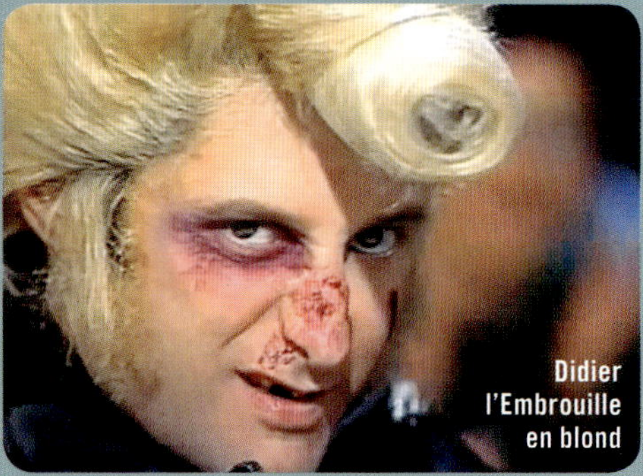
Didier l'Embrouille en blond

Au temps de *Chorus*

Élevé au format pop, le fils de Jacqueline Joubert et de Georges de Caunes a beaucoup œuvré dans la presse rock parallèlement à sa carrière télévisuelle. En 1977, dans les colonnes de *Rock & Folk*[x], il devient le thuriféraire attitré de Magma, groupe français néocosmique au langage hermétique (le kobaïen, une sorte de yaourt germano-slave), au point de leur consacrer un ouvrage de fan[x] publié en 1978 dans la collection « Rock & Folk » chez Albin Michel. Une interview de David Bowie dans *Métal hurlant*[x] (nº 87, 1983), une chronique des *charts* pour le *Rolling Stone*[x] de Lionel Rotcage (1988-1989)… Malgré la télévision et la célébrité, Antoine de Caunes n'a jamais complètement abandonné l'écriture rock où il peut laisser libre cours à ses obsessions musicales : Tony Joe White, Bob Dylan, Garland Jeffreys, John McLaughlin, Ry Cooder et Bruce Springsteen qu'il découvre avec l'album *Born to Run* en 1975 et qu'il ne lâchera plus : « J'ai jamais dit de mal de Springsteen, et je crois que j'en dirai jamais. » Créateur et animateur sur Antenne 2 de l'émission *Chorus*[x] de 1978 à 1981, Antoine de Caunes a été l'un des tout premiers à défendre le rock à la télévision et sur les ondes françaises : *Les Enfants du rock*[x], *Marlboro Music* (avec Laurent Chalumeau[x]), *Rock Report*, *Rapido*[x] (avec Yves Bigot et Gilles Verlant)… Pour l'anecdote, il a été l'auteur dans les années 1980, sous le pseudonyme de Paul Persavon, des paroles de génériques de plusieurs dessins animés (on est loin du kobaïen…) : *X-or*, *Le Shérif de l'espace*, *Lady Oscar*, *Au pays des quat'z'amis* … Il faut préciser ici que sa mère Jacqueline Joubert était alors directrice des programmes jeunesse d'Antenne 2.

C'est bien connu, l'activité de rock-critique mène à tout, à condition d'en sortir : après avoir été Didier L'Embrouille, son personnage le plus rock de la grande époque *Nulle Part Ailleurs*, de Caunes est aujourd'hui réalisateur et comédien… Mais il revient à la musique épisodiquement, pour une interview de Springsteen parue dans *Rock & Folk* (mai 1997), afin de prendre la défense de Bob Dylan dont le concert parisien de 2003 avait été égratigné par le même magazine, ou récemment pour compiler tous ses souvenirs et ses obsessions dans un savoureux *Dictionnaire amoureux du rock* paru en 2010.

**«La salle du CBGB était longue, étroite et carrément dégueulasse. Ça puait la pisse, la bière et la crotte de chien!»**
Philippe Marcadé, chanteur du groupe The Senders, 2007.

# CBGB
## Rade punk

**HISTOIRES DE CBGB**
**De l'avis de tous, la bière était chaude et le chili infect. ☠ Patti Smith s'y fit repérer par Clive Davis de Columbia Records en 1974. Robert Mapplethorpe, Jim Carroll et William Burroughs étaient également présents dans la salle ce soir-là. ☠ En 1976, Stiv Bators, chanteur des Dead Boys, s'est vu gratifier sur scène d'une gâterie buccale à la crème fouettée administrée par une serveuse. ☠ AC/DC y a livré un mini-concert impromptu en août 1977 au cours duquel Angus Young a joué au milieu du public. ☠ The Police y a donné son premier show américain en octobre 1978.**

Et pour cause... dans les années 1970, pour accéder aux toilettes du célèbre club CBGB, il fallait carrément monter sur la scène rudimentaire composée de planches de contreplaqué et surélevée de 50 centimètres par de simples annuaires empilés.

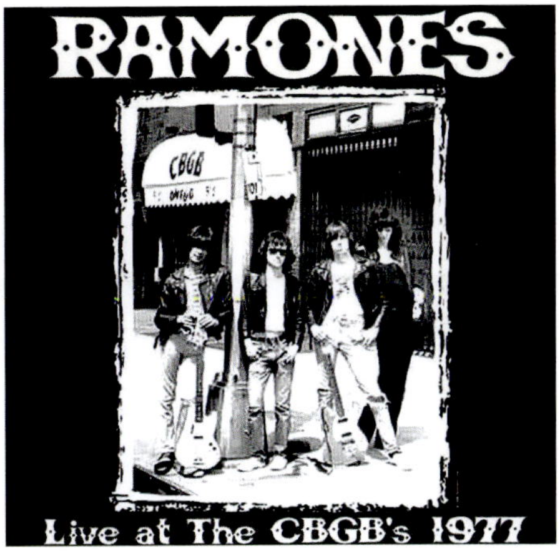


Résultat : le punk moyen préférait rester dans la salle tout en soulageant sa vessie dans son verre de bière vide.
Situé dans le quartier miséreux du Bowery à New York (devenu bobo depuis), la salle du CBGB & OMFUG (*country, bluesgrass, and blues and other music for uplifting gormandizers*) constituait une synthèse parfaite, sombre et embuée, de la fin des utopies hippies et de la déchéance du rêve américain, un lieu rêvé pour régénérer une jeunesse et une musique. Les néo-punks américains qui souhaitaient abolir les barrières avec leur public ne pouvaient imaginer meilleur bouge que ce CBGB au-dessus duquel était implanté un asile de nuit pour clochards et rescapés déglingués du Viêtnam.
À raison de deux sets par nuit, Patti Smith, Television et les Ramones furent les premiers « punks » en 1973-1974 à martyriser leurs instruments et les oreilles du propriétaire, Hilly Kristal. Mais ce dernier dut vite se rendre à l'évidence : ces jeunes hirsutes faisaient bar et salle combles, alors que les concerts de country et de bluesgrass n'attiraient qu'une poignée de Hell's Angels[x] sur le retour. Blondie, The Heartbreakers, Talking Heads, Mink DeVille, The Fleshtones, Richard Hell and the Voidoids contribuèrent ensuite à la légende de l'âge d'or du CBGB, quatre lettres gravées dans l'histoire du rock et définitivement associées aux débuts et à l'ascension du punk new-yorkais. Après des années 1980 et 1990 en demi-teinte essentiellement consacrées à la programmation de groupes punk hardcore[x], le CBGB, en proie à des difficultés financières, ferma définitivement ses portes le 15 octobre 2006 sur un dernier concert émouvant et enflammé de Patti Smith.
Le nº 315 du Bowery, à deux pas de Bleecker Street, qui aurait mérité d'être classé monument historique (Hilly Kristal en avait fait la demande), accueille désormais une boutique de mode dédiée à la célèbre marque de luxe John Varvatos, un créateur qui avoue être un grand fan de Led Zeppelin (*sic*).
Triste fin... ☠

# CD
## Avis de DC

**1965 : le physicien américain James T. Russel invente le concept global de l'enregistrement numérique** et de la lecture optique, soit les deux fondamentaux technologiques qui permettront la création du disque compact en 1981 par Philips et Sony Corporation. *Exit* le microsillon qui gratte et qui raye, place à la galette qui réfléchit le rayon laser et l'image de son possesseur.

Les débuts furent poussifs, d'autant plus que, dans un premier temps, l'essentiel des CD disponibles étaient consacrés à la musique classique. La durée maximum du nouveau support avait d'ailleurs été fixée en fonction de la *Neuvième Symphonie* de Beethoven, soit 74 minutes. Si Abba (*The Visitors*, 1981) et Billy Joël (*52nd Street*, 1982) figurent parmi les premiers artistes pop à avoir gravé leur musique sur Compact-Disc, c'est Dire Straits qui remporte le gros lot en 1985 avec *Brother in Arms*, qui se vend à un million d'exemplaires dans sa version laser et pousse bon nombre de fans de rock à s'équiper d'une platine CD. Dès lors, les ventes de CD explosent et dépasseront en 1988 (400 millions d'unités produites) celles des vinyles* qui seront progressivement relégués au fond des magasins.

Il est vrai que le CD réunit plusieurs avantages pour l'auditeur : il est peu encombrant et plus difficilement rayable qu'un disque vinyle, sa lecture indexée ne nécessite pas de changement de face et le développement conjoint des CD Walkman (appelés Discman, à l'époque) et des autoradios favorise une écoute mobile en toutes circonstances.

Les puristes regretteront néanmoins la disparition de la pochette grand format et un son jugé trop froid et peu précis dans les tonalités aiguës.

L'apparition de la galette de 12 centimètres de diamètre constitue également une poule aux œufs d'or pour les maisons de disques, qui transfèrent leur back-catalogue sur ce nouveau support, tel quel dans un premier temps, avant de proposer des *remastering* adaptés pour la lecture numérique. L'amateur pouvait ainsi posséder trois versions d'un même disque, souvent agrémenté de titres bonus. À ce petit jeu, les Beatles – dont le catalogue a pourtant été publié en CD avec quelques années de retard sur la plupart de leurs concurrents – sont certainement les plus performants : *One*, la compilation remasterisée de tous leurs numéros un dans les hit-parades, commercialisée en 2000, reste à ce jour la meilleure vente d'albums en CD avec 31 millions d'exemplaires écoulés dans le monde. Depuis 1998 et le développement du téléchargement, illégal ou légal, le CD devient une espèce en voie de disparition et restera probablement le dernier support physique musical de l'histoire.

# CENSURE

## Il est interdit d'interdire

**En avril 2010, la Chine refusait le passage de la tournée asiatique de Bob Dylan sur son territoire.** Pékin craignait les possibles digressions du chanteur à propos des droits de l'homme ou du Tibet. Avec cette décision sans appel, Dylan faisait clairement les frais du discours pro-Tibet prononcé par Björk lors d'un spectacle à Shanghai en 2008 et qui avait passablement irrité le gouvernement. Un an plus tard, Dylan a enfin pu se produire à Pékin mais à la condition de s'en tenir aux chansons approuvées par les censeurs et de ne faire aucune déclaration en faveur des prisonniers politiques. Rien de vraiment nouveau sous le soleil puisque la censure rock est née en même temps que la musique qu'elle fustige. Dès 1955, dans son titre *Shake, Rattle and Roll*, Bill Haley fut contraint de modifier son « Get out of the bed » trop salé en un « Get out of the kitchen » plus sucré. Les Rolling Stones, en 1967, transformèrent en grimaçant le refrain de « Let's spend the night together » en « Let's spend some time together », afin de pouvoir passer dans le célèbre *Ed Sullivan Show*, émission incontournable pour réussir leur conquête de l'Ouest.

L'imagerie rock aura également fort à faire avec la terrible paire de ciseaux, que ce soient les pochettes de disques (1976, *Virgin Killer* de Scorpions avec sa jeune fille prépubère nue, interdite partout sauf en France), les affiches de concert (en 1972, Polnareff montre son cul sur tous les murs de Paris ; les affiches sont retirées et le chanteur est condamné pour attentat à la pudeur) et les clips vidéo[x] (en 1990, le très *bondage Justify My Love* de Madonna, réalisé par Jean-Baptiste Mondino à l'hôtel Royal Monceau, interdit aux États-Unis et en Grande-Bretagne)… On pourrait multiplier les exemples à l'infini : l'instrumental « Rumble » de Link Wray interdit de diffusion pour son rythme >

### PRMC, LES ÉPOUSES DE WASHINGTON

**En 1985, aux États-Unis en pleine ère reaganienne et puritaine, quelques épouses désœuvrées de politiciens en vue, dont Tipper Gore, fondent le *Parents Music Resource Center* (PMRC), lobby destiné à contraindre les majors[x] à apposer un sticker *Parental Advisory* sur les disques rock et assimilés (rap, etc.) susceptibles de choquer les plus jeunes. Tipper Gore ne s'était pas remise de l'un des disques figurant dans la discothèque de sa fille : *Darling Nikki*, une ode à la masturbation signée Prince, pourtant loin d'être la meilleure création du nain pourpre ni la plus salace. Invité à témoigner sur le sujet devant une austère commission sénatoriale, Frank Zappa enregistra les débats à l'insu des participants. Tipper Gore et ses copines, surnommées « les épouses de Washington », eurent donc la bonne surprise d'entendre quelques extraits de leurs diarrhées verbales pudibondes sur le titre « Porn Wars » (1985), signé avec beaucoup d'humour *Frank Zappa meets the Mothers Of Prevention*. Une réponse du berger aux bergères qui n'empêcha pas ces dernières d'obtenir gain de cause et d'apposer leurs stickers sur tous les disques risquant de défriser leurs permanentes.**

« lubrique », « Louie Louie » des Kingsmen scruté par le FBI pour ses paroles « obscènes » (deux ans d'enquête pour aboutir à la conclusion qu'elles sont surtout inintelligibles), « Lucy In The Sky With Diamonds » et « A Day In The Life » des Beatles déconseillées sur les ondes de la BBC parce que ces chansons (tirées de l'album *Sgt. Pepper's Lonely Hearts Club Band*) pourraient représenter un encouragement à la consommation de stupéfiants…
Mais qu'elle soit d'ordre religieux, sexuel, moral ou politique, la censure appliquée au rock, tout comme les pathétiques stickers d'avertissement du PRMC (*voir encadré*), déclenche souvent l'exact inverse de l'effet recherché. Ainsi, rien de tel qu'une grosse polémique assortie d'une censure en bonne et due forme pour assurer le lancement d'un disque qui, même interdit, existe et sera tôt ou tard disponible. Le scandale est même inscrit dans le plan marketing de certains artistes qui en vivent d'ailleurs plutôt bien (Madonna, Marilyn Manson, Lady Gaga…). S'il est difficile d'y voir clair entre les authentiques actes de censure caractérisés et les *buzz* organisés, gardons en tête que seules la qualité de l'œuvre et la liberté d'expression devraient prévaloir, comme l'avait signifié le juge Clayton Horn lors du procès pour obscénité intenté à Allen Ginsberg en 1957 : « Ce que le poème *Howl* dit de la société américaine rachète son obscénité. Il faut que ce livre, donc, puisse rencontrer ses lecteurs. » Merci, monsieur le juge !

**« Avec les Sex Pistols, débarque Siousxie Sioux, habillée en uniforme nazi, brassard, seins à l'air et tout. Moi je me dis : va y avoir embrouille. »** Patrick Eudeline, 2003.

# LE CHALET DU LAC

## Anarchy in the Bois de Vincennes

Et embrouille il y eut évidemment, car ce 3 septembre 1976, le Chalet du Lac, situé dans le bois de Vincennes, n'accueillait pas comme aujourd'hui des sexagénaires férus de salsa, valse, tango et paso doble. Pour fêter la réouverture après travaux de ce respectable établissement fondé en 1904 et relooké par un débutant nommé Philippe Starck, le jeune organisateur Pierre Benain avait engagé un groupe anglais inconnu pour 1 000 livres sterling, hors frais, les Sex Pistols, accompagné du Bromley Contingent, cohorte de fans hirsutes comprenant Simon Barker, Billy Idol et Siouxsie, qui en guise d'embrouille eut maille à partir avec quelques videurs de confession juive munis de barres de fer…
Les deux concerts des Pistols au Chalet du Lac (celui du 5 septembre a été écourté en raison des horaires d'avion du groupe) constituent les premières dates hors du Royaume-Uni et les deux seules prestations parisiennes du groupe originel, jusqu'à sa reformation pour des raisons « salement financières » (de leur propre aveu) en 1996. À l'image du concert de Prince au Palace^x en 1981, ceux qui y étaient et, surtout, beaucoup plus nombreux, ceux qui n'y étaient pas, en parlent encore : 2 000 personnes et un show fantastique selon les uns, 50 pékins et une prestation pitoyable selon les autres…
Parmi le public hétérogène composé de blousons noirs, de minets disco et de simples badauds attirés par l'agitation se trouvait néanmoins l'essentiel de la naissante scène punk parisienne, qui reçut ce soir-là un véritable électrochoc : Bijou, Métal Urbain, Asphalt Jungle, Gazoline, les Stinky Toys, Angel Face… Un an plus tard, la messe est déjà dite : les punks s'affichent à la une de tous les journaux et la France grisâtre de Giscard ne s'étonne plus guère de croiser des crêtes multicolores dans la rue. Les Sex Pistols avaient bruyamment ouvert la voie au Chalet du Lac, toujours en activité aujourd'hui, qui propose d'ailleurs un thé dansant chaque dimanche après-midi, si cela vous tente…

**« *Rock & Folk* ? J'imaginais une bande de potes, tirant sur des pets, éclusant des bières mexicaines en se faisant des blind-tests ! J'ai déboulé dans un panier de crabes où tout le monde tirait la couverture à lui. »** Laurent Chalumeau, 2003.

# LAURENT CHALUMEAU El C.

À la fin des années 1970, deux lycéens fondent le Comité Rock'n'Rollien de défense éthique et dépistage des impostures (CRRDEDI). Leur principale activité ? Inonder le courrier des lecteurs de *Rock & Folk*[x] de missives potaches et assassines. Leurs noms ? Philippe Leblond (futur rédacteur en chef adjoint de *Rock & Folk* en 1990) et Laurent Chalumeau. Quelques années plus tard, en 1983, le même Chalumeau, hypokhâgneux recalé deux fois à Normale Sup, se présente devant Philippe Paringaux, rédacteur en chef du magazine, muni d'un article consacré à David Bowie. L'examen est cette fois concluant et le premier papier de Chalumeau paraît dans le numéro de mars 1981. *Exit* la rue d'Ulm, bienvenue rue Chaptal, où le novice compense ses lacunes musicales par une langue féconde et grivoise au service d'un sens de la déconne à toute épreuve. Avec Chalumeau, surnommé El C., le rock redevient matière « à poilade et à gratter le lecteur » : « Je sais bien. Il y en a qui voudraient une intro. Une chouette intro : la soul est la musique de l'âme, la musique noire est la plus belle du monde, ça nous change des merdes qui sortent aujourd'hui, etc. Trouvez quelqu'un d'autre. Moi, ennemis lecteurs, quand je cite *L'Étranger*, je ne précise pas "de Camus". » Mais très vite El C. ne tient plus en place dans les colonnes de *Rock & Folk* désertées par les Manœuvre[x], Assayas et Bayon, qui sont à l'origine de sa vocation. De plus, Chalumeau se sent mal dans sa plume qu'il pousse à l'excès, jusqu'à friser l'exercice de style systématique… El C. a besoin d'air et de constater par lui-même la réalité américaine derrière les fantasmes à l'aérographe de son livre fétiche, le *Rock Dreams* de Guy Peellaert[x]. *Exit* la rue Chaptal, bienvenue dans le New Jersey, où il restera sept ans en tant que correspondant aux États-Unis de *Rock & Folk* mais aussi journaliste pour *L'Écho des Savanes* et reporter avec son ami Antoine de Caunes[x] pour l'émission de radio *Marlboro Music* (autre époque, où une émission de radio portait le nom d'une marque de cigarettes). En pleine ère Reagan, Chalumeau tombe plutôt bien : les Yuppies de Tom Wolfe[x], le glam[x] metal (Mötley Crüe, Guns N' Roses…), Bruce Springsteen, l'explosion du rap… Le titi parisien échoué sur le bitume de Manhattan explore les entrailles du rock et de l'*American Way of Life* qu'il recrache avec ce mélange de verve gouailleuse et de pédanterie, hérité à la fois de Frédéric Dard et de ses études littéraires. Durant les années 1980, les reportages, interviews et chroniques de disques de Chalumeau constituent un îlot de survie sanitaire dans la France de Jeanne Mas et le *Rock & Folk* qui met Samantha Fox en couverture. À son retour en Gaule en 1990, Chalumeau estime avoir fait le tour du rock et de ses obsessions. *Exit Rock & Folk*, bienvenue dans la société du spectacle où il écrit, entre autres, les sketchs d'Antoine de Caunes pour *Nulle Part Ailleurs* (Didier L'Embrouille : « le meilleur c'est Dick ! ») et des chansons pour Michelle Torr, Henri Salvador ou Patrick Bruel, en toute conscience et sans duperie : « Je suis artisan. Gagman. Parolier. Dialoguiste additionnel. Adaptateur madré. Bidouilleur. Couteau suisse contrefait. Plume mercenaire. Écrivant public. Polygraphe vendu. Je travaille pour l'industrie du divertissement. » Parallèlement responsable d'impeccables polars à la « Tontons flingueurs », auteur d'essais jubilatoires qui interrogent sans concession les mythologies américaines (*Fuck* et *Anne Frank 2 : Le retour*), Laurent Chalumeau a réuni ses chroniques américaines publiées dans *Rock & Folk* et *L'Écho des Savanes* dans deux ouvrages indispensables pour tout amateur de musique et de mots qui claquent : *Uptown* (Éditions Florent Massot, 1997) et *En Amérique* (Grasset, 2009).

# Au chant d'honneur
# chanteur

**« Dans un groupe, tout le monde travaille pour le chanteur ! »**
Steward Copeland, batteur de Police, 2008.

Joe Cocker

Qu'il soit planté derrière son micro (Bob Dylan, Liam Gallagher…), vissé à son piano (Elton John, Michel Polnareff, Stevie Wonder…), jeté en pâture au public (Iggy Pop, Courtney Love…), engagé (Bono, Sting, Bertrand Cantat…), dégagé (Shane MacGowan, viré des Pogues), sexy (Deborah Harry, Tina Turner, David Bowie…), poilu (Patti Smith, Tom Jones, Freddy Mercury…), verruqueux (Lemmy Kilmister)… le chanteur focalise effectivement toute l'attention. De son groupe tout d'abord, à qui il donne souvent le *la* en studio et en concert. De son public ensuite, qui scrute son look, son comportement et avec qui il est en première ligne pour communiquer, tel ce fameux « Ça va, Londres ? » de Britney Spears lors d'un show à… Manchester !
Revers de la médaille, de tous les membres du groupe, le chanteur possède l'instrument certes le plus facile à transporter (encore que…), mais aussi le plus fragile et le plus susceptible d'être affecté par une nuit blanche ou un simple rhume. Car si, comme l'affirme très justement Brian Molko (Placebo), « la nature même du chanteur, sa position sur scène impliquent qu'il soit plus grand que la vie », le chanteur ne serait rien sans son organe vocal. Ce qui, en langage rock, ne signifie pas forcément chanter juste, en rythme et quand il le faut. Parfois, les « voix » du succès sont décidément impénétrables.

**CEUX QUI LAISSENT SANS VOIX** : Elvis Presley, Roy Orbison, Freddy Mercury, Liam Gallagher, Axl Rose, Johnny Hallyday…

**CEUX QUI N'ONT PAS DE VOIX MAIS DONT LE FILET SUFFIT** : Jean-Louis Aubert, Pete Doherty, Thom Yorke…

**CEUX DONT LE TON MONTE** : Klaus Nomi, Michael Jackson, Robert Plant, Roger Hodgson, Michel Polnareff, Christophe…

**CEUX QUI TOUCHENT LE FOND** : Ian Curtis, Barry White, Nick Cave, Arthur H…

**CEUX QUI BRAILLENT** : Janis Joplin, Joe Cocker, Brian Johnson, Tina Turner, Rod Stewart…

**CEUX QUI PROGRESSENT** : Peter Gabriel, Fish, Ian et Jon Anderson, Matthew Bellamy…

**CEUX DE LA VOIX LACTÉE** : Marvin Gaye, Aaron Neville, Bob Marley…

**CEUX DE LA VOIX DE GARAGE** : Iggy Pop, Kim Gordon, David Johansen…

**CEUX QUI PARLENT BEAUCOUP** : Renaud, Serge Gainsbourg, Bob Dylan, Leonard Cohen, Johnny Cash, Lou Reed…

Tina Turner

# Chateau Marmont

## Check out

**Édifié en 1929 sur le modèle du château d'Amboise** et situé au 8221 Sunset Boulevard de Hollywood, l'hôtel Chateau Marmont est indissociable de la légende hollywoodienne : de sa suite, Howard Hughes dirigea son empire dans les années 1950 tout en matant les nymphettes qui se baignaient dans la piscine ; en 1953, Nicholas Ray réunissait pour la première fois dans le pavillon n° 2 (futur pavillon des réalisateurs) le mythique casting de *La Fureur de vivre*[x] (James Dean, Dennis Hopper[x] et Natalie Wood)... D'innombrables films, romans et chansons furent ainsi conçus dans les appartements de cet hôtel indestructible qui résista sans dommages conséquents à cinq tremblements de terre.
Les rock-stars en tout genre adoptèrent également cet équivalent pour la côte ouest du mythique Chelsea Hotel[x] new-yorkais et contribuèrent très largement à bâtir la sulfureuse réputation du château : les membres de Led Zeppelin pénétrèrent dans le hall en Harley Davidson, à la grande frayeur des autres clients ; Jim Morrison déclara avoir perdu la huitième de ses neuf vies en chutant du toit de l'hôtel (une scène immortalisée dans le film *The Doors*[x] d'Oliver Stone) ; le Blues Brothers[x] John Belushi succomba à une overdose dans le pavillon n° 8 après une semaine de débauche passée en compagnie de Robin Williams et de Robert De Niro... Bref, le plus grand film rock de tous les temps (pas encore tourné) serait peut-être la terrible saga de cet hôtel, où il est visiblement plus facile d'entrer que de sortir sain et sauf. Le photographe Helmut Newton ne peut plus dire le contraire, qui y trouva la mort en 2004 à l'âge de quatre-vingt-trois ans lorsque, probablement victime d'un malaise, il perdit le contrôle de sa voiture et percuta le mur d'enceinte de l'hôtel.

**« Il n'y avait pas plus *cheap*. Le propriétaire vous laissait payer le loyer quand vous le vouliez. Il ne faisait pas attention aux drogues qui circulaient entre ces murs. J'ai vu pas mal de types devenir tout bleus et se jeter par la fenêtre en gueulant des insanités. »** Dennis Hopper[x], 2009.

# Chelsea Hotel

## Chambre 100

Moins strass et paillettes que le Chateau Marmont[x], le légendaire Chelsea Hotel (cent chambres et trois cents appartements), situé à Manhattan (222 West 23rd Street, entre les 7e et 8e Avenues), est depuis 1905 le refuge privilégié des écrivains, des artistes et bien sûr des figures de la contre-culture et du rock qui y effectuent fréquemment de longs séjours depuis un demi-siècle. Consulter le registre des clients de l'établissement, c'est comprendre immédiatement pourquoi cet imposant bâtiment aux briques rouges a été classé monument historique et culturel en 1977 : Charles Bukowski[x], Allen Ginsberg, Édith Piaf, Jim Morrison, Patti Smith, Jimi Hendrix, The Grateful Dead, Dee Dee Ramone, Pete Doherty, Madonna... >

Évidemment, avec un tel casting (qui compte des dizaines d'autres noms aussi prestigieux), chaque chambre raconte une histoire, une personnalité, une création majeure quelquefois dédiée à l'hôtel lui-même : au cours de ses nombreuses visites dans la chambre 211, Bob Dylan écrivit par exemple « Sad Eyed Lady of the Lowlands » (1966) ; Janis Joplin vida dans la chambre 411 de nombreuses bouteilles de Southern Comfort tout en entretenant une liaison avec Leonard Cohen, grand habitué de la chambre 424 et auteur en 1974 de « Chelsea Hotel », titre hommage à Janis et aux murs défraîchis de l'établissement.
Et la chambre 100, la plus tristement célèbre de l'hôtel ? Le 12 octobre 1978, Nancy Spungen, la copine *junky* de Sid Vicious, y est retrouvée poignardée et vidée de son sang dans la salle de bains. Coup de folie du bassiste des Sex Pistols ? Embrouille avec un dealer ? Fortement suspecté – il était propriétaire du couteau –, envoyé en prison puis libéré sous caution, Vicious succombera à une overdose dans une chambre d'hôtel anonyme de Greenwich Village le 2 février 1979, emportant peut-être (était-il seulement conscient lors du drame ?) le secret de la chambre 100 qui reste aujourd'hui l'une des plus demandées par les clients.
En 2011, pour avoir le privilège de dormir entre ces murs chargés dans tous les sens du terme, prévoyez de réserver au moins deux mois à l'avance et comptez un prix moyen de 250 euros la chambre… le tarif pour entrer, ne serait-ce qu'une nuit, dans la légende et inscrire son nom dans le registre, bien sûr.

**« Quand on faisait venir The Clash ou Stranglers pour *Chorus*, ça se passait toujours mal. Les mecs pétaient tout, c'était bien, c'était vivant. Pour moi, l'essence d'une émission de rock, c'est ça, elle doit gratter, emmerder un peu tout le monde… »**
Antoine de Caunes, 2008.

# L'Empire et le meilleur CHORUS

De 1978 à 1981, « le fanzine télévisuel » *Chorus*, diffusé le dimanche midi entre *Le Jour du Seigneur* et *Téléfoot* (puis le samedi à 18 heures) sur Antenne 2, a constitué la seule alternative rock aux shows variétés de Gilbert et Maritie Carpentier. Chaque semaine, pendant quarante minutes, Antoine de Caunes[x] (avec Jacky Jakubowicz, le futur Jacky de Dorothée) recevait et présentait deux groupes enregistrés *live* sur la scène du théâtre de l'Empire : c'étaient, tour à tour, The Clash, Dire Straits (premier concert français), The Cure (qui délivre en 1979 une première version de « A Forest », méconnaissable), The Police, Dr. Feelgood, Kraftwerk, Devo, Stranglers… – quelques-uns de ces shows historiques figurent sur un DVD publié par l'INA en 2010. Si les concerts étaient généralement très agités (un groupe de personnes qui voulaient entrer gratuitement au concert des Stranglers a ainsi littéralement ravagé le théâtre de l'Empire), les tractations en coulisses[x] ne l'étaient pas moins. Comme ce coup de fil de James Brown, une heure avant le concert, qui demande une rallonge de 5 000 dollars pour monter sur scène. De Caunes (également producteur) l'informe que les banques sont fermées le samedi mais que le *Godfather of Soul* recevrait, promis juré, 5 000 dollars cash le lundi suivant à son hôtel. Brown joue, de Caunes s'enfuit en courant avec les bandes avant le premier rappel et diffuse le concert sur Antenne 2. Résultat ?
« Ben après, pendant deux ans, à chaque fois que James Brown passait à Paris, il demandait à tout le monde où il pouvait me trouver », se souvient Antoine de Caunes.

# Clip vidéo

## Video Killed the radio star

**« Probablement le pire truc qui soit arrivé au rock and roll »** Keith Richards, 1992.

Un piano, quatre musiciens aux coupes de cheveux improbables dont un chanteur, Freddie Mercury, qui vocalise des *Mama mia*, *Galileo* et autres *Scaramouche* à tout bout de champ… Tourné en seulement quatre heures en 1975 pour être diffusé dans l'émission britannique *Top of The Pops*ˣ, *Bohemian Rhapsody*, du groupe Queen, n'est pas le premier « court métrage musical » de l'histoire (les *soundies* américains des années 1940 et les scopitones français des années 1960 avaient ouvert la voie ; les Beatles en avaient tourné plusieurs au cœur des *sixties*), mais bien le premier à avoir été filmé en vidéo et non pas en 16 ou 35 mm. Le genre « clip vidéo » était donc né et aida incontestablement Queen à truster les hit-paradesˣ du monde entier. De quoi se poser des questions…
Rebelote deux ans plus tard, avec l'énorme succès du clip du non moins énorme tube de Meat Loaf, « Bat Out Of Hell ». L'album éponyme compte d'ailleurs aujourd'hui parmi les disques les plus vendus dans le monde (quarante millions d'exemplaires). Cette fois les maisons de disques sont convaincues : le clip vidéo est le vecteur de communication idéal non seulement pour présenter un groupe à l'international mais aussi pour booster les ventes de disques. Le phénomène deviendra une industrie à part entière avec >

Queen : « Bohemian Rhapsody »

Michael Jackson : « Thriller »

### LES ANNÉES SCOPITONE

Inventé en 1960 par la Cameca, une filiale française de Thomson, le Scopitone était un juke-boxˣ muni d'un écran qui, moyennant une pièce de monnaie de l'époque, diffusait des mini-films en 16 mm couleur (au temps où la télé était encore en noir et blanc) mettant en scène les artistes français de toutes obédiences (chanson, rock, yé-yé, etc.) et même quelques vedettes internationales (Julie Driscoll, Procol Harum, Aphrodite's Child…). Jusqu'en 1974, quelque trois cents machines ont ainsi fait entrer dans les cafés français Johnny, Sylvie, Sheila et consorts. Les réalisateurs Claude Lelouch et Alexandre Tarta y ont fourbi leurs premières armes, sans oublier Andrée Davis-Boyer, productrice et réalisatrice de plusieurs centaines de films et surnommée à juste titre « Mamy Scopitone ».

Peter Gabriel : « Sledgehammer »

Les Rita Mitsouko : « C'est comme ça »

la création de la chaîne MTV[x] en 1981, qui ouvrira le robinet à clip, jamais tari depuis. Le premier clip vidéo diffusé par la chaîne américaine annonçait d'ailleurs clairement la couleur : *Video Killed the Radio Star* des Buggles.
En 1983, le clip de *Thriller*, de Michael Jackson, réalisé par John Landis avec un budget de 500 000 dollars, marque un tournant majeur : réussite artistique indéniable qui emprunte aux meilleures techniques de la pub et du cinéma et qui va permettre, à terme, de décloisonner la musique et les artistes noirs, *Thriller* est proposé en trois versions de quatre, dix ou vingt minutes. Surtout, pour la première fois, les chaînes qui souhaitaient le diffuser devaient l'acheter comme un vrai film. D'œuvre promotionnelle, le clip accéda ainsi au statut d'œuvre d'art qui peut rapporter gros… Mais pour un John Landis, un Jean-Baptiste Mondino (Rita Mitsouko, Madonna), un Julien Temple (Téléphone, David Bowie), un Michel Gondry (Björk, Radiohead), un Nick Park (réalisateur en 1987 de *Sledgehammer*, clip animé pour Peter Gabriel qui l'amènera à créer *Wallace & Gromit* à partir de 1989), combien de miroirs qui se brisent en éclats sans raison, d'explosions bidons au ralenti, de pluies artificielles, de poses ridicules qui tuent, de playbacks approximatifs, de pétasses qui secouent leur bassin au bord de la piscine… Finalement Keith Richards n'a peut-être pas tort, lui qui a finalement été transformé par David Fincher (*Se7en*, *Fight Club*) en géant dégingandé dans le clip de *Love is Strong* (1994) des Rolling Stones.



**« J'ai sniffé mon avion. J'ai sniffé ma Porsche, ma maison. En quelques années, j'ai dû sniffer le produit national brut de la Colombie ! »** Steven Tyler, Aerosmith, 1990.

Steven Tyler (Aerosmith)

# COCAÏ

## Coke en stock

Dopant sexuel (Freud la prescrivait pour favoriser la masturbation), stimulant cérébral et physique qui procure un sentiment d'invulnérabilité (« Je ne connais aucun remontant de la force de la coke », écrivait William Burroughs), désinhibant social… pas étonnant que ce produit extrait des feuilles de coca sud-américaines soit devenu, à partir des années 1970, l'une des drogues préférées de l'aristocratie rock, après avoir été longtemps celle des nababs et des stars de Hollywood.
*Connection*, le mémorable dealer interprété par Phil Spector dans le film *Easy Rider*[x], mit le feu aux poudres en 1969. Musiciens, producteurs[x], managers[x], roadies[x], groupies[x], pour toute l'industrie du rock il était désormais devenu hip de sniffer (le plus souvent), de s'injecter ou de fumer (plus rarement, jusqu'à l'arrivée du crack) la coco, la neige, la fée blanche, la CC, quel que soit son sobriquet. Mais, à l'inverse du haschisch[x], drogue rassembleuse et relativement bon marché, la cocaïne, par son prix élevé, était réservée à l'élite rock qui avait les moyens de son addiction. À l'époque, le succès d'un groupe se mesurait aussi aux quantités de cocaïne qu'il pouvait s'enfiler dans le cornet et offrir à son entourage. Au plus fort du succès d'Aerosmith (l'album *Rocks* enregistré dans un grand nuage de poudre en 1976) et de sa dépendance, Steven Tyler préparait scrupuleusement, avant chaque concert, quelques lignes sur les amplis, qu'il sniffait ensuite discrètement, entre deux morceaux.
Neil Young (défoncé jusqu'aux yeux pendant l'enregistrement de *The Last Waltz*), David Bowie, Elton John, Marvin Gaye, Eric Clapton et Keith Richards, tous ont confessé que certains de leurs albums n'auraient pas eu la même « sonorité » sans

les effets de cette coco qui fit tant de ravages dans les années 1980. En cause, le succès du crack, également appelé rock (*sic*). Bon marché mais créant une dépendance physique immédiate (alors que la coco ne suscite qu'une dépendance psychologique), cette forme de cocaïne mélangée avec du bicarbonate de soude a contribué à démocratiser la consommation de la poudre blanche, désormais prisée dans tous les milieux : du *golden boy* stressé au rastaman faussement cool, du rappeur bling bling au chanteur de country nasillard, beaucoup ont laissé leur créativité, leurs neurones et leur santé sur le miroir ou au fond d'une pipe.

La cocaïne aura cependant eu le mérite d'avoir inspiré quelques morceaux d'anthologie du répertoire rock, qui n'œuvrent pas dans le prosélytisme mais dénoncent sans mièvrerie ni démagogie les affres de la dépendance et de la déchéance dues à la consommation : « Cocaïne Blues » (chanson traditionnelle popularisée par Johnny Cash en 1968), « Coco and Co » (Serge Gainsbourg, 1964), « Hotel California » (The Eagles, 1976), « Cocaine » (J.J. Cale, 1976, puis Eric Clapton, 1977), « White Line » (Neil Young, 1990)... De l'avis des intéressés, en ce qui concerne la poudre, mieux vaut prendre celle dite d'escampette...

**« C'est sûrement l'un des meilleurs films que j'aie jamais vus sur le rock and roll. *Cocksucker Blues* vous permet de vous rendre compte que rock-star est bien le dernier truc que vous auriez envie de devenir »**
Jim Jarmusch[x], 2004.

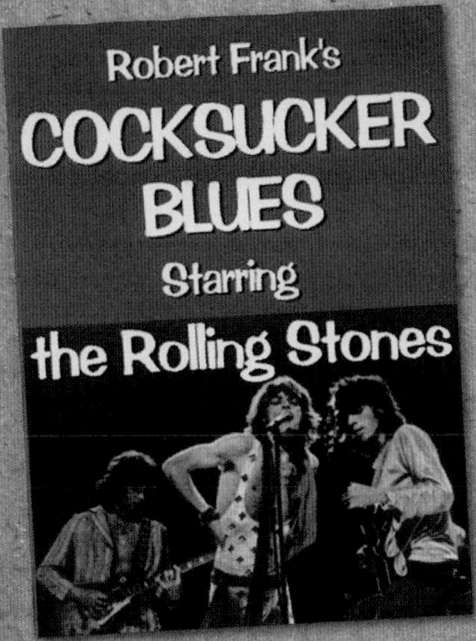


# Cocksucker Blues

Mick Jagger se caressant l'entrejambe pendant que Keith Richards pianote sur un Steinway, le même Keith Richards, shooté jusqu'à l'os, s'effondrant subitement sur un banc dans un commissariat, deux roadies[x] honorant sans ménagement une groupie[x] plus ou moins consentante, Jagger reniflant des cristaux... Bienvenue dans le monde merveilleux des Rolling Stones, bienvenue dans le film commandité puis interdit par les Pierres qui Roulent elles-mêmes : *Cocksucker Blues* (littéralement « blues du suceur de pine »), du nom d'une chanson de fin de contrat signée Jagger et refusée en 1970 par Decca Records car elle évoquait ouvertement, et en des termes inacceptables, la prostitution adolescente.

## Film maudit

1972 : pour la première fois depuis la tragédie d'Altamont[x] en 1969, les Stones foulent à nouveau le sol américain à l'occasion de la dantesque tournée STP (Stones Touring Party), soit cinquante et un concerts en deux mois, de Vancouver à New York. Déjà auteur de la pochette de l'album *Exile On Main Street*, le photographe suisse Robert Frank est >

réquisitionné par Jagger qui lui laisse carte blanche pour capter en super 8 la caravane stonienne en goguette. Caméra à l'épaule, Robert Frank et son coréalisateur, l'ingénieur du son David Seymour, délaissent immédiatement la scène pour mieux se concentrer sur l'envers du décor sulfureux du plus grand groupe de rock au monde : drogues à tous les étages, sexe à toutes les sauces… et l'ennui, ce mortel ennui qui étreint les musiciens entre deux concerts plus ou moins réussis, deux hôtels de luxe sans âme et deux groupies juvéniles déjà blasées, déjà chiffonnées par les excès.

Crues et monochromes, les images de Frank révèlent des Stones au bord de la rupture mentale et physique, prisonniers de leurs démons et de leur légende qu'ils aiment néanmoins cultiver : les mémorables scènes de partouze en avion et le lâcher de téléviseur du neuvième étage de l'hôtel ont ainsi été « organisées » pour la caméra de Frank qui commence sérieusement, lui aussi, à péter les plombs : « Il y a beaucoup de raisons pour lesquelles j'ai accepté de faire le film. L'argent, d'abord. Ensuite, j'étais intrigué, je voulais savoir jusqu'où je pourrais tenir le coup. J'étais aussi intéressé par le pouvoir, le contrôle ; un truc qui semble fasciner Jagger. Mais ça a vite dégénéré : je n'ai pas tenu le coup. Trop de drogues. » Son comparse David Seymour sombrera d'ailleurs dans la came durant la tournée et sera assassiné par des dealers trois ans plus tard.

Après deux ans de tournage et de montage, alors que le film est prêt à sortir, les Rolling Stones bloquent sa distribution. Différents motifs ont été invoqués au fil des années : Bianca Jagger, qui fait une apparition avec quelques autres célébrités (Andy Warhol*, Truman Capote, Terry Southern…), n'aurait pas souhaité être associée à ces quatre-vingt-cinq minutes de débauches, Jagger se serait trouvé bien terne par rapport à Keith Richards dont l'aura déglinguée vampirise le film (à l'époque, Richards était d'ailleurs l'unique membre du groupe à approuver le travail de Robert Frank), le manager de Stevie Wonder, qui assurait la première partie des concerts, aurait mis son veto de peur que le scandale ne rejaillisse sur son poulain… Il semble que les Stones n'aient tout simplement pas voulu courir le risque, fort probable, d'être interdits de séjour aux États-Unis en raison du caractère licencieux du film. Quoi qu'il en soit, le juge saisi de l'affaire prononça un jugement surnaturel qui court encore aujourd'hui : *Cocksucker Blues* ne pourra être diffusé que cinq fois par an, obligatoirement en présence du réalisateur. En dehors de ces projections officielles, la bobine restera à l'abri dans le coffre-fort de Marshall Chess, homme de confiance du groupe et producteur financier du film. Commence alors la légende de *Cocksucker Blues*, l'œuvre maudite dont les fans, pendant près de trente ans, vont s'échanger sous le manteau des copies de copies délavées. Dorénavant disponible en quelques clicks sur la toile, ce modèle de cinéma-vérité que l'on jurerait aujourd'hui filmé sur un téléphone portable, met à nu la chair d'un fantasme nommé Rolling Stones et constitue l'anti-*Shine a Light* par excellence. Rien que pour cela…

# Nik
## Le parrain

**« La clé d'une écriture rock se trouve dans une attitude, dans une certaine approche, plutôt que dans le fait d'écrire ou non sur le rock. »**
Nik Cohn, 1999.

# Cohn

Auteur de *Market*, premier roman qu'il publie à l'âge de dix-huit ans, le jeune journaliste anglais Nik Cohn s'ennuie copieusement dans les colonnes de *The Observer*. Les critiques musicaux de l'hebdomadaire dominical, tous quadra- ou quinquagénaires, s'avouent complètement dépassés par l'explosion des Beatles et des Rolling Stones. Avec l'accord de son rédacteur en chef, Nik publie alors un premier article sur les Who, groupe Mod[x] dont il connaît bien le guitariste-compositeur-leader Pete Townshend ; il partage avec lui une passion pour le flipper[x] qui influencera la création du célèbre opéra rock[x] *Tommy* (1969). Celui qui fut marqué à vie par l'écoute de « Tutti Frutti » de Little Richard à l'âge de onze ans – et qui saura s'en souvenir – avait trouvé sa voie et devint l'un des tout premiers journalistes à formaliser un discours argumenté sur le rock and roll et sa mythologie naissante.

Après quatre ans de chroniques musicales pour la presse anglo-saxonne, Nik Cohn rédige en sept semaines son deuxième ouvrage, *A wop bop a loo bop a lop bam boom*, soit une brillante vision subjective de l'histoire du rock qui posera les principes fondateurs d'un nouveau genre littéraire, la rock-critique, dont il fait désormais figure de parrain. En 1969, tout est déjà là, comme gravé dans le marbre : le récit semi-autobiographique qui oscille entre fiction et réalité, la mauvaise foi et le cynisme de rigueur, la fixette sur un chanteur méconnu (P.J. Proby, érigé en pur génie), la dimension sexuelle (« Tina Turner se secouait toujours au-dessus de nous, son cul explosait encore, et elle nous toisait, triomphante »)… Première étude de référence sur la *pop culture*, *A wop bop a loo bop a lop bam boom* saisit à vif la pulsation du rock et constitue le testament de l'auteur qui souhaite alors, selon ses propres termes, « aller voir ailleurs ».

Mais la musique n'en avait heureusement pas terminé avec la plume de Nik Cohn. En 1974, dans *Rock Dreams*, il appose ses légendes laconiques sur les fantasmes rock dessinés par Guy Peellaert[x] avec lequel il signera un deuxième ouvrage en 1999, *Rêve du xxe siècle*. En 1975, le *New York Magazine* lui commande un article sur l'évolution de la musique noire. Fraîchement débarqué à New York et totalement ignorant en la matière, Nik Cohn s'inspire très largement des Mods britanniques qu'il a côtoyés dans les années 1960 et les transpose dans la Big Apple du milieu des *seventies*. L'article intitulé « Tribal Rites of the New Saturday Night » sera adapté au cinéma sous le titre *La Fièvre du samedi soir*, film à succès, qui lancera la mode disco, révélera John Travolta et assurera à Cohn une jolie rente. *Ball the Wall*, une anthologie indispensable de ses meilleurs articles consacrés au rock, a été publiée en 1989 (Pan Books) et contient, entre autres, la saga mouvementée de ses rencontres avec le producteur[x] Phil Spector, qui n'hésitait pas à le faire attendre trois jours durant dans une chambre du Chateau Marmont* avant de daigner apparaître.

Actuellement chroniqueur au *Guardian*, Nik Cohn œuvre aujourd'hui dans la sociologie de terrain. Sa méthode de prédilection ? S'impliquer totalement dans le sujet avant de le disséquer sous forme de chroniques réalistes dans des livres passionnants : *Broadway, la Grande Voie blanche* en 1992, exploration de New York où l'auteur s'est tellement immergé qu'il fut arrêté à tort pour trafic de drogue ; *Anarchie au Royaume-Uni* en 1999, radioscopie de la « Grande-Bretagne d'en bas », et *Triska* en 2005, où il s'improvise producteur de Bounce (rap ultra-sensuel) à La Nouvelle-Orléans.

### LA FIN DU ROCK ?

**Sans le savoir, Cohn a également formalisé un item toujours vivace : le mythe de la fin du rock. Selon lui, la messe était déjà dite en 1969 (pour d'autres, il faut remonter au départ d'Elvis au service militaire[x] en 1958). En effet, si l'explosion pop a fait souffler un vent de liberté sur la vie des adolescents, l'auteur de *A wop bop a loo bop a lop bam boom* constate amèrement dès 1969 qu'elle est très vite devenue une industrie à part entière, composée de managers[x] véreux, de maisons de disques esclavagistes et de profiteurs de tout poil. Un gimmick nostalgique récurrent depuis, sur lequel, paradoxalement, le rock et ses exégètes vivent plutôt bien depuis plus de quarante ans. Le mot de la fin, justement, revient à Lemmy Kilmister, inoxydable chanteur-bassiste de Motörhead, qui déjà en 2000 déclarait : « Si le rock and roll est mort, pourquoi suis-je toujours vivant ? »**

# Combi VW
## En roue libre

**«Le combi était une maison mobile hippie, un véritable objet culte sur roues...»**
Pete Townshend, The Who, 2007.

The Who, Scorpions et beaucoup d'autres groupes de rock, célèbres ou anonymes, ont usé leurs fonds de culotte et avalé des kilomètres de bitume sur les banquettes du fameux minibus Volkswagen, baptisé Combi en France, CamperVan en Angleterre et Bulli (bouledogue) en Allemagne, son pays d'origine. Assez bon marché en seconde main, assez grand pour caser tous les instruments, assez spacieux pour trimballer le groupe et ses groupies* entre deux concerts, le minibus Volkswagen lancé en 1950 est très vite devenu le moyen de locomotion préféré des rockers en herbe et plus généralement de la jeune garde éprise de liberté : la *Beat Generation** taillait la route à son bord, les hippies* garaient leur Box Westfalia peinturluré (le premier camping car !) sur les parkings des festivals, les garçons de la plage y entassaient leurs *long boards*, et les *travellers* anglais des années 1990 y installaient leur *sound system* techno... Seule la France, fortement attachée à deux véhicules tout aussi mythiques, la 4L et la 2CV, résista en partie au succès mondial du Combi. Aujourd'hui exclusivement fabriqué au Brésil (comptez entre 16 000 et 20 000 euros sans les frais de douanes), l'increvable Combi continue de tracer la route et de susciter une sympathie instantanée. En croiser un suffit pour se replonger quelques années en arrière et avoir envie de réécouter, par exemple, *The Freewheelin' Bob Dylan* (1963), le deuxième album « en roue libre » de Dylan, à la pochette « combi » d'origine contrôlée.

# COMICS
## Rock league

**Aux États-Unis, point d'*Iliade* et d'*Odyssée* comme sur notre bon vieux continent.** Non, la mythologie américaine s'habille en collant moulant bleu avec une cape rouge et ne supporte pas la Kryptonite. Depuis la création de Superman en 1938, les Batman et autres Wonder Woman peuvent être considérés comme les Achille et Hélène du Nouveau Monde. Des planches de salles de concerts aux planches des *comics*, certaines rock-stars n'ont pas hésité à muter en super-héros intergalactiques.

Les quatre affreux peinturlurés de Kiss apparaissent dès 1977 dans plusieurs *comic-books* (publiés par la légendaire maison Marvel Comics) qui leur sont entièrement dédiés. Dotés évidemment de super-pouvoirs, the Starchild (Paul Stanley),

the Demon (Gene Simmons), the Cat (Peter Criss) et the Space-Ace (Ace Frehley) luttent contre le méchant Dr Doom, pactisent avec le diable et débarquent même à Woodstock˟ ! Les super-aventures de Kiss constituent l'une des meilleures ventes de Marvel, aidée il est vrai par la notoriété et le sens des affaires du groupe qui n'a pas pour habitude de faire dans la dentelle. Ainsi, pour promouvoir le premier volume, les quatre Kiss ont donné leur sang afin qu'il soit mélangé à l'encre rouge utilisée pour l'impression, certificat d'« authenticité » à l'appui. Alice Cooper a également rejoint deux fois la corporation des super-héros de Marvel : en 1979 avec un scénario fondé sur l'album *From the Inside (1978)*, et en 1994 pour accompagner la sortie de l'album *The Last Temptation*, en collaboration avec Neil Gaiman, le créateur de *Sandman*.
Vous l'aurez sans doute remarqué, Kiss et Alice Cooper possédaient quelques prédispositions idéales : maquillage outrancier, tenues de scène invraisemblables, shows grand-guignolesques… autant de gages de crédibilité instantanée auprès des fans de *comics*. Depuis quelques années l'éditeur américain Rock'n'Roll Comics propose des biographies en BD de rock-stars, généralement scénarisées et dessinées à la serpe. En 1990, le même éditeur a publié un *comics* surnaturel mettant en scène Alice Cooper, Lita Ford, Metallica, Def Leppard et Ozzy Osbourne… un rêve pour tout organisateur de concerts de hard-rock˟, un cauchemar pour les autres !

## Tubes à gogo

# COMPILATIONS

**Du temps où la musique s'achetait en vinyle˟ ou en laser chez les disquaires, les compilations, *best-of* et autres *greatest hits* avaient plutôt mauvaise réputation** parmi les puristes qui estimaient souvent que l'œuvre d'un musicien ne pouvait être découpée en rondelles. Et pourtant, qu'elle réunisse les hits d'un artiste ou d'un genre musical, la compilation profitait à tout le monde. Aux fans˟ tout d'abord, qui disposaient sur un même album du meilleur de leurs groupes favoris, ou qui pouvaient découvrir sur une seule galette l'essentiel du répertoire d'un musicien qu'ils ne connaissaient pas encore. Aux artistes ensuite, qui occupaient ainsi le terrain sans grand effort avec différents objectifs plus ou moins avouables : alimenter le compte en banque (*The Immaculate Collection* de Madonna, meilleure vente de tous les temps dans la catégorie compilation d'artiste solo avec 27 millions d'exemplaires écoulés au mois d'avril 2010), clôturer un contrat avec une maison de disques (l'album *live* pouvait également jouer ce rôle), et même relancer une carrière en perte de vitesse (les Beautiful South avec *Carry on up the Charts* en 1994). Pour les maisons >

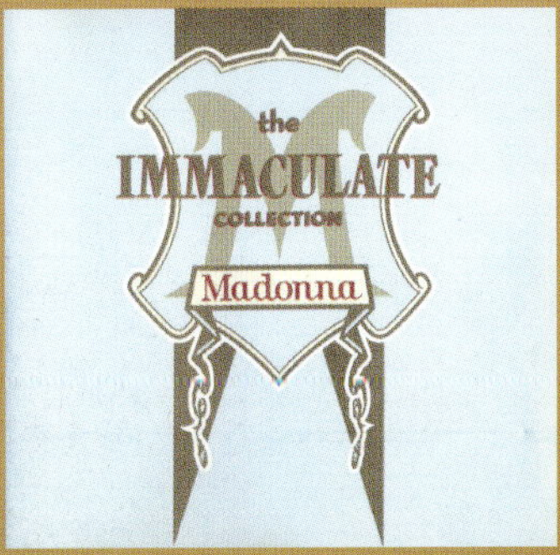

de disques enfin, la compilation représentait le jackpot assuré, re-commercialisable tous les quatre ou cinq ans sous un nouveau packaging, agrémenté de morceaux inédits ou remixés pour attirer le chaland. Preuve de leur intérêt, certaines compilations ont acquis un statut mythique et même influencé des générations de musiciens, à l'image de *Nuggets* (« pépites »), sorti en 1972. Initié par Lenny Kaye[x], ce double album, qui réunit les perles du rock garage US des années 1960 (édition augmentée sortie en 1998 chez Rhino Records), a constitué le mode d'emploi en trois accords de jeunes branleurs qui, quelques années plus tard, fomenteront des deux côtés de l'Atlantique le mouvement punk. Notons que le succès jamais démenti de *Nuggets* a suscité des imitations (la série *Pebbles* – « cailloux » – en vingt-huit volumes) et des produits dérivés (les coffrets *Nuggets II*, dédié aux groupes britanniques et du Commonwealth, et *Children of Nuggets*, consacré aux groupes garage des années 1980 et au-delà) démontrant la vitalité du genre. Aujourd'hui, en ces temps de Web 2.0 et d'iPod[x], la compilation officielle ne fait plus recette. L'heure est plutôt à la compil perso numérique et dématérialisée parmi les millions de titres disponibles en quelques clicks sur la toile. *Do it yourself !*

# CONVERSE

## En grande pompe

**James Dean les portait blanches dans *La Fureur de vivre*[x] en 1955,** Michel Polnareff les préférait noires avec des lacets jaunes, Hunter S. Thompson[x] ne les quittait jamais, Mick Jagger en était chaussé le jour de son mariage avec Bianca en 1971, Iggy Pop et ses Stooges ont joué pour les cent ans de la marque à Paris en 2008 (l'un des derniers concerts du guitariste Ron Asheton), The Strokes et Green Day les arborent aujourd'hui sur les scènes du monde entier... Depuis les années 1950, la *Converse Chuck Taylor All Star* est indissociable de l'univers rock. Rien ne prédestinait pourtant cette rudimentaire chaussure montante en toile et à la semelle en caoutchouc, créée en 1908 pour les joueurs de baskets américains, à devenir le signe distinctif d'une attitude *à la coule*, après avoir été synonyme de rébellion. Car pour que votre tante arrose aujourd'hui paisiblement ses plantes à Jouy-en-Josas, chaussée de Converse, il aura fallu que des teenagers américains des *fifties*, fans de rockabilly, osent pénétrer Converse aux pieds dans leur lycée, quel que soit le nombre d'heures de colle à la clé. Peu chère, pratique et personnalisable, la chaussure à l'étoile quittera alors progressivement les terrains de sport pour entrer dans les salles de concerts et séduire toutes les générations musicales : les hippies, les punks, les grunges, les rockabs, les rappeurs, les babyrockers... jusqu'à votre tante donc. Propriété de Nike depuis 2003, Converse capitalise sur son patrimoine historique lié au rock et commercialise depuis 2009 plusieurs collections dédiées au genre : *British Invasion* (The Who, Pink Floyd), *Music Collaboration* (Metallica, AC/DC)... Plus ou moins réussis, ces modèles fabriqués en série limitée ne détournent pas pour autant les puristes de leur mission : la quête de la *Converse Chuck Taylor All Star* authentique. Noire ou à la rigueur dans l'une des six autres couleurs lancées en 1966, elle doit avoir été fabriquée avant les années 1990 et la délocalisation des chaînes de montage en Asie. Au fait, votre tante, elle les a depuis quand ses Converse ?

# COULISSES

## L'envers du rock

**Ah, les coulisses ! le fameux *backstage*, le fantasme du spectateur lambda** qui serait prêt à s'infliger l'intégrale de Barclay James Harvest pour décrocher un *pass* sacré et pénétrer dans l'envers du décor. Là où les groupies[x] s'agitent, où les dealers s'activent, où les musiciens s'échauffent, où les contrats se signent, où les roadies[x] transportent des *flight cases* au nom du groupe, où les amis d'amis du cousin de l'éclairagiste viennent trouver un peu de gloire… Les *backstages* rock des années 1960 et 1970 ressemblaient bien à tout cela, un microcosme toxique en forme de quintessence de l'axiome *Sex, drugs and rock and roll*, si bien restitué dans *Cocksucker Blues*[x] et *Presque célèbre* de Cameron Crowe en 2000. À partir des

années 1980, avec l'arrivée des top-models qui renvoient les groupies historiques au fond de la salle et le développement des concerts gigantesques dans les stades, les coulisses ont perdu de leur superbe et font désormais l'objet d'une organisation paramilitaire. Les grosses têtes d'affiche exécutent généralement leur balance dans l'après-midi (quand elles s'en chargent personnellement), débarquent sur le site deux heures avant le show et sont embarquées en peignoir dans une limousine à

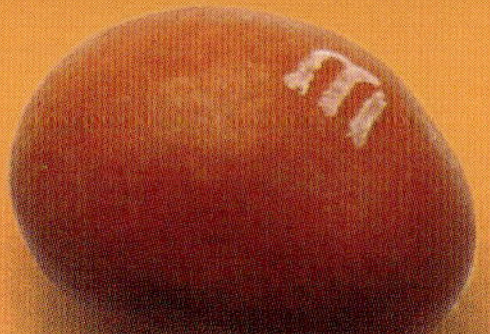

peine la dernière note jouée. Le syndrome *Elvis has left the building* (Elvis a quitté les lieux) est clair : inutile de vous époumoner à demander un rappel, circulez, il n'y a plus rien à voir ! En coulisse, cela laisse peu de temps pour la rigolade, les galipettes, les gâteries chimiques… Ces loisirs créatifs sont désormais pratiqués dans des *afters* privés ou dans les chambres d'hôtel. Les loges d'artistes ne sont plus ces sanctuaires sacrés où s'écrivaient parfois la grande et la petite histoire du rock, comme en ce mois de décembre 1959 où Line Renaud assista à l'unique prestation d'Elvis Presley en France… dans sa loge du Casino de Paris, quatre heures durant, et avec le Golden Gate Quartet s'il vous plaît ! Le King, alors en permission militaire à Paris, avait souhaité saluer Line Renaud après son spectacle, était tombé sur le Golden Gate Quartet, avait déniché une guitare… Autre temps, autres mœurs, autres loges, celles des frères Gallagher du groupe Oasis, tête d'affiche du festival *Rock en Seine* 2009. Quelques minutes avant de monter sur scène, Liam Gallagher, bourré, insulte les enfants de son frère Noel, lequel brise une guitare avant de quitter le festival. Concert annulé, groupe séparé ! ☠

**CE QUE ROCK-STAR VEUT…**

Des jouets Lego pour Placebo, des caisses de champagne rosé Laurent Perrier pour Elton John, un stock de sous-vêtements pour Moby, des plats végétariens pour Paul McCartney… les exigences *backstage* des musiciens en tournée frisent souvent le ridicule et le caprice infantile. Au début des années 1980, sous peine de saccage instantané de leur loge, les très facétieux Van Halen imposaient dans la clause nº 126 de leur contrat de trouver dans leur loge une coupe de M&M's… mais sans les bonbons de couleur marron.

Au sommet de leur gloire pendant la tournée mondiale *Use Your Illusion* (1991-1993), le groupe américain Guns N'Roses employait une personne pour uniquement contrôler la température et les lumières du *backstage*. Le groupe exigeait également d'avoir à sa disposition des jeux vidéos, du matériel hi-fi et un circuit privé de caméras vidéo qui balayait le public afin de sélectionner les filles qui auraient l'honneur de les accompagner dans leurs virées nocturnes. Ne plus s'étonner donc que les concerts des Gunners commençaient systématiquement avec une heure minimum de retard… En coulisses, Axl Rose était bien trop occupé à exploser son score sur *Mario Kart* !

## Chaud devant ! La Coupole

**Repère des Apaches du milieu parisien dans les années 1930,** théâtre des opérations des existentialistes et du « troisième sexe » (Jean-Paul Sartre, Simone de Beauvoir), étape quasi obligatoire des Américains de passage (Ernest Hemingway, Andy Warhol^x^), la célèbre brasserie parisienne du 102, boulevard du Montparnasse fut aussi le point de chute, dans les années 1960-1970 d'une avant-garde artistique haute en couleurs, surnommée « la bande de La Coupole ». Cette joyeuse troupe de comédiens, artistes et agitateurs, ébranla en effet les piliers de la brasserie décorés par Léger ou Kisling. Parmi eux, Pierre Clémenti, Marc'O, Bulle Ogier, Jacques Higelin et Jean-Pierre Kalfon, qui sévissait alors dans de nombreux groupes de rock aux noms aussi improbables que Rock Chaud ou les Crouilles Marteaux. Les festivités à La Coupole étaient à l'image de l'époque : débridées, alcoolisées et stupéfiées. À cette bande décomplexée vint se greffer un petit groupe de jeunes gens modernes qui grâce à leurs plumes allaient devenir les pères fondateurs et les chantres du punk français : Yves *Sweet Punk* Adrien^x^, Patrick *Asphalt Jungle* Eudeline^x^, Alain *Nightclubbing* Pacadis^x^, Jean-Jacques *Rose poussière* Schuhl…

À l'instar des « Montparnos » cinquante ans plus tôt, La Coupole accueillait les fins de soirées agitées de cette faune littéraro-punk, chic et hétéroclite, comme en témoignait en 2007 le couturier Jean-Charles de Castelbajac : « Le 28 novembre 1974, nous nous retrouvons tous, les Dolls, Malcolm McLaren, Jean-Pierre Kalfon, Benjamin Baltimore, Yves Adrien, Pacadis… À La Coupole, David Johansen entame le gâteau et chante "*Happy Birthday* Jean-Charles", c'est bouleversant, champagne !!! L'addition elle aussi arrive, nous n'avons pas assez, aussi, comme un seul homme, nous nous levons et partons. P.-S. : Je suis depuis retourné sur les lieux du crime. »

## CRASH
## Y a-t-il un rocker dans

**« Si les Rolling Stones ont la moindre décence, ils se tueront dans un accident d'avion avant d'avoir trente ans. »** Nik Cohn, 1969.

Tutoyer les sommets, planer en haut des hit-parades^x^, voler au-dessus de la mêlée… le rêve de chaque rocker, mais pour certains la descente, au sens propre, a été rude et tragique.

Parmi les victimes de crash aérien entrées dans la légende, citons évidemment le célèbre trio Buddy Holly/Big Bopper/Ritchie Valens, surpris dans une tempête de neige le 3 février 1959 dans l'Iowa. Le groupe de Holly devait d'ailleurs être sous le coup d'une malédiction pugnace : David Box, celui qui remplaça un temps le chanteur binoclard au sein des Crickets, périt également dans un accident d'avion le 23 octobre 1964. Le 20 octobre 1977, quatre membres de Lynyrd Skynyrd, dont le leader Ronnie Van Zant, disent adieu à leur *Sweet Home Alabama* dans un autre crash fameux. Rendons également hommage au chanteur soul Otis Redding (son avion s'écrase dans un lac glacé du Wisconsin, le 10 décembre 1967), au beau gosse Ricky Nelson (son vieux DC3 aurait pris feu alors qu'il s'allumait une pipe de cocaïne-base, en 1985), aux guitar heros

Randy Rhoads (crashé en voulant prendre des photos aériennes du bus de tournée[x] où dormait son patron Ozzy Osbourne, en 1982), et Stevie Ray Vaughan (accident d'hélicoptère après un concert, 1990), sans oublier la bombe R'n'B Aaliyah (son petit avion était en surcharge, pour cause de garde-robe pléthorique, en 2001)… La liste est malheureusement aussi longue qu'une piste d'atterrissage. Mais l'avion ou l'hélicoptère ne sont pas forcément synonymes de morts

## l'avion ?

violentes dans l'espace rock. U2 et le Jefferson Airplane s'en sont inspirés pour baptiser leurs groupes, et en 2008 Bruce Dickinson, le hurleur en moule-burnes d'Iron Maiden, a lui-même piloté le *Ed Force One*, un Boeing 757 qui transportait le groupe, l'équipe de la tournée et douze tonnes de matériel afin de pouvoir assurer vingt-trois dates dans treize pays sur une période de quarante-cinq jours ! Finalement, et n'en déplaise à Nik Cohn[x], les Rolling Stones sont toujours vivants. Cependant, Mick Jagger aurait très bien pu devenir le responsable indirect du pire crash aérien de l'histoire de la culture rock. En 1971, dans le Dan-Air Comet que ce dernier avait spécialement affrété pour tous les invités britanniques de son mariage avec Bianca, étaient assis, accrochez bien vos ceintures : Paul et Linda McCartney, Ringo Starr, Doris Day, Roger Vadim, Bobby Keys, Eric Clapton, Ronnie Lane, Glyn Johns, Stephen Stills, Kenny Jones, P.P. Arnold… Heureusement, ce jour-là, il y avait bien un pilote dans l'avion ! ☠

# CRAWDADDY !

## L'ancêtre

**Cinq cents exemplaires ronéotypés, dix pages…**

Voilà à quoi ressemble, en février 1966, le premier fanzine de rock américain fondé par un lycéen de dix-sept ans, Paul Williams, qui baptise son œuvre *Crawdaddy !* en référence au club de ce nom où les Rolling Stones avaient donné leur tout premier concert en 1962. Un seul credo pour Williams, bientôt rejoint par trois rédacteurs principaux, Jon Landau (futur manager[x] de Bruce Springsteen), Sandy Pearlman (futur producteur[x] de Blue öyster Cult et de l'album *Give'Em Enough Rope* des Clash) et Richard Meltzer (rock-critique ésotérique) : prouver qu'il est possible d'écrire intelligemment sur le rock et ses artistes, privilège qui était alors réservé à la musique folk ou au jazz (même constat en France où un hors-série de *Jazz Hot* sera publié, également en 1966, sous le titre *Rock & Folk*[x]). >

Avec *Crawdaddy !*, un an et demi avant la naissance de *Rolling Stone*[x], le rock s'inscrit comme un élément fondateur de la contre-culture et de ses revendications. Les longues ruminations érudites de Williams sur les Byrds ou les Beach Boys, tout comme ses chroniques de disques en forme d'essais, constituent les premières fondations d'un territoire en friche : la rock-critique. En 1968, Williams estime avoir gagné sa croisade et vend *Crawdaddy !* qui étend alors sa diffusion et devient un magazine à part entière sous la rédaction en chef de Peter Knobler. En 1979, faute de revenus publicitaires suffisants, le magazine cesse de paraître, mais en 1993, retour vers le futur, Paul Williams récupère les droits du titre *Crawdaddy !* et ressuscite son enfant vingt-cinq ans après sa naissance. Mais celui qui fit partie en 1969 des choristes du 45 tours *Give Peace a Chance* de John Lennon a du mal à composer avec les nouvelles lois du business et revend le titre en 2006. *Crawdaddy !* en a vu d'autres et reparaît depuis mai 2007… sur la toile. Avec ses chroniques musicales fouillées et ses considérations autant esthétiques que politiques, Crawdaddy.com, sous la rédaction en chef de Jocelyn Hoppa, respecte à la lettre en 2011 la philosophie édictée par Paul Williams en 1966 : « Dire la vérité d'une expérience personnelle et la faire partager. »

**« Mais qui sont les lecteurs de *Creem* ? Il n'y a pas que Ginger Baker, Jack Bruce et Eric Clapton du groupe Cream, n'est-ce-pas ? »** George Harrison, 1970.

Cofondé en 1969 par Barry Kramer (propriétaire du journal), Tony Rea et Dave Marsh, *Creem* (titre inspiré par Cream, le groupe favori de Tony Rea, d'où cette saillie du soliste des Beatles) est né au milieu du brouhaha des discours politiques[x] des White Panthers (groupe d'extrême gauche). Engagée, l'équipe fondatrice envisage le rock comme une force révolutionnaire et le magazine comme le point d'union des éléments disparates de la contre-culture : le public, les artistes et les journalistes. Sans le savoir, *Creem* bénéficie d'un atout considérable : Detroit, la « Motor City » de General Motors et de la Tamla Motown, bien loin de la côte ouest, centre névralgique du business de la musique à la fin des *sixties*, et de ses inévitables pressions. Vivant et travaillant ensemble vingt-quatre heures sur vingt-quatre dans une ferme

# Creem

**America's Only Rock'n'Roll magazine**

isolée située à cinquante kilomètres du centre-ville, les rédacteurs de *Creem* vont inventer une nouvelle façon d'écrire sur le rock, dépassant *Rolling Stone*[x] créé deux ans plus tôt, déjà trop distingué pour être honnête. Burlesque, insolent, intraitable, fantaisiste, *Creem* défend Detroit et balance à la face du monde les premiers faits d'armes soniques de sa scène locale : MC5, Iggy Pop, Alice Cooper (en couverture du nº 1), Bob Seger, Parliament Funkadelic…
Orné de sa célèbre mascotte en forme de bouteille de lait, *Boy Howdy*, dessinée par Robert Crumb[x], le magazine combine une rigueur critique exemplaire, une faible tolérance à la connerie et un sens de l'humour décalé au travers de rubriques qui contribueront largement à sa notoriété : « *Creem's* profiles », pseudo-questionnaires de Proust illustrés par des photos décalées où les artistes posent avec des fausses boîtes de bière à l'effigie de la mascotte (Grace Slick y montrera un sein…) ; « Star's Cars », où les stars s'affichent avec une voiture[x], symbole industriel de Detroit (Joe Perry d'Aerosmith prendra le volant d'une corvette bleue défoncée en 1978) ; « *Creem* Dreem », portrait choc généralement dénudé (inoubliable Bebe Buell, groupie[x]-star et future mère de Liv Tyler, en petite culotte *Boy Howdy* en 1977), etc.

Parcourir l'ours de *Creem* au milieu des *seventies* s'apparente à visiter le mont Rushmore de la rock-critique : Richard Meltzer, Nick Toshes[x], Patti Smith, Greil Marcus[x], Lenny Kaye[x], Ben Edmonds, Lisa Robinson, Cameron Crowe… *Creem* attire les plumes les plus pointues et se tient à l'avant-poste des secousses musicales émergentes : le magazine de Detroit a ainsi été le premier aux États-Unis à s'intéresser au punk[x] (Ramones, New York Dolls…) et à la new wave[x] (The Cure…), tout comme il fut le premier à chanter les louanges des groupes de heavy metal : Judas Priest, Motörhead, Van Halen, Ted Nugent…

Avec une diffusion de 200 000 exemplaires, *Creem* est alors au sommet de son influence et de sa notoriété. Plus dure sera la chute qui s'amorce après la mort du fondateur Barry Kramer en 1981. Le magazine est alors vendu à Arnold Levitt qui déménage la rédaction à Los Angeles en 1987. Mais *Creem* était autant le produit d'une ambition musicale révolutionnaire que d'une ville, et loin de Detroit, le magazine perd son mordant et ses lecteurs les plus fidèles au fur et à mesure que défilent les consternantes années 1980. L'autoproclamé *America's Only Rock'n'Roll Magazine* cesse définitivement de paraître en 1988. Fondateur de *Creem Media Inc.* en 2001, Robert Matheu, photographe de *Creem* depuis l'âge de dix-huit ans, et Brian J. Bowe ont ressuscité *Creem* sur la toile, à l'instar de *Crawdaddy !*[x]. Le site Creemmagazine.com propose aujourd'hui de nombreuses archives, des chroniques sur la scène musicale contemporaine et une boutique de *goodies*… évidemment à l'effigie de *Boy Howdy*.

# CROSSROADS

## *La petite musique du diable*

**Si *crossroads* signifie littéralement « carrefour » en français, en langage blues et rock ce terme revêt une dimension diabolique.** La faute à Robert Johnson, pionnier du blues moderne, né en en 1911 dans le Mississippi, le berceau du Delta Blues. Guitariste peu doué à l'origine, Johnson était devenu au début des années 1930 un virtuose de la six cordes en seulement deux ans, dépassant de loin son mentor Son House qui lui avait un jour courtoisement conseillé d'oublier la guitare et de se consacrer à l'harmonica. Commence alors la légende de Robert Johnson, largement entretenue par l'intéressé dans sa chanson « Me And the Devil Blues » : il se serait rendu au carrefour de Clarksdale (croisement des Highways 49 et 61) pour vendre son âme au diable en échange d'une *vista* musicale surnaturelle. Johnson arrivait en effet à jouer simultanément une ligne de basse sur les cordes graves, le rythme sur les cordes du milieu et la partie *lead* sur les cordes aiguës, le tout bien sûr en chantant. Keith Richards avouera qu'il a longtemps cru que plusieurs guitaristes jouaient sur ces blues fondateurs. En lieu et place des faveurs de Satan, Johnson aurait tout appris auprès d'un autre bluesman, Ike Zinnerman, qui soutenait, lui, s'être aguerri en jouant la nuit… dans un cimetière. Il est vrai qu'à l'époque le culte vaudou importé par les esclaves africains au XVIIe siècle était encore très présent dans la communauté noire du Mississippi et servait autant à effrayer les blancs-becs qu'à forger les légendes. Coureur invétéré, fumeur de marijuana, téteur de litrons, Johnson, passé artiste professionnel, fut très vite rattrapé par sa *sympathy for the devil*. Celui qui ne jouait pas trop longtemps dans le même club de peur que sa fabuleuse technique soit découverte, celui que le célèbre producteur John Hammond recherchait en vain dans tout le pays pour en faire enfin une star, décéda en 1938, à l'âge de vingt-sept ans, apparemment victime d'une bouteille de whisky empoisonnée servie par un mari jaloux.

De Robert Johnson, il ne reste aujourd'hui que deux photos authentifiées, trois pierres tombales, vingt-neuf titres enregistrés en 1936-1937 (parmi lesquels « Sweet Home Chicago », « Love In Vain » et « Travelling Riverside Blues »), qui ont définitivement changé la vie de Bob Dylan et d'Eric Clapton, un mystérieux trentième morceau (« Mister Downchild ») et ce fameux pacte avec le diable qui lui promettait, ainsi qu'à tous ses enfants spirituels, la gloire puis la mort à l'âge de vingt-sept ans. Janis Joplin, Brian Jones, Jimi Hendrix, Jim Morrison, Kurt Cobain et Amy Winehouse, tous décédés à cet âge, auraient-ils sympathisé avec la Bête du côté du carrefour de Clarksdale ?

Robert Johnson

# Aleister Crowley

## Mage rock

**«Fais ce que tu veux doit être toute la loi.»**

Devise d'Aleister Crowley, largement inspirée du « Fais ce que voudras » rabelaisien de l'abbaye de Thélème.

Mais qui est donc Edward Alexander Crowley, dit Aleister Crowley, à qui Ozzy Osbourne a dédié un titre (« Mr. Crowley », 1981), qui a inspiré la chanson « Oh ! You Pretty Things » (1971) de David Bowie et qui figure sur la pochette du *Sgt. Pepper's Lonely Hearts Club Band* des Beatles (dernier rang, à l'extrême gauche, le chauve à la droite de Mae West) ? Né en 1875, élevé au sein d'une famille stricte et bigote (sa mère le surnommait « la grande bête 666 » de l'Apocalypse de Saint Jean et son père l'obligea à apprendre la Bible par cœur), Crowley versa très vite dans l'occultisme : en 1903, il prétend avoir été visité par un esprit nommé Aïwass, un ange du dieu Horus, qui lui aurait dicté en trois jours son grand œuvre paru en 1913, *Le Livre de la Loi*. Auteur prolifique et doué, drogué compulsif, playboy dégénéré à la sexualité insatiable, le mage Crowley aurait successivement réussi à faire disparaître son reflet dans un miroir, dansé toute la nuit avec une armée de démons au bord du Loch Ness, et initié le rituel *Sex Magik*, coït interminable sans orgasme qui provoque un état second d'extase…

Escroc maléfique ? Magicien génial ? Peu importe. Deux faits sont avérés :

– Crowley est décédé le 1er décembre 1947. Son médecin, qui avait refusé la veille de lui fournir sa dose d'opiacées et à qui il avait jeté un sort, est mort vingt-quatre heures après.

– Figure romanesque de son vivant (en 1908, Somerset Maugham le met en scène dans *The Magician*), Crowley est médiatiquement ressuscité au milieu des années 1960 grâce aux rock-stars britanniques qui s'inspirent de ses théories autant dans leurs compositions que dans leur mode de vie décadent. Plus tard, des groupes comme Iron Maiden, Killing Joke ou Christian Death rendront également hommage en musique à la philosophie du maître.

Parmi les thuriféraires du gourou[x], Led Zeppelin bien sûr, qui fera imprimer la fameuse devise sur les premiers pressages de l'album *III* (1970). Jimmy Page, grand collectionneur de grimoires et de robes ayant appartenu au mage, ira même jusqu'à acheter son ancienne demeure : l'inquiétant manoir de Boleskine, sur les rives du Loch Ness, où, selon Page lui-même, la tête d'un homme décapité des siècles auparavant roulerait chaque nuit dans les escaliers. Le virtuose du Zep, adepte du fouet, s'y serait adonné à des messes aussi noires qu'orgiaques et aurait même conclu un pacte avec le diable, son *crossroads*[x] à lui, en échange du succès du divin Zeppelin. Légende à imprimer ? Réalité à envisager ? Peu importe… une chose est sûre : le poste de gardien du manoir de Boleskine n'est pas un métier d'avenir. Un premier a essayé d'exterminer toute sa famille, un deuxième a tenté de se suicider et un troisième a perdu la raison.

### ANTON LAVEY

**Autre suppôt de Satan, l'Américain Anton LaVey, né en 1930 et décédé en 1997, est le fondateur de l'Église de Satan, toujours en activité, et l'auteur de *La Bible satanique.* Le « Pape Noir », comme le surnommaient ses disciples, prônait un satanisme fondé sur l'individualisme et les plaisirs de la chair. Plaisirs qu'il racontait avoir connus avec les deux blondes les plus plantureuses du cinéma américain : Jayne Mansfield et Marilyn Monroe. Grand inspirateur des groupes de black metal, LaVey a ordonné ministre de son Église l'un de ses plus fervents admirateurs en 1994, Marilyn Manson, qui s'attira à cette occasion les foudres des puritains américains. « Pour LaVey, explique le chanteur d'*Antichrist Superstar*, c'était également une façon de passer le flambeau : il était presque à la retraite, fatigué de délivrer le même argument depuis des années. Aucun groupe de rock important n'avait prôné le satanisme d'une manière aussi lucide, intelligente et accessible, depuis peut-être les Rolling Stones… »**

**« Janis Joplin m'a demandé un jour de lui dessiner une pochette de disque. Je suis allé traîner chez elle… J'aimais Janis Joplin, la personne, pas sa musique. »**
Robert Crumb, 1973.

# ROBERT CRUMB

## Strip Thrills

Né en 1943, le dessinateur américain Robert Crumb possède huit mille 78 tours de jazz et de blues et n'apprécie guère le rock, si ce n'est sa version péquenot et prolétaire, le rockabilly d'avant les Beatles, qu'il considère d'ailleurs comme quatre petits bourgeois opportunistes. Mais, à l'instar du vieux dégueulasse Charles Bukowski[x] avec qui il collabora dans les années 1980, qu'il le veuille ou non, Robert Crumb est indissociable de la contre-culture américaine des années 1960 qu'il croqua avec cynisme dans les pages de la *free press*[x].
En 1965, un acide initialement prescrit à sa femme par un psychiatre secoua violemment les neurones et le graphisme du jeune Crumb, accro au dessin depuis sa plus tendre enfance : dès 1967 il part s'installer à San Francisco au cœur du mouvement hippie[x]. À travers une multitude de personnages, humains et animaux, tels Fritz the Cat (chat lubrique), Mister Natural (gourou dévoyé), Bo Bo Bolinski (Américain moyen), Angelfood (plantureuse sauvageonne) ou Horny Harriett (nymphomane insatiable), Crumb jette sur le papier toutes ses obsessions et traumatismes hérités d'une éducation puritaine. L'usage intensif de drogues, les expériences communautaires, une sexualité libérée, les penchants scatologiques et fétichistes constituent les fondements du travail de Crumb qui fut plus qu'à son tour poursuivi par la censure[x] et les ligues féministes, peu réceptives à sa vision de la femme toute en seins opulents, cuisses musclées et fesses proéminentes. Janis Joplin sera ainsi représentée sur la mythique pochette de l'album *Cheap Thrills* (1968), dessinée par Crumb pour 40 dollars de l'époque. Un an plus tard, celui qui exècre le rock illustre la couverture du deuxième numéro de *Creem*[x] sur laquelle figure la bouteille de lait surnommée *Boy Howdy*, qui devient la célèbre mascotte du magazine américain.

Artiste aujourd'hui consacré et exposé dans les musées, Robert Crumb vit depuis 1993 dans le sud de la France, à Sauve, dans une maison acquise en échange de six carnets de croquis. Devenu un expert reconnu dans les 78 tours de musette parisien des années 1920 et 1930, il a joué au sein de plusieurs groupes (The Cheap Suits Serenaders, les Primitifs du Futur, etc.), et sa vie a fait l'objet d'un documentaire hallucinant réalisé par Terry Zwigoff (*Crumb*, 1994). Son dernier ouvrage, une adaptation de la Genèse en 220 pages, parue en 2009, a été salué comme un chef-d'œuvre. Le père de Fritz the Cat n'entend pas s'arrêter là : « Je crois que je vais passer les quatre prochaines années de ma vie à dessiner de la pornographie… », a-t-il confié en 2010.

# D

DÉCÈS EN TOUS GENRES 60
DEEZER 61
DIFFICILE DEUXIÈME ALBUM 62
*DIG !* 63
*DISCO REVUE* 64
DISPARITIONS 65
ALAIN DISTER 66
DOMMAGE ! 68
*DONT LOOK BACK* 69
*THE DOORS* 70
**DR. MARTENS 71**
DRUGSTORE 72

# DÉCÈS
## EN TOUS GENRES
### Ave Rock, morituri te salutant

**« OK, je dois y aller. »**
Épitaphe de Dee Dee Ramone, mort en 2002.

Selon une très sérieuse étude de l'université John Moores de Liverpool publiée en 2008 dans la revue britannique *Journal of Epidemiology and Community Health*, le risque de mort prématurée est de 70 % plus élevé pour les stars du rock que pour le reste de la population, ce risque grimpant même à 240 % durant les cinq premières années de leur succès.
Au hit-parade des causes les plus fréquentes, les overdoses (Janis Joplin, Jimi Hendrix, Keith Moon, Sid Vicious…), l'alcoolisme (Gene Vincent, Bill Haley, Rory Gallagher…), les crashs[x] aériens, les accidents de voiture[x] ou de moto[x] (Eddie Cochran, Marc Bolan, Duane Allman, Stiv Bators, Cliff Burton…), les suicides (Nick Drake, Ian Curtis, Kurt Cobain…), les meurtres (John Lennon, Marvin Gaye, Sam Cooke, Peter Tosh…), les noyades (Dennis Wilson, Brian Jones, Randy California, Jeff Buckley…)…
Les rock-stars meurent donc comme elles vivent, à fond, très rarement dans leur sommeil, ou alors étouffées par leur vomi (Bon Sott, John Bonham…). Certaines ont même fait preuve d'une originalité à couper le souffle… définitivement :

**LA GÂCHETTE FACILE** : **Terry Kath**, membre fondateur du groupe américain Chicago, vedette des années 1970, nourrissait deux passions, la guitare et le maniement des armes à feu. Le 23 janvier 1978, au cours d'une soirée en compagnie de sa femme chez un des roadies[x] du groupe, Kath sort un pistolet automatique et le plaque contre sa tempe en précisant avec un grand sourire : « Ne vous inquiétez pas, il n'est pas chargé. » Ce furent ses derniers mots…

**UN TRAIN POUR L'ENFER** : beaucoup moins connu qu'Alexis Korner, **Graham Bond** joua néanmoins un rôle primordial dans l'éclosion du British Blues Rock dans les années 1960. Dépressif abonné aux institutions psychiatriques, obsédé par l'occultisme et la magie noire (il prétendait être le fils d'Aleister Crowley[x]), Bond fut retrouvé mort le 8 mai 1974 à la station Finsbury Park sous les roues d'un train… à l'arrêt ! Chute ? arrêt cardiaque ?… Le mystère demeure, à moins que ce bon vieux Crowley ait encore fait des siennes outre-tombe.

**PAUL EST MORT !**
**En 2011, Paul McCartney est bien vivant et donne régulièrement des concerts dans le monde entier… à moins que ce ne soit pas lui mais un orphelin d'Édimbourg qui, après avoir remporté un concours de sosies, a été formé par les autres Beatles pour l'imiter. Car, à en croire la folle rumeur propagée par le DJ Russel Gibbs en octobre 1969, Paul McCartney serait mort dans un accident au volant de son Aston Martin le 9 novembre 1966 à 5 heures du matin. Sa disparition aurait été tenue secrète par le reste du groupe afin de ne pas nuire au business.**
**Si personne n'y croit vraiment, quelques-uns cherchent néanmoins des preuves et pensent en trouver dans les disques : à la fin du morceau « Strawberry Fields », une voix ânonnerait « I buried Paul » (« J'ai enterré Paul ») ; la pochette de l'album *Abbey Road* représentant les quatre Beatles sur le passage pour piétons le plus visité au monde serait en fait une procession mortuaire (le prêtre John Lennon, le croque-mort Ringo Starr, le ressuscité aux pieds nus Paul McCartney et le fossoyeur George Harrison)… Les Beatles, eux, sont bels et bien officiellement morts le 10 avril 1970 à la une du *Daily Mirror*.**

***HOME SWEET HOME*** : fait extrêmement rare pour un rocker, **Steve Marriott** passera de vie à trépas dans son lit le 20 avril 1991. Le fondateur des Small Faces et de Humble Pie n'est pas pour autant décédé naturellement et paisiblement. Une cigarette qu'il avait mal éteinte avant de tomber dans les bras de Morphée le carbonisa dans son sommeil.

**RIDEAU !** : prodigieux guitariste qui influença entre autres Franck Zappa et Stevie Ray Vaughan, pionnier de la réverb et du solo fantasque, **Johnny « Guitar » Watson** est mort d'une crise cardiaque à l'âge de soixante-six ans, au bon endroit et au bon moment : le 17 mai 1996, au Japon, sur scène, pendant un solo de guitare en *mi*... Beaucoup d'artistes donneraient leur vie pour la perdre ainsi...

## Clicks et Couacs

**Né illégalement en 2006 sous le nom de Blogmusik** à l'initiative de deux entrepreneurs français, rebaptisé Deezer en 2007 suite à un accord signé avec la Sacem, Deezer, avec plus de 13 millions d'utilisateurs, est le leader européen d'écoute gratuite légale de musique en ligne. Consultation libre dans un catalogue de plus de 7 millions de titres, création de *playlists* personnalisées et partageables, écoute de radios par genre musical, possibilité de téléchargement payant... Deezer et tous ses petits cousins (Spotify, Wormee...) apparaissent comme un Eldorado pour tout passionné de rock et comme un exemple à suivre en vue d'établir enfin un modèle économique viable pour une industrie musicale sur le déclin. Sauf que dans l'univers du click numérique, les couacs ne sont pas seulement virtuels.
Le *streaming* tout d'abord, ce principe de simple écoute d'une chanson, qui peut facilement muter en téléchargement illégal de ladite chanson grâce à quelques logiciels très efficaces et facilement disponibles sur la toile.
La rémunération des artistes ensuite, réduite à sa plus simple expression en comparaison des revenus publicitaires engrangés par Deezer et consorts. La Sacem indique ainsi recevoir 0,07 euro pour chaque morceau écouté sur Deezer. Cette somme est ensuite divisée équitablement par trois entre le ou les auteur(s), le ou les compositeur(s) et l'éditeur. La rémunération de l'interprète dépend quant à elle des accords passés ou non entre les sites de *streaming* et les maisons de disques détentrices des catalogues. À titre d'exemple, en 2010, Lady Gaga, l'une des plus grosses vendeuses de disques au monde, a touché 167 euros en trois mois de présence sur le site Spotify. On ne pleurera pas ici sur les revenus numériques de la Gaga mais plutôt sur ceux des artistes débutants et beaucoup moins connus...
Cela dit, Deezer est dorénavant le compagnon musical quotidien de millions d'internautes qui utilisent le site comme une radio dont ils sont à la fois les programmateurs et les auditeurs. Pour information, cette entrée a d'ailleurs été rédigée sur fond d'une incroyable *playlist* dénichée sur Deezer, composée d'obscurs groupes punks californiens du milieu des années 1980. Comme quoi, la fin justifie toujours les moyens !

**Les autorités sanitaires du rock le savent bien :** tous les artistes sont touchés un jour ou l'autre par le syndrome du toujours « difficile deuxième album ». Aucun vaccin efficace n'a à ce jour été trouvé pour lutter contre ce virus qui atteint toutes les couches de la pyramide sociale du rock. Que ce soit le nouveau groupe à succès, attendu au tournant et qui aura peur de ne pas être à la hauteur de son premier disque, ou bien le groupe inconnu qui, le plus souvent, tiendra là sa dernière chance de faire ses preuves. Et puis que faire pour le deuxième album ? Mitonner les mêmes recettes employées pour le premier opus, au risque de se répéter en moins bien et de lasser ? S'orienter vers de nouvelles directions qui pourraient décevoir les adeptes de la première heure ? Plus qu'un passage obligé, le deuxième album s'apparente à un rite initiatique qui, en général, détermine l'avenir d'une carrière, qu'il soit un chef-d'œuvre ou une abomination.

# Difficile deuxième album

## Syndrome rock

**ILS SONT DEVENUS DES CLASSIQUES** : *Disraeli Gears* (Cream, 1967), *Led Zeppelin II* (Led Zeppelin, 1969), *Fun House* (The Stooges, 1970), *Crache ton venin* (Téléphone, 1979), *Overkill* (Motörhead, 1979), *The No Comprendo* (Rita Mitsouko, 1986), *Doolittle* (The Pixies, 1989), *Nevermind* (Nirvana, 1991)...

**ILS N'ONT JAMAIS FAIT MIEUX DEPUIS** : *Bummed* (Happy Mondays, 1988), *(What's The Story) Morning Glory?* (Oasis, 1995), *Veuillez rendre l'âme à qui elle appartient* (Noir Désir, 1989)...

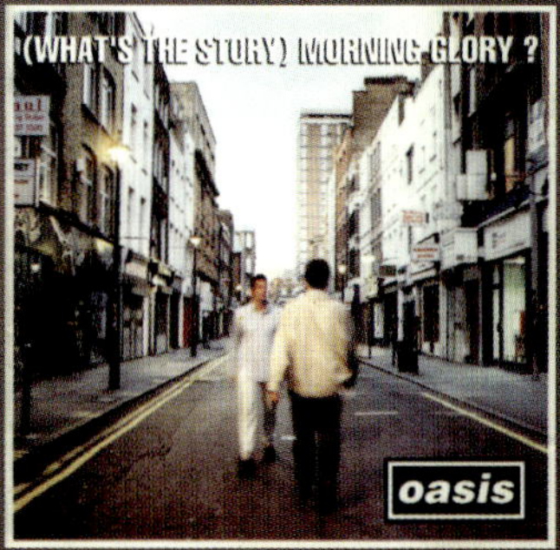

**ILS AURAIENT MIEUX FAIT DE PASSER DIRECTEMENT AU TROISIÈME ALBUM** : *In the Wake of Poseidon* (King Crimson, 1970), *Adventure* (Television, 1978), *Regatta de Blanc* (The Police, 1979), *Primitive Cool* (Mick Jagger, 1987), *The Bends* (Radiohead, 1995), *Origin of Symmetry* (Muse, 2001), *Room on Fire* (The Strokes, 2003)...

**C'ÉTAIT LEUR DEUXIÈME... ET LEUR DERNIER** : *Closer* (Joy Division, 1980), *The Second Coming* (Stone Roses, 1994), *The Libertines* (The Libertines, 2004)...

**ON L'ATTEND TOUJOURS** : le deuxième album du groupe de Liverpool, The La's, qui avait réalisé en 1990 avec l'album *The La's* le meilleur disque des Beatles... depuis les Beatles.

**«Ce film montre la folie et l'esprit d'autodestruction, les compromis qu'il faut peut-être accepter pour réussir, et ce qu'il en coûte de passer outre.»**
Ondi Timoner, 2004.

# Dig !
## Les frères ennemis

Durant sept ans, chaque jour ou presque, la réalisatrice américaine Ondi Timoner a filmé en 35 mm les pérégrinations de deux groupes américains indépendants, avec à leur tête les deux meilleurs ennemis du monde : Courtney Taylor (The Dandy Warhols), compositeur doué mais piètre parolier, et Anton Newcombe (The Brian Jonestown Massacre), pur génie musical mais sévèrement dérangé. Taylor vénère Newcombe qui reproche à Taylor son opportunisme et la trahison de leurs idéaux de jeunesse. Sur la route du succès, les Dandy Warhols ont effectivement choisi la voie expresse : signature sur une major[x], clip vidéo[x] à gros budget réalisé par David LaChapelle, promo internationale…
De son côté, l'intègre Newcombe refuse toute forme de compromission, allant même jusqu'à provoquer volontairement une bagarre entre les membres de son groupe sur la scène du Viper Room, devant huit responsables de gros labels venus dans l'espoir de les signer, et qui rangeront illico les contrats au fond de leurs poches.
Entre road movie[x], documentaire et film musical, *Dig !* captive dès les premières minutes. Ondi Timoner filme au plus près des corps et des regards deux vies en rock dont l'amitié se désagrège en direct. Tel D.A. Pennebaker avec Bob Dylan dans *Dont Look Back*[x], la réalisatrice n'est pas avec chaque groupe, elle est *dans* chaque groupe, au point de se faire embarquer au poste en compagnie de son équipe technique quand la police, lors d'un banal contrôle routier, découvre quelques grammes de marijuana dans le coffre de la voiture d'Anton Newcombe. Véritable star charismatique du film, ce musicien accompli (il sait jouer d'une vingtaine d'instruments) et prolifique (deux albums par an en moyenne, certains disponibles gratuitement sur son site) est certainement l'un des compositeurs américains les plus mésestimés de son époque, doublé d'un caractériel incontrôlable. Cet égomaniaque ne cache rien à la focale de Timoner (ses addictions, ses crises de paranoïa, ses coups de folie, son attitude méprisante à l'égard de Taylor, le « vendu »…). Rien, ou presque ; à deux reprises, l'écorché vif a refusé la présence de la réalisatrice : lors d'une violente dispute avec sa femme, et au cours d'un mauvais trip intraveineux. L'une des scènes les plus émouvantes du film n'a heureusement pas échappé à Ondi Timoner et au montage drastique des 1 500 heures de rush disponibles. Les yeux injectés, un Newcombe délirant y interpelle ainsi un spectateur qui lui balance sans relâche des aliments sur scène : « Reste dans l'ombre à jeter des fruits. Je vois tes petites mains, toutes tremblantes de peur. » Anton Newcombe, un poète rock psychopathe ?

# Disco Revue

## Et la presse rock française fut !

**« La soi-disant bonne chanson française et le yé-yé national, il y en a marre, ce que nous voulons c'est du rock pur, qu'il soit français (il n'est pas encore né) ou étranger. »**
Jean-Claude Berthon, 1964.

Même si *Music-Hall*, mensuel sur l'actualité du spectacle, accordait de temps en temps une petite place aux rockers (en décembre 1961, Gene Vincent partage la couverture du numéro 66 avec Richard Anthony, sous le titre *L'Assaut des jeunes du rythme*), *Disco Revue* restera comme la première publication spécialisée rock en France, et son créateur, Jean-Claude Berthon, comme le premier rock-critique d'ici.
Né en 1942 à Nancy, Jean-Claude Berthon s'intéresse au journalisme et au rock qui commence à imposer son tempo en France au début des années 1960. Pourquoi ne pas allier les deux ? Après la réalisation de plusieurs numéros du fanzine *Discovariété*, Berthon, âgé de dix-neuf ans, saute le pas et créé *Disco Revue*, aidé de sa sœur et de son beau-frère photographe[x], Bob Lampard. Le premier numéro sort artisanalement le 28 septembre 1961 avec Johnny Hallyday en couverture. « Je travaillais seul dans la chambre que j'occupais dans l'appartement de mes parents avec pour tout matériels mon Teppaz[x], une vieille machine à écrire et un appareil photo acheté à crédit », confie Berthon. La ligne éditoriale est claire : défendre et promouvoir le rock, le vrai, et laisser le twist et le yé-yé aux petites écolières qui se régalent de l'émission *Salut les copains*[x] présentée par Daniel Filipacchi sur Europe 1. Tant bien que mal, *Disco Revue* paraît chaque mois (à peu près), l'équipe originelle s'étoffe de jeunes journalistes (Jean-Noël Coghe, Jacques Barsamian, le photographe Jean-Louis Rancurel…) qui peuvent se targuer d'avoir été les premiers en France à soutenir Gene Vincent et autres Vince Taylor. Les mêmes parieront plus tard sur quelques jeunes groupes anglais aux noms bizarres : Beatles, Rolling Stones… « *Disco Revue*, le lien international des rockers », comme le proclame sa *base-line*, est aussi à l'origine de rubriques inédites devenues aujourd'hui des incontournables de la presse rock : le référendum, le courrier des lecteurs et le premier hit-parade[x] indépendant de ventes de disques.
Entre 1961 et 1964, *Disco Revue* vendra jusqu'à 40 000 exemplaires, mais l'état de grâce ne va pas durer : le magazine *Salut les copains*, entièrement en couleurs et fondé en juin 1962 par Filipacchi et Frank Ténot, connaît un large succès, multiplié par l'émission de radio du même nom. En 1964, l'incorruptible Berthon – il a refusé de s'associer à Filipacchi – doit effectuer ses obligations militaires… Durant cette période, il trouvera néanmoins le temps de s'occuper de son Club des Rockers, des samedis du Golf Drouot[x], de La Locomotive et d'enregistrer

deux 45 tours. Délaissée par son fondateur, récupérée par l'imprimeur, *Disco Revue* prend la tangente et descend sur la mauvaise pente du yé-yé ambiant. Une fois achevées ses obligations à la grande muette, Berthon reprend les rênes de

son magazine en lançant une nouvelle formule hebdomadaire, directement inspirée du *NME*[x] et du *Melody Maker*[x] britanniques. Toutefois, *Disco Revue* ne trouve pas son second souffle et cesse définitivement de paraître après quinze numéros en octobre 1966. Les temps changent et, plus que d'articles de fans[x] pour d'autres fans, le rock alors en pleine maturité a besoin de se nourrir d'un discours plus adulte, plus intellectuel aussi. Le succès du hors-série de *Jazz Hot*, *Rock & Folk*[x], sorti pendant l'été 1966, sonne le début de la fin pour Berthon, qui crée néanmoins le bimensuel *Les Rockers* (format A5 puis A4). Faute de moyens, le titre cesse de paraître en décembre 1967. Dehors, la révolte gronde, le temps de la passion innocente chère à *Disco Revue* est bel et bien révolu. Berthon collaborera ensuite brièvement à quelques autres magazines (*Extra* en 1970 et *Rock'n'roll musique* en 1977), avant de disparaître des sommaires de la presse rock et de s'installer comme disquaire à Nancy. Jean-Claude Berthon, le premier rock-critique français, est décédé en 2005.

**On le sait, depuis Janis Joplin, Jim Morrison, Jimi Hendrix, Kurt Cobain ou Jeff Buckley,** lorsqu'un musicien décède dans la force de l'âge, il obtient la garantie de devenir un mythe vénéré et inaltérable. Une assurance-mort pour l'éternité en quelque sorte… Mais qu'en est-il de ceux qui ont simplement disparu, sans laisser de traces ou de corps sur lesquels les fans[x] peuvent faire leur deuil. Sont-ils morts ou vifs ?

# DISPARITIONS

## Mort ou vif ?

**RICHEY JAMES EDWARDS** (Manic Street Preachers) : le principal parolier du groupe de rock gallois qui enflamma l'Angleterre à la fin des années 1990, s'est volatilisé le 1er février 1995, le jour même où il devait s'envoler aux États-Unis pour assurer une tournée promotionnelle. Sa voiture fut retrouvée le 17 février 1995 à proximité du Severn Bridge, un pont suspendu situé au nord de Bristol, réputé pour être le théâtre de nombreux suicides. Tout laisse évidemment penser que James s'est jeté de ce pont haut de 136 mètres, d'autant plus que le Manic Street Preachers était connu pour son caractère dépressif et son penchant prononcé pour la drogue et l'alcool[x]. Sauf que la police retrouve presque toujours les corps disloqués des suicidés dans la rivière Severn, que Richey James a retiré de grosses sommes d'argent les quinze jours précédents sa disparition officielle, et que ses proches ont toujours cru à une fuite, l'estimant incapable de mettre fin à ses jours. Depuis, des fans l'auraient aperçu en Écosse, en Allemagne, en Inde et aux Canaries, où un homme répondant à sa description s'est enfui en courant après avoir été accosté par une Anglaise sûre et certaine de l'avoir reconnu. En 2008, Richey James Edwards a été finalement déclaré présumé mort par sa famille, qui a pu ainsi empocher de droit les royalties bloquées sur un compte, dans l'attente de son éventuel retour. De leur côté, les Manic Street Preachers, groupe toujours en activité, se portent très bien, merci. >

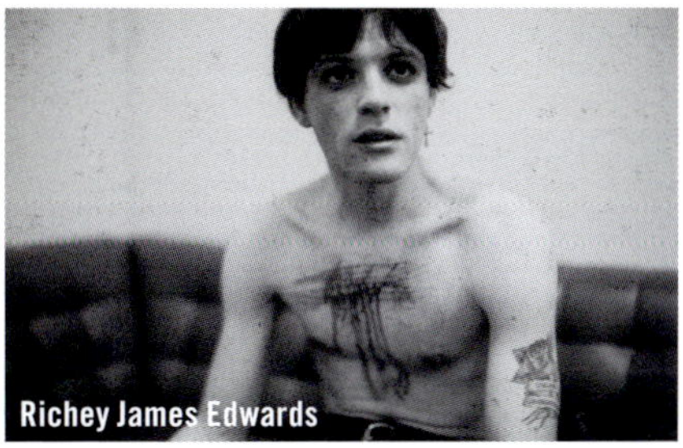
Richey James Edwards

**ALAIN KAN** : chanteur de variété tendance crooner dans les années 1960, performer en bas résille au cabaret l'Alcazar et micheton de David Bowie pendant une dizaine de jours au début des années 1970, punk au sein du groupe Gazoline en 1977, provocateur décadent et chanteur de « travelo-rock » en 1985, VRP pour des produits informatiques en 1989… Alain Kan a été vu la dernière fois le 14 avril 1990 sur le quai de la station de métro Rue de la Pompe (ou Châtelet selon certains témoignages). Depuis, plus rien, silence radio absolu, malgré l'appel lancé par sa famille dans l'émission télévisée *Perdu de vue* de Jacques Pradel. Suicide ? meurtre ? disparition volontaire (des Français l'auraient croisé en Suisse et en Inde) ? Alain Kan a peut-être suivi au pied de la lettre les paroles d'une chanson qu'il avait écrite en 1980 pour son beau-frère, le chanteur Christophe : « Pas vu, pas pris. »

**ELVIS PRESLEY** : le King a été retrouvé mort le 16 août 1977 dans sa salle de bains de Graceland[x], victime d'une crise d'arythmie qui l'a fait chuter de son trône au sens propre comme au sens figuré. Pourtant, pour des milliers de fans[x] irréductibles, surnommés les *disbelievers*, Elvis a tout simplement disparu afin de prendre un nouveau départ, loin des paillettes du show-biz et de ses costumes période Las Vegas. Mais quand on s'appelle Elvis, difficile de rester incognito. Constamment à l'affût, les *disbelievers* l'ont ainsi successivement aperçu en train de boire des Coca-Light dans un hôtel en Pennsylvanie, de glisser des billets dans les strings de strip-teaseuses au Canada, d'acheter des ballons décoratifs dans une boutique du Minnesota et des livres religieux dans une librairie de l'Oregon… La palme revenant à ce *disbeliever* qui prétendait détenir la preuve photographique ultime, celle qui mettrait tout le monde d'accord. Au journaliste accouru pour décrocher le scoop du siècle, l'homme tendit un banal cliché de lui-même en déclarant : « C'est Elvis qui a pris la photo ! » 💀

# Alain Dister

## Sur la route

**« Ne dites pas à ma mère que j'ai fait le rock-critique, elle me croyait hippie routard quelque part en Californie. »**
Alain Dister, 2007.

Né en 1941, Alain Dister, étudiant en littérature, se présente un beau matin de juin 1966 dans les locaux du magazine *Jazz Hot*. En possession d'un précieux billet d'avion pour New York, il propose au rédacteur en chef Philippe Koechlin de shooter sur place quelques jazzmen. Sur un coin du bureau de Koechlin, il aperçoit la maquette d'un hors-série de *Jazz Hot* avec Bob Dylan en couverture : le numéro zéro de *Rock & Folk*[x]. Muni d'une fausse carte de presse, Dister décolle pour New York. Son séjour devait durer deux mois… il restera trois ans aux États-Unis en tant que correspondant de *Rock & Folk* (le premier, avant Philippe Garnier[x] et Laurent Chalumeau[x]). Il devait photographier des jazzmen dans la Grosse Pomme, il reviendra avec des clichés des Beach Boys et de Frank Zappa pris à Los Angeles et, à la demande de Philippe Koechlin, rédigera l'article correspondant. « Rock, Folk et Beatnik aux USA » paraît dans le numéro 4 (1967). Jusqu'en 1969, Dister s'immerge au cœur du mouvement hippie[x] américain dont il est le premier journaliste français à rendre compte dans la presse écrite. Les boutiques psychédéliques[x], la vie en communauté, les expériences hallucinogènes… Dister avale la Route 66, entraîne ses lecteurs au cœur de l'utopie des *sixties* et du rock « révolutionnaire » dont il côtoie les plus grandes figures : Grateful Dead, ses voisins, Janis Joplin, qui le gratifie d'un « french kiss » fougueux, MC5 avec qui il participe à quelques bacchanales dignes de l'Empire romain… Les photos et les articles de Dister témoignent d'un autre monde dans une France pré-68 morose et démoralisée : « Et puis vint le *Summer of Love.* Cinq cent mille mecs et nanas paumés, bourrés de rêves et d'illusions, ingurgitant tout ce qui passait à leur portée pour faire partie du voyage. »

Publiés en 2001 chez Fayard sous le titre *Oh, Hippie Days*, les carnets américains (1966-1969) d'Alain Dister constituent un document inestimable et passionnant sur le rêve inaccessible des *sixties* avant qu'il sombre dans le goût acide des drogues frelatées et s'enlise sur les hauts plateaux du Viêtnam. Rentré en France, Dister traverse les *seventies* avec bonheur, s'acoquinant avec la scène pré-punk new-yorkaise (en particulier les New York Dolls et les Ramones) et multipliant les collaborations photographiques et rédactionnelles pour, entre autres, *Rock & Folk* (jusqu'en 1980), *Libération*[x], *Métal hurlant*[x], *Le Nouvel Observateur*, *Fluide glacial*[x] (il est avec Gotlib le scénariste de l'irrésistible *Rock & Pop & Colegram*, dessiné par Solé en 1978). Initialement publiées par les éditions Vegapress en 1987, ses *Chroniques de rock and roll* ont été rééditées en 2007 sous le titre *Rock-Critic* aux éditions Le Castor Astral. Une précieuse anthologie d'articles sur un âge d'or révolu qui contient notamment cette

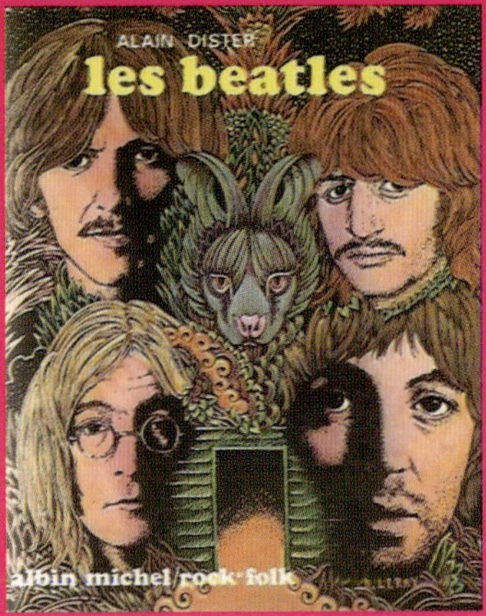


interview en 1980 d'un Lester Bangs[x] amer, suite à la descente en flèche de l'album de son groupe The Delinquents : « Les critiques de rock sont d'odieux petits trous du cul ! Comme ces bâtards dans les surprises-parties qui, au lieu d'aller inviter les filles à danser, préfèrent rester à côté du tourne-disque et monopoliser le foutu engin pendant toute la soirée. » Celui qui, n'en déplaise à Lester Bangs, n'a jamais cessé d'œuvrer dans la rock-critique par ses expositions de photos et ses ouvrages, est décédé des suites d'une longue maladie le 2 juillet 2008.

## ALAIN, JIMI… ET JOHNNY

**Depuis sa biographie des Beatles rédigée à chaud en 1972, Alain Dister a signé d'innombrables livres sur le rock et la contre-culture. *Ezy Rider, en voyage avec Jimi Hendrix* (Seuil, 1995) constitue un bel exemple des talents conjugués de photographe et de plume de celui qui découvrit Jimi Hendrix à la fin de l'année 1966. De Greenwich Village à l'île de Wight[x] en passant par Paris, Dister dresse un portrait intime et personnel du jeune guitariste prodige devenu son ami. Il en profite pour démentir une légende largement entretenue par Johnny Hallyday, selon laquelle Hendrix aurait participé à sa reprise de « Hey Joe ». Le gaucher magnifique n'a pas joué sur ce disque et sa réaction à l'écoute de la version de l'idole des jeunes laisse penser qu'il ne s'en plaint pas. « Dans les studios d'Europe 1, on lui fait écouter la version de "Hey Joe" enregistrée par Johnny Hallyday. Poliment, il hoche la tête en cadence. Je connais assez son expression pour savoir exactement ce qu'il en pense… »**

**Ils avaient tout pour devenir des stars riches et adulées,** mais l'histoire en a décidé autrement et les a salement laissés sur le carreau. Galerie de la *lose* rock ou comment gâcher la chance de sa vie.

**PETE BEST, EX-BEATLE** : recruté précipitamment à la batterie par les Beatles à la veille de leur départ pour Hambourg (le 16 août 1960), Pete Best est le premier grand loser du rock et certainement le plus célèbre. Piètre musicien au caractère renfermé, Best faisait certes un peu tache dans le décor, d'autant que son succès auprès des filles suscitait quelques jalousies au sein du groupe. Son refus de tailler sa banane de rocker pour adopter la désormais célèbre coupe « Beatle » et une audition jugée désastreuse par George Martin scelleront son destin. Il est viré le 16 août 1962 par un Brian Epstein mal à l'aise, dépêché par des Beatles tout aussi gênés. Après avoir tenté de se suicider en 1977, il travaille dans la boulangerie et la fonction publique, puis forme le Pete Best Band, dont le répertoire est essentiellement constitué de classiques du rock… et des Beatles.

Pete Best, ex-Beatles

# Born to lose
# dommage !

**MICK TAYLOR, EX-ROLLING STONE** : à la différence de Pete Best, Mick Taylor, qui remplaça Brian Jones au sein des Stones en 1969, est un musicien virtuose. Il suffit d'écouter sa partie de guitare sur le titre « Can't You Hear Me Knocking » (1971) pour s'en convaincre. Fatigué par les tournées épuisantes et une toxicomanie galopante, mal considéré par Keith Richards (un comble !), Mick Taylor claque finalement la porte des Stones le 12 septembre 1974, pour se consacrer pleinement à une carrière solo dont tout le monde se fiche éperdument depuis. C'est encore ce vieux pirate de Keith Richards qui résume le mieux le cas Taylor : « Il commençait à s'ennuyer et se croyait devenu un *songwriter*, un producteur d'envergure. Il faisait des millions de projets. Mick est un fameux guitariste, épatant, mais j'attends toujours… » Pour la petite histoire, son successeur, Ron Wood, connaissait non seulement très bien Mick Taylor mais l'avait déjà remplacé au milieu des années 1960. Guitariste d'un groupe appelé The Gods, Taylor était tétanisé par le trac et demandait fréquemment à Ron Wood de monter sur scène pour jouer à sa place. Ronnie partait alors au charbon et enchaînait ensuite un deuxième concert avec les Birds, son groupe de l'époque. Ceci explique aussi cela…

**DAVE EVANS, EX-AC/DC** : ami de Malcolm Young, Dave Evans fut le premier brailleur en chef du groupe AC/DC à sa formation en 1973. Il est la voix du premier single paru en 1974, *Can I Sit Next To You Girl*. Et c'est tout ! Il est éjecté du groupe en novembre de la même année après s'être disputé avec le manager à propos d'Angus Young. Peu perspicace, Dave Evans ne souhaitait pas que le petit frère de Malcolm intègre le groupe au poste de guitariste… Depuis, Evans est la voix de Thunderstruck, un groupe hommage… à qui vous savez.

**PAUL DI'ANNO, EX-IRON MAIDEN** : plus punk que Bruce Dickinson qui le remplaça en 1981, Paul Di'Anno fut le premier chanteur de la vierge de fer, présent sur les deux premiers albums studios du groupe. Son refus d'entreprendre de longues tournées, ses nombreuses addictions et un comportement instable lui valent un ticket gagnant pour la sortie et le néant… Il reconnaissait d'ailleurs ses torts en 2004 : « J'étais une grande gueule, un jeune bâtard arrogant qui baisait toutes les nanas qui passaient, qui énervait tout le monde… À leur place, j'aurais probablement engagé un tueur à gages. » Depuis, Di'Anno végète dans une multitude de groupes de série Z au répertoire inspiré… par qui vous savez.

**CHAD CHANNING (BATTEUR) ET FRANKIE POULLAIN (BASSISTE)** : le premier a quitté Nirvana en 1990, le second The Darkness en 2005, juste avant le début de la gloire. Raison invoquée : divergences musicales majeures. Chad et Frankie comment ? Qui ça ? C'est bien là le problème… Dommage !

# Dont Look Back

## Vu de l'intérieur

**Quand on a la chance d'avoir Bob Dylan devant son objectif, point besoin d'artifices ni de voix *off* encombrante.** L'histoire s'écrit toute seule, captée par D.A. Pennebaker qui réalise avec *Dont Look Back* (1967) un somptueux documentaire en forme de cinéma-vérité sur une icône et son époque.
À son apogée en 1965, Bob Dylan vient recueillir les lauriers de sa gloire dans la vieille Europe au cours d'une tournée au Royaume-Uni. Engagé par le manager[x] Albert Grossman pour réaliser un documentaire entièrement dédié à son poulain, Pennebaker filme évidemment Dylan sur scène qui aligne sans sourciller devant le tout-Swinging London[x] les chefs-d'œuvre de son folk mi-acoustique mi-électrique : « The Times They Are-a Changing », « All I Really Want To Do », « Dont Think Twice It's All Right »...
Mais Pennebaker a également carte blanche pour tracer Dylan loin des projecteurs, jusque dans sa chambre d'hôtel où le roi en exil speedé aux amphétamines se retranche entouré de sa cour : Joan Baez (amoureuse transie), Bob Neuwirth (road manager), Albert Grossman... Caméra à l'épaule, toujours en mouvement, Pennebaker épouse l'ombre de son sujet et ne manque rien du cirque qui se déroule devant lui : un fan déchaîné accroché au capot de la voiture qui transporte la star, Grossman, omniprésent, négociant âprement le cachet d'une apparition à la BBC, Dylan répondant férocement aux questions stupides de la presse (« Croyez-vous que les jeunes comprennent ce que vous chantez ? »), Dylan interprétant le rôle de Dylan surtout, apprivoisant petit à petit la caméra braquée sur lui et édifiant son mythe en direct, non sans froisser quelques susceptibilités. Ainsi, le jeune chanteur de folk britannique Donovan venu pousser sa ritournelle devant un Dylan narquois qui s'empresse de lui emprunter sa guitare pour jouer un « It's All Over Now, Baby Blue » d'anthologie, histoire de bien clarifier la situation et la hiérarchie artistique.
Tout comme Richard Lester avait défini le caractère des Beatles dans son film *Quatre Garçons dans le vent*[x], Pennebaker sculpte sans fard et pour l'éternité le profil d'une jeune idole brillante et cassante, confrontée aux affres de la célébrité et du show-business. Si vous avez été déçu par un récent concert de Dylan (un bon concert sur deux dans le meilleur des cas), visionnez *Dont Look Back*... nul doute que vous vous réconcilierez avec le maître, et pas impossible que vous lui trouviez même des excuses...

**« C'est le type même du projet casse-gueule. On n'en sort pas intact. Franchement, j'aurais préféré ne pas le faire. […] Je *devais* le faire. C'est plus fort que moi. Je suis obsédé par Morrison. »**

Oliver Stone, 1990.

# THE DOORS

## Contrefaçon

Oliver Stone était loin d'être le seul obsédé « cinématographiquement » par le leader des Doors. Francis Ford Coppola, Brian de Palma, William Friedkin, Martin Scorsese… Le gotha des réalisateurs américains s'est penché un jour ou l'autre sur le cas Morrison qui devait être interprété, selon les projets, par Tom Cruise, Johnny Depp ou même John Travolta, également pressenti pour chanter avec les Doors sur scène en 1986. Les membres du groupe avaient finalement coupé court, le jugeant trop tendre pour remplacer le roi lézard.

À Hollywood, chacun s'était passé le mot : tourner un film sur les Doors tenait de la mission impossible. Il fallait évidemment obtenir l'accord des trois membres du groupe, mais aussi celui des ayant-droit, à savoir les parents de Jim Morrison et de sa fiancée Pamela Courson, très frileux quand il s'agit d'évoquer la mémoire de leurs enfants disparus. Quant au budget, il se devait d'être conséquent pour acheter les droits des chansons. En 1989, Carolco, société de production indépendante dont le siège est situé – signe du destin – en face du Whisky A Go-Go (l'ancien repaire du groupe, sur Sunset Strip), annonce le tournage imminent d'un long métrage consacré aux Doors. Dans la caisse, 40 millions de dollars ; derrière la caméra, Oliver Stone (*Platoon*, 1986 ; *Tueurs nés*, 1994) ; devant l'objectif, dans le rôle casse-gueule de Morrison, Val Kilmer qui a été préféré à Christophe Lambert, Michael Hutchence et Ian Astbury. Les négociations furent rudes : les parents Morrison ne souhaitaient aucune allusion à leur existence (hormis la pénible scène de Jim enfant rencontrant des Indiens chamaniques). Selon la volonté des parents Courson, leur fille ne pouvait être en aucun cas décrite comme responsable de la mort de Morrison. Enfin, les deux familles avaient obtenu l'assurance que le film ne serait pas une adaptation du livre *Personne ne sortira d'ici vivant*, signé Jerry Hopkins et Danny Sugerman. Ironie de l'histoire et foutage de gueule caractérisé : le premier a vendu ses notes à Oliver Stone et le second a été engagé comme consultant sur le plateau.

Quoi qu'il en soit, concernant la véracité des faits mis en scène, les notes de Hopkins n'ont sans doute pas servi à grand-chose. On ne relèvera pas ici les trop nombreuses erreurs (volontaires ?) du scénario. Pour seul exemple, on précisera à Oliver Stone que c'est bien Robby Krieger qui composa « Light My Fire » et non Morrison… Ce léger détail suffit largement à faire imaginer l'ampleur des dégâts pendant

### QUI EST QUI ?

**Entre les innombrables scènes de beuveries et d'excès, le spectateur pourra se divertir en essayant d'identifier les différentes personnalités qui parsèment le film : John Densmore (batteur des Doors) en ingénieur du son, Eric Burdon (The Animals) en manager^x, Oliver Stone en professeur de cinéma de Morrison, Billy Idol en dévoué compagnon de biture, Bonnie Bramlett (Delaney and Bonnie) en barmaid et même Patricia Kennealy qui officie en tant que prêtresse occulte dans la scène évoquant son propre mariage avec Morrison.**

140 minutes. Paradoxalement, ces inexactitudes contrastent avec le soin apporté dans la reconstitution de certains lieux (Whisky A Go-Go, London Fog, Sunset Strip) qui représente l'un des rares atouts de ce film avec la prestation de Kilmer, excellent, voire bluffant quand il interprète lui-même le répertoire du groupe. Le reste n'est que caricature : Morrison bourré, Morrison dans une messe noire avec sa maîtresse Patricia Kennealy, Morrison drogué, Morrison montrant sa bite, Morrison encore bourré… À se demander comment ce dernier a trouvé le temps pour composer et chanter au sein des Doors et écrire deux recueils de poésie avant de mourir à l'âge de vingt-sept ans. Sensationnaliste, peu porté sur la musique ou les relations entre les membres du groupe, le parti pris exclusivement scandaleux d'Oliver Stone n'est pas recevable, même si certaines scènes, comme cette rencontre vaporeuse avec Andy Warhol[x], relèvent le niveau. À sa sortie, le film sera un semi-échec commercial et ne manquera pas d'être justement conspué par les fans[x] déçus et les Doors eux-mêmes.

Somme toute, s'il ne s'agissait pas des Doors, ce film constituerait un témoignage presque acceptable de l'ascension d'une icône du rock dans les années psychédéliques[x]. Le long métrage de fiction qui ouvrirait les portes de l'œuvre et de l'âme de Jim Morrison reste néanmoins à réaliser. Bon courage à ceux qui tenteront de franchir le pas…

# Dr. Martens

## Doc & Roll

Docteur Klaus Maertens

**Quel était le point commun entre le pape Jean-Paul II et Kurt Cobain ?** La voix céleste qui mène au Nirvana ? L'hostie divine qui permet de regarder Dieu en face ? Non, ils formaient à eux deux une paire de Dr. Martens tout simplement, l'un reconnaissable à sa soutane immaculée, l'autre à sa chemise de bûcheron.

Cent millions… c'est le nombre de paires de Dr. Martens écoulées depuis le 1er avril 1960, date à laquelle fut commercialisé le premier modèle mythique de la marque, baptisé logiquement 1.4.60. En achetant le brevet de la chaussure au docteur allemand Klaus Maertens qui l'avait conçu pour son propre usage avec des semelles en pneus montées sur un coussin d'air, la société anglaise R. Griggs Group Ltd avait une idée bien précise en tête : équiper les postiers, ouvriers et agents des transports anglais d'une chaussure de sécurité bon marché, confortable et résistante aux liquides toxiques, comme l'indiquait d'ailleurs l'inscription située sous la semelle désormais fabriquée en PVC : *Oil, fat, acid, petrol, Alkali resistant*.

Mais dès 1963, la 1.4.60 originelle de couleur rouge cerise avec ses huit œillets et sa couture piquée jaune séduira les Mods[x] et les premiers skinheads d'extrême gauche (*Redskins*) de l'East End londonien, qui porteront la paire avec des lacets rouges. À partir des années 1970, la branche fasciste et raciste du mouvement se démarquera, elle, en adoptant la couleur blanche. Échappée des chantiers et de la Working >

Class, la Doc deviendra au fil des ans et de la multiplication des modèles un basique international – qui s'accorde aussi bien avec un jean[x], un short ou une robe (en 1995, 50 % des ventes concernaient des femmes) – et le signe de reconnaissance des différentes cultures musicales et de leurs chefs de file : punk[x] (Sex Pistols, Clash), ska (Madness), new wave[x] (The Cure, Depeche Mode), pop (The Smiths, Blur), rock (Foo Fighters, Red Hot Chili Peppers)... Le meilleur ambassadeur de la marque reste le leader des Who, Pete Townshend qui usait ses Docs sur la scène des plus grands festivals des années 1969-1970 (Woodstock[x], île de Wight[x], Leeds) et dont l'adaptation cinématographique de son concept-album *Tommy*[x] met en scène Elton John (Pinball Wizard) affublé de Doc Martens géantes. Quelque peu passée de mode à la fin des années 1990 mais à nouveau en vogue aujourd'hui, produite en Asie depuis 2003 (20 000 paires par an sont encore fabriquées à l'ancienne en Angleterre, qui constituent la ligne *Made in England*), la Dr. Martens a fêté ses cinquante ans en 2010 et demeure de loin la chaussure idéale pour écumer les festivals estivaux.

# DRUGSTORE

## Les blousons dorés

**« La bande s'est assemblée vers 1964... On était une centaine, surtout des minets de Passy-la Muette, plus des mecs d'Alger, de Pigalle et de banlieue. On avait une passion pour les fringues, j'étais toujours super sapé en Renoma... »**
Marc Zermati[x], 2007.

Ils étaient grands, ils étaient beaux, ils sentaient bon les « mocs » Weston cirés, portaient le polo Fred Perry[x] col boutonné jusqu'en haut (on n'est pas chez Lacoste...) et se réunissaient au Drugstore des Champs-Élysées, au Pub Renault ou chez Carette (Trocadéro)... Ils étaient au milieu des années 1960 les minets argentés du triangle d'or parisien, chambrés par Dutronc dans « Les Playboys » : « Je n'ai pas peur des petits minets, qui mangent leur ronron au Drugstore... » Parmi eux, Ronnie Bird, François Jouffa, Gérard Manset, Zouzou, Thierry Ardisson, Boris Bergman, Guy Senghor, Serge Kruger, Jean-Bernard Hébey... Inspirée des Mods[x] britanniques, oisive et effrontée, la bande du Drugstore (et ses nombreuses ramifications) voulait tout et tout de suite : les filles, forcément à papa, courtisées dans des rallyes où ces blousons dorés tapaient volontiers l'incruste, les premières drogues (haschisch[x] essentiellement), les sapes *from London* (pulls en shetland, chemises Oxford, chaussures Clarks...) et le rock libérateur bien sûr, au rythme des disques des Who, des Beatles, des Rolling Stones et des Yardbirds, uniquement disponibles à l'époque chez Lido Music ou chez Sinfonia, deux disquaires situés sur les Champs-Élysées. Toute en insouciance et en quatre cents coups inoffensifs, la bande du Drugstore ne résistera pas à la déflagration révolutionnaire de Mai 68. Après les barricades, les pavés et l'avènement d'une conscience politique chez les baby-boomers, plus rien ne sera comme avant : certains de la bande se caseront avec des bourgeoises STJP (serre-tête-jupe-plissée), d'autres se convertiront au militantisme gauchiste, à la libération sexuelle et à la cause hippie, quelques autres encore connaîtront la célébrité dans différentes activités artistiques et médiatiques... Quoi qu'il en soit, tous furent – en vestes cintrées et raies sur le côté – les meilleurs VRP du rock britannique en France au milieu des années 1960.

Sid Vicious (Sex Pistols)

# E


BRET EASTON ELLIS 74
*EASY RIDER* 75
ÉCOLO 76
JAMES ELLROY 77
*LES ENFANTS DU ROCK* 78
*L'ÉQUIPÉE SAUVAGE* 79
PATRICK EUDELINE 80
**EXHIBITION 81**
*LES EXPERTS* 82
EXPOSITIONS 83

# American writer
# Bret Easton Ellis

**« J'ai toujours pensé qu'il y avait des liens entre mes livres et certaines chansons. Avant de me tourner vers l'écriture, j'ai longtemps rêvé de devenir une rock-star. Oui ! J'aurais aimé composer des morceaux de pop. »** Bret Easton Ellis, 2007.

S'il n'est pas exactement devenu une star du rock, le prodige des lettres américaines en possède aujourd'hui tous les attributs : tournée promotionnelle mondiale à la sortie de chaque nouveau roman, queues interminables pour recueillir un autographe de l'auteur à la réputation sulfureuse… En fait, Easton Ellis est une star tout court depuis la parution en 1991 du cinglant *American Psycho* (*voir encadré*). Accessoirement, c'est aussi l'écrivain américain le plus doué de sa génération et de l'ex-*Brat Pack* (en référence au *Rat Pack* de Frank Sinatra, Dean Martin et leurs joyeux camarades de virées) qui regroupait dans les années 1980 la jeune garde littéraire dite minimaliste : Jay McInerney (amis de longue date, Easton Ellis et lui s'échangent leurs personnages au gré de leurs romans), Donna Tartt, Tama Janowitz… Avec ses phrases courtes et percutantes, ses dialogues hachés, son sens de la narration unique, ses personnages récurrents baignant dans le luxe, l'alcool[x], le sexe[x] et la coke[x], la « petite musique » d'Ellis a déchiré les tympans de l'*American Way of Life* et en a révélé les aspects les plus sombres un ton au-dessus de tous ses contemporains.

Féru de rock, Easton Ellis le distille dans tous ses romans au même titre que la dope, le sexe et les dollars. Parmi les groupes et les artistes les plus fréquemment cités : Joan Jett et Tom Petty (*Moins que zéro*), Bryan Ferry et Grateful Dead (*Les Lois de l'attraction*), U2 et Smashing Pumpkins (*Glamorama*), Eagles et Beastie Boys (*Lunar Park*)… Enfin, *À la découverte du Japon*, nouvelle tirée du recueil *Zombies* (Robert Laffont, 1999), met en scène Brian Metro, rock-star capricieuse en tournée, très portée sur le sado-masochisme et qui ne recule devant aucune violence pour réaliser ses fantasmes. Un charmant personnage comme seul Easton Ellis sait en inventer. Inventer ?

### *AMERICAN PSYCHO*, ROCK EN SÉRIE

Patrick Bateman est beau, riche et intelligent. Patrick Bateman est aussi un dangereux *serial killer* en costume Armani qui tue, viole, égorge et décapite comme on achète une *ice-cream*. Le malaise et le scandale provoqués aux États-Unis en 1991 à la sortie d'*American Psycho* (menacé de mort, Ellis a été obligé d'engager un garde du corps) ne venaient pas tant des descriptions détaillées des crimes abjects de Bateman que de leur absence totale d'explication ou de justification. Patrick Bateman tue en effet de façon mécanique avant de reprendre tranquillement le cours normal de son existence de yuppie reaganien. Mais le pire n'est pas là. Bateman ne se défonce pas qu'aux quaaludes ou à l'hémoglobine, le *serial killer* se pique également de rock, et pas n'importe lequel : en bon produit des années 1980, le *golden boy* s'injecte auditivement la plus mauvaise came de l'époque et s'improvise rock-critique lors de longs chapitres consacrés à la pire période de Genesis (« *Invisible Touch* est sans conteste le chef-d'œuvre du groupe. C'est une méditation épique sur l'intangible… »), à Whitney Houston (« "How Will I Know", à mon sens le meilleur morceau de danse des années 1980… »), à Huey Lewis and the News (« Le premier groupe de rock américain des années 1980 »), etc. L'espace d'un instant, on aurait presque envie de réécouter les artistes en question… preuve du talent d'Easton Ellis qui confirme l'adage selon lequel les grands écrivains se placent toujours au-dessus de leurs sujets.

# Easy Rider

## La chevauchée électrique

**«En 1967, Peter Fonda me téléphone de Toronto et me dit : il y a deux mecs avec deux motos pourries, ils achètent et vendent de la marijuana. Ensuite, ils rencontrent deux filles super-sexy, achètent deux motos d'enfer et ils prennent du bon temps en traversant les États-Unis. Mais sur le chemin de la Floride, ils sont tués par des culs-terreux. OK ? Qu'est-ce que tu penses de ça, Dennis ? »**

Dennis Hopper, 2009.

Quand on s'appelle Dennis Hopper[x], jeune comédien blacklisté par Hollywood, on n'en pense évidemment que du bien et on en profite pour réaliser un premier film aujourd'hui entré dans l'histoire. Autour de Fonda et Hopper qui avaient déjà tourné ensemble en 1967 dans *The Trip* de Roger Corman, viennent se greffer Terry Southern qui retouche le scénario et trouve le titre définitif, *Easy Rider*, et Jack Nicholson (scénariste de *The Trip*), alors sur le point d'abandonner la carrière d'acteur. Le budget est serré (500 000 dollars) et l'intrigue basique : Wyatt, *alias* Captain America (Peter Fonda), et « Mustached » Billy (Dennis Hopper) taillent la route en moto[x] de Los Angeles à La Nouvelle-Orléans et croisent sur leur chemin, au cœur de l'Amérique profonde, un dealer de coke (le producteur[x] Phil Spector), un avocat alcoolique emprisonné (Jack Nicholson), deux prostituées défoncées au LSD, avant de se faire finalement dessouder par des bouseux réactionnaires. Si le tournage fut chaotique (Hopper en pleine crise de parano, scènes perdues, drogues omniprésentes) et >

### BIKER MOVIES

Considéré comme le premier biker movie de l'histoire, *L'Équipée sauvage*[x], réalisé en 1953, n'engendra que peu de successeurs notables, si ce n'est *Motor Psycho* (1965), divertissante panouille aux gros cubes signée Russ Meyer, ou le plus sulfureux et expérimental *Scorpio Rising* (1964) réalisé par Kenneth Anger. En revanche, le carton au box-office d'*Easy Rider* provoqua une recrudescence de biker movies, qui renouvelèrent le genre western en remplaçant le canasson par la moto. Si tous adoptèrent plus ou moins la trame éculée de la lutte des motards contre les forces de l'ordre, certaines hallucinantes déclinaisons par genre firent les belles nuits des cinémas de quartier : tendance gay fofolle dans *Pink Angels* (1971), option amazone sexy dans *Bury Me An Angel* (1972), catégorie insondable nanar avec *Harley Davidson et l'homme aux santiags* (1991, avec Mickey Rourke et Don Johnson), version horreur absolue dans *Biker Zombies from Detroit* (2001)… Si aujourd'hui les bikers ne font plus recette dans les salles obscures, ils ont envahi le petit écran depuis 2008 avec l'exceptionnelle série TV[x] *Sons of Anarchy*, qui met en scène les aventures d'un club de motards hors la loi en Californie du Nord. Un « Soprano » motorisé qui sent la baston, la sueur, l'huile de vidange, et qui bénéficie d'une bande-son propre à affoler les gicleurs de carbu : The Black Keys, Warlocks, Black Mountain, Bob Neuwirth…

le montage un véritable enfer (Hopper refusait de raccourcir une première version qui durait quatre heures), la sortie, en juillet 1969, de ce road movie[x] psychédélique[x], à mi-chemin entre la fable initiatique et le film noir, fut saluée par le Prix de la Critique au festival de Cannes en 1970 et par plus de 20 millions de dollars de gains en quelques semaines.
Ce succès inespéré va révolutionner l'industrie du cinéma américain, donner naissance au Nouvel Hollywood[x] et favoriser la multiplication des productions indépendantes. Autre apport historique non négligeable, la désormais célèbre bande originale (Steppenwolf et son « Born To Be Wild ») fut la première du cinéma américain à n'être composée que de titres déjà existants. Une compilation certifiée d'époque (The Band, The Byrds, Roger McGuinn…) qui a très largement contribué au succès du film, tout comme la réalisation crue, quasi documentaire, de Dennis Hopper qui, selon les pères la pudeur de l'époque, risquait d'exercer une mauvaise influence sur les adolescents.
Manifeste générationnel pour une vie libérée de toute entrave, *Easy Rider* prédit également des jours sombres pour tout le mouvement hippie[x] (la plupart des personnages du film connaissent d'ailleurs une fin tragique), qui recevra effectivement, six mois plus tard, une grande claque à Altamont[x].
Maintes fois rediffusée à la télévision et dans les ciné-clubs, la chevauchée fantastique et motorisée de Billy et Captain America continue de séduire les jeunes générations. Certaines scènes sont entrées dans la légende, tant elles sont révélatrices d'une époque insouciante et épicurienne, à l'image de l'hallucinant trip au LSD[x] des deux héros et de leurs amies prostituées dans un cimetière. De l'avis d'anciens « tripeurs », aucune caméra au monde n'a jamais filmé aussi justement les effets d'un voyage au-delà des portes de la perception… Et pour cause, comme le soulignait un commentateur en 1969 : « L'un des acteurs est un hippie alcoolique, l'un des scénaristes un biker cramé aux acides et le réalisateur un paranoïaque incontrôlable. La mauvaise nouvelle est que ces trois personnes sont Dennis Hopper. »

**« Bientôt, il y aura des chansons bio, c'est sûr, avec des guitares non polluantes. Ça va arriver à ça. »** Jacques Dutronc, 2010.

Les relations souvent contre-nature entre le rock et l'écologie ne datent pas d'hier. *No Nukes*, une succession de cinq shows donnés au Madison Square Garden en septembre 1979, peut être considéré comme le premier grand concert rock écolo.
Sur scène, Jackson Browne, Bonnie Raitt, Bruce Springsteen, Carly Simon, Tom Petty et Crosby, Stills & Nash jouent alors pour recueillir des fonds contre l'énergie nucléaire.
Trente ans plus tard, l'écologie est devenue un enjeu politico-économique majeur ainsi qu'un phénomène de société qui envahit notre quotidien. Autres temps, autres moyens. Pour preuve, en 2007, le gigantesque concert *Live Earth*, qui s'est déroulé simultanément dans neuf villes du monde afin de sensibiliser le public aux dangers du réchauffement climatique.
Les mauvais esprits ne pourront s'empêcher d'évoquer – et on ne leur donnera pas totalement tort – le bilan carbone et autres aléas écologiquement incorrects

# Écolo

## Rock durable

inhérents à ce genre de manifestations et aux concerts de rock en général : transport de la scène et de la sono en camions, stars en jets privés, sol jonché de gobelets en plastique et autres ordures non biodégradables, toilettes et coulisses[x] apocalyptiques, dégradation de sites… Même si certains festivals tentent d'adopter une conscience verte (tri sélectif, toilettes sèches, gobelet recyclable…), le milieu du rock, par définition, n'est pas exemplaire en matière de développement durable. De plus, comme le souligne Daniel Cohn-Bendit, bel exemple de soixante-huitard rouge politiquement modifié en militant vert nouveau siècle, « les écolos n'arrivent pas ouvertement à accepter la vie qu'un artiste rock ou certaines musiques peuvent incarner ».
Et pourtant, certaines rock-stars militent depuis des années pour telle ou telle cause environnementale. Citons Sting, ardent défenseur depuis 1989 de la

orêt amazonienne, des Indiens
{ayapo (ceux qui possèdent un
ecteur de CD[x] greffé dans la
èvre inférieure), et initiateur
lu *Rainforest Concert* où Elton

Sting sur la scène du Live Earth

ohn reprenait en 2010 « Like
a Virgin » ; le géant vert Peter
Garrett, ex-chanteur de Midnight
Oil (qui a signé avec « Beds
Are Burning » un hymne écolo
universel : « Comment pouvons-
nous dormir quand nos lits sont
en feu ? »), devenu ministre
australien de l'Environnement en
2007, ou bien encore Thom Yorke
(Radiohead) qui n'hésite pas à
se faire passer pour un journaliste
afin d'assister, dépité, au fiasco
du sommet de Copenhague en
2009. Passons sur Sheryl Crow
et son obsessionnel combat pour
l'utilisation d'une seule feuille
de papier toilette par commission
et laissons le mot de la fin à Neil
Young au travers d'un extrait
de sa chanson « Hit the Road »
(2009), dédiée à sa voiture[x] :
« Elle est si belle avec le toit
baissé, allez viens à l'intérieur
et faisons un tour en ville. »
Elle, c'est une authentique Lincoln
Continental 1959, que celui qu'on
surnomme le Loner a fait équiper
d'un moteur électrique…
C'est pas écolo-rock ça ? 💀

**« Aujourd'hui, je suis un homme de droite. Je n'ai jamais blairé les hippies, les gauchistes, la contre-culture. Je n'ai pas un poil de cette fibre en moi. »**
James Ellroy, 1992.

Le plus grand auteur vivant de polars, peut-être même le plus grand auteur vivant tout court, s'exprime parfois comme Claude Guéant.
Pire que tout, aux flammes du binaire qu'il exècre, celui qu'on appelle affectueusement l'*American Dog* préfère le pompier Beethoven.
Et pourtant, le grand roman rock, celui qui aurait mis tout le monde d'accord dès les premières pages, celui qui aurait définitivement anobli le genre, celui qui aurait radiographié plus de cinquante ans de (contre)-culture populaire… celui-là n'existera malheureusement jamais sous la plume d'Ellroy, ancien délinquant juvénile devenu un vieux con acariâtre et conservateur. Et pourtant, imaginez Lloyd Hopkins en rock-star cramé, Pete Bondurant en roadie[x] dealer de coke, Dudley Smith en manager[x] véreux, Lynn Bracken en groupie[x] vénéneuse… Imaginez une seule seconde qu'Ellroy ait préféré les New York Dolls à Ludwig van… et relisez *Le Grand Nulle Part* (Rivages/Noir, 1991), cela vaut toujours mieux que d'être sourd. 💀

# James Ellroy
## Espoir déchu

# Les enfants du rock

## Miracle télévisuel

**Au milieu des années 1980, le rituel familial du samedi soir était immuable :** sur Antenne 2, *Champs-Élysées*, présenté par Michel Drucker, visionné en compagnie de parents qui piquaient progressivement du nez dans le canapé, une série américaine ensuite (*The Hitchhiker*, *La Quatrième Dimension*…), et enfin, vers 23 heures, les parents ayant libéré ledit canapé en bâillant, l'émission à ne surtout pas rater, *Les Enfants du rock*, ovni télévisuel entièrement dédié au rock et à ses diverses émanations culturelles, découpé en différents modules spécialisés, au gré des semaines : *L'Impeccable* (consacré à la bande dessinée et présenté par Philippe Manœuvre[x] et Jean-Pierre Dionnet), *Houba Houba* (les pérégrinations rock d'Antoine de Caunes[x]), *Sex Machine* (voir encadré), *Rockline* (la new wave[x] orchestrée par Bernard Lenoir), *Haute Tension* (les premiers passages à la télévision française de Siouxsie & The Banshees, The Residents, PIL…), *Musicalifornia* (il était une fois dans l'Ouest avec Hüsker Dü, Jane's Addiction, REM…), *Rock and Roll Graffiti* (yé-yé, chemises à fleurs et rockers en cuir noir), *Rock Report* (l'ancêtre de *Rapido*[x])…

Aux commandes et à la production de l'émission dont la première (le 7 janvier 1982) fut présentée par un Léon Zitrone affublé d'une banane, deux authentiques enfants du rock : Pierre Lescure et Alain de Greef, à qui l'on a donné carte blanche et le budget nécessaire pour créer deux heures de programme innovant et fédérateur pour la jeunesse de la génération Mitterrand. Concerts *live*, sketchs, documentaires, clips vidéo[x] (les premiers !)… Ce composite détonnant séduit immédiatement les quinze-trente ans qui n'en peuvent plus des shows sirupeux des Carpentier et qui se reconnaissent enfin dans une émission en phase avec les bouleversements de leur époque : développement des radios[x] libres, commercialisation du CD[x], grands concerts

### SEX MACHINE

« Notre idée, c'était d'incarner deux crétins basiques, le rocker en perfecto© et le noceur en smoking, qui n'arrivaient pas à entrer en boîte de nuit », confie Philippe Manœuvre en 2009.

Ajoutez des filles dévêtues, de la soul, du funk, des sketchs et vous obtenez le cocktail explosif qui fit le succès instantané de *Sex Machine*, inspiré de la célèbre émission américaine *Soul Train*. Le casting de la première émission retransmise le 21 avril 1983 dans le cadre des *Enfants du rock* est éloquent : Marvin Gaye, Grandmaster Flash, première diffusion française d'un clip de Prince et de « Billie Jean » de Michael Jackson, Chagrin d'amour… Pendant trois ans, la grande famille de *Sex Machine*, autour du duo Philippe Manœuvre/Jean-Pierre Dionnet (animateurs et losers noctambules), comprendra Phyfy (le videur, ancien champion de France de catch et garde du corps de Serge Gainsbourg) et Pauline Lafont (pin-up nue sous la douche dans le générique), et régalera les spectateurs de sketchs potaches tout en diffusant le meilleur et le pire des années 1980 : les premiers groupes hip-hop, les débuts de Madonna, la diffusion à grand renfort de publicité de la version non censurée du clip de Frankie Goes to Hollywood, *Relax*, l'interprétation hebdomadaire du titre *Sex Machine* par un artiste français (Serge Gainsbourg, Téléphone, Little Bob Story…)… Mais que pensait justement le Godfather of Soul, Mister James Brown, de tout ce cirque auquel il était bien involontairement associé *via* sa chanson emblématique ? En 1984, Philippe Manœuvre dut poireauter trois jours et trois nuits dans un motel d'Atlanta avant de pouvoir lui expliquer le concept de l'émission. Grand soulagement (un procès n'était pas à exclure), Jaaaaaaaaaames Broooooooown donna son accord…
***Get up, get on up !***

humanitaires[x]… La sauce prend si bien qu'en 1983, déjà forts de huit à neuf points d'audimat, *Les Enfants du rock* quittent leur case initiale du jeudi soir pour rejoindre celle du samedi, conquérant ainsi de nouveaux téléspectateurs.
Parmi les nombreux grands moments diffusés dans cette émission aujourd'hui culte, les rencontres entre Johnny Hallyday et les Stray Cats, Rita Mitsouko et les Sparks, Serge Gainsbourg et Marianne Faithfull, des documentaires comme on n'en fait plus (*Le Rock russe de Lennon à Lénine*, *Rock à Paris* avec Taxi Girl, Les Garçons Bouchers, Les Bérurier Noir…), des émissions spéciales d'anthologie (Michael Jackson, Live Aid…), sans oublier, bien sûr, les trois célèbres génériques qui se sont succédé de 1982 à 1989 : « Crushed by the Wheels of Industry » de Heaven 17, « Rock It » de Herbie Hancock, et « Just like Heaven » des Cure (spécialement composé pour l'émission). Après six ans de culture binaire tous azimuts durant lesquels le rock s'est largement répandu dans les médias et dans les foyers (bande FM libérée, généralisation du vidéo-clip, boom des platines CD et des baladeurs…), *Les Enfants du rock* se banalisent, s'essoufflent peu à peu avant de s'éteindre définitivement en 1989. Depuis 1984, une nouvelle chaîne lui disputait l'esprit rock, Canal+[x], où se sont retrouvés, un jour ou l'autre, la majorité de l'équipe des *Enfants* devenus grands. 💀

# L'Équipée sauvage

## L'homme à la moto

**« Si vous alliez quelque part, nous pourrions partir ensemble. »** Kathee, la fille du shérif à Johnny, le blouson noir.

Réalisé en 1953, le film *L'Équipée sauvage* avait tout pour être désigné comme le premier film rock de l'histoire. Seule une musique mollassonne le prive de cette consécration qui reviendra finalement à *Graine de violence*[x], pourtant moins radical et produit deux ans plus tard, mais qui bénéficie sur sa bande originale du tonitruant

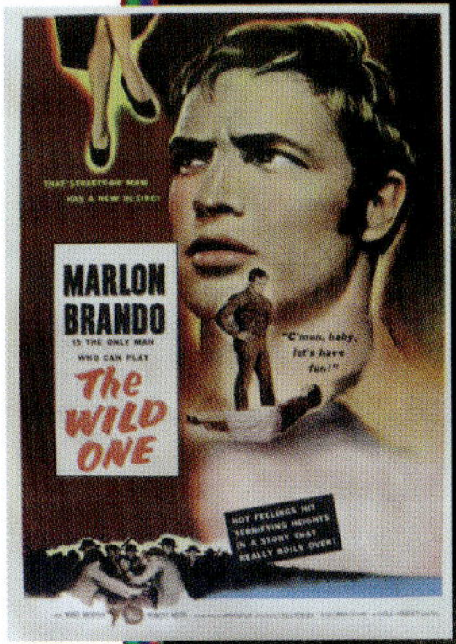


« Rock Around the Clock » signé Bill Haley & the Comets. Adaptée d'une nouvelle de Franck Rooney (*The Cyclists' Raid*), elle-même inspirée d'un fait divers, cette équipée sauvage est celle de deux gangs de motards rivaux, les Black Rebels Motorcycle Club (BRMC) et les Beetles. Menés respectivement par Johnny Strabler (Marlon Brando) et Chino (Lee Marvin), les deux groupes s'affrontent en semant la terreur dans une paisible bourgade californienne. Interdit en Angleterre durant quatorze ans, le film de László Benedek ne montre aucun rocker mais restitue crûment le désœuvrement de la jeunesse américaine des années 1950, celle qui écoute le rock naissant en cachette, à la recherche d'un idéal loin du conformisme parental. La révolte gronde et *L'Équipée sauvage* annonce les bouleversements des *sixties* qui seront mis en scène en 1969 dans un autre film de motards, *Easy Rider*[x], polar psychédélique[x] et héritier dépravé de *L'Équipée sauvage*.
Mais l'attraction principale du film reste Marlon Brando, qualifié à l'époque par la presse américaine d' « usine à hormones » et d'« érection ambulante ». Difficile de résister, il est vrai, au charisme et à l'allure de Johnny Strabler quand il enfourche sa Triumph Thunderbird, vêtu d'un tee-shirt blanc, d'un perfecto©[x] noir et d'un jean[x] Levi's à gros ourlets apparents. Un certain Elvis Aaron Presley adoptera immédiatement cette panoplie qui constitue aujourd'hui encore un signe distinctif de la rock'n'roll attitude. Enfin, le gang de Johnny Strabler inspirera en 1998 un jeune groupe de San Francisco qui se baptisera Black Rebel Motorcycle Club. Quant à la bande de Chino, les Beetles, demandez plutôt du côté de Liverpool ce qu'ils en pensent… 💀

# Patrick Eudeline

## Le gardien

**« Écrire et chanter, c'est la même chose... »**
Patrick Eudeline, 2004.

Pour Patrick Eudeline, né en en 1954 dans le VIe arrondissement de Paris, le rock et la littérature font effectivement partie « de la même geste », de la même volonté de traduire l'intime pour le rendre universel. À côté des Them, de Ray Charles et de Steve Winwood qui tournent sur sa platine au début des années 1970, le jeune Eudeline dévore *Best*[x], *Rock & Folk*[x], les articles de Nick Kent[x] dans le *NME*[x] tout en se nourrissant des auteurs *Beats*[x] américains et romantiques français. En 1972, *Rose poussière* de Jean-Jacques Schuhl (futur prix Goncourt 2000 pour *Ingrid Caven*) et le manifeste « Je chante le rock électrique » d'Yves Adrien[x], paru en 1973 dans le numéro 72 de *Rock & Folk,* lui fournissent les clés d'une posture littéraire rock, décadente et romantique.
À *Rock & Folk*, il y a déjà Adrien ! Eudeline rejoint donc les colonnes du concurrent *Best* à la fin de l'année 1973. Pendant trois ans, son style sera largement influencé par la prose de Schuhl et d'Adrien qu'il côtoie à la boutique Open Market de Marc Zemati[x] et à La Coupole[x], en compagnie d'Alain Pacadis[x]. Après 1976, plus rien ne sera comme avant. Le punk se met en place et, suite à un premier concert avec le groupe Strike Up au colloque de Tanger à l'invitation de William S. Burroughs, Patrick Eudeline forme le groupe Asphalt Jungle. C'est l'époque du Rose Bonbon, des bastons entre punks et rockers, des rivalités fraternelles entre les bandes de l'Open Market et de Harry Cover, c'est aussi et surtout l'arrivée de la poudre qui décimera petit à petit le mouvement. « L'année 1978 a été, en France, une année violente. On se battait tous les jours. Dans notre maison de disques, ils ouvraient l'armoire à pharmacie quand on arrivait parce qu'on arrivait toujours décalqués et ils le savaient. Le romantisme de la violence urbaine, on le vivait au quotidien », déclare Patrick Eudeline. Dans les années 1980, entre squats, disques, concerts et excès en tout genre, Eudeline ne ménage pas sa plume pour autant et collabore à *Best* (il lui sera fidèle jusqu'au bout), à *Actuel*[x] (il sera l'un des seuls à ne pas être « corrigé » par Jean-Francois Bizot) et à *Libération*[x] – des dizaines d'articles, souvent autobiographiques, où il questionne le rock, son esthétique et ses mythes à la recherche d'un paradis perdu. Une nostalgie qui en irrite certains, animée pourtant par le souci très contemporain de comprendre son époque et de déceler derrière le dernier groupe à la mode l'héritage historique qui le fera peut-être passer à son tour à la postérité.
En 1994, la sortie du livre *Baise-moi* de Virginie Despentes, lectrice de *L'Aventure punk* (*voir encadré*) à l'âge de quatorze ans, inflige une claque salvatrice à un Eudeline qui ne tourne plus très rond depuis la fin des années 1980, en proie à ses démons médicamenteux... Une nouvelle génération d'auteurs énervés, qui se réclament de ses écrits et de son attitude, réveille non seulement le milieu littéraire mais le pousse également en 1997 à écrire son premier roman : *Ce siècle aura ta peau.*

### *L'AVENTURE PUNK*

En 1977, Raphaël Sorin, collaborateur des Éditions du Sagittaire, historiquement liées aux situationnistes, s'intéresse de près aux punks qu'il voit défiler à l'Open Market. Parmi eux, Alain Pacadis[x] (dont il publiera le *Journal d'un jeune homme chic* en 1978) et Patrick Eudeline qu'il pousse à rédiger, sur le vif, sa vision de l'aventure. Soit… le livre sera « torché » à la punk selon les dires d'Eudeline, qui avoue avoir volontairement plombé la promotion. Composé de formules lapidaires (« Pas de fleurs pour Elvis, Ne pas devenir gâteux comme Pete Townshend… »), de paroles de chansons d'Asphalt Jungle, de coupures de presse et de notules à la William S. Burroughs, *L'Aventure Punk* offre un constat en temps réel d'un mouvement qui, de Londres à Paris en passant par New York, violenta l'*establishment* musical et choqua la ménagère de moins de cinquante ans. Relire aujourd'hui *L'Aventure punk*, c'est revenir trente ans en arrière pour recevoir une secousse littéraire de cent trente pages équivalentes aux trois minutes quinze du single « Pretty Vacant » des Sex Pistols… Prenez-la en pleine face, et circulez, il n'y a plus rien à voir…

## de la charte

Un an plus tôt, à la demande de Philippe Manœuvre[x], Eudeline avait rejoint *Rock & Folk* où il distille depuis une « Vie en Rock » intimiste et érudite. Depuis plus de trente ans, que ce soit dans sa musique, dans ses articles (compilés dans l'ouvrage *Gonzo* en 2002) ou dans ses romans (dont *Rue des Martyrs*, en 2009), Eudeline s'impose comme un arbitre incontournable des élégances rock… Une figure respectée (ou honnie, c'est selon) qui a su mettre sa vie en adéquation avec ses écrits au phrasé insaisissable, quelles qu'en soient les conséquences.

**«Tout le monde disait : il va faire quelque chose, il va faire quelque chose… alors finalement, j'ai sorti ma bite !»**
Iggy Pop, 1993.

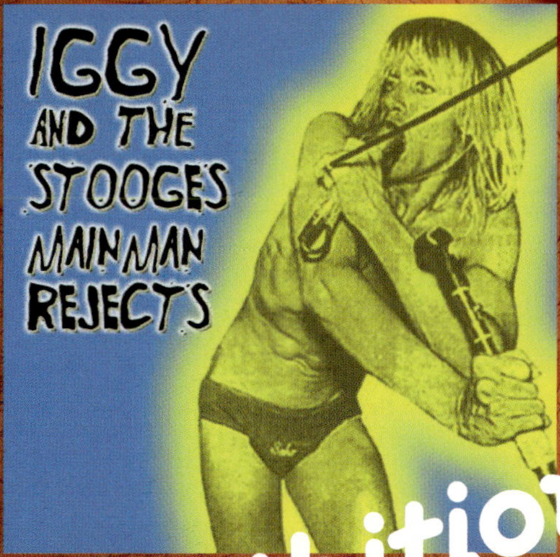


## Exhibition

### Coucou, les voilà…

Difficile de ne pas être exhibitionniste quand on œuvre dans un groupe de rock. *A minima*, le simple fait de monter sur scène et de livrer ses compositions personnelles devant un public induit déjà un certain goût pour la chose. À un degré plus élevé, quelques rock-stars accompagnent leurs chansons de gestes suggestifs sans équivoque qui tournent souvent au rituel : Tina Turner embrassant sensuellement son micro sur les ordres de son Ike de mari à la fin des années 1960, David *Ziggy Stardust* Bowie simulant une fellation à son guitariste Mick Ronson en 1972, Mick Jagger enfourchant une verge gonflable de 6 mètres de long lors de la tournée américaine de 1975, Michael Jackson s'empoignant les parties toutes les vingt secondes, on pourrait multiplier les exemples à l'infini. >

D'autres vont évidemment plus loin et prennent un malin plaisir à exhiber leur corps et plus spécifiquement, bien sûr, leurs parties génitales. Iggy Pop – l'immortel interprète de « Cock In My Pocket » – est certainement depuis trente ans le recordman mondial absolu en la matière.
Jim Morrison, lui, fut accusé d'avoir voulu faire prendre l'air à sa bistouquette et d'avoir provoqué de ce fait une émeute en 1969 lors d'un concert à Miami. Mais il n'y a pas que le zob dans la vie, et les fesses peuvent également tenir le devant de la scène : Angus Young baisse chaque soir sa culotte de collégien (désormais quinquagénaire) pour exposer sa partie la plus charnue, pudiquement recouverte depuis quelques années d'un caleçon aux couleurs d'AC/DC, l'éclair séparant les deux parties de l'acronyme épousant stratégiquement sa raie fessière. Paradoxalement, le comble de l'exhibition revient à deux groupes qui avancent masqués : The Residents, collectif culte californien qui a su préserver l'anonymat de ses membres depuis 1969 grâce à d'énormes globes oculaires vissés sur leurs têtes, et Daft Punk, groupe électro français, intégralement vêtu de combinaisons futuristes à la *Robocop*. Résultat : personne ne sait à quoi ils ressemblent mais tout le monde les reconnaît immédiatement ! Pour les voyeurs que cela intéresse, une rare photo des Daft Punk à visage découvert est parue dans le numéro 4 du magazine français *Magic* en 1995.

# Le rock ramène LES EXPERTS sa science

**« Donc, il est bouffé par les asticots. Et il chlingue en plus. »**
Jim Brass, épisode *Équipe de nuit*

Dimanche soir, 20 h 45… soudain, la télévision allumée en fond sonore joue « Who Are You » des Who, suivi de « Charlie Big Potato » de Skunk Anansie… Que se passe-t-il ? Est-ce enfin une nouvelle émission digne de ce nom consacrée au rock ? Non, vous ne rêvez pas, vous êtes bien sur TF1 qui, depuis 2001, diffuse la série américaine la plus regardée au monde : *Les Experts*, créée en 2000 et déclinée aujourd'hui en trois séries distinctes, *Les Experts Las Vegas* (l'original), *Les Experts Miami* et *Les Experts Manhattan*. *A priori*, rien de bien rock dans ces enquêtes menées à un rythme d'enfer par des experts de la police scientifique (du genre à trouver le nom du coupable et l'âge du capitaine grâce à un reste de beurre de cacahouète sur une petite cuillère), si ce n'est une réelle empathie des personnages pour la musique (le détective Gil Grissom est un grand fan de Pink Floyd) et une bande-son phénoménale qui balaye tout sur son passage, au point de clouer dans leur canapé le dimanche soir les *serial rockers* les plus exigeants. Le ton est donné dès le générique, signé The Who quelle que soit la série : « Who Are You » (Las Vegas), « Won't Get Fooled Again » (Miami) et « Baba O'Riley » (Manhattan).

Reconnaissants pour cette publicité mondiale, les Who remercient parfois le producteur de la série, Jerry Bruckheimer, avant de jouer sur scène l'un de ces trois titres. Après cette mise en bouche très Mod*, l'heureux spectateur a droit à une impeccable sélection de classiques incontournables, de nouveautés pointues et de trésors méconnus qui viennent illustrer une scène de prélèvement de sperme par-ci ou une scène d'autopsie d'un cadavre démembré par-là : « On The Hunt » (Lynyrd Skynyrd), « Somedays » (Regina Spector), « Alpha Beta Gaga » (Air), « Time Has Come Today » (Chambers Brothers), « Mad World » (Gary Jules, reprise de Tears For Fears), « Where Is My Boy » (Faultline)… Cela contraste évidemment avec les violons dégoulinants et les synthés toc de *Navarro*, pour rester dans le registre policier.

**Enseigné à l'université, célébré au Rock and Roll Hall of Fame and Museum**[x], le rock a également franchi les portes des musées du monde entier. Les expositions sur les musiciens, les groupes, les courants musicaux et artistiques sont légions. La culture rock s'exhibe dorénavant sous les ors, et les catalogues raisonnés des expositions constituent non seulement de véritables livres d'art mais aussi des ouvrages de référence sur l'histoire de la musique populaire et sur son influence dans la vie culturelle et artistique. Visite guidée de quelques expositions qui ont fait date, assorties d'instructifs catalogues qui en jettent dans une bibliothèque ou sur la table basse du salon.

# Expositions

## Épater la galerie

**« LES ANNÉES POP 1956-1968 »** (cat. Éditions du Centre Pompidou) : cette exposition pluridisciplinaire, présentée en 2001 à Paris au Centre Pompidou, fut à juste titre un grand succès public et critique. Le catalogue de 500 pages, avec la bouche de Marilyn « warholisée » en couverture, en est le fidèle reflet ; il propose un panorama détaillé de toutes les disciplines artistiques qui ont contribué au mouvement pop : arts plastiques, architecture, design, cinéma, mode, graphisme et musique bien sûr, avec les Beatles, les Rolling Stones, Bob Dylan, le Velvet Underground et quelques extraits d'ouvrages de Nik Cohn[x], d'Allen Ginsberg, de Tom Wolfe[x] et de Hunter S. Thompson[x]. Une somme de référence sur cette période où la musique a contribué à changer le monde.

**« JOHN LENNON, UNFINISHED MUSIC »** (cat. Éditions Cité de la musique et RMN) : conçue en collaboration avec Yoko Ono et donc tout à la gloire de Lennon, cette exposition présentée à la Cité de la musique en 2005/2006 avait néanmoins le mérite, documents inédits à l'appui, d'établir le parallèle entre le destin contestataire d'un artiste hors norme et les mutations d'une société plongée dans la révolution psychédélique[x]. Très complet, le catalogue bénéficie, entre autres, des contributions érudites de Michka Assayas, d'Alain Dister[x] et d'extraits du fameux *Daily Howl*, le journal de John Lennon commencé vers l'âge de douze ans.

**« ROCK'N'ROLL 39-59 »** (cat. Éditions Xavier Barral) : s'il existe des musiciens qui n'auraient jamais pensé une seule seconde faire un jour l'objet d'une exposition, ce sont bien ceux figurant dans cette rétrospective consacrée aux pionniers, présentée à la Fondation Cartier pour l'art contemporain en 2007. Les Howlin' Wolf, Louis Jordan et autres T-Bone Walker, ces « héros oubliés du rock'n'roll », comme les surnomme Nick Tosches[x] dans l'ouvrage portant ce titre, ont pourtant mis le feu aux poudres *avant* l'arrivée d'Elvis, le pelvis blanc… Magnifique ouvrage dans sa forme (grand format, papier luxueux, photos somptueuses…), le catalogue suit le fil chronologique de l'exposition, des champs de coton en Géorgie au triomphe de Presley, agrémenté de textes inédits de Florent Mazzoleni, Greil Marcus[x] et Peter Guralnick.

### ADJUGÉ !

**1,2 million de dollars… c'est le prix de l'adjudication du texte manuscrit de la chanson « A Day In The Life » (Beatles) réalisée par Sotheby's le 18 juin 2010. Dix jours plus tard, un gant parsemé de diamants et porté par Michael Jackson en 1984 était vendu 192 000 dollars lors d'une vente aux enchères à Las Vegas. Exceptionnelles et inaccessibles au commun des fans[x], ces ventes aux enchères d'objets personnels ayant appartenu aux stars du rock donnent également lieu à l'édition de catalogues. Certains, imprimés en tirage limité, sont aujourd'hui des pièces de collection recherchées, comme celui, luxueux, de la vente des Jackson Five qui s'est déroulée en mai 2007. Les amateurs hardcore[x] pourront facilement obtenir sur Internet, à un prix raisonnable, les catalogues des ventes *memorabilia* de Johnny Cash (Sotheby's, 2004) et d'Elvis Presley (Harry N. Abrams, 1999). Une manière comme une autre de découvrir leur univers et de se frotter à leur légende, car, évidemment, chacun de ces souvenirs raconte une histoire…**

# F


FACHO 85
FANS 86
FESTIVALS 87
FILLMORE WEST & FILLMORE EAST 88
FLIPPER 89
FLOWER POWER 90
*FLUIDE GLACIAL* 91
FLYER 92
FOOT 93
*FORREST GUMP* 95
*FREAKS* 95
FRED PERRY 96
FREE PRESS 97
***LA FUREUR DE VIVRE*** **99**

James Dean

# facho

**« Les cuirs noirs, les têtes de morts, les insignes nazis ? De la rigolade, juste pour l'image, parce que ça donne une chiée gueule… »**
Lemmy Kilmister, Motörhead, 1981.

« Une chiée gueule… » La formule est imagée et c'est effectivement dans 90 % des cas la principale raison des signes extérieurs de fascisme adoptés par les artistes rock. Car comment prendre au sérieux Keith Moon (le fantasque batteur des Who), qui débarque déguisé en maréchal Rommel à Los Angeles en 1976, ou bien Siouxsie Sioux qui, selon Johnny Rotten, « ne savait absolument pas ce que signifiait le svastika qu'elle portait » ? À la provocation facile (d'un goût certes douteux), la dimension esthétique ajoute un intérêt supplémentaire et le grand blond David Bowie rentrant de Berlin en 1976 ne put s'empêcher d'adresser un salut nazi à la foule amassée Victoria Station, avant de s'engouffrer dans une Mercedes noire. « Je faisais simplement coucou », dira-t-il plus tard en confessant également qu'il était ce jour-là sérieusement défoncé à la cocaïne[x].
Né dans les champs de coton, nourri par la contre-culture et les mouvements libertaires, le rock est historiquement et constitutionnellement non fasciste et non raciste. En clair, le rock se joue contre les parents et pour embarquer les filles, et non pas contre les différentes couleurs de peau ni pour établir un ordre nouveau. Certes, la Grande-Bretagne eut fort à faire à la fin des années 1970 avec les mouvements musicaux Oï ! et RAC (Rock Against Communism), dont les théories inspirées du National Front (le FN anglais) et les chansons néonazies commençaient à se répandre au-delà d'une base essentiellement composée de boneheads (têtes d'os), d'anciens skinheads ayant viré du rouge (anarchie passive) au brun (fascisme actif). Les tournées rock organisées par la très engagée association Rock Against Racism et qui réunissaient, entre autres, The Clash, Elvis Costello et Steel Pulse contribuèrent à freiner, voire à stopper, l'influence de ces deux mouvements dont les groupes ne brillaient pas par le talent, hormis Sham 69 qui n'a d'ailleurs jamais cessé de renier son public de crânes rasés.
Aujourd'hui, s'il restera toujours un Morrissey pour déclarer au *NME*[x] (*New Musical Express*) en 2006 que « les frontières de l'Angleterre ont été submergées », ou un Ted Nugent pour

## Liaisons contre-nature

servir la cause de la peine de mort et du droit au port d'arme, le rock n'est pas près de virer au brun. Et ce n'est pas la pauvreté artistique des deux groupes et demi de rock identitaire français ou le barnum consternant des groupes de death metal nordiques qui vont y changer quelque chose. D'ailleurs, l'observateur avisé remarquera que le rock est systématiquement condamné ou censuré par les régimes totalitaires, preuve, s'il en était besoin, que son discours dérange toujours les fachos pas beaux.

## NOIR, C'EST NOIR

**Le rock pour les Blancs et le rap pour les Noirs… Oui, sauf qu'en rap, des blancs-becs comme les Beastie Boys, Eminem, House of Pain ou The Streets se sont imposés avec respect sur la scène internationale. À l'inverse, qu'en est-il du rock noir ? Pas grand-chose à signaler depuis les pionniers (Little Richard, Chuck Berry, Fats Domino…), ou depuis Jimi Hendrix et Arthur Lee (Love). Il faut certes mentionner Living Colour, Ben Harper, Mother's Finest, Skunk Anansie ou Bloc Party (et encore, seuls la chanteuse et le chanteur de ces deux groupes sont noirs). Sans parler des innombrables musiciens noirs qui travaillent aux côtés de groupes et chanteurs rock (David Bowie, Rolling Stones…). Mais il semble qu'aujourd'hui encore, être noir et fan[x] des Kinks ou des Ramones ne soit pas bien perçu. Par les Blancs et l'industrie, bien sûr, mais aussi par les Noirs eux-mêmes et le public en général qui, sans être raciste, s'est habitué au déterminisme de la couleur de la peau qui impose schématiquement que les Blancs fassent du rock et que les Noirs préfèrent les « musiques urbaines ». Mais aujourd'hui qu'un président de couleur dirige le plus grand pays du monde, rien ne semble impossible, même de paraphraser Françoise Giroud : « En matière de rock, les Noirs seront les égaux des Blancs quand il existera un grand groupe de rock noir… et nul. » Vivement un Muse 100 % *black* !**

**«Le plus perturbant, c'est que certaines personnes ne semblaient vivre qu'à travers moi et mes chansons.»**
Robert Smith, The Cure, 1996.

## DU FANZINE AU WEBZINE

**Il y aurait aujourd'hui en France un millier de fanzines (contraction de FAN et de magaZINE) qui traitent essentiellement de rock et/ou de bandes dessinées. Conçues par des passionnés bénévoles, diffusées de la main à la main, par correspondance ou dans des magasins/librairies spécialisés, ces publications amateurs à la périodicité souvent fluctuante ont connu leur heure de gloire dans les années 1980. *Hello Happy Taxpayer*, *Nineteen*, *Tant qu'il y aura du rock*, *Abus dangereux* et *New Wave*, sans oublier *Les Inrockuptibles*ˣ, qui a commencé comme un fanzine avant de devenir une revue ayant pignon sur rue… Autant de titres parmi beaucoup d'autres qui ont contribué à l'émergence du mouvement alternatifˣ et à la diffusion de ses idées politiques. En déclin dans les années 1990, l'esprit fanzine a aujourd'hui resurgi sur Internet où l'on ne compte plus les e-zines ou webzines qui bénéficient pour pas cher d'une audience accrue et d'une interactivité immédiate. Enfin, signalons le colossal travail de la fanzinothèque de Poitiers qui depuis plus de vingt ans collecte, archive et conserve les fanzines en tous genres. Un fonds estimé à 50 000 documents, disponibles à la consultation sur place.**

# Bienvenue au club FANS

Les fans hardcore de Robert Smith qui ont essaimé au milieu des années 1980, teint blafard et cheveux de jais dressés en balais de chiottes, constituaient visuellement une horreur absolue. Quant aux chansons du groupe new waveˣ, il est heureux que les fans n'aient pas pris au pied de la lettre un titre comme « Killing An Arab » (1978), composé en hommage à *L'Étranger* d'Albert Camus et ne recelant, contrairement aux apparences, aucune connotation raciste. Le groupe de hard-rockˣ Judas Priest n'eut pas cette chance, qui fut accusé en 1985 d'avoir provoqué le suicide de deux fans au Nevada. Des « messages subliminaux » intégrés dans la chanson « Better By You, Better Than Me », du type « Let's Be Dead », « Do It », « Try Suicide », auraient incité les deux adolescents à appuyer sur la gâchette. Le procès qui dura trois semaines acquitta Judas Priest, car de messages subliminaux il n'y avait évidemment point : il s'agissait juste de deux adolescents perturbés (fugues, toxicomanie, attrait pour les armes à feu) et fans de hard-rock. Loin de ces comportements extrêmes et même s'il existera toujours des forcenés pour camper toute une nuit devant l'hôtel où séjournent leurs idoles, les fans ne demandent finalement qu'à vivre simplement leur passion pour leur groupe/artiste fétiche et à partager une émotion collective avec leurs congénères. Regroupés en fan-clubs physiques ou aujourd'hui numériques (cf. les innombrables groupes sur Facebook), ils constituent un vecteur de promotion idéal pour l'industrie musicale et sont à ce titre choyés : photos inédites, merchandising et titres hors commerce offerts à Noël, invitations ou accès privilégié à des concerts, à l'image de ce mail que reçurent en octobre 2009 quelque 700 membres français de Lotusflow3r (le fan-club de Prince), les invitant à se rendre à La Cigale pour acheter prioritairement leurs places pour le show du nain pourpre. Enfin, certains anciens responsables de fan-clubs sont aujourd'hui passés de l'autre côté de la barrière. Ainsi Morrissey (The Smiths), président fondateur dans ses jeunes années du fan-club des Cramps (The Legion of the Cramped) et des New York Dolls. Il fut d'ailleurs en 2004 l'un des principaux artisans de la reformation des poupées new-yorkaises. À l'avenir, le pire est donc à craindre de la part du président du fan-club des Pussycats Dolls…

# Festivals

## Le bonheur est dans le champ

**Au fond du champ, il y a la scène, entre la scène et vous 15 000 personnes attendent le prochain concert…** il fait très chaud (ou il pleut à torrents, c'est selon), la bière est tiède, la merguez-frites a du mal à passer… mais quand une immense clameur vient saluer l'arrivée du groupe sur scène, vous savez que tout cela vaut le coup et qu'aucun apéro géant Facebook ne pourra jamais égaler l'ambiance et la diversité d'un festival de rock. Si les premiers grands festivals anglo-saxons de la fin des années 1960 (Monterey[x], Woodstock[x], Altamont[x], Wight[x]…) ont popularisé le genre, la France n'a pas à rougir, bien au contraire, qui organisa le 24 février 1961 le Festival mondial du rock and roll, que certains n'hésitent pas à considérer comme le premier festival rock de l'histoire. Ce jour-là, 5 000 jeunes se donnèrent rendez-vous au Palais des Sports de Paris pour assister à deux spectacles réunissant chacun Little Tony and his Brothers, Emile Ford & the Checkmates, Bobby Rydell, Frankie Jordan, Les Chaussettes Noires et Johnny Hallyday, qui provoqua l'hystérie du public en se roulant outrageusement par terre. Des dizaines de sièges furent arrachés et la police débordée procéda à une cinquantaine d'arrestations. En revanche, à la fin des *sixties* et au début de la décennie suivante, les festivals furent victimes en France de racisme anti-jeunes et/ou de l'incompétence de leurs organisateurs : on se souvient que le premier festival pop fut bouté hors de nos frontières (il eut lieu à Amougies, en Belgique, à la Toussaint 1969), puis fut suivi par les galères de Biot, Auvers-sur-Oise et Valbonne : conditions d'hygiène désastreuses, recettes insuffisantes, annulations en série, bagarres déclenchées par des ultragauchistes, la France mit des années à savoir organiser un festival (alors qu'en Belgique, en Hollande ou en Allemagne, c'est une seconde nature).

Au niveau international, on se souvient d'événements humanitaires[x] et gigantesques dans les années 1980 (*Live Aid*, *A Conspiracy of Hope*…), puis itinérants dans les années 1990 (*Lolapalooza*, *Ozzfest*…). Les festivals ont plus que jamais la cote en ce début de nouveau siècle, qui offrent un rapport qualité/prix imbattable (49 euros le pass trois jours *Solidays 2010* pour assister aux concerts de Kasabian, Archive, BB Brunes, Vanessa Paradis, Izia, -M-… qui dit mieux ?) et une communion physique bienvenue à l'heure du numérique et de la dématérialisation de la musique. Seul revers de la médaille à cette profusion de festivals estivaux, les groupes sont souvent les mêmes d'une ville à une autre, obligeant les organisateurs à casser leurs tirelires pour obtenir en exclusivité la tête d'affiche qui créera le *buzz* : Prince au Main Square Festival (Arras, 2010) ou Bruce Springsteen en 2009 aux Vieilles Charrues (Carhaix), le festival le plus fréquenté de France (240 000 spectateurs en 2010), organisé depuis 1992 par la même association de bénévoles amoureux de toutes les musiques. Une belle histoire qui n'est pas sans rappeler les valeurs qui ont prévalu à l'organisation, dans un champ également, d'un festival mythique en 1969 : Woodstock, à qui la ville de Carhaix pourrait bientôt être jumelée… La boucle est bouclée !

Festival Rock en Seine

# FILLMORE WEST & FILLMORE EAST

## Temples hippies

**Certaines salles de concerts demeureront à jamais emblématiques du style musical qu'elles ont accueilli :** le CBGB[x] pour les punks new-yorkais, l'Apollo de Harlem pour les formations funk, le Rose Bonbon pour les jeunes Parisiens modernes et le Fillmore West de San Francisco pour le mouvement hippie[x] et la musique psychédélique[x]... encore que musique soit un terme réducteur pour définir les concerts-happenings qui se déroulaient dans cette ancienne salle de danse édifiée en 1912, à l'intersection de Fillmore Street et Geary Boulevard. De 1966 à 1971, dirigé par Bill Graham (*voir encadré*), le Fillmore (qui devient Fillmore West en 1968) fut le sanctuaire des enfants du *Flower Power*[x] qui assistaient aux performances d'une nouvelle scène émergente : Big Brother and the Holding Co. (avec Janis Joplin), Jefferson Airplane, Cream, The Who, The Grateful Dead, Jimi Hendrix, The Byrds, Buffalo Springfield, Steve Miller, The Doors, Quicksilver Messenger Service... toute la crème musicale de l'époque usera ses pattes d'eph au Fillmore West, mais aussi au Fillmore East ouvert par Graham à New York en 1968. Côte ouest ou côte est, le spectacle était total, autant dans le public que sur les planches, où le *light show* avant-gardiste pulsait au rythme de la musique de groupes *a priori* incompatibles mais volontairement programmés le même soir : Pink Floyd partagea ainsi l'affiche avec Janis Joplin, et les Mothers of Invention de Frank Zappa jouèrent après le Velvet Underground de Lou Reed (Andy Warhol[x] en personne officiait aux lumières). En 1971, dégoûté par l'avidité galopante de l'industrie musicale et, selon ses propres termes, pour « se retrouver avec lui-même », Bill Graham ferme ses deux salles qui ressusciteront au fil des années sous différentes formes, voire dans d'autres lieux que les bâtiments originaux. De la grande époque dorée des deux Fillmore où chaque concert se vivait comme une expérience unique, il reste aujourd'hui ces célèbres affiches[x] (plus de 450 modèles) aux lettrages et aux graphismes hallucinants, qui étaient à l'époque distribuées gratuitement (comptez aujourd'hui entre 500 et 8 000 euros pour un exemplaire original), et quelques albums *live* mythiques comme le *Wheels Of Fire* de Cream (1968), à écouter de préférence dans sa version vinyle[x] d'origine, ou encore les *live At Fillmore East* de Neil Young & Crazy Horse (1970, paru en 2006) et de l'Allman Brothers Band (1971).

Bill Graham au Fillmore West

### BILL GRAHAM PRESENTS

**« Nous nous sommes souvent affrontés avec Bill Graham et c'est le cas de beaucoup d'autres groupes qui ont travaillé avec lui. Mais nous ne l'oublierons jamais. » Bono, U2, 1991. Juif allemand qui a fui Berlin à l'âge de huit ans en 1938 pour rejoindre le Bronx, Bill Graham (de son vrai nom Wolfgang Grajonca) n'était effectivement pas réputé pour avoir la langue dans sa poche, lui qui traita le Velvet Underground de « dégoûtants microbes new-yorkais ». Doté d'un caractère bien trempé et d'un sens des affaires à toute épreuve, Bill Graham, en parallèle de la gestion des Fillmore, fut le manager[x] et/ou le promoteur de nombreux groupes qu'il porta aux sommets : Jefferson Airplane, The Grateful Dead, Janis Joplin, les Rolling Stones... Il fut le premier aux États-Unis à professionnaliser le business des concerts rock. L'inscription « Bill Graham presents » en haut de l'affiche était l'assurance que les artistes seraient bien présents, que le show commencerait à peu près à l'heure et que le spectacle allait vraisemblablement casser la baraque. Celui qui avait bâti sa fortune sur les colossaux revenus générés par la tournée américaine STP des Rolling Stones (1972) s'impliqua également dans l'organisation de concerts humanitaires[x] (*Live Aid* en 1985, *Human Rights Now* en 1988). C'est d'ailleurs en revenant en 1991 d'un show de Huey Lewis and the News, qu'il souhaitait inviter à un concert au bénéfice de victimes d'une tempête, que Graham périt dans le crash[x] de son hélicoptère.**

# FLIPPER

## Same player shoot again

**« Attention au tilt, attention au tilt/ T'as perdu la boule mon gars... »** Extrait de « Flipper », Téléphone, 1977.

Que d'argent de poche englouti dans les monnayeurs du Hulk qui avait la claque facile, du Playboy très sensible au tilt, de l'Addams Family, le flipper le plus vendu au monde, ou du Capt. Fantastic (*voir encadré*), inspiré de l'opéra-rock[x] *Tommy* des Who, dont le héros est un champion de flipper aveugle, sourd et muet. Rock et flipper... Les deux roulent dans la même direction et partagent bien des points communs : mal considéré dans les années 1950 (il fut interdit dans certains États d'Amérique), adopté par les adolescents des *sixties* et des *seventies* pour qui il était synonyme de rébellion, le flipper est le jeu rêvé pour tout jeune mâle en pleine poussée hormonale qui peut ainsi se défouler physiquement sous le regard aguicheur de pin-ups déshabillées. À titre de comparaison, une partie acharnée sur le Sexy Girl (Ranco, 1980) peut procurer le même effet que l'écoute – et la vision de la pochette – de l'album *Smell Of Female* des Cramps (1983). Dès les années 1960, conscients du développement exponentiel de la musique rock et de son impact sur la jeunesse, les principaux constructeurs (Gottlieb, Bally, Williams...) ont créé de nombreuses machines à l'effigie de groupes et artistes majeurs :

**LES BEATLES** (Williams, 1966), ou plutôt les Bootles pour des raisons de copyright. Fabriqué à 2 800 exemplaires, le plagiaire Beat Time est aujourd'hui très recherché par les collectionneurs. >

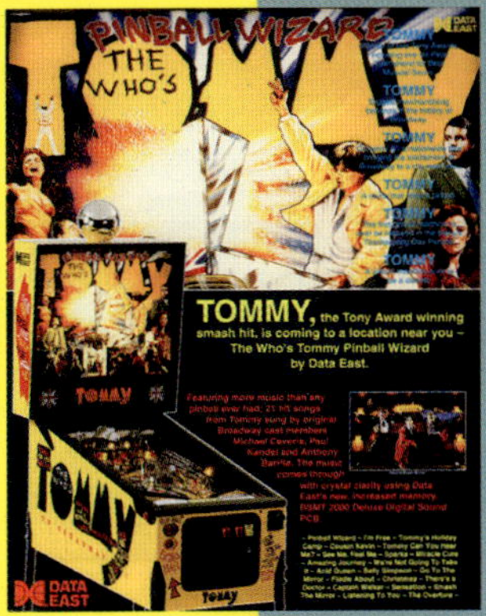

**CAPT. FANTASTIC**

**Fabriqué par Bally en 1976, dessiné par le graphiste Dave Christensen, Capt. Fantastic est un bel exemple de rock appliqué au flipper. Elton John y apparaît dans le rôle du Pinball Wizard, le champion de flipper qu'il interprète dans le film *Tommy* de Ken Russell. Comme à son habitude, Christensen intégra discrètement parmi les personnages certains de ses amis, et représenta même Adolf Hitler à l'extrême droite (évidemment !) de la glace. Bally en fabriqua 16 155 exemplaires, un chiffre record qui explique que vous pouvez encore croiser un Capt. Fantastic oublié dans un bar situé au fin fond de la Creuse. On se fait un flip ?**

**LE KISS** : les rois peinturlurés du merchandising[x] se devaient évidemment de rejoindre les salles de jeu avec ce Kiss conçu par Bally en 1979. Les célèbres caractères runiques du logo du groupe ont été modifiés pour le marché allemand, le double *s* final étant susceptible de réveiller quelques fâcheux souvenirs dans la patrie des Scorpions.

**L'ELVIS PRESLEY** (Stern, 2004) : il aura fallu attendre le XXIe siècle pour que le King flippe ! Entre deux targets dégommées, le joueur aguerri aura le privilège d'entendre Presley chanter « See See Rider », « Blue Suede Shoes », « All Shook Up », « Hound Dog », « Jailhouse Rock », « Heartbreak Hotel » et « Burning Love ».

**LE DOLLY PARTON** (Bally, 1979) : même la chanteuse country aux énormes *bumpers* eut droit à sa machine, qui fit perdre la boule à plus d'un joueur dans les *honky-tonks* et les troquets du monde entier.

# Flower Power
## L'autre pouvoir

**« La marche devrait être conduite par des mamies portant des fleurs, des jeunes mères avec leur bébé dans les bras et des fillettes en habits du dimanche. »**
Allen Ginsberg, le 16 octobre 1965, au cours du défilé de l'association Vietnam Day Committee.

Opposer des fleurs aux armes… C'était l'idée du poète Allen Ginsberg qui souhaitait capter l'attention des médias en théâtralisant les grandes marches pacifistes contre l'engagement américain au Viêtnam. De 1965 à 1967, les hippies[x] devinrent ces « flower children » aux tenues chamarrées, qui distribuaient des fleurs au public quand ils ne les déposaient pas ironiquement dans les canons des armes de la police anti-émeute. Plus qu'un simple slogan, le *Flower Power* devint le symbole sympathique – qui perdure encore aujourd'hui – de la communauté hippie et de son désir de changer le monde et exerça une influence majeure dans le développement de l'art psychédélique[x], qu'il soit pictural ou musical.
À San Francisco, et plus précisément au Haight Ashbury District, cœur historique de la communauté hippie, les fleurs poussaient en 1966 et 1967 au son de jeunes groupes inconnus dont la plupart ne bénéficiait pas encore de contrats discographiques : ainsi, Janis Joplin, The Grateful Dead et autres Jefferson Airplane jouaient souvent gratuitement lors des manifestations où, comme le recommandait John Phillips (du groupe The Mamas and the Papas) : « Si tu viens, n'oublie pas de mettre des fleurs dans tes cheveux. » Le *Summer Of Love* de 1967 constituera l'état de grâce d'un pouvoir végétal qui se fanera ensuite bien vite sous le coup de la récupération politique, de la répression policière et de l'émergence du speed… En mai 68[x], de l'autre côté de l'Atlantique, à Paris, la jeunesse en révolte remplaça les fleurs par des pavés, et la messe fut dite.

# FLUIDE GLACIAL

## Bulles binaires

**« Conseil : Lire le présent recueil en écoutant (très fort) l'album de Genesis, *The Lamb Lies Down on Broadway.* »**
Marcel Gotlib, en conclusion de l'éditorial du premier numéro de *Fluide glacial* publié le 1er avril 1975.

1975, Marcel Gotlib claque la porte de *L'Écho des Savanes*, qu'il avait lancé trois ans plus tôt avec Claire Bretécher et Nikita Mandryka, et fonde avec Jacques Diament son propre journal de bande dessinée, *Fluide glacial*, ainsi que les éditions Audie (Amusement Umour Dérision Ilarité Et toutes ces sortes de choses) qui publieront les albums des dessinateurs de *Fluide*. Quelque part entre *Hara Kiri* et *Spirou*, *Fluide glacial* défend depuis plus de trente-cinq ans un humour satirique et libertaire, que son rachat par la maison Flammarion en 1995 n'a pas entamé. Le mensuel (en noir et blanc pendant près de trente ans, en couleurs depuis 2003), qui tire aujourd'hui aux alentours des 50 000 exemplaires, peut s'enorgueillir d'avoir publié les maîtres du genre (Gotlib bien sûr, Franquin, Solé, Bretécher…) et d'avoir révélé une kyrielle de jeunes talents (Edika, Goossens, Binet, Maëster, Larcenet, Sattouf…). Il peut également être fier de se suffire à lui-même et de n'avoir jamais publié la moindre page de publicité (sauf pour ses propres livres et quelques copains).
Que ce soit dans les planches ou dans les quelques articles culturels, l'humour décalé de *Fluide* se marie bien à la matière rock, fréquemment présente dans ses pages. Citons, entre autres, « Les Chroniques du dérisoire » de Léandri, les critiques de Phil Casoar, la pré-publication de *Rock et Pop et Colégram* scénarisé par Alain Dister[x] et dessiné par Jean Solé, ou bien encore une planche inédite de Gilbert Shelton[x] où le freak brother Fat Freddy se défonce au vrai fluide glacial (numéro hors série 30 ans, 1995). Signalons aussi la parution en juillet 2010 d'un numéro spécial *Rolling Stone* (n° 409), qui avait été précédé en juin 2006 d'un copieux spécial *Beatles, All you need is fun !* (n° 360), contenant un bel exemple d'humour glacialement rock :
« Nombreux suicides suite au décès de John Lennon, quand les gens se sont aperçus que Paul McCartney était encore vivant ! »
Une sympathie pour le binaire qui ne risque pas de se tarir, puisqu'en juillet 2011 un certain Christophe Goffette, ancien grand manitou du défunt magazine *Xroads*[x], a été nommé rédacteur en chef.

**On vous l'a distribué avant d'entrer dans la salle de concerts ou la boîte de nuit, vous l'avez glissé dans votre poche…** Ce bout de papier froissé oublié qui a toutes les chances de subir un essorage en règle dans votre machine à laver, ce *flyer* (tract), pourrait bien un jour faire partie d'une exposition[x] ou entrer au musée comme ses illustres aînés. Auparavant utilisé à des fins de communication politique ou commerciale, au temps où on les appelait encore « tracts », les *flyers* apparaissent dans l'univers rock au début des années 1960 et bénéficient de l'explosion créative et artistique de l'époque. Des deux côtés de l'Atlantique, au cœur du Swinging London[x] ou de Haight-Ashbury (San Francisco), les *flyers* inspirés par l'Art nouveau, les *comics*[x] et le pop art constituaient le moyen le plus économique et le plus efficace pour annoncer les concerts du Pink Floyd ou des Doors. Fauchés et adeptes du *do it yourself*, les punks firent ensuite chauffer à plein régime les photocopieuses Rank Xerox qui débitaient des *flyers* essentiellement en noir et blanc, aux typographies lacérées et aux messages politiques engagés. À partir de la fin des années 1980, la génération house/techno redonnera de l'importance et des couleurs aux petits papiers, sur fond de surréalisme et d'onirisme postmoderne. Considérés comme d'authentiques œuvres d'art représentatives de leur époque (certains s'échangent aux alentours de 500 euros), les *flyers*, qu'ils soient imprimés ou digitaux, jouent toujours aujourd'hui un rôle capital dans l'animation des milieux *underground* et alternatifs[x], que ce soit pour annoncer un concert ou un disque… Sortez-les de votre poche et gardez-les, on ne sait jamais !

# Flyer

## Les petits papiers

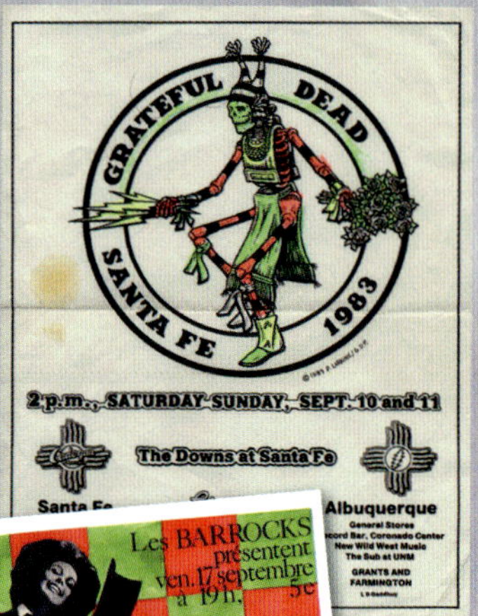

**« J'aime le football encore plus que la musique. »**
Noël Gallagher, Oasis, 2009.

S'il existe un sujet sur lequel les frères Gallagher ne s'embrouillent pas, c'est bien le ballon rond et Manchester City, club dont ils sont supporters depuis leur enfance. Une passion que leur rend d'ailleurs le joueur Lionel Messi, fan invétéré du groupe, qui souhaitait financer personnellement une reformation d'Oasis si l'Argentine remportait la Coupe du monde 2010. C'est évidemment en Grande-Bretagne, pays où fut inventé le football moderne au XIXe siècle et la pop music dans les années 1960, que les liaisons entre les médiators et les crampons sont les plus solides. En Angleterre, deux solutions séduisantes s'offrent aux teenagers de la *working class* pour tomber les filles et s'élever dans la société : devenir rock-star ou footballeur professionnel. Certains artistes ont d'ailleurs bien failli intégrer des équipes pros avant de fouler les planches, comme Rod Stewart, qui s'entraîna dans les années 1960 avec le club de Brentford ou Steve Harris (bassiste d'Iron Maiden) et Johnny Marr (guitariste des Smiths), respectivement approchés dans leur jeunesse par West Ham et Nottingham Forest. D'autres stars parvenues au sommet ont investi à perte leurs deniers dans des clubs, à l'image d'Elton John, qui racheta le club de Watford en 1976, et de Robbie Williams en 2006, qui fut actionnaire majoritaire de l'équipe de sa ville natale, Port Vale FC, laquelle perdait systématiquement ses matchs quand l'ex Take That honorait les tribunes de sa présence. >

Bob Marley

## COUPS DE CRAMPONS SUR BOB MARLEY

« Bob Marley est canné ! Inquiet, visiblement, il vient à l'arrière, souffrant du pied », écrivait Philippe Manœuvre[x] en 1977. Cette blessure et ce match de football ont pesé très lourd dans la destinée de Robert Nesta Marley. En mai 1977 : face à face sur un terrain situé près du Hilton de la tour Eiffel, une équipe de personnalités du show-biz (les Polymusclés) et une équipe composée de journalistes de *Rock & Folk*[x] et des Wailers emmenés par un Bob Marley impérial. Ces derniers gagnent haut la main sur un score sans appel : 6 à 1. Précisons ici que malgré l'herbe consommée à hautes doses, les Wailers étaient aussi des artistes balle au pied, avec un niveau de jeu équivalent à une équipe semi-pro. Mais ce jour-là, des crampons mal intentionnés ont réveillé une vieille blessure de Marley contractée au gros orteil lors d'un match joué en Jamaïque deux ans plus tôt. Le médecin recommande du repos, mais le rasta, en pleine tournée mondiale, laisse se développer la plaie qui révélera finalement un mélanome avancé. Bob Marley meurt d'un cancer généralisé le 11 mai 1981. Fin du match.

# FOOT

## Coups de tête

Si derrière chaque rock-star britannique peut se dissimuler un supporter acharné (Jim Kerr des Simple Minds affrétait des jets privés pour assister aux matchs du Milan AC et Pete Doherty édita dans sa jeunesse *All Quiet On The Western Avenue*, fanzine dédié au club Queens Park Rangers), les comportements de certains footballeurs n'ont rien à envier aux frasques des rock-stars, que ce soient les virées alcooliques de George Best, les agressions à répétition de Paul Gascoigne (il se battit en 2006 contre Liam Gallagher à coup d'extincteur), les remontants chimiques de Diego Maradona, les amours tarifées de Wayne Rooney et de Franck Ribéry… sans oublier le coup de boule de Zinédine Zidane en finale de la Coupe du monde 2006, spectaculaire *fuck off* suicidaire, 100 % rock and roll, que n'aurait pas renié Sid Vicious.

Mais l'osmose rock-foot prend réellement tout son sens lorsque la musique entre sur le terrain, qu'il s'agisse de morceaux spécialement composés pour devenir des hymnes (« World in Motion », hymne officiel de l'équipe d'Angleterre, composé par New Order en 1990, classé nº 1 dans les *charts* britanniques) ou de titres spontanément adoptés par le public (« Seven Nation Army » pour l'Italie championne du monde 2006, « Jump » pour l'Olympique de Marseille…). Quand il est clamé à l'unisson par 50 000 spectateurs dans un stade survolté, l'hymne rock appliqué au foot (tel « We Are The Champions », de Queen) donne le vertige et n'est pas sans rappeler la ferveur commune qui animait le public des grands festivals rock des années 1960 et 1970. En France, où l'on ne fait décidément rien comme les autres, le foot préfère la musique noire et plus particulièrement le rap, divisé grossièrement en deux axes : PSG/NTM et OM/IAM. En 1998, l'équipe de France championne du monde avait choisi « I Will Survive » de Gloria Gaynor pour soutenir ses exploits.

Rod Stewart

## *SO FOOT*, SI ROCK !

**Bonne nouvelle, un magazine de foot à l'esprit rock est disponible dans les kiosques français depuis mars 2003. À partir de vingt-deux joueurs et d'un ballon rond, *So Foot* écarte le jeu sur les ailes et pratique l'art du grand pont sur la culture et la société. Grâce à *So Foot*, à son ton décalé et provocateur, le footeux a gagné son statut de branché et le rocker amateur de gestuelle footballistique ne se cache plus, lui qui auparavant avait peur d'être assimilé au supporter aviné en short. À des années-lumière du lénifiant *France Football*, *So Foot* propose des interviews anti-langue de bois, met souvent les crampons dans le plat (business des agents, joueurs gays), se frite avec Roland Courbis et Francis Lalanne, et n'oublie pas de consacrer une saga épicée au joueur de foot le plus rock de tous les temps, George Best (à ne pas confondre avec Pete Best, le cinquième Beatles), idole des rockers britanniques, qui déclarait : « J'ai dépensé 90 % de mon argent en alcool et en femmes. Le reste je l'ai gâché. » Remplacez le ballon par une guitare[x] Les Paul, les arbitres par des roadies[x], les femmes de joueurs par des groupies[x] (pas la peine, c'est déjà le cas), et vous tenez entre les mains un vrai magazine de rock irrévérencieux qui a réussi son pari de rendre le foot intelligent (il y avait du boulot). Et puis, où trouver ailleurs que dans *So Foot* cette historique sortie du chanteur Arno en 2004 : « Un entraîneur a dit à mon fils : "Toi, tu reviens pas avec une boucle d'oreille comme ton père et aussi pas de cheveux longs ou de vêtements comme lui." Je suis allé voir ce mec et je lui ai dit : "Écoute, mon fils il a huit ans, il fait du foot pour le plaisir, c'est un jeu, il fait pas l'armée ! Si tu lui redis des trucs comme ça, je te coupe les couilles. » Non mais !**

**Dans la catégorie film grand public américain gavé de bons sentiments** mais qui se laisse tout de même voir, on recommande *Forrest Gump*, réalisé par Robert Zemeckis en 1994. Tom Hanks interprète Forrest Gump, un simple d'esprit qui raconte sa vie assis sur un banc. Et, mine de rien, tout connard qu'il est, le Forrest a roulé sa bosse et a été successivement, des années 1950 aux années 1980, champion de football américain et de ping-pong, soldat au Viêtnam, milliardaire et, sans le vouloir, une figure majeure de la contre-culture : c'est en effet le jeune Forrest, affublé d'appareils de maintien aux jambes,

# Forrest Gump

## Gourou niais

qui inspira à Elvis son célèbre déhanchement ; c'est encore Gump, interviewé à la télévision, qui donna l'idée à John Lennon d'écrire « Imagine » ; c'est toujours le même qui, couvert de boue, s'essuya le visage sur un tee-shirt jaune, laissant une empreinte, laquelle est devenue célèbre dans le monde entier : le Smiley. En matière de révisionnisme savoureux de l'histoire du rock, Robert Zemeckis n'en est pas à son coup d'essai. En 1985, dans *Retour vers le futur*, il propulsait un adolescent des années 1980, Marty McFly (Michael J. Fox), dans les années 1950 et le consacrait auteur-compositeur dès 1955 de « Johnny B. Goode », qui devait faire la fortune de Chuck Berry en 1958. Après avoir tourné autour du pot pendant des années en distillant des saynètes rock dans ses comédies à succès, Zemeckis a décidé d'entrer dans le vif du sujet et prépare un *remake* en 3D de *Yellow Submarine*ˣ, le dessin animé des Beatles réalisé en 1968. Quand on sait que Zemeckis fut également le réalisateur de *Qui veut la peau de Roger Rabbit ?* (1988), on se dit qu'*a priori* le sous-marin jaune est sous bon commandement…

**S'il est généralement admis que** *Graine de Violence*ˣ (*Blackboard Jungle*, 1955) a donné naissance au genre « cinéma rock », *Freaks, la monstrueuse parade*, réalisé par Tod Browning en 1932, peut également revendiquer une certaine paternité « spirituelle ». Ici, pourtant, pas de guitaristes cocaïnés, pas de managersˣ véreux ni de groupiesˣ désinhibées, juste la vie quotidienne d'un

# Freaks

## Monstres et compagnie

petit cirque ambulant et de sa troupe d'artistes, composée d'authentiques monstres humains : un lilliputien amoureux d'une vénéneuse trapéziste, un homme-tronc qui allume une cigarette avec ses dents, des sœurs siamoises dont l'une reçoit une demande en mariage, une femme sans bras qui boit avec ses pieds… « En offenser un, c'est les offenser tous », prévient, >

dans le prologue, le bonimenteur du cirque Tetrallini. La belle trapéziste l'apprendra à ses dépens, qui sera finalement, elle aussi, transformée en phénomène de foire après avoir méprisé et tenté d'assassiner son monstrueux amoureux transi. À sa sortie, le malaise provoqué par le film fut tel qu'il fut rapidement retiré de l'affiche et même interdit de projection en Grande-Bretagne et aux États-Unis.

Il faut attendre 1962 pour que *Freaks*, amputé de trente minutes, soit exhumé des archives de la MGM et devienne une œuvre culte pour la scène rock des années 1960 et 1970. Comme si les hippies[x] et ensuite les punks[x] se reconnaissaient dans ces monstres de foire rejetés par la société puis exhibés commercialement à la curiosité populaire. Considéré aujourd'hui comme un chef-d'œuvre du septième art, *Freaks* n'en finit plus d'irriguer l'esprit rock depuis quarante ans. Ainsi, et entre autres : les hippies, qui adoptèrent le terme *Freaks* pour se désigner ; les Doors, qui agrémentèrent de quelques monstres choisis la pochette de l'album *Strange Days* (1967) ; et, plus près de nous, la parade de monstres modernes du *Jim Rose Circus*, qui fit les beaux jours du festival[x] Lollapalooza en 1992 et des concerts de Marilyn Manson en 1994… Décidément, le Freak, c'est chic !

Paul Weller (The Jam)

# FRED PERRY

## T'as le look polo…

**Champion du monde de tennis de table en 1929** avant de se reconvertir avec succès au tennis tout court (il remporta trois fois Wimbledon), Fred Perry (1909-1995) reste l'un des plus grands champions anglais de tous les temps. Rien de bien rock dans tout cela, si ce n'est que le Fredo était un fieffé coureur de jupons (Marlène Dietrich et Jean Harlow figurent à son palmarès),un branleur magnifique sur le court (le genre à peindre sa raquette en blanc brillant pour déconcentrer son adversaire), et que, à l'instar de son rival français René Lacoste, il créa sa propre marque de vêtements de tennis en 1952, avec en lieu et place du crocodile

Fred Perry, le fondateur

un laurier brodé côté cœur. Adopté par les très chics Mods[x] britanniques qui appréciaient sa résistance et son élégance en toutes circonstances, le polo Perry aux bandes contrastantes sur le col et les manches intégra également le look des skinheads au début des années 1970. La branche fasciste[x] du mouvement voyait dans le laurier un symbole impérialiste – à tort, puisqu'il était simplement inspiré d'un ancien logo du tournoi de Wimbledon. Pour couronner le tout, les bas du front aux crânes rasés n'avaient pas calculé l'origine juive de Fred Perry. Adopté par les dandies parisiens des années 1980 pour donner une tonalité *so british* à leur allure, consacré par la brit-pop des années 1990, le polo Fred Perry est aujourd'hui un signe de reconnaissance rock prisé par les musiciens de tous horizons – Paul Weller, Pete Doherty, Justice, Damon Albarn, Diam's, Amy Winehouse (dessinatrice en 2010 d'une collection Fred Perry très réussie) –, la marque au laurier, qui n'a pas perdu sa crédibilité suite à son rachat par un groupe japonais en 1996, fédère toutes les chapelles grâce à son histoire prestigieuse et à une certaine idée de l'élégance version rock, classe mais relax… Tout ce que ne sera jamais un polo Ralph Lauren, Lacoste ou Versace.

**« Depuis Gutenberg, les révolutions ont toujours inventé une nouvelle presse. »**
Jean-François Bizot, 2001.

De 1965 à 1975, cette nouvelle presse était « free », en opposition aux organes officiels, et comptait en 1970, au plus fort de son influence, mille titres imprimés à dix millions d'exemplaires. Des États-Unis à la Grande-Bretagne en passant par le Canada, l'Australie, la France et la Hollande, la *free press* révélait ce que les autres journaux cachaient : elle militait pour la paix au Viêtnam, pour le droit à l'avortement et à la contraception, pour le sexe libre, pour la légalisation de la marijuana, et rendait compte – bien évidemment – des dernières nouveautés de la planète rock.

# FREE PRESS

## Caractères libres

Sur ces millions de pages ronéotypées, voire photocopiées en noir et blanc pour les supports les plus amateurs, les graphistes s'en donnaient à cœur joie et rivalisaient de photomontages délirants, de collages situationnistes, de *cut-up* et d'arabesques psychédéliques[x] qui rendaient parfois les textes illisibles. Peu importe finalement, car durant ces dix glorieuses années, une presse libérée de tout groupe de pression fut le porte-parole créatif d'une révolution pacifique et favorisa l'émergence de quelques journaux musicaux qui allaient faire parler d'eux : *Crawdaddy !*[x], *Creem*[x], *Rolling Stone*[x]… >

### REVUES DE *FREE PRESS*

### AUX ÉTATS-UNIS

Créé en 1966 au cœur de Haight-Ashbury, ***The San Francisco Oracle*** fut jusqu'en 1968 l'organe du mouvement hippie[x] dont il servait clairement la cause. Entre une recette de gâteau au haschisch[x] ou un témoignage d'un GI revenu du Viêtnam, des reproductions de casse-têtes extraits d'albums d'enfants d'avant-guerre invitaient le lecteur aux cheveux longs à retrouver des visages cachés au milieu de dessins enchevêtrés… L'ancêtre, en quelque sorte, de *Où est Charlie ?*, en plus compliqué cependant si l'on tient compte de la conscience généralement embrumée du lecteur aux cheveux longs en question.

Fondé en 1964 et toujours en activité aujourd'hui, l'hebdomadaire ***The Los Angeles Free Press*** (surnommé *Freep*) vendait jusqu'à 150 000 exemplaires par semaine et conviait dans ses colonnes toute l'aristocratie de la contre-culture : Charles Bukowski[x], Bob Dylan, Allen Ginsberg, Gilbert Shelton[x]… Sa diffusion nationale et ses sympathies affichées pour le Black Power et les manifestations étudiantes en faisaient la cible préférée des autorités qui lui intentaient procès sur procès.

Cette persécution judiciaire ne fit que renforcer l'intérêt des lecteurs pour ce symbole de la presse libre qui comptait cent cinquante employés en 1970.

LOS ANGELES FREE PRESS

25¢

Waters: There is an acid test

Youngblood: Television with balls

Ron Cobb: Philosophical Mandala

113 Places to go this week—see page 52

NARCOTIC AGENTS LISTED

There should be no secret police

The people should know the men who are policing their communities. Even the Black Panthers do not propose simply abolishing police departments. Even they recognize the need for peace officers-but their program for community control of police demands that the policeman openly lives in the community in which he works so abuses [illegible] of power can be controlled.

Secret police forces are a threat to democratic government. History demonstrates that the secret policeman invariably uses his anonymity to become unaccountable to the people over whom power is exercised.

Recently there have been published stories of abuses of power involving narcotics officers. Several officers of many years standing have even been discharged for faking evidence.

Many, if not most, narcotics cases are thrown out of court because the officers have violated the constitutional rights of the suspect in conducting illegal searches and seizure.

But the public at large does not ordinarily hear of the violations of law committed by these secret policemen who are attempting to enforce laws as unwise and unenforceable as the now-banished prohibition of liquor.

There should be no secret police! In this spirit we are publishing in this issue on page 5 the official personnel roster of agents in the California State Bureau of Narcotics for the cities of Los Angeles, San Francisco, Santa Ana, and San Diego. The list is current as of June 1969. Know your local narc!

Know your local Nark

See Page 5

## UPS, CLUB ÉCHANGISTE

**« On était si contents d'être publiés de Tokyo à Berlin qu'on n'aurait jamais pensé à se faire payer », confiait Robert Crumb[x] en 2009. Créé en 1967 par les éditeurs de différents journaux *underground* américain (*The San Francisco Oracle, The Los Angeles Free Press*…), l'Underground Press Syndicate (UPS), puis l'Alternative Press Syndicate (APS) à partir de 1973, permettaient aux adhérents du monde entier d'échanger « intégralement » et « gratuitement » leur contenu éditorial. Les magazines les plus modestes imprimaient ainsi librement des articles rédigés par de grandes signatures, à l'instar d'*Actuel*, qui publia pour la première fois en France les planches de Robert Shelton[x] et de Robert Crumb. Grâce à l'UPS, la *free press* constituait une énorme puissance médiatique qui échappait au contrôle financier et éditorial des barons de la presse traditionnelle. Bien sûr, cela n'a pas duré.**

### EN GRANDE-BRETAGNE

« Quand la musique change, les murs de la ville tremblent », pouvait-on lire dans les colonnes de l'***International Times*** (*IT*) fondé en 1966 par Barry Miles et Jim Haynes (ce dernier contribua en Hollande au lancement de *Suck*, pionnier des pornzines en Europe). Régulièrement accusé d'obscénité (« Pourquoi j'ai envie d'enculer Ronald Reagan, gouverneur de Californie ») ou d'incitation à la consommation de stupéfiants (publication des cours des différents produits), *IT* a continué de paraître irrégulièrement jusqu'au début des années 1990.

Créé à l'origine en Australie en 1963 par Richard Neville, qui lance une édition anglaise en 1967, ***OZ*** était certainement, grâce au talent de Martin Sharp, le journal *underground* le plus graphiquement novateur… et osé ! En 1970, un numéro « spécial jeunes » où l'ours Rupert, la mascotte du *Daily*

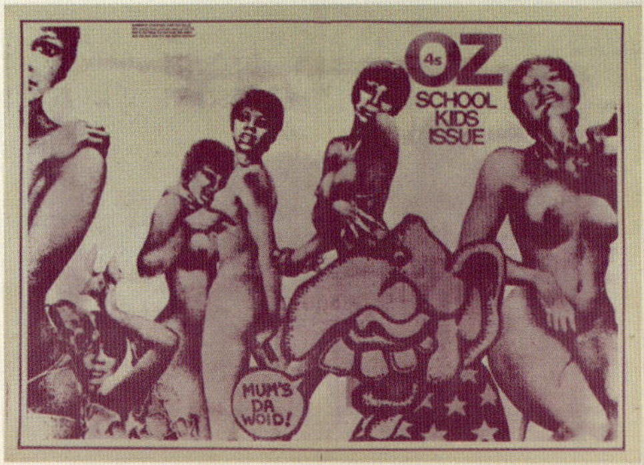

*Express*, était affublé d'un sexe proéminent, valut aux éditeurs d'être traînés devant les tribunaux pour outrage à la pudeur.
La condamnation à des peines de prison fit grand bruit avant d'être annulée en appel.

**EN FRANCE**
Outre *Bande à part* (fondé en 1967 par François Jouffa), *Quetton* (journal gratuit « 100 % fou et con » créé en 1968) et *Actuel*[x], citons ***Parapluie***

qui, de 1970 à 1973, célébra le MC5, les religions orientales et la consommation de haschisch. Son fondateur, Henri-Jean Enu, résumait parfaitement en 1980, les fondements de son journal et de l'ensemble de la *free press* de l'époque : « L'information ne doit pas être un tranquillisant qui endorme, qui diminue… La lecture doit être une promenade pour l'œil, une mosaïque dans laquelle les textes, les photos et les bandes dessinées s'entremêlent. »

# LA FUREUR DE VIVRE
## Crise d'ados

**« Personne n'ira voir un film avec un cadavre. »** Jack Warner, 1955.

On a beau être l'un des pères fondateurs de la compagnie Warner Bros en 1923, on peut se tromper dans les grandes largeurs. Sorti en 1955, un mois après la mort brutale dans un accident de voiture de son interprète principal, James Dean, *La Fureur de vivre*, réalisé par Nicholas Ray, fut non seulement le premier *teen movie* de l'histoire, aujourd'hui considéré comme un classique, mais aussi le point de départ du culte toujours vivace de James Dean.

À la stupide et incompréhensible traduction française, on préférera le titre original, *Rebel Without A Cause* (littéralement « Rebelle sans cause »), car il ne s'agit en fait que de cela : Jim Stark (James Dean), adolescent de la classe moyenne mal dans sa peau, se dispute régulièrement avec ses parents et en pince pour Judy (Nathalie Wood), membre de la bande de Buzz Gunderson (Corey Allen) qui ne le porte pas dans son cœur. Pour achever le tableau, son unique ami, un adolescent perturbé de treize ans nommé Plato (Sal Mineo), lui fait les yeux doux et trouble plus qu'il veut bien l'admettre son hétérosexualité. *Rebel Without A Cause* capte vingt-quatre heures (un procédé qui sera repris dans *American Graffiti*[x]) de la vie d'adolescents perdus, sans cause, car nés trop tard pour avoir réellement connu la guerre (1940-1945) ou trop tôt pour s'engager dans les mouvements protestataires des années 1960. Marqué par le premier rôle significatif de Dennis Hopper[x] au cinéma et par une mémorable scène de duel au couteau sur la dalle du planétarium à Hollywood, *Rebel Without A Cause* porte en lui dès 1955 la quintessence des thèmes qui allaient nourrir la contre-culture et le rock quelques années plus tard : conflit des générations, lutte contre l'ordre établi, premiers émois sexuels… En somme, le toujours difficile passage à l'âge adulte, quelle que soit l'époque et la cause invoquée pour le surmonter.

# G


PHILIPPE GARNIER 101
GENESIS PUBLICATIONS 102
LE GIBUS 103
*GIRL GROUPS* 104
GLAM ROCK 105
ALBERT GOLDMAN 106
GOLF DROUOT 107
GONZO 109
GOTHIQUE 110
GOUROU 111
**GRACELAND 112**
*GRAINE DE VIOLENCE* 113
*LA GRANDE ESCROQUERIE DU ROCK AND ROLL* 114
GRAPHISTES ROCK 115
*GREAT BALLS OF FIRE* 118
GROUPIES 119
GRUNGE 120
GUITARE 121
GUITARISTE 123


Elvis Presley devant sa propriété de Graceland

# Philippe Garnier

## Notre Homme

**«Soyons sérieux ou presque : il est évident qu'il faut être singulièrement gâteux, ou être très bien payé, pour voir dans la musique de Blood, Sweat & Tears une musique révolutionnaire ou même une musique avec un quelconque avenir...»**
Philippe Garnier, 1969.

Ainsi commence, par cette lettre coup de gueule adressée à la rédaction de *Rock & Folk*[x], la carrière journalistique d'un jeune disquaire havrais né en 1949, qui éclaira les recoins les plus obscurs de l'Amérique en même temps que les esprits de nombreux lecteurs accros à sa prose érudite et véhémente.
Après quelques articles essentiellement consacrés à la soul, Garnier s'installe en 1972 à San Francisco puis à Los Angeles et devient, après Alain Dister[x], le correspondant américain de *Rock & Folk*. Il sera « Notre Homme », un tintin râleur qui utilise la musique comme un simple prétexte pour livrer chaque mois sa vision décalée de l'Amérique des hamburgers, des motels et des *pulps* dans de longs articles en forme de carnets de route. Car Garnier, dans la grande tradition « gonzo[x] », raconte ses pérégrinations personnelles dans l'envers du décor américain, ses découvertes chez les bouquinistes, les soirées maussades au Lavomatic, les séances de bowling sous les néons blafards, l'émergence du sida (d'abord nommé le « cancer gay ») dans la communauté homosexuelle de San Francisco...

### LES COINS COUPÉS

« Ce livre a aussi des raisons historiques. J'avais vendu mon âme au diable il y a trois ou quatre ans en acceptant de l'argent pour republier des vieux articles et c'est en les relisant que je me suis aperçu que ce n'était pas possible », écrivait Philippe Garnier, en 2001. À l'anthologie classique, Garnier préfère donc *Les Coins coupés* (2001) pour mettre en scène ses souvenirs rock à travers le personnage de Strecht, exterminateur de termites et collectionneur de « coins coupés », du nom des disques soldés coupés ou perforés au coin. Parsemée d'anciens papiers parus dans *Rock & Folk*, immense article-bilan du rock et de l'Amérique, cette biographie romancée est également une mise en abyme du propre travail de l'auteur qui produit là, selon ses propres termes en dos de couverture, « un effort sérieux pour en finir avec le rock »... Effort qui ravira le lecteur autant qu'il le laissera sur sa faim.

Il faut préciser que « Notre Homme » bénéficiait d'un statut unique à *Rock & Folk* depuis 1975. Séduits par sa prose alerte et son sens de la digression, les deux Philippe (Paringaux et Koechlin – *voir entrée Rock & Folk*) ont donné carte blanche au troisième Philippe pour écrire ce qu'il veut moyennant un salaire mensuel de 10 000 francs (environ 1 500 euros). Un privilège dans lequel s'engouffre l'expatrié, laissant divaguer sa plume au fil de ses obsessions et de ses trouvailles : Raymond Chandler, Robert Mitchum, Phil Spector, Brian Wilson et Charles Bukowski[x] bien sûr, qu'il fera découvrir aux lecteurs français et dont il sera le premier traducteur en 1977 pour les éditions Speed 17[x].

Passeur vigilant de contre-culture, oncle d'Amérique qui parcourt son pays d'adoption en autostop, « Notre Homme » fut également un défricheur musical averti, et le Gun Club, les Cramps, Chris Isaak ou Prince lui doivent leurs premiers articles publiés en France. Assidu de la scène punk >

américaine – il louera l'attitude bravache des Ramones et des Heartbreakers –, Garnier regagne de temps à autre le Vieux Continent pour ausculter les scènes berlinoises, françaises et londoniennes, en profitant au passage pour écrire en 1974 le premier article conséquent sur le reggae, les Wailers et les ghettos de Kingston. Au début des années 1980, « Notre Homme » considère qu'il n'est justement plus l'homme de la situation : trop de business, trop de paillettes, trop d'informations. Garnier se retire des affaires rock, en beauté, puisque l'un de ses derniers papiers pour *Rock & Folk* portera sur la découverte d'un jeune groupe d'Athens : R.E.M. En 2011, après avoir été « L'oreille d'un sourd » cinéphile pour *Libération*[x] et collaboré à l'émission *Cinéma Cinémas* de 1981 à 1991, Philippe Garnier vit toujours à Los Angeles et partage son temps entre ses articles pour la presse française et américaine, son travail de traducteur (John Fante, James Ross…) et l'écriture d'ouvrages où sa plume alerte reprend les chemins de traverse qu'il affectionne tant. Citons, entre autres, *Honni soit qui Malibu* (splendeurs et misères des écrivains à Hollywood, 1996), *Les Coins coupés* (*voir encadré*) et *Freelance. Grover Lewis à Rolling Stone : une vie dans les marges du journalisme* (2009), un monumental livre-hommage à un pionnier du journalisme gonzo, quelque peu oublié aujourd'hui, et que « Notre Homme » ressuscite avec sa verve iconoclaste et une morgue demeurée intacte depuis une certaine lettre adressée au courrier des lecteurs de *Rock and Folk* en 1969.

# GENESIS PUBLICATIONS

## Coffee Table Books

**Fondées en 1974 par le Britannique Brian David Roylance** (décédé en 2005), gérées aujourd'hui par ses deux enfants, les éditions Genesis sont en matière d'édition rock ce que Chanel est à Tati, en quelque sorte. Nous parlons ici de livres somptueux, de véritables objets d'art en série limitée (2 000 exemplaires en moyenne), signés, reliés à la main dans la grande tradition et avec, selon les titres, des couvertures en cuir véritable ou des pages dorées à l'or fin. Consacrant dans un premier temps sa maison à l'édition de luxueux fac-similés de documents historiques (préfacés généralement par le prince Charles, le duc d'Édimbourg ou un cousin de la famille), Roylance rencontre George Harrison à la fin des années 1970. Ce rendez-vous va définitivement sceller la destinée

éditoriale de Genesis. En effet, depuis la sortie de *I Me Mine* de l'ex-Beatles en 1980 (collection en fac-similé de quatre-vingt-trois textes de chansons manuscrits et annotés), Genesis collabore étroitement avec les plus grands artistes, auteurs et photographes[x] pour publier des « monographies rock » aussi magnifiques qu'érudites. Citons, entre autres : *Summer of Love, The Making of Sgt. Pepper* par George Martin (une plongée en Technicolor dans les studios d'Abbey Road par le producteur des Beatles), *From Station To Station, Travels With Bowie 1973-1976* par Geoff McCormack (sur la route avec Bowie par l'un de ses amis d'enfance), et *Wood On Canevas, Every Pictures Tells A Story* par Ron Wood (l'œuvre peint et commenté de Ron Wood, ex-guitariste des Faces et membre à part entière des Rolling Stones depuis 1975, qui révèle là un étonnant coup de pinceau). Enfin, rappelons que les Beatles et Yoko Ono avaient confié aux équipes de Genesis la direction éditoriale et graphique de *The Beatles Anthology* (Seuil, 2000) – soit 340 000 mots et 1 300 illustrations –, saluée internationalement par la critique et plébiscitée par le grand public. Les prix ? Ils commencent à 300 euros… et ne finissent pas ! En effet, les ouvrages (rapidement épuisés) font ensuite l'objet de spéculations et de mises en vente aux enchères. Pour ceux qui veulent rêver et/ou ceux qui peuvent commander : www.genesis-publications.com.

**« Les gens qui fréquentent le Gibus, on ne les laisse pas entrer parce qu'ils ont une carte de crédit ou une bouteille à leur nom, mais parce qu'ils aiment une musique qui passe ici et pas ailleurs. »**
Gérard Taïeb, patron du Gibus de 1967 à 1996 (2007).

# Le Gibus

## Paris calling !

La musique… comment expliquer autrement que ce club parisien mal foutu à la scène étroite, aux piliers mal placés et à l'éclairage digne d'une cave de HLM soit entré au panthéon des scènes mythiques au même titre que le CBGB's[x] de New York ou le Marquee[x] de Londres ? Depuis 1967, la sono du 18, rue du Faubourg-du-Temple a incontestablement craché le meilleur : Variations, Deep Purple, Police, MC5, Iggy Pop, The Clash, Generation X, Pretenders, Ultravox, Metal Urbain, Magma, Taxi Girl, Téléphone, Rita Mitsouko, Wampas, Johnny Thunders (grand habitué, il y joua son dernier concert le 30 décembre 1990)… Et aujourd'hui, après plus de quarante ans de service, malgré les rixes historiques entre teddy boys, rockers, punks ou skinheads, les descentes de police ou de mescal, le Gibus (mot d'argot qui désigne un chapeau haut de forme) bouge encore : dans ce club fer de lance du mouvement punk à la fin des années 1970, les soirées house du milieu des années 1990 et rap à partir du milieu des années 2000 ont renouvelé la clientèle, sans oublier les *Rock and Roll Fridays* en 2005 et 2006, où se sont révélés les Plastiscines, les Shades et les BB Brunes. Le Gibus, c'est l'affaire de la famille Taïeb depuis 1967 (Stéphane Taïeb, le fils de Gérard, est aux commandes depuis 1996), intraitable avec les fauteurs de trouble, et d'une galerie de personnages qui ont autant contribué à la popularité du lieu que les musiciens : Monsieur Fernand, gérant de l'ancienne pizzeria du club, qui vira brutalement Jacques Higelin, lequel avait eu le malheur de mettre les pieds sur la table, Pierrot le videur (surnommé Monsieur Propre car il joua dans une publicité du produit du même nom), Bernard Torrent (fils de famille et programmateur qui promettait toujours des cachets mirobolants aux groupes), Géant Vert (placide préposé à la sécurité des jeunes groupes de la scène parisienne)… et du public bien sûr, qu'aucun pilier n'a jamais dissuadé de venir écouter la musique qui passe ici et pas ailleurs.

### UN EFFET BŒUF

Les innombrables jams improvisées ont également édifié la légende du Gibus, la plus célèbre n'ayant en fait jamais eu lieu : en 1975, Led Zeppelin, les Pretty Things et Bad Company sont à Paris et l'occasion semble trop belle pour ne pas organiser un bœuf au Gibus à la demande de Jimmy Page. Les roadies[x] s'affairent mais les possibilités techniques du club ne concordent pas avec les exigences des musiciens. Annulé ! En revanche, le 27 avril 1977, deux Clash (Mick Jones et Joe Strummer) et deux Damned (Rat Scabies et Captain Sensible) jouent ensemble « Gloria », « No Fun » et « Anarchy in the UK ». Où sont les bandes ?

The Ronettes à Los Angeles en 1964

# Girl groups

## Oh les filles, oh les filles…

**Les États-Unis se trouvèrent fort dépourvus quand Elvis partit à l'armée en 1958** et qu'en guise d'un retour espéré au binaire, le colonel Parker lui fit arpenter les studios de cinéma plutôt que ceux d'enregistrement. Or, un hit surprise, « Maybe » des Chantels en 1958, donna des idées à l'industrie musicale pour combler le vide laissé par le King : ressusciter les groupes vocaux des années 1950… mais en version féminine !

Jusqu'en 1965, les *girl groups*, soit trois, quatre ou cinq jolies filles, blanches ou noires, enchanteront les hit-parades* américains avec leurs chorégraphies réglées au millimètre et leurs ritournelles pop/rhythm and blues servies par des harmonies vocales quasi divines. Derrière le succès des Shirelles, des Crystals, des Ronettes (avec Ronnie Spector), ou des Shangri-La's, se dresse un immeuble situé au 1619 Broadway (New York) : le Brill Building, où se concentrent les producteurs et auteurs-compositeurs de génie (Phil Spector, Jerry Leiber, Mike Stoller, Shadow Morton, Gerry Goffin, Carole King, Doc Pomus, Mort Shuman…) qui créent à la chaîne les standards que les filles subliment sur scène, accompagnées par des groupes fantômes. Dans cette usine à rêves, tout n'est cependant pas rose comme pourraient le laisser penser les thématiques pas toujours mièvres des chansons (les garçons, l'amour, les coups de foudre, mais aussi la rébellion, les voyous, les coups, l'amour avant le mariage…), et l'on sait aujourd'hui à quel point Phil Spector fit souffrir les Ronettes pour bâtir son célèbre mur du son.

Outre la qualité exceptionnelle de leur répertoire, ces *girl groups*, auxquels il faut ajouter ceux usinés par le label Tamla-Motown, à Detroit (les Supremes, avec Diana Ross, Martha & The Vandellas…), ont considérablement influencé l'histoire de la musique populaire : leurs harmonies vocales ont inspiré les Beatles et toute la vague britannique dont le succès, ironiquement, signera le déclin de ces filles aux voix d'or (certaines, comme Diana Ross ou Ronnie Spector, entameront des carrières solo avec plus ou moins de bonheur) ; elles rendront également possible

l'émergence des *girl bands* à partir de la fin des années 1970, composés de musiciennes qui cette fois jouent leur propre répertoire (The Go-Go's, Girlschool, The Bangles, L7, The Runaways…). Le Brill Building a été inscrit en 2010 au patrimoine historique de la ville de New York, tandis que Phil Spector, reconnu coupable de meurtre en 2009, végète aujourd'hui entre quatre murs qui n'ont rien à voir avec celui, symphonique et romantique, qu'il édifia pour certaines de ces cristallines demoiselles.

**« Des hommes qui chantent comme des femmes, voilà bien une des composantes du glam rock. »**
Tony Visconti, producteur de David Bowie et de T. Rex, 2002.

Ajoutez à ces voix féminisées des guitares rageuses souvent doublées de parties de cordes, des refrains chantés en chœur, un look androgyne* à paillettes… et vous obtenez toutes les composantes du glam rock, également dénommé glitter rock, phénomène essentiellement londonien qui, de 1970 à 1975, mit fin à l'ère psychédélique*. De Marc Bolan (T. Rex), considéré comme le glam-rocker originel

Marc Bolan (T. Rex)

# Glam Rock

## Étoiles filantes

(« Ride a White Swan », premier hit glam en 1970), à Roxy Music, qui intellectualisa le genre, en passant par David Bowie dans sa panoplie de Ziggy Stardust, le glam fut un accélérateur de carrière pour nombre d'artistes dont la plupart, d'ailleurs, eurent >

du mal à survivre une fois les étoiles ternies. Qui se souvient aujourd'hui de Gary Glitter, de Suzi Quatro, du Sensational Alex Harvey Band, de Sweet ou de Slade ?
Le glam influença indiscutablement l'émergence du punk britannique en 1977 et inspira outre-Atlantique des groupes aussi variés que Alice Cooper, les New York Dolls, Kiss ou Mötley Crüe, qui s'emparèrent autant de ses riffs accrocheurs que de son imagerie provocante. Il faut dire que le terrain était plutôt propice à ce type d'extravagances, Elvis Presley lui-même, au mois d'août 1969, se produisait déjà à Las Vegas vêtu d'une combinaison blanche incrustée de strass, tenue par un énorme ceinturon doré. Elvis, premier King du glam avant Marc Bolan ?

**LA CHANSON** : « Get It On » de T-Rex (1971), qui posa les bases du son glam.

**L'ALBUM** : *The Rise and fall of Ziggy Stardust and the spiders From Mars* de David Bowie (1972), quand l'androgynie rencontre la science-fiction à la veille de l'apocalypse.

**LE FILM** : *Velvet Goldmine* de Todd Haynes (1998), fiction inspirée des parcours glam de David Bowie, Marc Bolan et Iggy Pop.

**LE LOOK** : *platform-boots* (talons compensés, huit centimètres minimum), vestes en lamé argenté, maquillage outrancier, cheveux colorés… une ode au bon goût et à l'excentricité typiquement *british*.

# Albert Goldman

## Auteur d'égout

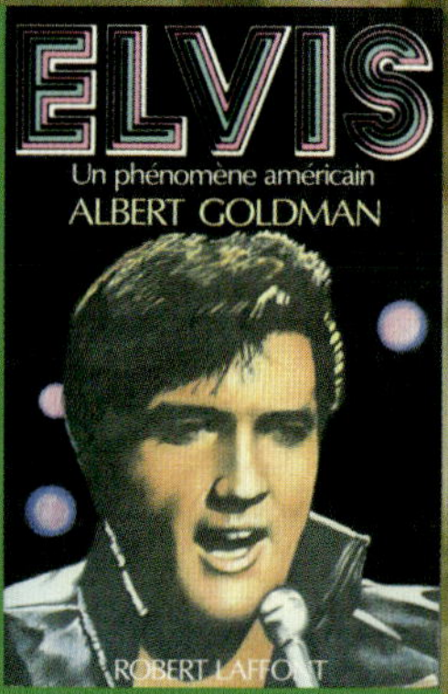


**À la fin des années 1960, l'écrivain A.J. Weberman fouillait les poubelles de Bob Dylan** afin de déceler et d'analyser le « moi intime » contenu dans l'œuvre musicale de celui que ses fans surnomment le Zimm. Une méthode comme une autre, qui avait au moins le mérite de se fonder sur des éléments concrets. Albert Goldman, biographe américain né en 1927, ne s'est pas embarrassé de telles preuves factuelles pour nourrir ses deux biographies nauséabondes consacrées à Elvis Presley en 1981 (*Elvis, un phénomène américain*) et à John Lennon en 1988 (*John Lennon, une vie avec les Beatles*).

Il avait pourtant bien commencé, en 1974, avec un livre brillant sur le comique américain Lenny Bruce.
À chacun sa poubelle… Pour le King, celle de Goldman se nomme Lamar Fike. Cet ancien membre de la « Memphis Mafia » (surnom de la garde rapprochée d'Elvis) est son principal informateur, grassement payé, pour la rédaction de son torchon anti-Presley, qui n'a d'autre vocation que de vendre du papier en remuant la merde : l'ascendance prétendument dégénérée, les déviances sexuelles, la boulimie insatiable, l'avarice maladive du King… Goldman déclarera à la sortie du livre : « Un des grands problèmes a été de trouver quelque chose de positif à dire sur l'homme. » On peut à la rigueur comprendre la démolition systématique d'une icône, tout Elvis Presley qu'il est, mais la biographie de Goldman, outre le fait qu'elle est rédigée avec les pieds, regorge d'inexactitudes sur des faits avérés, qui laissent présager le pire quant aux soi-disant

scoops de l'ouvrage. Selon l'auteur, Elvis était petit (il mesurait en réalité 1,83 mètre), impuissant (la comédienne Ann Margret, qui sait de quoi elle parle, a formellement démenti) ; et le meilleur du pire pour la fin : Elvis au bout du rouleau se serait suicidé (l'autopsie effectuée indique que le King est mort d'arythmie cardiaque). Il semblerait que Goldman se soit laissé emporter par sa haine du King, à tel point que des membres de la Memphis Mafia l'attaqueront en justice pour diffamation et déformation de leurs propos. Pour une fois, on souscrira volontiers à l'analyse de Greil Marcus[x] : « Le projet de Goldman est de discréditer complètement Elvis Presley, la culture dont il est issu et celle qu'il contribua à créer – de réduire à néant et de condamner, autrement dit, non seulement Elvis, mais aussi le Sud blanc et pauvre dont il venait et l'univers de la musique pop qui émergea dans son sillon. » Concernant John Lennon, il eût été difficile pour Goldman d'affirmer qu'il s'est suicidé au pied du Dakota Building. Mais le biographe possède plus d'un tour dans son sac à merde et de l'imagination à revendre, ce qui est finalement son objectif. Au sommaire donc de ce livre où le Beatles apparaît comme l'être humain le plus ignoble de la planète : Lennon aurait eu une relation intime avec son manager[x] Brian Epstein (pas sûr, peut-être, et alors, on s'en fout… on pourrait écrire un livre sur les relations entre les managers homosexuels du Swinging London[x] et leurs poulains dociles), Lennon serait responsable de la mort d'un marin allemand et de celle de Stuart Sutcliffe, son meilleur ami et premier bassiste des Beatles, décédé en 1962 d'une tumeur au cerveau qu'il aurait contractée suite à un tabassage en règle de Lennon…

Si Paul McCartney appela au boycott, Yoko Ono ne broncha pas, évitant ainsi une surenchère publicitaire à l'ouvrage de Goldman. Ce dernier est décédé en 1994, laissant une biographie inachevée de Jim Morrison. Le chanteur des Doors, plus que gâté en ce qui concerne les allégations fantaisistes, aura au moins échappé à la benne à ordures.

**« Après le succès de Johnny Hallyday, le moindre petit gars qui montait au Golf Drouot, et qui ne chantait pas trop mal, se retrouvait quelques jours plus tard en studio d'enregistrement. »**

Henri Leproux, directeur du Golf Drouot, 1978.

*Le tremplin du rock français*

# GOLF DROUOT

Un juke-box[x] de 1952… cet appareil prêté par la marque Seeburg a modifié à jamais le PMF (paysage musical français) et transformé la destinée du Golf Drouot, salon de thé en perte de vitesse disposant d'un mini-golf de neuf trous, situé au coin de la rue Drouot et du boulevard Montmartre, dans le 9e arrondissement de Paris. Le responsable se nomme Henri Leproux, barman de l'établissement qui réussit en 1958 à convaincre la patronne d'organiser des après-midi dansants pour les jeunes. Dans le juke-box, Elvis Presley, Little Richard, Jerry Lee Lewis… Dans la salle, une clientèle rajeunie composée de banlieusards en provenance de la gare Saint-Lazare toute proche et de titis parisiens comme un certain Jean-Philippe Smet, membre >

de la bande du square de la Trinité. Rebaptisé Johnny Hallyday, l'habitué du Golf sort son premier 45 tours le 14 mars 1960 chez Vogue. Il a dix-sept ans !
Le succès est immédiat et rejaillit sur le Golf qui devient le point de rencontre incontournable de la nouvelle génération des « Copains », où l'on croise les Chaussettes Noires d'Eddy Mitchell (qui travaillait au Crédit Lyonnais situé à proximité), Dick Rivers, le jeune Jacques Dutronc et tout ce qui compte alors dans le Landerneau du rock'n'roll à la française.
En 1962, Leproux lance le fameux tremplin du vendredi, de 21 heures à 5 heures du matin : cinq groupes amateurs jouent chacun trente minutes et le vainqueur désigné par des personnalités du spectacle se voit récompensé d'une somme de 500 francs, de 3 heures de studio pour élaborer une maquette ainsi que d'un diplôme qui atteste son passage triomphant. Par l'odeur alléchés, les directeurs artistiques des maisons de disques sacrifient leurs vendredis pour dénicher la future idole des jeunes qui rejoindra Johnny Hallyday au sommet : plus de 6 000 groupes et chanteurs ont, au fil des ans, tenté leur chance. Devenu un club-discothèque à part entière, le Golf programme également des têtes d'affiche (Gene Vincent, Vince Taylor...), distribue à 15 000 exemplaires un magazine bimensuel, *Golf Drouot Actualités*, et son jumelage avec le prestigieux club londonien le Marquee[x] lui permet de recevoir les groupes anglais qui montent. Le jour de l'an 1966 sera ainsi marqué par le passage du jeune David Bowie and the Lower Third et d'Arthur Brown. Après cet âge d'or, le Golf accueille les groupes hippies puis punks (prestation mémorable de Métal Urbain en 1976 qui dégénère en bataille rangée) avant de fermer ses portes en 1981 pour une banale histoire de licence IV (pas le groupe putride : l'autorisation de vendre de l'alcool).
Le Golf Drouot n'est plus (l'immeuble qui l'abritait a été entièrement rénové), mais son histoire alimente toujours les conversations des anciens qui aiment à se remémorer ses grands moments devant une nouvelle génération souvent incrédule. Il est en effet difficile aujourd'hui de comprendre l'importance du « tremplin vers la gloire » que représentait le Golf quand on sait que, par leurs SMS, des millions de téléspectateurs de la *Star Academy* ou de *La Nouvelle Star* n'arrivent à élire, au mieux, qu'un Christophe Willem ou un Julien Doré.
Henri Leproux, l'homme par qui tout est arrivé, a cédé en 2002 sa collection aux Musées nationaux. Des milliers de photographies, de disques, d'affiches, de livres ont ainsi rejoint le patrimoine national. Leproux n'a conservé qu'un seul objet : le juke-box Seeburg de 1952 !

Hunter S. Thompson

# Au-delà du GO

**« Le reportage gonzo conjugue la vivacité de plume du reporter confirmé, l'acuité visuelle du photographe de guerre et les couilles du *quarterback* au moment du lancer. »**
Hunter S. Thompson, 1982.

En 1970, Hunter S. Thompson[x] et son illustrateur/souffre-douleur Ralph Steadman sont chargés de couvrir le Derby du Kentucky pour le magazine *Scanlan's Monthly*. Déclaré *persona non grata* par l'organisation en raison de sa réputation de drogué, Thompson fait des siennes (il lance du gaz lacrymogène sur la tribune du gouverneur) et rencontre de nombreuses difficultés pour mener à bien ses interviews. L'électricité ambiante associée à une consommation effrénée de bière et de bourbon Wild Turkey libèrent plus que de raison la plume de Thompson qui signe, avec « The Kentucky Derby is decadent and depraved », le premier article qualifié de « gonzo » (d'après le titre d'un hit instrumental de l'organiste James Booker, enregistré en 1960). Un papier aujourd'hui mythique que Thompson avouera avoir rédigé à la va-vite, à partir de notes à peine retouchées, et qui s'intéresse plus aux déboires alcoolisés des deux compères qu'à la course de chevaux (le nom du canasson gagnant n'est même pas mentionné). Dérivé extrême du nouveau journalisme[x], l'écriture gonzo se distingue par son ultra-subjectivité et par l'omniprésence narrative du journaliste qui devient au final le sujet central de l'article. En fait, la plus grande partie de ce que Thompson rapporte ne se serait tout simplement pas déroulé si le même Thompson n'avait pas été présent. En 1972, son ouvrage intitulé *Las Vegas Parano*, récit de son périple au bout du rêve américain à travers la prise de substances hallucinogènes, reste un modèle du genre. D'autres journalistes se sont bien sûr essayés au gonzo, avec plus ou moins de bonheur. Parmi les plus brillants, citons, entre autres, P.J. O'Rourke (rédacteur chargé de l'étranger à *Rolling Stone*[x]) et Lester Bangs[x], qui appliquera avec bonheur les préceptes du gonzo à la matière rock. En France, Alain Pacadis[x] (qui exhibe ses perversions dans ses « Nightclubbing » pour *Libération*[x]) et Philippe Manœuvre[x] (*Cheapthriller* balancé dans la piscine par les Motörhead ou ligoté au premier étage de la tour Eiffel par les Stranglers en 1979) ont jeté avec talent l'encre gonzo sur le papier. Signalons enfin le trop méconnu Moulinot, batteur fantasque de groupes éphémères, ami des stars, qui a secoué le médiocre *Rock & Folk*[x] de la fin des années 1980 avec sa prose gouailleuse et le récit survolté de ses aventures en compagnie de quelques légendes. Morceau choisi : « Un autre soir, je croise le plus ancien des Stones au Club A de la 59e Rue, le club des blaires blindés. Le vieux Bill ! Charlie, un pote qu'est dans l'chiffon, l'a amené. On se marre bien. Mais l'obsession de Bill, c'est les gonzesses. Plus spécialement les bordilles. Y nous prend la tête violent, il veut son casse-croûte ! On rame et, finalement, on lui déniche une pouffiasse décolorée du New Jersey. Il est enchanté – remarquez bien que moi, ça m'a pas desservi d'être en compagnie d'un Stone, vu que j'ai réussi à glisser mon petit rat aussi. Pour une fois… »

### VRAI-FAUX GONZO

**Si Patrick Eudeline[x] a toute légitimité pour intituler son recueil de textes « gonzo » (sa vie est indissociable de ses écrits, à moins que ce ne soit l'inverse), le gonzo est aujourd'hui consommé à toutes les sauces, bien loin de sa vocation originelle. D'une fade émission de MTV[x] présentée par Zane Low, animateur faussement agité, à un genre de films pornographiques expurgés de toute scène non sexuelle, tout et n'importe quoi est gonzo. Le site de gonzaï (gonzai.com), entité littéraire tournée vers le gonzo, fait exception depuis 2007. Animé par quelques fines lames, Gonzaï pratique le gonzo sans modération : rencontre alcoolisée avec l'éditeur Christian Bourgois, interviews-fleuves de Philippe Garnier[x] ou de Marc Zermati[x], *oldies* bienvenues comme cette vidéo d'Iggy Pop atomisant le JT d'Yves Mourousi… réactualisé chaque semaine, gonzaï.com réinvente sur la toile la subjectivité objective.**

réel
NZO

# GOTHIQUE

## My Goth !

**Difficile de retrouver ses petits démons** derrière l'étiquette gothique qui relève aussi bien de la littérature classique (Charles Baudelaire, marquis de Sade) et fantastique (Dracula, Frankenstein) que du cinéma, de la magie noire ou de la mode. Le terme fut pour la première fois appliqué au rock par Tony Wilson, le fondateur du label Factory Record, qui caractérisait ainsi en 1979 la musique de ses poulains, Joy Division, et plus particulièrement la voix sépulcrale du chanteur Ian Curtis.
Né des cendres du punk, le rock gothique comporte d'innombrables chapelles aux styles musicaux éclectiques : punk goth (Siouxsie and the Banshees, Damned, dont le chanteur, Dave Vanian, est un ancien fossoyeur), industriel (Throbbing Gristle), cold wave (The Cure), hard-rock× (Black Sabbath, Black Widow, qui organisait des messes noires sur scène), Batcave (du nom des premières soirées gothiques qui se déroulèrent à Londres à partir de 1982), gothabilly (The Cramps), techno (The Prodigy)... Bref, il existe pratiquement autant d'appellations que de groupes qui partagent peu de points communs, si ce n'est une vision pessimiste de l'avenir, un penchant certain pour l'ésotérisme, une théâtralité exacerbée et un look sombre dit « corbeau », qui lui-même varie selon les courants : batcave (cheveux crêpés, teint blafard, résilles trouées...), indus (treillis camouflage, crânes rasés...), cyber (*dreads* synthétiques, accessoires futuristes...), pirate (cuissardes, têtes de mort...)... Stop ! De ce labyrinthe inextricable de références, retenons que la culture gothique est peut-être cette part de romantisme noir qui sommeille en chacun de nous, et qui nous pousse, selon notre âge et notre histoire personnelle, à lire les romans de Stéphanie Meyer (*Twilight*) ou à assister au concert de Bauhaus reformé à La Locomotive en 2009, certainement l'un des groupes les plus musicalement intéressants du lot, figure de proue du mouvement batcave, aux compositions parfois acoustiques influencées par... *Oh my Goth, Stop !*

Siouxsie Sioux (Siouxsie and the Banshees)

**L'HYMNE GOTH** : « Bela Lugosi's dead » (1979) par Bauhaus. Bela Lugosi était un célèbre interprète de films d'horreur (Dracula, Frankenstein) au milieu du siècle dernier.
**LES SUICIDÉS** : Ian Curtis (Joy Division), le 18 mai 1980 par pendaison ; Per Yngve Ohlin, plus connu sous le nom de Dead (Mayhem, Morbid), le 8 avril 1991, d'une balle de fusil dans la tête ; Rozz Williams (Christian Death), le 1er avril 1998, par pendaison.
**LES GOTHS EN TOC** : Marilyn Manson, Cradle of Filth, Indochine, Tokyo Hotel...

**Un gourou est un « maître à penser »,** dit le Petit Larousse. Sur la planète rock, le gourou peut muter en guide spirituel mercantile, en théoricien politique et en meurtrier sanguinaire. Portrait de trois gourous et de leurs liaisons dangereuses avec la musique du diable.

### MAHARISHI MAHESH YOGI

« S'il continue comme ça, George fera du tapis volant à quarante ans. » déclarait John Lennon en 1968. George Harrison était certes le plus motivé des Beatles pour partir en Inde, à Rishikesh, suivre un stage de méditation transcendantale avec le très sage Maharishi que les Fab Four avaient déjà rencontré en 1967 au pays de Galles. Accompagnés entre autres de leurs épouses, de Donovan, de Mike Love (Beach Boys), de Mia Farrow et de sa sœur Prudence (la *Dear Prudence* du *Double Blanc*), les Beatles entendaient ainsi se remettre de la mort de leur manager× Brian Epstein et se ressourcer spirituellement. En ce sens, ils ne furent pas déçus du voyage ni du programme concocté par le gourou : prières, méditations, séances de questions-réponses, repas en commun... Un peu trop zen pour Ringo Starr et Paul McCartney, qui écourtèrent leur séjour, tandis que John Lennon et George Harrison prirent la fuite quelques semaines plus tard, choqués par l'attitude explicitement sexuelle du Maharishi envers une jeune et jolie américaine de l'Ashram ; sans compter que celui qui avait fait vœu de pauvreté avait demandé à percevoir 25 % des gains du groupe pour ses œuvres de charité. Au niveau de la créativité musicale, l'impact du séjour fut exceptionnel puisque l'essentiel des chansons des albums *The Beatles* (le *Double Blanc*) et *Abbey Road* ont été écrites au pied de l'Himalaya. Au niveau spirituel, c'est encore le flegmatique Ringo Starr qui résume le mieux la situation : « Parfois, quand je suis en voiture, je ferme les yeux et je médite – c'est mon chauffeur qui conduit ! »

**JOHN SINCLAIR**

« John Sinclair ? Demi-politicien, prêtre rasta du Midwest, fakir, maître de cérémonie, producteur de lapins, propriétaire de chapeaux, autrement dit un nigaud. » ricanait Iggy Pop en 1993. Même s'il n'a pas complètement tort, l'Iguane est très sévère avec le fondateur, en 1968, du parti révolutionnaire des White Panthers (en référence aux Black Panthers), dont le programme politique pouvait se résumer au célèbre axiome « Sex, Drugs and Rock'n'Roll ». Sinclair fut également le manager de MC5, le groupe de Detroit qu'il enrôla dans son parti avant de l'exclure en 1969 car les membres du combo, pré-punk mais finalement peu révolutionnaires, s'étaient acheté des voitures de sport avec la confortable avance consentie par leur maison de disques. Après la dissolution du groupe en 1972, John Sinclair, amer, leur déclara : « Vous vouliez être plus grands que les Beatles, et moi je voulais que soyez plus grands que Mao. » En 1969, l'activiste fut condamné à dix ans de prison pour avoir donné deux joints à un policier de la brigade des stupéfiants déguisé en hippie˟. Il sera finalement libéré en 1971, trois jours après le rassemblement à Ann Arbor de ses célèbres défenseurs, parmi lesquels John Lennon, Yoko Ono et Stevie Wonder. À près de soixante-dix ans, Sinclair milite toujours pour la légalisation du cannabis et a l'intention d'ouvrir Trans-Love Energies, la première coopérative de cannabis de Detroit. Ce nigaud a en tout cas de la suite dans les idées.

Les Beatles en compagnie du Maharishi

# Gourou

## Esprit, es-tu là ?

**CHARLES MANSON**

« Quel est le lien entre *Helter Skelter* et le fait de tuer quelqu'un à coups de couteau ? », s'interrogeait John Lennon en 1970. C'est pourtant après l'écoute du *Double Blanc* des Beatles que Charles Manson, compositeur raté et gourou d'une communauté hippie˟ à Los Angeles, nommée « La Famille », a littéralement pété les plombs. Persuadé que la chanson « Helter Skelter » annonce une guerre des races imminente, Manson, le 9 août 1969, envoie ses disciples fanatisés perpétrer une série de meurtres abominables, dont celui de l'actrice Sharon Tate, enceinte de Roman Polanski, >

Charles Manson,
le gourou de « La Famille »

et de trois de ses amis. Sur les murs et les portes de la maison, des slogans écrits avec le sang des victimes font directement référence à l'œuvre des Beatles : « Pig » et « Political Piggy », « Helter Skelter » et « Rise ». Charles Manson, qui squatta un temps chez Dennis Wilson, batteur des Beach Boys (groupe pour lequel il composa en 1968 « Never Learn Not To Love »), purge actuellement une peine de prison à vie et fait l'objet d'un culte morbide de la part d'une certaine partie de la communauté rock. Marilyn Manson – pseudonyme choisi en hommage à la blonde glamour et au gourou de « La Famille » – a enregistré son premier album en 1993 dans la villa où Sharon Tate fut assassinée ; toujours en 1993, les Guns N'Roses firent scandale en faisant figurer sur leur album de reprises, *The Spaghetti Incident*, un morceau caché (« Look At Your Game Girl ») écrit par Charles Manson. Le pire étant que ce titre se révèle tout simplement… excellent !

# Graceland

## Home King Home

**« Il était un cadeau précieux de Dieu, que nous avons chéri et aimé tendrement… »** Début de l'épitaphe de la tombe d'Elvis Presley à Graceland.

Un soir de 1976, après un concert donné à Memphis, Bruce Springsteen escalada les célèbres grilles en fer forgé de la propriété de Graceland et sonna à la porte… avant d'être raccompagné *manu militari*. Qu'espérait donc trouver le Boss chez le King ? Certainement un peu de son esprit, tout comme les 600 000 personnes qui chaque année visitent Graceland (ainsi baptisée car la tante du premier propriétaire se prénommait Grace), la résidence privée américaine la plus courue après la Maison Blanche. Achetée 102 500 dollars en mars 1957 par Presley, cette bâtisse coloniale aux colonnes en pierres de taille, située sur un terrain de cinq hectares fut l'antre du King jusqu'à sa mort le 16 août 1977 et témoigne plus de sa réussite sociale que de son bon goût : draperies bleu nuit et or, canapés en cuir crème, moquette blanche, animaux en faïence… Comme beaucoup d'enfants pauvres devenus richissimes, Elvis préférait le clinquant neuf aux antiquités poussiéreuses, et rien ni personne ne pouvait l'empêcher d'accrocher un miroir doré au plafond si telle était sa volonté. En ce sens, les dix-huit pièces de la demeure sont *sa* création !

Le salon de musique
de Graceland

La *jungle room* (hallucinante chambre à la décoration polynésienne où il enregistra ses deux derniers albums), la salle des trophées aux innombrables disques d'or et costumes pailletés, le salon de musique où trône le piano doré… À Graceland, tout se visite, sauf le premier étage où se trouve la chambre d'Elvis conservée en l'état depuis sa mort, selon la légende. Clou de toute visite, le jardin des méditations où repose l'idole pour l'éternité... Car le King est là, bien là, et le 15 août de chaque année des milliers de pèlerins viennent se recueillir sur sa tombe et alimenter les caisses de la société Elvis Presley Enterprises. Oui, au mois d'août, on se rend à Graceland comme d'autres se rendent à La Mecque, à Compostelle ou à Disneyland… Esprit, es-tu là ?

**«Mr. Warnecke, le proviseur :**
**– Il n'y a aucun problème de discipline dans cet établissement.**
**Jim Murdock, un professeur :**
**– Il n'y a également aucun problème de discipline… à Alcatraz.»**

Dialogue tiré de *Graine de violence* (1955).

# Graine de violence

## Premier de la classe

Avec *Graine de violence*, film sorti en 1955, le réalisateur Richard Brooks savait qu'il allait frapper un grand coup. Adapté du livre *Blackboard Jungle* d'Evan Hunter, qui conte les démêlés d'un maître avec ses élèves délinquants juvéniles, *Graine de violence* brise en effet tous les codes en vigueur du cinéma des années 1950 : le professeur Richard Dadier (Glenn Ford) n'est pas un super-héros invincible mais un simple vétéran de la Seconde Guerre mondiale, et Gregory Miller (Sidney Poitier), l'élève le plus « raisonnable », est noir, tandis qu'Artie West (Vic Morrow), l'élément le plus « dangereux », est un pur produit blanc de la *working-class* américaine. La violence crue de certaines scènes (tentative de viol d'une jeune institutrice, passage à tabac de Dadier, duel au couteau entre West et Dadier) choqua autant qu'elle fit le succès du film qui reste aujourd'hui d'une modernité à toute épreuve, malgré un *happy-end* d'une mièvrerie typiquement hollywoodienne, sur fond de bannière étoilée. À l'inverse, la bande originale de *Graine de violence* allait provoquer un séisme que Richard Brooks n'avait pas imaginé. C'est après avoir écouté quelques disques qui appartenaient au fils de Glenn Ford que le réalisateur décida d'inclure au générique de début et de fin un titre paru quelques mois plus tôt : « Rock Around The Clock », de Bill Haley And The Comets. Une grande première dans l'histoire du cinéma, mais aussi un électrochoc pour nombre de spectateurs européens qui entendaient pour la première fois de leur vie un morceau 100% rock and roll. Dès lors, le ver était dans le fruit : dans certaines salles de cinéma en Angleterre, les premiers roulements de batterie du générique provoquèrent des émeutes qui firent la une des quotidiens. Considéré à juste titre comme le tout premier film rock, *Graine de violence* allait inspirer de nombreux longs métrages où le rock alimente le conflit générationnel et… le tiroir-caisse des producteurs et des musiciens.
La « rockexploitation » était née.

### DU JAZZ DANS LE RAVIN

**L'une des scènes les plus réussies de *Graine de violence* symbolise le passage de relais du jazz au rock en tant que musique contestataire. L'affreux Vic Morrow et sa bande ont en effet l'outrecuidance de détruire les disques de leur professeur de musique, et pas n'importe lesquels : de précieux 78 tours de Bix Beiderbecke, ce cornettiste et pianiste blanc qui se passionna pour les rythmes noirs, fut rejeté par les deux communautés et mourut à l'âge de vingt-huit ans d'un excès d'alcool. Il n'y a plus de respect, ma bonne dame…**

**«Je n'aime aucun genre de film. Je hais les films. Les gens jouent des rôles dans les films. Ils jouent des personnages qu'ils ne sont pas, si vous voyez ce que je veux dire. C'est de la simulation, du mensonge. C'est de la merde.»** Sid Vicious, 1978.

Anarchy in the movie

# La Grande Escroquerie du rock and roll

Ce n'est donc pas par amour du cinéma (mais Vicious aimait-il quelque chose, à part sa fiancée Nancy, qu'il a fini par trucider ?) mais à son corps défendant que le bassiste junkie des Sex Pistols est le principal responsable de la meilleure scène de ce film sorti en 1980 et réalisé par Julien Temple (*voir encadré*) sous les ordres de Malcolm McLaren. Annoncé par Eddie Barclay en personne, on y voit Sid descendre le grand escalier de l'Olympia, brailler une version mémorable de « My Way » (le classique de Frank Sinatra) et tirer sur le public à coups de pistolet… Rideau ! Hormis cet interlude sanglant, pas grand-chose à se mettre sous l'épingle à nourrice dans ce film. L'œuvre oscille entre la fiction, le documentaire et le grand n'importe quoi, mais a quand même nécessité trois ans de tournage et usé plusieurs dizaines de cadreurs. McLaren en tutu écossais (si si !) y récrit sa propre histoire de manager[x] qui hisse en dix leçons un groupe de voyous ineptes au sommet de la gloire. Entre quelques documents originaux pas inintéressants des Sex Pistols en concert, on croise dans des scènes de fiction surréalistes Mary Millington (reine du porno britannique dans les années 1970) qui séduit successivement le guitariste Steve Jones dans la peau d'un détective privé, Ronald Biggs, le « cerveau » de l'attaque du train postal Londres-Glasgow en 1963, une naine hystérique (surnommée Hélène de Troie)… En revanche, vous ne verrez pas Johnny Rotten, lequel refusa tout net d'être mêlé à cette pantalonnade, ni Sting violant le chanteur britannique Paul Jones à l'arrière d'une voiture, scène héritée du film avorté *Who Killed Bambi*[x] (pour lequel le légendaire réalisateur américain Russ Meyer avait été pressenti) et finalement coupée au montage. En conclusion, un (trop) long métrage qui mérite bien son titre, comme l'avouait déjà McLaren en 1980 : « C'est moi qui ai fait ce film… C'est un grand ratage, genre Blanche Cendrillon contre Eau de Javel. »

### JULIEN TEMPLE, PUNK UN JOUR…

« J'ai vu un groupe qui, à cette époque-là, ne ressemblait à aucun autre sur terre. J'ai été intrigué et j'ai voulu montrer ses progrès », déclarait Julien Temple en 2002.

*La Grande Escroquerie du rock and roll* aura eu au moins le mérite de mettre le pied à l'étrier à Julien Temple, aujourd'hui cinéaste rock et réalisateur de clips vidéo[x] reconnu internationalement. En 1976, âgé de vingt-trois ans, l'élève, en dernière année d'école de cinéma, traîne sur les quais lorsqu'il entend les Sex Pistols répéter dans un hangar. Il entre en douce et ce qu'il voit l'incite à interrompre immédiatement ses études pour filmer les débuts du groupe et subir les foudres de McLaren sur le tournage de *La Grande Escroquerie*, celui-ci le menaçant régulièrement de le virer pour engager un réalisateur confirmé. Après la sortie du film en 1980, fort de sa nouvelle notoriété, Temple réalise de nombreux clips pour les têtes d'affiche du Royaume-Uni (Culture Club, Depeche Mode, Sade, David Bowie…) et se voit confier en 1986 la direction de l'un des films les plus coûteux de l'histoire du cinéma britannique : *Absolute Beginners*. Il revient aux affaires punk en 2000 avec le documentaire *The Filth and the Fury*, qui cette fois présente le point de vue des membres des Sex Pistols (en particulier celui de Johnny Rotten), puis en 2006 avec l'émouvant *The Future Is Unwritten*, consacré à la vie de son ami Joe Strummer, des Clash, décédé en 2002, et plus récemment avec *Oil City Confidential*, consacré au groupe anglais Dr. Feelgood.

# Graphistes rock

*Dessine-moi une pochette...*

**On a du mal à imaginer aujourd'hui, à l'heure du téléchargement,** qu'il fut un temps où les passionnés de rock pouvaient passer des heures à lire les notes et à contempler le graphisme des pochettes de disques de leurs collections. Ces pochettes, qui bien souvent constituaient le premier contact de l'auditeur avec le groupe, revêtaient une importance commerciale et artistique capitale ; les graphistes passaient parfois des mois à en élaborer le visuel, et certaines réalisations n'avaient rien à envier au tournage d'*Apocalypse Now*. Ainsi, la pochette de *Houses of the Holy* (Led Zeppelin, 1973), conçue par Hipgnosis, qui présente quatre enfants nus en train de grimper la Giant's Causeway en Irlande du Nord. Levés tous les jours à 4 heures du matin, les jeunes modèles étaient peints en doré et en argent. Cinq jours de pluie torrentielle et de conflit avec les autorités locales décident le photographe Aubrey Powell à prendre la photo en noir et blanc et à la coloriser en studio. Après six semaines de travail méticuleux à la main (Photoshop n'existait pas !), les épreuves finales font apparaître les enfants en violet ! Impression stoppée, retirage à grands frais, album censuré dans certains états d'Amérique, etc. Zoom sur quelques as du pinceau, du collage, de la palette graphique ou de la 3D qui ont su exprimer et définir l'identité d'un groupe à travers leur graphisme novateur.

***Alpha* de Asia par Roger Dean (1982)**

**ROGER DEAN.** Soyons honnêtes, quelques disques de rock progressif* figurent encore dans certaines collections pour une seule raison : les pochettes sont signées Roger Dean (né en 1944 dans le Kent, en Grande-Bretagne). Ses illustrations, inspirées de thèmes fantastiques et futuristes, ainsi que ses paysages alambiqués dignes du *Seigneur des Anneaux*, ont largement contribué à l'identification et à la notoriété de groupes tels que Yes (*Tales from Topographic Oceans*, 1973), Uriah Heep (*The Magician's Birthday*, 1972), Asia (*Alpha*, 1982), pour lesquels il a également conçu les logos* (Dean est par ailleurs le responsable du premier logo du label Virgin). Un régal cosmique pour les yeux, mais de là à écouter les disques…

**STORM THORGERSON (HIPGNOSIS).** « J'ai grandi à Cambridge avec les membres de Pink Floyd. Ils sont venus me parler de Syd qui déraillait totalement… Ils voulaient qu'un copain à moi, un certain David Gilmour, le remplace… Au même moment, il leur fallait une pochette d'album. Je me suis pointé avec assurance en disant : "Je m'en charge." >

***Ummagumma* de Pink Floyd par Storm Thorgerson (1969)**

Je n'avais jamais rien fait de la sorte », déclarait Storm Thorgerson en 2002. Sur ce coup de bluff qui donna naissance en 1967 à la pochette du deuxième album de Pink Floyd (*A Saucerful of Secrets*), Storm Thorgerson (né en 1944) – et son collectif Hipgnosis créé en 1968 (dissout en 1985) – est devenu au fil des ans le concepteur attitré des pochettes du Floyd (seul *The Wall* lui a échappé). Grâce à son sens de la perspective (*Dark Side of the Moon*), de la mise en abyme (*Ummagumma*) et des contrastes (un cochon volant au-dessus d'un bâtiment industriel pour *Animals*), Thorgerson a développé un style narratif et surréaliste qui constitue le complément parfait de la musique de ses amis d'enfance. Le collectif a également œuvré pour Black Sabbath (*Technical Ecstasy*, 1976), Led Zeppelin (*Presence*, 1977), Scorpions (*Lovedrive*, 1979)… Mais quel que soit le groupe, la touche Hipgnosis demeure.

***Pretty Vacant* des Sex Pistols par Jamie Reid (1977)**

**JAMIE REID.** « Ai trouvé ces gars ; intéressé pour travailler de nouveau avec toi. » Avec ce télégramme de Malcolm McLaren adressé à Jamie Reid en 1976 commençait la plus grande aventure graphique de l'ère punk. Les gars en question, ce sont bien sûr les Sex Pistols, qui explosent à la face du monde en 1977 avec leur riffs débraillés, leur attitude nihiliste, leur look déchiré concocté par le couple Vivienne Westwood/ Malcolm McLaren et une « identité visuelle » signée Jamie Reid, copiée ensuite par tous les groupes punk. Né en 1947, étudiant dans une école d'art, adepte de la pensée maoïste et de l'internationale situationniste, Jamie Reid avait croisé plusieurs fois McLaren en 1968 dans différentes manifestations avant de fonder en 1970 un journal d'agitation situationniste, *The Suburban Press*, où étaient parus ses premiers collages. En ce qui concerne les Sex Pistols, Jamie Reid n'avait pas vraiment le choix : « Nous n'avions pas d'argent, j'ai donc découpé des photos et des titres d'articles de magazine pour faire des collages. Le graphisme punk vient simplement de là », confie-t-il modestement. À partir de cette contrainte financière, Reid invente l'esthétique punk composée de bords déchirés, d'images familières détournées (comme le portrait officiel de la reine réalisé par Cecil Beaton, barré d'un *God Save the Queen* provocateur), de lettrages dessinés au pochoir ou assemblés à partir de découpages, le tout photocopié et décliné en *flyers*[x], autocollants, affiches[x] (le poster *Pretty Vacant* avec ses deux bus à destination de « nulle part » et de « l'ennui »), et bien sûr pochettes de disques, dont la plus célèbre est sans conteste *Never Mind The Bollocks, Here's The Sex Pistols*.

**BARNEY BUBBLES.** Né en 1947, ce graphiste britannique excentrique et schizophrène s'est suicidé en 1983, juste après l'anniversaire de mariage… de ses parents. Il n'aura donc

***Space Ritual* de Hawkind par Barney Bubbles (1973)**

pas connu les nouvelles exigences graphiques dues à l'émergence du CD[x], support qui impliquait une réduction de format et qui privilégiait bien souvent la création d'une image unique. Et c'est tant mieux, serait-on tenté d'affirmer, sans cynisme aucun. Car, du mouvement hippie[x] (Bubbles a commencé sa carrière dans la *free press*[x] londonienne) au post-punk (il était l'un des graphistes attitrés du label Stiff Records), tout l'art de Barney Bubbles résidait dans la composition de visuels à images et formes multiples. *Do It Yourself* pour Ian Dury and the Blockheads (1979), *Imperial Bedroom* pour Elvis Costello and The Attractions (1982), *Music For Pleasure* pour The Damned (1977) n'échappent pas à cette règle, tout comme ce qui restera son chef-d'œuvre : *Space Ritual* pour le groupe Hawkwind (1973), soit un modèle dépliant de 60 × 80 cm à six faces, composé d'enluminures psychédéliques, de constructions géométriques vasarelyennes et de figures célestes…

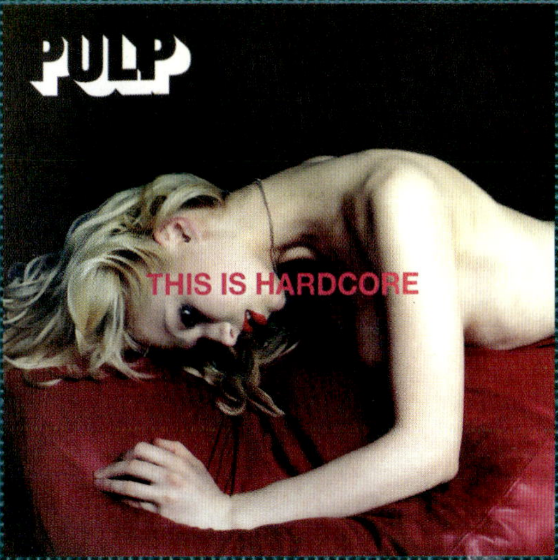

***This is Hardcore* de Pulp par Peter Saville (1998)**

**PETER SAVILLE.** « Les pochettes de disques sont la collection d'œuvres d'art que peuvent s'offrir les adolescents », confiait Peter Saville en 2009. L'étudiant en graphisme à l'école polytechnique de Manchester, où il est né en 1955, a fait beaucoup pour initier à l'art les amateurs de new wave[x], notamment avec les productions du label indépendant Factory Records dont il était l'un des associés. Que ce soit pour Joy Division (*Unknow Pleasures*, 1979), New Order (*Power, Corruption & Lies*, 1983) ou Ultravox (*Lament*, 1984), Saville cultive l'art de l'épure, associé à des typographies sophistiquées et des photographies recadrées, souvent sorties de leur contexte. Cette élégante froideur qui collait si bien aux groupes new wave des années 1980 sera également à la base du travail du Britannique Vaughan Oliver (né en 1957), qui l'enrichira de photos floutées énigmatiques (*Lullabies* pour Cocteau Twins, 1983) et de symboles ésotériques (*Black Spring* pour Lush, 1991).

**Gorillaz par Jamie Hewlett (2001)**

**JAMIE HEWLETT.** « À la fin des années 1990, j'ai rompu avec ma femme, Jane Olliver, du groupe Elastica. À la même période, Damon Albarn se séparait de Justine Frischmann, la chanteuse du groupe. Nous avons alors décidé d'emménager ensemble », expliquait Jamie Hewlett en 2008. Et que font le chanteur de Blur et le créateur de la célèbre bande dessinée *Tank Girl* vautrés sur le même canapé ? Ils regardent MTV[x], jugent la chaîne musicale consternante et décident de fonder un groupe virtuel où les musiciens seraient symbolisés par des personnages de BD. Gorillaz cartonne dès son premier album sorti en 2001 et les figures animées de Hewlett, mi-punks pirates, mi-zombies à la George Romero, squattent les pochettes, les clips vidéo[x] et les concerts du groupe par le biais de projections en 3D, comme cette prestation hallucinante lors de la cérémonie des Grammy Awards de 2006, en compagnie de De La Soul et de Madonna. Grâce à Gorillaz, le graphisme rock a acquis une autre dimension : il ne fait plus que servir et illustrer le groupe, il *est* le groupe !

# Great Balls Of Fire

## *Extinction des feux*

**« J'en connais qu'deux à qui y'z'ont fait ça. Y'a eu l'aut'là… Al Jolson, l'chanteur de jazz, y'z'ont tourné sa vie d'son vivant, et pis y'a moi, Jerry Lee Lewis, y m'font un film alors que ch'uis encore vivant. »** Jerry Lee Lewis, 1989.

On ne peut réellement en vouloir à Dennis Quaid, l'interprète Jerry Lee Lewis, de n'avoir pu saisir l'accent du delta du Mississippi, car à moins d'y être né… On peut en revanche regretter son jeu souvent caricatural et la surenchère burlesque de l'ensemble de ce film réalisé en 1989 par Jim McBride.

*Great Balls of Fire* retrace les vingt-trois premières années de la vie de Jerry Lee Lewis (« Faudrait au moins cinq autres films pour tout raconter », *dixit* Jim McBride), et plus particulièrement la glorieuse période 1956-1958 où celui qui jouait du piano debout vendit douze millions de disques. La révélation, en 1958, du mariage de Jerry Lee avec sa cousine Myra Gale, âgée de treize ans, brisera net l'élan de celui qu'on allait bientôt surnommer « The Killer » et qui aurait peut-être pu, sans cela, devenir le King à la place d'Elvis. La même année, en effet, ce dernier effectuait ses obligations militaires en Allemagne, où il rencontra d'ailleurs une jeune fille, Priscilla Beaulieu… alors âgée de quatorze ans ! À dire vrai, quel film pourrait rendre compte du tourbillon de folie que ne manqua pas de laisser dans son sillage le pianiste fou aux cheveux décolorés ? Polygame mégalomaniaque, alcoolique invétéré, partagé entre la ferveur religieuse personnifiée par son cousin Jimmy Swaggart (célèbre télévangéliste) et la musique du diable, il fut soupçonné d'avoir assassiné deux de ses femmes et perdit brutalement coup sur coup ses deux fils… Cela fait beaucoup pour un seul homme, et certainement trop pour un film qui ne fait qu'effleurer une personnalité complexe et un talent hors normes.

La vérité sur le cas Jerry Lee est ailleurs, par exemple dans les coulisses de la production : le scénario, fondé sur le livre écrit par Myra Gale, fit sans succès le tour des studios durant huit ans ; contacté, le célèbre producteur Dino De Laurentiis crut même qu'il s'agissait d'un *biopic* sur… Jerry Lewis, l'acteur comique ! Engagé comme conseiller technique malgré son mépris pour l'ouvrage de son ex-femme, Jerry Lee Lewis en fit évidemment voir de toutes les couleurs à l'équipe, allant même jusqu'à braquer un flingue sur le producteur afin de régler un petit différend sur le montant de ses notes de frais. Un temps pressenti pour officier également en tant que conseiller, le pieux cousin Jimmy Swaggart fut très vite écarté : le prêcheur cathodique venait tout juste de se faire pincer dans un clandé de La Nouvelle-Orléans où il photographiait des prostituées en action tout en se secouant la nouille… *Great balls of fire*, en effet !

**« Si vous les humiliez un peu, elles tendent à bien se comporter après. »**
Jimmy Page, 1973.

# Groupies

## Star-fuckers

Elles sont avec le groupe, en coulisses[x], dans le tour-bus, en studio… mais le plus souvent sous les draps avec la rock-star de leurs rêves qui, en échange de quelques faveurs sexuelles, leur donne accès à une part du mythe. Muses (Pattie d'Arbanville, inspiratrice de « My Lady d'Arbanville » de Cat Stevens), futures femmes (Gail Zappa, Patti Boyd Harrison-Clapton…) ou simples jeunes filles souhaitant prendre du bon temps, ces groupies, que Frank Zappa considérait comme des « combattantes pour la liberté, à l'avant-garde de la révolution sexuelle », racontent une autre histoire du rock, aux dessous pas toujours très chic. Portraits de quelques grandes figures d'une corporation en voie de disparition, supplantée aujourd'hui par des mannequins anorexiques, des actrices procédurières, des stars du X ou des strip-teaseuses siliconées :

**TURA SATANA.** Si Elvis peut être considéré comme le premier rockeur, alors Tura Satana est peut-être bien la première groupie. Ex-miss Japan Beautiful, danseuse de revue, cette beauté exotique rencontra le King en 1956 et peut se targuer, selon ses dires, d'avoir initié le pelvis à la pratique du cunnilingus. Littéralement fou d'elle, Presley offrira à la future starlette de cinéma (pour Russ Meyer, dans *Faster, Pussycat ! Kill ! Kill !*) une bague de trois carats et demi avant de courir d'autres lièvres sous l'insistance du colonel Parker, lequel n'appréciait pas que son poulain dilapide ainsi son argent, qui était également le sien à 50 %. Elle est décédée le 4 février 2011.

Pamela Des Barres et Alice Cooper

**PAMELA DES BARRES.** Le fouet de Jimmy Page, l'insatiable appétit de Mick Jagger, les pitreries de Keith Moon, les soirées mescaline avec Gram Parsons… Pamela Des Barres, membre des GTO's (Girls Together Outrageously, combo de groupies soutenu et produit par Frank Zappa, le temps d'un unique album, en 1969) était dans les *sixties* toujours au bon endroit au bon moment : le lendemain d'Altamont[x] avec un Jagger déconfit, la furieuse tournée américaine de Led Zeppelin en 1969 (*voir encadré*), la vie communautaire avec Zappa et les Mothers of Invention… N'en déplaise aux féministes acharnées, Pamela affirme n'avoir jamais rien commis sous la contrainte et être restée maîtresse de son destin : « Je suis honorée d'avoir passé du temps avec ce que le rock and roll a produit de meilleur et de plus intelligent. Je le referais sans l'ombre d'une hésitation. »

Cynthia Plaster Caster

**CYNTHIA PLASTER CASTER.** Considérée comme le « Rodin du rock », Cynthia avait la manie de plonger le sexe en érection de ses célèbres conquêtes dans de l'alginate (substance utilisée par les dentistes pour les empreintes dentaires) afin de réaliser des moulages phalliques : Noel Redding (The Jimi Hendrix Experience), Wayne Kramer (MC5), Jello Biafra (Dead Kennedys) se sont entre autres prêtés au jeu, même si, selon Cynthia, « on ne peut nier que Jimi Hendrix se dresse de manière imposante dans le top de ma collection. Son long et large tuyau, combiné à son gland tout petit en proportion, donne des frissons ». Depuis 2000, l'ex-groupie a élargi son activité aux poitrines féminines (avec Peaches et Karen'O des Yeah Yeah Yeahs) et vend quelques reproductions de ses moulages historiques au profit de sa Fondation (www.cynthiapcaster.org), qui vient en aide aux artistes en difficulté financière. >

**BEBE BUELL.** Iggy Pop, David Bowie, Mick Jagger, Jimmy Page, Stiv Bators, Todd Rundgren, Steven Tyler : joli tableau de chasse pour cette célèbre groupie qui tombe enceinte de Todd Rundgren en 1976. Coup de théâtre en 1991, lorsque Bebe Buell annonce que le véritable père biologique de l'enfant n'est autre que Steven Tyler, chanteur d'Aerosmith. Leur fille, Liv Tyler, poursuit aujourd'hui la carrière d'actrice que l'on sait.

Bebe Buell

**PLEATHER.** Voici une groupie pas comme les autres, puisqu'il s'agit d'un homme, de son vrai nom Ian Wagner. Surnommé Pleather (jeu de mots sur *pleaser*, « qui donne du plaisir », et *leather*, « cuir ») car il portait un pantalon en Skaï ultramoulant qui dévoilait très clairement ses généreux atouts, le chéri de ces dames a fréquenté d'obscurs groupes américains de métal féminin (Pandoras, Screamin' Sirens, Nymphs…) avant d'œuvrer entre les cuisses de trois des L7 et de butiner Courtney Love, elle-même groupie attitrée de Billy Corgan (Smashing Pumpkins), de Trent Reznor (Nine Inch Nails) et bien sûr de son futur mari Kurt Cobain.

**Carla Bruni, Kate Moss, Nancy Spungen, Britt Ekland, Pattie Boyd**… promis, elles seront dans la prochaine édition…

## SHARK AFFAIR

Au sommet de leur gloire, Jimmy Page, Robert Plant et John Bonham de Led Zeppelin consommaient les groupies comme d'autres les whisky-Coca. Tous mariés, ils s'efforçaient de dissimuler du mieux possible leurs proies juvéniles, même si personne ne pouvait décemment croire que Jimmy Page s'enfermait dans une chambre avec Lori Maddox, âgée de quatorze ans (dépucelée un an plus tôt par David et Angie Bowie, belle carrière !), pour l'aider à réviser ses leçons. Le titre « Living Loving Maid (She's Just A Woman) » de l'album *Led Zeppelin II* (1969) traite d'ailleurs du rejet méprisant d'une groupie vieillissante. Parmi les nombreuses exactions de la caravane Zeppelin en tournée, citons la célèbre *shark affair* (l'affaire du requin), où une jeune groupie de dix-sept ans, ligotée sur un lit, fut pénétrée, devant et derrière, par une roussette vivante. Richard Cole (le tour-manager) était à la manœuvre, Robert Plant, Jimmy Page et John Bohnam se trouvaient dans la pièce mais ne participaient pas directement à cette leçon d'histoire naturelle qui fit le tour du monde et qui inspira à Frank Zappa une chanson intitulée « The Mud Shark » (album *Fillmore East*, 1971). Le mot de la fin à Mark Stein, organiste du groupe Vanilla Fudge, qui était sur place et aurait filmé la scène : « C'était juste le nez du poisson et la fille a dû jouir une bonne vingtaine de fois. On lui a peut-être tapé dessus avec le requin deux ou trois fois parce qu'elle n'obéissait pas assez vite à nos ordres, mais on ne lui a pas fait de mal. » Merci pour cette précision…

**Une musique punk en version ralentie,** inspirée par des groupes comme Black Sabbath, les Stooges, MC5, Sonic Youth, Pixies…, telle pourrait être la définition du grunge, né à Seattle, dans l'État de Washington, et intelligemment propulsé sur le devant de la scène par le label local Sub Pop. En août 1988, le single *Touch Me I'm Sick* de Mudhoney attire l'attention des vétérans Sonic Youth et de l'hebdomadaire britannique *Melody Maker*ˣ. Il se passe quelque chose à Seattle, et dès 1989 les maisons de disques s'arrachent les principaux groupes du cru : Soundgarden, Alice in Chains, Screaming Trees, Posies et, bien sûr, les deux poids lourds du mouvement, Pearl Jam et Nirvana,

# GRUN

### Sale sursaut

qui vendent respectivement treize millions d'exemplaires de *Ten* et vingt-sept millions d'exemplaires de *Nevermind*. Plusieurs raisons contribuent au déclin du grunge au milieu des années 1990 : la domination de la brit-pop résolument anti-grunge (Oasis, Blur), la signature des uns dans les majorsˣ, la séparation des autres et l'électrochoc provoqué par le suicide de Kurt Cobain le 8 avril 1994, icône, malgré lui, d'un mouvement régional qui avait réussi le tour de force de réveiller la planète rock sous une appellation, grunge, qu'on peut traduire par « sale », « moisi », « graisseux ».

**LES WINNERS** : Nirvana, Pearl Jam, Soundgarden, Hole…

**LES LOSERS** : Alice in Chains, Melvins, Mudhoney…

**LE LOOK** : cheveux sales, chemises à carreaux informes, jeans déchirés, Converse^x^ décaties, en un mot : craspec !

**LA DROGUE** : l'héroïne^x^, qui fit des ravages – Kisten Pfaff (Hole), Layne Staley (Alice In Chains), Andrew Wood (Mother Love Bone)… ☠

Nirvana

GE

## GÉNÉRATION X

**Par les paroles de leurs chansons qui évoquaient le mal-être et la difficulté à trouver une place dans la société, les groupes grunge étaient les porte-parole tout désignés de ce que l'on a baptisé la Génération X, ces Occidentaux nés dans les années 1960 et 1970, qui couchent ensemble avant le mariage, ne croient pas en Dieu, défient l'autorité et n'ont pas de boulot ; Cameron Crowe les a décrits avec une certaine pertinence dans son film *Singles*, sorti en 1992. À ne pas confondre avec la série publiée par Marvel Comics, ni avec Generation X, le groupe punk anglais fondé en 1977 par Billy Idol et Tony James, qui eux se posèrent beaucoup moins de questions existentielles lorsqu'ils composèrent en 1980 l'hymne à la masturbation « Dancing With Myself ».**

**« Ma première guitare semblait venir d'un autre univers, terriblement glamour, et, en essayant de gratter les cordes, j'avais vraiment l'impression d'entrer en territoire adulte. »**
Eric Clapton, se souvenant de ses douze ans, en 2007.

# GUITARE

## *Cette machine tue les fascistes*

Si les premières traces recensées d'instruments similaires à la guitare remontent à 3000 avant J.-C., c'est son électrification, en 1931, qui favorisa en 1954 l'émergence d'une nouvelle forme de musique populaire, le rock, dont la « gratte » est encore aujourd'hui le symbole parfait tant par son allure que par son potentiel musical.
En 1931 donc, tout était déjà là, ou presque, avec la guitare hawaïenne (surnommée la « poêle à frire » en raison de sa forme) produite par la compagnie californienne Rickenbaker : le micro, certes très primitif, convertissait les vibrations des cordes en énergie électrique, ensuite amplifiée puis restituée en sons par des haut-parleurs.
Les guitares à caisse pleine (*solid body*) les plus célèbres amélioreront ensuite ce principe qui reste encore aujourd'hui le fondement de cette machine qui tue les fascistes, comme l'avait inscrit sur son instrument (acoustique) le musicien folk américain Woody Guthrie. Quelques guitares de légende :

**FENDER TELECASTER** : produite à partir de 1951, rodée par le musicien country Chet Atkins, la « Tele » fit son entrée dans le monde du rock en 1955 entre les mains de Scotty Moore, qui plaqua de fabuleux accords derrière les premières chansons d'Elvis Presley. Avec sa sonorité tranchante et ses deux micros simple bobinage, la Telecaster est à l'aise sur toutes les partitions : blues (Muddy Waters), british sound (Keith Richards, Ray Davies des Kinks, Hank Marvin des Shadows), punk (Joe Strummer des Clash), etc.

**GIBSON LES PAUL** : réponse du berger à la bergère, la compagnie Gibson, associée au musicien et inventeur Les Paul, commercialise en 1952 un modèle à caisse pleine aux sonorités plus moelleuses et chatoyantes. Adoptée entre autres par Bo Diddley et Jimmy Page, la Les Paul, après quelques modifications, donne naissance, en 1961, >

à la Gibson SG (plus légère, qui fera le bonheur des guitaristes de hard-rock[x], parmi lesquels Tony Iommi (Black Sabbath), Angus Young (AC/DC), Slash (Guns N'Roses)…

**FENDER STRATOCASTER** : s'il ne devait en rester qu'une, ce serait certainement celle-là. Lancée en 1954, la « Strat » est la première guitare électrique munie de trois micros et d'un vibrato ajustable qui offre au musicien un champ quasi infini de variations sonores. Jimi Hendrix ne jura que par elle (même s'il en brûla quelque-unes), David Gilmour, Eric Clapton et Rory Gallagher façonnèrent dessus le son qui fit leur gloire et contribuèrent à l'aura de cette guitare qui reste la plus copiée au monde. Outre ces trois modèles mythiques, toujours fabriqués aujourd'hui (en Chine), citons également la Flying V (Gibson) et sa forme révolutionnaire, les Rickenbacker explosées sur scène par Pete Townshend (The Who), les allemandes Höfner, responsables du *british boom*, les sept cordes des japonaises Ibanez, très prisées par les métalleux, les deux manches de la Double 12 (Gibson), utilisée par Jimmy Page sur scène pour jouer « Stairway To Heaven » (Rick Nielsen, de Cheap Trick, utilisait dans les années 1970 une guitare à cinq manches !), les guitares-synthétiseurs Roland…
Faites votre choix, il y en a pour tous les goûts et pour tous les styles, et, comme l'affirme très justement Keith Richards, « il faudrait que tout le monde naisse avec une guitare…
Il y aurait beaucoup moins de suicides ».

## MY NAME IS…

**« La forme d'une guitare est très féminine. J'ai bien souvent couché avec cette chose », avouait Keith Richards en 2002. Et que fait Keith sous les draps avec ses nombreuses conquêtes électriques ? Il leur susurre des mots doux et les appelle par leurs petits noms. Petit inventaire de célèbres six cordes baptisées par leurs non moins célèbres propriétaires :**

**LE HAREM DE KEITH RICHARDS : *Micawber* (Telecaster, 1953), *Sonny* (Telecaster Sunburst), *Mary Kay* (Stratocaster, 1957), *Dice* (Les Paul Junior, 1957).**

**DIEU ET SES DÉESSES : *Brownie* (Stratocaster Sunburst, 1956) et *Blackie* (assemblée à partir de plusieurs modèles de Stratocaster, 1957) sont les deux copines les plus connues d'Eric Clapton. Ce dernier s'est séparé de *Blackie* en 2004, vendue aux enchères au profit de son centre de rehab[x] Crossroads, pour la somme record de 959 500 dollars.**

**GEORGE HARRISON FAIT DU *TUNING* : de couleur bleue à l'origine, le Beatles tranquille a lui-même reverni et « psychédélisé » *Rocky* (Stratocaster, 1961).**

**B.B. KING SAUVÉ DES FLAMMES : en 1959, le bluesman se produit dans un club bientôt ravagé par les flammes, à la suite d'une bagarre entre deux clients. S'apercevant qu'il a oublié sa guitare, il retourne, au péril de sa vie, récupérer sa Gibson à 30 dollars. Plus tard, il apprend que la dispute avait été provoquée par une jeune femme prénommée Lucille, nom qu'il a donné à toutes ses guitares depuis cette date.**

**«Toute ma vie durant, je n'ai eu de cesse de faire chier les gens, alors ce n'est pas maintenant que je vais m'arrêter.»**
Ritchie Blackmore (guitariste fondateur de Deep Purple), 2006.

Sans céder à la tentation du cliché facile, il convient d'affirmer, à l'image de Ritchie Blackmore, que le guitariste rock est souvent un écorché vif caractériel, mais qu'en fonction de son talent il lui est également beaucoup pardonné. Au sein du groupe, le « gratteux » (surtout le soliste) n'est pas à plaindre.

Keith Richards (The Rolling Stones)

Il joue en effet de l'instrument emblématique de la musique rock qui lui permet, à l'inverse du batteur[x] (caché derrière ses caisses) et du bassiste[x] (souvent gêné par le long manche de son instrument), de rivaliser physiquement avec le chanteur[x] : les moulinets épileptiques de Pete Townshend (The Who), les contorsions dégingandées de Keith Richards (The Rolling Stones) ou les *duckwalk* (avancer en sautant sur un pied tout en balançant l'autre) de Chuck Berry imité par Angus Young (AC/DC) font désormais partie, sur scène, de la marque de fabrique de leurs groupes respectifs.

# Guitariste

## Jeux de mains…

Pete Townshend (The Who)

Derrière l'esbroufe néanmoins, le guitariste électrique se doit de maîtriser, mine de rien, de nombreuses techniques invisibles pour le néophyte. Avec ses doigts évidemment, lorsqu'il tapote (*tapping*), pince (*picking*) ou tire (*bending*) ses six cordes, mais aussi avec ses pieds lorsqu'il s'agit d'actionner la bonne pédale d'effets au bon moment (wah-wah[x], reverb, chorus, etc.). Enfin, les guitaristes rock n'ont pas tous la même fonction ni le même statut au sein d'un groupe : d'un côté le guitariste rythmique, métronome généralement en retrait, qui accompagne de ses accords la trame musicale du morceau (John Lennon, Malcom Young d'AC/DC…), de l'autre le guitariste soliste, plus exubérant, qui porte la mélodie principale et qui s'envole dans des solos plus ou moins longs et improvisés (cinq minutes pour « Free Bird » de Lynyrd Skynyrd en 1973, contre douze secondes pour « God Save the Queen » des Sex Pistols en 1977). Au-dessus de la mêlée plane le guitar hero, concept apparu dans les années 1960 avec Jimi Hendrix et Eric Clapton (que ses fans surnommaient God, Dieu, en toute simplicité), qui associe virtuosité, son unique, charisme et impact historique. Équivalents des grands maîtres en peinture, ils se nomment, entre autres, Jeff Beck, Jimmy Page, Eddie Van Halen, David Gilmour, The Edge ou Slash, et constituent l'aristocratie de la guitare rock, celle que les roturiers boutonneux aiment à singer devant leurs glaces armés d'un balai ou d'une raquette de tennis. Mais, à en croire Devin Townsend, multi-instrumentiste surdoué œuvrant dans le hard-rock[x] (Strapping Young Lad, entre autres), UN guitariste surpasse tout le monde : « Il ne faut pas se leurrer : il y a les guitar-heroes d'un côté… et il y a Steve Vai de l'autre. » Pourquoi pas… même si un doute subsiste : Vai n'est pas réputé pour avoir mauvais caractère !

Ritchie Blackmore (Deep Purple)

### RIFF-RAFF

**« Un grand riff est quelque chose que tu reconnais instinctivement. Il a de l'énergie et de l'allure, il est sexy », expliquait Jimmy Page, en 2008. *Da da dam – Dada dadam…* Vous me reconnaissez ? Je suis le riff d'intro de « Smoke on the Water » (Deep Purple), composé en 1972 par ce chieur de génie nommé Ritchie Blackmore. Je suis immédiatement identifiable et, sans me vanter, comme tous les grands riffs, je fais le morceau à moi tout seul. Accessoirement, je suis également haï par tous les vendeurs de guitares qui en ont marre de m'entendre massacrer par leurs clients. Et pourtant, je suis loin d'être seul dans la catégorie riff mythique.**

**1950'S. SUR UNE SEULE CORDE : « Mannish Boy » (Muddy Waters, 1955). ET LA DISTORTION FUT : « Rumble » (Link Wray & His Ray-Men, 1958).**

**1960'S. ET LA PÉDALE FUZZ : « (I can't get no) Satisfaction » (The Rolling Stones, 1965). QUAND LE JAZZ EST LÀ : « Purple Haze » (Jimi Hendrix, 1967).**

**1970'S. IL VIENT DE LÀ, IL VIENT DU BOOGIE : « La Grange » (ZZ Top, 1971). TROIS ACCORDS ET PIS C'EST TOUT : « Blitzkrieg Bop » (The Ramones, 1976).**

**1980'S. SATURATION *MADE IN* FRANCE : « Antisocial » (Trust, 1980). POURQUOI FAIRE COMPLIQUÉ ? : « I Love Rock and Roll » (Joan Jett, 1981).**

**1990'S. EN MODE MINEUR : « Smells Like Teen Sprit » (Nirvana, 1991). L'INTRO QUI TUE : « Enter Sandman » (Metallica, 1991).**

**2000'S. UN MAX DE NOTES : « Plug in Baby » (Muse, 2001). POUR LES STADES : « Seven Nation Army » (The White Stripes, 2003).**

# H


*HAPPY DAYS* 125
HARDCORE 126
HARD-ROCK / HEAVY METAL 127
HASCHISCH / HERBE 128
**HELL'S ANGELS 129**
HÉROÏNE 130
HIPPIES 131
HIT-PARADE 132
DENNIS HOPPER 133
HUMANITAIRE 134

Membres des Hell's Angels,
Californie, 1965

# HAPPY DAYS

## Heeeey !

La famille Cunningham au complet

**En 1973, suite au carton surprise du film *American Graffiti*[x]** réalisé par George Lucas, Garry Marshall (le futur metteur en scène de *Pretty Woman* en 1990) ressort des cartons de la Paramount un vieil épisode pilote, *New Family in Town*, chronique de la vie d'une famille américaine dans les prospères années 1950. Reformatée à la *American Graffiti* et rebaptisée *Happy Days*, la série débute en 1974 sur la chaîne ABC et remplit pleinement son objectif : faire oublier, vingt-cinq minutes durant, sur fond de drive-in, de juke-box[x] et de teddys multicolores, la crise économique mondiale issue du choc pétrolier de 1973.

Nostalgiques d'une époque dorée, les États-Unis (des dizaines de millions de spectateurs chaque semaine), et la France (première diffusion le 22 août 1976 sur TF1, multirediffusé depuis) se passionnent rapidement pour les aventures adolescentes du grand dadais maladroit Richie Cunningham (Ron Howard, déjà au casting d'*American Graffiti*) et de ses copains guère plus malins, Potsie et Ralph, à Milwaukee (Wisconsin), plus précisément dans deux lieux stratégiques où se nouent l'essentiel des intrigues bon enfant : le drive-in d'Arnold et la maison de la famille Cunningham composée d'un père affable, d'une mère dévouée et d'une sœur en pleine croissance hormonale.

Outre un casting impeccable et des scènes de comédie efficaces, *Happy Days* doit surtout sa notoriété internationale à Arthur Fonzarelli (Henry Winkler), dit « Fonzie », ou « Le Fonz », jeune blouson noir au grand cœur et à la grande gueule, adopté comme un frère aîné un peu turbulent par l'ensemble de la famille de Ritchie. Fonzie, l'unique, celui qui rameute toutes les filles dès qu'il prononce un très machiste « Heeeey ! », celui qui reconnaît la marque du rouge à lèvres de sa conquête en l'embrassant, celui qui relance un juke-box en panne d'un simple coup de santiags, celui qui possède ses bureaux dans les toilettes du drive-in d'Arnold, celui dont la banane ne tombe jamais… La classe ultime pour tous les jeunes téléspectateurs français, dont l'auteur de ces lignes, pour qui *Happy Days* a permis d'établir un premier contact visuel avec l'Amérique rock des années 1950-1960 et favorisé l'apprentissage rapide des noms des jours de la semaine en anglais, grâce à la célèbre chanson du générique interprétée par le duo Pratt & McClain (« Sunday, monday, happy days… »). Par ailleurs, la série fut la cause de premiers râteaux mémorables… Parce que avec les filles, quand on ne s'appelle pas Fonzie, il ne suffit pas de dire « Heeeey » !

**QUI EST FONZIE ?**

**Le comédien américain Henry Winkler, né en 1945, n'a jamais réussi à se défaire de l'encombrant blouson noir qui lui colle à la peau. Après l'arrêt de la série en 1984 (11 saisons et 251 épisodes), son projet de reprendre le rôle de Fonzie dans un film plus adulte ne verra jamais le jour. Créateur et producteur heureux de la série *MacGyver* au milieu des années 1980, l'acteur Henry Winkler végète dans des séries B depuis *Happy Days* ; il s'est même payé le luxe de refuser en 1978 le rôle principal de *Grease*, qui fut finalement dévolu à un jeune acteur nommé John Travolta.**

**Il est difficile aujourd'hui de recenser toutes les disciplines qui se revendiquent ou qui relèvent du hardcore :** des films de boules aux matchs de catch en passant par les jeux vidéo[x], l'étiquette hardcore se vend bien et désigne généralement la frange « dure » du terme auquel elle est accolée. Signifiant littéralement « noyau dur » dans la langue de David Bowie, le hardcore appliqué aux différents genres rock pourrait se résumer ainsi : « toujours plus vite, toujours plus fort… ».

**PUNK HARDCORE** : le punk était déjà speed à tous les niveaux, alors que dire des tempos et des changements d'accords supersoniques du punk hardcore, né à la fin des années 1970 en Amérique du Nord, en réaction au ramollissement des premiers groupes punk passés à l'ennemi en signant avec les majors[x] ? Black Flag, Bad Brains, Dead Kennedys et Minor Threat aux États-Unis, The Exploited et Chaos UK en Grande-Bretagne, et les Burning Heads en France ont non seulement raccourci et « métallisé » les morceaux, coupé les crêtes multicolores, politisé les paroles, mais ils ont également inventé une nouvelle façon de se trémousser, dénommée le *moshing*. Une sorte d'air pogo[x] (comme on dit air guitar[x]) sans contact, où les *moshers* dansent en assenant des coups de pieds et de poings saccadés dans le vide, ou, dans le pire des cas, pour les astigmates, dans la face ou les rotules du voisin.

Black Flag

**TECHNO HARDCORE** : 170-220 BPM (*beats* par minute), c'est le rythme moyen de la techno hardcore ; comparé au 125/145 BPM de la techno traditionnelle, le hardcore, né au début des années 1990 aux Pays-Bas, affole les potentiomètres et rend inutile le port de boules Quies. C'est en effet le corps entier qui vibre ou subit (selon les goûts) une avalanche de basses et d'aigus agressifs menés à un train d'enfer. Mais personne ne vous oblige à le prendre, le train.

**METALCORE (OU HARDCORE METAL)** : Sepultura, Earth Crisis, Agnostic Front et Suicidal Tendencies constituent les groupes majeurs de cette fusion entre l'extreme metal et le punk hardcore.
Avec de tels parents, le rejeton, né à la fin des années 1990, ne fait pas dans la dentelle mais plutôt dans le hurlement vocal, dans l'alternance de phases rapides et lentes (*breakdowns*) et la dissonance tous azimuts. Là aussi, le train…

**RAP HARDCORE** : la distinction entre le rap hardcore et le rap classique tient plus à l'extrême virulence des paroles qu'à la forme musicale qui reste peu ou prou identique. « Nique la police/ J'sors tout droit du côté sombre/ J'suis un négro qui l'a mauvaise d'être marron/ Et pas de l'autre couleur… », rappait par exemple Ice Cube avec son groupe NWA (Niggers With Attitude) dans « Fuck Tha Police » ; le titre déclencha un scandale à sa sortie en 1988 et valut aux membres du groupe le privilège de recevoir une lettre très officielle du FBI les priant, à l'avenir, de modérer leur propos.

**« C'EST TROP HARDCORE ! »** : cette expression est entrée dans le langage courant pour signifier l'aspect insupportable et/ou incroyable de certains comportements, de certaines situations et de certains disques. Ainsi, l'écoute d'affilée des quarante-neuf pensums de Zazie disséminés sur sept albums sortis en 2010 relève naturellement du « c'est trop hardcore ! ».

## Dans le dur !
# Hardcore

# HARD-ROCK / HEAVY METAL

## Du bien par où ça passe !

**« Putain de solo… et le chanteur, t'as vu, sans déconner**, il fait ce qu'il veut avec sa voix… » Les authentiques fans[x] de hard-rock – de heavy metal ou de speed metal et tout ce que l'on voudra dans la grande famille du gros riff qui tache et du slow à rallonge – ne s'y trompent pas : sous ses airs bourrins, le hard-rock concentre certainement le plus grand nombre de musiciens virtuoses à la technique irréprochable. On laissera aux puristes le soin de définir le groupe qui « inventa » le hard : sont en piste The Kinks avec « You Really Got Me » en 1964, The Beatles avec « Helter Skelter » en 1968, The Yardbirds et sa triplette de génies du manche Eric Clapton, Jeff Beck et Jimmy Page, Cream avec le même Eric Clapton, Led Zeppelin avec le même Jimmy Page, Deep Purple ou bien encore Black Sabbath, dont le premier album homonyme, en 1970, posa les bases du heavy metal, déclinaison plus lourde, plus sombre et plus éloignée du blues que leurs prédécesseurs. On peut dégager quelques grands principes musicaux de base, quasiment communs à toutes les nombreuses familles du genre (glam[x] metal, hair metal, etc.) – des riffs saturés et des solos à volonté, une rythmique de bûcheron plus ou moins rapide, des voix poussées à l'extrême dans les aigus stridents (Robert Plant de Led Zeppelin) ou dans les graves caverneux (Lemmy Kilmister de Motörhead) – et des thématiques qui vont de bières/filles à donjons/dragons en passant par satan/apocalypse pour revenir à bières/filles. Au niveau du comportement, le musicien hardos a tendance à secouer frénétiquement sa tête d'avant en arrière (*headbanging*), à se tenir les jambes arquées devant un ventilateur afin que sa longue crinière ondule, à se pencher sur la guitare de son voisin et à dégager les cages à miel d'un public souvent mal considéré mais parmi les plus chaleureux et les plus pacifiques qui puissent se trouver aujourd'hui dans les salles de concerts. Pour résumer, le hard-rock/heavy metal, c'est simplement du rock avec des putains de solo et un chanteur qui fait ce qu'il veut avec sa voix… et ça fait généralement du bien par où ça passe, sans déconner !

Jimmy Page (Led Zeppelin)

Ozzy Osbourne

David Lee Roth (Van Halen)[2]

### DÉLIT DE SALE LOOK !

**À défaut d'être des *fashion victims*, les musiciens et les fans de hard sont surtout victimes de leur look qui suscite nombre de moqueries, parfois justifiées, mais qui occultent trop souvent la qualité musicale et l'énorme puissance de feu des meilleurs groupes du genre. Têtes de morts patchées sur le blouson de cuir ou la veste en jean[x], tatouages, logos des groupes favoris reproduits au marqueur sur le blouson, cheveux longs filasses, ceinture à clous ou à douilles, bracelets de force et l'inévitable jean serré ou pantalon moule-burnes en spandex constituent les principaux canons de la mode hardos. Et le plus étonnant, c'est qu'ils n'ont pas changé depuis quarante ans !**

## Fumée clandestine

# Haschisch / Herbe

**« Une tradition s'était transmise de génération d'artistes en génération d'artistes : Mick Jagger avait été initié au cannabis par Paul McCartney, qui l'avait été par Bob Dylan, qui l'avait été par Al Aronowitz, qui l'avait été par Allen Ginsberg, qui l'avait été par des marins portoricains dans un bordel de La Nouvelle-Orléans, en 1945. »**
Barry Miles, ami et biographe de Paul McCartney, 1998.

En effet, que ce soit sous la forme de résine (haschisch) ou de feuilles (herbe, également dénommée marijuana), les produits stupéfiants issus du chanvre (*cannabis*, en latin) ont flirté avec l'organisme des musiciens rock depuis le début et même taquiné leur muse au point de modifier sensiblement leur son. Si les Beatles n'ont probablement pas partagé un joint dans les toilettes du palais de Buckingham Palace le 26 octobre 1965, comme l'a prétendu le toujours très provocateur John Lennon, *Rubber Soul*, le premier album « adulte » des Fab Four a bien été enregistré en 1965 sous l'effet de l'herbe que les Beatles consommaient alors quotidiennement. Pour la petite histoire, en 1980, ce grand distrait de Paul McCartney a été arrêté à l'aéroport de Tokyo pour avoir « oublié » un sachet de 210 grammes de marijuana, non planqué, au fond de ses bagages. De toutes les drogues, le cannabis est la plus œcuménique, musicalement parlant. Là où, à la fin des années 1980, les fans[x] de House ne gobaient pratiquement que des X[x] (ecstasy), le joint n'a jamais fait preuve de sectarisme et se consume aussi bien chez les punks[x] que chez les hard-rockeurs[x], les amateurs de pop-music, de rockabilly ou de reggae bien sûr (*voir encadré*). Cela dit, il semble plus évident – et reposant – de fumer un bédo sur les volutes de *Comfortably Numb* (comme son nom l'indique) de Pink Floyd plutôt qu'en subissant les *beats* industriels assourdissants de Nine Inch Nails, par exemple. Enfin, si le spliff fait rigoler, il fait également beaucoup chanter, que ce soit pour inciter à sa légalisation (« Legalize It », Peter Tosh, 1976), vanter ses mérites psychotropes (« Rip This Joint », The Rolling Stones, 1972) ou bien pour son usage convivial (« Passe le oinj, il y a du monde sur la corde à linge… », NTM, 1995). En France, ils seraient plus d'un million qui déclarent fumer régulièrement et qui sont donc potentiellement hors la loi, contrairement aux buveurs de spiritueux.

### GANJA AU PLUS HAUT DES CIEUX

« Ils fument parce qu'ils savent que l'herbe est bonne, c'est dans la Bible. »
Toots Hibbert (Toots and The Maytals), 2004.
Cette Bible, les rastas (adeptes de la religion rastafarienne, tel Bob Marley et 90 % des musiciens jamaïcains) l'ont tellement triturée et interprétée qu'il est relativement facile de lui faire dire n'importe quoi. Cela dit, la ganja (marijuana) est appréciée en Jamaïque par une partie importante de la population pour son usage récréatif, et pas seulement par les rastas qui la fument dans une pipe à eau surnommée calice, en référence à la coupe dans laquelle est bu le vin de messe au cours des offices catholiques. Instrument de spiritualité, de méditation et d'élévation vers le divin, la ganja est l'un des thèmes principaux, avec la lutte contre l'oppresseur (« Babylone »), de la musique reggae, à tel point que l'une ne semble pas aller sans l'autre. À propos, savez-vous ce que disent les rastas quand il n'y a plus rien à fumer ? Réponse : « Qu'est-ce que c'est que cette musique de merde ? »

# HELL'S ANGELS

## Les hommes à la moto

**« Les Hell's Angels… Sang à gogo… Viols à la chaîne…** Regardez votre femme et vos enfants sur le siège arrière… Comment les protéger contre une horde de durs bourrés et drogués à mort… Des colosses répugnants, se battant pour le plaisir, à coups de chaînes, de couteaux et de clés à molette, sans peur de la police et sans pitié… » Qu'ajouter de plus à cette publicité parue dans *Métal hurlant*[x] en 1979 à l'occasion de la première publication en France du livre *Hell's Angels* de Hunter S. Thompson[x] ? Eh bien, par exemple que le Hell's Angels Motorcycle Club, groupe de motards « hors la loi », a été fondé en 1948 et que le chapitre (section locale) d'Oakland, ouvert en 1957 par Sonny Barger et considéré comme le quartier général de l'organisation internationale, reste le plus tristement célèbre. C'est en effet cette joyeuse troupe qui, en décembre 1969, « assura » le service d'ordre du concert gratuit des Stones à Altamont[x], au cours duquel fut perpétré l'assassinat d'un jeune spectateur noir (qui ,selon certaines sources, se serait apprêté à tirer sur Mick Jagger). « Altamont, c'était juste un autre jour dans la vie d'un Hell's Angels… », expliquera placidement Sonny Barger en 2000.

Car tout anges qu'ils sont, ces motards ne sont pas exactement des enfants de chœur. Les conditions d'admission au club ne laissent d'ailleurs aucun doute sur le genre de la maison : il faut être de sexe masculin, titulaire d'un permis moto[x], propriétaire d'une bécane qui fonctionne, ne pas être pédophile et n'avoir jamais tenté de devenir officier de police ou gardien de prison. Le trip des Hell's ? Entreprendre de longs *runs* (balades) sur leurs Harley Davidson trafiquées… et malheur à tous ceux qui se mettent en travers de leur bitume, qui endossent indûment leurs couleurs ou qui offensent un des membres du club. Outre le désastre d'Altamont, les Hell's Angels ont ponctué les années 1960 de leurs excès (Hunter S. Thompson a subi un tabassage en règle après la sortie de son livre, et Lester Bangs[x] a été traumatisé à vie après avoir assisté à un viol collectif perpétré par des Hell's) mais aussi de leur relation amour/haine avec les hippies[x] : « Les hippies étaient ravis de nous donner leurs nanas à baiser, parfois en échange d'une balade à bécane », se souvient Sonny Barger, qui prit son premier acide en 1965 à La Honda, la résidence de Ken Kesey (*voir entrée Tom Wolfe*), lequel avait convié les anges de l'enfer pour quatre jours et quatre nuits de débauche ininterrompue.

Aujourd'hui présents sur les cinq continents et pas tous hors la loi (seulement 1 % des Hell's se livreraient à des activités illégales, principalement au Canada et aux États-Unis), ces motards aux cuirs tannés ont inspiré nombre de films de bikers (dont *L'Équipée sauvage*[x] en 1953, premier d'une longue lignée) et continuent d'alimenter les fantasmes des jeunes générations de rockers. Ainsi les bien nommés Lords of Altamont, tonitruant groupe de garage-metal-punk américain fondé en 2000, qui, par leur nom, leur look, leurs pochettes et leurs morceaux, transpirent le Hell's Angels Motorcycle Club à des kilomètres à la ronde… Ouvrez bien grand vos oreilles et planquez vos femmes ! *Born to be wild !*

# héroïne
## La dame blanche

**« Héroïne, c'est ma femme et c'est ma vie
Parce que la plus importante de mes veines
Mène au centre de ma tête
Et après, je suis mieux défoncé que mort… »**

Pure merveille que « Heroin », chanson écrite par Lou Reed en 1964 et enregistrée avec le Velvet Underground en 1967. Pure horreur que l'héroïne, cette poudre issue du pavot à opium qui a décimé un pan entier de l'histoire du rock : Janis Joplin, retrouvée avec quatorze trous de piqûres dans les bras (1970), Jim Morrison (1971), Tim Buckley (1975), Sid Vicious (1979), qui n'avait pas hésité, avant un concert, à inscrire sur sa poitrine avec une lame de rasoir « Gimme a fix » (« Donne-moi un fix »), Helno, le chanteur des Négresses Vertes (1993)… la liste des rockers morts par overdose s'apparente à une interminable litanie. Comment expliquer l'attrait des rock-stars pour cette drogue hautement addictive qui poussait Steven Tyler (Aerosmith), alors au sommet de sa gloire au milieu des années 1970, à se déguiser pour aller quérir sa dose quotidienne dans les quartiers malfamés de New York ? Ancien junkie, Eric Clapton a comparé la dépendance à l'héroïne au fait d'être « enveloppé dans une grosse boule de coton, totalement protégé du monde »… Et c'est probablement de ça qu'il s'agit, d'une maîtresse romantique qui ne donne pas tant de plaisir mais qui apaise les douleurs, comble l'ennui dans la chambre d'hôtel après avoir été acclamé par des milliers de personnes et sollicité par presque autant de parasites. Se piquer à la blanche, c'est aussi la preuve d'une certaine réussite dans le rock-business et la possibilité, dans un premier temps, de continuer à remplir, dans un état second, toutes les conditions du barnum : les tournées[x], les interviews[x], les enregistrements… jusqu'au moment où l'on ne s'injecte plus la came pour se sentir mieux mais pour ne pas se sentir mal ! Et le talent ? L'héroïne n'en procure pas… elle permet seulement au musicien dépendant de ne pas se trouver en état de manque, auquel cas il serait incapable d'exercer son art. « Absolument personne ne devrait se faire de fix », affirmait Tommy Lee en 2001, batteur aujourd'hui apparemment désintoxiqué de Mötley Crüe ; en 1987, lors de la tournée *Girls, Girls, Girls*, il disposait d'un fournisseur personnel qui suivait de près le tour-bus du groupe dans une voiture immatriculée « Dealer ». Puisse Pete Doherty en prendre bonne note et ne pas rejoindre prématurément Amy Winehouse dans le paradis blanc... La liste est déjà trop longue !

### DEALERS DE STARS

« J'attend mon homme
26 dollars en poche
Entre Lexington et la 125e
Malade et sale, plus mort que vivant
J'attends mon homme »
Extrait de « Waiting for the Man », *The Velvet Underground & Nico*, 1967.

Cet homme, c'est le dealer… et certains sont entrés dans la légende.

**PATRICK GEOFFROIS.** Ami de Michel Bulteau avec qui il fit partie du combo parisien Mahogany Brain, il émigra ensuite à New York, joua avec James Chance and the Contortions et devint le dealer attitré des groupes de rock sur l'Avenue A. Après ses années poudre, il muta en maître des sciences occultes (il était surnommé le Lucifer du Lower East Side), fut soupçonné d'avoir commandité le découpage en morceaux d'une danseuse et mourut des suites du sida en 1994.

**MR. BROWNSTONE.** Surnommé ainsi en raison de l'héroïne brune mexicaine qu'il refourguait à tout le gotha du cinéma et du rock de Los Angeles à la fin des années 1980, il vendit de la drogue à O.J. Simpson le jour même où celui-ci assassina – probablement – son ex-femme. Il était également le fournisseur du groupe Gun's N'Roses qui en 1987 lui dédia la célèbre chanson « Mr. Brownstone ».

**LE COMTE JEAN DE BRETEUIL.** Jeune aristocrate français descendant d'une longue et prestigieuse lignée, Jean de Breteuil était réputé pour vendre une héroïne exceptionnellement pure à ses célèbres clients, à tel point que Keith Richards, qui n'était pourtant pas un novice en la matière, s'évanouit dans la villa Nellcote en 1971 après avoir sniffé une petite quantité de son héroïne thaïlandaise. Il fut en outre très fortement soupçonné d'avoir fourni la came qui tua Janis Joplin en 1970. Jean de Breteuil entretenait également des liaisons stupéfiantes et amoureuses avec Marianne Faithfull et Pamela Courson, la fiancée de Jim Morrison, à qui il donna à Paris la poudre que ce dernier prit pour de la cocaïne… On connaît la suite ! Réfugié au Maroc, le comte au palmarès chargé y mourut d'une overdose en 1972.

# Hippies

## Peace and love

**« Aujourd'hui, nous ne sommes que des gitans. L'avenir : qui sait ? Nous aurons le pouvoir. Cela prendra peut-être mille ans. Je m'en fiche : j'ai le temps. »** Jimi Hendrix, 1970.

Le gaucher magnifique avait à la fois tort et raison : tort, car le temps lui a manqué, il est mort étouffé dans son propre vomi un mois après cette déclaration au magazine *Actuel*ˣ. Raison, car oui, la génération hippie est bien aux commandes aujourd'hui, mais bien loin du *Flower Power*ˣ et des idéaux qui ont présidé à sa naissance « officielle » sur le campus de Berkeley en 1964 : l'expérience communautaire, le retour à la nature, l'orientalisme, le psychédélismeˣ, les manifestations pacifistes contre la guerre du Viêtnam, les *acid-test* si bien décrits par Tom Wolfeˣ… « Plus je me révolte, plus je fais l'amour », pouvait-on lire sur les murs du quartier Haight-Ashbury de San Francisco, où les jeunes freaks en rupture de ban s'installaient (150 000 en 1966) pour créer le paradis sur terre, loin de la société de consommation, du conformisme et des costumes gris de leurs parents. « Le drame de la jeunesse américaine, c'est qu'elle a tout sauf quelque chose, et ce quelque chose, c'est l'essentiel », analysait très justement Robert Kennedy à l'époque.
Le rock fut naturellement le vecteur principal des idéaux du mouvement et plus particulièrement les groupes californiens d'acid-rock, férus de distorsions, de feed-back, de sonorités électroniques (Jefferson Airplane, Grateful Dead, Big Brother and the Holding Company, avec Janis Joplin) qui reversaient bien souvent leurs maigres cachets aux Diggers, la coopérative communautaire en charge de distribuer gratuitement nourriture et vêtements aux hippies de Haight-Ashbury. Le festival de Monterey Popˣ (juin 1967) marqua non seulement le début du *Summer of Love*, mais fut également le point culminant de l'osmose entre la musique porteuse d'espoir et cette nécessité de l'expérience hippie qui ébranla les sens et les consciences des enfants chevelus du baby-boom jusqu'à la débâcle d'Altamontˣ en décembre 1969, en passant par Woodstockˣ, bien entendu.

### HIPPIES… À LA FRANÇAISE

« Les photos et les textes de ce reportage vont dérouter certains d'entre vous et en irriter d'autres. Ce sont des images d'un autre monde. Si nous nous décidons à les publier, c'est qu'ils sont le reflet d'un véritable phénomène social entièrement nouveau dans l'histoire des civilisations. » Cette introduction alarmiste d'un reportage consacré aux hippies de San Francisco, publié en janvier 1968 dans le numéro 978 de *Paris-Match*, est très révélatrice de la méconnaissance et de l'influence finalement mineure du mouvement hippie en France, et ce, pour plusieurs raisons : la jeunesse française était certes en révolte, mais, contrairement aux hippies américains originels, elle n'était pas très politisée ni en lutte frontale contre l'ordre établi. Ensuite, le rock français n'avait évidemment pas la même portée que les héros californiens du genre. Hormis peut-être Gong, Zoo ou Triangle, aucune formation d'envergure n'était en mesure de relayer artistiquement le message *Peace and Love*. Oh, bien sûr, il y eut quelques authentiques hippies des villes (concentrés à Paris entre Saint-Michel et le jardin du Luxembourg) ou des champs (réunis en communauté à la campagne, souvent en Ardèche et dans les Cévennes), qui étaient d'ailleurs communément dénommés *baba cool*, *baba* signifiant « homme » en hindi (langue la plus parlée en Inde). Enfin, pas de grands raouts fédérateurs à la *Monterey Pop* dans l'Hexagone, juste un festival gratuit à Auvers-sur-Oise (les 18, 19 et 20 juin 1971) à l'affiche prometteuse (The Grateful Dead, Jefferson Airplane…), et qui fut finalement annulé en raison de pluies torrentielles et d'une organisation défaillante. Le Grateful Dead joua néanmoins un concert légendaire de trois heures le lundi 21 juin, au château d'Hérouville tout proche, devant des hippies pas comme les autres : deux cents villageois des environs, ébahis et ivres de champagne… Bel exemple de retour à la nature à la française.

# Hit-parade

## Premiers de la classe

**La notion de hit-parade (*charts*) est née en 1898 aux États-Unis** dans les colonnes du magazine *Billboard*. Le palmarès comptait les dix meilleures ventes de partitions. Parallèlement au développement du disque vinyle[x], et notamment du 45 tours à partir des années 1950, les hit-parades se multiplient ensuite dans les magazines et sur les ondes, essentiellement fondés sur les demandes formulées aux radios par le public. Ainsi l'hebdomadaire britannique *New Musical Express*[x], qui publie à partir de novembre 1952 la liste des douze 45 tours les plus passés sur les ondes. Premier numéro 1 : Al Martino, un crooner italo-américain avec « Here In My Heart ».

Le désormais célèbre « Hot 100 » du *Billboard*, créé en 1958, associe au classement des radios les chiffres de ventes collectés auprès de magasins sélectionnés. Premier numéro 1 : Ricky Nelson avec « Poor Little Fool ». En 2011, le *Billboard*, véritable bible de l'industrie de la musique, recense une centaine de catégories de *charts* différents, du Top 40 classique au classement des albums indépendants[x] en passant par celui des disques de bluegrass et des téléchargements.
En France, il faut attendre 1968 pour que le Hit-Parade national du disque, premier classement officiel fondé sur les ventes déclarées par les maisons de disques, vienne concurrencer les nombreux palmarès de la presse magazine (*Disco Revue*[x], *Salut les Copains*[x]...) et des radios[x] (Europe 1, RTL...). Peu fiable (toutes les maisons ne disques ne participaient pas forcément à l'enquête), il est abandonné en 1977 et remplacé en 1984 par le Top 50, une révolution initiée par Canal+[x] et Europe 1 (émissions homonymes à l'appui), qui prend en compte les ventes réelles de 45 tours, puis de 33 tours, dans soixante points de vente sondés par les instituts Nielsen/Ipsos. Du sérieux donc... On allait enfin savoir qui, de Stevie Wonder avec « I Just Called To Say I Love You » ou de Ray Parker Jr. avec « Ghostbusters », deux chansons incontournables en novembre 1984, allait se placer pour la première fois à la première place du Top 50. Le verdict fut impitoyable et laissa aussi songeur que désespéré. Numéro 1 : « Besoin de rien, envie de toi », par Peter et Sloane, duo de variétoche navrant, qui resta en tête neuf semaines durant.
Se développant au même rythme que le rock, les hit-parades ont révélé son ascension économique fulgurante et sont très vite devenus un outil de promotion incontournable. L'arrivée rapide d'un titre dans les *charts* multiplie ses passages à la radio, provoquant une augmentation des ventes qui elles-mêmes mènent à un meilleur classement, et ainsi de suite... Andrew Loog Oldham, le manager des Rolling Stones de 1963 à 1967, avouait en 2000 qu'il avait à l'époque financé l'achat en masse d'un 45 tours des Rolling Stones dès le jour de sa sortie, afin qu'il grimpe très rapidement dans les classements et emballe la machine. Le 25 septembre 2010, jour de l'écriture de ces lignes, Katy Perry classait son *Teenage Dream* à la première place du Top single US du *Billboard*. À la même date, en France, la première place du Top 50 était squattée par le « Mignon, mignon » de René la Taupe... De là à regretter Peter et Sloane, il n'y a qu'un pas.

### KINGS OF TOP

**À eux quatre, les Beatles ont établi plus d'une centaine de records dans les *charts*, notamment celui de groupe ayant passé le plus grand nombre de semaines à la première place : 132 aux États-Unis, 174 au Royaume-Uni.**
**Bing Crosby, avec *White Christmas* (1942), a atteint la meilleure vente de singles de tous les temps (50 millions d'exemplaires écoulés), suivi par Elton John et son *Candle In The Wind*, réenregistré en hommage à Lady Diana en 1997 (37 millions).**
**Depuis sa sortie en 1982, le *Thriller* de Michael Jackson, meilleure vente d'album de tous les temps, a fait le bonheur de plus de 50 millions d'acheteurs.**
**En France, le taulier reste Johnny Hallyday, avec plus de 30 millions d'albums vendus depuis ses débuts.**

Hollywood Babylon

# Dennis Hopper

**«Dennis Hopper est comme Rembrandt. Rembrandt baisait la bonne. Dennis, lui, a baisé Hollywood.»**
Henri Langlois, lors de l'inauguration de la deuxième Cinémathèque, à Nice, en 1976.

Il en va de certains comédiens comme des rock-stars : impétueux, charismatiques, brillants, défoncés, ingérables… Dennis Hopper était tout cela à la fois en plus d'être réalisateur, peintre, photographe[x] et l'incarnation vivante de l'axiome *Sex, Drugs and Rock and Roll* (*voir encadré*).
S'il « baisa » Hollywood grâce au succès surprise d'*Easy Rider*[x] en 1969, l'industrie du spectacle, qui n'aime pas être prise par-derrière, lui fit payer cher son mauvais caractère, sa grande gueule et ses nombreuses addictions. Le jeune premier, qui avait débuté au côté de James Dean dans *La Fureur de vivre*[x], sera tricard des tournages qui comptent pendant plus de dix ans : « J'ai survécu en passant plusieurs années dans les caravanes de tournage de séries B, à essayer de transformer de la merde en or », confiait-il en 2010. Après une cure de désintoxication en 1983, Hopper le comédien sera remis en selle la même année par Francis Ford Coppola (qui l'avait déjà dirigé en photographe hippie[x] défoncé plus vrai que nature dans *Apocalypse Now*, en 1979) grâce à un petit rôle dans *Rusty James*, puis il sera consacré internationalement en 1986 pour sa performance de caïd psychopathe dans *Blue Velvet* de David Lynch.
Hopper le réalisateur aura du mal à se remettre de son premier coup d'éclat (*Easy Rider*) qui marqua l'avènement du Nouvel Hollywood[x] et de l'échec du barré *The Last Movie* en 1971. Il recueillera enfin les louanges du public et des professionnels avec *Colors* en 1988, film de référence sur les gangs de Los Angeles et amer constat d'échec des idéaux hippies de sa génération. Hopper le photographe, exposé dans le monde entier, influencé par Capa et Cartier-Bresson, privilégiera d'une part la réalité instantanée >

**DENNIS LA MENACE**

« J'ai pu être un drogué mais j'avais le sens de l'éthique… Si je prenais de la coke et sautais des filles magnifiques, je le faisais devant la caméra. »
Dennis Hopper, 2005.

SEXE : on lui prête des liaisons avec Nathalie Wood (âgée de quinze ans sur le tournage de *La Fureur de vivre*[x]), Ursula Andress et Joan Collins, cinq mariages dont le deuxième avec Michelle Phillips, chanteuse des Mamas and Papas, en 1970 (huit jours de vie maritale avant de divorcer), et le troisième avec Daria Halprin en 1972, l'actrice principale du film *Zabriskie Point*… Hopper a connu les plus belles femmes du monde, qui se sont parfois plaintes de sa violence physique et de ses désirs sexuels contre-nature.

DRUGS : en 1980, au plus fort de sa dépendance, sa prise quotidienne de cocaïne atteignait trois grammes, complétés par quelques joints de marijuana, une trentaine de bières et des *Cuba Libre* (rhum-Coca) à la chaîne.

ROCK'N'ROLL : les accointances de Hopper avec l'univers rock ne datent pas de son *talk-over* sur l'album *Demon Days* de Gorillaz en 2005. Déjà en 1956, il sympathisait, par l'intermédiaire de son colocataire Nick Adams, avec un apprenti comédien nommé Elvis Presley. Il fut également un proche de Neil Young, rencontré en 1982 sur le tournage de la comédie *Human Highway*, coréalisée par Dean Stockwell. Des rock-stars, il en a aussi photographié… Et le bonhomme qui, pour la bande originale de son film *The Hot Spot* (1990), avait réussi à réunir Miles Davis (à qui, dit-on, il avait inspiré le titre du fameux *So What* en 1959), John Lee Hooker, Taj Mahal et Roy Rogers, avec en prime Jack Nitzsche comme producteur[x], mérite tout notre respect.

et mélancolique de paysages urbains que n'aurait pas reniée son homonyme Edward Hopper, et d'autre part des portraits de ses amis les stars parmi lesquels Paul Newman ou Ike & Tina Turner, pour qui il réalisa la célèbre pochette de l'album *River Deep Mountain High* en 1966. Hopper le peintre, enfin, était d'abord un collectionneur avisé qui, à l'âge de dix-huit ans, fut parmi les premiers à acheter les toiles d'un artiste prometteur dénommé Andy Warhol[x]. Moins talentueux avec un pinceau dans la main que derrière l'objectif d'un appareil photo, il produisit néanmoins des toiles de bonne facture qui s'inscrivaient dans les mouvances du pop art et de l'hyperréalisme. Hopper est décédé le 29 mai 2010 des suites d'un cancer de la prostate après avoir inauguré deux mois plus tôt son étoile sur le Walk of Fame à Hollywood. Une consécration tardive pour celui qui, selon le gourou[x] maléfique Charles Manson, fortement impressionné par sa prestation dans *Blue Velvet*, aurait été le seul capable d'interpréter correctement son rôle dans un éventuel *biopic*. Bel hommage d'un grand malade à un autre, qui aura, lui, réussi à expurger ses démons à travers ses passions artistiques et à devenir une figure incontournable de la contre-culture, une authentique rock-star de la trempe d'un Iggy Pop ou d'un Keith Richards. RIP.

« **Je fais partie d'un nombre incalculable d'œuvres de charité et de fondations**, j'ai créé des camps de colonies de vacances, je plante chaque année des dizaines de milliers d'arbres avec les enfants, je participe à des programmes de désintoxication et de redressement, etc. Je suis une sorte de Mère Teresa avec une bite », se vantait le toujours très classe chanteur de hard-rock[x] Ted Nugent en 2002. Passons vite sur ce spécimen, par ailleurs zélateur convaincu de la peine de mort et du droit au port d'arme, car dans le rock humanitaire comme dans beaucoup d'autres domaines, ce sont souvent ceux qui en parlent le moins qui en font le plus.

George Harrison, le Beatle tranquille, comme on le surnommait, fut l'organisateur du premier grand concert rock humanitaire au Madison Square Garden, le 1er août 1971 : *The Concert for Bangladesh* qui réunit le temps de deux shows Eric Clapton, Bob Dylan, Ravi Shankar, Ringo Starr, Billy Preston... Déjà à l'époque se posait le problème de la distribution des fonds récoltés (9 millions de dollars), qui seront versés à l'Unicef seulement *onze ans* plus tard en raison des démêlés entre George Harrison et l'administration fiscale américaine. Suivront

## HUMANITAIRE

### Faim du monde ?

quelques initiatives isolées (Stevie Wonder en 1975 à Washington au profit des enfants africains handicapés, Paul McCartney et The Who en faveur du Cambodge à Londres en 1979), mais c'est Bob Geldof (ancien chanteur des Boomtown Rats et premier rôle du film *The Wall*[x]), traumatisé par un reportage télévisé sur la famine en Éthiopie, qui lancera la vogue du rock caritatif fondé sur ce précepte : « Nous étions des rockers rebelles, nous sommes aujourd'hui des rockers riches et célèbres, profitons-en pour aider les autres. » Fin 1984 paraît d'abord le single *Do They Know It's Christmas ?* enregistré en vingt-quatre heures par le gratin de la pop britannique (David Bowie, Sting, George Michael, Duran Duran...) et qui rapportera au total 80 millions de francs (12 millions d'euros). Bientôt les Américains prennent le relais, avec le succès du non moins fameux « We Are the World » par USA for Africa, énorme chorale stellaire réunie par Michael Jackson, Lionel Richie

et Quincy Jones (45 millions de dollars réunis en quelques mois). Il y aura ensuite le *Live Aid*, le 13 juillet 1985, deux gigantesques concerts donnés à Londres (72 000 spectateurs) et à Philadelphie (90 000 spectateurs), et retransmis en direct dans cent quarante-sept pays devant un milliard et demi de téléspectateurs (en France, en pointillés seulement). Recette : 100 millions de dollars.
À partir de là, on ne compte plus les événements caritatifs : *Chanteurs sans frontières* avec Jean-Jacques Goldman et Renaud en 1985, *A Conspiracy of Hope* avec U2 et Lou Reed en 1986, le concert pour les soixante-dix ans de Nelson Mandela, deux mois après sa libération (Wembley, avril 1990), *The Concert for New York City* en 2001 au profit des victimes des attentats du 11 septembre, le *Live Earth* en 2007, mis sur pied par l'ex-vice-président américain Al Gore, destiné à alerter l'opinion sur les changements climatiques, etc. Tout cela avec à la clé quelques questions inévitables :
**OÙ VA L'ARGENT ?** Hormis quelques tonnes de denrées alimentaires (financées par les ventes du single *Do They Know it's Christmas ?*), qui ont pourri sur les quais de déchargement, il semble que l'argent récolté aille bien à la cause défendue. Ensuite, et comme pour toute opération humanitaire, il est parfois difficile de s'assurer sur place de la bonne utilisation des fonds.
**QUELS BÉNÉFICES POUR LES ARTISTES ?** Bien entendu, les musiciens participent bénévolement aux différents concerts et disques. Cependant, de manière indirecte, ils sont gagnants à tous les niveaux. Ainsi, en termes de notoriété, U2 a littéralement explosé à la face du monde après son mémorable passage au *Live Aid* : ses ventes de disques ont triplé dès la semaine suivante. Depuis, comme chacun sait, le chanteur Bono ne se fait jamais prier pour aller défendre la veuve, l'orphelin et la dette du tiers-monde. Il faut aussi voir les stars du hard-rock[x], conviées au *Hear'N Aid* (1985), se presser devant la caméra lors de l'enregistrement de l'un de ces fameux clips[x] collégiaux, pour comprendre la portée médiatique et l'enjeu économique de ces grands raouts. « La charité est devenue un produit de consommation de masse », écrivait lucidement en 1986 Bernard Kouchner (créateur de Médecins sans frontières) ; le rock caritatif n'échappe pas à la règle qui permet également à des artistes de retrouver une seconde jeunesse (Eurythmics lors du *Live 8* en 2005), et même à certains de rejoindre les hautes sphères, comme Bob Geldof, anobli par la reine Elisabeth II en 1986.
**QUELLE QUALITÉ ARTISTIQUE ?** Sauf exceptions (Queen et U2 au *Live Aid*, Bruce Springsteen à Paris Bercy lors de l'*Human Rights Now Tour* en 1988…), les prestations *live* ne cassent pas la baraque du fait de balances souvent approximatives et du peu de temps alloué à chaque artiste sur scène. Led Zeppelin a ainsi toujours refusé la sortie officielle de son concert du *Live Aid*, qu'il considère comme l'un des plus mauvais du groupe. À juste titre, comme en témoignent les *bootlegs*[x] : Phil Collins, qui remplaçait John Bonham (décédé), n'était pas au niveau, et Jimmy Page semblait tombé de son lit. Il existe néanmoins quelques moments de grâce absolue, par exemple en 2007, lors de la tournée *Les Aventuriers d'un autre monde* (au profit de jeunes artistes), organisée par l'ex-batteur de Téléphone, Richard Kolinka, entouré par Alain Bashung, Jean-Louis Aubert, Raphaël, Cali et Daniel Darc (aux antipodes des chorales niaiseuses des Enfoirés). Ou bien encore, lors du *Live 8* en 2005, dernier événement en date organisé par sir Bob Geldof, qui a vu, et pour la dernière fois, la reformation de Pink Floyd : Roger Waters, David Gilmour, Nick Mason et Rick Wright (décédé en 2008). L'interprétation de leur hit *Money* fut de circonstance puisque le *Live 8* décidera le G8 à verser chaque année 25 millions de dollars à l'Afrique.

## ILS SONT CONTRE !

**Déjà en 1985, au moment du *Live Aid*, Miles Davis dénonçait la non-représentation des artistes noirs à un événement qui, selon lui, risquait par ailleurs d'instituer les Africains comme des nécessiteux incapables de s'en sortir par eux-mêmes. Son de cloche identique chez Damon Albarn (Blur), qui justifiait ainsi sur les ondes de la BBC, en 2005, sa non-participation au *Live 8* : « Plus que jamais, la culture black est partie intégrante de notre société. Alors pourquoi le programme est-il si anglo-saxon ? Si vous organisez un concert pour l'Afrique, il ne faut pas lui fermer la porte. *Live 8* ne nous rapproche pas de l'Afrique, il la traite comme un endroit malade et fatigué. » Enfin, peu convaincus par les intentions altruistes des organisateurs de concerts caritatifs, les Ramones tournèrent un hilarant clip vidéo[x] parodique en 1986, *Something to Believe*. Un *Ramones Aid* bien *destroy* dont le visionnage est chaudement recommandé !**

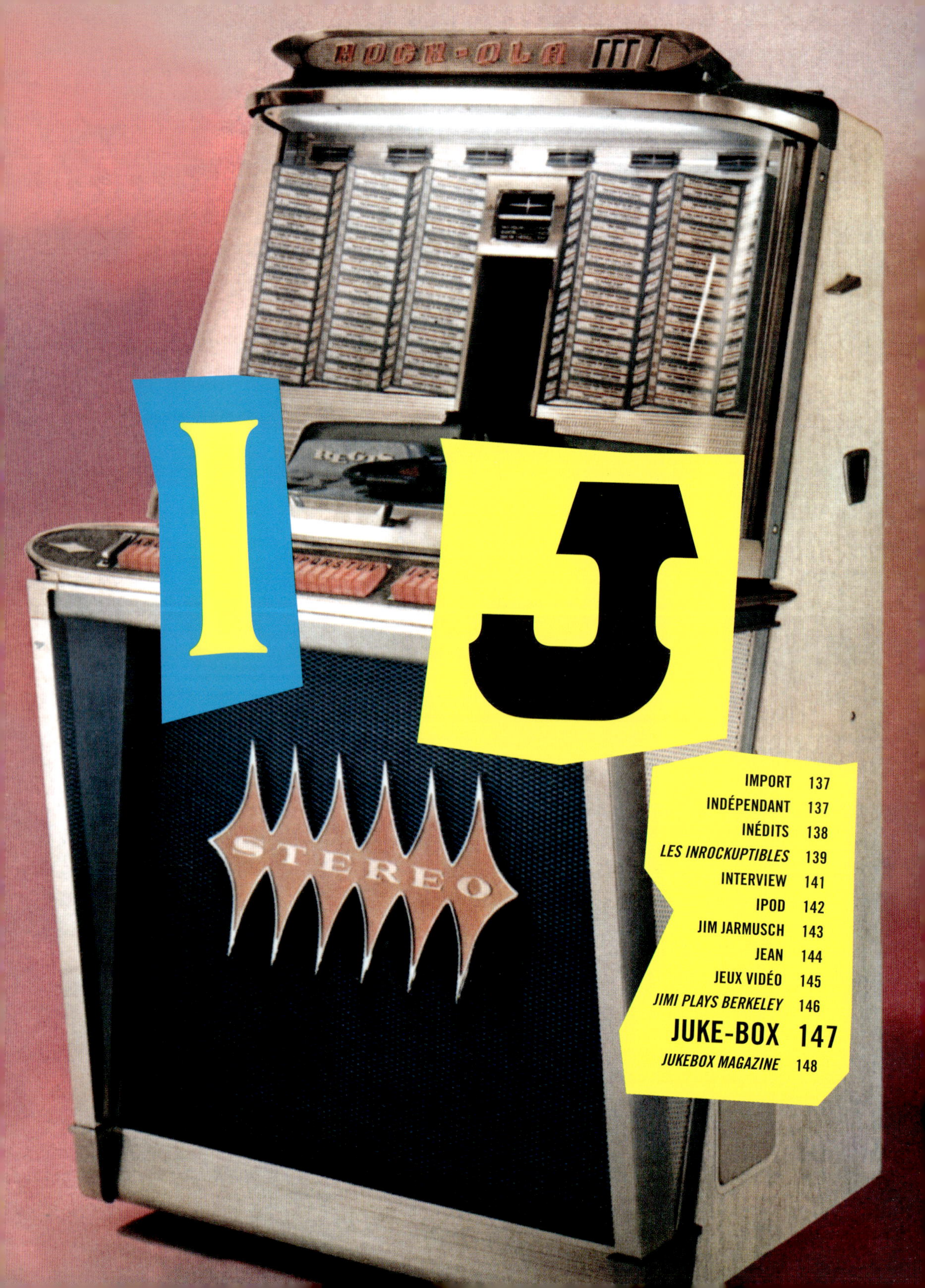


# I J


IMPORT 137
INDÉPENDANT 137
INÉDITS 138
*LES INROCKUPTIBLES* 139
INTERVIEW 141
IPOD 142
JIM JARMUSCH 143
JEAN 144
JEUX VIDÉO 145
*JIMI PLAYS BERKELEY* 146
**JUKE-BOX 147**
*JUKEBOX MAGAZINE* 148

## À ne pas confondre avec un *bootleg*[x]

(même si certains *bootlegs* sont aussi des imports), un import (CD[x] ou vinyle[x]) est, historiquement, un disque pressé directement dans un pays étranger (le Japon,

l'Allemagne, les États-Unis et l'Italie sont les plus courants) puis « importé » en France. Ces imports, quand ils ne concernent pas des albums tout simplement introuvables chez

# IMPORT

### Ils sont fous ces Japonais

nous, bénéficient souvent de petits plus qui font le bonheur des collectionneurs et des fans[x], par rapport aux pressages réalisés dans l'Hexagone : dans les années 1970, par exemple, un « Import US » garantissait plusieurs avantages, dont l'épaisseur du vinyle et la qualité du pressage n'étaient pas les moindres (sans oublier les pochettes cartonnées, plus solides que celles imprimées en France). Jusqu'à ce jour, les imports (33 tours ou CD) peuvent aussi présenter un packaging différent, des titres *live* et/ou inédits en bonus… Le même album peut donc exister sous différentes versions dans différents pays, les imports japonais se distinguant du lot par le soin apporté au packaging qui flirte parfois avec le grand luxe, à l'image du coffret Led Zeppelin commercialisé en 2008 par WEA Japan : dix albums CD en vinyle réplica (réplique à l'identique du vinyle d'origine au format CD, incluant tous les détails, du livret à la rondelle), les pochettes alternatives des albums *Led Zeppelin I* et *In Through the Out Door*, un coffret écrin somptueux… et environ 200 euros en moins sur votre compte en banque.

## *Do It Yourself* (« Fais-le toi-même ») :

le célèbre adage hérité du punk[x] résume certainement le mieux la notion d'indépendant, qui recouvre dans le monde binaire plusieurs dimensions. Structurelle tout d'abord, avec les labels indépendants, non affiliés aux majors[x] (multinationales) du disque, qui se sont développés avec l'explosion du punk à la fin des années 1970 et qui ont connu leur âge d'or dans les années 1980-1990 au Royaume-Uni (Stiff, Rough Trade, Factory, 4AD, Creation…), en Belgique (Disques du Crépuscule, Play It Again Sam, etc.) et en France (New Rose, Bondage, Boucherie Productions…). Artistique ensuite, avec les indés (*Indies* en Angleterre), appellation qui réunissait des groupes signés sur ces mêmes labels, essentiellement new wave[x] en Angleterre (The Cure, Cocteau Twins, The Jesus and Mary Chain…), hardcore[x] aux États-Unis (Biohazard, Dead Kennedys…), punk festif et rock virulent en France (Bérurier Noir, La Mano Negra, Roadrunners…). Si tous ces indés ne jouaient pas sur la même partition, ils partageaient au départ la même aversion pour le fonctionnement des majors et les standards commerciaux et marketing établis. Philosophique, enfin, car malgré les contrats les liant aux géants de l'industrie musicale, quelques groupes contemporains sont néanmoins qualifiés d'indépendants en raison de leur intégrité artistique (Radiohead, REM…) ou de leur attitude bravache (Oasis, The Libertines…).
Ne nous y trompons pas, indépendant ne signifie pas forcément « musique difficile d'accès pour public restreint ». De nombreux combos ont ainsi été lancés par des labels indépendants et y ont connu leurs premiers succès internationaux avant de céder aux sirènes des grandes compagnies : Madness, The Smiths, REM, Nirvana, Muse, Coldplay, Noir Désir… – la liste est interminable. Souvenons-

# INDÉPENDANT

### Do It Yourself

nous que La Mano Negra avait provoqué un séisme dans le milieu indé français en choisissant de publier son deuxième album, *Puta's Fever* (1989), chez Virgin. Parmi les exceptions, citons l'extraordinaire parcours de Depeche Mode, fidèle depuis trente ans à Mute Records, label toujours indépendant en 2011 pour une bonne moitié de son catalogue (Nick Cave and the Bad Seeds, Erasure…) et qui compte ironiquement la multinationale EMI comme >

actionnaire minoritaire depuis 2010. Notons que la crise du disque a induit d'intéressants bouleversements au cours des années 2000 : des labels farouchement indépendants ont multiplié les incursions dans les classements des meilleures ventes (Sub Pop, label qui a vu naître le grunge, numéro 1 du *Billboard* américain avec l'album *Wincing the Night Away* des Shins en 2007), et des artistes historiquement associés aux majors ont signé avec des labels indépendants – l'un des plus significatifs étant l'exemple de Paul McCartney rompant les ponts avec EMI (après quarante-sept ans de collaboration !) pour signer en 2009 avec One Little Indian (y compris pour les rééditions de son catalogue). Depuis la fin des années 1990, le *Do It Yourself* s'est trouvé un nouveau terrain d'expression, Internet, où grâce à des sites comme MySpace[x] il est possible de diffuser sa musique au plus grand nombre, sans maison de disques ni distributeur. En pleine mondialisation des structures de l'industrie du disque et homogénéisation galopante de la créativité musicale, le statut d'indépendant a non seulement encore de beaux jours devant lui mais reste la meilleure promesse d'émergence de nouveaux talents… Après tout, Elvis Presley avait enregistré ses premiers disques pour un petit label indépendant de Memphis (Sun Records), et Virgin n'était en 1973 qu'une modeste société de vente de disques par correspondance fondée par Richard Branson, qui emballait lui-même les commandes à expédier… en toute indépendance !

# Sacré Graal ! Inédits

**« My Happiness », première chanson enregistrée par Elvis Presley** dans les studios Sun de Memphis en juillet 1953, est aussi le premier inédit de l'histoire du rock. Le disque que le King avait fait graver pour sa mère est en effet resté introuvable pendant trente-cinq ans, alimentant les rumeurs les plus folles : séquestré par un mystérieux collectionneur ? Jeté négligemment dans les poubelles des studios Sun ? Il fut miraculeusement retrouvé en août 1988 dans le grenier d'un ancien copain de classe du King, et est considéré aujourd'hui comme le disque le plus cher du monde (environ un million d'euros). Dans cette quête du disque perdu ou de la chanson introuvable, les Beatles ont également fait couler beaucoup d'encre. Ainsi, en 2004, lorsque le quotidien londonien *Times* annonce à grand fracas qu'une valise qui aurait appartenu à Mal Evans (road-manager du groupe), et achetée pour 30 euros dans un marché aux puces australien, contiendrait quatre cents photos, des programmes de concerts des Beatles et surtout des cassettes audio scellées aux couleurs d'Abbey Road, le studio d'enregistrement des Fab Four.

Après un examen minutieux, la malle aux trésors ne contenait que des documents photocopiés et des cassettes pour la plupart inaudibles. Il n'empêche, les fabuleuses archives amassées par Mal Evans ont réellement disparu dans la nature en 1976 – perdues ? volées ? cachées ? – pendant leur transfert de Los Angeles à Londres et constituent le Graal ultime pour tous les fans[x] que la sortie des trois coffrets d'archives *Anthology* en 1995 n'a pas rassasiés. Le champion toute catégories de la parution régulière de pépites inédites est un guitariste

gaucher mort il y a plus de quarante ans et dont la carrière dura en tout et pour tout quatre ans ! En 2009, Janie Hendrix, la demi-sœur de Jimi Hendrix, annonçait en effet la sortie de nombreux inédits dans les dix années à venir. En fait, pour une authentique chanson jamais entendue (« Mr. Bad Luck » sur l'album *Valleys of Neptune* en 2010), les disques regorgent généralement de versions alternatives studio et *live* et de titres certes rares mais déjà présents sur des *bootlegs*[x] et des disques imports[x] connus des *aficionados*. Les vraies supposées merveilles restent à l'abri dans les coffres, comme cette cassette d'une jam improvisée entre Jimi Hendrix et Mick Jagger sur *Let It Bleed*, enregistrée à New York en 1969.
Si les Rolling Stones ont bien réussi leur coup en 2010 (numéro 1 au Royaume-Uni) avec la réédition de l'album *Exile on Main Street*, agrémenté de dix solides inédits, d'autres bandes dissimulées se font toujours plus ou moins attendre : *Carnival of Light* quatorze minutes de musique expérimentale par les Beatles enregistrées en 1967 ; trois titres de Pink Floyd joués intégralement avec des ustensiles ménagers en 1973 ; la jam Miles Davis/Prince…
Un jour peut-être leur tour viendra, car en matière d'inédits, le temps fait souvent bien les choses.

**« Au début des *Inrocks*, il n'y avait jamais de trésorerie, on payait souvent en retard. Sans exagérer, chaque numéro pouvait être le dernier. »**
Christian Fevret (fondateur des *Inrockuptibles*), 2010.

Sorti en mars 1986, le premier numéro des *Inrockuptibles* avec Chris Isaak en couverture fait figure d'ovni dans la presse rock française des années 1980. Au moment où *Best*[x] et *Rock & Folk*[x] se perdent dans des maquettes bariolées et une

# les Inrockuptibles

## Fanzine devenu grand

ligne éditoriale dont le flou ne masque pas le vide, les *Inrocks* prônent les interviews au kilomètre et la rigueur, voire l'austérité, comme le stipule cette phrase de Jacques Tati inscrite en exergue du fanzine : « Trop de couleur distrait le spectateur. »

Élevé au biberon Lester Bangs[x], Nick Kent[x] et Philippe Garnier[x], le fondateur Christian Fevret (entouré de Jean-Marie Durand, d'Arnaud Deverre et de Bruno Gaston qui rejoindra vite Canal+[x]) désespérait du manque d'ambition littéraire de la presse musicale et de l'absence dans ses colonnes des groupes anglais indépendants[x] du moment : The Smiths, New Order, Echo & The Bunnymen, The Jesus and Mary Chain… Avec les *Inrocks* le mouvement post-punk trouvera un vecteur sur mesure, fondé sur une esthétique sobre mais passionnée. Très vite de jeunes journalistes rejoignent l'équipe fondatrice du bimestriel qui vend en moyenne 30 000 exemplaires de chaque numéro : J.D. Beauvallet, les deux photographes Renaud Montfourny et Éric Mulet, ainsi que Serge Kaganski en charge des sujets hors rock. Car les *Inrocks* pratiquent à merveille « l'extension du domaine de la musique » et publient de longues interviews intimes de David Lynch (1987), Guy Peellaert[x] (1988), Hubert Selby Jr.[x] (1989), Bret Easton Ellis[x] (1989)… >

La première couverture non consacrée à la musique sera aussi un scoop : une longue interview exclusive de Leos Carax, le réalisateur qui ne se confie jamais à la presse. Au fil des numéros, le petit fanzine créé par des étudiants qui souhaitaient simplement rencontrer leurs idoles prend de l'envergure, augmente sa pagination et accueille désormais des plumes expérimentées comme Michka Assayas (ex-*Rock & Folk*) et Francis Dordor (ex-*Best*). En juillet-août 1990, un numéro double consacré au Velvet Underground, assorti d'un *Guide maniaque du Velvet Underground et de la Factory d'Andy Warhol*, crée l'événement (60 000 exemplaires vendus) et précède la reformation du groupe mythique qui accorde au magazine une interview-fleuve de vingt-sept pages. En 1992, le magazine adopte un rythme mensuel, recrute de nouvelles signatures (Arnaud Viviant, Gilles Tordjman…), soutient la jeune garde (Suede, Divine Comedy, James, House of Love, Oasis, Dominique A, Philippe Katerine…), rend hommage aux illustres anciens toujours en activité (Bowie, Neil Young, Tom Waits, Jacques Dutronc…), prend le train du rap (De La Soul, Wu-Tang Clan, Arrested Development…), mais il reste sur le quai quand résonnent les premiers *beats* house-techno. Jusqu'en 1995, *Les Inrockuptibles*, ce magazine raffiné, curieux et exigeant (mais tragiquement dénué d'humour et d'autodérision), aura éduqué une génération entière de lecteurs, qui sans lui serait probablement restée le nez dans la poitrine opulente de Samantha Fox ou dans les fûts convenus des disques de Phil Collins. Changement de rythme en 1995 : la revue mute en hebdo culturel et s'ouvre à la politique (Michel Rocard en couverture du nº 8, 1995), au sport (John McEnroe en couverture du nº 21, 1995) et à la télévision (Les Guignols en couverture du nº 63, 1996). Si les meilleures plumes musicales du magazine persistent et signent (Stéphane Deschamps, Christophe Conte, Emmanuel Tellier…), le rock se banalise. Pour beaucoup d'anciens lecteurs, la photo des deux sœurs Bruni en couverture du numéro 385 (2003) constituera le point de rupture avec un magazine qui quelques mois plus tôt éreintait la nouvelle chanson française et qui dans son numéro 383 consacrait audacieusement *Elephant* des White Stripes comme l'album de l'année 2003. Fréquence hebdomadaire et rentrées publicitaires obligent, *Les Inrockuptibles* peinent alors à naviguer entre des coups de cœur sincères et des considérations commerciales qui dénaturent le sommaire d'un hebdo hybride, à mi-chemin entre un *Officiel des spectacles* verbeux et un *Télérama* qui aurait viré sa cuti catho. En 2008, la trop brève existence (neuf mois) du magazine rock *Volume, le nouveau mensuel des Inrocks* ne sauvera pas les Éditions indépendantes (société éditrice du magazine) d'un plan d'économie drastique ni, en 2009, de la prise de contrôle à 77,5 % du capital de la société par l'homme d'affaires Mathieu Pigasse, lequel entend transformer les *Inrocks* en « *news magazine* générationnel rebelle à l'ordre établi ». Après le départ définitif du fondateur Christian Fevret en avril 2010, une nouvelle formule, lancée en septembre suivant sous la houlette de Bernard Zekri (directeur de la rédaction, ex-*Actuel*[x]) et d'Étienne Robial (Canal+), enfonce le clou d'un *news magazine* intelligent mais plus consensuel qu'il voudrait bien le laisser paraître… à des années-lumière en tout cas d'un magazine incorruptible né en 1986, qui ne souhaitait pas se laisser distraire par trop de couleurs. ☠

### Y A-T-IL ENCORE DU ROCK DANS LES *INROCKS* ?

La diffusion payée des *Inrocks* tourne depuis des années autour des 35 000 exemplaires en moyenne par numéro. Ce chiffre plafond a incité les Éditions indépendantes à développer ses activités hors print en jouant la carte de la diversité : un festival *Les Inrockuptibles* à la programmation pointue depuis 1988, un concours de critiques de chansons (*Chroniques lycéennes*) depuis 2000, un tremplin communautaire de jeunes talents CQFD (ceux qu'il faut découvrir) depuis 2002, un site Internet au contenu foisonnant (Lesinrocks.com), des *samplers* et des disques hommage inédits… Paradoxalement, le rock est plus vivace à la périphérie de l'hebdo que dans ses propres colonnes. Enfin, le lecteur retrouvera un peu de l'exigence littéraire et érudite des *Inrockuptibles* première formule dans les *Inrocks 2*, collection de hors-séries thématiques (Jimi Hendrix, Bob Dylan, Radiohead, Rolling Stones…) qui rappellent les meilleurs numéros de la fin des années 1980.

**Les interviews de musiciens regorgent souvent de propos convenus** qui peuvent néanmoins receler un sens caché. Ainsi, « notre producteur nous a ouvert de nouveaux horizons sonores tout en respectant notre identité » signifie « la prochaine fois, nous produirons l'album nous-mêmes », tout comme le « Jim est parti de son propre chef en raison de divergences musicales » traduit plutôt un « Jim était devenu ingérable, défoncé 24 h/24, on l'a viré après qu'il s'est endormi sur son solo la semaine dernière ». Certains sortent du ronron traditionnel et des exigences courantes de la promotion, comme Prince, qui accorde très peu d'interviews (du coup, chaque entretien est un événement et marketé comme tel, même s'il n'a généralement *rien* à dire), ou Lou Reed, qui n'aime rien tant qu'à martyriser les médias avec sa mauvaise humeur et sa mauvaise foi caractérisées. Au mieux, dans ses bons jours, la terreur des rocks-critics est seulement désagréable. De Lester Bangs[x] à Yves Bigot[x], voici le *best-of* du pire de Lou :

**LOU REED À LESTER BANGS (*CREEM*[x]) EN 1975**

« Autrefois tu savais écrire, maintenant t'es plein de merde. T'es vraiment un trou du cul… T'as dépassé la connerie pour te retrouver dans je ne sais quel conduit urinaire. »

**LOU REED ACCUEILLANT ALLAN JONES (*MELODY MAKER*[x]) EN 1978**

« Seigneur Dieu, mais c'est ce pédé de nain de jardin. T'as grandi on dirait ? On te croyait mort ! T'as l'air d'aller bien. T'es entré en religion ou quoi ? Tu bois toujours ? Prends donc une bière. T'as pris la grosse tête ? La dernière fois qu'on s'est vus t'avais l'air presque aussi mort que moi. Alors, tu bosses toujours à endoctriner les débiles au *Melody Maker* ? » D'après Philippe Manœuvre, qui assistait à l'interview, Allan Jones, imbibé de bourbon, tourna subitement de l'œil et ne revint à lui qu'en sniffant une poudre blanche obligeamment fournie par Lou Reed… avant d'aller vomir dans le couloir.

**YVES BIGOT S'APPRÊTANT À INTERVIEWER LOU REED EN 1983**

« […] Il venait de virer avec perte et fracas un journaliste de *Best*[x] qui avait eu la mauvaise idée de l'accuser d'avoir trahi la cause homosexuelle en épousant (en secondes noces) Sylvia, un boudin asiatique. […] "Les pédés, moi, je les encule", hurlait encore de rage, au moment où l'on m'introduisit dans la chambre qui lui servait de ring, cette victime de l'Amérique du Meilleur des Mondes qui fut soumise à dix-sept ans à un inhumain traitement par électrochocs justement destiné à soigner son homosexualité. Là, un attaché de presse revêche m'indiquait un chronomètre géant, et m'annonçait que j'aurais droit à quinze minutes, pas une seconde de plus… »

# INTERVIEW

## Lou le vicieux

**AVEC UN JOURNALISTE DU *NEW MUSICAL EXPRESS*[x] EN 1985**

« *NME* : Bruce Springsteen fait-il des meilleurs concerts que vous ? Lou Reed : Je ne vois pas les miens. »

**LOU REED À FABRICE PLISKIN (*LE NOUVEL OBSERVATEUR*), À L'ÉPOQUE DE LA REFORMATION DU VELVET UNDERGROUND EN 1993**

« On vous accorde l'insigne privilège de me parler pendant trente minutes et c'est tout ce que vous trouvez à dire ? Vos questions, tout le monde s'en branle ! […] Nous reformons le Velvet Underground pour le plaisir. Je ne sais pas ce que vous faites pour le plaisir. Mais vous devez bien faire quelque chose pour le plaisir… »

Merci pour tout, Lou !

# iPod

## Musique de poche

**L'iPod (plus de 275 millions d'unités vendues en août 2010)** et tous les autres baladeurs numériques ont non seulement bouleversé depuis plus de dix ans une industrie du disque devenue moribonde, mais également modifié la manière d'apprécier la musique. Dans cet univers digital mobile, l'idée d'album en tant qu'œuvre complète est en effet devenue obsolète. Place au titre unique téléchargé aux formats MP3, VBR, AAC ou AIFF qui en rejoindra d'autres, épars, dans le disque dur du baladeur, afin de constituer une discothèque idéale, un gigantesque *best-of* perso qui pourra s'écouter de manière aléatoire, par genre ou par artiste. Certes, le concept n'est pas nouveau et on se souvient de quelques après-midi passés à établir des listes thématiques chers à Nick Hornby dans son roman *Haute-Fidélité* et à enregistrer sur des cassettes audio ses propres compilations adaptées à toutes les circonstances : pour conduire, pour lire, pour le jogging, pour sortir le samedi soir, pour emballer, pour s'endormir (seul, quand la cassette « pour emballer » n'a pas eu l'effet escompté)… Toutes ces tranches de vie musicales tiennent aujourd'hui dans un objet aussi épais qu'un étui à cartes de visite. Autre effet secondaire de l'écoute numérique, comparable à la généralisation de la télécommande et à la multiplicité des chaînes télévisées en leur temps, l'incapacité chronique d'écouter des chansons en intégralité, du fait de l'énormité du choix disponible et des fonctions multiples des baladeurs numériques qui, tout en jouant votre morceau préféré dans la catégorie death-metal, prennent votre tante en photo dans sa cuisine… Chose impossible, comme chacun sait, avec une platine Technics. Il ne sert à rien de regretter un temps révolu, de penser qu'un album concept indivisible comme le *Sgt. Pepper's Lonely Hearts Club Band* des Beatles ne verrait sans doute pas le jour aujourd'hui, d'estimer que l'écoute de la musique s'est trop individualisée dans un monde numérique où paradoxalement chacun intercommunique à volonté, de passer finalement pour un vieux croûton analogique rétif aux progrès technologiques… Mieux vaut reconnaître à l'iPod et consorts d'avoir donné la possibilité à chacun de constituer facilement son propre patrimoine musical et de le porter sur lui en toutes circonstances… Montre-moi ton iPod, je te dirai qui tu es ! En 2010, Barack Obama avait d'ailleurs joué le jeu en révélant au magazine américain *Rolling Stone*[x] le contenu de son baladeur, qui contient près de deux mille titres : Stevie Wonder, Bob Dylan, The Rolling Stones, Miles Davis, John Coltrane, Maria Callas… et Jay-Z ! Par comparaison, la sélection de son adversaire John McCain était navrante et prévisible (Abba, Beach Boys, Richard Wagner, Kenny Loggins…). Entre Mireille Mathieu, Johnny Hallyday et Carla Bruni, on n'ose imaginer le reste de la *playlist* de Nicolas Ier.

iPod série limitée U2

### ROCK & MAC

**« On enregistre sur un Mac, on mixe sur un Mac, le design de l'album est fait sur un Mac. Presque tous les artistes que je connais possèdent un iPod et c'est valable pour la plupart des dirigeants dans la musique. » Steve Jobs (P-DG d'Apple), 2004. L'ancien hippie[x] qui a choisi en 1976 le nom et le logo de son entreprise en hommage aux Beatles et à Apple Corps, leur société d'édition (ce qui lui valut des soucis dès qu'il se mêla de musique : les deux « Apple » s'affronteront juridiquement durant des années avant de trouver un accord financier), connaît l'empathie des musiciens pour ses produits et ne se prive pas de l'utiliser commercialement. Ainsi la sortie en 2004 d'une version collector U2 de l'iPod 20 Go, qui pour 50 euros de plus que l'iPod classique proposait une coque noire, une molette cliquable rouge et les signatures des quatre membres du groupe au dos de l'appareil. Mieux, les acheteurs de cette édition spéciale recevaient un bon de réduction de 50 euros sur l'achat de *The Complete U2* (400 morceaux + 25 titres inédits[x]), disponible uniquement sur la plate-forme de téléchargement… iTunes. Avec la pomme, rien ne se crée, rien ne se perd, tout se télécharge !**

**«Je fais des “garage films”.»**
Jim Jarmusch, 1989.

# Jim Jarmusch

## Les balades de Jim

Les films réalisés par Jim Jarmusch, citoyen américain d'origine européenne né en 1953 dans l'Ohio, ont ce point commun avec les riffs de David Gilmour (Pink Floyd) ou les parties de clavier de Ray Manzarek (The Doors) : ils sont immédiatement reconnaissables dès les premières secondes ; ses images empruntent autant au cinéma indépendant des années 1980, qu'il contribua à définir, qu'à la littérature, à la poésie, à la peinture et au rock. Dès son premier film, *Permanent Vacation*, réalisé en 1980 avec un budget de 12 000 dollars, cet habitué du club new-yorkais CBGB[x] transpose l'esprit punk[x] sur grand écran en contant l'errance initiatique du jeune Aloysius Parker et pose déjà les jalons de son art : narration éclatée, anti-héros magnifique et tranches de vies décalées.
En 1989, le chef-d'œuvre *Mystery Train*, dernier volet d'une trilogie entamée avec *Stranger Than Paradise* (entièrement tourné en plans-séquences avec trois comédiens et cofinancé par Wim Wenders en 1984) et *Down by Law* (avec Tom Waits et John Lurie en 1986), revient aux sources de sa musique préférée : « Ce n'est pas un film sur Elvis. Ça se passe à Memphis parce que c'est là que le rock and roll est né, et Elvis est présent en tant que légende incontournable, mais, selon moi, son mythe est vraiment disproportionné », précisait Jim Jarmusch en 1989. De fait, point d'Elvis mais un Joe Strummer en loser imbibé et gominé, deux Japonais en goguette à Graceland[x] et aux studios Sun, une Italienne qui croise le fantôme du King et un fabuleux Screamin' Jay Hawkins en réceptionniste de l'hôtel Arcade où tous les protagonistes finissent leur nuit, à l'ombre du mythe Presley.

Maître du road movie[x] intimiste, apôtre du cinéma d'auteur en noir et blanc pas chiant (un exploit à chaque fois !), Jarmusch a également œuvré dans le documentaire rock avec *Year of the Horse* (1997), instantané des tournées américaines et européennes de Neil Young en 1996.
En 2010, il s'attelle à la réalisation d'un documentaire sur les Stooges (il avait déjà fait jouer son propre rôle à son leader Iggy Pop dans le film à sketches *Coffee and Cigarettes* en 2004). « Cela va prendre plusieurs années. Il n'y a aucune urgence, mais c'est quelque chose qu'Iggy m'a demandé de faire », confiait le toujours indépendant Jim Jarmusch en 2010. Ce qu'Iggy veut…

**«Mon seul regret? Ne pas avoir inventé le jean.»**
Yves Saint Laurent, 2003.

# JEAN®

## Rock sous toutes les coutures

Levi's est l'anagramme d'Elvis… c'est dire si le pantalon denim (d'après le nom d'une toile de coton fabriquée dans la ville de Nîmes au xvie siècle), dont le brevet concernant les rivets métalliques fut délivré le 20 mai 1873 à Jacob Davis et Levi Strauss, était prédestiné à habiller les rebelles et les rockers de tous poils. Conçu à l'origine pour les travailleurs et les chercheurs d'or américains de la fin du xixe siècle (les rivets évitaient que les poches ne se déchirent sous le poids des pépites), le jean allait devenir l'un des symboles de la « révolte » des teenagers américains à partir de 1954, année où Marlon Brando, dans le film *L'Équipée sauvage*[x], portait un Levi's réservé aux marins de l'US Navy (introuvable aujourd'hui) au revers remonté sur des bottes Engineer, année également de l'éclosion du King qui, pour sa première photo officielle parue dans le *Memphis Press Scimitar* le 27 juillet 1954, avait opté pour un jean ample délavé.

Que ce soit Levi's avec son célèbre 501 ou Lee qui lancera le jean à fermeture à glissière (le 101 Z) en 1926, ou bien encore Wrangler, les innombrables marques diversifieront leurs coupes en fonction des aspirations vestimentaires des générations musicales : à pattes d'eph en panne de velours pour les hippies[x], troués et coupe slim pour les punks[x], baggy et taille basse pour les rappeurs… Mais s'il est un artiste pour qui le jean constitue une deuxième peau à la ville comme à la scène, c'est bien Bruce Springsteen, qui exhibera son postérieur moulé dans un 501 sur la pochette de l'album *Born in the USA* en 1984, relançant ainsi les ventes d'un modèle en perte de vitesse face à l'explosion des pantalons en toile *chino*.

Récupéré par les créateurs au début des années 1990, le jean sous toutes ses formes est le pantalon le plus vendu au monde, à portée de toutes les bourses (même si l'on voit des modèles haute couture frôler les 1 000 dollars) – en 2000 Jean-Paul Gaultier conçoit pour Johnny Hallyday un jean brodé de plus de sept mille perles de jais.
Il est difficile d'imaginer aujourd'hui que jusqu'au début des années 1980, hormis au marché aux puces de Saint-Ouen (Paris) et dans quelques rares surplus américains, il n'était pas si facile de trouver un authentique 501 en France… Il n'y avait guère que Johnny Hallyday pour pouvoir affirmer crânement : « Mon tailleur, c'est Levis Strauss. »

### JEAN AVEC POUTRE APPARENTE

**« L'album a fait un malheur, et j'ai été très mal payé. La prochaine fois, je tâcherai d'obtenir un pourcentage, par exemple un penny sur chaque disque vendu. » Ainsi parlait Andy Warhol[x] en 1971, qui fut rétribué 15 000 livres (18 000 euros environ) par les Rolling Stones pour la conception de la célèbre pochette de l'album *Sticky Fingers*. Au recto, un bassin masculin (celui de Joe Dallesandro) vêtu d'un jean sur lequel était fixé une authentique braguette, qui une fois descendue laissait entrevoir le sous-vêtement du mannequin. Au verso, le double arc cousu sur les deux poches arrières du jean indique qu'il s'agit très certainement d'un Levi's.**

**«Depuis 2006, j'ai gagné plus d'argent avec mes droits d'auteur générés par les jeux Rock Band et Guitar Hero qu'avec les ventes de mes propres albums.»**
Eric Clapton, 2009.

Qui aurait pu imaginer lors de la sortie de Pong (Atari) en 1972, dont la bande-son se résumait à des « blops » synthétiques, que le jeu vidéo deviendrait le secteur de l'industrie du divertissement le plus rentable devant le cinéma et la musique, et que les rockers y trouveraient même une source de revenus inespérée ? Peut-être le groupe de glam[x] metal américain Mötley Crüe qui, dès 1992, associait son nom, sa musique et son univers au jeu Crüe Ball (Megadrive), simulation de flipper où il s'agissait de dégommer des araignées et des squelettes. Ou bien encore Black Sabbath, l'un des groupes figurant sur la bande-son de Rock n' Roll Racing (Super Nintendo), course de voitures commercialisée en 1993. Il faut bien l'avouer, conduire un 4×4 sur une route défoncée et détruire ses adversaires avec des missiles tout en écoutant *Paranoïd* constitue une expérience aussi jouissive que surréaliste. Depuis, sollicités par les sociétés de développement, nombreux sont les rockers qui ont mis leurs talents de compositeurs au service des *joysticks* : Nine Inch Nails pour Quake 1 (1996), Stewart Copeland (batteur de The Police) pour Spyro 1 (1998), David Bowie pour Nomad Soul (1999), qui prêta également son visage à deux personnages du jeu… Mais la véritable fusion entre le rock et les jeux vidéo, tant au niveau musical que du *gameplay*, date de 2005, année de sortie du premier Guitar Hero sur PS2 : muni d'une guitare[x] en plastique Gibson, le *gamer* doit actionner les bons boutons correspondant aux notes qui apparaissent sur le manche virtuel de l'écran et simuler ainsi le jeu d'un vrai guitariste sur des titres comme « I Love Rock and Roll » de Joan Jett ou « Smoke on the Water » de Deep Purple. L'énorme et >

# Jeux vidéo

## Play it again Sam !

### ROCK BAND : QUATRE GARÇONS DANS LE VENT

**La sortie du Rock Band Beatles fit à juste titre grand bruit à la rentrée 2009 : le jeu permettait de traverser avec un rare degré d'authenticité l'ensemble de la carrière discographique des Beatles, du Cavern Club de Liverpool jusqu'au toit du bâtiment d'Apple Corps à Londres, où les Fab Four donnèrent leur ultime concert. Lors de la présentation de cette séquence à Yoko Ono, la veuve de Lennon remarqua que les cheveux des Beatles modélisés ne bougeaient pas sous l'effet du vent qui soufflait violemment sur le toit ce 30 janvier 1969. Et les programmateurs de tout refaire… Sacrée Yoko !**

instantané carton mondial de Guitar Hero a engendré de nombreuses suites de plus en plus perfectionnées ainsi que d'autres franchises comme le jeu *Rock Band* sorti en 2007, qui permettait pour la première fois de manipuler plusieurs instruments : guitare, basse, batterie et même la voix grâce à un micro.
Outre l'indéniable intérêt ludique de ces jeux d'imitation, il semble que la pratique assidue d'instruments en plastique reliés à une console favorise la maîtrise instrumentale dans la vie réelle. Surtout, les *playlists* de plus en plus pointues participent largement à l'éducation musicale des jeunes générations. Ainsi, Guitar Hero 6 – Warriors of Rock (2010), qui propose de s'éclater virtuellement sur Jethro Tull, The Runaways, Buzzcocks, The Vines, Twisted Sister, The Hives… Une sélection qu'aucune radio française n'oserait aujourd'hui programmer d'affilée !
Enfin, beaucoup moins connus mais tout aussi réjouissants, deux autres jeux méritent le détour des *rocknerds* : Rock Manager, sorti en 2002, qui vous glissera dans la peau d'un producteur[x] impitoyable, et Brutal Legend (2009), qui vous métamorphosera en Eddy Riggs, roadie[x] bourru, auquel le comédien Jack Black (*Rock Academy*[x]) prête sa voix et son visage… et dire que David Guetta en est toujours au « blops » de Pong !

Brutal Legend

# Jimi Plays Berkeley

## Jeu de mains

**On ne compte plus les concerts filmés de Jimi Hendrix**, pour la plupart mieux réalisés que ce *Jimi Plays Berkeley*, tourné le 30 mai 1970 (jour du *Memorial Day*) à l'université de Berkeley (Californie), dans une salle bourrée à craquer (frustrés, les sans-billets causeront pour 8 000 dollars de dégâts aux alentours). Cela peut paraître dérisoire aujourd'hui, à l'heure des jeux vidéo[x] Guitar Hero et autre Rock Band, mais depuis 1971, année de sa parution aux États-Unis, des milliers d'apprentis guitaristes ont visionné ce film plusieurs fois de suite afin de comprendre… Comprendre comment ce gaucher autodidacte (qui a appris à jouer dans la rue avec ses copains) est parvenu à métamorphoser sa Stratocaster pour droitier en une prodigieuse torche sonique. Malgré une image granuleuse et un montage anarchique, les néophytes du manche électrique tapis dans l'ombre des salles obscures en avaient alors pour leur argent.
En effet, le réalisateur et son équipe de cadreurs, aussi défoncés que le groupe et le public (les images floues doivent plus aux substances chimiques qu'à une volonté artistique assumée), ont usé et abusé de gros plans sur les mains du guitariste qui, de bonne grâce, se donnait littéralement aux caméras. Hendrix pensait en effet que ce film pouvait remplacer quelques concerts et lui permettre de soulager un emploi du temps surchargé, établi par Michael Jeffery, manager qui se nourrissait évidemment sur le dos de la bête.
Quatre mois après Berkeley, Hendrix disait adieu au monde terrestre qu'il avait contribué à rendre plus supportable. Restent aujourd'hui ce concert testament de soixante minutes (entrecoupé d'images de manifestations anti-Viêtnam tournées sur le campus), et deux versions gigantesques de « Voodoo Chile » (près de onze minutes !) et de « Johnny B. Goode »… Un mystère demeure cependant : après avoir pompé tous les plans et reproduit tous les accords de *Jimi Plays Berkeley*, personne n'a encore fait mieux !

# Juke-Box
## Boîtes à danser

**«Juke-box
Juke-box
J'suis claqueur
de doigts devant
les juke-box.»**
Serge Gainsbourg, extrait
du « Claqueur de doigts », 1959.

En 1959, Serge Gainsbourg est encore en avance lorsqu'il affirme claquer des doigts devant les juke-box (littéralement « boîtes à danser »), car en cette fin de décennie ces derniers n'arrivent en France qu'avec parcimonie. Et pourtant, ce fut bien un Français, Michel Bussoz, qui inventa en 1920 le premier système automatique de lecture de disques : le Bussophone, dont il vendit en 1932 le brevet à un industriel américain nommé Farny Wurlitzer, lequel perfectionna le mécanisme. Un an plus tard, avec la sortie du Wurlitzer P10 qui offrait un choix de dix disques 78 tours, l'affaire était pliée : le juke-box sera américain, connaîtra son âge d'or entre 1938 et 1950, mais, paradoxalement, dans l'imaginaire collectif, il restera associé aux années 1960. Élément constitutif de l'*American Way of Life*, il sera également le seul moyen de diffusion publique, dans des établissements plus ou moins clandestins, des disques de rhythm'n'blues et de rock and roll interdits d'antenne sur des ondes, de toute façon réservées essentiellement à la musique blanche. Si les juke-box Wurlitzer ont dominé le marché jusqu'en 1950 grâce en partie à leur décoration chatoyante imaginée par le designer Paul Fuller (le mythique Wurlitzer 1015 de 1946 est surnommé le *bubbler* en raison des bulles qui flottent dans les tuyaux transparents de l'arche), d'autres marques sont entrées dans l'histoire. Ainsi, Seeburg, qui fut le premier fabricant à proposer un juke-box pour 45 tours en 1950 (M100B) – et pour cause, c'est à la demande de Seeburg que la compagnie de disque américaine RCA-Victor créa le 45 tours en 1949. Plus petit, plus léger, ce nouveau format permettait évidemment de stocker beaucoup plus de disques dans les entrailles des machines chromées. Il y eut également Rock-Ola et son stupéfiant Spectravox (1941), ou bien encore AMI avec son kitschissime Modèle A (1946), surnommé « Mère du plastique » à cause de ses panneaux en plastique cannelé, éclairés par des cylindres rotatifs de couleur.
Aujourd'hui, à l'heure des inesthétiques juke-box numériques muraux, les modèles originaux des années 1940-1950 sont devenus des pièces de collection recherchées.
Comptez en moyenne 10 000 euros pour une authentique machine des années 1950 ou 3 000 euros pour une version réplica vinyle[x] ou CD[x]. C'est le prix à payer pour s'offrir un peu d'*American Dream* et claquer des doigts devant les juke-box !

Spectravox, 1941

**DISQUES À EMPORTER**
En 1989, à Londres, un juke-box Discomatic portatif de la marque Swiss KB, contenant quarante 45 tours, fut vendu pour 3 500 euros aux enchères chez Christie's. L'ensemble appartenait à John Lennon, qui avait acquis l'objet en 1965 afin de pouvoir écouter ses disques préférés en tournée. Et – cela ne surprendra personne – le Beatles à lunettes avait plutôt bon goût : Wilson Pickett, The Animals, Little Richard, Otis Redding, Chuck Berry… autant d'artistes qui ont influencé les Fab Four et qui se sont retrouvés compilés en 2004 sur le bien nommé double album *John Lennon's Jukebox*.

# JUKEBOX MAGAZINE

**MP quoi ?**

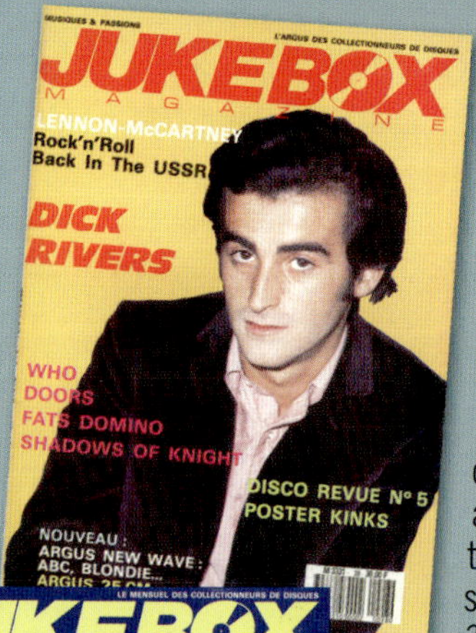


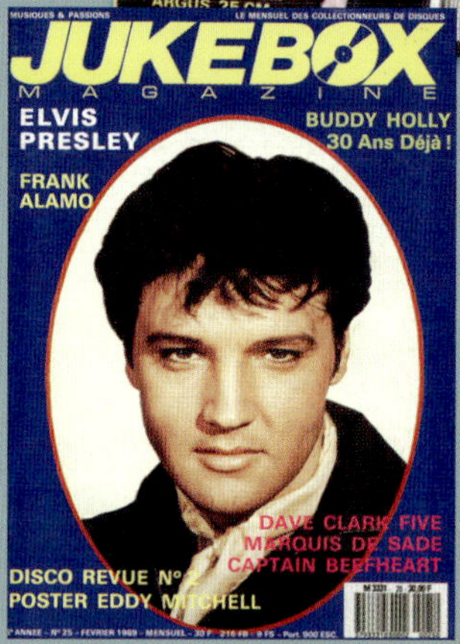


**Le support CD**[x] **n'est pas encore coté dans les incontournables argus** de *Jukebox Magazine* comme objet de collection, alors les MP3, pensez donc ! Non, ici, nous sommes entre puristes, ici le vinyle[x] craque sous le diamant de la platine, ici les 30 cm et les super-45 tours se laissent admirer autant qu'ils s'écoutent… « Jouissons au présent avec les plaisirs du passé », écrivait en 1996 le rédacteur en chef, Jacques Leblanc, dans son éditorial du numéro 100. Après plus de vingt-cinq ans d'existence, l'équipe de *JBM* jouit toujours au présent en partageant chaque mois avec ses lecteurs sa passion pour la musique populaire des années 1950-1970 et pour les disques de collection. Suite au succès de la première convention parisienne de disques de collection en mai 1984, son organisateur Jacques Leblanc publie le premier numéro de *Jukebox Magazine* en septembre de la même année (à ne pas confondre avec une revue belge du même nom, *Juke-Box*, qui paraissait dans les années 1960). C'est le bon moment : le public est en attente d'informations pratiques et détaillées sur les pionniers du rock and roll, quelque peu délaissés par les deux anciens, *Best*[x] et *Rock & Folk*[x]. Ancien journaliste à *Best*, auteur de livres sur les Rolling Stones et les Beatles, concepteur des rééditions Decca des Stones en pochettes originales, Jacques Leblanc bâtit une architecture éditoriale qui subsiste encore aujourd'hui après trois cents numéros : des articles exhaustifs portant sur les disques, la musique contenue, la composition des groupes, l'origine des morceaux, sans oublier des chroniques, des petites annonces et un argus qui contribuera largement au succès du magazine. Cet argus, enrichi à chaque numéro, évalue la cote des disques, liste les titres des chansons et dévoile les pochettes. Un travail d'« archéolorock », surtout quand on sait que jusque dans les années 1970 les labels[x] éditaient une discographie spécifique pour chaque pays, avec des pochettes et des titres différents, parfois spécialement enregistrés dans la langue. L'argus *JBM* et ses multiples émanations constituent aujourd'hui l'indice de référence pour tous les collectionneurs. Certains sont d'ailleurs prêts à dépenser une petite fortune afin d'acquérir la « galette » tant convoitée : en 1997, le super-45 tours *Odéon SOE 3739* des Beatles, pochette dite « sandwich », a été vendu 4 500 euros en convention. *JBM* rend également hommage aux glorieux aînés de la presse rock française, en proposant à partir de 1989 (et encore aujourd'hui) des fac-similés de revues anciennes (*Disco Revue*[x], *Les Rockers*, *Golf Drouot Actualités…*). À partir de 1984, *JBM* a évolué : la parution trimestrielle bichromique est devenue bimensuelle quadrichromique en 1986, puis mensuelle en 1988, la ligne éditoriale a mûri, augmentée de longues interviews-bilan, le logo a pris du relief, le CD promo a remplacé le super-45 tours encarté… En revanche, ce qui n'a pas changé, en plus de la photothèque inépuisable de Jean-Louis Rancurel, c'est la ferveur des journalistes à creuser le sillon historique et discographique de la trajectoire rock. Citons, entre autres : Jacques Barsamian, assez fou pour inventorier l'épopée du rock américain, année par année, mois par mois (n° 250, 2007) ; Jean-William Thoury, assez *soul* pour conter par le menu la prodigue saga du label Stax (n° 251, 2007) ; Philippe Thieyre, assez résistant pour recenser dès 1989 (n° 22), et des années durant, les protagonistes du rock psychédélique[x] américain de 1966 à 1973… Parions qu'à l'avenir la scène rock parisienne (BB Brunes, Les Plastiscines…) aura droit, elle aussi, à sa discographie détaillée dans *Jukebox Magazine*. Une forme de consécration.

# K L


LENNY KAYE 150
NICK KENT 151
*LA BAMBA* 152
LABELS 153
*LATER… WITH JOOLS HOLLAND* 154
*LIBÉRATION* 154
LOGO 155
LSD 157
**LUNETTES NOIRES 158**
*LE LYCÉE DES CANCRES* 159


Elton John

# Lenny Kaye

## Érudit électrique

**«Je pensais être auteur plutôt que musicien. […] J'ai commencé à écrire en 1969 et pas mal d'artistes avaient déjà disparu, mais j'ai pu soutenir le Velvet Underground, les Stooges, les Flamin' Groovies qui maintenaient en vie l'esprit du rock. […] C'est un cliché que de dire que les journalistes sont des musiciens frustrés.»**
Lenny Kaye, 2007.

Depuis plus de trente ans, Lenny Kaye joue avec bonheur sur les deux tableaux. On connaît le guitariste précurseur du son *noisy*, virtuose de l'improvisation, compagnon musical de Patti Smith depuis ses débuts et producteur[x] à succès des deux premiers disques de Suzanne Vega. On connaît peut-être un peu moins en France son travail de journaliste/écrivain, son rôle essentiel dans la réhabilitation des groupes de rock garage américains et sa responsabilité dans l'éclosion du mouvement punk[x].
Né en 1946 aux États-Unis, Lenny Kaye partage son temps, à la fin des années 1960, entre trois activités : sa guitare (il enregistrera l'un des premiers singles de musique psychédélique[x] en 1965), son job dans le magasin de disques Village Oldies (Bleecker Street) et ses articles pour la presse musicale (*Crawdaddy*[x], *Fusion*, *Rolling Stone*[x]…). Un de ses articles, « The Best of A Capella » (*Jazz & Pop*, 1969), dans lequel il affirme que la musique influence les modes de vie culturels (et non l'inverse), lui vaut l'admiration d'une jeune poétesse, Patti Smith, qui lui propose bientôt de l'accompagner à la guitare lors de ses performances. Quatre ans plus tard, Kaye sera la guitare ouvrière du premier album du Patti Smith Group : *Horses* (1975). Entre-temps, en 1972, il avait compilé dans le double album vinyle *Nuggets* les meilleurs titres du rock garage américain des années 1960 (édition augmentée sortie en 1998 chez Rhino Records). Mythique, cet album, qui réhabilite des groupes oubliés comme les Seeds, les Standells et les Electric Prunes, nourrira de jeunes morveux hirsutes qui dès 1975, et des deux côtés de l'Atlantique, lanceront le mouvement punk[x]. Ce terme aurait d'ailleurs été pour la première fois appliqué à un style de musique dans les notes de pochette de *Nuggets*, rédigées par Kaye en personne.
Parallèlement au succès de sa carrière musicale (avec Patti Smith, avec Jim Carroll, au sein de The Lenny Kaye Connection), Kaye n'a jamais cessé ses chroniques et interviews[x] pour la presse musicale. Talentueux et sans effet de manche, ses textes défendent l'authenticité rock et son pouvoir socioculturel, qu'il s'agisse d'encenser le mal aimé *Loaded* du Velvet Underground (*Rolling Stone*, n° 72, 1970) ou de dresser une *story* définitive – sa grande spécialité – des Yardbirds (*Guitar World*, 1981). Cet érudit rock, auteur de plusieurs ouvrages non traduits en français et membre du comité du Rock and Roll Hall Fame and Museum[x], a même été l'un des premiers conférenciers d'une université américaine à dispenser des cours sur l'histoire du rock, qui affichaient – c'est une habitude pour lui – complet à chaque date.

# NICK KENT

## Dark Side of the Rock

**«Imaginez un personnage improbable et gauche, long comme un jour sans pain, arpentant d'un pas peu sûr les trottoirs de Londres ou de Los Angeles telle une mante religieuse immense et raide, dans son éternelle panoplie loqueteuse de flingueur à guitare, velours et cuir noir en toute saison, d'une maigreur maladive, toujours la goutte au nez perpétuellement rouge et luisant, toujours à cause d'un manque de substance. [...] Voilà Nick Kent dans les années 1970 et 1980. En bref, un vrai rocker: quelqu'un pour qui ça comptait.»**
Iggy Pop, 1994.

Tel est le portrait de cette figure légendaire de la rock-critique britannique dressé par le leader des Stooges, dans la préface de *L'Envers du rock* (*voir encadré*). Plus qu'un simple journaliste, Nick Kent éclaira avec humour, cynisme et érudition la face cachée des rock-stars dans de longues et précieuses enquêtes quasi romanesques dès le début des années 1970; il est avec Lester Bangs[x], son modèle, l'une des plus grandes plumes de l'histoire du genre.

Né en 1951, Nick Kent est âgé de douze ans quand il croise pour la première fois la route des Rolling Stones en concert à Cardiff. Même s'il ne comprend pas tout (il voit des femmes atteindre l'orgasme au son de la voix de Jagger), l'adolescent est fasciné et commence à lire assidûment la presse rock, notamment *Rolling Stone*[x] et le *New Musical Express*[x] (*NME*). Il débute sa carrière de journaliste musical en 1971 dans les colonnes du magazine *underground Friendz*, et fréquente activement la scène rock londonienne au détriment de ses études universitaires (il finira par être viré de la prestigieuse université d'Oxford). En 1972, à dix-neuf ans seulement, Kent intègre le *NME*, hebdomadaire britannique qui n'a pas pris la mesure des bouleversements musicaux et idéologiques du début des années 1970. La ligne éditoriale héritée des *sixties* se distingue par son >

### LES ROIS MAUDITS

« En Angleterre, Penguin Books insistait pour que j'établisse un recueil de mes meilleurs articles, un genre de *best-of*. L'idée me déplaisait vraiment; puis je me suis mis à les relire. [...] Malgré tout, parmi les scories, force était de reconnaître qu'il y avait là des histoires fascinantes. Je me suis alors lancé dans un ardu labeur de réécriture et de coupures, pour arriver finalement au contenu de ce livre. » Nick Kent, 2006.

Effectivement, hormis l'article sur les New York Dolls, Nick Kent a retouché tous les portraits qui figurent dans *L'Envers du rock* (*The Dark Stuff*, première édition originale en 1994), ce recueil indispensable à toute bibliothèque rock qui se respecte. « Sly Stone, la puissance du mal », « Lou Reed, les années noires », « Sid Vicious, autodestruction d'un crétin »… on l'aura compris, Kent s'intéresse plus à la part d'ombre des artistes en coulisses qu'à la lumière des projecteurs qui les habille sur scène. Tel un La Bruyère moderne, il explore la réalité du statut d'artiste au xxe siècle, dévoile l'histoire cachée derrière la réalisation d'un album pour mieux capter l'essence même de l'œuvre et les tourments de son créateur. On retiendra sa quête récompensée du démiurge des Beach Boys, Brian Wilson, et la balade fêlée du génie perdu des Pink Floyd, Syd Barrett. Mais le tableau le plus épique de cette galerie d'artistes maudits est certainement ce mini-roman sordide de la vie en tournée avec le plus grand groupe du monde: *Les Rolling Stones, après les sixties, crépuscule à Babylone*. Nick Kent plonge le lecteur dans l'envers du décor d'un groupe laminé par la gloire, vaniteux et irresponsable. Il plonge également dans la défonce en compagnie de Keith Richards, à qui il sauvera la vie: « Il overdose et je suis le seul à pouvoir faire quelque chose. Je prends sa tête dans mes bras et le gifle doucement à plusieurs reprises [...]. Après m'être assuré qu'il respire normalement, je le quitte pour m'évanouir dans la pièce voisine. » Un deuxième volume, autobiographique, a été publié au Royaume-Uni en 2010 sous le titre *Apathy for the Devil, a Seventies Memoir*.

anachronisme puéril et son absence totale d'esprit critique… comme si Altamont[x] n'avait jamais eu lieu. Nick Kent et quelques autres vont soulever les masques, instituer un ton polémique et surtout insuffler une nouvelle dimension littéraire au journalisme rock britannique. Grâce à cette nouvelle garde, les ventes du *NME* explosent, passant de 60 000 à 250 000 exemplaires par semaine.
Entre 1972 et 1975, dans de longs articles en plusieurs volets, Nick Kent installe le lecteur dans la même pièce que Syd Barrett ou Keith Richards… Tel un privé, il traque la réalité derrière le mythe, la chute après l'ascension, ce moment où l'artiste en pleine gloire bascule vers le côté obscur. Très influencé par Lester Bangs, Kent ne sacrifie pas pour autant aux procédés gonzo[x] : pour lui, le journaliste doit s'approcher le plus près possible de son sujet mais ne doit en aucun cas le remplacer. Nonobstant, Kent devient une star (« L'Angleterre, ce pays où les rocks-critiques sont des superstars », avait déclaré Lester Bangs à propos de son jeune disciple) et sa photo figure à côté de celle de Keith Richards en couverture du *NME*.
En 1975-1976, Kent se trouve aux premières loges de l'explosion punk[x], avec tout ce que cela représente comme effets secondaires : une nouvelle énergie musicale (il répète trois mois avec Malcom McLaren et les Sex Pistols avant l'arrivée de Johnny Rotten), mais aussi la violence (Sid Vicious l'agressera avec une vieille chaîne de moto rouillée) et la drogue dans laquelle il s'enfonce. Paumé, plus ou moins viré du *NME*, sans inspiration littéraire, Nick Kent traverse un passage à vide jusqu'en 1986. Rédacteur en chef du magazine *The Face* qu'il a fondé en 1980, Nick Logan, son ex-confrère du *NME*, lui commande alors quelques articles. Dans les colonnes de l'autoproclamé « Journal le mieux habillé du monde », Kent reprend des couleurs éditoriales, stimulé par l'explosion des Smiths, dont le leader Morrissey décortiquait, adolescent, ses articles sur les New York Dolls.
Débarrassé de son addiction en 1988, il s'installe à Paris avec sa nouvelle compagne, la rock-critique Laurence Romance. Il poursuit aujourd'hui (après quelques expériences télévisées sur M6) ses collaborations avec la presse internationale (*Mojo*[x], *Rolling Stone*[x], *Spin*…) et française, où il dispense des *stories* définitives sur ces damnés du rock qu'il a côtoyés de très près, au risque parfois de s'y consumer.



**Réalisé en 1987 par deux frères californiens d'origine mexicaine**, Luis et Daniel Valdez, *La Bamba*, qui retrace le parcours éclair du chanteur Ritchie Valens, est le film de toutes les premières fois : « La Bamba » – la chanson –, tout d'abord, traditionnelle rengaine mexicaine que Ritchie Valens avait adaptée en 1958 en remplaçant la harpe par sa guitare électrique. Le titre cartonne, se classe 22e dans les hit-parades[x] américains, et Valens, promu première rock-star latino, devient également le premier non-Blanc et non-Noir à chanter avec succès le rock dans une langue étrangère. La reprise du groupe Los Lobos enregistrée plus de vingt-cinq ans après pour les besoins du film atteindra, elle, la 1re place des classements américains et britanniques.

# LA BAMBA
## Biopic tex-mex

Lou Diamond Phillips dans le rôle de Ritchie Valens

*La Bamba* – le film – fut aussi le premier long métrage rock à rapporter plus de 50 millions de dollars au box-office américain. Ce succès colossal et inespéré (les frères Valdez avaient porté le projet pendant des années) engendra la production de *biopics* rock en série (*Great Balls of Fire*[x] sur Jerry Lee Lewis en 1989, *The Doors*[x] d'Oliver Stone en 1990…), utilisant la même mécanique dramatique et manichéenne : jeunesse, rencontre du grand amour, ascension vers la gloire, conflit personnel et climax tragique… En effet, après huit mois de carrière artistique fulgurante et dix-sept années passées sur terre, Ritchie Valens a péri dans le crash aérien qui emporta également Buddy Holly et The Big Bopper, le 3 février 1959. Le jeune Valens, grippé, avait gagné sa place en jouant à pile ou face avec Tommy Allsup, batteur du groupe de Buddy Holly. Le compositeur binoclard de « Peggy Sue » avait en effet réservé un avion privé pour rejoindre plus rapidement la prochaine date de la tournée, afin de souffler un peu… et de faire sa lessive !

# LABELS
## Une question d'étiquette

Tony Wilson (Factory Records)

**Souvent indépendants[x] (tout du moins à leur création),** les labels musicaux ont construit l'histoire du rock et contribué au développement des différents genres de la musique populaire auxquels leurs productions étaient assimilées : blues et rock'n'roll pour Sun et Chess Records, soul pour Motown et Stax, progressif[x] pour Harvest et Vertigo, punk[x] et pub-rock pour Stiff Records, indé-rock (indépendant) pour Rough Trade, yé-yé pour Vogue… À chacun sa ligne musicale spécifique, à chacun son marché et son étiquette, à chacun surtout son catalogue d'artistes, condition *sine qua non* pour s'imposer et entrer dans la légende, comme le racontait Jac Holzman en 2010, en évoquant les débuts d'Elektra : « Je savais instinctivement que je devais bâtir un catalogue, le plus vite possible… et un bon catalogue ! » Ce passionné de musique classique et de folk, qui créa Elektra en 1952 avec les 300 dollars reçus à sa bar-mitsvah, s'acquitta fort bien de sa tâche et signa, entre autres, Judy Collins, Love, The Doors, Tim Buckley, The Stooges, Queen… Ce plus que « bon catalogue », combiné au flair et à la ténacité de Jac Holzman, a permis à son label d'entrer au panthéon de l'histoire du rock au même titre que les groupes qu'il représentait.

Ahmet Ertegun, à droite (Atlantic Records)

Autre particularité qui prend en compte la dimension humaine souvent absente dans les majors[x], les grands labels historiques étaient la plupart du temps fondés et dirigés par des personnalités hors du commun, charismatiques et proches des artistes : ainsi, Ahmet Ertegun (Atlantic Records), grand seigneur qui inventa l'expression *rhythm and blues* et crut en Led Zeppelin dès leurs débuts ; le fantasque Tony Wilson (Factory Records), également producteur[x] et présentateur de télévision, à qui l'on doit l'émergence de la scène de Manchester (de Joy Division aux Happy Mondays) ; Eddie Barclay (Barclay), l'empereur français du microsillon et des nuits blanches de la jet-set… autant de figures mythiques qui n'entrent pas dans les plans marketing établis par les diplômés d'écoles de commerce encombrant aujourd'hui les couloirs des majors.

Jac Holzman (Elektra)

Même si le marché du disque est dorénavant dominé par les grands conglomérats qui intègrent généralement des labels dans leurs structures (à l'image d'Elektra et d'Atlantic, qui en 1970 devinrent les E et A de WEA du groupe Warner), de nombreux labels indépendants suivent le chemin de leurs prestigieux aînés et continuent vaille que vaille à défricher le terrain, à découvrir et à soutenir de jeunes artistes. Surtout, avec une belle longueur d'avance sur les majors, ils ont trouvé dans Internet un nouveau mode de distribution et de promotion qui garantit encore – pour le moment – leur autonomie.

Eddie Barclay (Barclay)

**«La musique n'occupe pas encore la place qu'elle mérite à la télévision.»** Jools Holland, 2002.

# LATER... with JOOLS HOLLAND
## On stage

On ne peut qu'être d'accord avec Jools Holland, citoyen britannique né en 1958 et touche-à-tout invétéré : cofondateur de Squeeze en 1974, il quitte le groupe en 1981, juste avant d'accéder à la reconnaissance internationale grâce au hit « Tempted ». Excellent pianiste, ses albums solo font à chaque fois le plein d'invités prestigieux pour qui il joue également en tant que musicien de studio : Sting, Eric Clapton, The Who, David Gilmour, Tom Jones... Fan invétéré des Beatles (*Help* serait le disque qu'il emporterait sur une île déserte), il a interrogé Paul, George et Ringo pendant un an à raison de deux heures par semaine pour le coffret DVD documentaire *The Beatles Anthology* sorti en 1995. *Last but not least*, présentateur sur la chaîne de télévision britannique BBC 2 de *Later... with Jools Holland*, il accueille hebdomadairement depuis 1992 le gratin du rock mondial qu'il accompagne souvent au piano... Un peu comme si Nagui jouait de la basse avec Louis Bertignac sur le plateau de *Taratata*. Les raisons du succès de ce show, véritable institution au Royaume-Uni et diffusé sur les réseaux câblés dans le monde entier ? Un casting en forme de *Who's Who* du rock à chaque émission (celle du 3 novembre 2006, par exemple, réunissait Amy Winehouse, Muse, Dave Stewart, Gypsy Kings, John Legend, The Raconteurs et Duke Special), un plateau à taille humaine où le public peut quasiment toucher les artistes, une ambiance décontractée et un bœuf rituel qui réunit tous les invités autour du piano de Jools Holland, dont le bluesman B.B. King vantait ainsi les mérites d'instrumentiste : « Je n'aurais jamais cru que quelqu'un puisse jouer comme cela. Jools a cette main gauche qui ne s'arrête jamais. » Pourvu que ça dure, car le rock *live* a rarement été aussi bien représenté à la télévision que dans cette émission.

**Fondé en 1973 sur les cendres d'un ancien journal de la Résistance**, le *Libération* de Jean-Paul Sartre et de Serge July est d'abord cet organe de presse « gauchiste » où s'agitent les valeurs révolutionnaires et contre-culturelles de l'après-Mai 68[x]. Militant sur tous les fronts, le quotidien lancera en juin 1976 le désormais célèbre « Appel du 18 joint » qui prône la dépénalisation totale du cannabis : « Cigarettes, pastis, aspirine, café, gros rouge, calmants font partie de notre vie quotidienne. En revanche un simple joint de cannabis (sous ses différentes formes, marijuana, haschisch[x], kif, huile) peut vous conduire en prison ou chez un psychiatre. » Un manifeste toujours d'actualité, contresigné à l'époque par plus

# Libé

de cent cinquante personnalités et médecins, dont Bernard Kouchner. Et le rock ? *Libé* l'aborde essentiellement dans sa dimension contestataire et dans sa propension à catalyser les aspirations idéalistes de toute une génération. Dans les années 1970, il sera le seul quotidien français à rendre compte des débuts de Bob Marley, de Patti Smith, ou à publier en 1976 le reportage d'un concert imaginaire des Stones en Chine communiste. Un rêve de révolutionnaire. Si dès 1975 les chroniques *White Flash* d'Alain Pacadis[x] préfigurent le mouvement punk[x] et l'avènement des « jeunes gens modernes », c'est dans les années 1980 que *Libération* deviendra LE quotidien rock, palliant même les déficiences éditoriales de la presse spécialisée, *Rock & Folk*[x]

# ration
## Rock à la Une !

en tête. Sous l'impulsion du journaliste Bayon, *Libé* accueille dans ses colonnes ce qui ressemble fort à une *dream team* de la rock-critique française : dans les années 1980 Yves Adrien[x] (*Metawaves*), Philippe Manœuvre[x], Philippe Garnier[x] (*L'Oreille d'un sourd*), Serge Loupien, Yves Bigot, Barbarian, Laurence Romance, Michka Assayas, Patrick Eudeline[x], puis dans les années 1990 Arnaud Viviant, Didier Lestrade et Éric Dahan (*Nuits blanches*). Incontournables, les pages rock du mardi et plus globalement le cahier culture (dont les pages cinéma de Gérard Lefort) tiennent le haut du pavé jusqu'en 1994, année de la refonte de *Libération*, qui adopte un ton éditorial beaucoup plus consensuel.

Aujourd'hui, alors que tous les quotidiens possèdent leur rubrique rock spécifique (*La Croix* y compris), *Libération* parvient tout de même à cultiver sa différence en consacrant des unes exclusivement rock, que ce soit pour couvrir l'actualité chaude (le festival Woodstock 2 en août 1994 ou Patti Smith en mars 2008 à l'occasion de son exposition à la Fondation Cartier) ou pour saluer les grands disparus comme Kurt Cobain en avril 1994 et George Harrison en décembre 2001, avec un titre brillant comme un diamant : « George in the sky with Lennon. »

# LOGO
## Marques de fabrique

**Il en est des groupes de rock comme des marques de lessive :** presque tous possèdent leur logo déclinable à volonté sur les pochettes de disques, les tee-shirts, les casquettes et autres produits du temple du merchandising[x]. Décryptage de cinq logos au sens plus ou moins caché.

**ROLLING STONES** : contrairement aux idées reçues, Andy Warhol[x] n'est pas l'auteur de la langue rouge bien pendue, qui reste encore aujourd'hui le plus célèbre logo rock au monde. Le responsable se nomme John Pasches, étudiant âgé de vingt-cinq ans du Royal College of Art de Londres, dont les créations furent remarquées par Mick Jagger lors d'une exposition de fin d'études en 1970. « Le concept graphique de la langue devait inclure trois éléments : l'attitude anticonformiste des Stones, la bouche de Mick et les connotations sexuelles évidentes que véhicule le groupe. […] On m'a payé 50 livres pour le dessin, qui m'a pris une semaine de travail. Plus tard, en 1972, on m'a donné 200 livres pour me remercier du succès du logo », a confié John Pasches. Le graphiste qui travailla également pour Paul McCartney, The Who et David Bowie, s'est rattrapé en 2008 lorsque le Victoria and Albert Museum de Londres lui a acheté le dessin original de la langue pour la somme de 92 500 dollars. Le « Tongue and Lip Design » fit sa première apparition en 1971 sur la pochette de *Sticky Fingers*, réalisé par Andy Warhol, d'où la confusion. >

**KISS** : « Les pieds des deux S ne sont pas égaux. J'ai fait ça sur la table du salon de mes vieux, avec une règle… », expliquait Paul Stanley, le chanteur de Kiss en 2008, qui s'approprie donc la paternité d'un logo que l'histoire officielle attribue généralement au guitariste du groupe Ace Frehley. Une chose est sûre, cette erreur géométrique n'a pas empêché le succès du logo, décliné depuis sur tous les supports imaginables, ni la polémique à propos des caractères runiques des deux S, censés représenter des éclairs mais qui font inévitablement penser à l'insigne de la Waffen SS. À tel point que, depuis 1979, la plupart des pochettes d'albums de Kiss destinées au marché allemand comportent une version modifiée du logo.

**QUEEN** : c'est Freddy Mercury en personne, diplômé en Arts graphiques et design à l'Earling art College de Londres, qui dessine le logo présent dès le premier album éponyme du groupe en 1973. Inspiré par les signes zodiacaux des quatre membres, il met en scène deux lions (John Deacon et Roger Taylor), un crabe pour le signe du Cancer (Brian May) et deux fées pour le signe de la Vierge (Freddy Mercury) qui entourent la lettre Q d'où s'échappent des flammes… Un logo à peu près aussi sobre que la musique du groupe !

**LED ZEPPELIN** : « Les symboles étaient une ruse de plus pour semer le chaos dans les médias. On a tous bien rigolé quand l'album est entré dans les *charts* et qu'il a fallu les reproduire au lieu de mettre un titre », déclarait Jimmy Page en 1999. Pour la sortie du quatrième album du groupe en 1971 (judicieusement surnommé *Led Zeppelin IV*), Jimmy Page décide que la pochette ne comportera ni titre, ni numéro de catalogue, ni logo de la maison de disques. À la place, il demande à chaque membre du groupe de choisir un symbole qui apparaîtra sur la pochette intérieure où figure également un dessin représentant l'Ermite, la neuvième carte du tarot de Marseille. Ceux de John Paul Jones et de John Bonham (les deux du milieu) proviennent d'un livre sur les runes (alphabet utilisé par les anciens peuples de langue germanique), tandis que celui de Robert Plant, une plume dans un cercle, est inspiré d'une tablette d'argile datant de l'ancienne civilisation de Mu, qui aurait vécu sur un continent perdu et laissé des inscriptions un peu partout dans le monde. Quant au célèbre « ZoSo » de Jimmy Page, et bien que ce dernier s'en défende, il ressemble étrangement à une inscription figurant dans le *Grand Grimoire*, un texte de magie écrit au XVIe siècle. On nage ici en plein salmigondis ésotérique, alimenté qui plus est à l'époque par la fascination de Jimmy Page pour le mage noir Aleister Crowley[x]. D'ailleurs, la pochette intérieure placée contre un miroir avec l'Ermite dos à la surface, laisserait apparaître l'image d'une bête à cornes parmi les rochers. Essayez pour voir, à vos risques et périls…

**THE RAMONES** : « Yes, they can… », pourrait-on dire en contemplant le logo des Ramones, créé par leur ami et directeur artistique Arturo Vega, qui pastiche le sceau du président des États-Unis d'Amérique. Les pseudos des quatre faux frères entourent l'aigle qui tient une branche de pommier et une batte de baseball en lieu et place du rameau d'olivier et des flèches présidentielles. Quant à la devise officielle *E pluribus unum* (« Un à partir de plusieurs »), elle devient, selon les versions, *Look out below* (« Regardez ci-dessous ») ou *Hey ho let's go* (« Hey ho, allons-y »), qui vaut largement bon nombre de slogans politiques plus alambiqués.

# LSD
## Regarder Dieu en face

**« Je pouvais voir mon propre corps étendu sur le lit. Ma vie défilait devant mes yeux, et je revivais des événements enfouis dans ma mémoire. Mieux encore, je prenais conscience d'avoir été un organisme unicellulaire, un protozoaire qui aurait évolué pendant des millions d'années. »** Timothy Leary, après son premier trip au LSD en 1961.

En avril 2010, des ouvriers qui creusaient dans le jardin de l'ancienne maison de John Lennon ont découvert une sacoche contenant des bouteilles remplies de LSD. Lennon les avait enterrées en 1967 avant de partir en Inde méditer avec le gourou[x] Maharishi Mahesh Yogi.
Soixante-sept ans plus tôt, le 16 avril 1943, le chimiste Albert Hofmann, du laboratoire Sandoz, à la recherche d'un médicament qui faciliterait la circulation du sang, teste innocemment une molécule découverte en 1938, le Lysergsäure Diethylamid, et se sent subitement « affecté par un sentiment de grande forme mêlée d'ivresse [...] et sous le charme d'images d'une plasticité extraordinaire ». Révélées, les propriétés hallucinogènes du LSD (également dénommé acide lysergique) allaient d'abord être utilisées légalement dans les milieux psychiatriques, puis par la CIA et le gouvernement à la recherche du sérum de vérité, avant d'être adoptées par la *Beat Génération*[x] (homosexuel convaincu, Allen Ginsberg aurait craqué la première fois pour une femme sous LSD, c'est dire le pouvoir du produit !) et par leurs héritiers naturels, les hippies[x], entraînés sur le chemin du nirvana par deux leaders charismatiques et rivaux : l'auteur à succès de *Vol au-dessus d'un nid de coucou*, Ken Kesey (ancien cobaye du gouvernement), qui prône une utilisation festive, et l'universitaire Timothy Leary (*voir encadré*), apôtre d'une révolution idéologique.
Il faut dire que les effets stupéfiants du LSD, qui se présente sous forme de liquide, de gélules ou le plus fréquemment de buvards imbibés, convenaient parfaitement à l'élargissement du >

### TIMOTHY LEARY ET KEN KESEY, RÉVOLUTIONNAIRES CHIMIQUES

**« Je déclare que la troisième guerre mondiale est propagée par les robots aux cheveux courts, dans le but délibéré de détruire l'équilibre complexe de la nature sauvage et libre, en imposant l'ordre mécanique », écrivait Timothy Leary en 1970, fraîchement évadé d'une prison californienne. Ce hors-la-loi pas comme les autres (Richard Nixon le considérait comme « l'homme le plus dangereux des États-Unis »), ex-professeur émérite de psychologie à Harvard, était persuadé depuis 1956 que l'absorption scientifique et contrôlée de drogues psychédéliques favoriserait la naissance d'une nouvelle civilisation humaniste et altruiste. En 1963, il fonde la Ligue pour la découverte spirituelle à Millbrook, dans l'État de New York. C'est là que les Merry Pranksters, Kesey en tête, viennent rendre visite aux learystes... L'accueil est loin d'être chaleureux, les deux groupes « concurrents » restent sur leurs gardes et la rencontre tant attendue entre les deux papes du psychédélisme n'aura pas lieu, comme le raconte Tom Wolfe[x] dans son ouvrage *Acid Test* : « On devait apprendre que Leary était en haut, absorbé dans une très sérieuse expérience, une défonce de trois jours consécutifs, et qu'il ne fallait pas le déranger. Kesey n'était pas fâché, mais très déçu, blessé même. »**

Ken Kesey, à droite

champ de la conscience et à la découverte du moi profond des enfants du *Flower Power*ˣ : augmentation de l'activité cérébrale favorisant l'introspection, perturbation de l'ensemble des cinq sens, prise de conscience d'événements refoulés, hallucinations visuelles au point que certains tripeurs affirmeront avoir « regardé Dieu en face », notamment lors des fameux *acid-tests* organisés par Ken Kesey et ses Merry Pranksters (*voir entrée Tom Wolfe*), où jouait souvent un groupe de San Francisco accro aux petits papiers lysergiques, The Grateful Dead.
Invité permanent en coulisses et dans le public des grands festivals de rock des années 1960, le LSD acidifiera la musique populaire, lui donnera un relief et des couleurs jusque-là insoupçonnés, à grand renfort de mélodies hypnotiques, de distorsions spatiales et de solos interminables.
Les compositions à la gloire du buvard magique se multiplient, tout comme le nombre d'adeptes, malgré l'interdiction d'usage et de détention promulguée en 1966 : « 8 Miles High » des Byrds (1966), « The Crystal Ship » des Doors (1967), « White Rabbit » de Jefferson Airplane (1967) et « Purple Haze » de Jimi Hendrix (1967), souvent considérée comme une apologie de la marijuana mais écrite par le gaucher magnifique sous l'emprise d'une gélule double dose « Purple Haze » spécialement produite pour lui. Revers de la médaille acide, certains musiciens victimes d'un « mauvais voyage » ne reviendront jamais réellement sur terre, comme Roky Erikson des 13th Floor Elevators (le premier groupe psychédéliqueˣ, dit-on), Syd Barrett du Pink Floyd (qui vivra reclus dans la maison de sa mère jusqu'à sa mort en 2006, les neurones grillés), et Brian Wilson des Beach Boys, l'auteur du somptueux « Good Vibrations » (1966), qui depuis un acide consommé en 1965 est abonné aux mauvaises vibrations schizophréniques.
Quant à John Lennon, initié par un disciple anglais de Timothy Leary sur le tournage du film *Help !* en 1965, il ne retrouva jamais à son retour d'Inde le LSD dissimulé dans son jardin, mais signa avec les Beatles plusieurs chansons évoquant la molécule : « Day Tripper » (1965), « Tomorrow Never Knows » (1966), « Strawberry Fields Forever » (1967), et non pas « Lucy in the Sky With Diamonds » (1967), dont l'acronymie (LSD) fit couler beaucoup d'encre mais qui fut en réalité inspirée par l'univers de Lewis Carroll et par une camarade de classe de son fils Julian, nommée Lucy O'Donnell, que ce dernier avait dessinée « dans le ciel, avec des diamants ».

**« Cachez ces yeux que je ne saurais voir... »**
Accessoires mais indispensables, les lunettes, noires, ou à verres fumés de préférence, vont de pair avec le statut de rocker. On distinguera néanmoins

# LUNETT NO

Bootsy Collins

plusieurs sortes de musiciens à montures. Ceux pour qui, loin de toute coquetterie et flambe oculaire, les binocles constituent avant tout le seul moyen de voir le public venu les applaudir : Roy Orbison, atteint d'une grave maladie des yeux héréditaire, ne quittait jamais ses épaisses lunettes de mouche, Buddy Holly et John Lennon, myopes de chez myopes, ou encore Graham Parker, pour dissimuler un léger strabisme.
Ceux ensuite qui, aveugles depuis leur petite enfance, masquent paradoxalement leur infirmité avec l'objet censé améliorer la vision : Stevie Wonder et Ray Charles, dont une paire de Ray-Ban dédicacée est conservée à la Maison Blanche.
Et puis il y a tous les autres, la grande majorité, ceux pour qui les lunettes font partie du show et qui s'exhibent, à la ville comme à la scène, chaussés de modèles allant du plus classique au plus barré : Ray-Ban Wayfarer pour Bob Dylan et les Blues Brothers, Ray-Ban Aviator pour les Stooges et les New York Dolls,

à paillettes et en strass pour Bootsy Collins et Elton John (dont la collection a compté plusieurs milliers de modèles), en forme de losange pour Arthur Lee du groupe Love, et intersidéral pour les membres du groupe punk^x comico-industriel Devo qui habillaient leurs yeux de lunettes de plongée

ES
IRES

## Les m'as-tu-vu

Arena, de modèles en plastique Novelty et d'incroyables masques à damier Booji Boy Dice. Si les plus timides les utilisent pour affronter les feux de la rampe et les plus camés afin de dissimuler leurs pupilles dilatées, il est clair que pour l'ensemble des musiciens les lunettes noires n'ont pas vocation à se protéger du soleil mais plutôt à affirmer leur look et à envoyer un signal fort de rock attitude à leurs fans^x.
La palme du chanteur à lunettes revient certainement à Michel Polnareff qui, depuis plus de quarante ans, outre de sérieux problèmes ophtalmologiques, se cache derrière ses montures blanches… à tel point que lorsqu'il souhaite sortir incognito il lui suffit de les enlever… Si c'est pas bien vu, ça !

Devo

**« Ouais, ouais, y'a une histoire et tout ; en gros c'est l'histoire d'une bande de mômes dans un bahut qui prennent les Ramones comme prétexte pour se rebeller contre l'administration. En gros, hein… »**
Johnny Ramone, 1979.

En gros, Riff Randall (P.J. Soles), la fille la plus sexy de la Vince Lombardi High School, en pince tellement pour les Ramones qu'elle entraîne tout son lycée dans sa lutte contre l'autorité et un proviseur antipathique, Mrs. Togar (Mary Wororov). En gros, à la fin, après un concert magnifiquement torché des Ramones, l'école explose ! En gros, vous connaissez désormais l'essentiel de la

# Punk sup. LE LYCÉE DES CANCRES

richesse scénaristique de cette pochade punk^x américaine, agréable à picorer lors d'une soirée pizza entre amis consentants mais qui ne risque pas de faire l'objet d'une séance hommage à la Cinémathèque française en présence des acteurs (les trois quartd des Ramones ont de toute façon déclaré forfait pour l'éternité).
Ce n'était d'ailleurs pas l'objectif de ce teen movie produit par Roger Corman et réalisé par Alan Arkush avec 350 000 dollars de budget. Comme souvent avec le pape de la série B, les voies de la création sont impénétrables : à l'origine était *Girl's Gym*, qui devait compter son lot de jeunes gymnastes peu farouches et dénudées, puis *Disco High*, un ersatz scolaire et fauché de *La Fièvre du samedi soir*, et enfin *Heavy Metal Kids*, projet qui intégrait le groupe de hard-pop Cheap Trick. Las, les Cheap Trick sortent en 1979 leur désormais célèbre *Live At Budokan*, entrent directement au sommet des hit-parades^x et, du coup, sont trop chers pour le budget serré de la production. Les Ramones déboulent alors à la dernière minute et constituent au final le principal intérêt de cette série Z, définitivement baptisée *Rock'n'Roll High School* (*Le Lycée des cancres* pour la version française). À ne pas manquer, la première apparition à l'écran des quatre teigneux filiformes, mangeant du poulet vindaloo confortablement assis dans les sièges léopard d'une Cadillac décapotable, immatriculée de leur célèbre cri de guerre : « NY-Gabba-Gabba-Hey ». Une suite, *Rock'n'Roll High School Forever*, est sortie en 1991, sans les Ramones, et sans spectateurs.
Comme quoi…

*MAD MAX* 161
MAI 68 161
MAJORS 162
MANAGERS 163
PHILIPPE MANŒUVRE 166
GREIL MARCUS 167
MARQUEE CLUB 169
MARSHALL 170
*MELODY MAKER* 171
MERCHANDISING 172
*MES MEILLEURS COPAINS* 173
*MÉTAL HURLANT* 174
**MINIJUPE 175**
MODS 176
*MOJO* 178
*MONA ET MOI* 179
MONT-DE-MARSAN 180
MONTEREY POP 181
MOOG 182
MICHAEL MOORCOCK 183
MOTO 183
MTV 185
MYSPACE 186


PJ Harvey

# MAD MAX
## Dur à cuir

**« J'étais mort de trouille ! Je n'avais que vingt-trois ans. J'étais ficelé comme un rôti de porc avec des lanières sado-maso. Un vrai jambonneau ! »**
Mel Gibson, 1989.

En explosant le box-office mondial en 1980, ce jambonneau australien tout de cuir véritable harnaché a également et malheureusement influencé le look de nombreux groupes, souvent ineptes, de la première moitié des années 1980 : Judas Priest, Zodiac Mindwarp and The Love Reaction, Bon Jovi… À longueur de clips vulgaires diffusés sur MTV[x] défilaient alors casquettes cloutées, chaînes métalliques, blousons huilés, pantalons ou même robes (Depeche Mode) en cuir noir moulant… L'attirail post-apocalyptique de *Mad Max* avait conquis une certaine partie de la communauté rock, trop heureuse d'endosser le costume de la rébellion afin qu'il habille de sens une musique qui en manquait cruellement. « Mad » Max Rockatansky, l'*interceptor* libre et déterminé du film de George Miller, était finalement devenu l'archétype de stratégies marketing convenues. Ironie de l'histoire, Mel Gibson était pourtant l'unique comédien à porter des vêtements en cuir, les autres interprètes devant se contenter, pour des raisons de budget, de frusques en vinyle déchirées qui faisaient néanmoins illusion.
Sinon, entre road movies[x] futuristes, films de gangs barrés et westerns motorisés wagnériens, les trois films de la saga ne carburent pas tous au même régime : *Mad Max 1* (1979) constitue une série B redoutablement efficace, *Mad Max 2* (1982) relève du « petit » chef-d'œuvre, et *Mad Max 3* (1985) restera comme une panouille indigne, malgré la présence de Tina Turner déguisée en harpie du désert… Mais Tina, ça va, un rien l'habille !

# MAI 68
## Pavés pas si rock

**« J'étais pour les mômes mais qu'est-ce que j'allais faire : aller gueuler dans les amphis comme tous les autres connards ? »**
Serge Gainsbourg.

En mai 1968, Serge Gainsbourg est bouclé à l'hôtel Hilton (chambre 642) en galante compagnie, Michel Polnareff se met au vert sur les conseils de son manager, Johnny Hallyday s'achète une nouvelle voiture[x], un cabriolet Mercedes 1934 rouge à moteur Chevrolet… C'est dire si les yé-yés et l'ensemble des musiciens français se sentaient concernés par la révolte qui grondait. « Mai 68 est ce que la France a fait de plus rock », estimera néanmoins Mick Jagger en 2008, avouant s'être directement inspiré des émeutes du Quartier latin pour composer le très controversé hymne à la révolution « Street Fighting Man », tandis que John Lennon écrivait le non moins fameux « Revolution », que les trois autres Beatles >

refusèrent de placer en face A de leur nouveau 45 tours, lui préférant « Hey Jude ».
Le rock dans la France de de Gaulle effrayait les parents, faisait les gros titres (« Cette mode nous menace… », promettait déjà *Paris-Match* en 1966) et, hormis le *Pop Club* de José Artur sur France Inter, ouvert aux productions anglo-saxonnes, les radios[x] privilégiaient généralement les tubes français inoffensifs du moment : « Siffler sur la colline » de Joe Dassin, « Quand une fille aime un garçon » de Sheila ou le prophétique malgré lui « Il est cinq heures, Paris s'éveille » de Jacques Dutronc… Bien sûr, quelques vieux lions et jeunes chanteurs énervés – pas encore énervants – se firent remarquer dans les théâtres des opérations : Léo Ferré chanta pour la première fois « Les Anarchistes » à la Mutualité, Renaud, âgé de seize ans, composa sa première chanson, « Crève salope » (jamais publiée à ce jour), qu'il interpréta à la Sorbonne, Jacques Higelin s'installa avec son piano dans ce même bastion de la contestation estudiantine… Dire que de l'autre côté de la Manche et de l'Atlantique, les teenagers se régalaient avec le Velvet Underground (*White Light/White Heat*), Cream (*Disraeli Gears*), Simon & Garfunkel (*Mrs. Robinson*)…
Heureux étaient les habitants de l'est de la France, qui pouvaient capter les radios des bases américaines implantées en Allemagne. Osons avancer aujourd'hui que les jeunes manifestants, outre la libération des mœurs et l'instauration d'une société plus juste, souhaitaient également accéder pleinement au rock, musique de la contestation par excellence. Cela valait bien quelques barricades dressées et pavés balancés… d'autant plus qu'après 68, vint 69, l'année érotique, comme chacun sait.

**Universal Music Group, Sony Music Entertainment, EMI Group, Warner Music Group…**
En 2011, ces quatre majors (compagnies de disques multinationales) trustent à elles seules plus de 75 % du marché mondial de l'industrie discographique, les labels[x] indépendants se partageant les miettes restantes. À l'heure de la mondialisation, tout pourrait donc aller pour le mieux pour ces géants qui s'affrontent à coups d'études de marché, de marketing, de campagnes de promotion et de merchandising[x] pour imposer leurs

# MAJORS
## Le début de la fin ?

produits – pardon, leurs artistes – sur un marché pourtant en décroissance depuis 1999. Car le gâteau que les majors ont abondamment croqué (prix moyen d'un CD onze titres en 1999 : 20 euros !) a considérablement perdu de sa consistance : depuis 2002, l'industrie phonographique a perdu près de 40 % de sa valeur, et la tendance n'est pas près de s'inverser puisqu'en 2010 les revenus des majors ont baissé d'environ 10 %, la plus forte baisse concernant les variétés internationales et le rock dont les ventes se sont effondrées de près de 40 % en valeur.
Pour expliquer ces chiffres catastrophiques, les majors accusent l'avènement de la musique numérique, les téléchargements illégaux, le développement de nouvelles formes de loisirs comme les jeux vidéo[x]… Si cette dernière constatation n'est pas sans fondement, il convient de relativiser le poids de l'écoute illégale numérique, qui ne représenterait que 4 % de la baisse des ventes, d'autant

que l'intérêt des consommateurs pour la musique ne fléchit pas et que les salles de concerts sont généralement combles. Ces compagnies sous-estiment en fait le pouvoir de prescription des communautés en ligne qui échappent à leur bourrage de crâne médiatique. Plus simplement, il apparaît que les majors, tranquillement assis sur leur tas d'or, n'ont pas vu venir le train de la dématérialisation et ont déraisonnablement concentré leurs efforts sur la promotion de quelques stars destinées à récolter un maximum d'argent le plus rapidement possible. Un *business model* obsolète, car ces mêmes têtes d'affiches ont récemment démontré qu'elles se passaient très bien de structures pour écouler leurs productions. Ainsi Radiohead, qui commercialisa sur son site Internet en 2007 son septième album, *In Rainbows*, et Prince en 2010, dont l'album *20Ten* a été distribué en France par le biais de l'hebdomadaire *Courrier international*. Enfin, les clones diplômés d'école de commerce et de marketing qui encombrent les couloirs des majors depuis une quinzaine d'années ne remplaceront jamais les grandes figures autodidactes du siècle dernier dont l'instinct et la prise de risques, loin des études de marché, faisaient la différence. Il n'existe en effet aucune formation pour devenir Ahmet Ertegun, fondateur et président de la compagnie Atlantic, qui contribua largement au succès de la soul (Ray Charles, Aretha Franklin, Wilson Pickett…) dans les années 1960 puis de Led Zeppelin dans les années 1970. Cette figure légendaire s'est éteinte en 2006 à l'âge de quatre-vingt-trois ans, après s'être durement cogné la tête en tombant dans les coulisses d'un show des Rolling Stones filmé à New York par Martin Scorcese (*Shine a Light*). Une vie hors norme, consacrée à la musique jusqu'au dernier souffle, qui rappelle à tous ceux qui l'auraient oublié que le rock, bien avant les considérations financières, est une affaire de passion, de relations humaines et d'amour.

**« Les vedettes apparaissent et disparaissent. Mais un manager peut travailler jusqu'à sa mort. »**
Colonel Parker, manager d'Elvis Presley.

# Managers

## Les hommes de l'ombre

Qu'ils soient des musiciens ratés, des manipulateurs géniaux, des escrocs magnifiques ou des passionnés tout court, les managers font partie intégrante de l'histoire du rock. Voici le portrait de quelques hommes qui, dans l'ombre, tirent les ficelles.

Colonel Parker

**COLONEL PARKER.** Colonel d'opérette autoritaire né en 1909 aux Pays-Bas où il fut soupçonné de meurtre avant de s'engager dans l'armée américaine en 1928, Andréas Cornelius Van Kuijk (son vrai nom) prit en main la destinée du jeune Elvis Presley en 1955 et inventa à lui tout seul le métier de manager de rock-stars avec, il faut bien l'avouer, un certain talent visionnaire : merchandising[x] intensif, contrôle médiatique absolu, cash disponible pour l'artiste, shows télé diffusés dans le monde entier… Le Colonel s'octroyait jusqu'à 50 % des revenus du King et gérait sa carrière de A à Z, allant même jusqu'à intervenir dans son répertoire, lui qui avouait pourtant détester le rock. Au tribunal de l'histoire, il sera reconnu coupable de deux forfaits impardonnables : avoir poussé Elvis à entreprendre >

une carrière cinématographique hollywoodienne plus lucrative que qualitative, et l'avoir empêché de se produire à l'extérieur des États-Unis, de peur de ne pouvoir regagner le sol américain en raison de sa propre nationalité étrangère et de son passé plus que trouble. Celui qui, en apprenant le décès de son poulain, avait déclaré prophétiquement « Elvis n'est pas mort, son corps seulement », et qui fut destitué de ses fonctions de manager en 1983 contre deux millions de dollars, mourut en 1997 à Las Vegas, seul et criblé de dettes de jeu.

**BRIAN EPSTEIN.** « Il voulait nous manager et nous a dit qu'il pensait pouvoir y arriver, et comme on ne connaissait personne de mieux on lui a dit : OK, c'est bon », se souvenait John Lennon en 1975. On peut se demander encore aujourd'hui pourquoi ce fils à papa, né en 1934 à Liverpool, homosexuel dépressif, responsable du lucratif magasin d'électroménager de son père, a jeté son dévolu sur quatre gamins qui commençaient à peine à faire parler d'eux. L'argent ? Si Epstein affectionnait le luxe et touchait 25 % des gains du groupe, il s'est néanmoins révélé un piètre homme d'affaires, signant des contrats de merchandising[x] et d'édition désastreux. La gloire ? Il leur avait promis qu'ils deviendraient plus célèbres qu'Elvis. Ce fut le cas. La beatlemania rejaillit bien évidemment sur le manager qui aimait s'afficher dans les soirées du Swinging London[x] en compagnie de jeunes éphèbes. L'affection ? Epstein aimait profondément les quatre garçons dans le vent et constituait un élément fondamental de la cohésion du groupe, lequel se séparera d'ailleurs moins de trois ans après sa mort d'une overdose de médicaments en 1967. Le sexe ? De notoriété publique, Epstein était plus que troublé par John Lennon. Quelles que soient ses motivations et ses filouteries plus ou moins volontaires, c'est Epstein et personne d'autre qui les découvrit, leur fit adopter le célèbre look complet veston/boots Anello & Davide, leur décrocha une audition avec George Martin (EMI) en 1962, et les porta au sommet duquel ils ne sont jamais redescendus.

Brian Epstein

**ANDREW LOOG OLDHAM.** « Le *Melody Maker* a repris mot pour mot mon communiqué de presse. [...] J'avais imaginé le slogan : "Laisseriez-vous votre fille épouser un Rolling Stone ?" Le titre avait pris et c'est devenu un des slogans que les Stones ont trimbalés toute leur vie. » Né en 1944 à Londres, cet ancien attaché de presse des tournées de Bob Dylan et de Little Richard (il a également travaillé quelque temps avec Brian Epstein pour les Beatles) managea les Stones de 1963 à 1967. Quatre années cruciales où son influence transforma une sympathique bande d'étudiants musiciens proprets en challenger officiel des Fab Four, bien qu'aujourd'hui les Rolling Stones minimisent son action. Et pourtant, c'est bien lui qui leur forgea cette image de gendres inacceptables, qui œuvra pour que « I Wanna be your Man », composé par Lennon/McCartney, devienne le deuxième single du groupe en 1963, qui poussa Mick Jagger et Keith Richards à composer leurs propres chansons, qui vira le cofondateur du groupe Ian Stewart pour délit de sale gueule, qui découvrit Marianne Faithfull, et qui écrivit dans les notes de pochette du premier album sorti en 1964 : « Les Rolling Stones sont plus qu'un groupe, ils sont un mode de vie. » Oldham vit aujourd'hui en Colombie où il produit des groupes locaux ; il est l'auteur d'une autobiographie en deux volumes dans laquelle il évoque, entre autres, son épopée avec les Rolling Stones, ces ingrats à la mémoire courte.

Andrew Loog Oldham

**PETER GRANT.** « La grille d'accès aux coulisses était cadenassée et les fans commençaient à s'agglutiner autour des voitures. Peter Grant colla donc son pied au plancher et fonça avec la Mercedes dans la grille pour l'ouvrir, bousillant par la même occasion le pare-choc de la voiture. Dès le lendemain du premier show, le promoteur de la tournée française avait préféré disparaître, laissant Led Zeppelin et leur manager se débrouiller par eux-mêmes », raconte le biographe rock Stephen Davis. Ainsi était Peter Grant, né en 1935 dans la banlieue londonienne, colossal manager de Led Zeppelin qui veilla sur la destinée du groupe, de ses débuts sous le nom des New Yardbirds en 1968 jusqu'à la mort du batteur John Bonham en 1980, qui marqua la fin de l'aventure. Cet ancien catcheur et tour-manager de Chuck Berry et de Jerry Lee Lewis n'avait pas sa langue ni ses poings dans la poche quand il s'agissait de défendre les intérêts du groupe contre les promoteurs, contre les producteurs de *bootlegs*[x] et contre tous ceux qui osaient perturber l'irrésistible ascension du « dirigeable de plomb ». À des années-lumière du manager assis derrière son bureau, Grant était sur la route, supervisait tous les concerts avec un dévouement sans faille et un caractère de cochon qu'il valait mieux ne pas mettre à l'épreuve. Surtout, Grant a changé les règles du jeu du business en imposant que Led Zeppelin perçoive 90 % du prix des billets des concerts aux États-Unis au lieu des 60 % traditionnellement consentis. Un an après son décès d'une crise cardiaque en 1995, le syndicat Music Manager Forum rebaptisa en son honneur sa récompense décernée chaque année et la nomma *Peter Grant Award*.

Peter Grant à droite, avec Led Zeppelin

**PAUL McGUINNESS.** « Je partage avec le groupe la conviction que le bon rock and roll est le résultat d'une équation complexe entre l'art, le commerce, la publicité, le look, le sexe[x] et la politique[x] », expliquait en 2005 Paul McGuinness. On pense ce qu'on veut de U2, mais de leurs balbutiements punks[x] dans les pubs dublinois en 1978 jusqu'aux stades combles du XXIe siècle, le groupe irlandais est resté parfaitement soudé, avec ses quatre membres d'origine, cinq si l'on inclut McGuinness – fait exceptionnel dans l'histoire du rock, il est en effet le manager du groupe depuis ses débuts. En 1978, après avoir été impressionné par leur prestation sur la scène du Project Art Center de Dublin, cet ancien assistant du réalisateur John Boorman accepte de devenir leur manager moyennant 20 % des gains engrangés. Trente-trois ans plus tard et après 175 millions d'albums écoulés dans le monde, le marché tient toujours, et McGuinness, en plus d'être devenu richissime, a réalisé son rêve : « Adolescent, mes héros étaient les managers de Bob Dylan, des Rolling Stones et des Beatles. Je pensais que s'occuper d'un groupe de rock devait être très amusant mais je ne savais pas comment y arriver. » C'est fait !

**ALEXIS QUINLIN.** « Je ne regrette pas qu'il se soit occupé de nous. [...] Je ne suis pas dupe, je sais très bien que, Mirwais comme moi, on n'aurait pas pu faire la carrière qu'on a faite sans lui. » Le « lui » évoqué par Daniel Darc, c'est Alexis Quinlin, programmateur du Palace[x] et du Rose Bonbon, qui lança la carrière de Taxi Girl à la fin des années 1970 avec des méthodes très particulières : look stalinien imposé au groupe, communiqués de presse fantasques pour alimenter les médias (« Les membres de Taxi Girl ont parcouru la distance Paris-Chamonix à pied »), harcèlement des programmateurs radios, contrats invisibles, détournements de fonds (Quinlin louait des Cadillac alors que les membres de Taxi Girl rentraient du Rose Bonbon en métro)... Ce bluffeur de première, qui connaissait le Tout-Paris et qui ne manquait pas de panache, fut à la fois la meilleure (il les fit connaître) et la pire (il les escroqua) des choses qui fussent arrivées aux célèbres « jeunes gens modernes ». Expatrié aux États-Unis au début des années 1990, il sera condamné en 2006 à quatre ans d'emprisonnement pour escroquerie et usurpation d'identité : pour mettre en confiance les *people* à qui il proposait d'investir dans une société bidon, il se faisait passer pour le photographe[x] français Jean-Baptiste Mondino. Aujourd'hui Quinlin est libre et roulerait sa bosse dans différents pays.

**«Tout petit déjà, j'avais une seule et unique ambition : devenir rock-critique. Alors j'ai tout fait pour ça.»**
Philippe Manœuvre, 1985.

# Philippe Manœuvre

## Cheapthriller

Philippe Manœuvre, né en 1954, est aujourd'hui le rock-critique français le plus célèbre. Il a acquis cette notoriété auprès du grand public grâce à ses multiples apparitions télévisées et auprès des passionnés de musique grâce à ses articles sous haute tension qui ont réveillé le magazine *Rock & Folk*ˣ au milieu des années 1970, à ses ouvrages sur les Rolling Stones et James Brown, et à son engagement sans faille dans la défense du rock en France. En 1974, stagiaire à RTL, Philippe Manœuvre sert d'interprète aux Who de passage à Paris et croise à cette occasion Hervé Muller, collaborateur de *Rock & Folk*. Ce dernier conseille à Philippe Paringaux, en manque de journaliste pour chroniquer un concert de Lou Reed, de tester le jeune diplômé de l'École française des attachés de presse. Intitulé « La Mort de l'ange noir », l'article, sage et appliqué, paraît dans le numéro 90 (1974). Le maniaque des Rolling Stones, qui se réveillait parfois la nuit pour écrire de fausses chroniques de disques (notamment celle d'un pirate des Stones, *Nicaragua Concert*, que lui avait vendu Yves Adrienˣ à l'Open Market), et qui avait déjà pris la défense du *Raw Power* des Stooges dans les pages du courrier des lecteurs, avait réalisé son rêve : devenir rock-critique.
Au fil des articles (Jo Lebb, Blue Öyster Cult…), Manœuvre se lâche, prend de l'assurance et casse le moule parfois austère du magazine. Inspiré par les méthodes gonzoˣ de Hunter S. Thompsonˣ et de Lester Bangsˣ, il s'invente un personnage de bourlingueur speedé de la presse rock, qui entraîne le lecteur dans la loge de Lou Reed ou en voyage déglingué avec le groupe Motörhead défoncé au sulfate d'amphétamine. D'abord préposé au hard-rockˣ, Manœuvre élargit très vite sa palette (de James Brown à Johnny Thunders

en passant par Serge Gainsbourg) et devient l'une des figures les plus appréciées du magazine pour son style débridé, son humour corrosif et sa mauvaise foi galopante. Infatigable, monté sur ressort, il frétille devant l'émergence du punk et bataille ferme pour imposer les Sex Pistols en couverture du magazine, comme en témoignait Philippe Paringaux en 2008 : « Très honnêtement, s'il n'y avait pas eu un certain Philippe Manœuvre pour nous casser les couilles à vouloir ce groupe de rats à la une, on n'aurait jamais pensé qu'il existait. »
De 1979 à 1982, « Mad » Manœuvre exerce également sa verve lapidaire dans la page *simplet* au travers d'impitoyables chroniques de 45 tours et dans une rubrique qui contribuera grandement à sa réputation, *Cheap Thrills* (1977-1980), compte rendu déjanté de ses virées nocturnes, de l'*underground* au show-biz : « J'observe Nancy Vicious. C'est une grosse Américaine très blonde, très surfaite. Sid a l'air de s'ennuyer énormément et rote à tout instant. Finalement, Walter Lurie résume tout le problème à mon intention : regarde-nous, comme on se fait chier à Londres au bout de deux jours ! Well, Sid, il est ici depuis vingt ans. Tu peux imaginer ça ? Comme je ne peux vraiment pas, Vicious me tape une Rothmans et nous allons au Vortex. » Mais, comme il le remarque dans son dernier *Cheap Thrills*, « le rock change » et Manœuvre se désintéresse peu à peu de la musique pour se consacrer à la bande dessinée (*Métal hurlant*ˣ) et à la littérature (directeur de la collection Speed 17ˣ chez Les Humanoïdes associés, on lui doit la découverte en France de Charles Bukowskiˣ et de Hunter S. Thompson). Après quelques divergences

éditoriales avec la rédaction en chef, Manœuvre quitte *Rock & Folk* en 1982 et rejoint *Les Enfants du rock*[x] en 1983 pour présenter avec son compère Jean-Pierre Dionnet l'émission *Sex Machine* sur Antenne 2. Il passera les années 1980 devant les caméras de télévision, les micros (France Inter), réservant sa plume à *Playboy*[x], *Paris-Match*, *Les Nouvelles littéraires* et *Libération*[x].
En 1990, les Éditions Larivière rachètent un *Rock & Folk* agonisant et intronisent un conseiller spécial de la rédaction : Philippe Manœuvre. De retour après une phase personnelle tourmentée, il prend d'abord en charge la réalisation d'un numéro hors série consacré à ses chers Stones et, grâce à l'explosion des Guns N' Roses et de Nirvana, retrouve l'énergie nécessaire pour réussir son *Second Coming*. Après tout, le rock n'est peut-être pas mort dans les années 1980 et l'ex-*Cheapthriller*, devenu rédacteur en chef du magazine en 1993, saisira toutes les perches du revival pop-rock : Oasis, The Strokes, The Libertines… Aujourd'hui, Philippe Manœuvre va bien (une nouvelle génération a découvert le personnage grâce à sa participation à *La Nouvelle Star*, qui a néanmoins surpris et déçu nombre de rockers), *Rock & Folk* a réussi à attirer de jeunes lecteurs tout en conservant les plus anciens, et le rock propose encore quelques secousses sismiques du plus bel effet : Mars Volta, The Gossip, Them Crooked Vultures, Airbourne… De quoi réjouir un enfant du rock qui a consacré sa vie à le promouvoir et à le vivre de l'intérieur, comme il aime à le raconter : « Un soir, on glande chez Marc Zermati[x], dans l'appartement au-dessus de l'Open Market, au premier étage. Juin. Nuit tiède. Nico est là, Nick Kent[x] potasse un bouquin sur Spector… Soudain, un petit bonhomme surgit par la fenêtre : Iggy Pop ! Il avait escaladé la gouttière, comme un chat sauvage. Il fonce *illico* vers Marc : “Salut mec, il me reste du fric sur mes royalties de *Metallic KO* ?” En fait c'était James Williamson qui avait étouffé l'avance ! C'était la première fois que je voyais Iggy en vrai… » Tout le monde ne peut pas se vanter de posséder de tels souvenirs…

**« Ma conviction est que de telles circonstances sont dès le début bizarres. Pour qu'une critique gnomique, gnostique, rêvée par une poignée de prophètes de cafés de la Rive gauche, réapparaisse un quart de siècle plus tard, pour rentrer dans le hit-parade[x], et revienne ensuite à la vie comme un ensemble complet de nouvelles revendications culturelles – c'est presque transcendentalement bizarre. »** Greil Marcus, 1989.

# Greil Marcus

## Savant fou

Au fond de la classe, Johnny Rotten, des Sex Pistols, rigole encore de cette analyse du mouvement punk[x] dressée par le journaliste Greil Marcus dans son essai *Lipstick Traces*. Né en 1945 à San Francisco, diplômé d'études de sciences politiques à Berkeley, Marcus rédige sa première chronique musicale sur The Band en 1969 pour le *San Francisco Express-Time*. L'ex-groupe de Bob Dylan fait alors ses grands débuts sur la scène du Winterland Ballroom – neuf ans >

plus tard la salle accueillera le dernier concert, pitoyable, des Sex Pistols. Bien malgré lui, ce groupe va permettre à Greil Marcus d'accéder au statut de pape de la rock-critique universitaire et tortueuse. Car, outre ses articles consistants pour *Rolling Stone*[x], *Creem*[x], *Village Voice*, *Artforum*, *Interview*, et à peu de choses près toute la presse rock internationale depuis quarante ans, Marcus s'est fait une spécialité des gros pavés analytiques où il établit des correspondances sociohistoriques entre des événements et des courants artistico-culturels séparés dans le temps. Ainsi son essai le plus fameux, paru en 1989 : *Lipstick Traces, une histoire secrète du xxe siècle*. À partir d'un seul morceau des Sex Pistols, « Anarchy in the UK », Greil Marcus démontre en cinq cents pages ultra-documentées les connexions entre les Sex Pistols, le mouvement Dada et l'Internationale situationniste, dont le groupe de Johnny Rotten serait l'héritier, conscient ou inconscient. Pourquoi pas… ? Sauf que les situationnistes voulaient changer le monde, et Johnny Rotten, lui, se contente de le cracher à la gueule de ses contemporains et ne prétend pas détenir d'autres solutions que le chaos. Quoi qu'il en soit, cette thèse a été approuvée par Guy Debord, qui intégra Marcus dans la liste des personnes de confiance à qui il envoyait chacun de ses ouvrages, et par le

manager[x] des Pistols, Malcom McLaren, trop heureux de voir ses manipulations médiatiques et mercantiles cautionnées par une théorie complaisante et finalement stérile. Quant à Johnny Rotten, son discours tranche dans le lard universitaire : « J'emmerde les situationnistes. Tout ça n'était que du comique de situation. » Cela dit, il faut saluer ici Greil Marcus pour son travail de fond, son souci maniaque du détail et la constance avec laquelle il s'emploie, à partir du rock, à décrypter inlassablement son véritable sujet de prédilection : l'Amérique. Depuis 1975 et la sortie de *Mystery Train*, essai foisonnant qui révèle l'influence de certains artistes majeurs (Sly Stone, Randy Newman, The Band…) sur l'inconscient collectif américain, Marcus gratte tous les mythes jusqu'à l'os pour en révéler la substantifique moelle : Elvis Presley ou comment un jeune camionneur devient un dieu vivant, et une fois mort un réservoir à fantasmes inépuisable (*Dead Elvis*), Bob Dylan ou comment remonter aux origines de la pensée contestataire américaine à partir de l'exégèse de la chanson « Like a Rolling Stone » (*Like a Rolling Stone, à la croisée des chemins*)… Qu'elles irritent, qu'elles endorment ou qu'elles passionnent, les recherches de Marcus ont le mérite d'avoir établi le rock comme une manière de penser le monde contemporain, et non plus seulement comme une matière à danser et à séduire les filles.

## LE COUP DE L'ÎLE DÉSERTE

L'un des ouvrages les moins indigestes de Greil Marcus n'est pas de lui. En 1979, dans *Stranded*, Marcus demande à vingt de ses confrères rock-critiques de sélectionner le disque idéal à emporter sur une île déserte. Lester Bangs[x] (dont Marcus éditera la première anthologie, *Psychotic Reactions*) choisit *Astral Weeks* de Van Morrison, album qui l'avait aidé à surmonter la traumatisante scène de viol collectif à laquelle il avait assisté dans un repère de Hell's Angels[x]. Robert Christgau, du *Village Voice*, opte pour les débuts des New York Dolls, Nick Toshes[x] pour le *Sticky Fingers* des Stones, tandis que le prévoyant Dave Marsh (*Creem*[x]) répertorie dans son *Onan's greatest Hits* les disques les plus susceptibles d'accompagner une intense activité masturbatoire.

**« Un jeune homme mince arrivé de Ripley, et qui s'appelait Eric Clapton, est venu me voir au Marquee Jazz Club pour parler de cordes de guitare. [...] Il regardait ses pieds en chantant parce qu'il ne s'était pas fait à l'idée de lever la tête vers le public. Il ne savait pas encore jouer de la guitare mais il apprenait. »**
Alexis Korner, pionnier de la scène blues britannique.

# Marquee CLUB

## La piste aux étoiles

Ce n'est pas la seule rencontre décisive, dans l'histoire du rock anglais, qui se déroula entre les murs du Marquee Club, ouvert depuis 1958, situé à partir de 1964 au 90 Wardour Street, à Soho (Londres), et initialement réputé pour ses soirées jazz. En 1962, les futurs Stones Charlie Watts et Mick Jagger y jouèrent tour à tour au sein du Blues Incorporated, le groupe à géométrie variable du parrain de la scène rhythm and blues anglaise, Alexis Korner, qui assurait la résidence tous les jeudis soirs. Eric Clapton y rencontra ses futurs compagnons de Cream, Jack Bruce et Ginger Baker, et le 29 janvier 1967 Jimi Hendrix tapa le bœuf avec les Who, groupe habitué des planches du club sur lesquelles Pete Townshend avait coutume de fracasser ses guitares Rickenbaker… Dans les années 1960, le Marquee fut tout simplement le théâtre de l'éclosion et le point de rendez-vous des plus grandes figures de la musique rock anglaise : Pink Floyd, David Bowie, Spencer Davis Group, The Yardbirds, Jethro Tull… Tous ont affuté leurs premières armes électriques dans cet ancien *ballroom* décoré « façon cirque » de bandes rouges et blanches.

Après cet âge d'or et jusqu'en 2008, date de la fermeture définitive, le Marquee Club résonna de tous les soubresauts binaires qui agitèrent la Grande-Bretagne : des relents progressifs[x] de Yes à la brit-pop d'Oasis et Blur en passant par la new wave of british heavy metal (Def Leppard, Iron Maiden) et les principaux combos punks/new wave (Generation X, The Cure), à l'exception des Sex Pistols, pas peu fiers de clamer à l'époque qu'ils étaient interdits de séjour dans ce temple mythique. Malgré de nombreux déménagements au cours d'un demi-siècle d'histoire, le Marquee sut préserver son atmosphère intimiste, sa célèbre enseigne au lettrage rouge et l'attachement jamais démenti des musiciens britanniques qui y donnaient de mystérieux concerts secrets. Que ce soit pour répéter en conditions réelles avant une tournée, assurer un concert privé pour le fan-club[x] ou pour les besoins de la promotion, les têtes d'affiche investissaient en effet régulièrement le Marquee sous un faux nom : John's Boys pour The Jam, Skyline Drifters and Lufthanser Air Terminal pour Marillion, The Four Skins pour Mötley Crüe… Et enfin, dans quel autre endroit que le Marquee aurait-on pu lire dans les toilettes ce graffiti resté célèbre, parfait exemple d'humour *so british* appliqué au rock : « Le nez de Pete Townshend est une Rickenbacker sur jambes » ?

# Marshall

## Le mur du son

**Faites le test : regardez un DVD *live* ou une photo prise en concert.** Dans 90 % des cas, vous distinguerez au fond de la scène plusieurs parallélépipèdes noirs, pourvus de grilles noires en tissu recouvrant des haut-parleurs, sur lesquelles sont inscrits en lettres blanches de pimpants logos[x] Marshall.

En 1962, à Londres, le magasin de musique du professeur de batterie Jim Marshall est plutôt bien fréquenté : Eric Clapton et Ritchie Blackmore (Deep Purple) viennent régulièrement en compagnie de leurs batteurs, tout comme Pete Townshend (The Who), qui se plaint au propriétaire de ne pas trouver d'ampli assez puissant pour restituer fidèlement les effets saturés de son jeu de guitare. Jim Marshall et deux techniciens bricolent alors un ampli Fender Bassman, qu'ils installent en démonstration dans le magasin. Le succès ne se fait pas attendre – vingt-trois commandes sont enregistrées en une seule journée –, marquant les débuts d'un ampli à lampes mythique, le JTM 45, et d'une entreprise, Marshall Amplification, qui produit aujourd'hui sept mille amplis par semaine et dont la signature évoque naturellement aussi bien le son que l'attitude rock.

Ample, puissant, clair… ce son signé Marshall est indissociable de l'essor du rock dans les années 1960 et favorisera l'épanouissement artistique de célèbres guitaristes, toutes générations confondues, parmi lesquels Eric Clapton, qui se fera remarquer au sein des Bluesbreakers de John Mayall grâce aux sonorités moelleuses de son ampli à trémolo Marshall 1962 (qui sera ensuite rebaptisé Bluesbraeker), et Randy Rhoads (guitariste d'Ozzy Osbourne au début des années 1980), dont la dextérité musicale trouvera un allié naturel dans le Marshall 1959 Superlead, surnommé « Plexi » en raison de sa façade en Plexiglas. Et c'est encore sur une suggestion de Pete Townshend à Jim Marshall en 1965 que les rockers du monde entier doivent le *stack* Marshall, autrement dit une pile de haut-parleurs surmontée d'un ampli séparé en deux éléments (la tête d'ampli et le baffle), qui constitue un mur du son fracassant et qui donne une sacré gueule à n'importe quelle salle de concerts. Ce ne sont pas les fans[x] de Motörhead, de Metallica ou d'AC/DC qui nous diront le contraire – pour eux le mur d'amplis est une seconde nature. Mais s'il est un guitariste qui restera à jamais attaché à la marque Marshall, c'est bien Jimi Hendrix, dont l'ampli constituait une extension à part entière de sa Stratocaster et qui envoyait ses techniciens guitare en stage de réglage et de maintenance chez Jim Marshall en personne… Jimi Hendrix, faut-il le préciser, de son vrai nom James Marshall Hendrix !

**Jusqu'à l'arrêt de sa parution en 2000,** le *Melody Maker* (appelé également le *Maker* par les initiés), fondé en 1926, était la plus ancienne revue musicale au monde. Tabloïd professionnel destiné tout d'abord aux musiciens de bal puis aux jazzmen, le *Maker* s'oriente lentement vers le rock dans les années 1950 avant d'accueillir dans ses colonnes, à partir de 1962, frileusement au début il est vrai, la révolution incarnée par les Beatles et les Rolling Stones. Tout comme dans le *New Musical Express*[x] (*NME*), son concurrent direct et leader des ventes, les articles sont alors dénués de tout sens critique et parfois rédigés en collaboration avec les artistes, les

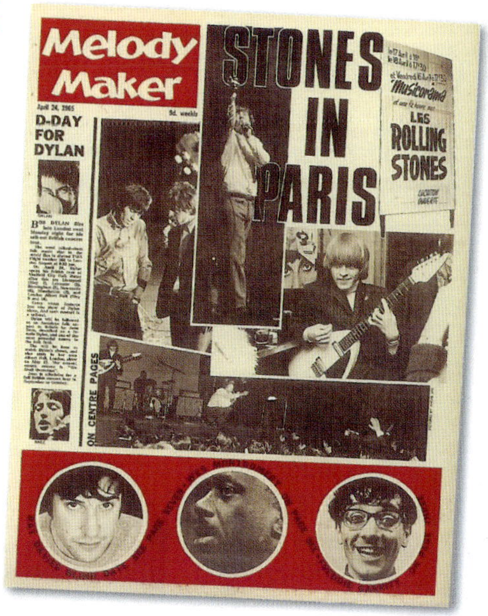


# MELODY·MAKER

## Hebdo britannique légendaire

managers[x] et les attachés de presse eux-mêmes. La donne évolue à la fin des années 1960 et au début des années 1970, qui correspondent à l'âge d'or de la publication. L'hebdomadaire dirigé par Ray Coleman rattrape en effet son retard sur le *NME* et vend alors plus de 2,5 millions d'exemplaires par an. Il est vrai que l'avènement de la musique progressive[x] correspond bien à la culture « jazz » des journalistes du *Maker* qui publient d'interminables articles sur les ténors du rock sérieux : Pink Floyd, Yes, Jethro Tull… Des rock-critiques spécialistes du genre comme Richard Williams et Chris Welch ont été les premiers journalistes britanniques à écrire intelligemment sur la musique populaire, ses artistes, son impact sur la société et sur l'évolution des mœurs.

Avec l'émergence du punk[x] en 1976, plus rien ne sera comme avant au *Maker*, qui passe complètement à côté du mouvement. La rédaction révulsée ne voit là en effet qu'un caprice éphémère de jeunesse. Le *NME*, qui a recruté de nouvelles signatures, rafle la mise, et le *Maker*, à son corps défendant, ne peut qu'essayer de combler son retard en engageant lui aussi de jeunes journalistes. Isolés au sein d'une rédaction réfractaire, l'*Absolute beginner* Allan Jones (*voir encadré*) et l'artiste/activiste politique Caroline Coon publieront néanmoins une série d'articles mémorables sur la génération *no future*. Après une période de flottement au début des années 1980, au cours de laquelle le *Maker* s'engage dans une voie résolument pop (*Fascination* et *Temptation* de Human League squattent les deux premières places du top single *Melody Maker* de l'année 1983), Allan Jones redresse le tir dès qu'il est nommé rédacteur en chef, en 1984. The Smiths, Echo and the Bunnymen, Elvis Costello et The Cure prennent le pas sur Kajagoogoo ou Propaganda, bien servis par les plumes très intellos, mais non soporifiques pour autant, de David Stubbs, Chris Robert et Simon Reynolds. >

Si le *Maker* a loupé le punk, il ne manquera pas le grunge[x] au début des années 1990, dépêchant même pendant plusieurs mois un journaliste à Seattle, Everett True, qui devient un ami intime de Kurt Cobain. Il sera même le seul rock-critique autorisé à entrer dans la maison de Cobain juste après son suicide. Fort d'un tirage moyen de 100 000 exemplaires par semaine, le *Maker* affirme sa différence avec le *NME* en poursuivant la publication de ses célèbres petites annonces[x] et en abordant le phénomène « brit-pop », concept créé de toutes pièces par le *NME*, avec une salutaire indépendance critique. Cependant le départ d'Allan Jones en 1997 pour *Uncut*[x] et le déclin progressif des ventes sonnent bientôt le glas du magazine. Le *music-business* du XXIe siècle n'a que faire d'un deuxième hebdo musical britannique et après le lancement d'une nouvelle formule sur papier glacé en 1999, le *Maker* est absorbé en 2000 par l'empire IPC media (*NME*, *Uncut*...). Une fin peu glorieuse pour un journal légendaire qui, en 1992, chroniqua le premier effort rock d'un duo versaillais, Darlin', en ces termes peu avantageux : « a bunch of daft punk » (« une sorte de punk débile »). Thomas Bangalter et Guy-Manuel de Homem Christo avaient alors trouvé là un nom définitif pour leur groupe en même temps qu'une nouvelle orientation musicale salvatrice et rémunératrice.

## ALLAN JONES, L'ARME FATALE

« Le *Melody Maker* a besoin d'un coup de feu dans le cul. Je suis l'arme, pressez la gâchette ! » C'est la conclusion de la lettre de motivation d'Allan Jones adressée au *Melody Maker* qui recherchait alors un chroniqueur avec ou sans expérience journalistique. « Peu de temps après, je me balade dans Brompton Road en compagnie de Bryan Ferry, je déjeune avec Léonard Cohen à Sloane Square, je me pique la ruche avec Alice Cooper au Savoy », se souvient Allan Jones, adepte du nouveau journalisme[x], qui n'hésitera pas à donner de sa personne pour la cause punk[x]... pour le plus grand bonheur des lecteurs : Allan Jones est arrêté par deux policiers car il porte un tee-shirt « sex » représentant deux cow-boys à poutres apparentes... Allan Jones soutient Elvis Costello au point de se mettre minable en sa compagnie... Allan Jones se fait copieusement insulter par Lou Reed avec qui il a déjà, là aussi, exploré les profondeurs du coma éthylique... Allan Jones est partout et ne se contente pas d'observer, il fait partie de l'histoire et se met en scène dans des articles plus attachés aux personnes qu'à la musique. « Tu es un perturbateur mais j'aime ton style », lui dira son rédacteur en chef Richard Williams, qui l'envoie pendant deux ans autour du monde sans aucune restriction budgétaire. De 1984 à 1997, Allan Jones occupera le poste de rédacteur en chef du *Maker* et sera le responsable des premières couvertures britanniques des Smiths, de REM, de Pearl Jam et des Stone Roses. Il est aujourd'hui le rédacteur en chef du mensuel *Uncut*[x] pour lequel il tient également un blog très suivi qui fait la pluie et le beau temps en Grande-Bretagne.

**Enfiler en guise de pyjama un tee-shirt AC/DC** pour passer une belle nuit électrique, puis, le matin venu, boire son café dans un mug Rolling Stones et partir au boulot chaussé de Converse[x] The Clash, un sac The Who en bandoulière, en grimpant dans sa Golf Bon Jovi... En guise de produits dérivés à l'effigie des stars du rock, il convient, une fois n'est pas coutume, de rendre hommage au colonel Parker, le manager[x] d'Elvis Presley, qui le premier flaira la bonne affaire. Cet ancien directeur de cirque appliqua au rock les techniques des artistes des chapiteaux qui vendaient des programmes et des souvenirs pendant l'entracte afin de gonfler leurs revenus. Dès 1956, le faux colonel mais vrai businessman créa une société entièrement dédiée à la commercialisation de produits estampillés Elvis Presley : affiches, porte-clés, badges... Un an plus tard, les revenus

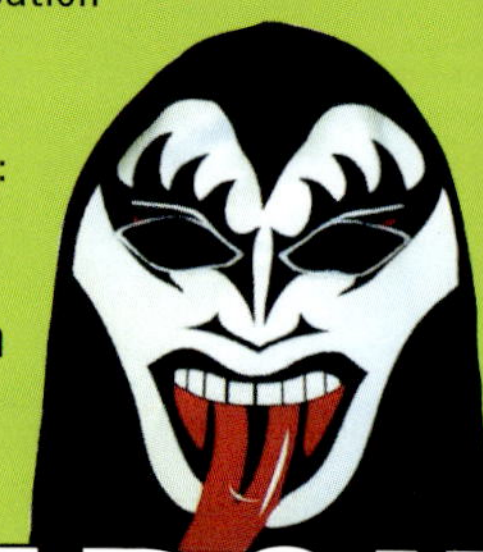

# MERCH

du merchandising du King atteignaient la somme colossale de 20 millions de dollars. Un joli pactole, qui aurait dû mettre la puce à l'oreille de Brian Epstein, le manager des Beatles, lorsqu'en 1964 il signa avec Nicky Byrne, homme d'affaires opportuniste, un contrat octroyant au groupe seulement 10 % des revenus générés par la vente d'objets étiquetés

Fab Four. Les premiers produits fabriqués (bas, robes, chemises, poupées, perruques…) partent comme des petits pains et Brian Epstein n'avoue pas immédiatement sa bévue à ses poulains… Mais le champion toutes catégorie des produits dérivés rock reste encore aujourd'hui le groupe Kiss : *comics*ˣ, t-shirts, ketchup, préservatifs, tongs, flippersˣ, parfums, casques de moto et même cercueil, pour l'ultime voyage du fanˣ… Grâce à plus de 5 000 références commercialisées en trente-cinq ans de carrière, le groupe a engrangé plus de 500 millions de dollars. « Gene Simmons et Paul Stanley du groupe Kiss sont les marketeurs les plus avisés avec lesquels j'aie traité », déclarait en 2009 Randy Phillips, producteur de la tournée *Sonic Boom* en Amérique du Nord. Tellement avisés que dès 1974 les deux leaders peinturlurés du groupe avaient déposé le maquillage Kiss… à la Librairie du Congrès des États-Unis !

ANDISING

*Les marchands du temple*

## Quadras rock

# Mes meilleurs copains

**« Tant qu'il n'y a pas mort d'homme… »** Dany, hippie fataliste, joué par Jean-Pierre Darroussin.

Ils formaient un groupe de rock et ont tout partagé dans les années 1960 et 1970 : théâtre expérimental, sexe libre, vie en communauté, drogues plus ou moins dures… À l'approche de la quarantaine, Jean-Michel (Christian Clavier), bourgeois contrarié, Richard (Gérard Lanvin), macho rustaud, Antoine (Philippe Khorsand), metteur en scène égocentrique, Dany (Jean-Pierre Darroussin), éternel baba-cool vivant aux crochets de Richard et Guido (Jean-Pierre Bacri), homosexuel hormonalement hyperactif, se réunissent dans la maison de Richard pour accueillir l'ancienne chanteuse du groupe, Bernadette Legranbois (Louise Portal), devenue artiste de variétés à succès au Canada. Les souvenirs et les vieilles rancunes refont surface, les bons mots et les répliques cinglantes fusent… Cette comédie plaisante, finement écrite par le réalisateur Jean-Marie Poiré (qui a puisé dans ses souvenirs d'ancien chanteur glam du groupe les Frenchies) et Christian Clavier (nous parlons là d'un Clavier incisif pré-*Visiteurs* et villa en Corse), s'inscrit dans la tradition française du film de potes – un genre en soi –, à la >

*Vincent, François, Paul et les autres* ou *Un éléphant, ça trompe énormément.* Parmi tous ces quadras désabusés qui s'agitent au rythme d'une bande-son imparable (Lou Reed, Joe Cocker, les Rolling Stones…), mention spéciale à Jean-Pierre Bacri, qui invente ici son personnage de bougon à bon fond dont il se fera une spécialité, et à Jean-Pierre Darroussin, qui interprète un hippie aussi indolent qu'hilarant dont le compteur s'est définitivement arrêté en 1968.
Sorti en 1989, le film accuse un bide retentissant en salles (360 000 entrées), desservi il est vrai par une affiche immonde et une concurrence déloyale (*Un poisson nommé Wanda, Gorilles dans la brume*…). Mais, phénomène assez rare, au fur et à mesure des multiples diffusions télé et des sorties VHS/DVD, *Mes meilleurs copains* trouve enfin son public et devient le film dont on aime aujourd'hui se répéter les meilleurs répliques… Laissons Guido-Jean-Pierre Bacri, conclure profondément cette entrée : « Le joint a considérablement élargi ma vision de l'art. Je me place désormais dans une perspective cosmique… Parce que, attention ! L'homme utilise 10 % de son cerveau, et c'est fondamental d'ouvrir la porte des 90 % qui restent. »

**« Quand on a commencé à faire *Métal hurlant* en 1975, il y a eu cette intuition, rapprocher rock et BD… les deux bâtards. […] Or ces bâtards sont extrêmement puissants. Ils sont le fait de voyous, de délinquants. »**
Moebius, 1999.

# Métal hurlant
## Science et rock-fiction

Rock, BD mais aussi « plein d'autres choses », comme le proclamait l'éditorial du numéro 1 (1975) signé Jean-Pierre Dionnet, cofondateur du magazine et des éditions Les Humanoïdes associés avec Jean Giraud (*alias* Moebius et Gir), Philippe Druillet (tous trois anciens collaborateurs de *Pilote* et de *L'Écho des Savanes*) et Bernard Farkas pour la gestion financière. Maquetté par Étienne Robial, conçu à l'origine comme un magazine de science-fiction (le titre fait directement référence à un robot qui connaîtrait la souffrance humaine), *Métal hurlant* ne fait pas de quartier et, très vite, arrose au karcher l'ensemble des arts considérés comme mineurs : érotisme (le magazine est interdit au moins de dix-huit ans jusqu'en 1978), séries B (numéro spécial *Conan le Barbare* en avril 1982), mode (numéro qui « emmerde les couturiers » en 1984) et rock bien sûr, avec un Philippe *je dormirai quand je serai mort* Manœuvre*, promu rédacteur en chef en 1979. Sous son impulsion, des signatures rock (Antoine de Caunes*, Yves Adrien*, Jacky Berroyer…) se greffent aux deux clans de dessinateurs du journal : la ligne claire (Benoît, Chaland, Margerin…) et la ligne crade (Jano, Tramber…).
*Métal hurlant* publiera plusieurs hors-série consacrés au rock (le premier en 1977) qui figurent parmi les meilleures ventes de l'histoire du magazine et qui, dans les années 1980, surpassaient largement la presse spécialisée à la dérive. On y croisait notamment Serge Clerc, créateur du reporter noctambule Phil Perfect, qui donna ses lettres de noblesse à la BD rock avec, entre autres, *La Lutte des Clash*, *La Nuit du Mocambo* et *La Légende du rock & roll*. « Les Humanos, c'était une maison de disques où tu aurais

eu les Stones, les Bérurier Noir, les Sex Pistols. À un moment, ça a pété », déclarait Philippe Manœuvre en 2005. Et en effet, née dans la passion à la fin des années 1970, « la machine à rêver » cesse de fonctionner en 1987 suite à la baisse des ventes, à un actionnaire espagnol peu impliqué et à de nombreuses guérillas internes.

On imagine mal aujourd'hui l'empreinte visuelle laissée par *Métal hurlant* dont le bouillon de culture graphique dépassera les frontières (trois éditions étrangères : italienne, allemande et américaine, un film éponyme en Amérique…), allant jusqu'à influencer Ridley Scott pour les décors d'*Alien* (Giger et Moebius) et George Lucas pour les vaisseaux de *Star Wars* (Mezières). Et même au XXIe siècle, le précieux métal semble inoxydable : un pilote TV de 26 minutes, fondé sur deux histoires parues dans *Métal hurlant*, a ainsi été produit en 2010 par la société We Prod qui souhaite créer une série dans la lignée de *La 4e Dimension* et des *Contes de la Crypte*.

## RIGOLO, LE RIRE ROCK

**En 1983, la maison d'édition Les Humanoïdes associés décide de se diversifier. *Métal hurlant*, se recentre sur la science-fiction, et deux nouveaux titres sont créés : *Métal aventure* et *Rigolo*, dont la rédaction en chef est confiée à Philippe Manœuvre[x]. L'objectif est d'absorber la volumineuse production des dessinateurs et de concurrencer *Fluide glacial*[x] sur le terrain de l'humour. Au générique des douze numéros parus mensuellement (le premier numéro est double) : Margerin qui dessine également le logo[x], Dodo et Ben Radis, Karl Zéro qui a bien fait de ne pas persévérer dans la BD, Rouzaud et son Z Craignos, Jano et son Kébra, les parodies érotiques d'Al Voss, des textes signés Farid Chopel, Luis Rego et Douglas Fairbanks de France… Vous l'avez compris, *Rigolo* ne fait pas dans la dentelle, tandis que les penchants affirmés de Philippe Manœuvre et de Jean-Pierre Dionnet pour la télévision influencent le sommaire. Jacky Jakubowicz (ancien attaché de presse de Gainsbourg, présentateur de *Platine 45*[x] et bouffon de Dorothée) est même sacré héros d'un consternant érotico-roman-photo intitulé *Jacky et les espionnes*. Mais la sauce ne prend pas, les nichons sont trop gros, l'humour est trop potache. En juillet 1984, la messe est dite, le numéro 13 spécial Jeux olympiques sera le dernier de *Rigolo*, qui n'aura pas été à la hauteur de son titre prometteur. On retiendra néanmoins les pages *Rigolo Rock* signées par Brenda Jackson, Bruno Blum et Kent, des jeux-concours improbables pour gagner une nuit avec Lita Ford (« et ses attachés de presse », précise l'annonce parue dans le n° 8, 1983), et les quatre pages politiquement incorrectes du collectif *Jalons* mené par Basile de Koch et Frigide Barjot. Ils s'illustreront plus tard avec leurs pastiches au vitriol de magazines et quotidiens : *Le Monstre*, *L'Aberration*, *Voirie*, *Coin de rue-Images immondes*…**

**« C'est grâce aux petites amies des Beatles que la minijupe a fait un tabac en Europe, en Amérique et au Japon. Ils venaient tous ensemble au studio pour faire leurs achats et c'étaient des potes. »** Mary Quant, 1999.

# Mini jupe

**Belles, belles, belles…**

Inventée par la designer Mary Quant parce que, selon la légende, ses jupes longues l'empêchaient de courir pour attraper son bus, la minijupe (nommée ainsi en référence à la voiture mini-Austin) connaît un succès non démenti depuis sa première apparition en 1962 dans la vitrine de la célèbre boutique Bazaar, située à King's Road (Londres). Dans la deuxième moitié des années 1960, tandis que les cheveux des garçons s'allongeaient, la jupe raccourcie à 15 centimètres au-dessus du genou (la longueur préconisée par Quant) représentait bien plus que dévoiler une paire de jambes, aussi jolies fussent-elle, pour les adolescentes et jeunes femmes du monde occidental (les Français gardent un >

souvenir ému des tenues de Sylvie Vartan, Brigitte Bardot ou Françoise Hardy). Oser porter ce bout de tissu provocateur qui causa de nombreuses collisions automobiles signifiait également résister aux parents, à l'ordre établi, et annonçait aussi bien la libération des mœurs que celle des femmes, qui s'émancipaient en révélant leurs gambettes, bientôt gainées de collants jusque-là réservés aux danseuses classiques.
« La minijupe, c'était : Wow ! Regardez-moi… est-ce que la vie n'est pas belle ! C'était jeune, libérateur, exubérant… C'était le bon moment ! », expliquait en 2006 Mary Quant, dont l'invention est aujourd'hui un basique des garde-robes féminines, des collections de haute couture et des tenues de scène de rockeuses qui n'ont pas

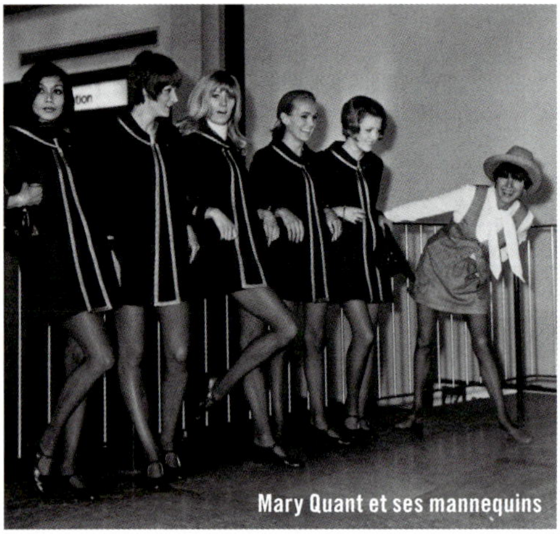
Mary Quant et ses mannequins

froid aux yeux, ni aux cuisses : re-séquence émotion en pensant à Debbie Harry (Blondie), Tina Turner, aux Runaways et aujourd'hui à Courtney Love, Katy Perry ou Taylor Momsen (qui porte la mini avec des bas et des jarretelles bien visibles). On a connu des révolutions plus douloureuses, moins agréables à observer, et il est légitime de penser que les longues jambes dénudées des égéries du Swinging London* (les sœurs Pattie et Jenny Boyd, Twiggy, Marianne Faithfull, Anita Pallenberg, Jane Birkin…) ne furent pas sans incidence sur l'incroyable créativité musicale des groupes du british sound (The Beatles, The Rolling Stones…). Au même titre que les produits psychotropes, les belles minijupées affolaient sans nul doute les décibels. *A contrario*, la micro-jupe et le string contemporains ne semblent malheureusement pas déclencher le même phénomène… ou bien peut-être qu'à force d'en voir plus, on entend de moins en moins.

**« Nous étions une jeunesse déboussolée, la génération d'après-guerre… Nous étions des mods et on jouait pour les mods, personne d'autre ne nous aimait. »**
Pete Townshend, 1971.

… Et surtout pas les rockers de la banlieue de Londres aux bananes gominées qui ne pouvaient souffrir ces jeunes minets raffinés à la raie sur

# Mods

## Scoots toujours

le côté, ces mods (abréviation de « modernist ») inspirés par la Nouvelle Vague française, dont le mot d'ordre prônait un mode de vie résolument hédoniste : « le lundi, je pense déjà au vendredi ». Cette rivalité s'exprima notamment en mai 1964, sur les plages de Brighton et de Clacton (mer du Nord), théâtre d'une bagarre générale qui dura deux jours et qui fit la une des quotidiens britanniques. Hormis ces quelques escarmouches, le samedi d'un mod londonien, généralement issu de la classe moyenne, ressemblait à cela : passage au vestiaire obligatoire pour revêtir un pantalon taille basse *hipster*,

une chemise Ben Sherman (col boutonné de rigueur) ou un polo Fred Perry*, une veste fendue à trois boutons et une parka M-51 de l'armée américaine (coiffure bouffante et minijupes* Mary Quant pour les filles), avant d'enfourcher un scooter Vespa ou Lambretta customisé aux couleurs de l'emblème du mouvement, la célèbre *target* (cible), inspirée de la cocarde de la RAF. Ensuite, direction Carnaby Street ou Camden pour renouveler sa garde-robe avant de rejoindre, le soir, les clubs La Discothèque ou le Marquee* afin de danser toute la nuit sous l'effet euphorisant des pilules de speed (amphétamines) sur « You Really Got Me » des Kinks, « My Generation » des Who, « Watcha Gonna do About It » des Small Faces, et sur une sélection des meilleurs titres soul d'Otis Redding, de Wilson Pickett, des Supremes et des Four Tops. On a déjà vécu des samedis plus pourris…

prêts

Avec le soin extrême porté au look, la musique constitue l'autre priorité majeure du mod, qui ne pouvait imaginer commencer les festivités de fin de semaine sans regarder chaque vendredi, à 18 heures, l'émission musicale *Ready Steady Go !*, dont la devise, « Le week-end commence ici », n'avait d'égale qu'une programmation ahurissante vue du XXIe siècle : The Beatles, The Pretty Things, Marvin Gaye, Them, Martha & The Vandellas et, bien sûr, les groupes étiquetés mods, The Who et The Kinks en tête. On retiendra de ce mouvement apolitique qui déclina à partir de 1966, avec l'émergence des hippies*, son osmose avec l'éclosion du british sound et aussi son penchant affirmé pour le rhythm and blues et le ska, qui initiera toute une génération britannique à l'afro beat et qui expliquera également l'attrait des punks* pour le reggae à la fin des années 1970… Cela est une autre histoire où la raie proprette sera mise de côté au profit, cette fois, de la crête nihiliste.

## *QUADROPHENIA* : MODS, LE RETOUR !

**« C'est un film anglais, foutrement anglais ! » Roger Daltrey, chanteur des Who, 1979.**
**Tellement anglais que la sortie à succès en 1979 de l'adaptation cinématographique du concept-album éponyme des Who, *Quadrophenia* (1973), remit les mods au goût du jour en Grande-Bretagne et dans une moindre mesure en Europe. Réalisé par Franck Roddam, produit par les Who, la quête d'identité du jeune Jimmy (Phil Daniels), qui devient mod dans les années 1960 pour donner un sens à sa vie, avait tout pour plaire à la génération post-punk* : bagarre contre les rockers, scooters customisés, pilules magiques, filles sexy en imper et tailleur-cravate… Le film, rythmé par les morceaux des Who, de James Brown et des Ronettes, renvoyait à l'insouciance des années 1960, un sentiment bienvenu à la fin des années 1970 qui venaient de subir le fracas provocateur des punks et de deux crises économiques majeures.**
**Ce *revival* mod fut également alimenté par l'explosion simultanée sur la scène britannique de groupes comme The Jam, The Merton Parkas ou Secret Affair, héritiers revendiqués des Small Faces et autres Pretty Things.**
**À noter enfin, dans le rôle d'Ace Face, l'excellente prestation de Sting, chanteur du groupe Police.**

# Mojo

## Classic Rock

**Si un extraterrestre débarquait sur Terre après l'apocalypse** et qu'il dénichait dans les décombres l'intégrale du magazine *Mojo*, il comprendrait vite ce que représentaient le rock et sa culture dans la seconde moitié du xxe siècle. Tout comme son concurrent direct *Uncut*[x], le mensuel britannique *Mojo* s'intéresse essentiellement au classic rock à travers de longues enquêtes, des interviews fouillées et des dossiers exhaustifs. Créé en octobre 1993 par le groupe Emap dans la foulée du mensuel *Q*[x] (plutôt consacré aux nouveaux artistes), *Mojo* a acquis en quelques années une crédibilité mondiale auprès des lecteurs et des artistes eux-mêmes. Certains, comme David Bowie en 2002, vont jusqu'à assurer la rédaction en chef le temps d'un numéro, ou compilent – tels les Who en 2006 – leurs titres fétiches sur l'un des CD *collectors* vendu chaque mois avec le magazine. Sous la rédaction en chef successive de Paul Du Noyer, Mat Snow, Paul Trynka, Pat Gilbert et aujourd'hui Phil Alexander, *Mojo* traite le rock comme un fait historique, dissèque ses chefs-d'œuvre, publie LA photo inédite et révèle également quelques secrets de fabrication. Ainsi, le numéro 73 (1999), dans lequel le lecteur apprend, sous la plume de Sylvie Simmons (*voir encadré*), que le hit-single du Pink Floyd, « Another Brick in the Wall, part II », doit beaucoup au producteur Bob Ezrin. Convaincu de l'énorme potentiel de ce titre qui ne durait originellement que quatre-vingts secondes, Ezrin rajouta de lui-même les chœurs enfantins afin d'obtenir un morceau de quatre minutes diffusable sur les ondes. De temps à autre, le mensuel délaisse les cartes vermeil et affiche en couverture quelques nouveaux talents appelés à devenir les références de demain : The White Stripes (n° 141), Arctic Monkeys (n° 162), Amy Winehouse (n° 170), etc. Enfin, cet *Historia* version rock réunit les plumes les plus expérimentées de la rock-critique anglo-saxonne : Nick Kent[x], Greil Marcus[x], Barry Miles, Dave Marsh (ex-*Creem*[x]), Charles Shaar Murray (ex-*NME*[x]), parmi d'autres. 💀

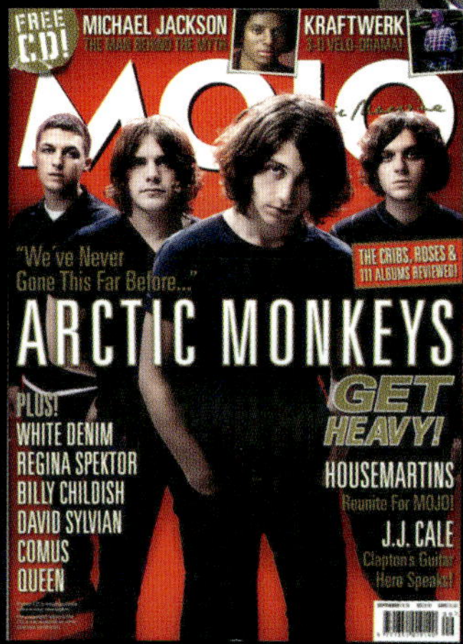


### SYLVIE SIMMONS, DU GLAM METAL À GAINSBOURG

**Née à Londres, collaboratrice de *Creem*[x], de *Rolling Stone*[x], de *Sounds*[x], de *Kerrang !* et de *Mojo*[x] depuis sa création, Sylvie Simmons est une des rares femmes rock-critiques à bénéficier d'une réputation internationale. Dans les années 1980, elle fut la meilleure ambassadrice du renouveau du heavy metal américain ; des groupes comme Mötley Crüe ou les Guns N'Roses lui doivent leurs premiers articles conséquents. Auteur en 2002 de la première biographie en langue anglaise consacrée à Serge Gainsbourg (*Serge Gainsbourg : A Fistful of Gitanes*), elle est également l'une des principales figures du livre de Paul Gorman, *In Their own Write : Adventures in the Music Press*, qui retrace l'histoire de la presse rock britannique jusqu'au milieu des années 1980, un ouvrage truffé d'anecdotes comme cette interview d'Eric Bloom, du groupe Blue Öyster Cult. Sous l'emprise d'une substance chimique interdite, Sylvie Simmons posa une dizaine de fois la même question au pauvre chanteur, qui patiemment lui fit la même réponse… avant de se voir finalement traiter par la journaliste de « personnage ennuyeux ». Désormais installée à San Francisco, Sylvie Simmons est devenue une spécialiste de l'americana (renouveau de la chanson folk et country) ; son interview-testament de Johnny Cash, conduite durant plusieurs jours, six semaines avant la mort de l'Homme en noir, a fait l'objet d'un livre et de plusieurs articles bouleversants.**

«Notre première rencontre a été épouvantable, il dormait tout le temps et ça a été comme ça pendant six mois. Il suivait un traitement à la méthadone. [...] Lorsque je l'ai présenté à Denis Lavant, ça s'est très mal passé. Ils disaient l'un de l'autre: si ce mec tourne dans le film, je ne le fais pas. La première journée a été plus que tendue, Lavant voulait se barrer, puis les choses se sont tassées.»
Patrick Grandperret, 1991.

Johnny Thunders

« Il », c'est Johnny Thunders, l'ex-guitariste des New York Dolls, qui joue son propre rôle dans ce film rock – une appellation que peu de longs métrages français méritent. Le film a marqué les esprits des 15 000 spectateurs qui l'ont vu en salle lors de sa sortie en 1989 et qui fait aujourd'hui son petit bonhomme de chemin d'œuvre en voie de *cultisation* grâce au format DVD. Initialement, Johnny Thunders vivent ces quatre jeunes un peu paumés, un peu drogués, un peu alcoolos et complètement fauchés. Obsédé par la figure décadente de Valentine, Pierre entreprend de trouver l'argent pour financer un concert avec son idole, qui par ailleurs ne laisse pas Mona insensible…
Tourné sur le vif, sans répétition et au plus près des acteurs qui ont vécu ensemble sur le lieu même du tournage, *Mona et moi* dépeint de manière quasi documentaire les relations complexes de cinq magnifiques paumés à la dérive, qui oscillent entre complicité, amour, mesquinerie et trahison. Un tableau tendre mais sans concession des relations

## Qui es-tu Johnny ?

# Mona et moi

avait sollicité l'aide de Patrick Grandperret pour réaliser un film sur les managers* et n'imaginait pas une seule seconde interpréter Johnny Valentine, son double cinématographique, dont l'aura d'icône punk* vient perturber le quotidien d'un piteux groupe de rock composé d'Olivier, de Ricky, de Pierre (Denis Lavant) et d'une caissière, Mona (Sophie Simon). Pierre est amoureux de Mona et des riffs de Johnny Valentine qui débarque un beau jour accompagné de son manager (celui de Thunders dans la réalité) dans le hangar désaffecté où

humaines sur fond de rock et de liberté qui reste dans les mémoires. Car *Mona et moi* fait partie de la catégorie des films « retour d'acide » dont le spectateur ne parvient pas à chasser les images marquantes qui reviennent à l'esprit sans prévenir, telle cette scène où Pierre confie à Mona ce qui pourrait bien être une définition acceptable du rock : « Moi ce que j'aime bien, c'est quand justement tu frôles. C'est limite tu vois, tu es au bord du précipice et puis hop, tu te rattrapes… »

**« Nous n'organisons pas des concerts pour gagner du fric, mais pour promouvoir la nouvelle musique que nous aimons, une musique radicale qui tourne délibérément le dos au show-biz et au système entier. »**
Marc Zermati, 1977.

# Mont-de-Marsan

## Anarchie dans les Landes

Dans la catégorie faits d'armes punk[x] mémorables, l'Angleterre a eu l'irruption des Sex Pistols en 1976 (scandale à la télévision chez Bill Grundy, single *Anarchy In The U.K.*, tournée chaotique, etc.). La France, elle, peut se vanter d'avoir accueilli le premier festival punk au monde, organisé par Marc Zermati[x] (patron de l'Open Market et du label Skydog Records) dans les arènes de Mont-de-Marsan le 21 août 1976. Un pari audacieux à une époque où le punk crachotait ses premières notes et où l'on confondait encore allègrement les groupes appartenant authentiquement au genre et les succédanés du pub-rock : dans la première catégorie, les Damned ouvrirent le feu à midi pétant après avoir consacré une nuit blanche amphétaminée à troubler le sommeil des résidents de leur hôtel. Dans la seconde, on vit Eddie & The Hot Rods, Dr. Feelgood, Pink Fairies et Little Bob Story, entre autres, se succéder sur scène devant 500 personnes environ, pour l'essentiel de nationalité espagnole ou britannique, jusqu'à trois heures du matin. Cette très maigre affluence n'empêcha pas la tenue d'un deuxième festival les 5 et 6 août 1977, dans une chaleur étouffante et devant 4 000 spectateurs, dont un jeune Ian Curtis (Joy Division), venu en stop, la peau couverte de cloques, comme tout bon Britton qui se respecte sous un soleil caniculaire. Un nombre de spectateurs considérable et inespéré qui s'explique par la décision du gouvernement britannique d'interdire tout rassemblement punk sur son sol, suite aux événements survenus durant le jubilé de la reine Élisabeth II deux mois plus tôt (pour l'occasion, les Sex Pistols avaient enregistré un « God Save the Queen » qui n'avait rien de royaliste). La cité landaise fut donc la capitale européenne du punk durant deux jours marqués par l'« affrontement » sur scène et en coulisses des Clash et des Damned (*voir encadré*), et les prestations de Police (avec Henry Padovani), de Shakin' Street, d'Asphalt Jungle, de Bijou… Deux mois plus tard, la sortie fracassante de *Never Mind the Bollocks*, le premier et unique album officiel des Sex Pistols, sonnera le glas de cette « musique radicale qui tourne délibérément le dos au système entier », et qui a vécu ses derniers instants d'insouciance bordélique à Mont-de-Marsan. ☠

The Clash dans les coulisses du festival

### DÉSORDRES À L'ANGLAISE

☠ Mick Jones (The Clash) avait oublié que les Français roulaient à droite et se fit sérieusement rouler sur le pied par une voiture quelques heures avant de monter sur scène.

☠ Après avoir volontairement détruit la batterie du groupe français Shakin' Street, Rat Scabies (Damned) emprunta celle du groupe Little Bob Story, sous la haute surveillance de son propriétaire accessoirement ceinture noire de karaté, qui resta campé durant tout le concert derrière un Scabies qui n'en menait pas large.

☠ Captain Sensible (Damned) écrasa des boules puantes durant le set des Clash avant de se faire éjecter par les roadies[x] du groupe contre une barrière de sécurité qui lui broya les parties intimes. Une ambulance le conduisit à l'hôpital tandis que The Clash, de l'avis de beaucoup, donnèrent un des meilleurs concerts de leur carrière.

# Le festival idéal

**Nous sommes au début de l'année 1967** : Paul McCartney, John Phillips (The Mamas & the Papas) et Lou Adler (manager✗ et fondateur de Dunhill Records) devisent ensemble et constatent avec regret que la pop music n'est toujours pas considérée comme une forme d'art à part entière, comme le jazz et même le folk qui sont célébrés dans de nombreux festivals à travers le monde. L'idée fait son chemin de profiter de la notoriété du festival de jazz de Monterey (Californie), qui se tient chaque année depuis 1958, pour y organiser le premier festival rock de l'histoire, le *Monterey International Pop Music Festival*, les 16, 17 et 18 juin 1967.
À l'affiche, une trentaine d'artistes et de groupes, notamment Janis Joplin (chanteuse de Big Brother & The Holding Company), The Grateful Dead, Steve Miller Band et Jefferson Airplane, qui tous prendront leur envol suite à la qualité de leurs prestations scéniques. Mais les deux vainqueurs absolus de ce festival qui lancera le *Summer of Love* furent sans conteste les Who (seuls représentants britanniques avec Eric Burdon & The New Animals), qui s'ouvrirent ainsi le marché américain, et Jimi Hendrix, enfin acclamé dans son propre pays après une tournée anglaise triomphale. Après de longues tractations, car chacun redoutait de jouer après l'autre, les Who lanceront les hostilités avant de laisser la scène au Grateful Dead puis à Brian Jones (Rolling Stones), qui annonça « l'un des meilleurs guitaristes [...] jamais entendus : Jimi Hendrix ».

Jimi Hendrix

Les Who avaient bien sûr détruit leur matériel, comme ils avaient coutume de le faire sur scène ; Hendrix, lui, jouera avec les dents, mimera la masturbation et enflammera sa Stratocaster après l'avoir arrosée d'essence...
Musicalement irréprochable, Monterey a également été exemplaire en termes d'organisation. Que ce soit au niveau des spectateurs (90 000 personnes sur trois jours au lieu des 50 000 attendues), gérés par un service d'ordre efficace et pacifique (certains policiers se laisseront même recouvrir de fleurs), ou au niveau des musiciens qui bénéficiaient des meilleures conditions (sonorisation, hébergement, ravitaillement) pour exercer leur art, gratuitement qui plus est. Seul Ravi Shankar fut rémunéré pour avoir gratté son sitar quatre heures durant. Enfin, tous les bénéfices du festival furent reversés à des organisations humanitaires. Qui dit mieux ? Certainement pas les festivals de Woodstock✗ ou d'Altamont✗ en 1969, qui connurent leur lot de morts, d'overdoses, de violences et d'arrestations.
Il est vrai que l'été de l'amour avait alors cessé de darder tous ses rayons. 💀

# MONTEREY POP

## *MONTEREY POP*, LE FILM

Janis Joplin qui s'enfile une rasade de Southern Comfort pendant son interprétation de « Ball'n'Chain », Otis Redding qui adresse un « voici donc la foule de l'amour » aux spectateurs avant d'entamer son set par « Shake », Eric Burdon qui pallie l'absence de ses compatriotes les Rolling Stones en reprenant « Paint It Black »... La caméra du réalisateur D.A. Pennebaker, secondé par plusieurs cadreurs dont Albert Mayles (qui coréalisera *Gimme Shelter*, voir entrée *Altamont*), a tout saisi du On et du Off du festival. Un an après son documentaire sur Bob Dylan, *Dont Look Back*✗, on retrouve dans *Monterey Pop*, sorti en 1968, la capacité qu'a Pennebaker de s'effacer devant son sujet pour mieux en capturer la quintessence spirituelle. Cela dit, point besoin de zooms intempestifs ou d'effets de caméras virevoltants quand, sur scène, un extraterrestre gaucher immole sa guitare sur l'autel du *Flower Power*✗... L'Histoire s'écrit d'elle-même !

**« Le synthétiseur Moog a changé la face du rock. Pour la première fois, sur scène, le claviériste pouvait rivaliser musicalement avec le guitariste. »** Rick Wakeman, du groupe Yes, 2004.

# Moog

## La Rolls des synthés

Guitare/basse/batterie/chant… nul besoin de plus pour prétendre jouer du rock, si ce n'est peut-être un clavier, instrument souvent décrié par quelques puristes qui s'inclinent néanmoins, et à juste titre, devant l'influence capitale de virtuoses de la touche comme Ray Manzarek (The Doors), Rick Wright (Pink Floyd), Mike Garson (pour David Bowie) ou Billy Preston (pour les Beatles et les Rolling Stones). Dans la jungle des claviers et autres synthétiseurs analogiques, électroniques ou digitaux, les synthétiseurs Moog, conçus par l'ingénieur physicien Robert Moog (1934-2005), sont aux pianistes ce que les Stratocasters sont aux guitaristes : des *musts* qui, depuis les premiers appareils modulaires de la marque en 1965 (avant Moog, un synthétiseur pouvait occuper une pièce entière), enrichissent la musique rock d'effets aux possibilités infinies et de sonorités uniques qualifiées de « chaudes et puissantes ».

Après une probante démonstration des capacités de l'instrument réalisé par Beaver & Krause au festival de Monterey Pop^x en 1967, la planète rock s'enticha rapidement de ces appareils parfois récalcitrants mais qui apportèrent incontestablement un relief inédit à des albums comme *Their Satanic Majesties Request* des Rolling Stones en 1967 (Jagger vendra plus tard son Moog IIIP à Christopher Franke, du groupe Tangerine Dream) ou à des morceaux comme « I Want You (She's so Heavy) » des Beatles en 1969, dans lequel, à la fin du morceau, George Harrison produit au Moog l'effet « vent » audible. Des Beach Boys aux DJ's contemporains en passant par Stevie Wonder, Kraftwerk, The Cure et Giorgio Moroder, le Moog a traversé toutes les époques et tous les styles, notamment grâce au modèle phare de la marque lancé en 1971, le Minimoog Model D, le premier synthétiseur facilement transportable qui s'est vendu à plus de 13 000 unités en moins de dix ans. Ces modèles sont aujourd'hui très recherchés par les collectionneurs et les musiciens qui, en lieu et place d'un authentique exemplaire *vintage*, peuvent toujours se rabattre sur l'excellente réédition du Minimoog, commercialisée depuis 2002 dans sa version originelle à trois oscillateurs mais enrichie d'une compatibilité MIDI, car il faut bien vivre avec son temps !

Keith Emerson et son Monster Moog

### KEITH EMERSON, *CLAVIER-HERO*

**Célèbre adepte et porte-drapeau de la marque Moog, Keith Emerson, clavier du groupe progressif^x Emerson, Lake & Palmer (ELP), possédait dans les années 1970, entre autres, un modèle gigantesque, conçu sur mesure par Robert Moog : le 10-foot-tall Monster Moog. Cet impressionnant conglomérat de fils, de touches et de boutons avait une fâcheuse tendance à se désaccorder sous l'effet de la chaleur. La bête devait même parfois être recouverte de tissu afin de l'empêcher de capter les fréquences radio de la police en plein concert. Le fantastique solo joué par le *clavier-hero* de ELP sur le titre « Lucky Man » (1970) figure toujours parmi les meilleurs exemples des ressources sonores d'un Moog bien maîtrisé.**

# Michael Moorcock

## Rock Fantasy

**Né en 1939, cet auteur prolixe d'heroïc fantasy** est peu connu en France en dehors des amateurs du genre. Maître de l'uchronie, créateur de la célèbre saga *Elric le nécromancien*, de Jerry Cornelius et du mythe du « champion éternel », Moorcock a également beaucoup œuvré dans le hard-

rock[x]. Parallèlement à sa carrière littéraire, il a fréquemment collaboré en tant que parolier avec le groupe britannique Hawkwind, notamment pour la conception de l'album *The Chronicle of the Black Sword* (1985), inspiré par la saga d'Elric. À la demande d'Eric Bloom, chanteur et guitariste de Blue Öyster Cult, Moorcock a écrit trois titres pour le groupe américain, dont deux reprennent les thèmes et quelques personnages d'Elric : « Black Blade » (1980) et « Veteran of the Psychic Wars » (1981). En 1975, avec quelques membres de Hawkwind, il enregistre un concept-album baroque et apocalyptique *The New World's Fair* (1995). Le nom du groupe ? Deep Fix… qui est aussi le nom d'un groupe dans la saga *Jerry Cornelius*, sans doute le plus pop de tous ses romans. Moorcock est également l'auteur de la novellisation du film sur les Sex Pistols réalisé par Julian Temple, *La Grande Escroquerie du rock and roll*[x]. En fusionnant ainsi la musique et la littérature, en intégrant ses personnages de science-fiction dans ses paroles de chansons ou en mettant en scène des groupes réels dans ses romans, Moorcock dresse une vaste comédie humaine multisupports de sa propre œuvre. Quel meilleur exemple que cette nouvelle inédite, intitulée *Un chanteur mort*, et parue dans *Rock & Folk*[x] en 1975, où Jimi Hendrix revient d'entre les morts pour une virée en voiture dans la campagne anglaise ? Au volant, Shakey Mo, roadie[x] du Deep Fix ; à la radio, les riffs de Hawkwind : « Mo sentit le poids de ses responsabilités. Il était un bon roadie, mais il en existait de meilleurs que lui. Tous ces types auxquels on peut confier un gros secret en toute confiance. Jimi n'en n'avait pas exprimé la certitude, mais il était évident qu'il sentait que le monde n'était pas encore prêt pour son retour. »

# MOTO

## Born to be wild

**Si Elvis a beaucoup fait pour la promotion des bécanes** en posant avec une Model KH Harley en 1956 et en trimballant Barbara Stanwyck sur une Honda CB 77 (une japonaise, déjà !) dans le film *L'Homme à tout faire* (1964), il convient de rendre justice au duo Leiber & Stoller qui composa en 1955 « Black Denim Trousers and Motorcycle Boots », le premier hit rock à sentir le pétrole, le cuir et le carbu graisseux, repris avec succès en 1956 par Édith Piaf sous le titre « L'Homme à la moto ». Rock et moto… difficile d'évoquer les fondements de cette relation sans tomber dans l'énumération de clichés faciles : les sensations et les vibrations de la machine qui se couplent au rythme et aux sonorités de la musique binaire, l'amour des belles mécaniques qui renvoie à l'attachement des musiciens pour leurs instruments, >

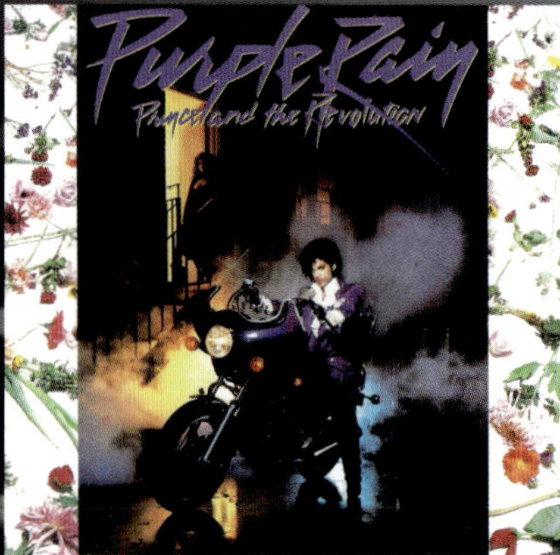


le goût du voyage, de l'asphalte, comme celui des tournées interminables… Tout cela est vrai, mais omet un facteur non négligeable dans l'éclosion du deux-roues auprès des teenagers dès la fin des années 1950 : l'achat et l'entretien d'une moto revenaient moins cher que ceux d'une voiture, symbole qui plus est de sorties familiales cafardeuses à la campagne le dimanche après-midi. À l'inverse, posséder un cheval mécanique, c'était l'assurance pour les classes populaires d'obtenir automatiquement le permis de rébellion, de s'identifier à Marlon Brando dans *L'Équipée sauvage*ˣ, à Captain America dans *Easy Rider*ˣ, aux rockers anglais du Club 59 qui pourchassaient les scooters modsˣ à bord de leurs Triumph, de jouer avec le feu à chaque tournant et d'y rencontrer malheureusement parfois la grande faucheuse, qui, le 24 octobre 1971, a par exemple cueilli au guidon de sa Harley le guitariste surdoué Duane Allman (Allman Brothers). Camion contre moto… En France, avec Coluche, on ne connaît que trop bien le résultat du duel.

Parmi les authentiques motards du rock, accros au bitume et aux accélérations pétaradantes, distinguons Keith Richards, qui visitait la Côte d'Azur en 1971 vissé sur une Norton alors que Mick Jagger avait opté pour une Honda (encore une japonaise !), Bob Dylan, qui se fit très peur avec sa Triumph Tiger 100 (*voir encadré*), Janis Joplin, miss Harley, qui eut plusieurs accidents dans sa prime jeunesse, Brian Setzer (Strays Cats), propriétaire d'une somptueuse Harley de 1 200 cc gonflée en 1 400 (présente sur la pochette de l'album *Gonna Ball* en 1981)… En France, Johnny Hallyday s'est naturellement accaparé la panoplie du motard passionné qu'il est réellement, n'hésitant pas à faire ronronner sa Harley customisée sur la scène de Bercy en 1992 et à se fader pour le plaisir la route 66 en 1990. Une autre catégorie fait le plein, celle des poseurs qui n'ont jamais piloté une moto de leur vie, autrement que pour un clip vidéoˣ ou une séance photo : Brigitte Bardot en 1967, dont la plastique irréprochable a réussi à érotiser les Harley Davidson pour l'éternité, Robbie Williams, qui fait le paon en Triumph Scrambler sur la pochette de *Reality Killed the Video Star* (2009), la palme du ridicule revenant de droit à Prince pour la pochette de *Purple Rain* (1984), sur laquelle le nain pourpre, guitare dans le dos et vêtu d'une chemise à jabot, chevauche ce qui semble être une japonaise (décidément !)… trop grande pour lui !

## DYLAN EN ROUE LIBRE

**« Après cet accident de moto, je me suis réveillé et j'ai retrouvé tous mes sens. J'ai réalisé que je travaillais comme un forcené pour toutes ces sangsues. Je ne voulais plus faire ça, j'avais une famille et je voulais voir mes enfants grandir. » Bob Dylan.**
**Comme il y a eu un autre Elvis après le service militaireˣ, il existe un autre Dylan né après son accident de moto survenu en 1966. Le 29 juillet, les freins de sa Triumph Tiger 100 se seraient bloqués, provoquant**

**sa chute et de nombreuses lésions cervicales. Le mystère plane toujours sur cet accident, considéré par certains comme une supercherie dylanienne pour se mettre au vert et échapper à son statut d'icône qu'il n'assumait plus. Convalescent, entouré de sa femme et de ses enfants dans sa maison de Woodstock, Dylan sacrifie aux joies de la vie de famille jusqu'en 1968 tout en enregistrant avec The Band ce qui allait devenir les fameuses *Basement Tapes*. L'histoire ne dit pas ce qu'est devenu le tee-shirt blanc à l'effigie de la marque Triumph que Dylan porte sur la pochette de l'album *Highway 61 Revisited* sorti en 1965.**

# Clips à la chaîne

**« MTV… une chaîne entièrement dédiée à votre style de musique favori, tous les jours, toutes les nuits et en stéréo… »** C'est avec ce slogan et un premier clip vidéo[x] qui annonçait clairement la couleur, *Video Killed the Radio Star* des Buggles, que MTV ouvrit son antenne le 1er août 1981 aux États-Unis. Objectif de cette chaîne d'un nouveau genre né d'un pacte Warner Bros/American Express, pour un investissement initial d'une vingtaine de millions de dollars : diffuser 24 heures sur 24 des clips vidéo rock et assimilés, financés par les maisons de disques, trop heureuses de disposer ainsi d'un nouveau vecteur promotionnel de masse. Le succès fut immédiat pour la première chaîne musicale de l'histoire qui contribua à elle seule au développement de l'industrie des clips. Seul bémol, mais de taille : après dix-huit mois d'existence, sur un total de 750 clips diffusés en rotation, MTV n'avait programmé que 24 clips d'artistes noirs (Tina Turner, Donna Summer…). « C'est trop facile de m'accuser ! Ce n'est pas moi qui décide ! Il y a pour plus d'un million de dollars de sondages derrière notre programmation. Les gens ne veulent pas voir de Noirs, ce n'est quand même pas ma faute ! » se défendit à l'époque le directeur des programmes Bill Pittman. Il faudra attendre les ventes exceptionnelles de l'album *Thriller* de Michael Jackson, ses clips surpassant les vidéos d'artistes blancs, et l'ultimatum de la compagnie CBS de ne plus rien livrer à la chaîne si le clip de *Billie Jean* n'était pas programmé, pour que MTV diffuse enfin de la musique noire et >

Beavis and Butt-head

## *MTV UNPLUGGED* : DÉBRANCHEZ TOUT !

Parmi les critiques les plus véhémentes formulées à l'encontre de MTV dans les années 1980 figurait la toute-puissance accordée au clip. En clair, une vidéo somptueuse à gros budget pouvait éclipser le maigre talent d'un artiste et le propulser au sommet des hit-parades[x]. Afin de redorer son image et sur le modèle du show d'Elvis Presley diffusé sur la chaîne NBC en 1968, MTV produisit régulièrement, de 1987 à 2002, les concerts *MTV Unplugged*, où les musiciens jouaient en direct au milieu du public, sans électrification ou presque… Pas d'artifices, de bombasses dénudées qui secouent leurs postérieurs ou d'explosions bidons, juste des concerts authentiques dont certains furent ensuite commercialisés sous forme de CD[x]. Parmi tous les shows diffusés à l'époque (encore aujourd'hui mais de manière sporadique, comme celui de Katy Perry en 2009), deux au moins sont entrés dans l'histoire.

- Eric Clapton : en 1992, pour son premier concert donné après la mort de son fils, le dieu de la guitare débrancha son ampli et délivra un set chargé d'émotion dont la version CD constitue à ce jour sa meilleure vente d'albums (15 millions d'exemplaires !). La version acoustique de « Layla » est aujourd'hui plus connue que l'originale enregistrée en 1970 au sein du groupe Derek & The Dominos.
- Nirvana : en 1993, cinq mois avant son suicide, Kurt Cobain accepte la proposition de MTV à une condition, ne pas forcément interpréter les hits du groupe mais jouer plusieurs reprises qui ont influencé son parcours musical, dont une superbe version de « The Man Who Sold the World » écrit par David Bowie en 1970. Ce dernier, irrité que le public puisse penser qu'il s'agissait d'une composition de Kurt Cobain, le remit au programme de son répertoire *live*. Sorti en 1994, le CD *Nirvana Unplugged in New York* est pour beaucoup – dont l'auteur de ces lignes – le meilleur album du groupe grunge[x].

accessoirement modifie ses techniques de sondage. « Si nous avons triomphé aux States, c'est incroyable, mais nous le devons exclusivement à MTV [...] et je leur tire mon chapeau », déclarait Brian Setzer, leader des Stray Cats, groupe américain de rockabilly, apprécié en Grande-Bretagne mais totalement ignoré dans son pays avant MTV. D'autres artistes doivent également beaucoup à la chaîne musicale : Madonna, Journey, ZZ Top, Bon Jovi, The Cars... Sans oublier les groupes britanniques qui s'imposent outre-Atlantique dans les années 1980 grâce à des clips aux budgets dépassant parfois le coût de création de leurs disques : U2, Eurythmics, Duran Duran, Culture Club, Human League... De simple robinet à clips, entrecoupés de quelques animations et interviews réalisés par de jeunes V-Jays (video-jockeys, version moderne avec l'image des disc-jockeys), MTV s'est progressivement diversifiée en produisant plusieurs programmes de divertissement innovants (*The Real World* à partir de 1992, première émission de téléréalité[x] au monde), bêtement drôles (*Jackass* à partir de 1999, où un groupe d'allumés se livre à des expériences extrêmes plus débiles et plus dangereuses les unes que les autres) ou absolument consternants (*Exposed* à partir de 2006, émission de *speed dating* où les candidats sont soumis à un détecteur de mensonges). Parmi les authentiques réussites, citons le dessin animé *Beavis and Butt-head*, produit de 1993 à 1997, qui mettait en scène deux crétins fous de hard-rock. Aujourd'hui présente dans plus de cent cinquante pays avec plusieurs chaînes thématiques par genre musical, organisatrice depuis 1984 de soirées annuelles de récompenses qui ont dépoussiéré le genre (MTV Video Music Awards, MTV Movie Awards...), MTV est diffusée en France depuis 2000. Le bouquet MTV Networks France comprend aujourd'hui quatre chaînes distinctes : MTV L'Originale destinée au jeune public, MTV Pulse consacrée au rock grand public et alternatif, MTV Idol qui programme les tubes de ces trente dernières années, et MTV Base, entièrement dédiée à la musique noire... Merci Michael !

The Buggles : « Video Killed the Radio Star »

**Si vous possédez une page MySpace, vous connaissez forcément Tom,** le premier ami qui vous envoie régulièrement des messages personnels que reçoivent également 220 millions d'amis virtuels dans le monde. Nés en 2003 à Santa Monica (Californie), Tom et son réseau social MySpace furent rachetés en 2005 par Rupert Murdoch pour la bagatelle de 580 millions de dollars. Le big boss de News Corporation, l'un des plus grands groupes de communication du monde, s'offrait ainsi le leader des réseaux sociaux de l'époque (supplanté en 2008 par Facebook) qui

myspace.com
a place for music

*Merci pour l'ajout*

devait – et doit toujours – l'essentiel de son succès à MySpace Music : un espace dédié aux musiciens où plus de huit millions de groupes et d'artistes diffusent leur répertoire et annoncent leurs dates de concert sur des pages au design personnalisable. Pour qui ? Pour des amis, pour la plupart inconnus, qui s'autocongratulent de leurs ajouts respectifs, et surtout pour Rupert Murdoch, heureux propriétaire d'un site dont 100 % du contenu est fourni gratuitement par les internautes et qui génère d'immenses revenus publicitaires.
Alors, faut-il quitter MySpace, dont la version française sortie en 2007 n'a jamais véritablement décollé, sous prétexte qu'il ne s'agit finalement que d'une gigantesque vitrine promotionnelle, même si certains artistes, comme les Arctic Monkeys, Lily Allen ou Adele lui doivent la rampe de lancement de leurs carrières respectives ? Ces triomphateurs des hit-parades[x] de la seconde moitié des années 2000 ne viennent pas totalement de l'espace virtuel : les Arctic Monkeys avaient déjà acquis leur réputation sur les scènes les plus obscures de Grande-Bretagne avant de cartonner sur une page MySpace ouverte à l'initiative d'un fan[x] ; Lily Allen, fille d'un père musicien-acteur et d'une mère productrice de cinéma, était déjà connue du milieu avant de chanter quoi que ce soit. Au final, MySpace est indubitablement un accélérateur efficace, mais rien ne remplacera jamais les vibrations d'un concert démentiel dans une petite salle à l'ambiance surchauffée !

*NANARS* 188
*NEW MUSICAL EXPRESS* 190
**NEW WAVE 192**
NOUVEAU JOURNALISME 193
LE NOUVEL HOLLYWOOD 194
OLYMPIA 194
*ONE + ONE* 196
OPÉRA ROCK 197
*ORANGE MÉCANIQUE* 198

Depeche Mode première mouture en 1980

**Le cinéma *bis*, celui des séries B et Z, s'est évidemment délecté de la culture rock,** s'emparant de tous les clichés afférents au genre en les grossissant jusqu'à la caricature : chanteurs au look peroxydé, paroles débilitantes, groupies au QI de pétoncles... Zoom avant sur quelques nanars rock plus stupides les uns que les autres mais qui, souvent, font du bien aux zygomatiques.

**LES NANARS QUI SE LA PÈTENT.** À l'origine, ils n'étaient pas calibrés pour rejoindre le rang des séries B, mais en matière de cinématographie, les meilleures intentions du monde ne suffisent pas pour espérer un jour décrocher un Oscar ou une Palme à Cannes. Réalisé par Michael Schultz en 1978, ***Sgt. Pepper's Lonely Hearts Club Band*** propose une adaptation hollywoodienne toc et kitsch de l'œuvre des Beatles, bande-son originale à l'appui supervisée par le producteur[x] des Fab Four George Martin. À peine drôle et totalement consternant malgré un casting des plus relevés : Peter Frampton, les Bee Gees, Alice Cooper, Billy Preston, Earth, Wind & Fire et Aerosmith en méchants fachos[x] de service.

Quand on s'appelle Walter Hill et qu'on a révélé Eddie Murphy au cinéma dans l'excellent *48 Heures* (1982), comment peut-on enchaîner directement sur ***Les Rues de feu*** (1984), une supposée « fable rock and roll » au scénario indigent : un improbable trio (un ancien soldat, une Riot Grrrl[x] avant la lettre et un manager[x]) veut libérer une rock-star kidnappée par un gang de motards. Un budget conséquent de 14,5 millions de dollars, les courbes avantageuses de Diane Lane et le *bottleneck* de Ry Cooder sur la bande-son n'empêcheront pas le film de faire un four au box-office, évitant ainsi aux spectateurs de subir les deux suites initialement prévues.

**LES NANARS COSMICO-TRASH.** Assumés comme tels, ils convoquent sur la pellicule créatures de l'espace, fantômes de pacotille et parfois quelques stars censées relever le niveau de scénarios probablement écrits sous LSD[x]. Ainsi, ***Le Loup-garou de Woodstock***, réalisé en 1975 par John Moffitt (pitch : sur le site du célèbre festival, un paysan reçoit une décharge électrique qui le transforme en loup-garou), et ***Rock Aliens*** (1984), par James Fargo (la chanteuse Pia Zadora forme un groupe de rock avec des extraterrestres belliqueux qui aimeraient bien s'envoyer en l'air avec elle). Mention Spéciale à ***Kiss contre les fantômes*** (1980), qui met en scène le groupe dans un parc d'attractions menacé par un génie de la cybernétique. Heureusement, les quatre Kiss volent, griffent, crachent du feu et du sang !

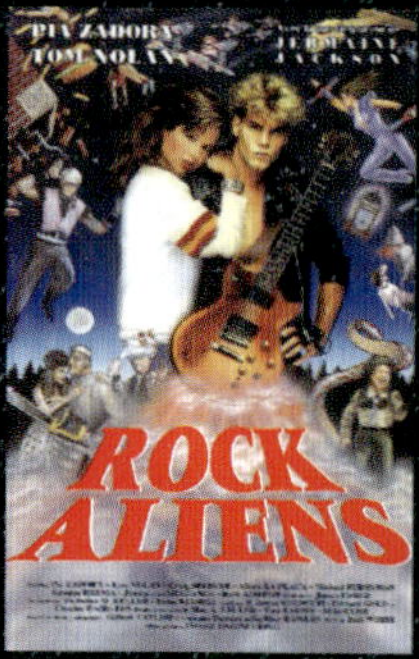

# Nanars

## Le meilleur du pire

**LES NANARS GORE.** Strictement interdits aux âmes sensibles et au public délicat du groupe Belle and Sebastian mais vivement conseillés aux amateurs d'hémoglobine et adorateurs de Rob Zombie (le bien nommé), ces nanars sang pour sang rock risquent de vous faire tourner de l'œil et pleurer de rire. Réalisé à la serpe en 1984 par Krishna Shah, ***Hardrock Zombies*** (connu aussi sous le titre ***Rock Zombies***) vous entraîne dans la petite ville de Grand Guignol où un pitoyable groupe de hard-rock[x], Holly Moses, tente de percer dans le *music business*. Mais ils devront pour ce faire affronter des bouseux fans[x] de musique country, une famille de dégénérés consanguins et Adolf Hitler ressuscité qui, pour lancer son IVe Reich, transmute les humains en zombies. Ces mêmes humains, pour se protéger du démon, brandissent dans la rue de grands portraits de figures disparues : Elvis Presley, John Lennon, Jimi Hendrix… À noter également la présence de la Meryl Streep des séries B, Lisa Toothman, moulée dans un collant bleu du plus bel effet. Autre panouille sanguinolente, ***Punk Rock Holocaust*** (2004), de Doug Shakman, qui présente la particularité d'avoir été tourné *live* avec une DV pendant l'édition 2003 du festival punk Vans Warped Tour (États-Unis). Le postulat de départ est aussi subtil qu'un disque des Ramones : un skater, tueur en série en liberté, opère une véritable boucherie dans les travées du festival et dézingue tout ce qui bouge – yeux crevés par des baguettes de batterie, têtes coupées en veux-tu en voilà… Cent dix morts au compteur et l'apparition d'un (faux ?) groupe punk français judicieusement dénommé The Bérets !

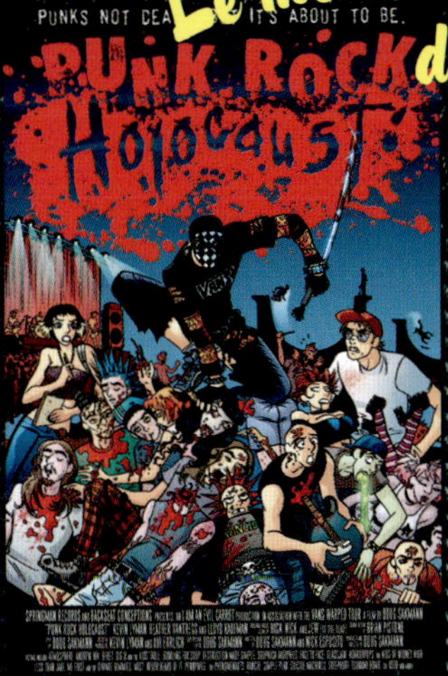


**LES NANARS FRANCHOUILLARDS.** En France aussi, la série B rock existe, à ceci près que, contrairement aux films précédents, l'humour n'est pas de mise mais la prétention est bien au rendez-vous. Commençons par ***Paroles et musique*** d'Élie Chouraqui (1984), où Christophe Lambert et Richard Anconina campent deux musiciens en quête de gloire sur fond de tourments amoureux aussi ennuyeux que la musique composée par Michel Legrand, qu'ils interprètent en play-back avec systématiquement un temps de retard. Navrant. Poursuivons par ***Héroïnes***, de Gérard Krawczyk (1997) : Johanna (Virginie Ledoyen) a du succès sur scène mais elle chante en play-back sur la voix de sa copine Jeanne (Maïdi Roth) tapie dans l'ombre… Cependant Johanna en a plus qu'assez de cette gloire usurpée, tandis que Jeanne, elle, en a marre de rester en coulisses, mais en même temps elle est timide, alors… Désespérant ! Terminons, par le fin du fin, ***Alive***, de Frédéric Berthe (2004), ou la tentative de *come-back* d'Alex Meyer (Richard Anconina, encore…), metteur en scène

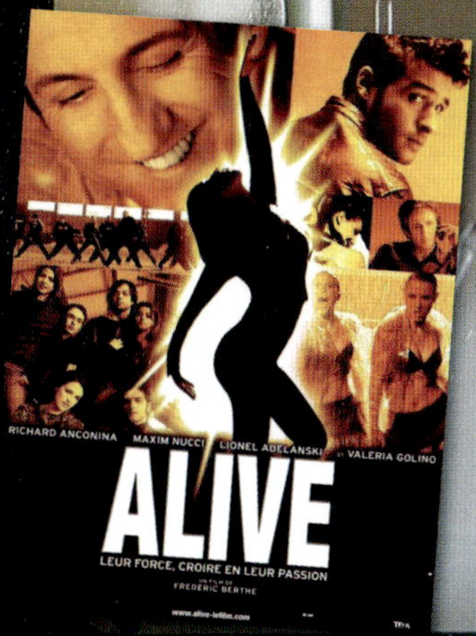


de comédie musicale en qui plus personne ne croit et qui en est réduit à préparer son nouveau spectacle dans un entrepôt. Sauf que ledit spectacle est fondé sur des lettres écrites par Elisa, son ex, qui ne l'entend pas de cette oreille… nous non plus d'ailleurs. Affligeant !

# New Musical Express

## Public NME

**Fondé en mars 1952 par Maurice Kinn et toujours en vie aujourd'hui,** contrairement à son rival historique le *Melody Maker*[x] qu'il a absorbé en 2000, le *New Musical Express* est une institution britannique aussi irritante qu'attachante, surnommée « Enemy » par les groupes mal notés dans ses pages. À la fin des années 1950, le *NME* est encore le tabloïd poli qui relate gentiment les faits et gestes de Cliff Richard (le Johnny britannique) ou le triomphe outre-Atlantique d'un ancien camionneur nommé Elvis Presley. Avec les années 1960 et l'explosion du Swinging London[x], le *NME* prend une autre dimension, passe

de 80 000 à 200 000 exemplaires vendus en moyenne chaque semaine, et s'autoproclame « world's largest circulation of any music paper ». Il est encore trop tôt pour parler ici de « critique rock » ou d'analyse objective : chaque couverture hebdomadaire est une page de publicité pour un artiste qui bénéficie également d'un rédactionnel à l'intérieur. De plus, les articles sont souvent rédigés en collaboration avec les services de presse des maisons de disques. Pas de polémiques, si ce n'est une prétendue rivalité Beatles/Stones organisée en concertation avec leurs managers[x] respectifs, Brian Epstein et Andrew Loog Oldham.

Mais la musique se complexifie, la virulence éditoriale de la *Free Press*[x] ringardise les vétérans de la presse musicale officielle… et le *NME* décline (60 000 exemplaires en 1972) au profit du *Melody Maker*, lequel négocie mieux le virage du prog rock (rock progressif[x]). En 1972, Nick Logan, rédacteur en chef adjoint, recrute de jeunes journalistes issus de la presse *underground*. Parmi eux, Ian McDonald, Charles Shaar Murray, Peter Erskine et Nick Kent[x]. Grâce à leurs articles de fond très fouillés qui mêlent étroitement musique, sexe, art, politique et drogue, le *NME* explose rapidement ses ventes (300 000 exemplaires hebdomadaires en 1973) et se transforme en magazine craint pour ses choix et respecté pour son ambition littéraire. « Tout cela ne fit que croître et embellir, jusqu'à faire de nous, en 1974, l'élite absolue de la presse jeune internationale et branchée », se rappelait Nick Kent en 1996. La presse musicale britannique fonctionne par cycles, comme la musique, sans que l'on sache très bien qui de la presse ou des nouveaux groupes a influencé l'autre. Dans le cas des punks[x] britanniques qui commencent à pousser leurs premiers cris gutturaux en 1976, c'est très clair : ils se sont faits tout seuls. Le *Melody Maker* n'y croit tout simplement pas et le *NME* mettra six mois à se lancer dans l'aventure, recrutant de nouveaux talents comme Julie Burchill et Tony Parsons, Chrissie Hynde (future chanteuse des Pretenders), puis Paul Morley. Ces plumes juvéniles, animées par le même radicalisme que la musique punk, maintiennent le *NME* au-dessus du lot et finissent d'asseoir sa réputation de « vachard ». Les années 1980 seront redoutables : Nick Logan quitte le *NME* (il fonde *The Face* en 1980), remplacé par Neil Spencer, puis Ian Pye en 1985, qui politisent le contenu de l'hebdomadaire, au point de publier en couverture la photo de Neil Kinnock, leader du parti travailliste (1987). Le *NME* a perdu son humour,

## SHOCKING !

**Tout au long de son histoire, le *NME* s'est fait l'écho de nombreuses déclarations fracassantes et de guéguerres – prétendues ou authentiques – entre groupes. Petit panorama des « scandales » *made in NME*…**

**BLUR/OASIS.** Le *NME* fut le fer de lance, pour ne pas dire l'organisateur, de la rivalité Blur/Oasis qui alimenta les gazettes britanniques au plus fort de la brit-pop en 1995. En jeu, la couronne du plus grand groupe du mouvement, mais aussi l'éternelle rivalité entre le nord prolétaire (Oasis) et le sud bourgeois (Blur). Les deux groupes s'en donnent à cœur joie et s'insultent par colonnes interposées pour mieux se réconcilier ensuite autour d'une pinte de *lager*. Le paroxysme est atteint le 14 août 1995, jour où les deux groupes sortent simultanément leur dernier single. « Championnat britannique des poids lourds, Blur contre Oasis, 14 août, duel au sommet », titre le *NME* sur sa couverture. Vainqueurs aux points : Blur avec *Country House* (*Roll With It* d'Oasis se classant deuxième)… et les ventes du *NME*, bien sûr !

**MORRISSEY.** L'adolescent, président et fondateur du fan club britannique des New York Dolls, qui écrivait au courrier des lecteurs du *NME* dans les années 1970, a connu par la suite en tant que chanteur quelques démêlés avec l'hebdomadaire. 1992 : Morrissey brandit sur scène le drapeau anglais face à des skinheads.
Le *NME*, toujours à l'affût et déjà échaudé par certaines paroles de chansons tendancieuses de l'ancien vocaliste des Smiths (la chanson *National Front Disco*), lui demande publiquement des explications. Morrissey voit rouge (si, si !) et snobera le journal pendant plus de dix ans. Décembre 2006 : Morrissey accorde une interview au *NME* où il déclare : « Les frontières de l'Angleterre ont été submergées. […] on a soldé l'Angleterre. » Scandale. Morrissey déclare avoir été piégé et tentera en vain d'interdire la publication de l'article. Le lecteur se forgera une opinion avec cet extrait du titre « Bengali in Platforms » (album *Viva Hate*) : « Bengali, enterre tes rêves occidentaux/ Et comprends que la vie est déjà difficile quand tu es d'ici. »

**KEITH RICHARDS.** Le vieux pirate est le responsable de l'un des derniers scandales publiés dans le *NME*. En avril 2007, il déclare à Mark Beaumont : « La chose la plus bizarre que j'aie essayé de sniffer ? Mon père. J'ai sniffé mon père. […] Il avait été incinéré et je n'ai pas pu résister à l'idée de le moudre avec un peu de coke. […] C'est très bien passé et je suis encore en vie. » Devant le tollé général, le guitariste des Stones a indiqué qu'il s'agissait d'une mauvaise plaisanterie…

les journalistes sont tiraillés entre la médiocrité de la musique pop des *eighties* (Duran Duran, Spandau Ballet, Kajagoogoo…) et l'émergence de la culture hip-hop que l'hebdo ne traitera jamais convenablement.
À l'aube des années 1990, après avoir failli cesser définitivement de paraître, l'hebdomadaire se refait peu à peu une santé avec le grunge[x] américain tout d'abord (Nirvana, Pearl Jam…), la scène Madchester (Manic Street Preacher, Happy Mondays…) et surtout, à partir de 1993, avec ce qu'il définira lui-même comme la brit-pop (Oasis, Blur, Suede, Pulp…). Le *NME* usera et abusera du terme, consacrant à grands renforts de points d'exclamation un meilleur groupe de tous les temps à peu près chaque semaine.
Les journalistes n'hésitent pas à monter en épingle la moindre déclaration afin de provoquer des tensions entre artistes soi-disant rivaux (*voir encadré).*

En 2011, propriété du groupe IPC Media (depuis 1963), le *NME* tire environ à 70 000 exemplaires et a perdu quelque peu de sa superbe. S'il est un des rares exemples de journaux musicaux à avoir réussi sa version *on line* (1,6 million de visiteurs par mois, soit une audience quatre fois supérieure à celle de l'hebdomadaire), l'édition papier, en plus d'une maquette hideuse et criarde, se rapproche plus d'un *Paris-Match* rock, mais sans le « poids des mots ni le choc des photos ». Les articles, très courts, se focalisent essentiellement sur la scène anglaise, et même les frasques largement commentées de Pete Doherty ou d'Amy Winehouse ne parviennent pas à sortir le *NME* de sa torpeur éditoriale. En 2007, fidèle à sa tradition de faiseur de mode, l'hebdomadaire a tenté de lancer la révolution new rave en s'appuyant sur des groupes comme les Klaxons ou le New Young Pony Club. Hum… le *NME* restera toujours le *NME*…

**Pour qui était lycéen, voire collégien, dans les années 1980,** la new wave (l'un des principaux courants du post-punk), c'était d'abord une affaire de mode inspirée par les ténors britanniques du mouvement : tignasse gélifiée en balais de chiottes et sarouel noir pour les fans[x] de Cure, *alias* les « corbeaux », cheveux méchés et chaînettes SM pour les amateurs de Depeche Mode, coupe ratiboisée et costumes stricts pour les thuriféraires de Joy Division qui organisaient des séances de spiritisme tous les 18 mai afin d'entrer en contact avec le chanteur Ian Curtis suicidé ce même jour en 1980… Ces looks tranchaient singulièrement avec l'accoutrement des hippies[x] et des punks[x], sans parler de la musique qui rejetait toute influence blues ou psychédélique[x] et qui privilégiait l'utilisation des boîtes à rythme et des synthétiseurs.

De 1978 jusqu'au milieu des années 1980, la new wave (nommée ainsi en référence à la nouvelle vague du cinéma français des années 1950) fut un gigantesque fourre-tout brassant des romantiques tourmentés à la limite du gothique[x] (The Cure, Joy Division), des intellectuels pétris d'existentialisme (Cocteau Twins, Japan), des expérimentateurs soniques (The Fall, Fad Gadget), des ex-punks rangés des épingles à nourrice (Siouxsie and the Banshees, The Stranglers) et des bêtes à dancefloor (Depeche Mode, OMD, Soft Cell). Différents groupes internationaux furent également affublés de cette étiquette, souvent à tort (The Cars aux États-Unis, Men At Work en Australie), parfois avec raison (Kraftwerk en Allemagne, Yello en Suisse). En France, par exemple, il suffisait qu'un nouveau groupe sorte du lot pour que, aux yeux des médias, il vienne grossir les rangs d'un mouvement qui incluait d'un côté Marquis de Sade et Taxi Girl et de l'autre Partenaire Particulier et Indochine… C'est dire l'étendue du spectre de ce courant musical qui n'en finit pas de faire des vagues au XXIe siècle, grâce à des formations comme Franz Ferdinand ou Air, héritiers assumés du son des *eighties*. Une new new wave en quelque sorte…

### NO WAVE, JUSQU'AU BOUT DU BRUIT

« Tu peignais, tu étais dans un groupe, tu réalisais des films, tu écrivais des chansons… Tout était interconnecté. Nous étions tous des amis et *Freaks* par nature. » Tous ces *freaks*[x] évoqués par l'artiste et activiste *underground* Lydia Lunch formaient le courant no wave basé à New York et dénommé ainsi en opposition à la new wave dominante. L'album *No New York*, compilé par Brian Eno en 1978 et sur lequel figuraient, entre autres, James Chance and the Contortions, Teenage Jesus and the Jerks (avec Lydia Lunch), et DNA, mit le feu aux poudres : il existait dans le Lower East Side des jeunes musiciens, cinéastes et peintres qui rejetaient toutes références antérieures, toutes compromissions commerciales, et qui préféraient aux synthés tout-puissants la dissonance improvisée et la cacophonie sonique. Pas toujours écoutable, pas toujours regardable, la no wave a eu au moins le mérite, jusqu'au milieu des années 1980, de porter les valeurs du punk jusqu'au bout du bruit et de contribuer à révéler quelques artistes majeurs dans leurs domaines d'expression : Sonic Youth, Jim Jarmusch[x] et Jean-Michel Basquiat.

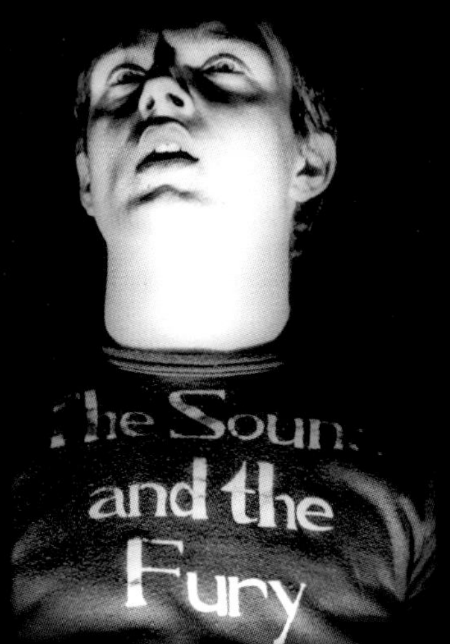

Ian Curtis (Joy Division)

# New wave

## Maître corbeau sur son synthé perché…

# nouveau journalisme

## Subjectivement vôtre !

**1963, le jeune journaliste Tom Wolfe[x] ne parvient pas à boucler un article de commande sur le phénomène Hot Rod.** Il décide alors d'adresser une lettre explicative et ses notes personnelles au rédacteur en chef du magazine *Esquire*… qui publie l'ensemble tel quel. Involontairement, le nouveau journalisme était né, qui met en scène la vision subjective de l'auteur tout en le plaçant au cœur du récit. Tom Wolfe le formalisera dix ans plus tard en publiant l'anthologie *The New Journalism*, assortie d'une description-manifeste des quatre procédés indispensables pour réaliser un bon reportage : « Le premier procédé consiste à construire votre récit scène par scène. Autrement dit, à raconter toute l'histoire en présentant une suite de scènes plutôt qu'une simple suite chronologique.
Le deuxième consiste à utiliser des dialogues authentiques, et plus il y en a, mieux c'est.
Le troisième procédé consiste à insérer des détails révélateurs du rang social du personnage.
Le quatrième procédé consiste à présenter un point de vue, c'est-à-dire à raconter les scènes telles qu'elles sont perçues par l'un des personnages. »
Un mode d'emploi destiné à l'époque à réveiller le roman américain moribond et qui emprunte finalement aux techniques littéraires des grands auteurs réalistes du XIXe siècle comme Émile Zola ou Charles Dickens.
À la suite de Tom Wolfe et de ses deux pièces maîtresses (*Acid Test* et *L'Étoffe des héros*, d'abord publiées en chapitres dans *Rolling Stone*[x]), d'autres auteurs américains ont pratiqué chacun à leur manière cet art du reportage quasi romanesque, aussi plaisant à lire que difficile à réussir : Hunter S. Thompson[x], bien sûr, qui poussa le genre à l'extrême en le rebaptisant gonzo[x], Norman Mailer, avec *Les Armées de la nuit* et *Le Combat du siècle*…
Au-delà des auteurs, le nouveau journalisme a surtout favorisé la parution dans la presse grand public des premiers articles sur la génération *Peace and Love*, sujet jusque-là cantonné aux colonnes ronéotypées de la *Free Press*[x]. Ces titres ont ainsi publié certains textes parmi les plus cruciaux sur le rock et la contre-culture : la visite hallucinée de « Hashbury, la capitale des hippies » par Hunter S. Thompson (*New York Time Magazine*, 1967), le portrait visionnaire du « Premier nabab du yé-yé, Phil Spector » par Tom Wolfe (*New York Herald Tribune*, 1965), le premier article conséquent dans la presse américaine sur le reggae et la culture jamaïcaine par Michael Thomas (« Racaille, rastas et reggae ou les quartiers mal famés du paradis », *Rolling Stone*), etc.

En France, il n'y avait guère qu'*Actuel*[x] pour entraîner les lecteurs au bout du monde, en compagnie de journalistes « risque-tout » et peu avares de commentaires sur l'évolution de leurs enquêtes et leurs méandres psychologiques. Ainsi, Christophe Nick, métamorphosé en Aguirre sur la route engloutie de l'or inca, et qui faillit y perdre la raison (*Actuel*, n° 81-82, 1986), ou bien Daniel Lainé, testeur volontaire de l'Eboga, la drogue sacrée africaine (*Actuel*, n° 81-82, 1986). Si on ne parle plus beaucoup aujourd'hui de nouveau journalisme, c'est que depuis 1963 le genre a fait école et nombre de livres ou d'articles utilisent naturellement les procédés édictés par Wolfe, sans pour autant y faire allégeance. Ainsi, dans le remarquable et malheureusement trop méconnu *Novo Russie, récits de la métamorphose* (Verticales, 1998), par Pierre Delannoy, grand reporter et ethnologue défroqué, qui entraîne le lecteur au cœur des turpitudes de l'ex-URSS… jusqu'au bout du vide et de la vodka.

**«L'ancienne génération ne passait pas le témoin. Il a fallu le leur arracher.»**
Steven Spielberg, 2002.

# LE NOUVEL HOLLYWOOD

## Pellicules subversives

En 1970, le festival de Woodstock[x] fait l'objet d'un film réalisé par Michael Wadleigh ; parmi l'équipe des monteurs, un jeune débutant nommé Martin Scorsese… La même année, tourné au festival d'Altamont[x], les frères Maysles signent *Gimme Shelter* ; parmi les cadreurs, un certain George Lucas, vingt-cinq ans. Dans les années 1970, ces deux cinéastes américains, nourris au rock et gavés de philosophie hippie[x], allaient, avec quelques autres, constituer le Nouvel Hollywood, qui dérobera le pouvoir aux vénérables studios à bout de souffle par le biais d'œuvres progressives affranchies des contraintes techniques traditionnelles et inscrites dans la réalité sociale de leur époque : *exit* l'usine à rêves conformistes et les *happy ends* convenues, place au sexe libéré, à la provocation tous azimuts et à un langage cinématographique révolutionnaire hérité de la contre-culture.
Dans un tel contexte, il n'est guère étonnant de constater que tous les réalisateurs du Nouvel Hollywood, en plus d'avoir révélé une nouvelle génération de comédiens (Robert De Niro, Jack Nicholson, Al Pacino, Harvey Keitel…), ont commis un ou plusieurs films rock : Dennis Hopper[x], qui lança les hostilités avec *Easy Rider*[x] (1969), George Lucas, qui, avant d'œuvrer dans les étoiles, se pencha sur la jeunesse des *fifties* dans *American Graffiti*[x] (1973), Brian De Palma, qui adapta le mythe de Faust sous forme d'opéra[x] rock halluciné dans *Phantom of the Paradise* (1974), Francis Ford Coppola, qui renouvela le film de gangs avec *Outsiders* (1983) et le sublime *Rusty James* (1984), sans oublier bien sûr Martin Scorsese, qui célébra les adieux du groupe The Band dans *La Dernière Valse* (1978), signa un documentaire définitif sur Bob Dylan (*No Direction Home*, 2005) et capta les Rolling Stones *live* dans *Shine A Light* (2008).
Tous… sauf un, sans doute le meilleur, Steven Spielberg ! C'est quand vous voulez, Votre Majesté…

Martin Scorsese en 1985

**« La pop music, ça m'intéresse, et pas seulement financièrement.** Je lis *Rock & Folk*[x] d'un bout à l'autre très attentivement », confiait en 1971 le directeur artistique de l'Olympia, Jean-Michel Boris, au célèbre mensuel. C'est en effet grâce au neveu par alliance du directeur du music-hall depuis 1952 – Bruno Coquatrix – que l'Olympia a ouvert ses portes à la musique binaire. Et pourtant, l'un des premiers concerts rock programmé au 28, boulevard des Capucines en aurait refroidi plus d'un : le 14 octobre 1958, surgies de banlieue pour assister au spectacle de Bill Haley & His Comets, différentes bandes rivales de blousons noirs réglèrent leurs comptes en vandalisant la salle. Boris ne baissa pas les bras pour autant : afin de partager les frais engendrés par les spectacles des artistes anglais et américains de passage à Paris, il eut la grande idée de s'associer à Lucien Morisse, producteur de *Musicorama* diffusé sur Europe n° 1 depuis 1956. Une fois par semaine, l'émission retransmettait ainsi un concert de l'Olympia en différé et parfois même en direct. Depuis, de Jimi Hendrix (1966) au Velvet Underground reformé (1993), de Michael Jackson avec les Jacksons Five (1972) à David Bowie (2002), en passant par Madonna (2005) les plus grandes stars internationales ont souhaité « faire l'Olympia » et voir leur nom s'afficher en lettres rouges sur le célèbre fronton d'une salle qui ne peut pourtant accueillir que 2000 personnes assises. « Un artiste qui peut mettre dans son CV qu'il a fait ou qu'il fait l'Olympia, aux quatre coins de la planète, c'est noté, il entre dans la légende », expliquait Jean-Michel Boris en 2003. Et cette aura internationale n'a pas été entamée par la reconstruction de la salle, à l'identique, en 1997 ni par le nouveau propriétaire, Vivendi Universal, qui en 2001 acheta les murs à la Société Générale. En plus de cinquante ans, l'Olympia a accueilli trois milliards de spectateurs, à raison de 600 000 par an, et est inscrit au patrimoine culturel depuis 1993 ainsi que dans la mémoire des musiciens qui ont foulé ses planches.

The Beatles sur les planches de l'Olympia en 1964

# LYMPIA

## Planches mythiques

### ÇA SE PASSE COMME ÇA À L'OLYMPIA

Sur scène, dans la salle ou en coulisses, ils ont fait la légende du music-hall situé boulevard des Capucines. Petit tour de l'Olympe :

JOHNNY HALLYDAY. Du mercredi 20 septembre au lundi 9 octobre 1961, Johnny, âgé de dix-huit ans, tient le haut de l'affiche trois semaines durant, un an et demi seulement après avoir sorti son premier disque. Fidèle parmi les fidèles, il donnera gratuitement cinq représentations en janvier 1973 afin de renflouer les caisses de Bruno Coquatrix, suite à une saison difficile.

THE BEATLES. En janvier 1964, il y avait bien quelques filles à l'aéroport du Bourget pour accueillir les Beatles engagés par Jean-Michel Boris pour jouer trois semaines à l'Olympia. Mais les vraies vedettes étaient celles qui partageaient l'affiche avec eux, Trini Lopez et Sylvie Vartan, qui attiraient tous les photographes en coulisses. À tel point que l'attaché de presse des Fab Four déclencha une fausse bagarre dans leur loge afin de faire diversion et d'alimenter en informations « Beatles » la presse anglaise. Le mois suivant, les quatre de Liverpool font craquer l'Amérique ; en avril, ils occupent simultanément les cinq premières places du *Billboard*. Du jamais vu, du jamais revu.

THE ROLLING STONES. En octobre 1964, le concert des Rolling Stones engendra 2 000 euros de dégâts provoqués par les spectateurs, dont cent cinquante furent arrêtés. Les Pierres qui Roulent reviendront pour la cinquième fois à l'Olympia le 3 juillet 1995 (puis en 2003) pour un concert « intime » qui vaudra aux fans[x] une nuit d'attente devant le Virgin Megastore afin d'acquérir le précieux bracelet bleu. Le soir du concert, Paulette Coquatrix, l'épouse de Bruno, fut même obligée de quitter son siège car des gardes du corps de Mick Jagger avaient vendu sa propre loge au marché noir.

LED ZEPPELIN. Le 10 octobre 1969, le groupe britannique joue à 0 h 30, juste après un concert de… Nana Mouskouri !

JAMES BROWN. Du samedi 6 au lundi 8 mars 1971, les trois représentations de James Brown sont responsables du plus grand nombre de fauteuils cassés de l'histoire de l'Olympia. Le lendemain du dernier concert, le public venu applaudir Tom Jones doit s'asseoir sur des fauteuils dépareillés, achetés en catastrophe aux puces de Saint-Ouen.

CHUCK BERRY. Le dimanche 28 janvier 1973, après avoir interprété une première chanson, Chuck Berry regagne les coulisses : il menace d'arrêter le concert car il ne joue pas sur un ampli de la marque Orange que Jean-Michel Boris avait pourtant cherché, en vain, durant tout l'après-midi. Chuck Berry poursuivra son set mais l'Olympia devra payer une « amende » au créateur de « Johnny B. Goode ».

TÉLÉPHONE. Le 7 juin 1977, profitant de la défection de Blondie, Téléphone fait l'Olympia en première partie du groupe américain… Television !

**« Godard nous a filmés deux soirs de suite, alors qu'on répétait "Sympathy for the Devil". [...] Je ne sais pas ce que cela donnera quand ce sera terminé, mais ce sera vraisemblablement assez délirant. »**
Mick Jagger, 1968.

Délirant ? Pas tant que cela, surtout pour une œuvre signée Jean-Luc Godard, réalisateur pour qui « un film doit avoir un début, un milieu et une fin…
mais pas nécessairement dans cet ordre ». Dans *One + One*, la patte iconoclaste de Godard s'exprime essentiellement par l'insertion de différentes scènes de contestation politique (des membres du Black Power assassinant des femmes blanches, etc.) et de quelques séquences surréalistes (un homme lisant Mein Kampf dans une librairie porno) qui devaient être chargées de sens en 1968, année de tournage du film, mais qui paraissent incongrues, voire dépassées, au XXIe siècle. Surtout, ces images qui permettent pour la première fois à Godard de « faire politiquement des films politiques » interrompent ce qui demeure le *must* de cette pellicule : la genèse et les séances de répétition en studio du titre « Sympathy for the Devil » des Rolling Stones (album *Beggars Banquet*).
Godard avait initialement souhaité engager les Beatles, dans l'idée d'associer la création musicale à la révolution politique mais aussi pour démontrer que la révolte concernait toutes les couches de la société, que vous soyez un artiste reconnu ou un étudiant lambda. Suite au refus des Fab Four, qui venaient de tourner *Magical Mystery Tour*, les Rolling Stones, sur les conseils d'Anita Pallenberg, acceptent à l'arrache que l'original suisse plante sa caméra à l'Olympic Studio de Londres durant une session d'enregistrement d'un titre non prévu initialement sur l'album. Et là, Godard excelle pour une fois dans l'art de se faire oublier, concentrant son objectif sur les musiciens et leurs instruments

Jean-Luc Godard au cœur des Rolling Stones

# One + One

## Répèt' de luxe

### *ONE + ONE* OU *SYMPATHY FOR THE DEVIL* ?

Si *One + One* est le nom de la version approuvée par Jean-Luc Godard, le film est également sorti en 1969 sous le titre *Sympathy for the Devil*, remonté par les producteurs, lesquels se sont inévitablement fait traiter de fascistes par l'irascible réalisateur bafoué. Ce dernier leur reprochait notamment d'avoir apposé la musique des Stones sur une scène de plage alors qu'il souhaitait juste le son des mouettes en illustration sonore… Étant donné que *Sympathy for the Devil* accorde une plus large place au travail des Rolling Stones, on préférera regarder la version non désirée par le réalisateur… une fois n'est pas coutume !

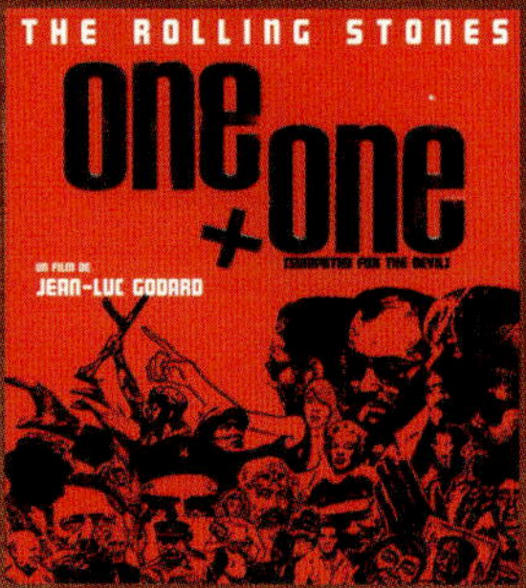

qui tissent au fur et à mesure des répétitions ce qui deviendra un classique rock inaltérable. Keith Richards est à la manœuvre, s'appuyant sur l'impérial Charlie Watts et le placide Bill Wyman, pour tricoter l'un de ses plus célèbres solos, tandis que Jagger, de son côté, teste différents timbres de voix « diaboliques »... Entre les murs roses du studio, sans aucune complicité avec ses acteurs, Godard nous entraîne au cœur de la cuisine des Stones qui ne font pas grand cas de sa présence, absorbés par l'accouchement de ce morceau qui allait contribuer à asseoir leur réputation de formation « maléfique ». Et Brian Jones ? Il traverse parfois le champ de la caméra, l'air absent propre aux *junkies*, mécontent de la nouvelle direction musicale imposée par la paire Jagger/Richards et incapable de jouer correctement ses parties... Grâce à ce document historique inestimable, il est clair que pour les Stones, en juin 1968, Brian Jones ne fait déjà plus partie du groupe qu'il a pourtant cofondé en 1962. Enfin, *One + One* aurait pu demeurer l'unique témoignage de l'existence du titre « Sympathy for the Devil », un incendie déclaré dans le studio ayant bien failli réduire en poussière les bandes de l'enregistrement, sauvées *in extremis* par Bill Wyman et le producteur Jimmy Miller. Le groupe a d'ailleurs toujours eu un doute sur l'origine accidentelle du sinistre et n'est pas loin de penser que, pour une fois, la Suisse et l'un de ses ressortissants les plus célèbres ne sont peut-être pas restés neutres dans cette affaire.

*Pièce montée*

# Opéra rock

**« Nous aurions dû le faire nous-mêmes »,** affirmait Pete Townshend en 1979, évoquant *Tommy*, le film réalisé par Ken Russell en 1975, d'après le disque des Who, premier album de l'histoire à être qualifié d'opéra rock en 1969. Mais qu'est-ce qu'un opéra rock ? Un concept-album, dont chaque chanson raconte une partie de l'histoire, mais qui aurait gonflé sous le poids du lyrisme et de l'emphase des compositions, au risque parfois d'être indigeste. Autre particularité, l'opéra rock est généralement destiné, dès sa conception, à se développer en dehors du strict format audio : films,

comédies musicales... Ainsi *Tommy*, qui fut successivement un album, une comédie musicale et un ballet, avant de devenir le film rétrospectivement décrié par Pete Townshend. Six moutures de scénarios ont été nécessaires pour conter en images l'épopée de Tommy, champion de flipper[x], sourd, muet et aveugle, qui rencontre en chemin une belle brochette de *guest-stars* : Tina Turner en Acid Queen prosélyte de la piquouze, Eric Clapton – *alias* God – dans le rôle d'un prêtre, Elton John dans les Doc Martens[x] surcompensées du *Pinball Wizard*, champion de flipper concurrent de Tommy... Tout ce joli monde donne de la voix, reprend à sa sauce les morceaux originaux des Who et semble bien s'amuser dans cet univers baroque et fantasque... Par son récit épique, ses images délirantes, ses audaces esthétiques et son interprétation outrancière, *Tommy* est LE film archétypal de l'opéra rock... À déconseiller néanmoins aux zélateurs de l'épure chère à Éric Rohmer !

En France, si en leur temps les comédies musicales *Starmania* (1979) et *La Légende de Jimmy* (1991) ont pu être commercialement qualifiées (à tort) d'opéras rock, l'album *Histoire de Melody Nelson*, publié par Serge Gainsbourg en 1971, >

mérite pour sa part cette appellation : une ambiance intimiste et un climat angoissant relevés par des orchestrations fulgurantes dues à un orchestre symphonique de cinquante musiciens et l'intervention de soixante-dix choristes sur les dernières mesures… Ce « premier vrai poème symphonique de l'âge pop », selon la presse de l'époque, fit l'objet d'une adaptation télévisée psychédélique[x] réalisée par Jean-Christophe Averty. Beaucoup plus boursouflé aux entournures, *Phantom of the Paradise* (1974) fut conçu spécifiquement pour le cinéma (fait plutôt rare pour un opéra rock) par Brian De Palma, sur une musique originale de Paul Williams, qui interprète également le rôle du machiavélique producteur Swan. Inspiré par *Le Fantôme de l'Opéra* de Gaston Leroux et par le mythe du pacte faustien, Brian De Palma n'y va pas avec le dos de la caméra, multipliant les effets visuels grandiloquents, les scènes décadentes, les costumes impossibles, les références musicales (Phil Spector, Lou Reed…) et cinématographiques (Hitchcock, Fisher…)… Qui trop embrasse mal étreint, et cet opéra rock, qui pousse à l'extrême tous les clichés du genre, peut, comme une pièce montée, peser sur les estomacs les plus fragiles.

# ORANGE MÉCANIQUE

## *Widdy Well…*

**« Je cherchais à me créer un personnage pour porter l'album *Ziggy Stardust* à la scène. Je suis allé voir *Orange mécanique* au cinéma et je suis tombé en admiration devant les fringues de la bande de casseurs : combinaisons à fermetures Éclair, chaussures de catch, bandeau sur un œil… »**
David Bowie, 1993.

David Bowie fut loin d'être le seul à avoir été inspiré par *Orange mécanique*. Déjà en 1964, le manager[x] Andrew Loog Oldham avait eu le projet d'adapter le roman d'Anthony Burgess, publié en 1962, avec les Rolling Stones dans le rôle d'Alex et de ses potes *droogies* ultraviolents. Avec une longueur d'avance (comme souvent), Andy Warhol[x] avait tourné dès 1962 *Vinyl*, sa propre vision de l'Orange en noir et blanc, orientée SM… Ce sera finalement Stanley Kubrick qui décrochera le gros lot, en 1971, réalisant un chef-d'œuvre absolu sur la violence de la société moderne, la répression et le conditionnement psychique. Résolument anti-hippie, jugé scandaleux lors de sa sortie pour sa supposée apologie de la délinquance, le film sera interdit de diffusion en salles en Angleterre jusqu'en 1999, année de la mort du cinéaste.

Quoi qu'il en soit, le look d'Alex (*a-lex* signifie « sans loi » en latin), le langage des *droogies* (le nadsat, argot anglo-russe inventé par Burgess) et les décors psychédéliques[x] du film ont marqué plusieurs générations de musiciens : John Bonham (Led Zeppelin) a plusieurs fois revêtu sur scène le costume d'Alex pour violenter ses fûts ; Echo & The Bunnymen a sorti en 1979 son premier single sur le label Korova (nom du bar où les *droogies* boivent des cocktails Moloko à base de lait et de drogues) ; Dave Mustaine (Megadeth) appelle ses fans les *droogies* ; les Libertines ont composé en 2002 un morceau intitulé « Horrorshow », qui signifie *very good* en nadsat ; le groupe français The Shades a sorti un single en 2008 intitulé *Orage mécanique*… On pourrait continuer ainsi pendant longtemps. Pas mal pour un film dont la bande-son contient quasi exclusivement de la musique classique, dont la *Neuvième Symphonie* de Beethoven, compositeur vénéré par le héros Alex. Approchés par Kubrick pour participer à la bande originale, les Pink Floyd avaient refusé net. Dommage, car aux yeux du réalisateur, ils étaient les seuls musiciens contemporains à pouvoir rivaliser avec ce cher Ludwig van !

# P

ALAIN PACADIS 200
PALACE 201
LIBRAIRIE PARALLÈLES 202
ALAN PARKER 202
GUY PEELLAERT 203
PEINTURE 204
PÈRE-LACHAISE 205
PERFECTO© 206
*PERFORMANCE* 207
PERLES 208
PETITES ANNONCES 209
**PHOTOGRAPHES 210**
*PINK FLOYD LIVE AT POMPEI* 214
*PLATINE 45* 215
*PLAYBOY* 216
POGO 217
POLITIQUE 218
PRISON 219
PRODUCTEURS 220
PROG ROCK 222
PSYCHÉDÉLISME 223
**PUNK 225**

Sid Vicious et Johnny Rotten (The Sex Pistols)

# Alain Pacadis

## *Oiseau de nuit*

**« Écrire sur le rock est à la portée de n'importe quel blaireau. Tenter de vivre le rock and roll est autrement plus difficile. »**
Alain Pacadis, 1978.

Né en 1949 à Paris, Alain Pacadis, ex-étudiant en histoire de l'art, se lance dans le journalisme au début des années 1970 en plaçant – difficilement toutefois – ses articles dans quelques fanzines. En 1973, la rencontre avec Yves Adrien[x] et la scène pré-punk parisienne (Patrick Eudeline[x], Marc Zermati[x]...) sera déterminante pour ce jeune homme mal dans sa peau, héroïnomane perfusé aux livres de William S. Burroughs. À l'instar de son mentor Yves Adrien, « Paca » sera successivement le chroniqueur attitré du punk[x] et du novö qu'il suit à New York, Londres et Paris pour *Libération*[x], où il tient la rubrique « White Flash » depuis 1975. Son goût de la provocation, sa plume souvent visionnaire et parfois pornographique provoquent quelques remous, aussi bien à la rédaction du quotidien qu'auprès de certains lecteurs qui lancent bientôt une pétition réclamant son renvoi. *Un jeune homme chic*, unique livre publié par Pacadis en 1978 aux Éditions du Sagittaire, retrace l'année 1977 à partir de son agenda où il consignait tout : les concerts punk (festival de Mont-de-Marsan[x], etc.), ses rencontres avec Andy Warhol[x], William S. Burroughs et son double Serge Gainsbourg (« Quand il n'est pas là, l'alcool n'a pas le même goût », disait Pacadis)... Les historiens et autres sociologues de l'histoire contemporaine pourront consulter les pages de remerciements à la fin du livre : d'Yves Adrien à Marc Zermati[x], elles constituent ni plus ni moins le Bottin punk et déjanté d'une génération qui s'apprête à entrer dans l'enfer des années 1980.

En 1978, l'ouverture du Palace[x] métamorphose le reporter de l'*underground* en chroniqueur mondain toxique et désincarné. Pour sa rubrique rebaptisée « Nightclubbing », le noctambule en chemise à jabot crasseuse promène son spleen nihiliste de soirée en soirée, « là où le champagne coule à flots, là où chacun peut se prendre pour le jeune Werther, pour Chatterton ou pour lord Byron ». Touche-à-tout désinvolte, Pacadis écrira sur le cinéma, la mode, le show-biz, la gauche caviar, pour *Libération*[x] bien sûr (où il sera le « double maléfique de Serge July »), mais aussi pour *Playboy*[x], *L'Écho des Savanes*, *Palace Magazine* et *Façade*, cette émanation française du magazine américain *Interview* d'Andy Warhol. Entre deux rencards avec son dealer ou avec ces mauvais garçons dont il aime tant la compagnie, le dandy camé et cramé invente la chronique mondaine gonzo[x], composée de *name-dropping*, de considérations esthétiques et de *privates jokes* à l'attention de la faune branchée parisienne.

En 1986, malade et au bout du rouleau, Alain Pacadis meurt étranglé, à sa demande semble-t-il, par son petit ami. *Libération* consacrera quatre pages à la disparition de cette figure mal-aimée de son vivant. La parution d'une compilation d'articles (Denoël, 2005) a confirmé, s'il en était besoin, que dandy velléitaire peut rimer avec talent littéraire.

**«En 1979, le Palace était plus qu'une boîte de nuit. Il y avait entre ces murs une telle liberté – liberté de parole, de pratiques sexuelles quelles qu'elles soient et de consommation de drogues... Toutes les faunes s'y mélangeaient dans un joyeux désordre.»** Jack Lang, 2008.

Yves-Saint Laurent, grand habitué du Palace

# PALACE

## Au théâtre, ce soir...

Le monde de la nuit, toujours à la recherche de la dernière *place to be*, est paradoxalement atteint de nostalgie aiguë et chaque noctambule ponctue généralement l'évocation de ses souvenirs d'un « c'est dommage que tu n'aies pas connu cette boîte, aujourd'hui c'est plus pareil… » aussi inutile (pas la peine de remuer le couteau dans la plaie) que très souvent exagéré… À une exception, ce théâtre situé 8, rue du Faubourg-Montmartre, à Paris, qui a ouvert ses portes en 1912 et connu son heure de gloire entre 1978 et 1983 : Le Palace. Qui n'a pas entendu parler de ces opulentes fêtes costumées aux décors somptueux, parmi lesquelles le décadent bal vénitien donné par Karl Lagerfeld le 25 octobre 1978, qui nécessita des semaines de préparation et un budget de 500 000 francs de l'époque ? Qui ne regrette pas aujourd'hui ce brassage sexo-socio-culturel, unique dans la nuit parisienne, qui a toujours fonctionné par tribus ? Au Palace, et selon les volontés du directeur Fabrice Emaer, les homos côtoyaient la jet-set qui elle-même fricotait avec les branchés qui taillaient une bavette et plus si affinités avec d'illustres inconnus désargentés. Qui enfin n'aurait pas aimé plonger dans ce tourbillon d'une génération désinhibée ouverte à toutes les expérimentations, et rencontrer sur la piste de danse des habitués nommés Andy Warhol[x], Mick Jagger, Yves Saint Laurent, Yves Mourousi, Alain Pacadis[x], Pierre et Gilles, Thierry Ardisson… ? À tous ces *beautiful people* échoués en plein trip disco, il manquait néanmoins un soupçon d'éducation musicale que ne manquera pas de leur prodiguer Fabrice Emaer et son équipe en organisant des concerts rock à partir de 1978. Le charismatique roi des nuits parisiennes renouait ainsi avec la dimension de spectacle vivant de l'ancien théâtre Le Palace et comblait la pénurie de salles de concerts parisiennes (Paris-Bercy et Le Zénith n'existaient pas encore). Chargés de garantir une coloration musicale éclectique, le journaliste Paul Alessandrini, puis Assaad Debs et Pierre Benain programmeront le meilleur du son des années 1980 : Grace Jones, U2, Taxi Girl, Iggy Pop, Talking Heads, OMD, Ultravox, Suicide, Bette Midler (pour qui Emaer acheta cent cinquante palmiers), Gloria Gaynor (qui exigea du poulet), Johnny Winter (qui réclama un vin blanc allemand introuvable) et Prince, responsable, avec son premier concert français sponsorisé par *Actuel*[x] le 3 juin 1981, de l'un des plus grands bides de la salle : seulement cent cinquante spectateurs… Enfin, pour son retour sur scène en 1979 après une quinzaine d'années d'absence, Serge Gainsbourg investit le lieu flanqué de son gang jamaïcain (dont Sly & Robbie), pour dix concerts d'anthologie, comme en témoigne l'album *live Gainsbourg... et cætera - Enregistrement public au Théâtre Le Palace*. En déclin après le décès de Fabrice Emaer en 1983 et plusieurs fermetures administratives, Le Palace, classé monument historique, est définitivement ressuscité en théâtre/salle de concerts depuis 2006. ☠

# LIBRAIRIE PARALLÈLES

## Le riff et la plume

**Située au bord du trou des Halles** (47, rue Saint-Honoré, Paris Ier), la librairie Parallèles est une institution de l'écrit rock depuis 1973. Ouvrages internationaux et littérature alternative, fanzines, CD[x] et vinyles[x] d'occasion (de 1 à 10 euros)… le choix est vaste, il suffit de fouiller un peu et il y a fort à parier que vous n'en ressortirez pas les mains vides… mais avec un sac bien rempli, illustré qui plus est par Frank Margerin. Mecque de la contre-culture et du militantisme, la librairie organise régulièrement des séances de dédicaces et, sous le label Alternatives/Parallèles, publie des ouvrages rock à l'exhaustivité impressionnante : citons, entre autres, les discographies détaillées des Beatles et de Jacques Higelin (1997 et 2000) par Daniel Lesueur, grand spécialiste du genre, ou celle de Neil Young par Jean-Do Bernard (1997). Annexe située au 36, rue des Bourdonnais, la librairie Gilda est spécialisée, elle, dans les livres, magazines et CD d'occasion en tout genre. Le rayon livres est particulièrement bien achalandé en polars et récits de science-fiction. Les lecteurs qui recherchent désespérément le numéro 164 de *Rock & Folk*[x] (1980), oui, le spécial *Oh les filles !* avec Debbie Harry tout de rouge (peu) vêtue en couverture, feraient bien d'aller faire un tour du côté de chez Gilda.

# ALAN PARKER

## Bides et succès

**« C'est extrêmement difficile de combiner musique et cinéma, ce sont peut-être les films les plus difficiles à faire, parce que la musique, comme l'image, est porteuse de son propre univers, les gens deviennent extrêmement tatillons, et mélanger le tout est rarement réussi, le plus souvent ça ne marche pas – mais quand c'est le cas, super ! »** Alan Parker, 1991.

Réalisateur mégalo et mélomane né en 1944 à Londres, sir Alan Parker sait de quoi il parle tant sa filmographie musicale oscille entre l'excellent et l'indigeste. Au rayon daube avérée, citons rapidement le calamiteux *Evita* (1996), avec Madonna dans le rôle d'Eva Perón, ou encore l'insipide *Fame* (1980), énorme succès mondial qui, des années plus tard, allait malheureusement inspirer les concepteurs de *Star Academy* et autres programmes de téléréalité[x] abrutissants. En 1982, avec *The Wall*[x], Parker s'embourbe dans l'adaptation du double album éponyme des Pink Floyd sorti en 1979. Boursouflé, grandiloquent mais non dénué d'intérêt, cette métaphore rock sur le totalitarisme drainera un large public et accédera au fil du temps au statut envié de film culte. On recommande en revanche le trop oublié *Bugsy Malone* (1976), premier long métrage jubilatoire du réalisateur qui embarque le spectateur dans une parodie musicale des films de gangsters américains des années 1920. Particularité qui lui confère un charme unique : le film est exclusivement interprété par des enfants, dont une Jodie Foster âgée de douze ans. Mais le dernier grand film musical de Parker (à ce jour) reste *The Commitments*[x] réalisé en 1991. Sur un scénario impeccable (la création et les galères d'un improbable groupe soul en Irlande), Parker se débarrasse enfin de ses tics et de sa mise en scène pédante (qui ont pourtant largement contribué à ses succès des années 1980 comme *Midnight Express*, *Birdy* ou *Angel Heart*…) pour ne s'attacher, avec grâce et humour, qu'à la musique et à son humanité la plus authentique.

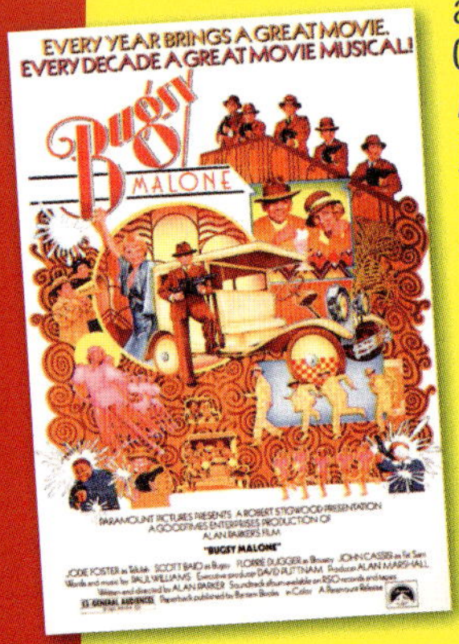

# Rock Dreamer GUY PEELLAERT

**Né en 1934 en Belgique, graphiste, peintre et photographe,** Peellaert fut l'un des premiers dessinateurs issus de la BD à intégrer dans son travail l'esthétique psychédélique[x] des années 1960 et le consumérisme pop cher à Andy Warhol[x]. *Les Aventures de Jodelle*, héroïne dont le visage lui a été inspiré par Sylvie Vartan, d'abord publiées dans le mensuel *Hara-Kiri*, puis éditées par Losfeld en 1966, lui valent une reconnaissance critique immédiate. Un premier coup d'éclat suivi d'un coup de maître deux ans plus tard, avec une nouvelle égérie, *Pravda la survireuse* (Losfeld, 1966), qui hérite cette fois des traits de Françoise Hardy. Avec Pravda, héroïne délurée, très court-vêtue et toute en jambes, Peellaert bouscule les codes de la BD de l'époque, explose les bulles et impose les onomatopées comme éléments graphiques à part entière. Ce chef-d'œuvre psyché sera bientôt suivi d'un autre, *Rock Dreams* (*voir encadré*), publié en 1973 par Albin Michel et légendé par Nik Cohn[x]. En 1974, le succès de *Rock Dreams* lui vaut d'être contacté par Mick Jagger pour concevoir la pochette de *It's Only Rock and Roll* (1974). Mais les choses traînent, pas de nouvelles du Jag. pendant six mois. Toujours à l'affût, David Bowie lui commande la pochette de *Diamond Dogs* (1974), celle du fameux homme-chien (dont les parties génitales apparentes seront censurées par la compagnie RCA). Les premiers 33 tours de *Diamond Dogs* avec la pochette de Peellaert non émasculée figurent aujourd'hui parmi les >

4 Beatles se sont dissimulés dans cette planche de *Jodelle*

## *ROCK DREAMS* : LA CHAPELLE SIXTINE DES ANNÉES 1970

Une jeune mariée de treize ans, jupe retroussée et bas apparents devant une affiche de Jerry Lee Lewis, Buddy Holly au faîte de sa gloire s'apprêtant à monter dans un avion, Stevie Wonder faisant la manche devant l'Apollo où se joue le show des Temptations, Jim Morrison les yeux clos dans sa baignoire parisienne… Les cent dix tableaux de Peellaert, laconiquement légendés par Nik Cohn[x], révèlent la face cachée, réelle ou fantasmée, des stars et, à travers elles, toute l'histoire de la musique rock depuis les années 1950. *Rock Dreams* paraît initialement à la sauvette dans quelques magazines allemands, mais c'est la publication en France de la première édition complète en 1973 qui déclenchera son succès international. Plus de trente ans après et avec un million d'exemplaires vendus, *Rock Dreams* fait encore preuve aujourd'hui d'une étonnante modernité : sur la forme tout d'abord, aucune version de Photoshop ne pourra jamais égaler le savoir-faire de Peellaert qui mettait environ deux semaines à réaliser chaque tableau, à partir de photos et de collages travaillés à l'aérographe. Sur le fond, *Rock Dreams* reste toujours cette fantastique machine à rêver la mythologie rock. La vision saisissante d'une seule image d'Elvis ou de Dylan nous en apprend plus sur leurs tourments que bien des biographies. Et ces rock-stars impudiquement percées à jour, qu'ont-elles pensé de ces rêves fiévreux capturés et couchés sur le papier pour l'éternité ? Représenté se rongeant les ongles devant un Bowie dominateur, Lou Reed a simplement avoué à Peellaert : « Comment tu as deviné, salope ? » Tina Turner a affirmé haïr son portrait, sans que l'on sache très bien lequel : Tina la mère de famille dévouée ou Tina la tigresse jouant avec son micro comme avec un phallus ? John Lennon, lui, a acheté le tableau des Beatles posant devant le Star Club de Hambourg. Quant à Mick Jagger, il a osé demander à Peellaert le nom du mort couché dans le cercueil, sur lequel Keith Richards et lui-même dansent déguisés en pirates : « Il savait très bien que c'était Brian Jones… », confiait Peellaert en 1999.

disques les plus recherchés par les collectionneurs. Jagger obtiendra finalement lui aussi sa pochette… mais après Bowie, se souvenait Guy Peellaert^x en 1989 : « J'avais promis à Jagger de ne rien faire d'autre, mais comme je croyais que c'était cuit… Et puis un matin à Londres, il est venu me demander des explications et quand je lui ai donné mes raisons, il a eu ce mot vraiment touchant, qui fait qu'il reste le plus intéressant du lot selon moi. L'espace d'un instant, il n'y avait plus ni tralala ni rien, il m'a juste regardé et a dit "Fuckin' business", l'air vraiment peiné, humain… »
Après la réalisation de quelques affiches de cinéma (*Taxi Driver* en 1976, *L'Argent* en 1983) et du somptueux générique de l'émission *Cinéma, Cinémas* (1982), Peellaert s'exile à Las Vegas. Il en reviendra avec *The Big Room* (1986), quarante-huit portraits hyperréalistes de stars fatiguées, cramées par la vie, le soleil du désert et les néons de la ville qui ne dort jamais. Entre deux pochettes de disques pour des artistes qu'il affectionne (Étienne Daho en 1988, Lio en 1996 et Willy DeVille en 1999), il retrouve Nik Cohn pour *Rêves du xx^e siècle*, collection de collages de personnalités du siècle finissant, dont quelques rock-stars, nées trop tard pour figurer dans *Rock Dreams* : une Madonna se caressant sur la tombe de Marlène Dietrich et une Courtney Love au regard ambigu, accroupie devant le cadavre de Kurt Cobain, sous le regard imperturbable de William S. Burroughs. Le cœur du *rock dreamer* a cessé de battre en 2008, mais ses rêves n'ont pas fini d'éclairer la psyché de nos icônes rock.

# Peinture

## Sur la toile

**« Ma peinture, c'est du rock »,** déclarait en 1995 l'un des fers de lance de la figuration libre française, Robert Combas, qui participa en 1990 à la rétrospective « Warhol et le Velvet Underground » organisée par la Fondation Cartier. À l'époque, cet événement favorisa la reformation du Velvet Underground originel (sans Nico, décédée en 1988) et démontra la puissance des liens qui depuis le début unissent l'art pictural et la musique binaire. Car la naissance du rock au milieu des années 1950 et l'avènement de la pop dans les années 1960 coïncidèrent avec l'émergence du pop art et la consécration d'artistes tels que Roy Lichtenstein, David Hockney, Robert Malaval et Andy Warhol^x, bien sûr, qui envisageait le rock comme une extension de son art…
Si l'on ajoute à cela que 80 % des musiciens britanniques sont issus d'écoles d'art où ils échouent le plus souvent en raison de leurs résultats scolaires catastrophiques (Syd Barrett, Eric Clapton, Freddy Mercury, Keith Richards, John Lennon, Bryan Ferry, Damon Albarn…), et que, à l'inverse, certains artistes étaient de véritables rock-stars en puissance (Salvador Dalí, Keith Haring, Jean-Michel Basquiat…), on comprend pourquoi les passerelles entre les deux disciplines ont toujours été très fréquentées.
Si Serge Gainsbourg, après avoir compris qu'il ne serait jamais Pierre Bonnard, a détruit toutes ses toiles pour se consacrer à un « art mineur », d'autres musiciens tâtent volontiers du pinceau entre deux pincements de cordes et exposent leurs œuvres dans le monde entier : Ron Wood (Rolling Stones), qui considère la peinture comme son autre métier et dont les toiles se négocient quand même autour de 140 000 dollars ; David Bowie (interprète d'Andy Warhol dans le film *Basquiat* de Julian Schnabel), inspiré par l'expressionnisme et qui dispose d'une galerie virtuelle entièrement dédiée à ses créations (Bowieart.com) ; Bob Dylan, qui œuvre plutôt dans l'impressionnisme ; Pete Doherty, qui peint avec son sang…

*Fibonacci* de Marilyn Manson

*Train Tracks* de Bob Dylan

Quant à ceux que la toile n'inspire pas, ils collectionnent avidement, à tel point que, selon Fernando Mignoni, directeur du département Peinture d'après-guerre chez Christie's, à Londres, « le groupe de rock-stars collectionneurs composé de Madonna, David Bowie, Elton John, Jarvis Cocker (Pulp), Brian Eno et Bryan Ferry

*Portrait of J.O.* de David Bowie

a réellement imprimé sa marque sur le marché. Son influence est telle qu'elle modifie même les tendances artistiques du moment ». Dans ce club des rockers collectionneurs, il en manque un, peut-être le plus passionné – il se fit tirer le portrait par Warhol et Francis Bacon (trois études pour portrait en 1982) –, qui écume les salles de ventes de Touraine dès qu'il séjourne dans son château de La Fourchette… il se nomme Mick Jagger et, en matière d'art, il a beaucoup plus à prouver que ses petits camarades qui végétaient au fond de la classe : il fut en effet un brillant élève de la prestigieuse London School of Economics (l'équivalent de HEC)… La honte ! ☠

# Père-Lachaise

## Six pieds sous terre

**Quarante-quatre hectares, 4 000 arbres, 70 000 monuments funéraires, plus de 300 000 défunts** dont quelques dignes représentants de la contre-culture et de la musique rock, égarés entre les tombes du commun des mortels et celles d'illustres écrivains, hommes politiques, artistes qui entretiennent le mythe du plus célèbre des cimetières parisiens… Car le Père-Lachaise (du nom du confesseur de Louis XIV), situé à l'est de Paris, ne se contente pas d'abriter les âmes défuntes, il est l'objet, depuis deux siècles, d'innombrables rumeurs et histoires à faire se retourner un cadavre dans son cercueil : ainsi, le gisant du journaliste Victor Noir, dont la réputation était de rendre fertiles les femmes

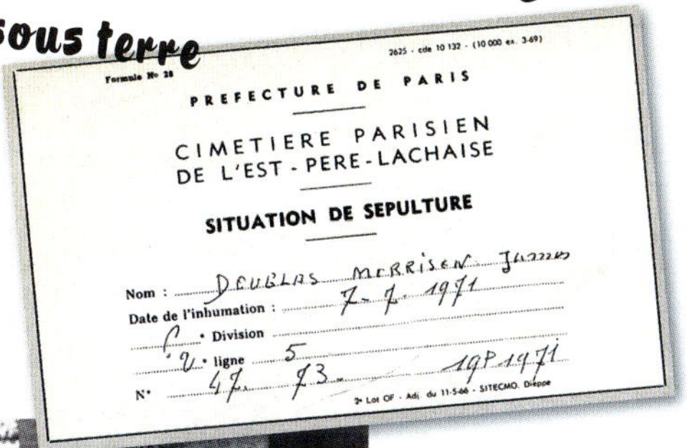

2625 - cde 10 132 - (10 000 ex. 3-69)

Formule N° 28

PREFECTURE DE PARIS

CIMETIERE PARISIEN DE L'EST - PERE-LACHAISE

SITUATION DE SEPULTURE

Nom : DOUGLAS MORRISON James

Date de l'inhumation : 7-7-1971

6 • Division

2 • ligne 5

N° 47 13 19P1971

2e Lot OF - Adj. du 11-5-66 - SITECMO. Dieppe

La tombe de Jim Morrison, quatrième monument parisien le plus visité

qui en touchaient les extrémités (voire les parties intimes), les messes noires qui se déroulaient à proximité de la tombe d'Allan Kardec, le père du spiritisme, les parties de jambes en l'air entre deux caveaux…

Dans ce parc à fantasmes plus ou moins ésotériques, le promeneur rock croisera sur son chemin les tombes d'Henri Salvador qui chanta dès 1956, sous le nom de Henry Cording, les premiers standards du rock >

and roll adaptés en français par Boris Vian[x], du dessinateur Guy Peellaert[x] à jamais réfugié dans ses *Rock Dreams*, d'Alain Pacadis[x], chroniqueur mondain rock qui ne pouvait trouver qu'ici le repos éternel, de Mano Solo, l'ancien guitariste des Chihuahuas et chanteur des Frères Misère, de l'immense Alain Bashung et bien sûr de James Douglas Morrison, chanteur des Doors, dont la tombe est le quatrième monument le plus visité de la ville de Paris. Depuis le vol du buste à l'effigie du chanteur en 1988, la dernière demeure de Morrison consiste en une banale pierre tombale, entourée de barrières de protection et gardée par un employé chargé de canaliser les rassemblements de fans[x] quotidien. Il fut un temps, plus libre et sans vigile, où la tradition commandait de fumer un joint sur la sépulture du Roi Lézard et d'y laisser un petit morceau de haschisch[x]. Le fumeur en rupture de stock pouvait ainsi se servir, sous la promesse tacite de remettre lui-même l'équivalent lors de sa prochaine visite. Après avoir compris, sur la tombe de Jim Morrison, que Jamie Hince (The Kills) était l'homme de sa vie, Kate Moss a annoncé en 2010 qu'elle souhaitait être enterrée avec son compagnon au Père-Lachaise. Cette brindille ne viendra point troubler le sommeil éternel à Serge Gainsbourg qui, lui, a choisi de reposer au cimetière Montparnasse aux côtés de ses parents et entouré de Man Ray, Charles Baudelaire, Robert Desnos, Roland Topor… des compagnons d'éternité plus que « classieux ».

# Perfecto©

## Seconde peau

Marlon Brando
et sa seconde peau en cuir

**Il convient d'être vigilant et même sectaire :** le blouson Perfecto© est en cuir *noir*, il a été créé en 1915 et est commercialisé depuis 1928 par la firme américaine Schott. Il doit son nom à la marque de cigares cubain préférée d'Irving Schott, son fondateur. Point. Tous les blousons qui revendiquent l'étiquette Perfecto© et qui ne répondent pas à ces critères sont des faux. Au même titre que le jean[x] pour les chercheurs d'or ou les Dr. Martens[x] pour les ouvriers britanniques, le Perfecto© a été initialement conçu pour une utilisation et un public bien précis : les motards américains, qui adopteront rapidement ce blouson taillé court, au cuir réputé indéchirable (rassurant en cas de chute) et à la fermeture croisée à glissière sur le devant qui double l'épaisseur de cuir afin de mieux protéger le torse. Marlon Brando, dans *L'Équipée sauvage*[x] (1953), fit beaucoup pour la popularité du Perf', qui ne bénéficia pourtant pas tout de suite de l'impact du film, de nombreuses écoles américaines l'ayant proscrit à l'intérieur des établissements. Symbole de liberté, de rébellion, de crans d'arrêt et de chaînes de vélo (en France, les voyous de banlieue

étaient surnommés les « blousons noirs »), le Perfecto© était calibré pile-poil pour le rock.
Et c'est avec la réplique exacte du modèle 613 porté par Marlon Brando (celui avec une étoile sur chaque épaulette) que le Perfecto© fit son entrée dans le monde du binaire, plus précisément en 1960 sur les épaules de Gene Vincent, dont le manager Jack Good souhaitait déniaiser l'image.
Le stratagème porta ses fruits car, au fil des concerts, le cuir devint la deuxième peau du créateur de « Be-Bop-A-Lula » qui se métamorphosa en idole subversive à l'air menaçant. Jaloux, Vince Taylor, autre dur à cuire en cuir, alla jusqu'à lui intenter un procès, sans succès, afin de lui interdire de se produire dans cette tenue.
À leur suite, le Perfecto© fera partie de la panoplie des rockers et des personnalités d'exception : James Dean, Fonzie (*Happy Days*[x]), Lou Reed, les Ramones, Sid Vicious (version customisée), Madonna (version seins nus), Pete Doherty, Serge Gainsbourg, Renaud, Terminator…
Contrairement à l'image d'Épinal ancrée dans les esprits, Elvis Presley ne fut pas un grand adepte du Perf'. S'il en portait assurément un sur une photo publicitaire réalisée pour les motos Harley Davidson en 1956, la fantastique combinaison de cuir noir qui le moulait lors de son *come-back* télévisuel en 1968 était taillée sur mesure et n'avait rien à voir avec la marque Schott, dont le blouson historiquement dédié aux motards reste aujourd'hui le fer de lance commercial.

## 1968 : Ken Hyman, un ponte de la Warner, s'échappe de la première projection du film *Performance*.

Scandalisé par ce qu'il vient de voir, il enterre la bobine, au sens figuré comme au sens propre, armé d'une bêche, derrière l'immeuble de sa compagnie. Une réaction violente à la hauteur de la déception de la Warner, qui avait investi un million de dollars dans la production de ce qu'elle pensait être un nouveau *Quatre garçons dans le vent*[x] lucratif.
1970 : le film débarque enfin sur les écrans américains dans une version amputée. La presse se déchaîne : « C'est le film le plus dégoûtant et sans aucune valeur que j'aie vu depuis que je suis critique de cinéma. Il n'y a aucune excuse valable à l'existence même de ce film… » En France, sorti sous le titre *Vanilla*, *Performance* est cantonné au réseau des salles pornos avant de disparaître rapidement de l'affiche. Pourquoi tant de haine pour cette œuvre qui a depuis acquis le statut de film culte, à coup de séances de minuit et de festivals alternatifs ?
Sur le papier, le scénario n'a pourtant pas de quoi réveiller Russ Meyer dans son cercueil : Chas, un malfrat en cavale (James Fox, en remplacement de Marlon Brando d'abord pressenti), trouve refuge chez Turner (Mick Jagger), rock-star cupide sur le retour qui cohabite avec Pherber (Anita Pallenberg) et Lucy (Michèle Breton, une jeune actrice française). Les deux coréalisateurs, Nicolas Roeg[x] et Donald Cammel, en tirent un film initiatique exubérant, sur fond de décadence psychédélique[x] et de dérèglement des sens. L'époque s'y prête. Tourné durant l'automne 1968, *Performance* transpire le Swinging London[x] en fin de règne, les illusions déjà perdues et l'arrivée massive de la came qui en laissera beaucoup sur le carreau. À la frontière entre le film de truands et le film musical, *Performance* est un huis clos oppressant, sensation renforcée par un montage serré.

### Shocking London ! Performance

En moins de deux heures, dans une maison située dans le quartier noir de Londres où les personnages apparaissent et disparaissent tels des zombies, Chas découvre le rock, les paradis artificiels, le sexe à plusieurs et quelques penchants homosexuels >

refoulés… En effet, c'en était trop pour la Warner. Cependant la grande affaire de *Performance*, c'est évidemment la présence de Jagger et ses ébats orgiaques avec Anita Pallenberg, qui ont éclipsé sa pourtant remarquable prestation dans le rôle d'un Turner machiavélique et cynique. Filmée en super-8, la scène torride entre le leader des Stones et la compagne de son guitariste Keith Richards semble plus vraie que nature… et pour cause, comme l'indique Nicolas Roeg : « Tandis que les caméras tournaient, ils commencèrent à faire l'amour pour de bon avec le parfait alibi de la fiction. » À la demande de la Warner, les passages les plus compromettants seront supprimés de la version officielle sortie sur les écrans en 1970. Une coupe franche qui d'ailleurs arrange tout le monde : Keith Richards d'abord, qui ne dira mot sur cette liaison, et Mick Jagger, qui filait à l'époque le parfait amour avec Marianne Faithfull. Certains passages censurés, dont des gros plans du sexe de Jagger, seront projetés et primés dans un festival du film pornographique à Amsterdam en 1970. Derrière le parfum de scandale et une mise en scène ambitieuse parfois polluée par quelques effets lourdauds, *Performance* reste aujourd'hui un précieux témoignage expérimental sur la fin du rêve des *sixties* et le meilleur film de Jagger acteur, irrésistible en complet-veston lorsqu'il chante « Memo From Turner », titre original composé spécialement pour le film.

## CONTRE-PERFORMANCE

**Existe-t-il une malédiction *Performance* ? Le destin hors normes de certains des protagonistes semble l'attester. Investi pleinement dans son rôle et sous l'emprise de la drogue durant le tournage, James Fox a ensuite brusquement interrompu sa carrière pendant dix ans pour se convertir au christianisme et propager l'évangile dans une secte de fondamentalistes chrétiens. La vénéneuse Anita Pallenberg est restée accro aux stupéfiants en tous genres pendant des lustres, tandis que Michèle Breton, sa partenaire française, a suivi un traitement psychiatrique en Allemagne. Figure de l'*underground* londonien des années 1960 et coréalisateur du film, plus particulièrement en charge des acteurs, Donald Cammell s'est suicidé en 1996 sous les yeux de son épouse. Enfin, l'interprétation d'une rock-star très portée sur le business donnera des idées à Mick Jagger, qui prendra définitivement en main les affaires des Stones peu de temps après le tournage.**

# perles

Ooops !

**La vie de rock-star n'est pas de tout repos,** et le moindre petit incident burlesque peut prendre des proportions considérables. Ainsi, Keith Richards, qui après avoir survécu à plusieurs overdoses, à la prison et à la mort de son fils, est finalement tombé… d'un cocotier, en avril 2006. Un accident digne d'un bêtisier avec rire préenregistré, mais qui a tout de même causé au guitariste une commotion cérébrale et repoussé de deux mois les dates européennes de la tournée mondiale du groupe. Et que penser de Mick Quinn, le bassiste de Supergrass, qui, en vacances dans le sud de la France en 2007, n'ayant pas allumé la lumière pour sa pause pipi nocturne, a confondu une fenêtre et une porte vitrée… et s'est retrouvé à l'étage en dessous, un talon et deux vertèbres en miettes ? Loin de se cantonner aux chutes corporelles, les rockers et les commentateurs enfilent également les perles et les bons mots plus ou moins volontaires. Morceaux choisis glanés ici et là.

**HISTORIQUE.** « Quelle différence entre le twist de Vincennes et les discours de Hitler au Reichstag ? » Philippe Bouvard, 1963.
« La musique pop est aussi nuisible à l'oreille que le marteau-piqueur », Une du *Parisien libéré*, 1973.

# PETITES ANNONCES

## Cherche !

**« J'ai posé cette annonce à présent légendaire : batteur cherche musiciens pour former un groupe. Je voyais ça comme un groupe de mecs qui se réuniraient pour s'amuser, rien de plus. Je n'avais aucune idée derrière la tête. »** Larry Mullen Jr., batteur de U2, 2006.

Qu'elles soient publiées dans la presse spécialisée, affichées sur un tableau dans les magasins de disques et dans les salles de concerts ou bien encore postées, désormais, sur les forums et les réseaux sociaux, les petites annonces de recherche de musiciens ont contribué à la formation d'innombrables groupes qui n'ont jamais quitté leur garage, et de quelques autres, comme U2, qui empruntèrent la voie du succès. Sélection.

– « Recherche de membres pour intégrer une nouvelle communauté dans les Pyrénées, échange d'appartements, troc, rencontres… » Les petites annonces de la *Free Press*ˣ des années 1960 et 1970 ne se limitaient pas au seul registre musical et contenaient parfois des messages au sens sibyllin, à l'image de cette requête parue dans le magazine *Actuel*ˣ en 1975 : « Mec, dix-huit ans, cherche nana ayant voix cool (Nico, Ribeiro) et pouvant jouer d'un instrument (claviers, flûte…) en vue expérience musicale sur Versailles. Téléphonez seulement. »

– En 1975, le fantasque musicien et producteur américain Kim Fowley souhaitait créer de toutes pièces un *girl group*ˣ nouvelle génération et publia cette annonce plus qu'explicite dans le magazine *Bomp !* : « Cherche quatre filles en quête de célébrité, de disques d'or, de fric et de gloire. On les voudrait reprenant là où Suzi Quatro et Fanny se sont arrêtées, le genre de fille qui a toujours rêvé d'être dans un des *girl groups* de Phil Spector, mais adapté aux années 1970 pour pousser le bouchon plus loin et coller avec l'époque. De celles capables d'apporter à la fois l'hystérie, la magie, >

Au milieu à gauche, le nom d'un certain Phil Collins qui avait répondu à la petite annonce du groupe Genesis

**MYTHO.** « Je programme des ordinateurs pour la CIA depuis que j'ai cinq ans », Anton Newcombe, chanteur de Brian Jonestown Massacre, 2009.

**ABSENT.** « Ritchie Blackmore est mystérieux. Parfois, au rappel, il était déjà rentré à l'hôtel », Ian Paice, batteur de Deep Purple, 1998.

**DÉLICAT.** « Pendant que toi tu seras défoncé, moi je vais baiser ta gonzesse », Gene Simmons, bassiste de Kiss, 2008.

**KAMIKAZE.** « Montrer son cul à Michael Jackson et s'en sortir vivant demande un sacré courage », Jarvis Cocker, chanteur de Pulp, qui a réalisé l'exploit, en 1996.

**FATIGUÉ.** « Je me suis endormi pendant un solo de guitare. Je précise que c'était sur scène et que le solo, c'était le mien », Jean-Louis Aubert, 2006.

**RÉALISTE.** Journaliste : « Quel est votre meilleur souvenir ? » Tyla (chanteur des Dogs d'Amour, 2002) : « Un jour, j'ai joué juste ! »

**DÉVELOPPEMENT PAS DURABLE.** « Motörhead est le groupe de rock le plus crade du monde : si on emménageait à côté de chez toi, ta pelouse crèverait », Lemmy Kilmister, bassiste de Motörhead, 1975.

la beauté et le feeling adolescent. Des filles avec la jeunesse, l'énergie, la sauvagerie, la discipline, le style et la volonté. » Au final, c'est sur le parking d'une salle de concerts que Kim Fowley rencontrera par hasard celles qui allaient devenir les Runaways.

– En 1976, Bernard Sumner et Peter Hook, deux jeunes *Mancuniens* à la recherche d'un chanteur, punaisent une petite annonce dans le magasin de disques Virgin de leur ville. Intéressé, le timide Ian Curtis ne se manifeste pas immédiatement mais fait la connaissance de Sumner et Hook lors d'un concert des Sex Pistols au Lesser Free Trade, le 20 juillet 1976. Curtis est engagé sans audition et le groupe nouvellement formé joue ses premiers concerts sous le nom de Warsaw, avant de devenir Joy Division.

– En 1976, un guitariste dépressif et atteint d'une maladie dégénérative des os passe plusieurs annonces dans *The Recycler*, sous le mystérieux pseudonyme de Zorky Charlemagne : « Guitariste extraterrestre disponible pour d'autres extraterrestres voulant conquérir la Terre ; Guitariste puissant, brutal et agressif, disponible… » Zorky Charlemagne, *alias* Mick Mars, s'acoquine bientôt avec un autre lecteur du magazine de Los Angeles, un certain Nikki Six, avec qui il crée Mötley Crüe. Fait peu banal, *The Recycler* sera également à l'origine de la naissance d'un autre poids lourd mondial du hard-rock[x], lorsque James Hetfield répond à l'annonce de Lars Ulrich en 1980. Si leur première rencontre ne débouche sur rien de concret, les deux musiciens se retrouveront un an plus tard pour former Metallica.

### BAND MAKER

**Présentes depuis la création de *Melody Maker*[x] en 1926 jusqu'à ce que le magazine ait cessé de paraître en 2000, les pages de petites annonces de matériel et de recherche de musiciens de l'hebdomadaire ont joué un rôle fondamental dans l'histoire du rock britannique. Casting non exhaustif de ceux qui ont eu la bonne idée d'acheter le *Melody Maker* ce jour-là : Phil Collins, qui répond à l'annonce de Tony Stratton-Smith, le manager de Genesis, en 1970 ; David Coverdale, totalement inconnu, qui remplace Ian Gillian au micro de Deep Purple en 1973 ; Andy Bell, qui devient la voix de Vince Clarke au sein d'Erasure en 1985 ; Bernard Butler, recruté en tant que guitariste par les membres du groupe Suede en 1989. À l'inverse, c'est en lisant une annonce du *Maker* stipulant que son groupe recherchait un nouveau chanteur que Stiv Bators apprit qu'il était viré des Lords of the New Church.**

**« Il faut savoir qu'un groupe de rock adore s'écrouler dans un canapé et faire un doigt au photographe. Ils sont tous comme ça »,** plaisantait à peine le photographe Mick Rock (David Bowie, Syd Barrett…) en 2006. Pas toujours facile d'être photographe rock, de trimballer le pesant matériel (le numérique n'a pas allégé les sacoches), de n'avoir le temps que de trois chansons au début du concert pour ensuite faire son job, de supporter les caprices de groupes caractériels, et de réussir l'exploit de transformer un doigt d'honneur en posture mythique, comme cette photo longtemps censurée de Johnny Cash, le doigt tendu face à l'objectif de Jim Marshall.

# PHOTO

Zoom avant sur quelques hommes et femmes de l'ombre, chargés de mettre en lumière les idoles, d'immortaliser la gestuelle rock et de bâtir la légende à coups de flashs, quoi qu'il arrive.

**JEAN-LOUIS RANCUREL.** Fils d'un photographe de cartes postales, Rancurel n'a que seize ans quand il découvre l'ambiance électrique des tremplins du Golf Drouot[x]. Trop jeune pour monter un groupe, son instrument sera son appareil photo, qu'il ne quitte jamais. Remarqués par Jean-Claude Berthon de *Disco Revue*[x], ses premiers clichés illustrent bientôt les articles de Jacques Barsamian, de François Jouffa ou de Jean-Noël Coghe. Moins posées

## GRAPHES

### *C'est dans la boîte !*

que celles de Jean-Marie Périer (voir entrée *Salut les Copains*ˣ), les photos de Rancurel captent l'instant unique, la fraction de seconde où James Brown effectue un pas de danse surnaturel et où Pete Townshend, des Who, semble s'élever à cinq mètres du sol, les jambes écartées. Si nous devions ne retenir qu'une seule photo de Rancurel, celle de Mick Jagger, impérial et conquérant devant le public du palais des sports (1970), sortirait peut-être du lot. Après un passage éclair à *Rock & Folk*ˣ en 1966, il rejoint les magazines *Best*ˣ et *Extra*, où son viseur passera des yé-yés aux artistes folk et disco, avec une nette prédilection pour les interprètes français. Aujourd'hui, Jean-Louis Rancurel partage son temps entre les conventions de disques et les nombreuses demandes des rédactions. Ce pilier de *Jukebox Magazine*ˣ possède en effet l'une des photothèques les plus importantes d'Europe sur la musique des années 1960, constituée de clichés qu'il a lui-même réalisés et de fonds d'images qu'il a récupérés au fil du temps. Rancurel est ainsi le dépositaire des photos de Bob Lampard (premier photographe de *Disco Revue*), de Patrick Bertrand et de Roger Kasparian.

**JEAN-PIERRE LELOIR.** « Mes tiroirs sont pleins de photos géniales jamais parues », se réjouissait Jean-Pierre Leloir en février 2010, dix mois avant son décès des suites d'une longue maladie. Depuis ses débuts au magazine *Jazz Hot* en mai 1951, l'homme à la moustache disposait en effet d'archives concernant 11 000 artistes, groupes et personnalités ; ses photos avaient illustré au moins 1 500 pochettes de disques vinyles. En cinquante ans de carrière, dont dix années de collaboration avec le magazine *Rock & Folk*, Leloir a arpenté les scènes du monde entier et saisi pour l'éternité les plus grandes figures du rock : Johnny Hallyday dès ses premiers concerts à L'Alhambra en 1960, The Who au festival de Wight en 1969, les Rolling Stones, Jimi Hendrix, Janis Joplin, Tina Turner, Bob Dylan, Led Zeppelin… « Quand la musique est bonne, la photo sera bonne », déclarait modestement celui qui excellait dans l'art difficile de la photographie de scène et dont les portraits en gros plans en disaient souvent plus sur l'âme d'un artiste qu'un article bien documenté.

Jean-Pierre Leloir

**CLAUDE GASSIAN.** *French Press !* En 1970, ces deux mots inscrits sur une carte de presse bidon permettent au jeune Claude Gassian d'accéder sans difficulté à la fosse aux lions des photographes du festival de Bath. L'ex-étudiant en électronique et apprenti guitariste du groupe Mayflower, qui fut secoué à vie par le concert des Rolling Stones à l'Olympia en 1967, voit défiler Led Zeppelin, Frank Zappa et Santana devant son 24 x 36. Séduit par les clichés, Christian Lebrun, rédacteur en chef de *Best*ˣ, les publie sur quatre pages. Gassian devient alors officiellement photographe, réalise sa première couverture pour *Best*ˣ (nº 28) avec Mick Jagger, et collabore à partir de 1972 au magazine *Extra*, plus rémunérateur et imprimé intégralement >

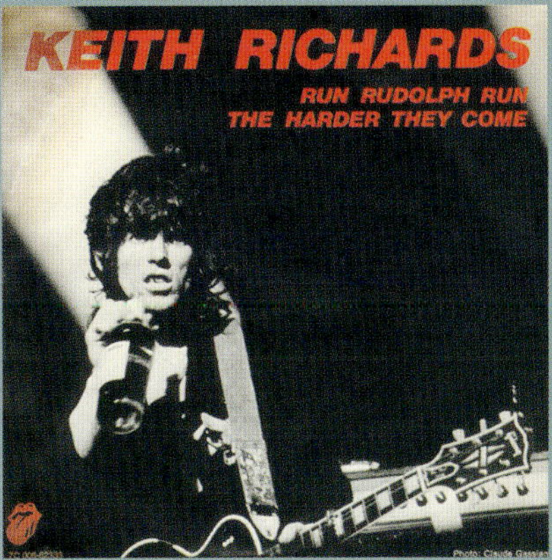


Claude Gassian

en couleurs. En 1973, Bowie-Ziggy *Stardust* shooté *live* à Londres lui ouvre les portes de *Rock & Folk* (couverture du n° 78), marquant le début d'une collaboration qui perdure aujourd'hui. En 1978, dans une chambre du Ritz, Claude Gassian et Philippe Manœuvre[x] devisent en compagnie de Keith Richards avant une séance d'interview-shooting. Le guitariste des Stones feuillette le premier ouvrage de Gassian (*Rock Images*, Paul Putti éditeur, 1990), tombe raide dingue d'une photo de lui prise sur scène à Anvers en 1973 et décrète qu'elle illustrera son prochain single *Run Rodolphe Run/The Harder They Come* : « Vous auriez vu la tête de Gassian, vous aussi, vous auriez voulu être photographe », se souvient Philippe Manœuvre. De *L'Express* à *Rolling Stone*[x], de Vanessa Paradis à The Kills, Gassian est depuis trente ans un des photographes incontournables du milieu, au même titre qu'Annie Leibovitz et Bob Gruen. Toutefois, ce statut ne le met pas à l'abri de quelques savoureux loupés. Ainsi, en 1984, chargé de photographier une jeune chanteuse totalement inconnue de passage à Paris, Gassian expédie la séance, réalise une quinzaine de photos à l'arrache avant de filer à un autre rendez-vous. « La fille me disait : "Écoute, tu n'as pas fait assez de photos, je vais me changer, on va trouver un autre décor." Moi j'ai coupé court. Quelques mois plus tard, j'appelle les États-Unis pour demander s'il me serait possible de photographier Madonna : "Mais vous l'avez déjà fait à Paris !" Et voilà. Entre-temps, elle était devenue une star… »

**YOURI LENQUETTE.** Passionné de musique depuis l'âge de treize ans (David Bowie, The Stooges, T. Rex…), Youri Lenquette publie ses premières photos dans *Best*[x] en 1977, grâce au journaliste Francis Dordor qui l'envoie remplacer un collègue au festival de Mont-de-Marsan[x]. Parallèlement, il rédige des chroniques musicales pour l'hebdomadaire niçois *La Semaine des spectacles*. Début 1981, Dordor le catapulte correspondant londonien du magazine à la suite de Bruno Blum. Sans photographe attitré sur place, Lenquette illustre lui-même ses articles, y prend goût et délaisse progressivement l'écriture : « Pour être très franc, mes papiers étaient bien documentés, mais quand je voyais le niveau d'un Chalumeau[x] avec qui j'avais fait ma première interview – moi pour *Best*, lui pour *Rock & Folk*[x] – de Adam & The Ants, il n'y avait pas photo, c'est le cas de le dire. Je n'étais qu'un bon rapporteur », confiait-il en 2006. De retour de Londres en 1983, il se concentre donc sur la photographie et perfectionne son noir et blanc classieux qui a fait sa réputation. Il multiplie les collaborations dans la presse rock et les tournées autour du monde avec Noir Désir (Russie, 1990), F.F.F. (Afrique, 1992), La Mano Negra (Colombie, 1993), Buena Vista Social Club (Cuba, 1995)… En 1992, *Best* l'envoie couvrir le périple australien d'un groupe de Seattle en pleine explosion : Nirvana. Lenquette et Cobain sympathisent, et le leader de Nivarna s'invite fréquemment chez son ami parisien, comme lors de cette soirée de février 1994 où le groupe débarque avec l'intention de se faire tirer le portrait : « Et là, la séance photo commence et il sort le flingue, un vrai flingue ! […] Il insiste pour prendre les photos avec ce flingue. J'ai carrément dû batailler pour faire d'autres photos sans. » Ce sera l'ultime séance photo du groupe : deux mois plus tard, Cobain se suicide en se tirant une balle dans la bouche. Les clichés de Youri Lenquette feront alors le tour du monde.

Youri Lenquette

**BOB GRUEN.** Depuis plus de trente ans, dans toute la presse rock internationale (*Creem*ˣ, *Rock Scene Magazine*, *Rolling Stone*ˣ, *Mojo*ˣ, *Rock & Folk*ˣ…), une photo sur deux relatives au punkˣ new-yorkais est signée Bob Gruen. Né en 1945, il réalise ses premiers clichés au festival folk de Newport en 1965 où il mitraille un Bob Dylan venu semer la pagaille électrique. Au début des années 1970, il devient le photographe officiel du couple Lennon/Ono qu'il suit 24 heures sur 24 – la photo de Lennon portant un tee-shirt blanc *New York City*, c'est lui. En 1972, étant l'un des premiers à posséder une caméra portable, Gruen filme un jeune groupe dont il devient l'ami indéfectible et le plus fervent supporter : les New York Dolls. Avec eux, il plonge tête baissée dans la marmite bouillonnante du punk new-yorkais et commence une double vie : le jour, il cachetonne en photographiant les groupes majeurs à la demande de leurs maisons de disques – Boston, Bee Gees, Elton John, Led Zeppelin (la photo des membres de Led Zep posant fièrement devant leur jet privé, c'est lui aussi) ; le soir, il rejoint le CBGBˣ et le Max's Kansas City où son appareil capte les premiers efforts dissonants de jeunes combos enragés, issus de la *Blank Generation* (génération du vide), selon la célèbre formule de Richard Hell.

Devant son viseur et pour l'éternité, défilent Talking Heads, Blondie, Suicide, Television, Richard Hell & The Voidoids, les Ramones (la photo des faux frères Ramones devant le CBGB, c'est encore lui). Invité à Londres en 1976 par son ami Malcolm McLaren, Gruen assistera également à la naissance des Sex Pistols et accompagnera le groupe lors de sa déliquescente tournée américaine en 1978 (photo *live* de Sid Vicious jouant de la basse le torse couvert de sang à San Antonio…). Fêtard invétéré, proche de Green Day et de Courtney Love (photo de Courtney se jetant dans le public en collant rouge…), Gruen partage aujourd'hui son temps entre la gestion de son ahurissant stock d'images et la réalisation de nombreuses pochettes de disques (Kiss sur la pochette de *Dressed To Kill* en 1975…). Ainsi, en 1995, pour la pochette du single *King of New York* des Fun Lovin' Criminals, il reproduit à l'identique le célèbre gynécée dénudé de l'album *Electric Ladyland* (Jimi Hendrix), avec sa propre épouse au milieu de figurantes anonymes. Et Gruen de déclarer : « Pour une fois que je ramenais un modèle à la maison après la séance… »

Bob Gruen avec Courtney Love

Annie Leibovitz

**ANNIE LEIBOVITZ.** Née en 1949, l'étudiante Annie Leibovitz fut engagée sur simple présentation de son book comme second photographe au magazine *Rolling Stone*ˣ en 1970. Durant trois ans, celle qui travaille le plus souvent en lumière naturelle pose les bases de son œuvre future en signant des portraits lumineux qui deviendront la marque de fabrique du magazine américain. En 1973, *Rolling Stone* passe à la couleur, Annie Leibovitz devient la première photographe du magazine, impose son style et revendique une méthode très personnelle : avant la séance, se documenter sur le sujet ; pendant la séance, encourager le même sujet à faire tout ce qui lui passe par la tête afin de le désinhiber. Au final, ses portraits « décalés » révèlent aussi bien la face cachée que la face publique des personnalités. Ainsi, Bette Midler sur un lit de roses (1979), Brian Wilson en patriarche du surf de retour d'exil (1976), le groupe Fleetwood Mac, dont on connaît les nombreuses *love stories* internes, ironiquement disposé sur un lit (1977), >

Patti Smith devant des barils de kérosène en feu (1978). De 1970 à 1983 (date de son départ de *Rolling Stone* pour *Vanity Fair*), Annie Leibovitz a signé cent quarante-deux couvertures tout en devenant elle-même une star de la culture pop, au point d'être citée dans *American Psycho* de Bret Easton Ellis˟. Parmi ses photos les plus célèbres, retenons leurs sataniques majestés Jagger et Richards, torse nu et impériaux (1975), et, bien sûr, John Lennon, entièrement nu, en position fœtale enroulé autour d'une Yoko Ono habillée (1981). Ce cliché est historique : le 8 décembre 1981, Annie Leibovitz arrive dans l'appartement de John Lennon. Celui-ci insiste pour que Yoko Ono soit présente sur la photo. La photographe shoote, montre les Polaroïd à Lennon qui aussitôt lui avoue : « C'est ça. C'est notre relation. » Annie prend congé du couple en lui promettant qu'il figurera sur la prochaine couverture de *Rolling Stone*. Elle ne croyait pas si bien dire… Quelques heures plus tard, John Lennon est assassiné au pied du Dakota Building, et la photo, la dernière image officielle de l'ex-Beatles, sera élue comme la meilleure couverture réalisée pour un magazine culturel américain ces quarante dernières années – la deuxième étant celle de Demi Moore nue et enceinte pour *Vanity Fair* (août 1991)… également signée par Annie Leibovitz !

Et aussi : Richard Bellia (Nirvana, Radiohead…), Anton Corbijn (U2, Noir Désir…), Tony Frank (Johnny Hallyday, Serge Gainsbourg…), Jean-Baptiste Mondino (Madonna, Prince…), Jerry Schatzberg (Bob Dylan, Rolling Stones…), et tant d'autres encore, dont les images nous font rêver ! ☠

# PINK FLOYD LIVE AT POMPEI

## Pink Floydus psychedelus

**« Nous gardions toujours un œil sur les montagnes pour nous assurer que le volcan n'allait pas entrer en éruption. »**
Nick Mason, batteur de Pink Floyd, 2005.

Si vous ne goûtez pas particulièrement aux envolées planantes progressives (*voir entrée Prog rock*) de Pink Floyd, mieux vaut passer votre chemin. Car hormis le somptueux décor naturel de la cité perdue et quelques effets spéciaux ringards (mais qui devaient constituer le fin du fin à l'époque), ce film de soixante minutes (dans sa première version sortie en 1972) est entièrement dévoué à la musique du groupe. Pas de public, juste quelques roadies˟ et techniciens pour mettre en boîte, selon la volonté du réalisateur Adrian Maben, l'anti-Woodstock˟. En ce mois d'octobre 1971, Roger Waters, David Gilmour, Nick Mason et Rick Wright sont donc réunis dans l'amphithéâtre situé au pied du Vésuve pour jouer *live* six morceaux qui seront enregistrés sur un matériel

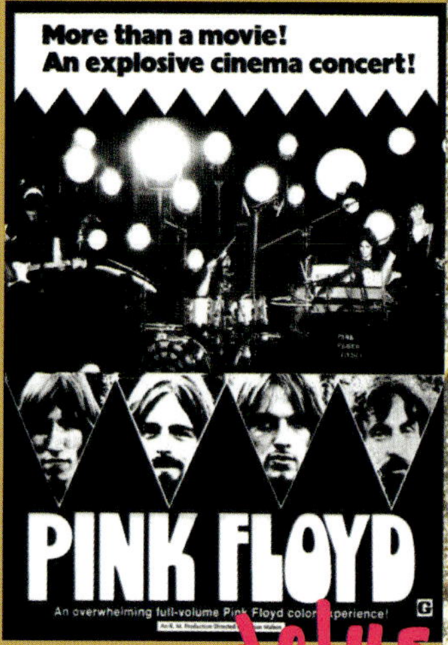


technique réduit. En vocabulaire floydien, « réduit » signifie tout de même que le groupe a dû attendre trois jours pour entamer le tournage car la puissance électrique disponible n'était pas suffisante pour alimenter à la fois la sono et l'équipement lumière. Un câble fut finalement tiré depuis la mairie du village et un gardien engagé pour veiller sur cette installation rudimentaire. Même si quelques plans et phases musicales tournent à la démonstration stérile, même si tout n'a pas réellement été enregistré à Pompéi mais en studio (« Seamus », « Careful with that Axe Eugene » et « Set the Controls for the Heart of the Sun »), un constat s'impose à la vision de ce film coproduit par la télévision française : le son est énorme et touche à la pureté absolue, ce Graal tant convoité par le Floyd tout au long de sa carrière. Que ce soit David Gilmour dont le jeu de guitare ne s'est peut-être jamais envolé aussi haut, ou Nick Mason qui assène une impressionnante leçon de batterie sur « One of These Days » (une longue séquence

intégrée pour combler le vide laissé par une bobine du film à jamais perdue), le Floyd se fait plaisir, sans arrière-pensée pécuniaire. Ce son et lumière d'un nouveau genre fut d'ailleurs un échec financier : sa sortie en salles, dix-huit mois plus tard, coïncida en effet avec le lancement de l'album *Dark Side of the Moon*, qui l'éclipsa complètement. ☠

**« Lorsque Lescure a décidé de lancer une émission de clips, il m'a demandé de la présenter ; j'ai accepté sans hésiter. »**
Jacky, 1983.

Dans la foulée de la création des *Enfants du Rock*[x], Pierre Lescure, à l'époque directeur des variétés d'Antenne 2, s'inspire du modèle MTV[x] né en 1981 aux États-Unis et initie en 1982 l'émission *Platine 45*, un show hebdomadaire de trente minutes dédié à la diffusion d'un genre émergent : le clip vidéo[x]. Mais *Platine 45* n'a jamais été l'insipide robinet à images qu'il aurait pu devenir, et ceux qui étaient ados au milieu des années 1980 savent bien ce que l'émission doit à son présentateur Jacky Jakubowicz, ex-attaché de presse de Serge Gainsbourg, coprésentateur

# Platine 45

Bonjour, c'est Jacky !

de *Chorus*[x] et de *Houba Houba* avec Antoine de Caunes[x], et faire-valoir allumé de Dorothée dans *Récré A2* (et la suite). Il restera comme le premier vidéo-jockey (VJ) français de l'histoire, et le meilleur à ce jour : avec ses chaussures multicolores, ses costumes Bill Tornade, sa gestuelle et sa tchatche saccadées, Jacky métamorphosait en séquences burlesques chaque interview et chaque lancement de clip. À la réalisation, se tenait un génial bricolo de l'image, Pat Le Guen, ancien assistant de Jean-Christophe Averty, qui filmait les interventions du VJ sur fond bleu afin d'intégrer en postproduction de savants trucages bariolés. Sur les six clips diffusés pendant chaque émission, Pat Le Guen en réalisait trois pour un ridicule budget global de 120 000 francs de l'époque et – ô miracle – parvenait le plus souvent à transformer n'importe quelle daube sonore de Jeanne Mas ou de Partenaire Particulier en un petit bijou de psychédélisme[x] kitschouille. Enfin, la programmation sautait joyeusement du coq à l'âne, comme en témoigne cet authentique générique d'une émission diffusée le 14 juillet 1984 : Jean-Jacques Goldman, Lio, Tom Novembre, The Dogs, Rod Stewart et les Lords of the New Church ! Comme si le *Champs-Élysées* de Michel Drucker avait copulé avec le *Chorus* d'Antoine de Caunes et donné naissance à un joyeux fatras musical qui allait former l'oreille de toute une génération jusqu'en 1986, année de la création de la chaîne musicale TV6 et de l'arrêt brutal du show. C'en était fini de *Platine 45* et de son célèbre générique « Roulette russe », ritournelle pop synthétique composée par Jacno, invariablement suivi d'un : « Bonjour, c'est Jacky qui vous présente *Platine 45*… » ☠

# PLAYBOY

## Rock next door

**« Hefner porte ses habits du jour : un pyjama, une robe de chambre et des pantoufles. Eh bien, c'est le créateur de l'empire à 48 millions de dollars par an du magazine *Playboy* et de ses clubs. »**
Tom Wolfe[x], 1972.

Cet empire, Hugh Hefner, l'homme en pyjama, l'a bâti seul, dans la cuisine de son appartement, à Chicago. En décembre 1953, le premier numéro de *Playboy* (d'après le nom d'une firme automobile de Chicago, The Playboy Automobile Company), avec Marilyn Monroe en couverture, fait immédiatement sensation : les 52 000 exemplaires sont épuisés en une semaine. Le lapin, mascotte choisie par Hugh Hefner pour sa « connotation sexuelle humoristique », apparaît dès le deuxième numéro et orne depuis chacune des couvertures d'un mensuel qui fut l'un des fers de lance de la révolution sexuelle des *sixties* et, au-delà, le baromètre de l'évolution des mœurs. Son succès, *Playboy* le doit évidemment aux playmates, héritières en chair et en os des pin-ups dessinées que les GI's sous bromure trimballaient dans leur barda. LaToya Jackson (1989 et 1991), Nancy Sinatra (1995), Samantha Fox (1996) et Madonna (1985) comptent parmi les filles rock à avoir dénudé leurs courbes plus ou moins refaites dans les pages du magazine. Mais le véritable génie de Hefner est d'avoir inventé la *girl next door*, la brune étudiante en histoire-géo que vous croisez tous les jours et qui, sous les flashs des photographes, se métamorphose en provocation onaniste. « Sans les playmates, je serais à la tête d'un magazine littéraire », confessait Hugh Hefner en 2005. Et en effet, entre deux seins huilés et une croupe engageante se dissimulait, pour qui voulait bien le lire, un authentique magazine culturel et sociétal – un article de Nik Cohn[x] ou de Hunter S. Thompson[x], une nouvelle inédite de Norman Mailer ou de Ray Bradbury… Les plus grands auteurs et journalistes collaboraient régulièrement au mensuel, tandis que les personnalités de tout poil se bousculaient au portillon de la *Playboy Interview*, une institution de quinze mille signes déjà fréquentée par

### HONKY TONK WOMEN

Deux mille mètres carrés, vingt-deux chambres dont la très sélecte Elvis Suite, un zoo privé, des bains bouillonnants, une grotte sous-marine, une salle de jeux hallucinante, des Bunnies en liberté : depuis les années 1960, la Playboy Mansion est non seulement le *home sweet home* de Hefner à Los Angeles mais aussi le lupanar officiel de nombreuses rock-stars en goguette. Le puceau Ricky Nelson y sera harcelé sans succès par des Bunnies hystériques, Michael Jackson, attiré par le zoo privé, y invitera Tatum O'Neal pour son premier rendez-vous galant, Elton John y jouera au bowling avec son parolier Bernie Taupin (une journée *off* pour les Bunnies), Weezer y tournera le clip de son single *Beverly Hills* en 2005 (du boulot pour les Bunnies)… sans oublier les Rolling Stones qui, en pleine tournée STP (1972), laisseront un souvenir apocalyptique de leur séjour. « J'ai entendu dire qu'une aspirante playmate a pris part à une mini-orgie avec un Rolling Stone sous le grand piano. Elle avait tellement de marques le lendemain que sa séance de photos a dû être reportée », confiera Hugh Hefner. Une note édifiante du 26 juin 1972, en provenance de l'intendance de la Playboy Mansion, énumère les nombreux dégâts collatéraux dus à la visite de Jagger et sa bande : « Les couvre-lits des chambres Brune 1336 et Or 305 sont tous couverts de taches. Différents objets, y compris des lames de rasoir, ont été déversés dans le lavabo de la chambre Or, bouchant les canalisations et nous obligeant à creuser les murs pour pouvoir les déboucher… »

## PLAYBOY EN GAULE

À la tête du magazine de charme *Lui* depuis 1963, Daniel Filipacchi lança en 1973 la première version française de *Playboy*. Celui que l'on surnommait alors « l'empereur du cul » (« Cela vaut mieux que d'être le roi des cons », aimait-il répondre) souhaitait attirer, grâce à la marque *Playboy*, un lectorat plus averti. Copie intelligente de l'édition américaine, le *Playboy* de Filipacchi comptait 150 pages et invitait des filles non épilées et aux seins naturels. Dès le deuxième numéro (janvier 1974) on y parle de rock, sous la plume de Philippe Adler (un pionnier de *Rock & Folk*[x]), qui chante les louanges du mutant David Bowie. Philippe Manœuvre[x] et Alain Pacadis[x] y disserteront également longuement sur le punk[x] dans le numéro d'octobre 1977, tandis que Thierry Ardisson, à la fin des années 1970, signera des articles largement autobiographiques qui fourniront la trame de son roman *Rive droite, Rive gauche*. En 1985, le titre devient la propriété de Bauer et Cie et perdra de son impact et de sa qualité éditoriale au fur et à mesure des nombreux changements de main successifs. Propriété du Groupe d'édition 1633 depuis 2007 (qui a également relancé la version française de *Rolling Stone*[x] en mai 2008), le *Playboy* version française publie aujourd'hui des photos esthético-chic (Juliette Binoche, Lou Doillon...) qui pourraient provenir d'un magazine féminin à peine dévergondé.

Andy Warhol[x], Bob Dylan et John Lennon, lequel, deux mois avant sa mort, accorda un entretien fleuve en forme de testament.
En 2011, Hefner et *Playboy* bandent encore ! Le lapin a résisté à tout : aux Rolling Stones (*voir encadré*), aux mouvements féministes de la fin des années 1960, à la concurrence (de *Penthouse/Hustler* à *FHM/Maximal* et autres titres masculins contemporains mal branlés), à la vague du porno chic qui banalisa la représentation du sexe, aux galeries pornographiques disponibles gratuitement sur Internet… *Playboy Magazine*, pierre fondatrice de l'empire, écoule aujourd'hui trois millions d'exemplaires par mois aux États-Unis, auxquels il faut ajouter une trentaine d'éditions internationales, dont *Playboy* version française (*voir encadré*), qui depuis 1973 connaît des hauts pigeonnants et des bas filés.

**Pour une fois, on croira bien volontiers la légende,** trop belle pour être totalement fausse, qui révèle les origines du pogo, cette danse individuelle qui consiste à sauter sur place et à percuter son voisin lors d'un concert. C'est l'inévitable second bassiste des Sex Pistols, Sid Vicious, qui serait le principal responsable de cette fraternelle gaudriole aux environs de 1977. Trois versions différentes circulent : en tant que spectateur, Vicious avait l'habitude de sauter sur place pour mieux voir le groupe sur scène ; il sautait car il cherchait les autres membres des Sex Pistols dans une salle de concerts ; il aurait inventé le pogo afin d'avoir un bon prétexte pour cogner sur les membres du Bromley Contingent, bande de jeunes punks qui suivait les Sex Pistols à la trace et dont Siouxsie et Billy Idol faisaient partie. Ou encore, cette explication plus triviale : lorsque vous êtes défoncé aux amphétamines, vous êtes tellement raide que la seule danse à votre portée consiste à sauter à la verticale…

POGO
*Bouge de là…*

Quoi qu'il en soit, le pogo (qui tient son nom du *pogo stick*, un jouet permettant d'avancer en sautillant, sur un manche à ressorts) est devenu un signe distinctif des concerts punk[x], qui tranchait singulièrement avec l'avachissement hippie[x] et les déhanchements disco de l'époque. Depuis plus de trente ans que ça dure, force est de constater que s'il rencontre toujours un certain succès dans les concerts punk et hardcore[x], le pogo reste définitivement toujours aussi con et sa variante, le mosh (un pogo très énervé), ne brille pas non plus par sa sensualité ni par sa finesse. Par ailleurs, en France, *Pogo* était aussi le nom de l'émission de radio animée par Alain Maneval sur Europe 1 à partir de 1978. Chaque nuit, à une heure du matin, la new wave[x] résonnait dans le poste enfoui sous les draps ; il était alors, comme le proclamait le slogan de l'émission, « impossible de dormir… ou nous vous remboursons ! ». Enfin, pour ceux que cela intéresse, le premier 45 tours de Plastic Bertrand, sorti en 1977, était intitulé « Pogo pogo ». Il connut un succès planétaire grâce à sa face B « Ça plane pour moi », mais ce n'est pas Plastic Bertrand qui chante réellement sur le disque… Ça aussi, c'est très con !

# POLITIQUE A rocké !

**« Notre musique est l'équivalent d'un camion de 38 tonnes tombant d'un immeuble de vingt étages sur le cul nu de George Bush. »**
Anthony Kiedis, des Red Hot Chili Peppers, 1994.

Du blues des champs de coton du début du XXe siècle aux concerts de soutien pour l'indépendance du Tibet en 2001, en passant par les *protest-songs* de Dylan, le « Street Fighting Man » (1968) des Rolling Stones et le « Sandinista ! » (1980) des Clash, le rock est aussi un acte politique. Mais les rockers engagés peuvent-ils espérer sinon changer le monde, du moins influencer certaines décisions politiques grâce à leur musique et à leur soutien à telle ou telle personnalité politique ? Et d'ailleurs, sont-ils de gauche ou de droite ? Jusqu'à preuve du contraire (personne n'a encore jamais assisté à un concert de soutien au capitalisme), et excepté quelques artistes qui penchent très à droite, comme le guitariste américain Ted Nugent, les rockers riffent à gauche et sont plutôt socialistes en France, démocrates aux États-Unis et travaillistes en Angleterre. Quant à l'influence du rock sur l'action politique, l'exemple du mouvement *Red Wedge* formé en Grande-Bretagne en 1985 par Billy Bragg, Paul Weller (The Jam) et Jimmy Somerville (Bronski Beat), n'est pas totalement probant : s'ils réussirent à contenir le développement d'idées néonazies propagées par des skinheads très actifs, les rockers anglais engagés auprès du parti travailliste ne purent éviter la réélection de leur bête noire, la très conservatrice Margaret Thatcher.
De l'autre côté de l'Atlantique, il paraît évident que Barack Obama aurait été élu en 2008 même s'il n'avait pas bénéficié, comme cela a été le cas, de l'engouement quasi général de la communauté rock, mobilisée contre George W. Bush depuis l'invasion américaine en Irak en 2003. Cela dit, le casting pro-Obama s'est révélé digne du Rock and Roll Hall of Fame and Museum[x] et ne pouvait laisser indifférent l'électeur mélomane : Neil Young, Pearl Jam, REM, Don Henley (The Eagles)... Tous, qui d'un titre inédit, qui d'un speech véhément, qui d'un concert spécifique, y sont allés de leur rengaine anti-Bush. Parmi les plus engagés, Bruce Springsteen, évidemment, pourtant victime d'une mauvaise expérience en 1984, lorsque le président Ronald Reagan avait tenté de s'approprier le hit mondial « Born in the USA ».

Flyer d'un concert contre Reagan en 1982

Pochette du single *Anarchie en Chiraquie* du groupe Parabellum

Le même Reagan qui avait contacté à la même époque Michael Jackson afin d'obtenir l'autorisation d'utiliser le titre « Beat It » dans une campagne contre l'alcool au volant. Bambi avait accepté à la condition de recevoir un prix remis en main propre par Reagan, ravi de pouvoir ainsi s'afficher avec le King of Pop. Vous avez dit récupération ? En France, Johnny roule pour Sarkozy après avoir plébiscité Jacques Chirac, sévèrement égratigné en 2002 par la chanson « Anarchie en Chiraquie » du groupe punk Parabellum, puis en 2006 par les Wampas qui n'ont pas hésité à brailler « Chirac en prison » ! En 1989, fait beaucoup plus singulier, le rock français entrait sous les ors de la République, avec la nomination par Jack Lang (également initiateur de la fête de la Musique en 1982) d'un Monsieur Rock âgé de vingt-six ans, Bruno Lion (créateur du Centre d'information du rock en 1986), chargé de soutenir les jeunes formations de rock et de faciliter l'organisation de concerts dans les petites salles et les bars. Toutefois, en termes d'intrusion rock dans un gouvernement, l'Australie bat tous les records en la personne de Peter Garrett, ex-chanteur de Midnight Oil (« Beds Are Burning ») et ministre de l'Environnement et des Arts, en poste depuis 2007. Un jour ou l'autre, c'est sûr, Bono (U2) entamera une carrière politique… On parie : Premier ministre de l'Irlande réunifiée ? Secrétaire général des Nations unies ? Roi des Belges ? 💀

**« Charles Manson est prêt à faire un album avec mon groupe,** le Brian Jonestown Massacre en *backing band* et Phil Spector à la production. Il n'attend plus que mon incarcération », affirmait Anton Newcombe en 2011. Il n'est rien de dire qu'on attend le résultat de cette association avec impatience… Plus sérieusement, il s'agit de l'un des thèmes récurrents de l'histoire du rock, au sens propre comme au sens figuré, la prison pouvant métaphoriquement exprimer une privation de liberté d'ordre politique, social, racial, et même passionnel dans la bouche de Serge Gainsbourg lorsqu'il chantait « Amour-prison » en 1975.

# PRISON

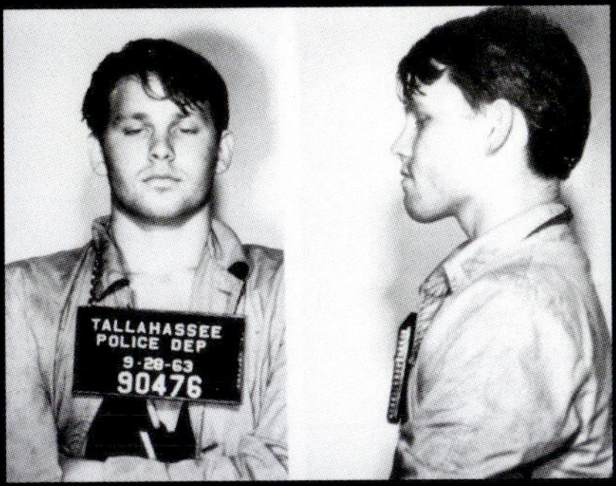


Jim Morrison, à 19 ans, arrêté en 1963 pour un délit mineur

## À l'ombre…

La prison, le mitard, le ballon, le gnouf, le violon… Il y a les artistes qui l'ont chantée (« Jailhouse Rock » d'Elvis Presley, « The House of the Rising Sun » des Animals, « Jailbreak » d'AC/DC…), ceux qui y sont allés (*voir encadré*) et ceux qui y ont joué. Le chanteur de country-rock Johnny Cash connaît bien le sujet, lui qui l'a souvent évoqué dans ses compositions (« I got Stripes », « The Wall »…), qui y a effectué quelques courts séjours pour des délits mineurs (incendie, transport et usage de drogues…), et qui a joué en janvier 1968 deux concerts d'anthologie dans la sinistre prison de Folsom (Californie), qui l'avait déjà inspiré pour la création de la chanson « Folsom Prison Blues » en 1955. Devant 2 000 prisonniers encerclés par des gardiens armés jusqu'aux dents, l'Homme en noir interpréta une vingtaine de titres de son répertoire et enregistra un album mythique, *Live at Folsom Prison*, dont la sortie en mai 1968 donna un salutaire coup de fouet à sa carrière en perte de vitesse : 500 000 exemplaires écoulés en quelques mois. Il récidivera avec le même succès en 1969, dans la prison de San Quentin (Californie), et donnera des idées à d'éminents collègues, notamment B.B. King et Joan Baez, qui se produiront à >

Sing Sing (New York) en 1972 (B.B. King remettra le couvert en 1990 à San Quentin). Dans un registre parallèle, en juin 1978, le groupe américain The Cramps investira un autre type de prison, le California State Mental Hospital, un asile psychiatrique digne de *Vol au-dessus d'un nid de coucou*, et générera un joyeux bordel surréaliste, comme en témoigne *Live at Napa State Mental Hospital*, la vidéo cultissime de ce concert où l'on se demande parfois qui sont les authentiques aliénés, des Cramps ou des patients de l'établissement qui envahissent la scène et s'emparent du micro. En France, les portes du pénitencier chères à Johnny Hallyday ne se sont pas seulement refermées. Elles se sont récemment ouvertes pour Renaud au centre de détention de Bapaume (2007), pour La Souris Déglinguée à la prison des Baumettes (2008)…
Il y a plus de trois décennies déjà, le groupe de hard français Trust, auteur du titre « Le Mitard » (1980), composé à partir d'un texte de Jacques Mesrine, se produisit à Fleury-Mérogis mais n'eut pas l'autorisation d'interpréter les chansons « Police milice » et « Mesrine », jugées trop sulfureuses par l'administration pénitentiaire… Peu importe car, comme l'écrivait Johnny Cash dans les notes de pochette de l'album *Live at Folsom Prison*, « les prisonniers sont le meilleur public dont on puisse rêver. Écoutez attentivement mon disque et vous entendrez en arrière-fond le claquement des portes […], les cris des hommes et même les rires de ceux qui avaient oublié ce que c'était de rire ».

Sid Vicious en 1978 soupçonné d'homicide

**DERRIÈRE LES PORTES DU PÉNITENCIER**
**Chuck Berry (détournement de mineure), Mick Jagger et Keith Richards (possession de stupéfiants), Janis Joplin (injure à agent), Ike Turner (détention et consommation de cocaïne), Boy George (séquestration d'un *escort boy* norvégien), George Michael (conduite sous l'influence de stupéfiants), Bertrand Cantat (homicide involontaire)…**
**À la lecture de cette liste (très loin d'être exhaustive), on se dit qu'une compilation réunissant toutes les stars du rock ayant effectué un séjour à l'ombre aurait une sacré gueule.**
**N'y manquerait pas d'y figurer James Brown qui, dès l'âge de seize ans, fut condamné à trois ans de prison pour vol et qui écopa en 1988, à l'âge de cinquante-cinq ans, d'une peine de six ans et demi pour délit de fuite, rébellion aux forces de l'ordre, agression à main armée et conduite dangereuse. En clair, le Godfather of Soul avait complètement pété les plombs, sous l'emprise de PCP, et entraîné la police dans une folle course-poursuite de plusieurs dizaines de kilomètres, qui s'était achevée dans le fossé. Incarcéré à la prison d'Augusta (Georgie), Brown travailla comme cantinier, participa à la chorale de l'établissement et simula un jour une terrible rage de dents afin d'être emmené chez le dentiste, où l'attendait un certain Philippe Manœuvre[x] qui décrocha pour le coup une interview cent pour cent exclusive. Après vingt-six mois d'emprisonnement, il fut finalement libéré pour bonne conduite.**

**Certains sont des maîtres de la *réverb*,** d'autres des directeurs artistiques libérateurs de muse ou bien encore des coachs indispensables, à l'image de Quincy Jones en 1982, qui força Michael Jackson à écrire deux titres supplémentaires pour l'album *Thriller*, le jugeant un peu

Quincy Jones

faiblard. Lorsque Jackson remit sa nouvelle copie, figuraient « Billie Jean » et « Beat It » ! Le profil du producteur de rock est donc multiple et ne peut se résumer au cliché unique du personnage à gros cigare généralement attaché à l'industrie cinématographique. Tentative de définition à travers quatre portraits de sorciers du son.

**LE DINGUE - PHIL SPECTOR.**
« Ma sœur est dans un asile de fous, et c'est elle la personne saine de la famille », avait l'habitude de dire Phil Spector, producteur américain né en 1939, schizophrène assumé et génial créateur monomaniaque, au début des années 1960, du *wall of sound* (« mur de son »), technique révolutionnaire qui permet de fondre en une seule toutes les pistes d'un morceau afin d'obtenir un rendu plus puissant. Pour atteindre « cette approche wagnérienne du son, ces petites symphonies pour les

kids », Spector bouscula toutes les habitudes et ne lésina pas sur les moyens : placement inattendu des micros (éloignés des instruments, voire jusque dans le couloir du studio), enregistrement méthodique (d'abord la section rythmique, puis les instruments à vent, les guitares, les cordes et enfin les voix), musiciens pléthoriques (pour « Da Doo Ron » des Crystals en 1963, il convoqua trois batteurs, trois bassistes, six guitaristes et douze choristes)…

# Producteurs

## Piliers de studios

Grâce à Spector, dictateur perfectionniste, producteur tout-puissant de *girl groups*[x] préfabriquées aux célestes harmonies vocales, la pop est devenue luxuriante et intelligente. Mais en même temps qu'il élevait le genre et nourrissait son compte en banque (millionnaire à l'âge de vingt-trois ans !), Spector s'enfonçait de plus en plus dans sa bipolarité galopante, vivant cloîtré dans son manoir, Pyrénées Castle, un faux château européen de trente-trois pièces. Après l'échec commercial aux États-Unis du pourtant fabuleux single *River Deep – Mountain High* d'Ike & Tina Turner en 1966, la carrière du « premier homme d'affaires millionnaire à émerger des ténèbres du yé-yé » (*dixit* Tom Wolfe[x]) se confond avec les scandales : il produit le dernier album des Beatles, *Let It Be*, en 1970 (à la demande de John Lennon et contre la volonté de Paul McCartney), le premier

Phil Spector

(triple) 33 tours solo de George Harrison (*All Things Must Pass*), de nombreux disques de John Lennon, y compris l'album *Rock'n'roll* en 1975 (pour ce dernier il attacha l'ex-Beatles à une chaise et partit avec les bandes en fermant le studio à clé), les Ramones pour l'album *End of the Century* en 1980 (il réussit l'exploit de terroriser Johnny Ramone avec une arme à feu), Starsailor pour deux titres en 2002 (il fut viré du studio en raison de son comportement fantasque)… jusqu'au climax en 2009, lorsqu'il écopa de quinze ans de réclusion pour le meurtre de la starlette Lana Clarkson… **Autres dingues notoires** : Kim Fowley (The Runaways), Lee Scratch Perry (Bob Marley), Martin Hannett (Joy Division)…

**LE RÉVÉLATEUR - GEORGE MARTIN.** « Il s'agissait juste de jeter un coup d'œil à quatre gamins de Liverpool. Ça n'avait aucune importance », se souvenait George Martin en 2004, à propos de la première audition des Beatles en 1962 dans les studios EMI situés à Abbey Road. Il faudra les accords d'une composition originale des quatre en question, « Love me Do », pour que ce distingué producteur de musique classique et baroque né en 1926 daigne tendre l'oreille et décide finalement de prendre en charge ces morveux aux cheveux longs, non sans avoir au préalable demandé au manager Brian Epstein de virer le batteur, Pete Best, dont le niveau de jeu était insuffisant. De 1962 à 1969, l'expérience musicale, l'ouverture d'esprit et les arrangements orchestraux et instrumentaux de Martin (notamment sur « Eleanor Rigby », « I am the Walrus », « A Day in the Life »…) rendirent possible la musique qui résonnait dans la tête du tandem Lennon-McCartney. Anobli par la reine en 1996, producteur à succès

Paul McCartney et George Martin

pour d'autres artistes (Jeff Beck, Ultravox, Cilla Black…), impliqué dans presque toutes les campagnes de réédition des Fab Four, responsable avec son fils, en 2006, de l'album *Love* (collage d'une vingtaine de titres des Beatles), sir George Martin, « sans qui le monde ne serait pas pareil », d'après Ringo Starr, est le candidat le plus légitime au poste de cinquième Beatle. **Autres révélateurs** : Tony Visconti (T. Rex, David Bowie), Glyn Johns (Led Zeppelin), Mark Ronson (Amy Winehouse)… >

**LE VISIONNAIRE - BRIAN ENO.** « J'ai l'obsession de faire une musique qui n'existe pas », avouait Brian Peter George St. John de la Salle Eno, *alias* Brian Eno, en 2010. En tant que musicien, Eno a toujours défriché des terres vierges : sonorisateur et claviers des deux premiers albums de Roxy Music en 1972 et 1973 (*Roxy Music* et *For your Pleasure*), parrain de la no wave new-yorkaise en 1977 (*No New York*), créateur de la musique new age (avec une ambition artistique de loin supérieure à ses imitateurs, sur les labels Discreet puis Ambient – cf. *Music for Airports*, 1978), précurseur du sampling en 1980 (*My Life in the Bush of Ghost*, avec David Byrne)… En tant que producteur, il est associé depuis plus de trente ans aux plus grands noms

Brian Eno

de la scène rock, pour lesquels il a réalisé des albums charnières : David Bowie (*Low*, *Heroes*, *Lodger*, de 1977 à 1979), Talking Heads (*More Songs About Buildings and Food*, 1978 ; *Remain in Light*, 1980), U2 (*The Joshua Tree*, 1987 ; *Achtung Baby*, 1991), Coldplay (*Viva la Vida*, 2007)… Les raisons du succès d'Eno ? Peut-être le célèbre jeu de cartes Stratégies obliques, qu'il a conçu avec le peintre Peter Schmidt dans les années 1970 et qui, en cas de manque d'inspiration en studio, incite les musiciens à improviser et à développer leur esprit créatif en fonction des instructions données par les cartes, tirées au hasard.

**Autres visionnaires** : Joe Meek (The Tornados), Joe Boyd (Pink Floyd), John Cale (The Stooges)…

**LE TOUCHE-À-TOUT - RICK RUBIN.** « Mon rôle est d'inspirer et d'inciter les artistes à faire de leur mieux, et de le faire pour l'amour du travail bien fait et non pas par calcul », déclarait en 2006 Rick Rubin, producteur américain né en 1963 et qui compte à son tableau de chasse Slayer (*Reign in Blood*, 1986), Beastie Boys (*Licensed to Ill*, 1986), Mick Jagger (*Wandering Spirit*, 1993), AC/DC (*Ballbreaker*, 1995), Red Hot Chili Peppers (*Californication*, 1999), Johnny Cash (*American I à IV*, 2002), Shakira (*Oral Fixation 2*, 2004), entre autres… Que viennent donc chercher toutes ces stars du trash-metal, du rap, du hard-rock[x], de la pop, de la country et de la dance auprès de ce géant barbu à l'allure de gourou[x] inoffensif ? Une écoute attentive, une production personnalisée et débarrassée de toutes scories superflues (la *reverb* et les sections de cordes ne sont pas les amies de Rick), et une prodigieuse ouverture musicale qui vire à l'œcuménisme, quand Rubin associe rock et rap sur la phénoménale reprise de « Walk this Way » (1986) interprétée par Run DMC et Aerosmith, groupe en perdition qui reprendra du poil de la bête suite à l'énorme carton du single.

**Autres touche-à-tout** : Giorgio Moroder (Donna Summer, Blondie, Sparks), Nile Rodgers (Chic, Diana Ross, David Bowie, Madonna), Steve Albini (Nirvana, Dionysos)…

# Prog

**Honni par les punks[x] en 1977,** vilipendé depuis plus de quarante ans, le prog rock (rock progressif) a rarement eu bonne presse… Et pourtant, le genre, qui connut son âge d'or en Grande-Bretagne de 1970 à 1976, engendra des groupes majeurs de l'histoire du rock (Pink Floyd, Genesis, Yes, Rush…) et continue jusqu'à ce jour de drainer un public passionné et fidèle. Tout a commencé, pour les uns, avec l'album *Days of Future Passed* des Moody Blues (enregistré en 1967 avec un orchestre symphonique pour promouvoir les nouveaux appareils Hi-fi fabriqués par le label[x] Decca), pour les autres, avec *In the Court of the Crimson King* (1969) de King Crimson, deux albums qui imposèrent les lois du genre : compositions complexes alternant plusieurs mouvements et breaks en cascade, lyrisme exacerbé, climat mélancolique, solos interminables, improvisations en tout genre, utilisation d'instruments inhabituels (Mellotron, flûte traversière, violon…)… Que l'on apprécie ou non la virtuosité des pièces musicales et l'univers souvent kitsch du prog, on reconnaîtra à ses premiers représentants d'avoir cassé les formats pop établis en les faisant effectivement *progresser*, et d'avoir accordé une importance égale à tous les instrumentistes d'un groupe, chacun y allant gaiement de ses compositions personnelles, comme sur le double album *Ummagumma* (1969) de Pink Floyd ou *Close To The Edge* (1972) de Yes.

Hormis le courant néoprog britannique qui émergea au milieu des années 1980 (Marillion, IQ, Pendragon…), le prog rock ne connut jamais de véritable *revival* pour la simple et bonne raison que les punks n'ont finalement pas eu sa peau. Bien au contraire, les tics progressifs ont irrigué depuis plusieurs décennies de nombreux courants musicaux qui ne cessent de s'enchevêtrer : Krautrock (Can, Amon Düül, Tangerine Dream…), hard-rock^x^ progressif (Dream Theather, Queensrÿche…), folk prog (Jethro

# rock

## Le club des virtuoses

Tull, Malicorne…), space-rock (Hawkwind, Dream Machine…), prog médiéval (Gentle Giant, Ange, Blackmore's Night…), Zeuhl (Magma), pop prog (Supertramp, Electric Light Orchestra…)… Un coup d'œil sur les hit-parades^x^ de ces dernières années laisse penser que, loin d'être mort, le prog tutoie les sommets des classements, avec notamment les compositions sous Tranxène de Radiohead et les délires épiques de Muse ; d'autres ont été qualifiés de « groupes progressifs » pour beaucoup moins que cela !

**« Trop bien la pochette du dernier album de Mika, elle est trop psyché… »** Entendue dans la bouche d'une jeune adolescente dans le rayon CD^x^ (il en existe encore) d'une grande surface consacrée aux produits culturels, cette réflexion donne trop envie d'effectuer un petit voyage dans le temps. Car avec le terme « psychédélisme », néologisme inventé en 1957 par le Dr. Osmond pour désigner les substances qui « donnaient de l'expansion à l'esprit », c'est bien d'un voyage *all inclusive* vers un nouveau monde dont il s'agit. Et pour y accéder, différents moyens de locomotion s'offraient aux hippies^x^ des années 1960, car le psychédélisme fut le premier mouvement issu de la contre-culture à nourrir et à influencer différentes disciplines artistiques.

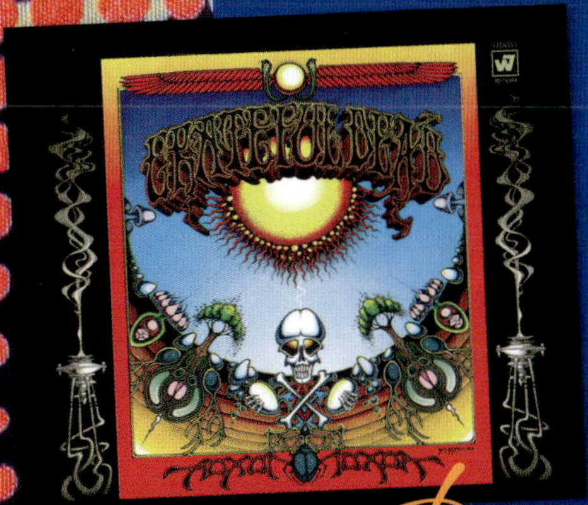

# Psychédélisme

## I believe I can fly…

**Le LSD^x^** : déclaré illégal en 1966, l'acide lysergique est le moteur du psychédélisme, sa raison d'être originelle qui permet d'ouvrir les portes de la perception et d'accéder à un « au-delà » invisible pour les non-initiés.

**LA MUSIQUE** : « Le LSD m'a rendu conscient de plusieurs niveaux d'écoute de la musique. Cela m'a rendu capable d'apprécier des degrés de plus en plus précis dans les rythmes », constatait le leader du Grateful Dead, Jerry Garcia, en 1971. Né sur la côte ouest des États-Unis suite à l'émergence simultanée au milieu des années 1960 de plusieurs >

Peter Fonda dans *The Trip*

groupes (13th Floor Elevators, Grateful Dead, Jefferson Airplane…), le rock dit « psychédélique » traversera l'Atlantique et permettra à l'Oncle Sam de prendre sa revanche sur la *british invasion* de 1964, les Beatles et les Rolling Stones y allant chacun en 1967 de leur album chamarré sous influence lysergique avec *Sgt. Pepper's Lonely Hearts Club Band* pour les uns et *Their Satanic Majesties Request* pour les autres. Signes distinctifs de la musique psychédélique : noms de groupes et titres d'albums à rallonge, rythmes lancinants, effets sonores surprenants, solos souvent improvisés…

**LE CINÉMA :** *The Trip*, sorti en 1967, qui conte l'expérience psychédélique d'un jeune divorcé déprimé, rend bien compte de la volonté des réalisateurs de retranscrire sur la pellicule les sensations d'un trip chimique. Que ce soit *Candy*[x] (1968), *Barbarella* (1968), *Easy Rider*[x] (1969) ou *Zabriskie Point* (1970), les films de l'époque rivalisaient d'effets spéciaux, de décors hallucinants, d'images floues et de mouvements de caméras improbables. *The Trip* bénéficie de surcroît d'un casting stupéfiant : Jack Nicholson au scénario, Roger Corman à la réalisation, Peter Fonda et Dennis Hopper[x] devant la caméra… dans le genre, difficile de faire mieux.

**LA LITTÉRATURE :** tout a commencé en 1954 avec le livre *Les Portes de la perception* (*The Doors of perception* – Jim Morrison s'inspira du titre pour nommer son groupe) d'Aldous Huxley, où l'auteur décrit ses expériences hallucinogènes sur fond de quête mystique, puis s'est poursuivi avec la *Beat Generation*[x] (*Sur la route* en 1957, trip littéraire signé Jack Kerouac ; *Le Festin nu* en 1959, roman en *cut-ups* de William S. Burroughs) et a explosé au début des années 1970 avec le très déjanté gonzo[x] journalisme du non moins frappadingue Hunter S. Thompson[x].

**LA MODE :** en matière de look psychédélique, une seule règle prédominait, à savoir pas de règles ! Velours chatoyants, jeans[x] customisés, bandanas multicolores, tuniques indiennes, minijupes à fleurs, sandales en cuir, cheveux filasses… peut importait finalement l'apparence extérieure quand il s'agissait d'expérimenter le voyage intérieur.

**LE GRAPHISME :** courbes interminables en spirale, typographies déstructurées et illisibles héritées de l'Art nouveau, overdose de couleurs… Une pochette de disque, une affiche[x] de concert ou un *flyer*[x] étaient réussis s'ils simulaient une vision troublée par la consommation de LSD. Avec la mode dans une moindre mesure, le graphisme est le domaine qui a le mieux traversé toutes les époques, jusqu'à aujourd'hui où l'emploi du terme « psychédélique » revêt le plus souvent une connotation artistique vaguement *sixties* et multicolore… D'où la pochette « trop psyché du dernier trop canon album de Mika… ».

# Punk

## Retour vers le No Future

**« On dit que le punk britannique a copié l'Américain Richard Hell.** Qu'est-ce qu'on s'en fout ! Ce sont les Sex Pistols qui ont écrit l'histoire, pas Richard Hell. » Ainsi parlait en 2002 le journaliste Jon Savage, qui dans son célèbre ouvrage *England's Dreaming* retrace la saga du punk anglais en contant le parcours chaotique des Sex Pistols, groupe initié par le manager[x] Malcolm McLaren à la fin de l'année 1975, alors qu'il tenait avec sa compagne Vivienne Westwood la boutique de vêtements Sex située sur King's Road, à Londres. Ce parcours tient en deux ans, deux ans de scandale et de fureur pour former le groupe, insulter copieusement le présentateur Bill Grundy à la BBC, ridiculiser le jubilé de la reine, engager Sid Vicious, terroriser les maisons de disques, tourner aux États-Unis, se séparer, enterrer Sid Vicious et se ridiculiser (le film *La Grande Escroquerie du rock and roll*[x]). Certes influencés par la musique de quelques artistes américains du début et du milieu des années 1970 (The Stooges, MC5, The Ramones, The New York Dolls, Richard Hell & The Voidoids, Johnny Thunders & The Heartbreakers), eux-mêmes inspirés par les groupes garage des années 1960 (ainsi dénommés à cause de leur son tellement « sale » que leurs disques auraient pu être enregistrés dans un garage, où d'ailleurs ces groupes répétaient le plus souvent), les autodidactes Sex Pistols ont fait péter en trois accords bien balancés les enluminures de la musique progressive[x] et engendré la naissance de nombreux groupes. Ainsi, le 4 juin 1976, dans le (maigre) public du concert donné au Lesser Free Trade Hall de Manchester, se trouvaient les futurs Buzzcocks, Joy Division, The Fall et The Smiths, pour ne citer qu'un exemple. Entre les larsens, les crachats du public sur la scène et les pogos[x], se dessinaient également les préceptes de la contestation punk dans une Grande-Bretagne ravagée par un chômage galopant : liberté et autonomie de création (*Do It Yourself*), look provocateur (pantalons et T-shirts déchirés, insignes nazis, crêtes multicolores…), nihilisme politique[x] et social (*no future, no past*) que certains estiment emprunté aux situationnistes mais qui, de l'aveu même du chanteur Johnny Rotten, se rapprochait plus simplement du comportement puéril des délinquants juvéniles du roman *Le Rocher de Brighton*, roman culte de la jeunesse britannique écrit par Graham Greene en 1938.

Phénomène mondial dont l'épicentre bouillonnait à Londres à la fin des années 1970 (dont Asphalt Jungle, Stinky Toys et Metal Urbain furent les épigones français), le punk a exercé et exerce toujours une influence considérable sur la scène musicale. Une semaine seulement après la séparation des Sex Pistols en janvier 1978, Elvis Costello et The Talking Heads obtenaient leur premier passage radio qui préfigurait la new wave[x], puis vinrent la no wave (DNA, Sonic Youth), le punk hardcore[x] (Dead Kennedys, Hüsker Dü), le OI ! (The Exploited, The 4-Skins), le folk punk (Violent Femmes, The Pogues), le grunge[x] (Nirvana, Pearl Jam)… Bel héritage et bel avenir pour une révolte musicale qui proclamait *no future* ! Autre conséquence plus méconnue, le mouvement punk fut le premier où des femmes jouèrent un rôle égal aux hommes. On citera Patti Smith (surnommée la marraine du punk), Siouxsie & The Banshees, The Slits, X-Ray Spex, The Pretenders, L7, The Go Go's… un peu de douceur, toute relative, dans un monde de punks.

### AU NOM DU PUNK

**« Le punk a toujours existé. La Callas était terriblement punk », observait Andy Warhol[x] en 1977, au cœur de l'explosion du mouvement. En effet, la rage punk éructait déjà, entre autres, dans les riffs de « Helter Skelter » des Beatles (1968) et de « Communication Breakdown » de Led Zeppelin (1969), formations qui seront honnies par les groupes punk, dont The Clash dans la chanson « 1977 », publiée en face B de son premier 45 tours *White Riot* (1977) : « No Elvis, Beatles or The Rolling Stones in 1977 ! » En revanche, le terme « punk », qui signifie « minable » en argot, a fait l'objet de nombreuses querelles en paternité quant à son association avec la musique binaire.**

**Le journaliste Dave Marsh se flatte d'avoir été le premier à parler de punk rock dans les pages de *Creem*[x] en mai 1971, à propos d'un concert de Question Mark & The Mysterians. Mais Lester Bangs[x], la même année, l'avait utilisé une première fois dans un roman non publié, le bien-nommé *Drug Punk*. Sans oublier Lenny Kaye[x] et ses notes de pochettes de la compilation de groupes garage américains *Nuggets* (1972), ou Nick Toshes[x] dans un essai intitulé *Punk Muse* paru en juillet 1970 dans le magazine *Fusion*. Au final, il semblerait que le grand vainqueur soit le poète Ed Sanders qui, le 22 mars 1970, dans les colonnes du *Chicago Tribune*, désignait ainsi son groupe, les Fugs.**

Amy Winehouse disait non à la rehab... RIP.

# Q

# R


*Q* 227
*QUATRE GARÇONS DANS LE VENT* 228
RADIO 229
*RAPIDO* 232
***REHAB* 233**
RELIGION 234
RIOT GRRRL 236
ROADIES 237
ROAD MOVIES 238
*ROCK ACADEMY* 239
*ROCK & FOLK* 240
ROCK AND ROLL HALL OF FAME 243
*LE ROCK DU BAGNE* 244
*THE ROCKY HORROR PICTURE SHOW* 245
NICOLAS ROEG 246
ROLLING STONE 247

# Suivez le guide Q

**« Notre objectif est de vous apporter le meilleur de la musique avec un niveau de qualité et d'inspiration unique.** Que ce soit en ligne avec Q4music.com et Q Radio ou bien encore lors d'événements exclusifs comme les Q The Music Club Live at the Hospital et les Q Awards. Et bien sûr dans ces colonnes ! » écrivait Paul Rees, rédacteur en chef du magazine *Q* en 2007. Le message est clair : plus qu'un simple mensuel musical grand public dont il n'existe aucun équivalent en France, *Q* (Groupe EMAP) est également un empire multimédia qui commercialise ses propres compilations et autres produits dérivés.

À l'origine, *Q* devait s'appeler *Cue*, mais le « Q » seul fut jugé plus apte à accrocher le regard du lecteur dans la jungle des titres musicaux britanniques. En 1986, le lecteur doit en effet faire face à beaucoup de bouleversements : arrivée du CD[x], explosion de MTV[x], grands messes humanitaires[x]… le rock s'institutionnalise et se banalise. Jugeant qu'aucun magazine en place ne rend suffisamment compte de cette nouvelle donne, Mark Ellen et David Heptworth publient le premier numéro de *Q* en 1986, sous-titré *The Modern Guide to Music and More*. Objectifs : orienter le lecteur grâce à un vaste guide des sorties tous genres confondus (*Q Review*), et remettre au goût du jour quelques vieilles gloires ignorées par les hebdos britanniques, trop occupés à lancer chaque semaine le nouveau groupe qui sera oublié deux mois plus tard. Ainsi, Paul McCartney, Rod Stewart et Elton John s'affichent en couverture des premiers numéros du mensuel, qui trouve très vite sa place sur le marché britannique pourtant encombré. *Q* lancera également la mode des chroniques d'albums notés (de une à cinq étoiles) et des listes à n'en plus finir (un TOC très *british*) : les cent meilleures chansons, les cent meilleurs chanteurs, les vingt et un albums qui ont changé la musique, les cinquante groupes à voir avant de mourir, les cent meilleurs solos de guitare, etc.

Parmi les plumes historiques du magazine, citons, entre autres, Robert Sandall et surtout Phil Sutcliffe, journaliste inspiré qui réussit à se dégager des sempiternels interviews promo en publiant d'ambitieux articles de synthèse, que ce soit sur les relations amour/haine du rock et de la religion[x] (1999) ou sur les douze commandements des narcotiques anonymes appliqués aux rock-stars (2002).

Aujourd'hui, crânement sous-titré *Britain's Biggest Music Magazine*, *Q* fait partie, avec son cousin *Mojo*[x], des mensuels qui comptent sur le marché britannique, même si on peut lui reprocher un certain favoritisme envers les musiciens de la perfide Albion et des choix musicaux souvent uniquement guidés par le niveau de notoriété des artistes… Un reste de paillettes des années 1980, sans doute !

## LÈCHE Q

Si vous ne deviez avoir en votre possession qu'un seul numéro de *Q*, optez pour le numéro spécial 21e anniversaire (n° 256, 2007) qui réunit des textes de musiciens sur leurs pairs : Paul McCartney, défini comme « The Great Rival » par Brian Wilson ; David Bowie, « One of the Great Rock Icons » selon Alex Kapranos de Franz Ferdinand ; Jimi Hendrix, « The Daddy of all Guitar Heroes » pour Slash, sans oublier le témoignage du bassiste Peter Hook (Joy Division) à propos du destin tragique de son ancien chanteur, Ian Curtis, retrouvé pendu le 18 mai 1980 : « J'ai rencontré Ian Curtis pour la première fois au Club Electric Circus en 1977. Il portait une veste où était inscrit au dos le mot "Haine". »

# Quatre garçons dans le vent

## Beatles Bobine

**« Les petits jeux de mots, les sarcasmes, l'humour, la vivacité d'esprit de John, le laconisme de Ringo [...]. Le film réussit assez bien à croquer nos personnages. »** Paul McCartney, 2002.

*Quatre garçons dans le vent* (*A Hard Day's Night* en version originale), réalisé en noir et blanc par Richard Lester en 1964, réussit le tour de force non seulement d'être une référence incontournable du cinéma rock, mais également d'avoir engendré une bande originale historique, ni plus ni moins que le troisième album de la discographie officielle des Beatles. Tourné en seulement six semaines pour un budget dérisoire de 500 000 dollars, composé de 968 plans pour une durée de 88 minutes, ce premier long métrage interprété par les Beatles était calibré pour capitaliser sur la notoriété grandissante du groupe et l'engouement du public pour les films de *Rockexploitation*, généralement vite réalisés, vite sortis, vite rentables et aussi vite oubliés. Mais c'était compter sans le talent iconoclaste de Richard Lester et le sens de l'improvisation des Beatles dans leurs propres rôles, qui inscriront cette pellicule dans la catégorie des chefs-d'œuvre d'impertinence, de bonne humeur et de loufoquerie *so british*. À tel point que, d'après certains commentateurs enflammés de l'époque, la sortie américaine du film, le 11 août 1964, a sauvé de la dépression une nation meurtrie par l'assassinat de John Kennedy neuf mois plus tôt.

Si le scénario de ce « documentaire fictionnel » cocasse et poétique ne restera pas dans les annales (trois jours dans la vie des Beatles, entre filles hystériques, conférence de presse, émission TV et un faux grand-père de Paul McCartney dans le rôle du semeur de zizanie), il définira néanmoins la perception que se fait le public du profil de chacun des Fab Four : John le cynique, George le tranquille, Ringo le rigolo et Paul l'enthousiaste… Les quatre musiciens traîneront toute leur carrière ces traits de caractère inspirés de leurs personnalités réelles, que le scénariste et liverpudlian Alun Owen avait pu étudier en vivant plusieurs jours avec eux. Au-delà des Beatles, la réalisation audacieuse de *Quatre garçons dans le vent*, avec sa structure narrative éclatée en vignettes et son rythme calé sur celui des chansons, annonce le renouveau esthétique du cinéma britannique qui culminera avec le film *Performance*[x] (1970) et préfigure les techniques qui seront employées quinze ans plus tard par les réalisateurs de clips vidéo[x]. Autre conséquence majeure, peut-être la plus importante, ce film, que tous les spectateurs pouvaient apprécier sans pour autant être fans[x] de rock, a incité un nombre incalculable de gamins à former un groupe, séduits par le vent d'optimisme porté par les quatre garçons. Et pourtant, comme l'affirmait John Lennon en 1971, « *Quatre garçons dans le vent* était une version BD de ce qui se passait en réalité. La pression était bien plus forte que ça… ».

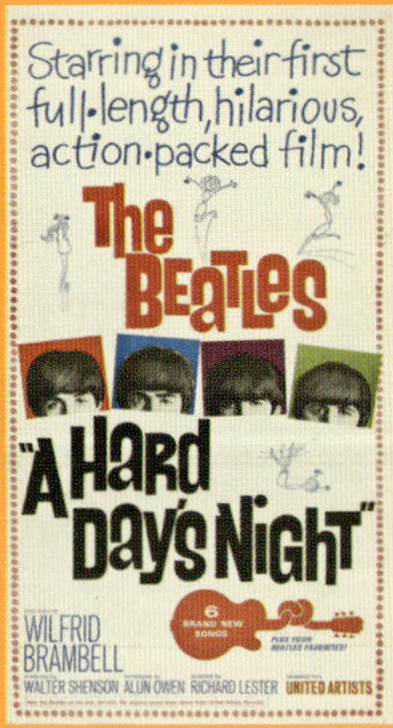


### QUATRE GARÇONS DANS LES COULISSES

**Le titre *A Hard Day's Night* provient d'un « ringoïsme », pour reprendre l'expression de John Lennon, soit une formule absurde de Ringo Starr, très coutumier du fait. Harassé par vingt heures de travail ininterrompu, le batteur s'est emmêlé les baguettes en formulant sa phrase (« une dure journée de nuit » pour « une dure journée de travail »), qui a beaucoup plu au reste du groupe et à Richard Lester. Ce film révélera le talent d'acteur de Ringo Starr, assurément le plus doué des quatre, qui entamera une carrière de comédien marquée par des hauts psychédéliques[x] (*Candy*[x], 1968) et des bas préhistoriques (*L'Homme des cavernes*, 1981).**

**Le film ne fait jamais référence aux Beatles et le nom n'est jamais prononcé par les comédiens. En revanche, le mot « Beatles » est présent à deux reprises : sur la batterie de Ringo Starr et à la fin du film, quand les quatre garçons montent dans un hélicoptère de la compagnie BEA, dont la porte une fois fermée révèle les lettres TLES.**

**Ne supportant pas de jouer en play-back, les Beatles interprétèrent en *live* les scènes musicales du show TV.**

**Sur le plateau, George Harrison rencontra celle qui allait devenir son épouse, Pattie Boyd ; elle interprétait l'une des nombreuses écolières énamourées. Elle le quittera en 1977 pour tomber dans les bras de l'un de ses meilleurs amis, Eric Clapton.**

# RADIO
## Ondes de choc

Dewey Phillips

**Lorsque le 8 juillet 1954 Dewey Phillips, le DJ de la station américaine WHBQ,** passa à l'antenne un acétate que venait de lui confier Sam Phillips, il ne se doutait absolument pas du raz de marée qu'il allait provoquer. Les auditeurs firent exploser le standard : tous voulaient réécouter ce « That's All Right Mama » que Dewey jouera à quatorze reprises durant son émission. La fusée Presley était lancée par la magie des ondes… Drogué et alcoolique, Dewey Phillips, lui, ne s'en remettra jamais et décédera d'une crise cardiaque à l'âge de quarante-deux ans en 1968.
Avec le développement commercial du 45 tours initialement conçu pour les juke-box[x], la radio fut dans les années 1950-1960 le vecteur principal de l'essor et de la propagation de la musique rock. Implantées sur des bateaux en mer du Nord ou dans l'estuaire de la Tamise afin d'échapper à la réglementation sur la radiodiffusion, les stations pirates anglaises (Radio Caroline, Radio London…) éduquèrent ainsi au pop/rock une génération entière de Britanniques et quelques heureux auditeurs du nord de la France qui réussissaient à capter ces ondes hors la loi. Cela les changeait des quatre stations autorisées de la bande AM ou grandes ondes (France Inter, Europe 1, RTL et RMC), dont la programmation rock se limitait à quelques émissions isolées (*Salut les Copains*[x] sur Europe 1, *Pop Club* sur France Inter…). La libération de la bande FM et la multiplication des radios libres au début des années 1980 permit l'apparition de plusieurs stations au format rock plus ou moins pointu (RFM, Kiss FM, Skyrock au début, Oui FM…), qui émettaient pour la première fois en stéréo.
En 2009, le genre pop/rock représentait plus de 36 % de la programmation des radios en France. Et si ça ne suffit pas, rien n'empêche de se connecter, par exemple, sur KALX FM, la radio de l'université de Berkeley (États-Unis), toujours prompte à dénicher avant tout le monde la future sensation indépendante.
Qui dit radio dit également DJ, la voix qui va emballer le contenu, attirer le chaland et faire en sorte, tant par la tchatche que par la programmation, que l'auditeur ne change pas de station. Portraits de quelques maîtres du micro qui ont fait *rocker* plusieurs générations de *rollers*.

### AUX ÉTATS-UNIS

**ALAN FREED.** Né en 1921, Alan Freed fut le premier DJ à acquérir une réputation internationale grâce à Radio Luxembourg qui diffusait ses émissions en Europe et grâce à ses apparitions dans quelques films de la *rockexploitation* (*Rock Around the Clock*, *Don't Knock the Rock*…). Inventeur du terme « rock and roll » qu'il fut le premier à prononcer sur les ondes de la station WJW (Cleveland) dans >

Alan Freed

les années 1950, défenseur infatigable de la mixité raciale à travers la promotion de la musique, animateur tout-puissant capable de faire et défaire une carrière en quelques minutes d'antenne, Freed ne se remettra jamais du scandale de la *payola* au début des années 1960 : il sera accusé et reconnu coupable avec d'autres DJs d'avoir reçu de l'argent des compagnies de disques pour privilégier le passage de certains artistes sur les ondes. Il mourra d'une cirrhose en 1965 et fera partie des premiers intronisés au Rock and Roll Hall of Fame^x^ en 1986, en raison de sa considérable contribution à la diffusion et à la reconnaissance de la musique binaire.

**WOLFMAN JACK.** La radio a également eu son Lester Bangs^x^ en la personne de Wolfman Jack, né Robert Weston Smith en 1938, qui débuta sa carrière en 1960 sur WYOU-AM (Virginie). Mais c'est en 1963, sur XERF-AM, une station située à Mexico dont la puissance du signal permettait l'écoute de l'autre côté de la frontière, que Robert W. Smith devint Wolfman Jack, personnage fantasque à la voix caverneuse héritée de Howlin' Wolf (d'où le surnom). Alors que la plupart des DJs anglo-saxons parlaient sur un ton monocorde, Wolfman Jack vitupérait, apostrophait, grognait, hurlait même, entre deux disques de James Brown et d'Aretha Franklin. Précurseur de la vente de programmes clés en main aux stations, icône de la contre-culture (George Lucas lui confiera la voix *off* de son film *American Graffiti*^x^) et des animateurs radios contemporains (Howard Stern lui a beaucoup piqué, sauf la vulgarité qui ne faisait pas partie du registre wolfmanien), celui dont beaucoup d'auditeurs pensaient qu'il était noir débranchera définitivement son micro en 1995, victime d'une crise cardiaque.

Wolfman Jack

## EN ANGLETERRE

**JOHN PEEL.** Retracer le parcours de John Peel, né en 1939, c'est dérouler l'histoire de la radio britannique de la seconde moitié du XX^e^ siècle et, de fait, celle du rock anglais. Après une courte expérience radiophonique aux États-Unis plongés en pleine beatlemania (il sera entre autres correspondant officiel des Beatles pour la station de Dallas KLIF), Peel regagne Londres en 1967, plus exactement une péniche amarrée dans l'estuaire de la Tamise où est implantée la radio pirate Radio London, surnommée The Big L. Dans son émission *The Perfumed Garden*, diffusée du lundi au vendredi de minuit à deux heures du matin, Peel rode son style, développe une relation intime avec ses auditeurs, programme les groupes *underground* (Tyrannosaurus Rex, Captain Beefheart…) et s'autorise à diffuser des albums dans leur intégralité ; autant de partis pris *a priori* rédhibitoires pour la très vénérable BBC, qui engage tout de même le jeune animateur en septembre 1967. Le contrat durera plus de trente ans au cours desquels John Peel, à travers plusieurs formats d'émissions, deviendra « l'oncle » britannique des fans^x^ de rock, toujours à l'affût des dernières tendances (en 1976, première diffusion sur le sol anglais d'un groupe américain inconnu, The Ramones), le découvreur de talents (Billy Bragg, The Jesus and Mary Chain, The Wedding Present…) et surtout le grand ordonnateur des fameuses *Peel Sessions*, mini-concerts *live* (quatre titres en moyenne) enregistrés dans les studio de la BBC, par lesquelles est passée la crème du rock mondial : Pink Floyd, Black Sabbath, The Cramps, The Cure, The Strokes, et, parmi les 4 000 autres sessions, The Smiths, découverts par les producteurs de John Peel lors d'un concert à l'université de Londres. Le guitariste Johnny Marr écrira le futur classique « This Charming Man » spécialement pour cette session enregistrée en septembre 1983, car le groupe n'avait pas encore assez de titres originaux à son répertoire. L'animateur décédera subitement d'une crise cardiaque le 25 octobre 2004, en vacances au Pérou. Les témoignages de sympathie

John Peel

et de respect afflueront du monde entier, notamment de plusieurs générations de musiciens britanniques (The Fall, New Order, Oasis, Blur...) qu'il avait musicalement élevés, dans tous les sens du terme. Un juste retour à l'envoyeur.

## EN FRANCE

**JOSÉ ARTUR.** Au milieu des années 1960, s'il voulait écouter du rock à la radio, l'auditeur français pouvait se brancher sur Europe 1 (*Salut les Copains*[x] de Daniel Filipacchi, *Campus* de Michel Lancelot, *Périphérik* de Pierre Lattès), RTL (*Minimax* du Président Rosko), RMC (*Radio Caroline* de Pierre Lescure) et France Inter avec le *Pop Club*, créé par José Artur le 4 octobre 1965 et diffusé de 22 heures à 23 heures 30. Au programme de cette émission pluriculturelle, cinéma, théâtre, littérature, chanson et une programmation rock pointue concoctée avec Patrice Blanc-Francard (l'équipe comprenait également Claude Villers, Pierre Lattès et Bernard Lenoir) : invités internationaux, nouveautés en provenance des États-Unis, découvertes françaises (Gérard Manset, Brigitte Fontaine...)... le tout servi au coin du feu par José Artur, jamais avare d'un bon mot (« J'ai arrêté d'envoyer des vêtements à l'abbé Pierre. Il ne les met jamais ») et capable d'assurer lui-même les questions et les réponses en cas d'absence de l'invité. Le *Pop Club* fermera définitivement ses portes en 2005 après quarante ans d'activisme culturel. Un record.

**BERNARD LENOIR.** « Bonsoir, c'est Lenoir... » Cette formule récurrente, prononcée juste après le riff d'« Eruption » de Van Halen en guise de générique, annonçait *Feedback*, émission programmée le soir sur France Inter de 1978 à 1984. Féru de new wave[x] et de rock indépendant[x], Bernard Lenoir était alors le parrain bienveillant de la génération des *Inrockuptibles*[x] et diffusait à l'antenne les concerts parisiens des têtes d'affiche de l'époque (Joy Division, Bauhaus, Dead Can Dance...). Mais le grand œuvre de Lenoir reste les bien nommées *Black Sessions* (inspirées des *Peel Sessions*), qui depuis 1992 ont accueilli les prestations *live* de plus de trois cents artistes (de Paul Weller à Cocorosie en passant par The Cure, Suede et Katerine). Complétés par des *White Sessions* (enregistrement *live* sans public), les *Black Sessions* sont aujourd'hui diffusées dans le cadre de l'émission *C'est Lenoir*, à l'antenne du lundi au jeudi de 22 heures à 23 heures sur France Inter.

**FRANCIS ZÉGUT ET GEORGES LANG.** Depuis la fin des années 1970, ils sont les grands prêtres des nuits musicales d'adolescents boutonneux et de rockers insomniaques. *Wango Tango*, *Zikmag*, *Zikweb* pour Francis Zégut, *Les Nocturnes*, *WRTL Country*, *Sagas* pour Georges Lang... Autant d'émissions mythiques qui propageaient la bonne parole rock et qui se faisaient l'écho des exploits de jeunes chevelus au style de vie décadent. Lang et Zégut éduquaient alors nos oreilles (« nos cages à miel », dirait Zégut), éclairaient notre discothèque et berçaient nos nuits... En 2011, ces deux voix sont toujours à l'antenne sur RTL et RTL2, et plus que jamais à l'affût des dernières bourrasques binaires... Respect !

Francis Zégut

Georges Lang

**DOM KIRIS.** Animateur historique de la radio parisienne Oui FM créée en 1986, Dom Kiris (né Dominique Le Bourhis) entretient encore aujourd'hui, vaille que vaille, la flamme rock sur la bande FM. Son émission *Au secours, c'est du live*, diffusée tous les jours de 19 heures à 21 heures (Jimmy Page, Joe Satriani et Mark Knopfler y ont déjà gratté leurs cordes), constitue à juste titre la pièce maîtresse d'une station, dont les très réussies campagnes de pub se révèlent finalement plus rock que sa programmation générale, moins pointue depuis le rachat de la radio par l'animateur Arthur en 2008.

**« Au début des années 1990, à chacun de ses passages en Europe, le groupe Nirvana demandait sur quel réseau il pouvait regarder l'émission *Rapido.* »** Yves Bigot, ancien rédacteur en chef de *Rapido*, 2010.

Une fois n'est pas coutume, un produit rock estampillé français a séduit les anglophones à la fin des années 1980, faisant partiellement mentir le célèbre aphorisme de John Lennon : « Le rock français, c'est comme le vin anglais… cela laisse songeur. » Partiellement car, pas d'affolement, il ne s'agit pas d'un disque ou d'un artiste français, mais d'une émission de télévision consacrée au rock, ce qui n'est quand même pas rien et laisse également songeur quand on connaît la place quasi inexistante de la musique binaire dans le PAF actuel.
Produit par la société française NBDC (Newman, Berger, de Caunes) de 1987 à 1992 (d'abord diffusé sur TFI en 1987-1988, puis sur Canal+ de 1989 à 1992), *Rapido*, à partir de 1988, sera inscrit au programme de la BBC-1 puis de la BBC-2, pour le plus grand bonheur de spectateurs britanniques accros à ce format original de *news* et de culture

Rap- Rap- iiiiiiido !

# RAPIDO

## FRENCH KISS

Autre raison du succès international de *Rapido* (l'émission sera également diffusée au Luxembourg, en Allemagne, aux Pays-Bas, en Italie, au Maroc, en Belgique, aux États-Unis et même au Japon !) : l'affection toute particulière que portaient à de Caunes et son équipe les rock-stars du monde entier. Cette relation privilégiée apporta nombre d'exclusivités et de surprises. 💀 En 1989, bloqué à New York après avoir raté son avion qui devait lui permettre de rejoindre les Stones pour entamer la tournée *Steel Wheels*, Keith Richards, désœuvré, appela l'équipe de *Rapido* : « Si vous voulez, je suis dispo toute la journée pour une interview… » 💀 En 1989, Pink Floyd accordait un exceptionnel *full access* aux coulisses[x] de son concert à Moscou, pourtant placé sous haute surveillance par la police locale. 💀 En 1990, George Harrison s'est déguisé en Antoine de Caunes pour répondre aux questions du journaliste. 💀 Pete Townshend (The Who) donnait en coulisses des cours d'anglais à Antoine de Caunes, tandis que Bono (U2) ne supportait pas que ce dernier fît preuve d'ironie envers son groupe. 💀 Le groupe Art of Noise s'apprêtait à enregistrer un titre contenant un sample de la voix d'Antoine de Caunes quand la BBC a décidé d'arrêter l'émission en juin 1992.

rock. Comment une bande de jeunes *frenchies* a-t-elle pu conquérir la mère patrie de la pop music, généralement réticente à tout ce qui peut provenir de ces « satanés mangeurs de grenouilles » ?
Tout d'abord grâce au présentateur, Antoine de Caunes[x] qui, dès la fin du superbe générique (comme on n'en fait plus !) signé Jean-Baptiste Mondino, débitait « rapido » son texte anglais avec un accent *frenchie* prononcé très apprécié des sujets féminins de Sa Gracieuse Majesté. La production recevait d'ailleurs des dizaines de lettres d'amour et de demande en mariage, parfois envoyées du fin fond de l'Écosse et du pays de Galles. La programmation décalée ensuite, qui, en pleine Angleterre branchée rave et dance music, laissait la part belle au rock « classique », de Mick Jagger à Mark Knopfler en passant par Pink Floyd. Si la BBC s'inquiétait de l'absence de groupes à la mode, les spectateurs, eux, qui n'avaient plus l'occasion de voir tous ces dinosaures dans la petite lucarne, en redemandaient. Enfin, l'équipe de journalistes, composée entre autres d'Yves Bigot (rédacteur en chef), de Gilles Verlant (également voix *off* de la version française), Nick Kent[x], Laurent Chalumeau[x], Tony Fletcher, maniait l'humour franco-anglais à la perfection et réussissait à décrocher de nombreuses « exclus » (*voir encadré*) au nez et à la barbe d'une concurrence britannique pourtant féroce (l'émission *Top of the Pops*[x], l'hebdomadaire *NME*[x]…). Ainsi, en 1992, Bill Wyman choisira *Rapido* pour annoncer son départ des Rolling Stones… Pas mal pour des « mangeurs de grenouilles », non ?

# rehab

## Cure de notoriété

**« Quand tu es en *rehab*, tu peux tout de suite remarquer ceux qui sont là volontairement et ceux qui ont été internés contre leur gré. Ces derniers boivent de l'eau de Cologne pour tenter de se saouler ou essayent de planer en fumant des peaux de bananes. »**
Tommy Lee, batteur de Mötley Crüe, 2006.

Les temps changent. Alors que dans les années 1960-1970 les rockers toxicomanes prétextaient des mises au vert en famille afin de dissimuler leur entrée en *rehab* (cure de désintoxication dans un établissement spécialisé), les musiciens du XXI^e siècle ont fait de leur sevrage clinique un outil de communication très efficace. Rien de tel en effet qu'une bonne *rehab* médiatique pour relancer une carrière en pleine descente, occuper le terrain ou même « salir » un mode de vie trop clean, à l'image de Sheryl Crow, prête à s'inventer n'importe quelle dépendance pour intégrer un centre – « car je sais que ma carrière en bénéficiera », affirmait-elle en 2008. L'ancienne choriste de Michael Jackson fait partie

Pete Doherty

des rares cas de désintoxication volontaire, avec Iggy Pop en 1976 qui se fera interner un an de son propre chef en asile psychiatrique, et Mariah Carey qui, après avoir entendu la voix de Marylin Monroe sortir de son piano, prendra la nécessaire décision de soigner son addiction médicamenteuse en 2001. Étalées dans la presse, les déclarations de >

contrition et les promesses de rédemption des rock-stars ne sont bien souvent en effet que poudre aux yeux. Dans 80 % des cas, ce sont les maisons de disques et les producteurs qui obligent leurs poulains à se sevrer, effrayés par le manque à gagner des séances de studios gâchées et les concerts annulés. Si la plupart obtempère, quitte à s'enfuir au bout de quelques jours (*voir encadré*), certains, comme Amy Winehouse, se rebellent contre leur management et composent même un tube sur le sujet : « Rehab (I don't want to go to rehab, no no no) ». À la surprise générale, la même Winehouse annonçait en octobre 2010 qu'elle était désormais débarrassée de tous ses démons stupéfiants et qu'elle s'apprêtait à accueillir chez elle Pete Doherty, autre défoncé chronique, afin de l'aider à se désintoxiquer. Un traitement d'un nouveau genre dont Amy Winehouse a prouvé elle-même l'inefficacité le 23 juillet 2011, contrairement aux méthodes du Crossroads Centre, situé sur l'île d'Antigua (Caraïbes) et fondé en 1998 par Eric Clapton. Comptez 18 000 dollars pour suivre une thérapie standard… Une somme rondelette qui sera néanmoins très largement compensée par les retombées publicitaires. De quoi se racheter une ligne… de conduite, bien sûr.

Jerry Lee Lewis

## COURAGE, FUYONS !

En 1985, Jerry Lee Lewis quitte le célèbre centre Betty Ford (Californie) au bout de deux jours, prétextant qu'il ne bénéficiait pas du traitement de star qu'il méritait.

En 1994, Kurt Cobain ne suit que deux jours le programme Exodus (Los Angeles) avant de sortir en signant une décharge. Il se suicide 48 heures plus tard.

Ça ne rigole pas à Tham Krabok, monastère bouddhiste situé au nord de Bangkok. Depuis 1959, cent vingt moines et vingt nonnes y vivent et aident gratuitement (les dons sont néanmoins les bienvenus) les opiomanes et héroïnomanes à se désintoxiquer. Durant les cinq premiers jours du traitement élaboré à base de produits naturels, les patients doivent boire un extrait de plantes qui provoque de violents vomissements. En 2004 et au bout de trois jours de cure, Pete Doherty s'est enfui en lançant sur Internet un appel aux dons à ses fans[x], afin de pouvoir régler son billet d'avion vers l'Angleterre.

Le mot de la fin à Ozzy Osbourne, qui enchaîne les cures avec plus ou moins de succès depuis 1989, année où, sous l'emprise de l'alcool, il a tenté de tuer sa femme Sharon : « Dans le Minnesota, je suis allé dans un centre qui pratiquait la technique de l'amour vache. Ils me disaient tout le temps : "Vous êtes une grosse merde"… Je suis parti au bout de deux jours, car ça, je le savais déjà ! »

**« Nous sommes plus populaires que Jésus-Christ désormais. Je ne sais pas ce qui disparaîtra en premier, le rock and roll ou le christianisme. »**
John Lennon, 1966.

Cette déclaration du fondateur des Beatles avait choqué l'opinion publique bien pensante, provoqué les foudres du Vatican et même poussé le Ku Klux Klan à organiser des bûchers où étaient brûlés les disques des Fab Four (ils avaient procédé

de même quelques années plus tôt avec ceux d'Elvis Presley). Un « autodafé rock » qui souligne les relations complexes, depuis les origines, entre le rock et la religion. Dès 1957, en se convertissant subitement lors d'une tournée en Australie après avoir entendu la voix du Seigneur, Little Richard avait posé toutes les données du paradoxe : drogué, homosexuel notoire, apôtre de la musique du diable (le *crossroads*[x] fondateur de Robert Johnson) et parallèlement ministre de l'Église des adventistes du Septième Jour !

# Religion

## Crise de foi

Depuis, nombre de musiciens ne cachent pas leur foi, qui influence plus ou moins, selon les cas, leur œuvre musicale : Elvis Presley, interprète enthousiaste de gospel tout au long de sa carrière ; George Harrison, disciple de Krishna à qui il dédie le titre « My Sweet Lord » en 1970 ; Michael Jackson, qui semble avoir été successivement témoin de Jéhovah, scientologue et musulman ; Madonna qui, après avoir embrassé un Christ noir crucifié dans le clip *Like a Prayer* en 1989, est devenue une adepte de la Kabbale… La condition de rocker et les aléas inhérents à la profession (sexe, drogues, vie dissolue…) n'exclut donc pas la foi, quel que soit le bénitier dans laquelle elle trempe. D'ailleurs, les différents cultes ne se plaignent pas de cette publicité gratuite véhiculée par leurs paroissiens binaires, surtout quand ils se convertissent de manière aussi soudaine que spectaculaire, comme le fit Bob Dylan, d'origine juive, qui rejoignit les rangs des catholiques en 1979 (il reviendra à ses racines judaïques en 1983, après nous >

### VADE RETRO, SATANAS !

« Nos valeurs ne sont pas celles qui poussent le conseil régional à financer un festival sataniste », s'indignait Philippe de Villiers en 2010 à propos de la cinquième édition du festival *Hellfest* (littéralement « La fête de l'enfer »), qui s'est finalement déroulée sans torture ni massacre en juin 2010. Les clichés ont la peau dure, au point de menacer la tenue d'un important festival de hard-rock<sup>x</sup>, dont le public, malgré un look parfois agressif, se révèle traditionnellement des plus pacifiques. Robert Johnson et son pacte avec le diable y sont évidemment pour beaucoup, l'influence diabolique du mage Aleister Crowley[x] et du cinéaste Kenneth Anger sur la scène rock des années 1960 n'est pas non plus à négliger, sans oublier le « Sympathy for the Devil » (1968) des Rolling Stones, le « Highway to Hell » (1979) d'AC/DC… C'est comme ça, le rock est irrémédiablement associé aux forces de l'enfer ! Pour ses détracteurs, des messages sataniques subliminaux seraient martelés par le rythme qui provoquerait des états d'excitation incontrôlée, l'écoute prolongée entraînerait des dépressions chroniques… À l'inverse, pour la plupart des groupes et de leurs fans, Satan est une source d'inspiration inépuisable, fait partie du folklore et tient même lieu de reconnaissance symbolique d'une communauté plus préoccupée de musique et de bon temps que de sacrifices sur l'autel de Lucifer. Popularisé par le chanteur Ronnie James Dio qui avait l'habitude de saluer les foules l'index et l'auriculaire pointés vers le ciel (geste qu'il tenait de sa grand-mère italienne obsédée par le mauvais œil), le « signe du diable » qui ponctue de nombreux concerts de hard-rock est beaucoup moins porteur de sens qu'un signe de croix politiquement catholique. Quant aux factions rock réellement satanistes, laissons-les officier en paix dans le périmètre de la légalité. Le Malin, tout compte fait, a beaucoup apporté au rock, comme le rappelait le groupe The Cramps en 2003 avec le titre « Elvis Fucking Christ » : « Well, the Devil gave us Elvis, drugs, sex and rock and roll… » *Amen !*

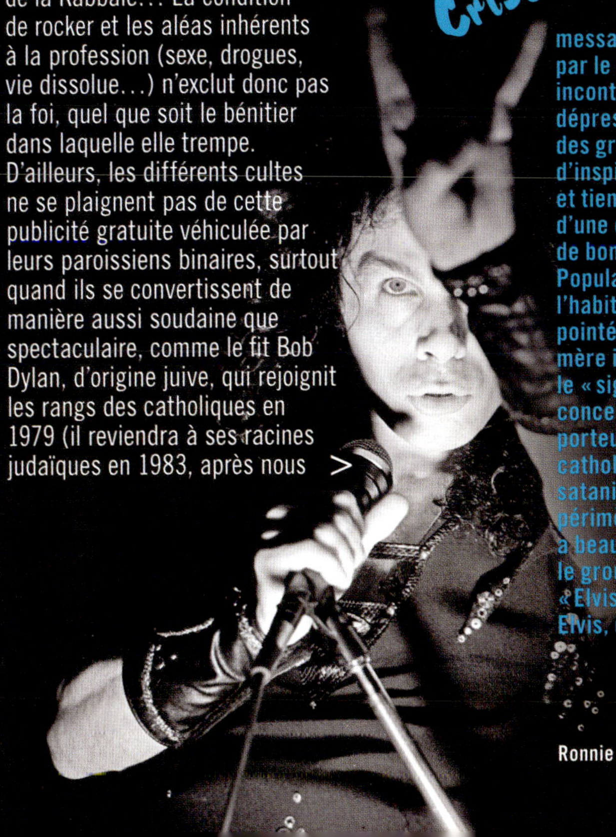

Ronnie James Dio salue le diable

avoir légué quelques albums lardés de bondieuseries). Hormis ces quelques musiciens investis spirituellement, les pitoyables groupes de rock chrétien qui n'ont généralement que leur croyance à faire valoir, les formations rastas et celles qui se réclament du satanisme (*voir encadré*), la religion reste, pour tous les autres, pain bénit pour choquer les culs du même acabit, de Marilyn Manson, antéchrist autoproclamé (et pathétique), à la protestante irlandaise Sinnead O'Connor qui, sur le plateau du *Saturday Night Live* en 1992, déchira la photo du pape en déclarant : « Sachez combattre votre vrai ennemi… » Du coup elle saborda inutilement sa carrière.

Enfin, par la grâce de leurs fans[x], certaines rock-stars accèdent de leur vivant au rang de divinité : « Clapton is God », pouvait-on lire graffité sur les murs du quartier de Camden (Londres) au milieu des années 1960. La formule est restée quand il s'agit d'évoquer *slowhand*, autre surnom du guitariste virtuose Eric Clapton. Tous ceux qui n'ont pas cette chance peuvent, comme le groupe de givrés absolus Gwar, se déclarer émissaires extraterrestres d'un dieu tout-puissant et annoncer qu'un astéroïde dénommé Ragnaröck provoquera la disparition de l'homme… Cela fera toujours causer le dimanche après la messe.

Le fanzine qui donna son nom au mouvement

# Riot Grrrl

## Femmes des années 1990

**Si le punk[x] anglais de la fin des années 1970 avait favorisé l'émergence de chanteuses et de groupes féminins** (Siouxsie and the Banshees, The Slits, X-Ray Spex…) qui bénéficiaient de l'entière considération de leurs homologues masculins, le punk hardcore[x] américain de la fin des années 1980 se distinguait plutôt par sa misogynie active : les gonzesses, oui pourquoi pas, mais seulement après les concerts, en coulisses[x], destinées au repos du mâle punk. Du côté d'Olympia (capitale de l'État de Washington) et de Seattle, quelques filles attifées comme l'as de pique (résilles trouées, shorts en Nylon des années 1970, costumes d'écolières dévergondées montées sur Dr. Martens[x]…) ne l'entendirent pas de cette oreille. Elles aussi, comme Debbie Harry (Blondie) en 1976 ou Kat Bjelland des Babes In Toyland en 1988 (à qui Courtney Love a beaucoup emprunté), voulaient devenir des chanteuses et des leaders de groupe à part entière. « This summer's going to be a girl riot » (« Cet été sera celui de l'émeute des filles »), écrivait en 1991 Jen Smith, du groupe Bratmobile. Riot girl ou Riot grrrl (d'après le titre d'un fanzine)… l'expression restera et regroupera jusqu'en 1994 de nombreux groupes féminins et féministes (Bikini Kill, Bratmobile, Heaven To Betsy, Excuse 17…) à la musique assourdissante (parfois inécoutable, il faut bien l'avouer) et aux paroles engagées contre le sexisme, le racisme et l'homophobie. Le mouvement restera *underground*, peu relayé par les médias, mais réussira ce pourquoi il fut initié. La meilleure preuve ? Mary Beth Patterson, jeune fille boulotte née en 1981, qui au fin fond de son Arkansas rêvait de ressembler à toutes ces donzelles remuantes. Désormais plus connue sous le nom de Beth Ditto, elle est aujourd'hui la chanteuse et compositrice du groupe Gossip. Dans un tout autre genre, en France, comment ne pas voir dans la sortie, en 1993, du premier roman de Virginie Despentes, *Baise-moi*, une brillante manifestation littéraire des revendications de ces punkettes américaines en révolte ? *Girl power !*

Beth Ditto (Gossip)

**«Les roadies des Stooges étaient dans leur branche les plus durs à cuire, les plus maniaques, les plus bluffeurs, les plus prêts-pour-la-bagarre-à-tout-moment, les roadies les plus meurtriers qu'on puisse imaginer... Ma fierté et ma joie.»**
Iggy Pop, 1993.

## Gaffe au matos

# ROADIES

Ils chargent et déchargent les *flight case*, ils montent et démontent les décors, ils installent les poursuites à dix mètres du sol, ils préparent et règlent les instruments, ils se lèvent avant tout le monde et se couchent quand ils en ont le temps... Ce sont les roadies, en charge de l'aspect logistique d'un concert ou d'une tournée, et ils font partie intégrante du grand barnum rock. Quelques-uns ont noué des relations d'amitié avec leur patron, comme Allistair Greenwood, *guitar roadie* d'Eric Clapton pendant vingt ans ; certains ont été trahis, comme Scooter Herring en 1976, qui écopa de trente mois de prison pour trafic de drogue, sur dénonciation de son employeur, en l'occurrence Gregg Allman du Allman Brothers Band, qui n'hésita pas à le balancer afin d'éviter de se retrouver en cabane ; d'autres ont survécu à tout, comme Gene Odom, qui sortit indemne du crash aérien qui décima une partie du groupe Lynyrd Skynyrd ; quelques privilégiés, enfin, ont quitté les coulisses* pour occuper le devant de la scène : David Gilmour, roadie du Floyd avant d'en devenir le guitariste aérien, Noël Gallagher (Oasis) pour Inspiral Carpets, Vince Neil (Mötley Crüe) pour les Runaways, sans oublier l'inévitable Lemmy Kilmister (Hawkind/Motörhead) qui, lors de sa tournée en Angleterre en 1967, porta le matos de Jimi Hendrix, lui vendit du LSD* et fut le témoin de son exceptionnelle vigueur avec la gent féminine : « J'ai vu entrer Hendrix dans sa chambre accompagné de cinq nanas et elles sont toutes sorties avec un grand sourire. » En souvenir de ses années de roadie et en hommage au staff technique de Motörhead, Lemmy composera en 1980 « (We Are) The Road Crew », dont les premiers vers restent à ce jour la meilleure définition d'une corporation qui œuvre durement dans l'ombre pour que les autres brillent sous les projecteurs : « Another town, another place/ Another girl, another face/ Another truck, another race/ I'm eating junk, feeling bad/ Another night, I'm going mad... » ☠

**Ce n'est pas un hasard si bon nombre de chefs-d'œuvre du cinéma rock et apparentés sont des road movies,** genre cinématographique né avec l'émergence de la contre-culture dans les années 1960, qui puise ses sources dans les écrits de la *Beat Generation*x (notamment le bien nommé *Sur la route* écrit sur un rouleau de papier de téléscripteur par Jack Kerouac en 1957). La conquête de la liberté, la fuite en avant, le parcours initiatique, le voyage avec un grand V qui finalement importe bien plus que la destination finale… autant de thèmes propres aux road movies qui se marient à merveille avec la matière rock : *L'Équipée sauvage*x, *Easy Rider*x, *Zabriskie Point*, *Mad Max*x, *Stranger Than Paradise*… la liste est longue de ces pellicules qui suivent sur fond de musique binaire les périples de marginaux hallucinés en quête d'espace et d'identité.

Deux excellents films figurent pourtant trop souvent aux abonnés absents des rétrospectives du genre et restent malheureusement ignorés du grand public français. Le premier, ***Macadam à deux voies*** (*Two-Lane Blacktop*), réalisé en 1971 par Monte Hellman, est le prototype même du road movie de l'errance, qui met en scène deux coureurs automobile, dont la vie consiste à aller d'un point à un autre sur la Route 66 à bord de leur Chevrolet 1955, sans autre but que de participer à des courses de vitesse clandestines pour se nourrir.

Pas de sexe, pas de drogues, peu de dialogues dans cette œuvre fascinante et autodestructrice (le film prend fin quand une bobine s'enflamme soudainement à l'écran), interprétée par deux acteurs débutants mais rockers confirmés : Dennis Wilson (Beach Boys) et James Taylor. À l'inverse, le second, ***Candy Mountain***, réalisé en 1988 par Robert Frank (photographe et auteur du film interdit *Cocksucker Blues*x) et Rudy Wurlitzer (le fils de l'empereur des juke-boxx), …

**LES VALSEUSES**

« C'était un vrai road movie. Beaucoup de routes, de trains, de bagnoles, on traverse la France dans tous les sens… », expliquait Bertrand Blier en 1992 à propos de son film *Les Valseuses* (1974). Dans la France morose de Giscard, deux marginaux en fuite (Patrick Dewaere et Gérard Depardieu) volent une DS, s'acoquinent avec Miou-Miou, tètent les seins de Brigitte Fossey, honorent Jeanne Moreau, cambriolent un gardien de prison, déniaisent une jeune fille de bonne famille… Bref, ces deux punksx avant l'heure explosent tous les fondements de la société dans une frénésie sexuelle héritée de mai 1968x. Le film, aux répliques aujourd'hui cultes (« J'ai beau être pas trop con, j'suis quand même pas un ordinateur » ; « On n'est pas bien là ? Paisibles, à la fraîche, décontractés du gland… Et on bandera quand on aura envie de bander ! »), comptabilisera cinq millions de spectateurs lors de sa sortie, un record à l'époque pour un long métrage interdit aux moins de dix-huit ans. Au début des années 1990, sa diffusion télévisée en *prime time* suscitait encore de nombreux remous. Bertrand Blier : « Lorsque j'ai fait *Les Valseuses*, il y avait en même temps *Orange mécanique*x, *Le Dernier Tango à Paris* et *La Grande Bouffe*, les mecs éclaboussaient les écrans. Et c'était normal d'arriver derrière et de vouloir taper plus fort. »

# ROAD MOVIES

## *C'est quand qu'on arrive…*

s'inscrit dans la catégorie de la quête initiatique : Julius (Kevin J. O'Connor), un jeune musicien, part à la recherche d'Elmore Silk (Harris Yulin), un légendaire fabricant de guitares disparu de la circulation depuis vingt ans. Au fil de ses rencontres plus ou moins heureuses, le héros découvre sa véritable personnalité...

Là aussi, le casting est on ne peut plus rock puisque Tom Waits, Dr. John, Joe Strummer et David Johansen se succèdent à l'écran, remarquablement valorisés par les lumières superbes de Robert Frank.

Enfin, le road movie rock a également engendré quelques nanars[x] qui valent le détour. Ainsi, ***Suck*** réalisé par Rob Stefaniuk en 2009, où Jennifer (Jessica Paré), la bassiste sexy du groupe The Winners, se transforme en vampire... Il serait dommage de se priver de ce *good trip* kitsch et stupide, d'autant plus qu'Alice Cooper, Iggy Pop, Moby et Henry Rollins font partie du voyage.

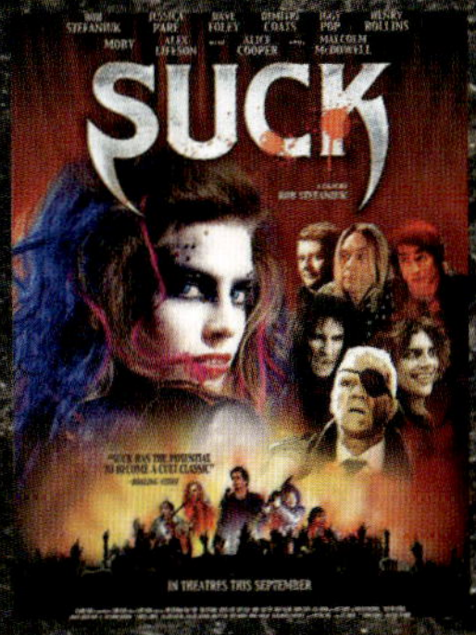


**Les enfants n'ont pas école. La baby-sitter passe ses partiels. Il pleut à torrents...** « On peut regarder *Bob l'Éponge* ? » tente la petite dernière, tandis que l'aîné se dirige dangereusement vers sa console de jeux... Pour couper court aux velléités de chacun, imposez *Rock Academy* (*School of Rock*, en v.o.), la comédie américaine qui vous permettra d'échapper à l'horripilante Hannah Montana ou aux acnéiques Jonas Brothers. Dewey Finn (Jack Black), guitariste démonstratif – le genre à violenter sa guitare derrière la tête – mais totalement ingérable, se fait virer de son groupe et usurpe un poste de professeur intérimaire dans une école huppée. Peu porté sur l'équivalent ricain du *Lagarde et Michard*, le guitariste malheureux décide de former avec ses élèves, à l'insu de la directrice (Joan Cusack), un groupe de rock qu'il inscrit ensuite à un tremplin... Bien entouré de jeunes comédiens/musiciens accomplis (coachés sur le tournage par Jim O'Rourke, producteur de Sonic Youth), Jack Black vampirise l'écran, se démène comme un Louis de Funès sous acide et un Jim Carrey qui aurait forcé sur les hamburgers.

# Rock Academy

## De 7 à 77 ans

Celui qui gagna son statut d'acteur rock en interprétant un inoubliable vendeur de disques mal embouché dans *High Fidelity* cabotine à outrance dans ce *Cercle des rockers disparus* prépubère qui a engrangé 80 millions de dollars de recettes dans le monde pour un budget initial de 20 millions.

De bons sentiments (« Un seul bon concert de rock peut changer le monde »), des répliques inattendues qui interpellent gravement l'histoire du rock (« Les Sex Pistols n'ont jamais rien gagné »), du gros gag tarte à la crème (tel Iggy Pop, Jack Black/Dewey Finn saute dans le public... qui s'écarte !), des références en pagaille (jusqu'à l'affiche qui reprend la typographie du magazine *Rolling Stone*[x]), rien ne manque dans cette jouissive comédie, surtout pas une bande-son impeccable : AC/DC, The Clash, Led Zeppelin, The Who, David Bowie... Les têtes blondes sont ravies, les têtes plus dégarnies ou décolorées, qui ont pu réviser leurs classiques, également...

Merci pour tout Jack !

# rock & folk

## Ze bible

**« *Rock & Folk* durera jusqu'en 2020, voire au-delà. »** Philippe Koechlin.

Le magazine rock par qui tout est arrivé en France a fêté son 500e numéro en 2009 et semble bien parti pour accomplir la prophétie de son premier rédacteur en chef (*voir encadré*), jazzeux converti au rock pour l'énergie brute et au folk pour l'approche intellectuelle.

**LES DÉBUTS (1966-1968)** : en matière de presse rock française, avant *Rock & Folk* il n'y avait rien. Ou si peu : le respectable *Disco Revue*[x] quand même, bricolé à Nancy depuis 1961, et *Salut les Copains*[x] depuis 1962, l'artillerie lourde de Filipacchi (un million d'exemplaires vendus chaque mois) essentiellement consacrée aux yé-yés. En 1965, après avoir assisté à un concert hallucinant de James Brown à l'Olympia[x], Philippe Koechlin, critique du magazine *Jazz Hot*, imagine avec Robert Baudelet et Jean Tronchot un nouveau journal qui rendrait compte de cette musique révolutionnaire. Ce sera d'abord un hors-série de *Jazz Hot*, intitulé *Rock & Folk*, avec Bob Dylan en couverture. Tiré à 15 000 exemplaires, diffusé pendant l'été 1966, ce numéro zéro se vend mieux que *Jazz Hot*, son père adoptif. *Rock & Folk* gagne alors le droit d'exister. Vendu en novembre 1966 au prix modique de 2,50 francs, le véritable numéro 1 affiche Michel Polnareff en couverture et une liste de collaborateurs issus de la rédaction de *Jazz Hot* (Philippe Adler, le photographe[x] Jean-Pierre Leloir…) ou de *Disco Revue* (Jacques Barsamian, Jean-Noël Coghe…). Beatles, Stones, Small Faces, Jimi Hendrix mais aussi Johnny Hallyday, Sylvie Vartan, les deux Georges (Moustaki et Brassens) sont au sommaire des premiers numéros. Partagé entre les artistes français plus vendeurs et la vague anglo-saxonne, le sommaire de *Rock & Folk* est assis entre deux chaises jusqu'à l'arrivée de Philippe Paringaux (collaborateur du journal depuis 1968 mais aussi de *Best*[x] sous un pseudonyme) au poste de secrétaire de rédaction en 1969.

**L'APOTHÉOSE (1969-1982)** : « Il ne faudrait pas oublier que dans *Rock & Folk*, c'est nous qui avons – totalement inconsciemment – enfoncé les portes, cassé le moule, modernisé toute la presse, dépassé *Les Cahiers du cinéma* et leur style cul-de-poule », remarquait le rock-critique Philippe Garnier[x] en 2001. Sous l'impulsion de Philippe Paringaux (*voir encadré*), le magazine au style initialement bon enfant acquiert une dimension littéraire inédite et aborde le rock avec sérieux, sans le circonscrire au seul registre musical mais en l'instituant moteur de la contre-culture. À une époque où les mots PC, SMS, MP3 relevaient plus du langage kobaïen de Magma que d'une réalité numérique, *Rock & Folk* a constitué une bible attendue impatiemment chaque mois par des lecteurs de plus en plus nombreux. Il faut avouer que ledit lecteur en avait pour ses 4 francs : les articles hallucinés sur le mouvement hippie d'Alain Dister[x], premier correspondant du journal aux États-Unis, les périples digressifs de son successeur, Philippe Garnier, le manifeste électrique d'Yves Adrien[x], les bruits de l'ombre de Paul Alessandrini, les chroniques cinéma de François Jouffa, les « Bricoles » romancées de Philippe Paringaux… Animé par les photos de Claude Gassian et de Jean-Pierre Leloir, les bandes dessinées de Loustal (scénarisées par Paringaux) et de Marcel Gotlib (*Hamster Jovial*), *Rock & Folk* se vend jusqu'à 200 000 exemplaires par mois et son influence est considérable : sur les ventes de disques bien sûr, mais aussi sur la psyché musicale et culturelle de toute une génération de lecteurs. Au milieu des années 1970, de jeunes journalistes débarquent au 14, rue Chaptal. Anciens lecteurs compulsifs, ils veulent devenir rock-critiques et contribuer au magazine qu'ils vénèrent. Parmi eux, François Ducray (qui interviewe des artistes anglo-saxons sans parler un seul mot d'anglais et collabore parallèlement à *Best*), Hervé Muller, Benoît Feller… et un jeune survolté passionné de hard-rock[x], Philippe Manœuvre[x], dont la prose roborative et cinglante donnera un salutaire coup de fouet au support, non sans provoquer quelques conflits avec les plumes en charge de la musique progressive[x] (Jean-Marc Bailleux) et folk (Jacques Vassal). Mais en 1976, une déflagration en provenance de King's Road (Londres) va modifier le cours de l'histoire et mettre au rencard les circonvolutions musicales des super-groupes[x] super-soporifiques. « Je ne pense pas que *Rock & Folk* ait pris le bon train à l'époque du punk[x]. Je ne me souviens pas d'une conscience punk dans *Rock & Folk* », constatait Patick Eudeline en 1996. De conscience certainement pas. Il faudra l'insistance acharnée de Philippe Manœuvre pour que Philippe Paringaux accepte de publier une photo de Johnny Rotten en couverture (et encore, c'est pour annoncer la mort des Sex Pistols). En retard, loin derrière *Best* positionné dans le premier wagon, *Rock & Folk* a néanmoins pris le train en marche en consacrant de nombreux papiers aux Clash, aux Ramones, aux Buzzcocks et aux Stinky Toys.

1978, le punk est mort, vive la new wave[x], qui coïncide avec une nouvelle vague de plumes post-punk : le *Frenchy but chic* Jean-Éric Perrin, l'érudit François Gorin, l'hermétique Bruno T (futur Bayon), l'insolent et gouailleur Laurent Chalumeau[x] qui suit les traces de Philippe Garnier aux États-Unis, Yves Adrien en plein *come-back* Növo et le futur *Inrockuptible* Michka Assayas pour qui il était « plus important de publier un article dans *Rock & Folk* qu'un roman à la NRF ». Plus dure sera… >

## MONSIEUR ROCK ET MONSIEUR FOLK

Koechlin à la maquette, Paringaux à l'éditorial, les deux Philippe ont mené la barque *Rock & Folk* pendant plus de vingt ans.

Né en 1938, autodidacte, cofondateur du magazine, Philippe Koechlin profita de l'arrivée de Paringaux au secrétariat de rédaction en 1969 pour se consacrer à son obsession, la mise en page : « un équilibre magique à trouver entre l'esprit d'une photo, le choix d'un caractère, le placement d'un titre, la taille d'un blanc, l'épaisseur d'un filet et les cent trente milliards de combinaisons possibles », selon ses propres dires. Très influencé par le travail de Willy Fleckhaus pour le magazine allemand *Twen*, Koechlin concevait chaque page comme un terrain d'expérimentation graphique, souvent avec bonheur, même si parfois l'acuité visuelle du lecteur était soumise à rude épreuve. Koechlin délivra sa vision personnelle de l'aventure dans l'ouvrage *Les Mémoires de Rock & Folk* en 1992, avant de décéder en 1996, non sans avoir transmis à son fils Stéphane le virus du journalisme musical.

Né en 1944, entré à *Rock & Folk* en 1968 après avoir présenté à Philippe Koechlin un article sur Otis Redding deux mois après sa mort, Philippe Paringaux se consacrera au magazine corps et âme, allant parfois jusqu'à en rédiger la moitié du contenu. En tant que secrétaire de rédaction, il sera l'impitoyable chasseur de fautes de syntaxe et le garant d'une haute tenue littéraire, indispensable selon lui pour ne pas décrédibiliser la musique rock. « Philippe Paringaux a vraiment inventé la rock-critique. Il corrigeait les articles en mettant le mot juste et en leur donnant du peps. Je lui dois énormément. Pendant très longtemps, les lecteurs de *Rock & Folk* n'ont pas lu du Philippe Manœuvre mais du Manœuvre corrigé par Paringaux », confiera Philippe Manœuvre. Il sera également le premier et l'un des rares journalistes français à défendre Led Zeppelin qu'il côtoie beaucoup dans les années 1970. Retiré aujourd'hui à l'île de Ré, il se consacre à l'écriture de romans et à différents travaux de traduction (*The Beatles Anthology* en 2000, *Exile on Main Street* de Robert Greenfield en 2009, etc.).

**LA CHUTE (1983-1989)** : « Et puis, d'un coup, on a été davantage préoccupés par l'envie de vendre du papier que de parler d'une musique qui nous faisait bander. Les lecteurs le savent, ça, ça se sent », avouait Philippe Paringaux en 1996. Comme de nombreux titres de la presse spécialisée, *Rock & Folk* pâtira des bouleversements technologiques et médiatiques des années 1980 : avec la création de MTV[x] (1981) et le développement d'un nouveau support, le CD[x] (1984), le rock n'est plus un signe de reconnaissance réservé à quelques avertis mais devient un produit de consommation courante, omniprésent dans tous les médias… et de moins en moins dans les colonnes de *Rock & Folk*, qu'une nouvelle formule lancée en 1985 ne réussit pas à tirer vers le haut. De 140 000 exemplaires vendus par mois en 1981, le magazine chute à 80 000 en 1986. Une année noire où Samantha Fox dévoile son opulente poitrine en couverture du numéro 235 (1986). « Le rock enlève le haut », proclame le titre de cette une honteuse, tandis que *Rock & Folk* touche le fond.

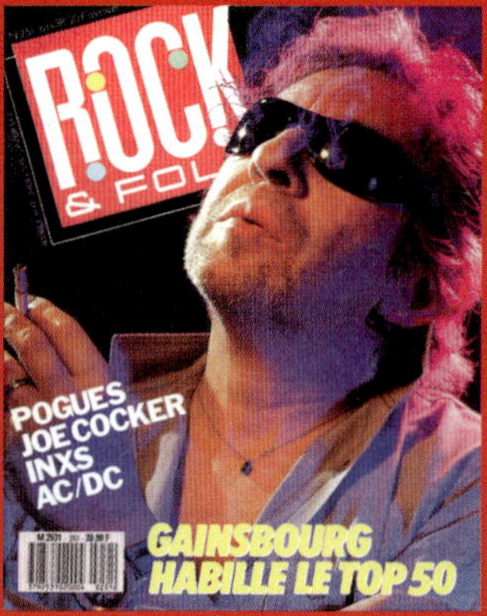


Pour ne rien arranger, quelques piliers de la rédaction quittent la maison : Michka Assayas rejoint *Les Inrockuptibles*[x] fondé en 1986 et Philippe Manœuvre, qui assurait en parallèle la rédaction en chef de *Métal hurlant*[x], devient, avec Jean-Pierre Dionnet, le présentateur de l'émission *Sex Machine* diffusée dans le cadre des *Enfants du Rock*[x]. De ces atroces numéros estampillés années 1980 (ils sont faciles à reconnaître : la têtière relookée en 1985, hideuse, est située en haut à gauche de la couverture), le lecteur persévérant trouvera néanmoins quelques occasions de se consoler : les saignantes interviews « Descente de police » de Jean-Luc Maître et de Thierry Ardisson (fan invétéré d'Yves Adrien), les délires gonzo[x] et verbaux de Moulinot, les missives déchaînées de Laurent Chalumeau[x] en direct des États-Unis, le nouveau *come-back* ésotérique d'Yves « Orphan » Adrien, les premiers articles rap signés Olivier « costume trois pièces » Cachin (fondateur du magazine de rap *L'Affiche*)…

En 1990, au moment où certains lecteurs historiques envisagent de ne plus dépenser 16 francs par mois (les mêmes qui refusaient de s'abonner afin de lire la précieuse revue le jour même de sa sortie), Koechlin et Paringaux passent la main et cèdent le titre moribond (40 000 exemplaires vendus par mois) aux éditions Larivière. Adieu la rue Chaptal, bienvenue dans l'immeuble Sirius situé à Clichy.

**LA RENAISSANCE (1990-…)** : l'aventure *Rock & Folk* continue sous d'autres cieux et sous la rédaction en chef d'Éric Breton, assisté de Philippe Leblond, bientôt rejoint par un certain Philippe Manœuvre, revenu pour un temps des *sunlights* et intronisé conseiller spécial de la rédaction. Bien servi par une équipe renouvelée de journalistes motivés (Valérie Coroller, Cyril Deluermoz, Pascal Raciquot-Loubet…), le magazine remonte doucement la pente, revoit sa maquette, son format, et se positionne désormais comme un « généraliste pointu » qui bénéficie au début des années 1990 d'une conjoncture favorable avec l'explosion du grunge[x]. En 1993, Philippe Manœuvre, qui vingt ans plus tôt incendiait le courrier des lecteurs, est nommé au poste de rédacteur en chef. Il fait appel au coup par coup à d'anciennes signatures connues (Alain Dister, Philippe Garnier, Antoine de Caunes[x], François Ducray, sans oublier l'arrivée de Nick Kent[x], auteur de sagas pharaoniques), à de nouveaux journalistes, musiciens pour la plupart – Stan Cuesta, Nikola Acin, Géant Vert, Vincent Palmer (ex-guitariste de Bijou), Jérôme Reijasse, Jérôme Soligny (conseiller de la rédaction) – et, depuis 1996, à l'ancien rival de *Best*, Patrick Eudeline[x], qui chaque mois brosse une galerie de portraits intimistes dans « Une vie en rock ». Revigoré par le retour du rock symbolisé par The Strokes et les groupes en « The » au début des années 2000, soutien actif, au grand dam de certains, de la scène parisienne des Baby-Rockers en 2007, *Rock & Folk* a aujourd'hui retrouvé une grande partie de son exigence éditoriale et artistique… À propos, vous serez où en 2020 ?

# ROCK AND ROLL HALL OF FAME

## *L'histoire en marche*

**« Le truc incroyable,** c'est que les gens qui ont créé cette musique – les inventeurs d'un mouvement vieux d'un demi-siècle – sont toujours là, vivants, et se produisent encore sur scène. Les gens oublient que le Rock and Roll Hall of Fame, c'est l'histoire en marche », évoquait Bruce Springsteen lors du 25e anniversaire en 2009 du musée et panthéon du rock and roll. Institution à but non lucratif créée en 1983 entre autres par Ahmet Ertegun (fondateur de la compagnie Atlantic), Jann Wenner (*Rolling Stone*[x]) et Jon Landau (manager[x]), le Rock and Roll Hall of Fame and Museum, installé à Cleveland (Ohio) depuis 1986, a pour vocation de reconnaître les artistes qui ont eu un impact significatif sur l'évolution, le développement et la perpétuation du rock et de conserver dans un musée les objets ayant appartenu aux musiciens – instruments, documents sonores, affiches, livres… Depuis 1986, un comité composé d'historiens, de journalistes et de personnalités du monde de la musique sélectionne plusieurs musiciens éligibles pour entrer au « panthéon du rock ». Condition requise indispensable : le premier enregistrement de l'artiste doit dater de plus de vingt-cinq ans. Cinq à sept d'entre eux sont intronisés chaque année, en fonction des votes de mille experts et acteurs du secteur. Elvis Presley, Chuck Berry, James Brown et Buddy Holly furent les premiers à accéder à la reconnaissance suprême en 1986. Depuis, le palmarès fait office de *Who's Who* du rock : The Beatles, The Rolling Stones, Cream, David Bowie, Prince, U2… Ils sont tous là, sauf Kiss et Kraftwerk, inexplicablement recalés depuis des années. Chaque artiste distingué occupe évidemment une place de choix dans le musée et bénéficie d'un juke-box[x] virtuel qui comprend l'intégralité de ses enregistrements, un film rétrospectif projeté sur écran géant et une vitrine d'objets cultes retraçant sa carrière. Parmi les plus belles pièces de ce Louvre binaire qui a accueilli près de huit millions de visiteurs depuis son ouverture en 1995, la guitare Gibson J-200 avec laquelle Pete Townshend (The Who) composa l'album *Tommy*, le masque utilisé par Michael Jackson dans le clip vidéo[x] *Thriller*, le premier poème signé Jim Morrison…

Malgré les nombreuses critiques dont il fait régulièrement l'objet (rock progressif[x] et hard-rock[x] sous-représentés, musiciens anglo-saxons en surnombre, institutionnalisation du rock…), le Rock and Roll Hall of Fame reste un *must* pour les passionnés du rock, de son histoire et de ses plus grandes figures.

### PETITS CONCERTS ENTRE AMIS

**Chaque cérémonie d'intronisation donne lieu à un concert *live* dont l'affiche ferait pâlir n'importe quel producteur. Retour sur quelques-uns des grands moments scéniques du Rock and Roll Hall of Fame and Museum. En 1987, Bruce Springsteen chante le standard « Pretty Woman » avec son créateur Roy Orbison, récemment intronisé, qui commencera ensuite une seconde carrière au sein des Traveling Wilburys. En 2004, accompagné de Tom Petty et de Jeff Lynne, Prince enquille un solo stratosphérique sur « While my Guitar Gently Weeps », que d'aucuns considèrent meilleur que l'original joué par Eric Clapton pour les Beatles en 1968. En 2009, Mick Jagger dynamite « Gimme Shelter » et « Stuck in a Moment you can't Get out of » en compagnie de U2, tandis que Metallica accueille avec émotion Ozzy Osbourne pour un sanglant *medley* « Iron Man/Paranoïd ».**

**Si la filmographie d'Elvis Presley compte bon nombre de navets avérés,** il existe dans quasiment chacun de ses films une scène mémorable qui aide à digérer tout le reste : son interprétation de « Can't Help Falling in Love » dans *Sous le soleil bleu de Hawaii* (1961), l'énorme bagarre en forme d'hommage aux films de karaté (Elvis était 8e dan de Kenpo, sorte de kung fu japonais) dans *Micmac au Montana* (1968) et, bien sûr, l'étonnant et célèbre ballet des prisonniers dans *Le Rock du bagne* (*Jailhouse Rock*), réalisé en 1957 par un vétéran de Hollywood,

### PREMIERS RÔLES

À l'écran, Elvis a été cinq fois cow-boy, quatre fois coureur automobile, joueur professionnel, trapéziste, homme grenouille, chanteur, prof de ski nautique, docteur, et deux fois chauffeur, soldat, barman, écrivain, étudiant, boxeur, rentier… tout en réussissant l'exploit, à chaque fois, de rester Elvis Presley, lui qui se rêvait le nouveau James Dean ou Marlon Brando. Acteur le mieux payé de Hollywood au milieu des années 1960, Elvis a tourné trente-quatre films de fiction de 1954 à 1969. Quel est le moins pire de ces longs métrages aux décors kitsch, aux scénarios souvent insipides et à la réalisation tape-à-l'œil ? Est-ce le très surestimé *Bagarres au King Creole* (*King Creole*, 1958), où il interprète, comme dans beaucoup d'autres, un chanteur débutant ? *Les Rôdeurs de la Plaine* (*Flaming Star*, 1960) réalisé par Don Siegel, qui utilise enfin Elvis comme un vrai comédien (Elvis ne chante d'ailleurs que deux chansons, dont celle du générique) ? Ou bien encore *Sous le ciel bleu de Hawaii* (*Blue Hawaii*, 1961), premier film de la trilogie hawaiienne ? Pour notre Johnny Hallyday national, aucun doute, il s'agit du deuxième film réalisé en 1957, *Loving You*, qu'il a vu à l'époque de sa sortie. C'est après avoir remarqué que les filles criaient dès que le King apparaissait sur l'écran que le jeune Jean-Philippe Smet se mettra en tête d'acquérir une guitare. Beaucoup, comme lui, ont découvert le rock grâce aux films d'Elvis, première rock-star planétaire.

# LE ROCK DU BAGNE

## Prison dorée

Richard Thorpe. Pour sa troisième apparition à l'écran et son premier film pour la MGM, Elvis reçoit un cachet de 250 000 dollars assorti d'un faramineux pourcentage de 50 % des bénéfices. Habilement négocié par son manager$^{x}$ le colonel Parker, ce contrat historique et l'énorme succès du film lui permettront d'acheter la maison de Graceland$^{x}$ et l'inciteront à continuer d'apparaître dans ce type de film musical formaté. Une intention confirmée par sa seule incursion dans un film dit « d'auteur », le drame psychologique *Amour sauvage* en 1961, qui ne rencontrera pas le succès escompté et habituel.
Dans le rôle de Vince Everett, un *bad boy* envoyé en prison pour homicide involontaire, Elvis déroule déjà, un an avant son départ pour le service militaire$^{x}$ toute la panoplie qui habillera son œuvre cinématographique : moue boudeuse, sex-appeal irrésistible, regard de velours… et, surtout, ce qui compense largement l'indigence du scénario et la niaiserie de certains dialogues, le King interprète six titres dont deux inoubliables, composés en un temps record par le duo Jerry Leiber et Mike Stoller, « Baby I don't Care », et la chanson qui donnera finalement son titre au film (qui s'appelait à l'origine *The Hard Way*), « Jailhouse Rock ».

Standard incontournable fredonné par des millions de personnes en toute innocence, les paroles de « Jailhouse Rock », quand on s'y attarde un petit peu, se révèlent beaucoup plus subversives que prévu et appellent, mine de rien, au rapprochement physique entre prisonniers mâles : « T'es le taulard le plus mignon que j'aie jamais vu/ Je serais ravi de passer du temps en ta compagnie/ Viens danser le rock du bagne avec moi. » Il y a toujours un petit quelque chose à prendre dans un film d'Elvis…

**Chaque vision répétée de ce film nous rappelle le fossé immense** qui le sépare des insupportables comédies musicales contemporaines. Réalisé en 1975 par Jim Sharman dans les studios britanniques de Bray où étaient tournés les films d'épouvante de la Hammer (maison de production spécialiste du genre), adapté de la comédie musicale éponyme créée en 1973 par Richard O'Brien, *The Rocky Horror Picture Show* s'apparente à une plaisanterie de mauvais goût qu'on aime entendre régulièrement : Janet (Susan Sarandon) et Brad (Barry Bostwick), deux jeunes mariés candides, se retrouvent dans une étrange demeure habitée par le Dr. Frank N. Furter (Tim Curry), transsexuel travesti de Transylvanie qui œuvre à la fabrication de la créature parfaite, Rocky, un beau blond au paquet bien garni. Les deux tourtereaux sombreront vite dans la débauche et croiseront une ribambelle de dingues absolus, dont Eddie, interprété par Meat Loaf (*voir encadré*), ancien Hell's Angel[x] et amant du docteur qui jaillit d'une chambre froide au guidon d'une Harley Davidson… Oscillant constamment entre le pastiche de film d'horreur (références à Dracula, etc.), la bouffonnerie érotique en bas résille et le trip musical halluciné >

**MEAT LOAF**

**« Meat Loaf, le chanteur, le tragédien, la brute, la bête… », comme le proclamait en 1978 une publicité pour l'album *Bat out of Hell* qui compte aujourd'hui parmi les disques les plus vendus dans le monde (40 millions d'exemplaires). Né en 1949, méconnu en France, ce beau morceau d'environ cent kilos (Meat Loaf, de son vrai nom Marvin Lee Aday, signifie littéralement « pain de viande ») ne se contente pas d'œuvrer lucrativement dans le hard-rock[x] épique et symphonique. Depuis sa mémorable interprétation d'Eddie dans *The Rocky Horror Picture Show*[x] en 1975, Meat Loaf a effectivement joué dans plus de cinquante films, où son physique impressionnant fait des merveilles : roadie[x] au cœur d'or dans *Roadie*, videur de boîte de nuit dans *Wayne's World*, chauffeur de bus pour pétasses dans *Spice World*… Meat Loaf est le gros de service idéal, malléable à souhait et non dépourvu d'un certain talent, comme dans *Fight Club* en 1999, où il interprète Robert Paulson, personnage affublé d'une gigantesque poitrine suite à une prise d'hormones destinée à soigner un cancer des testicules. Assurément le meilleur rôle d'un artiste mégastar en Allemagne et en Grande-Bretagne, qui alterne depuis quarante ans disques, cinéma… et humilité en toute circonstance : « On ne peut pas dire que je sois un acteur plutôt qu'un chanteur. Je crois que les deux sont indissociables, tous les grands chanteurs de rock sont des acteurs. »**

Fais-moi peur

# THE ROCKY HORROR PICTURE SHOW

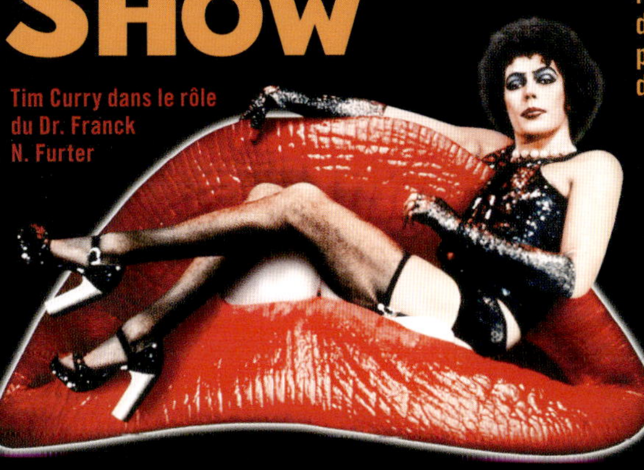

Tim Curry dans le rôle du Dr. Franck N. Furter

(la bande originale mélange pop, hard-rock et comptines déjantées), *The Rocky Horror Picture Show* est une expérience orgiaque qui mixe tous les thèmes chers aux années 1970 : ambiguïté sexuelle, look glam[x], attitude provocante… Sorti dans l'indifférence générale en 1975, le film est très vite relégué au circuit des Midnight Movies où il commence une deuxième carrière qui draine un public régulier. Un soir, le propriétaire du cinéma 8th Street Playhouse à New York intervient pendant la projection en criant, au moment où Janet s'abrite de la pluie avec un journal : « Achète-toi un parapluie, salope ! » Les spectateurs répondent et reviennent les séances suivantes avec des produits puis des costumes afin de singer les actions pendant la projection : lâcher de riz durant la scène de mariage, pistolets à eau pour simuler l'orage, danse collective sur le célèbre *Time Warp* (un saut à gauche, quelques pas à droite…). Plus de trente-cinq ans après sa sortie, le film est encore projeté dans plusieurs cinémas à travers le monde et détient de ce fait le record de la plus longue sortie en salles de l'histoire du cinéma. En France, c'est au studio Galande (Paris) que cela se déroule depuis plus de vingt ans, les vendredis et samedis soir… Prévoyez sacs de riz, bouteilles d'eau et crécelles !

# Nicolas Roeg

*Approuvé par David et Mick*

**Ses œuvres récentes** (telle *Puffball*, 2007) n'ont ni rempli les salles ni affolé la critique, qui garde néanmoins une bienveillance respectueuse pour ce réalisateur anglais né en 1928. Et pour cause… Dans les années 1970, les films de cet ancien chef opérateur de Roger Corman, François Truffaut et Richard Lester (*Quatre garçons dans le vent*[x]) ont non seulement épousé et traduit la psyché tourmentée de leur époque, mais également généré leurs lots d'innovations techniques et narratives qui font encore aujourd'hui le bonheur, entre autres, des réalisateurs de clips vidéo[x]. *Performance*[x] (1970, coréalisé avec Donald Cammell), *Walkabout* (1971), *Don't Look Now* (1973), *L'homme qui venait d'ailleurs* (1976) : en seulement quatre films, Roeg a imposé les flash-backs sauvages, les zooms démesurés et le montage *cut*, où les plans se succèdent abruptement.

Roeg demeure aussi celui qui donna leurs premiers grands rôles au cinéma à deux icônes musicales : Mick Jagger (*Performance*) et David Bowie (*L'homme qui venait d'ailleurs*). Son opinion sur ces deux monstres sacrés, recueillie en 1976, n'a rien perdu de sa pertinence en 2011 : « Ils sont très différents l'un de l'autre, bien qu'ils partagent tous deux la même approche très honnête des êtres et des choses. Aucun des deux ne dissimule qui il est, et ce qu'il aime. Mais David est hautement conscient de ce qu'il fait, de ce qu'il est, de ce qu'il voit dans la vie. Mick est, en revanche, une rock-star plus traditionnelle. Il cherche l'adulation de la foule, et tient à la garder. »

Nicolas Roeg dirige l'acteur David Bowie

**« Vous vous demandez probablement ce que nous essayons de faire. C'est difficile à dire :** quelque chose entre le magazine et le journal. Son nom *Rolling Stone* vient du vieux dicton : "Pierre qui roule n'amasse pas mousse." Muddy Waters l'a utilisé pour l'une de ses chansons, les Rolling Stones l'ont piqué à Muddy et *Like a Rolling Stone* est le titre du premier disque rock and roll de Bob Dylan », écrivait Jann S. Wenner dans l'éditorial du numéro 1 de *Rolling Stone* publié en novembre 1967. Fondé à San Francisco par Ralph J. Gleason et Jann S. Wenner (toujours aux commandes en 2011) qui emprunta 7 000 dollars à sa famille pour ce faire, *Rolling Stone* éclaire depuis quatre décennies l'histoire sociale, culturelle et politique de l'Amérique. Tiré à 45 000 exemplaires dans un format A3 plié en deux, le numéro 1 de *Rolling Stone*, avec John Lennon en couverture, se concentre essentiellement sur la musique : Donovan, Grateful Dead, Byrds… Il faudra attendre le numéro 30 (avril 1969) pour qu'un sujet hors musique ait les honneurs de la couverture, en l'occurrence les mouvements sociaux et les troubles de la fin des années 1960. La bible du mouvement hippie[x]

ROLLING STONE

NOVEMBER 9, 1967
VOL. I, NO. 1

OUR PRICE: TWENTY-FIVE CENTS

**IN THIS ISSUE:**

DONOVAN: An incredible Rolling Stone Interview, with this manchild of magic ........ Page 14

GRATEFUL DEAD: A photographic look at a rock and roll group after a dope bust ........ Page 8

BYRD IS FLIPPED: Jim McGuinn kicks out David Crosby ........ Page 4

RALPH GLEASON: The color bar on American television ........ Page 11

*Recognize Private Gripweed? He's actually John Lennon in Richard Lester's new film, How I Won the War. An illustrated special preview of the movie begins on page 16.*

## Tom Rounds Quits KFRC

Tom Rounds, KFRC Program Director, has resigned. No immediate date has been set for his departure from the station. Rounds quit to assume the direction of Charlatan Productions, an L.A. based film company experimenting in the contemporary pop film.

Rounds spent seven years as Program Director of KPOI in Hawaii before coming to San Francisco in 1966. He successfully effected the tight format which made KFRC the number one station in San Francisco.

Les Turpin, former program director of KGB in San Diego will replace Tom Rounds at KFRC. Turpin has spent the last year as a consultant in the Drake-Chenault programming service.

The new appointment could mean a tightening up of programming policies. Rounds liberalization of KFRC's play-list may well become more restricted.

## THE HIGH COST OF MUSIC AND LOVE: WHERE'S THE MONEY FROM MONTEREY?

BY MICHAEL LYDON

A weekend of "music, love, and flowers" can be done for a song (plus cost) or can be done at a cost (plus songs). The Monterey International Pop Festival, a non-profit, charity event, was, despite its own protestations, of the second sort: a damn extravagant three days.

The Festival's net profit at the end of August, the last date of accounting, was $211,451. The costs of the weekend were $290,233. Had it not been for the profit from the sale of television rights to ABC-TV of $288,843, the whole operation would have ended up a neat $77,392 in the red.

The Festival planned to have all the artists, while in Monterey, submit ideas for use of the proceeds.

In the confusion the plan miscarried and the decision on where the profits should go has still not been finally made.

So far only $50,000 has definitely been been allocated to anyone: to a unit of the New York City Youth Board which will set up classes for many ghetto children to learn music on guitars donated by Fender. Paul Simon, a Festival governor, will personally over see the program.

Plans to give more money to the Negro College Fund for college scholarships is now being discussed; another idea is a sum between ten and twenty thousand for the Monterey Symphony.

However worthy these plans, they are considerably less daring and innovative than the projects mentioned in the spring: the Diggers, pop conferences, and any project which would "tend to further national interest in and knowledge and enjoyment of popular music." The present plans suggest that the Board of Governors, unable or unwilling to make their grandiose schemes reality, fell back on traditional charity.

The Board of Governors did decide that the money would be given out in a small number of large sums. This has meant, for instance, that the John Edwards Memorial Foundation, a folk music archive at the University of California at Los Angeles, had its small request overlooked.

In ironic fact, what happened at the Festival and its financial affairs looks in many ways like the traditional Charity Ball in hippie drag.

The overhead was high and the net was low. "For every dollar spent, there was a reason," says Derek Taylor, the Festival's PR man and one of its original officers.

Yet many of the Festival's expenses, however reasonable to Taylor, seem out of keeping with its announced spirit. The Festival management, with amateurish good will, lavished generosity on their friends.

• Producer Lou Adler was able to find a spot in the show for his own property, Johnny Rivers; Paul Simon for his friend, English folk singer Beverly; John Phillips for the Group Without A Name and Scott MacKenzie. None of them had the musical status for an international pop music festival.

It is ironic that the Rivers and the rest appeared "free," but the money it cost the Festival to get them to Monterey and back, feed them, put them up (Beverly

—Continued on Page 7

## Airplane high, but no new LP release

Jefferson Airplane has been taking more than a month to record their new album for RCA Victor. In a recording period of five weeks only five sides have been completed. No definite release date has been set.

Their usual recording schedule in Los Angeles begins at 11:00 p.m. in the evening and extends through six or seven in the morning. When they're not in the studios, they stay at a fabulous pink mansion which rents for $5,000 a month. The Beatles stayed at the house on their last American tour.

The house has two swimming pools and a variety of recreational facilities. It's a small small little paradise in the hills above Hollywood. Maybe suntans and guitars don't make it together.

# RollingStone

**Si ça compte, on raconte !**

prend alors de l'épaisseur et publie désormais de longues interviews, des enquêtes approfondies et des reportages débridés signés Tom Wolfe[x], Hunter S. Thompson[x], Lester Bangs[x], Greil Marcus[x] et Howard Kohn. Si le nouveau journalisme[x] et le gonzo[x] sont nés dans les colonnes de *Rolling Stone*, le bimensuel a également défini les canons de la photographie[x] rock en publiant les clichés de Baron Wolman (premier photographe du magazine), Annie Leibovitz, Richard Avedon, Herb Ritts… Mais en ce début des années 1970 le support doit déjà composer avec les exigences des maisons de disques (Lester Bangs en fera les frais) et subir la concurrence d'un magazine créé en 1969 à Detroit : *Creem*[x], que Bangs rejoint dès 1973. Si *Rolling Stone* ne fait plus la différence en termes de chroniques et de reportages rock, les articles chocs sur les dysfonctionnements de la société américaine et les reportages azimutés de Hunter S. Thompson lors des campagnes présidentielles assoient sa réputation et lui confèrent le statut de porte-parole respecté de toute une génération, bien au-delà des simples considérations musicales. En 1975, le scoop (« Le plus grand de l'histoire du magazine », selon Jann S. Wenner) sur l'enlèvement de Patty Hearst achèvera de propulser *Rolling Stone* au plan international. À l'époque, les deux journalistes Howard Kohn et David Weir avaient juré d'aller en prison plutôt que de révéler leurs sources. 1977 sera l'année de tous les changements : le magazine déménage à New York >

(beaucoup y verront un moyen de se rapprocher des annonceurs publicitaires), le logo se modernise et le ton éditorial devient, plus conventionnel et plus embourgeoisé. *Rolling Stone* rentre dans le rang dans les années 1980 en « glaçant » sa couverture et en publiant sous forme de feuilleton le roman *yuppie* par excellence, signé Tom Wolfe : *Le Bûcher des vanités* (1986).

« Ce qui avait débuté avec 7 000 dollars dans un loft au-dessus d'une imprimerie à San Francisco est aujourd'hui, avec des bureaux dans six villes et plus d'un million d'exemplaires vendus, l'un des magazines les plus importants d'Amérique », remarquait Wenner en 1997. Un paradoxe idéologique avec lequel *Rolling Stone* se bat encore aujourd'hui, en alternant des couvertures de starlettes pop dénudées pour accrocher le lecteur et des articles de fond, au travers d'excellents reportages marqués politiquement (démocrate, on s'en doute), notamment sur les campagne présidentielles. Bill Clinton (« le premier président rock and roll de l'histoire des États-Unis », selon Jann S. Wenner) a largement bénéficié du soutien du magazine, tout comme Barack Obama, qualifié de « Nouvel Espoir » dès mars 2008. « Si ça compte on raconte », proclame depuis plus de quarante ans la devise du magazine.

## *PIERRE QUI ROULE* MAGAZINE

Le magazine américain compte aujourd'hui une vingtaine d'éditions étrangères. Depuis 1988, la version française mensuelle (et non bimensuelle comme la version US) est brinquebalée au gré des faillites et des rachats successifs des sociétés propriétaires de la licence. En 1988, Lionel Rotcage (fils de Régine et ancien collaborateur de *Rock & Folk*ˣ) s'associe à Marshall Chess (fils du fondateur du label Chess) pour lancer la première édition française de la bible américaine. La meilleure à ce jour, à mi-chemin entre la revue et le magazine, et qui bénéficie d'un casting de plumes internationales de luxe : Antoine de Caunesˣ, Philippe Garnierˣ, Yves Bigot, Laurence Romance, P.J. O'Rourke, Anthony de Curtis, David Fricke… Après avoir cessé de paraître en 1990, il faut attendre 2002 pour que le célèbre logo égaye à nouveau les kiosques français, grâce à la société Ixo Publishing, qui laisse bientôt sa place en 2004 à Cyber Press Publishing, qui à son tour ferme ses portes en 2007. Ces deux éditions essentiellement concentrées sur l'actualité musicale, sous la rédaction en chef successive de Yves Bongarçon et de Jean-Éric Perrin, peineront à reproduire l'éclectisme éditorial du *Rolling Stone US*, qui tient peut-être son succès à sa fréquence bimensuelle et à sa capacité de traiter aussi bien l'actu chaude (journal) que l'actu froide (magazine). Mais la presse française n'a jamais cru en ce format, et c'est toujours en mensuel que *Rolling Stone made in* France a refait son apparition en mai 2008, avec un premier numéro hors série consacré à Mai 68ˣ, édité par la société 1633. Depuis, les rédacteurs en chef successifs (Belkacem Bahlouli, Alain Gouvrion) tiennent bon le cap d'une formule adaptée au marché français, tout en préservant l'esprit et la maquette qui ont fait la réputation du magazine dans le monde entier.

# S

SAC US 250
*SALUT LES COPAINS* 250
*SCRAPBOOK* 252
HUBERT SELBY JR. 253
SÉRIES TV 254
SERVICE MILITAIRE 255
SEXE 256
GILBERT SHELTON 258
*THE SONG REMAINS THE SAME* 259
*SOUNDS* 259
SPEED 17 261
SUPER-GROUPES 262
**SWINGING LONDON 264**

La mode mini
de Carnaby Street en 1968

# SAC US

## Baise-en-ville

**Le sac US Army possède ce point commun avec le pantalon slim** impossible à enfiler en moins de quinze minutes et que la décence, rappelons-le, convient de ne plus inscrire à sa garde-robe à partir d'un certain âge : il revient régulièrement à la mode tous les dix-quinze ans, et chaque génération s'en empare avec ses codes spécifiques. Déjà en vogue à la fin des années 1960, les babas cool dénichaient ce sac en toile pourvu d'une petite poche sur le côté et d'une grande à l'arrière dans les stocks américains, les friperies, et le tenaient généralement en bandoulière. Dans les années 1980, plutôt porté sur le dos, il devint l'objet incontournable des cours de récréation des collèges et des lycées. Et pourtant, pour une fois, les parents avaient bien raison, il n'y avait pas pire contenant pour transporter des affaires scolaires : la souplesse de la toile ne protégeait pas les livres qui se faisaient la malle et se cornaient, les coins de la sacoche, généralement jetée avec désinvolture, se trouaient en quelques mois. À l'époque, son espérance de vie ne dépassait guère une année scolaire. Mais au diable la qualité et l'aspect pratique ! Seule importait la personnalisation dudit sac avec des badges, des taches d'encre et des inscriptions au marqueur, indiquant les goûts musicaux du propriétaire : AC/DC, The Cure, Motörhead, Iron Maiden, Dire Straits figuraient parmi les plus « tagués », sans oublier le *must* absolu, Trust, composé avec le US (TrUSt) du logo qui devait impérativement figurer sur le rabat, sous peine de se voir accuser de posséder un faux et d'attraper la honte de sa vie. Les puristes le préféraient en version kaki, les plus sages (ou leurs parents !) le choisissaient de couleur noire, ce qui permettait l'ajout de quelques badges et épingles à nourrice mais empêchait de fait tout marquage. Unisexe, hardos ou gothique^x^, punk^x^ ou pop-rock… le sac US Army figurait dans la panoplie de toutes les communautés rock et même de quelques jeunes professeurs débutants désireux de rester dans le coup. Réapparu au début des années 2000, il se porte aujourd'hui de préférence en bandoulière et certains ont même été aperçus avec l'inscription Lady Gaga…

Ainsi va la mode.

**« Pour la première fois, dans un monde établi et mené par des plus de vingt ans, les moins de vingt ans ont droit à la parole. »**
Daniel Filipacchi, 1962.

Avec le lancement de l'émission radiophonique *Salut les Copains* le 19 octobre 1959, les moins de vingt ans avaient aussi et surtout la possibilité d'écouter une autre musique que celle de leurs parents. Sur l'antenne d'Europe 1, durant deux heures en fin d'après-midi (après l'école), l'ancien photographe de *Paris-Match* et futur magnat de la presse, Daniel Filipacchi (avec son complice Frank Ténot), diffusait les pionniers du rock américain (Elvis Presley, Carl Perkins, Ray Charles…) et, à partir de 1960/1961, la nouvelle vague française des Chaussettes Noires, des Chats Sauvages et, bien sûr, Johnny Hallyday,

### JEAN-MARIE PÉRIER, L'ŒIL DES COPAINS

« J'ai fait Hendrix et on m'a volé les photos. Ça me rend fou. Autre regret : Elvis, bien sûr. Lui, je ne l'ai pas rencontré, le colonel Parker n'a jamais voulu. » À part eux, effectivement, Jean-Marie Périer, né en 1940, a immortalisé le gotha du rock mondial des années 1960-1970. Engagé en 1962 par Daniel Filipacchi qui lançait, selon ses propres termes, « un petit journal de musique », Jean-Marie Périer et ses photos lumineuses extrêmement léchées, ses incroyables mises en scène (Sheila et Sylvie Vartan en Bécassine, Jacques Dutronc en Lucky Luke…), façonneront l'identité et le succès de *Salut les Copains* dont il signait 70 % des photos. Au début des années 1970, il pose son appareil pour s'emparer d'une caméra ; après avoir fait faire ses débuts au cinéma à son pote Jacques Dutronc (*Antoine et Sébastien*), il réalisera en 1980, entre deux spots publicitaires, *Téléphone Public*, long métrage qui retrace, sur deux ou trois écrans simultanés, la tournée du groupe de Jean-Louis Aubert dans le sud de la France : « Le film que j'ai fait sur eux, c'était un ovni. Le premier film jamais fait sur un groupe de rock en France. »

# L'école est finie… Salut les Copains

dont Lucien Morisse, le directeur des programmes, avait pourtant cassé en direct, l'un des premiers 45 tours, en lui prédisant une carrière éphémère. Tutoiement de rigueur, interviews d'artistes, hit-parade*, des rubriques « gros-plans », « coups de chapeaux » ou « chouchou » (qui garantissait à l'artiste sélectionné de substantielles ventes de disques), *Salut les Copains* réunissait devant les transistors 40 % des douze-quinze ans, qui se fichaient éperdument des nombreux commentaires accusant l'émission de pervertir la jeunesse. Un succès jamais égalé depuis, qui offrit une vitrine idéale à toute une génération de chanteurs français : Sylvie Vartan, Françoise Hardy, Sheila, Jacques Dutronc…

En 1964, résidant à Paris pour une série de dix-neuf concerts à l'Olympia*, les Beatles en personne participèrent à l'émission et ressortirent du studio d'Europe 1 chargés de disques qu'ils avaient empruntés et qu'ils n'ont bien sûr jamais rendus… Quelques années plus tard, John Lennon confia qu'il avait découvert Bob Dylan pour la première fois grâce à l'un de ces 33 tours « piqués » à S.L.C. L'émission ne résistera pas à Mai 68* et cessera définitivement d'émettre en 1969.

Les Copains n'avaient cependant pas encore prononcé leur dernier Salut. Surfant sur le succès de son émission, Daniel Filipacchi avait lancé en 1962 une déclinaison papier du même nom avec l'objectif de publier un *Paris-Match* pour les jeunes. Les 200 000 exemplaires du premier numéro avec Johnny Hallyday en couverture s'arracheront comme des petits pains. Un an plus tard, fort d'un tirage d'un million d'exemplaires (inimaginable aujourd'hui), le mensuel deviendra un phénomène de société et, le 22 juin 1963, 150 000 personnes (au lieu des 20 000 attendues) se presseront place de la Nation, à Paris, pour assister au concert *Salut les Copains* de Johnny Hallyday, Sylvie Vartan et Richard Anthony. Cet événement sera qualifié de « Salut les Voyous » par le quotidien *Paris Presse* et sera à l'origine de cette célèbre réflexion du général de Gaulle : >

« Ces jeunes ont de l'énergie à revendre. Qu'on leur fasse construire des routes. » Plus compréhensif, le sociologue Edgar Morin analysera dans les colonnes du *Monde* (6 et 7 juillet 1963) l'avènement d'une nouvelle génération dite « yé-yé », adaptation française des *Yeah* qui parsemaient les chansons des artistes anglo-saxons. On a longtemps opposé, et à juste titre, le magazine *Salut les Copains* de Filipacchi, consacré à 90 % aux chanteurs français, au *Disco Revue*[x] de Jean-Claude Berthon, le premier magazine français dédié au rock. Mais tout comme Berthon ne se privait pas de rédiger quelques articles sur Sylvie Vartan dont il était amoureux, *Salut les Copains*, entre deux reportages photos (Julien Clerc avec la patrouille de France, Nicoletta chez les Soviets…) signés Tony Frank, Benjamin Auger ou Jean-Marie Périer (*voir encadré*), rendait également compte des festivals de Woodstock[x], de Wight[x], de groupes français qui n'avaient rien de yé-yé (Magma, The Variations…), et même de *Melody Nelson* de Serge Gainsbourg, album aujourd'hui culte mais qui fut boudé par le public et la presse lors de sa sortie en 1971. En 1977, face à une concurrence accrue (*Hit*, *Podium* dirigé par Claude François…) et l'arrivée des managers[x] qui exigeaient un droit de regard sur l'image de leurs vedettes, *Salut les Copains* devient le bimensuel *Salut*… Mais ce n'était déjà plus le même magazine : ancien symbole de la place croissante des jeunes dans la société, il était devenu le chantre navrant d'un genre musical unique au monde : la variété française… Dans les pays anglo-saxons, on appelle ça de la pop !

**Une lettre manuscrite de Jim Morrison,** le programme du premier concert de Dylan en tête d'affiche au Carnegie Chapter Hall de New York en 1961, le *backstage pass* du concert de Bob Marley à Bristol en 1976, le texte original d'*Instant Karma* de John Lennon : pour tenir ces précieux documents entre les mains, il faudrait soit dévaliser les réserves du Rock and Roll of Fame[x] de Cleveland (Ohio), soit dépenser une fortune dans les rares ventes aux enchères, soit enfin être un intime des familles des artistes concernés.

# Scrapbook

## Rock & fac-similés

Vous n'êtes ni Spaggiari, ni Rockefeller, ni le petit cousin par alliance de Bob Marley ? Les *scrapbooks* sont faits pour vous. Richement illustrés par des photos inédites ou rarement vues, généralement complétés par un CD d'interviews ou de titres rares, ils proposent des fac-similés de documents originaux intimes et professionnels des artistes. S'ils se laissent admirer plus qu'ils ne se lisent, ces beaux livres réalisés en collaboration avec les proches et les ayants droit, permettent de toucher du doigt l'histoire du rock et de découvrir en trois dimensions ses plus grandes figures : *Lennon la légende* de James Henke (Seuil, 2003), *Bob Dylan, l'album 1956-1966* de Robert Stantelli (Fayard, 2005), *Jimi Hendrix intime* de John McDermott et Janie Hendrix (Éditions K&B, 2007)…

**«Le lecteur de mon œuvre a le choix entre le suicide, brûler le livre, ou trouver à l'intérieur de lui-même l'infinie compassion et l'amour qu'il possède.»**
Hubert Selby Jr., 1988

# Hubert Selby Jr.

## La musique de la langue

On choisira donc la troisième possibilité pour aborder l'œuvre sombre et violente de cet écrivain né à Brooklyn en 1928, qui contracta une tuberculose pulmonaire à l'âge de dix-huit ans. Après trois ans de convalescence, la perte de dix côtes, d'un poumon et un diagnostic vital estimé à seulement un an, Selby entreprend de « faire quelque chose du reste de sa vie », qui s'achèvera finalement en 2004 : ce sera *Last Exit to Brooklyn*, un premier roman choc publié en 1964 qui conte la destinée tourmentée d'un groupe de déclassés du rêve américain dans les bas-fonds de New York. Prostituées, travestis, violeurs, *junkies*, losers en série… autant de personnages paumés qui hanteront les sept livres (dont *Le Démon* en 1976 et *Retour à Brooklyn* en 1978) d'un auteur culte dont la petite musique littéraire fait fi de toutes considérations classiques de ponctuation, de grammaire ou même d'orthographe.

Pour Selby, écrivain autodidacte, seuls comptent le réalisme de la prose et le voyage à travers les émotions du lecteur.

Cette plongée dans les tréfonds les plus sordides de l'âme humaine et cette empathie naturelle pour les moins que rien marqueront quelques grandes figures de l'*underground* et du rock américain : Henry Rollins (Black Flag) avec qui Selby enregistrera une lecture de l'intégrale de *Last Exit to Brooklyn* en 1997, Lydia Lunch et l'ensemble de la no wave (*voir entrée New wave*), le Velvet Underground avec, notamment, le titre *Sister Ray* qui décrit une partouze de travestis directement inspirée de *Last Exit*, le courant punk new-yorkais qui supprima les solos de guitare tout comme Selby avait décidé de ne pas s'encombrer de virgules…

Une belle reconnaissance pour un écrivain qui s'intéressait plus au rythme qu'au rock en lui-même, comme il le confessait en 1985 : « En ce qui concerne chacun de mes romans, c'était la musique de la phrase elle-même qui me préoccupait quand j'écrivais… C'est cela l'important, la musique de la langue. »

**Affiche de l'adaptation cinématographique de *Last Exit to Brooklyn* en 1989**

# SÉRIES TV
## À suivre…

**The Monkees : cette formation américaine fabriquée de toutes pièces,** dont les membres furent recrutés par une petite annonce[x] publiée dans le *Hollywood Reporter*, inaugura les relations entre le rock et le petit écran en 1966. Grâce à ces quatre « singes », ersatz des Beatles, l'Oncle Sam entendait non seulement profiter de l'explosion de la pop music mais également prendre sa revanche sur la *British Invasion* de 1964. Malgré des *scenarii* basiques (en résumé, les quatre gentils Monkees au secours de la veuve et de l'orphelin), les cinquante-huit épisodes de la série *Monkees* cartonnèrent et propulsèrent le groupe factice au sommet des hit-parades[x]. Frank Zappa, Tim Buckley ou encore Johnny Cash firent même des apparitions au côté du groupe, dont seulement deux des membres savaient réellement jouer de leurs instruments.
L'esthétisme pop habillera également de nombreuses séries anglaises (*Chapeau melon et bottes de cuir, Le Prisonnier*…) et américaines (*Les Mystères de l'Ouest*…), sans pour autant que les bandes originales (BO) sonnent rock, hormis *Happy Days*[x] et quelques épisodes de *Starsky et Hutch* (*Can't Go Back* de Dr. John dans l'épisode 17 de la saison 4).
L'osmose rock/série

The Monkees

se concrétisera pleinement à partir de la fin des années 1990. Dans la foulée des *Experts*[x], de nombreuses séries, dont les budgets n'ont rien à envier aux plus grosses productions cinématographiques, font appel à des *music supervisors*, chargés de dénicher le titre, inconnu ou classique, qui se mariera le mieux avec les images. Les vétérans américains du Rock FM Journey peuvent ainsi dire merci aux *Sopranos* qui les remirent en selle en 2007, suite à l'utilisation de leur vieux tube « Don't Stop Believin' » qui rythme la dernière séquence de la saga mafieuse.
À l'inverse, Sia doit sa notoriété à la série *Six Feet Under*, qui orchestra son final sur les notes de « Breathe me ». On comprend dès lors que les artistes se pressent pour que leur musique soit associée à une série en vogue, comme *Glee*, la dernière sensation américaine. Quelques-uns résistent néanmoins, comme les Red Hot Chili Peppers, Kings Of Leon et Slash, qui se justifiait ainsi en janvier 2011 : « J'ai décliné l'offre. *Glee* est pire que *Grease* et *Grease* était déjà très mauvais. »
Au-delà des BO spécifiques établies pour chaque série (électro pour *24 heures*, rock indépendant[x] pour *Buffy contre les vampires* et *Smallville*…), les scénaristes multiplient les références et les *gimmicks* liés au rock : *Dr. House* cite volontiers Mick Jagger (« Mais comme l'a dit le grand philosophe Mick Jagger, on ne peut pas toujours avoir ce que l'on veut ») ; les trois livres écrits par Hank Moody, le romancier dépravé de *Californication*, s'intitulent exactement comme trois des albums du groupe Slayer : *South of Heaven*, *Seasons in the Abyss* et *God Hates us All* ; les rescapés de *Lost* dénichent une fantastique collection de 33 tours dans une cave…
Plus fort encore, la série britannique *Life on Mars* doit son

Les Sopranos

titre au tube de David Bowie, tout comme son *spin-off* dénommé *Ashes to Ashes*.
Rien de tel enfin pour relancer une carrière que d'apparaître en *guest* dans une série à l'audience internationale. On se souvient de Johnny Cash dans l'épisode 24 de *Columbo* (*Le Chant du cygne*, 1974), de Boy George dans l'épisode 16 de la saison 4 de *L'Agence tous risques* (*Cow-Boy George*, 1986), des Beach Boys dans *Alerte à Malibu* en 1996, et plus récemment du rôle de Consigliere de Tony Soprano,

interprété par Steven Van Zandt, guitariste du E-Street Band de Bruce Springsteen. Mais, sans conteste, la série qui affiche le plus beau palmarès en termes de participations de rock-stars reste… *Les Simpsons* ! Mick Jagger, Lenny Kravitz, James Brown, Sonic Youth, Aerosmith, REM, Metallica, The Queen… tous

Queen « simpsonisée »

se sont fait « simpsoniser », et certains ont même prêté leur voix à leur personnage animé. En France, hormis quelques productions récentes qui sortent du lot en termes de réalisation (*Engrenages*, *Maison close*…), pas grand-chose à se mettre entre les oreilles, si ce n'est l'insupportable émission *D&Co* présentée par la non moins insupportable Valérie Damidot sur M6. Entre deux coups de marteau et autres blagounettes consternantes de l'animatrice, le téléspectateur sera surpris d'entendre le meilleur du rock classique et indépendant tout âge confondu : « Our House » de Madness (générique), « No Surprises » de Radiohead, « With or Without You » de U2…

# SERVICE MILITAIRE

## Mauvaise troupe

Elvis rentre dans le rang

**« Le rock est mort le jour où Elvis Presley est parti à l'armée »,** déclarait John Lennon à la fin des années 1960. Jamais avare d'un bon mot, le Beatle binoclard avait également souvent tendance à exagérer. Le rock s'en est plutôt bien sorti après 1958 ; toutefois, il est vrai que les obligations militaires ont joué un rôle considérable dans son développement aux États-Unis, en Angleterre et en France.
Matricule US 53310761… celui du soldat Elvis envoyé à Friedberg (Allemagne) en 1958 pour deux ans de service. Une période charnière, tant sur le plan professionnel (1959 est la seule année de sa carrière où Elvis n'enregistre aucune chanson) que sur le plan privé : le 14 août 1958, il perd Gladys, sa mère vénérée, alors qu'il effectuait ses classes au Texas ; le 13 septembre 1959, en Allemagne, il rencontre Priscilla Beaulieu, sa future femme, âgée à l'époque de quatorze ans… Il en faudrait moins pour changer un homme. De plus, aux yeux du public, l'armée a transformé Elvis the Pelvis en citoyen modèle et respectueux des devoirs à accomplir au service de la nation. Lui-même y croit sans doute un peu : de son retour à la vie civile jusqu'à son *come-back* télévisuel en 1968, il se consacre essentiellement au tournage de panouilles ineptes pour Hollywood et à l'enregistrement de bandes originales très inégales.
En 1960, n'en déplaise à John Lennon, le rock n'est pas mort en Angleterre, qui abolit la conscription. Cette décision peut paraître anodine, mais en réalité elle se révèle lourde de conséquences : l'armée n'est plus le passage obligé entre l'école et le premier job, et les teenagers découvrent le temps libre, se constituent en bandes (mods[x], rockers, etc.), dansent, écoutent de la musique, et surtout forment des groupes qui ne sont pas obligés de se séparer quand l'un de ses membres est appelé sous les drapeaux.
La question mérite donc d'être posée : la conscription a-t-elle été un frein dans l'émergence en France d'un mouvement comparable au *Mersey Beat* anglais ? Elle n'a pas aidé en tout cas : la carrière de Danyel Gérard, l'un des premiers rockers français, sera stoppée à cause de son départ pour dix-huit mois de service en Algérie, laissant la place à des petits nouveaux comme Les Chaussettes Noires qui, eux, ne survivront pas à l'incorporation en 1962 du « chanteur », un certain Eddy Mitchell, conscrit indiscipliné et abonné plus qu'à son tour au fameux trou. El Toro >

et Les Cyclones (avec Jacques Dutronc à la guitare), Les Fantômes, Les Pingouins… Au début des années 1960, on ne compte plus les groupes français tués dans l'œuf par la Grande Muette… Vous imaginez Keith Richards dans une caserne, vous ? Quant à Johnny Hallyday, il effectua – comme Elvis – son service en Allemagne (43e RBIM d'Offenburg) en 1964-1965 et, contrairement à son pote Schmoll, fut une recrue docile. Le contrat était clair : Johnny aidait l'armée à redorer son blason terni par la guerre d'Algérie, tandis que les

Johnny prend du galon

autorités militaires lui accordaient quelques facilités dues à son statut, comme la possibilité d'enregistrer en uniforme le titre « Quand revient la nuit ». Résultat : un million d'exemplaires vendus pour l'idole des jeunes qui fut l'un des seuls artistes français de l'époque à ne pas pâtir de ces dix-huit mois d'exil obligatoire. Ce ne fut pas le cas de Jürgen Rosenthal. À propos, connaissez-vous Jürgen Rosenthal ? Non ? C'est bien là le problème de cet ancien batteur de Scorpions qui officiait efficacement sur le deuxième album du groupe, *Fly to the Rainbow* (1974). Il délaissa les fûts du groupe en pleine ascension pour remplir ses obligations militaires et échoua ensuite dans le groupe de rock progressif allemand Eloy… Quelle misère !

**« Si ce n'était pas pour des minettes pubères qui hurlent, on ne jouerait pas dans un groupe de rock »**, avouait Keith Richards en 2002. Et en effet, le rock and roll, expression argotique fréquemment employée dans les rhythm and blues des années 1930 pour signifier « faire l'amour », sent le sexe depuis l'origine : dans son rythme (les quatre temps inciteraient à la fornication), dans ses paroles (« C'est moi le roi de la ruche, j'arrête pas de jouer du dard », chantait déjà Slim Harpo dans

## SECRETS D'ALCÔVE

**Dans les années 1960, le manager[x] Brian Epstein mettait tout en œuvre pour dissimuler au grand public que l'une de ses idoles, John Lennon, était marié depuis 1962 avec Cynthia Powell. Un mariage qualifié de plaisanterie par Lennon lui-même, mais un mariage quand même, qui risquait de diminuer l'aura de Lennon auprès de ses fans du sexe dit faible. Au rayon des secrets de polichinelle, l'homosexualité de Little Richard, Freddy Mercury, Elton John et George Michael n'a jamais fait aucun doute, à l'inverse de Rob Halford, chanteur de Judas Priest tout de cuir et de chaînes vêtu qui, pour donner le change, s'affichait régulièrement aux bras de longilignes blondes peroxydées avant d'effectuer son *coming out* en 1998. Il faut dire qu'au milieu des années 1980 l'homosexualité relevait encore du tabou – et pas seulement dans le milieu du hard-rock traditionnellement hétérosexuel –, comme en témoigne l'énorme scandale provoqué par la diffusion du clip *Relax* de Frankie Goes To Hollywood en 1984. Enfin, si la provocation sexuelle fut l'apanage de certains groupes entièrement dédiés à cette cause, souvent au détriment de leur musique (Wendy O'Williams des Plasmatics simulait la masturbation sur scène, les danseuses du groupe**

The Tubes dressent les drapeaux

**The Tubes plus brûlantes que des chaudières…), il faut se méfier de l'eau qui dort, en particulier d'un bassiste placide qui, pendant que son leader se pavanait dans les soirées jet-set, besognait les groupies[x] dans sa chambre d'hôtel. J'ai nommé Bill Wyman des Rolling Stones, qui, contrairement à ce que son physique d'épagneul triste pourrait laisser penser, possède l'un des plus beaux palmarès de conquêtes féminines de l'histoire du rock. En 1989, à l'âge de cinquante-deux ans, l'insatiable bougre s'est même marié avec Mandy Smith, une starlette de dix-huit ans, qu'il « fréquentait » depuis ses treize ans, quand elle n'était encore qu'une minette à peine pubère mais déjà consentante.**

« I'm a King Bee » en 1957), dans son iconographie (John Lennon et Yoko Ono en tenue d'Ève et d'Adam sur la pochette de *Two Virgins* en 1968, censurée[x] en raison de son caractère pornographique), dans sa gestuelle (les déhanchements lascifs d'Elvis the Pelvis étaient considérés comme obscènes par les bien-pensants, qui d'ailleurs avaient bien raison)... Le rock ne pense qu'à ça et confère souvent à ses interprètes une aura sexuelle surdimensionnée : « À l'école, personne n'a envie de connaître le boutonneux. Mais dès qu'il est dans un groupe, il a des milliers de gamines en train de hurler à tue-tête. Mec, le pouvoir, c'est ça », expliquait Eric Clapton à la fin des années 1960, la décennie de la révolution sexuelle occidentale et de l'âge d'or de la pop-music... l'un allait naturellement avec l'autre, comme papa dans maman.

# Sexe

## Love on the beat

Naturellement, cette propension du rythme à susciter le désir prédisposait plus la musique rock à délivrer des propos sexistes qu'à militer pour les droits de la femme qui, en guise d'émancipation, pouvait, soit, comme Diana Ross, chanter des ritournelles sucrées au sein d'un *girl group*[x], soit, comme Tina Turner, empoigner phalliquement le micro sous les ordres tyranniques et parfois les coups de poing de son Ike de mari (aussi terrible que ce soit, elle n'a jamais aussi bien chanté qu'à cette période...). Sur les traces de Janis Joplin, c'est véritablement Patti Smith, avec l'album *Horses* en 1975, qui brisa le joug machiste et rendit brillamment crédible l'axiome suivant aux yeux de l'industrie : une fille indépendante qui compose, chante, ne joue pas forcément de ses charmes et, de plus, a des choses à dire. Ironie de l'histoire, cette même Patti Smith fut une minette pubère hurlante qui connut son premier orgasme en voyant les Rolling Stones dans le *Ed Sullivan Show* à la télévision en 1964, comme elle le confia au magazine *Creem*[x] en 1973 : « J'étais morte de trouille. Le chanteur exhibait sa seconde couche de peau et plus qu'un peu de lait. J'ai tâté à travers son pantalon avec des rayons X optiques. C'était le pied. Cinq Blancs aussi sexys que n'importe quel Noir. Leurs nerfs étaient branchés et leur troisième jambe se dressait. En six minutes cinq images vigoureuses me valurent mon premier globule de glu dans ma petite culotte vierge. »
Après Patti Smith, la voie était ouverte pour l'éclosion d'artistes et de groupes féminins qui n'avaient pas leur langue dans leur poche et qui n'avaient pas oublié d'affoler le public masculin : Siouxsie Sioux, The Runaways et la Marilyn du rock, l'irrésistible Debbie Harry, du groupe Blondie, qui dans sa chanson « Denis » (1978) promettait à l'auditeur monts et merveilles, et en français s'il vous plaît : « Denis, Denis, je suis si folle de toi/ Denis Denis, oh embrasse-moi ce soir » (certains, prénommés Denis, ne s'en sont pas encore remis...).

Alice Cooper assiste à un sex-show à Copenhague en 1972

Au XXIe siècle, à l'époque de la récupération commerciale générale du sexe qui commande de dénuder un sein ou une paire de fesse pour prôner un yaourt à la cerise, les références à la chose ne choquent plus guère et les paroles les plus salaces sont désormais fredonnées innocemment par des millions de gamins. Le rock aurait-il perdu son pouvoir d'incitation aux pratiques horizontales ? Pas si sûr... En 2006, une étude américaine réalisée auprès de 1 500 adolescents âgés de douze à dix-sept ans, interrogés à plusieurs reprises entre 2001 et 2004, a révélé que 51 % de ceux qui avaient écouté des chansons aux textes « sexuellement explicites » avaient perdu leur virginité pendant ce laps de temps. Méfiez-vous, le rock bande encore !

# Les frères Pétard

# Gilbert Shelton

**« La dope fait mieux passer les périodes sans argent que l'argent ne fait passer les périodes sans dope. »** Ainsi parlait en 1968 Freewheelin' Franklin, membre des Fabulous Furry Freak Brothers et grand philosophe contemporain trop méconnu.
La légende indique que le dessinateur américain Gilbert Shelton, né en 1940, eut l'idée de créer les trois Fabuleux Frères Freaks (et poilus) en 1967, alors que, écroulé devant sa télé, il regardait des films des Marx Brothers et des Three Stooges. Plus de quarante ans après, les aventures (600, selon Shelton lui-même) de Freewheelin' Franklin, Phineas T. Freakears et Fat Freddy Freekowtski, initialement publiées dans les colonnes de la *Free Press*ˣ (*L.A. Free Press*, *East Village Other*, *High Times*…) à la fin des années 1960, puis réunies dans des albums édités dans le monde entier, ont ravi des générations de lecteurs accros aux trips hilarants de ces trois Pieds Nickelés de la défonce. L'idéaliste Phineas, le stupide Fat Freddy (même son chat, qui est également le héros d'une série dérivée, *Fat Freddy's Cat*, est plus intelligent) et le cynique Franklin n'ont qu'une seule obsession : trouver de l'argent et ensuite acheter de la dope en évitant les ennuis. C'est rarement le cas, Fat Freddy revenant plus qu'à son tour les menottes aux poignets ou avec un sac de farine en lieu et place de la cocaïne tant attendue.
Mais attention, les Freak Brothers prônent une consommation politiquement correcte : jamais d'héroïne et de seringues, essentiellement de la marijuana et parfois quelques champignons hallucinogènes et acides… tout *freak* qu'ils sont, les Brothers ont tout de même une morale ! La singularité et le succès (plus de 40 millions d'exemplaires vendus en 15 langues) de cette bande dessinée très prisée des rockers tiennent certainement dans le subtil équilibre établi par Shelton, entre esprit libertaire, somme toute bon enfant, et considérations anti-*establishment* plus virulentes. Jamais méchants, jamais prosélytes, les Freak Brothers sont surtout désopilants… Mais sachez-le, si vous entrez un jour dans leur appartement, ils ne ferment *jamais* la porte des toilettes.

À l'instar de son ami Robert Crumbˣ, autre pape américain de la BD *underground* (Shelton réédita son *Fritz the Cat* en 1969, *via* la société d'édition Rip Off Press qu'il a cofondée), Robert Shelton vit aujourd'hui en France et poursuit inlassablement les chroniques de ses frères Pétard déjantés. Comme le dit Freewheelin' Franklin : « Ça mérite un autre petit pétard… Cette fois-ci, j'mets pas de cocaïne. »

# The Song Remains the Same

## Les ravages de la drogue

**« Nous avons décidé que chaque membre du Zeppelin inclurait dans ce film de petites séquences de son choix,** les unes tournées chez nous, les autres montrant nos fantasmes secrets, tout cela expliquant bien ce que nous sommes », affirmait en 1976 John Bonham, le batteur[x] de Led Zeppelin. La bonne idée que voilà… sauf que ces séquences de mégalomanie avancée, déjà bêtifiantes en 1976, sont à peine diffusables aujourd'hui sur une chaîne câblée pour la jeunesse. En fait, on sourit un peu et on s'ennuie beaucoup en regardant Robert Plant attifé en roi Arthur, John Bonham transformé en fermier bonhomme, John Paul Jones déguisé en gentleman masqué et Jimmy Page réincarné dans la peau de son maître spirituel, le sulfureux mage noir Aleister Crowley[x].

Et la musique me direz-vous, captée au Madison Square Garden lors des trois derniers shows de la tournée américaine de 1973, et qui devait constituer le principal intérêt de ce *home-movie* financé par le groupe et Peter Grant, son gargantuesque manager[x] ? Ni plus ni moins qu'une bouillie sonore gavée d'overdubs grossiers, desservie par une réalisation bancale (les deux metteurs en scène ont été successivement virés) qui a d'ailleurs nécessité de tourner à nouveau quelques gros plans deux ans plus tard aux studios de Shepperton (Londres). Lessivé après une tournée harassante de trente-quatre dates en deux mois, le groupe n'était plus, il est vrai, que l'ombre de lui-même, et le spectateur a parfois la désagréable impression d'assister à la prestation d'un quelconque *tribute*[x] pas toujours au point. Enfin, et ce n'est pas le moins grave, *The Song Remains the Same* (le film) a donné *The Song Remains the Same* (l'album), le pire du groupe et l'un des plus mauvais disques *live* de tous les temps.

Hormis quelques divertissantes scènes en coulisses[x] (notamment celle où Peter Grant injurie copieusement un promoteur terrifié), ce film est évidemment à proscrire pour tout cinéphile un tant soit peu respectueux de sa passion et pour tout fan de Led Zeppelin qui chercherait à y percer le secret de la puissance explosive du groupe. À l'époque, la rumeur indiquait même qu'il ne devait sa sortie en salles qu'à une consommation excessive de stupéfiants : lors des projections-test, le groupe et son entourage étaient tellement défoncés qu'aucun ne se serait rendu compte de la piètre qualité de l'œuvre. Robert Plant en roi Arthur… non mais franchement !

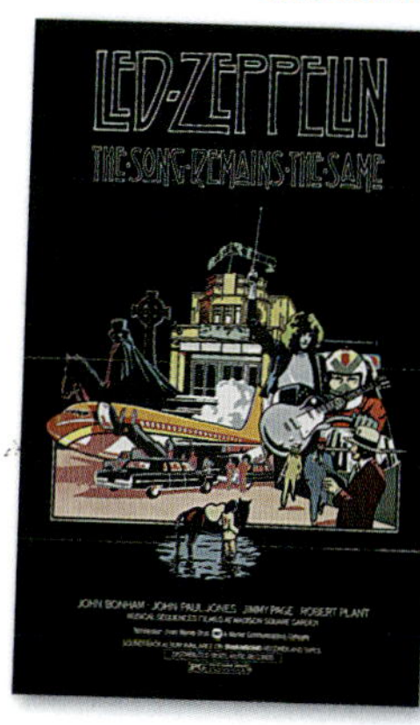

# Sounds

## Du punk au hard

**En octobre 1970, un troisième hebdomadaire musical anglais vient secouer le discours rock des deux ancêtres,** le *Melody Maker*[x] (fondé en 1926) et le *NME*[x] (fondé en 1952). Créé par de jeunes journalistes dissidents du *Melody Maker*, *Sounds* se démarque rapidement en adoptant un langage direct en phase avec les échos de la rue et les aspirations des adolescents britanniques : plus de photos (*Sounds* lancera la mode du grand poster central à afficher sur le mur de sa chambre pour faire hurler les parents), plus d'infos sur la vie privée des rock-stars, plus de fun en somme… et de bruit, car *Sounds*, après quelques errements progressifs[x], se spécialise dans le hard-rock[x] (Led Zeppelin, Deep >

Purple, Black Sabbath…) et dès 1976 débusque le punk[x] britannique avant tout le monde, grâce aux plumes de Jon Savage, de Caroline Coon et de Jonh Ingham. C'est d'ailleurs ce dernier qui, dans son article sur la fin pathétique des Sex Pistols en janvier 1978, annoncera le post-punk et du même coup le nouveau cheval de bataille de l'hebdomadaire, la new wave[x] : « Une semaine seulement après la séparation des Pistols, le changement est déjà en marche. Elvis Costello et les Talking Heads commencent à être diffusés sur les radios. » À l'affût du moindre soubresaut tellurique, *Sounds* définit également en juin 1981, dans un numéro hors série intitulé *Kerrang !*, une autre forme de new wave : cette *New Wave Of British Heavy Metal* (NWOBHM), comme la baptise le journaliste Geoff Barton, réveille le hard-rock britannique en privilégiant la rapidité et la puissance aux influences blues traditionnelles. Suite à l'énorme succès du hors-série, *Kerrang !* devient une publication hebdomadaire à part entière, dédiée aux interminables solos et couinements aigus d'Iron Maiden et autres Def Leppard. Sans le savoir, *Sounds* s'est tiré une balle dans le pied. La new wave s'essouffle, vite rattrapée par l'affligeante cohorte factice des nouveaux romantiques (Duran Duran, Spandau Ballet…). De plus, l'engagement du journal dans le mouvement Oï (le punk version prolo), infiltré

par le National Front, vaudra à Garry Bushell, rédacteur en chef, d'être qualifié de fasciste par le *NME*[x]. « Je suis un socialiste, syndicaliste et patriote », répondra un Bushell offusqué dans une lettre publiée dans les colonnes de *Sounds*. Que reste-t-il alors à manger en 1985 à cet hebdomadaire qui dépassait les ventes du *NME* cinq ans plus tôt ? Des miettes de Nick Cave, des épluchures de The Smiths, un buffet indigeste de pop synthétique souvent inodore…, soit trop peu pour nourrir les colonnes d'un hebdo soumis à une rude concurrence et qui laisse à *Kerrang !* le soin d'emballer les délires potaches des groupes de glam[x] metal américain (Mötley Crüe, Poison, Anthrax…). Racheté par le groupe de presse EMAP, *Sounds* cessera définitivement de paraître en avril 1991, suivi en 2000 par le *Melody Maker*. En 2011, le *NME* est toujours dans la place, tout comme *Kerrang !*, le fils métalleux qui tua le père punk, en quelque sorte.

## QUI A TUÉ LE ROCK AND ROLL ?

**Curt Vile… sous ce pseudonyme se cache Alan Moore, citoyen britannique né en 1953 et scénariste incontournable de la bande dessinée contemporaine : *Watchmen* (1987), *From Hell* (1999), *La Ligue des gentlemen extraordinaires* (1999)… De 1979 à 1983, Curt Vile/Alan Moore a dessiné et coscénarisé pour *Sounds* un strip hebdomadaire déjanté : les aventures de Roscoe Moscow, un détective privé à la recherche de l'assassin du rock and roll, qui croise sur sa route Wiggy Pop et d'autres figures détournées de la scène rock. Ce seront là les seules planches dessinées par Moore qui, peu satisfait de son coup de crayon, décidera ensuite de se consacrer à l'écriture de *scenarii*.**

# Speed 17

## La Pléiade rock

**« L'écriture rock a toujours existé. Il y a bien longtemps, j'ai découvert la collection Speed 17**, dirigée par Philippe Manœuvre ; ça me semble le meilleur emblème de la littérature rock », confiait l'écrivain Vincent Ravalec en 2001. Lancée en 1977 par Les Humanoïdes Associés, alors éditeur de *Métal hurlant*[x], dirigée par Manœuvre[x], la collection Speed 17 publia en effet pour la première fois en France les auteurs majeurs de la contre-culture anglo-saxonne : Charles Bukowski[x], Hunter S. Thompson[x], Hubert Selby[x], Harlan Ellison... En seulement quatre années d'existence, avec une maquette créée par Étienne Robial et des traductions signées Philippe Garnier[x], Philippe Paringaux et Alain Dister[x], Speed 17 a édifié une Pléiade rock alternative à la morosité « galligrasseuillesque » de la fin des années 1970. Les débuts furent rocambolesques. Sur l'idée de Philippe Garnier, Jean-Pierre Dionnet et Philippe Manœuvre, pour inaugurer leur collection, souhaitent traduire un auteur totalement inconnu en France, si ce n'est des lecteurs de *Rock & Folk*[x] et de *Métal hurlant* : Charles Bukowski. Les Éditions du Sagittaire (filiale de Grasset) sont également sur le coup et acquièrent les droits des *Contes de la folie ordinaire*, tandis que Speed 17 publie *Les Mémoires d'un vieux dégueulasse*. Philippe Manœuvre confie : « Je me demande encore comment nous avons fait, les gens nous prenaient pour des dingues... On est simplement allés voir son agent avec Dionnet pour lui proposer une parution en France et même si le gars nous regardait de haut, il a finalement dit oui. Philippe Garnier était enthousiaste pour faire la traduction et voilà : quelque temps après, Bukowski créait un scandale >

**RECHERCHE *SPEED*...**
**Plus de vingt-cinq ans après, les ouvrages de la collection Speed 17 sont devenus aussi cultissimes qu'introuvables. Même si plusieurs titres ont été réédités depuis, certains collectionneurs et amateurs d'éditions originales courent toujours les bouquinistes à la recherche des *Barons de Brooklyn*, de Harlan Ellison, jamais réédité en France. Un Speed 17 en bon état peut se négocier autour de 50 euros !**

dans l'émission *Apostrophes* de Pivot et on se retrouvait à vendre soixante-dix mille livres en une semaine. » Pour un zéro de plus sur le chèque, les Éditions du Sagittaire obtiendront finalement l'exclusivité des traductions françaises de Bukowski mais péricliteront une année plus tard. Speed 17 tiendra trois ans de plus avant de faire les frais, en 1981, du rachat des Humanoïdes Associés par un imprimeur espagnol. « Nous n'étions vraiment pas des hommes d'affaires. Bukowski, on avait mal calculé quand on a vendu *Mémoires d'un vieux dégueulasse*, avec la traduction plus l'achat des droits, on gagnait un franc par livre et on n'avait pas pensé à la distribution », convenait rétrospectivement Philippe Manœuvre en 2005. Avant la descente fatale, Speed 17 aura eu le temps d'éditer le premier livre d'Yves Adrien[x] et de connaître quelques problèmes avec les Hell's Angels[x] français, suite à la publication du *Hell's Angels* de Hunter S. Thompson, sur lequel était naïvement imprimé un sticker : *Approved by Hell's Angels Paris*. Le genre de choses que les anges de l'enfer n'apprécient que très modérément (certains savent lire). D'autres sont morts pour moins que cela… mais les émules gaulois de Sonny Barger firent pour une fois preuve de magnanimité : ils étaient fort heureusement – et inexplicablement – fans de Philippe Druillet, l'un des quatre fondateurs de *Métal hurlant*.

Jack Bruce, Eric Clapton et Ginger Baker (The Cream)

## Super-Dream team

**Le mardi 4 décembre 1956, Elvis Presley rend visite à Carl Perkins,** le créateur de « Blue Suede Shoes », au studio Sun (Memphis) où il enregistre deux titres en compagnie de Jerry Lee Lewis. Les trois musiciens (Johnny Cash est présent sur les photos qui immortalisent l'événement mais ne joue pas) entament une jam improvisée d'une quarantaine de titres gospel, blues et country qui fera fantasmer les fans[x] jusqu'en 1990, date de la sortie de l'enregistrement sous le nom *The Million Dollar Quartet*.

La notion de super-groupe (*all-star band*) était née, qui réunit plusieurs musiciens déjà célèbres autour d'un projet commun, lequel consiste généralement à enregistrer un disque, à partir en tournée mondiale, à commercialiser un album *live* et, le plus souvent, à se séparer, soit parce que les *ego* boursouflés ne font pas bon ménage, soit parce qu'il ne s'agissait que d'une simple récréation lucrative. Deux périodes ont particulièrement favorisé l'émergence de ces formations à tiroirs : fin des années 1960 et début des années 1970 d'abord, avec, entre autres, Cream (Eric Clapton, Jack Bruce et Ginger Baker), Crosby,

Eric Clapton, John Lennon et Keith Richards (The Dirty Mac)

Stills, Nash & Young (comme le nom du groupe l'indique), E.L.P. (Keith Emerson, Greg Lake, Carl Palmer), ensuite, depuis le début des années 2000 avec Velvet Revolver (Slash, Matt Sorum, Duff McKagan, Scott Weiland), The Good, The Bad and The Queen (Damon Albarn, Paul Simonon, Tony Allen, Simon Tong), et la dernière grande sensation, Them Crooked Vultures, qui réunit pas moins qu'un ex-Led Zeppelin (John Paul Jones), un ex-Nirvana (Dave Grohl) et un ex-Kyuss (Josh Homme)...
Le résultat de l'addition de tous ces talents confirmés est-il à la hauteur de leur valeur respective et crée-t-il une plus-value significative ? Comme il ne suffit pas d'engager les plus grands joueurs de foot[x] de la planète pour constituer la meilleure équipe du monde, les productions des super-groupes, si elles atteignent naturellement un niveau acceptable, dépassent rarement les œuvres solo des participants. Aussi bon soit-il, le disque éponyme des Traveling Wilburys sorti en 1988 ne pouvait rivaliser avec les chefs-d'œuvre déjà produits par au moins trois de ses membres : George Harrison, Bob Dylan et Roy Orbison... Les deux seconds couteaux, Tom Petty et Jeff Lynne, ne pouvant que se féliciter d'accompagner de telles légendes visiblement heureuses d'accorder leurs talents.
Un rocker fait exception : Eric Clapton, qui connut son âge d'or au sein de différents super-groupes dont les enregistrements surpassent de loin tout ce qu'il a pu ensuite accomplir sous son propre nom : Cream en 1966 ; Blind Faith en 1969 avec Steve Winwood, Ginger Baker et Rick Grech ; Plastic Ono Band en 1969 avec John Lennon, Yoko Ono, Klaus Voormann et Alan White ; Derek and the Dominos en 1970 avec Duane Allman... Clapton en est d'ailleurs bien conscient, qui, entre deux disques de reprises dispensables, reforme les super-groupes qui ont fait de lui l'un des premiers guitar heroes : Cream en 2005 et Blind Faith en 2009, du moins une partie en la personne de Steve Winwood, autre habitué des *all-stars band* puisqu'il officia dès la fin des années 1960 au sein de Traffic...
Entre super-musiciens, on se super-comprend !

**LES DIRTY MAC**

**John Lennon, Eric Clapton, Keith Richards, Mitch Mitchell... ce super-groupe inimaginable a véritablement existé en 1968 et joué sous le nom des Dirty Mac, le temps de l'enregistrement de *Rock and Roll Circus*, une émission de télévision conçue par Mick Jagger qui réunissait tout le Swinging London[x] : Rolling Stones, Jethro Tull, The Who... Entre deux numéros de cirque, les Dirty Mac interpréteront un « Yer Blues » historique avant de faire office d'accompagnateurs pour les pénibles divagations**

# groupes

**vocales de Yoko Ono. D'après certains spectateurs présents dans le studio ce jour-là, ce groupe de la mort qui tue jouera en dehors des prises de vues différents classiques comme « Peggy Sue » et « Hound Dog ». Interdit de diffusion par les Rolling Stones, au final déçus de leur performance (ils auraient été jaloux de la fantastique prestation des Who), *Rock and Roll Circus* ne sortira au grand jour qu'en 1995, en format CD[x] et DVD. L'occasion de constater que, pour sa dernière apparition officielle avec les Rolling Stones, Brian Jones n'est déjà plus que l'ombre de lui-même, comme le confirmera Pete Townshend (The Who) en 1996 : « Le cas Brian Jones était absolument tragique. Le jour de l'enregistrement de l'émission, une chose était claire : il allait bientôt dégager ! »**

# Swinging London

**« Tu rentrais dans un bar et tu tombais sur Brian Jones,** Hendrix, deux Beatles, tous assis en rond. Nous étions le centre de l'univers et ça a duré trois ans comme ça », se souvenait Lemmy Kilmister en 2010. Le bassiste de Motörhead a beau abuser de toutes les substances interdites depuis plus de quarante ans, sur ce coup-là, il faut le croire ! Tout comme Paris (particulièrement les quartiers de Montmartre et de Montparnasse) fut dans les années 1920 le théâtre d'un renouveau intellectuel et artistique, Londres connut ses années folles de 1965 à 1968. À la seule différence que les garçons aux cheveux longs s'appelaient Mick Jagger ou Donovan et que les filles aux minijupes[x] se prénommaient Twiggy ou Marianne Faithfull. Épicentre de ce que le *Time Magazine*, dans son édition du 15 avril 1966, qualifiait de Swinging London (l'expression est restée), le quartier de King's Road, situé à l'ouest de Londres, concentrait en quelques pâtés de maisons tous les éléments nécessaires à une révolution musicale et culturelle : des boutiques de vêtements où la jeunesse craquait pour des chemises à jabot et des pantalons bariolés (Mary Quant, Granny Takes A Trip...), des galeries d'art (*voir encadré*), des salles de concerts où des groupes débutants tricotaient leurs premiers accords (les Rolling Stones au Marquee[x], les Pink Floyd à l'UFO...). Pour la première fois de son histoire, la jeunesse londonienne avait de l'argent à dépenser et l'esprit assez libre pour déclencher une folle explosion créative et vivre pleinement une libération débridée des mœurs.

À partir de 1968, l'influence du psychédélisme[x] américain, que ce soit en termes de musique (plus tourmentée et plus revendicatrice) ou de comportement social (look hippie[x], consommation massive de drogues...) change la donne : la révolte gronde, les Beatles en appellent à la « Revolution » (1968)... le Swinging London se diluera peu à peu dans les affres d'une fin de décennie qui constate l'échec de ses idéaux. Le 5 juillet 1969, le concert gratuit donné par les Rolling Stones à Hyde Park, devant 500 000 personnes et dédicacé à Brian Jones décédé deux jours plus tôt, mettra un terme définitif à cette parenthèse chamarrée où tout semblait possible, de King's Road à Carnaby Street, que l'on soit issu de la bourgeoisie ou de la *working class*.

Pour qui veut saisir l'essence du Swinging London, il reste les disques. bien sûr, de *Face to Face* des Kinks (1966) à *The Piper at the Gates of Dawn* du Pink Floyd (1967), mais surtout deux films et une série télévisée qui font du bien aux lecteurs de DVD : *The Knack*, réalisé par Richard Lester en 1965, qui conte avec humour les tourments sexuels de la jeunesse britannique ; *Blow up*, de Michelangelo Antonioni (1966), qui suit un jeune photographe (inspiré de David Bailey) aux prises avec un mystérieux cadavre et une magnifique Jane Birkin ; *Chapeau melon et bottes de cuir*

## Les années folles

(*The Avengers*), période 1965-1967, où, face au distingué et très *old school* Jonh Steed (Patrick Macnee), la piquante et bottée Emma Peel (Diana Rigg) incarne mieux que quiconque l'esprit et l'allure du Swinging London.

### INDICA

**Située à Mayfair (Londres), fondée en 1965 par Barry Miles (ami et biographe de Paul McCartney), John Dunbar (le premier mari de Marianne Faithfull, avant Mick Jagger) et Peter Asher (le frère de Jane Asher, la première fiancée de McCartney, avant Linda Eastman), la librairie-galerie Indica réunissait l'avant-garde artistique de l'époque et le tout-Swinging London. Un ouvrier un peu spécial avait d'ailleurs participé aux travaux de rénovation avant l'ouverture, comme le racontait Barry Miles en 1998 : « Paul McCartney venait travailler une journée de temps en temps lorsqu'il le pouvait. Il préparait le mastic vert qui servait à colmater les brèches et les craquelures des ciments, sciait du bois et peignait les murs. » Enfin, c'est grâce à ou à cause de Barry Miles que John Lennon a rencontré Yoko Ono pour la première fois, lors d'une exposition des œuvres de la dame à l'Indica.**

# T U


QUENTIN TARANTINO 266
*TECHNIKART* 267
TÉLÉRÉALITÉ 268
TEPPAZ 269
*THIS IS SPINAL TAP* 269
HUNTER S. THOMPSON 271
*TOP OF THE POPS* 273
NICK TOSCHES 274
TOURNÉES 275
*TRIBUTE BANDS* 276
*UNCUT* 277
UN REGARD MODERNE 278

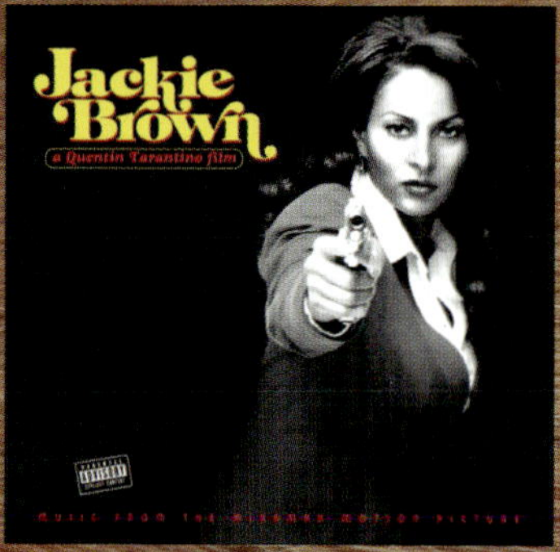

# QUENTIN TARANTINO

## Pop Fiction

**« *Kill Bill* doit souffler l'auditoire, cartonner à la manière d'un concert de rock où le public serait déchaîné… Je veux être au cinéma ce que Dylan est à la musique. »**
Quentin Tarantino, 2003.

Chacune de ses apparitions publiques provoque l'excitation des photographes, ses supposés penchants fétichistes (souvenez-vous des pieds de Bridget Fonda dans *Jackie Brown*) et sa vie intime encombrent les colonnes de la presse *people*, ses relations amour-haine avec ses producteurs, les terribles frères Weinstein de la société Miramax, ne sont pas sans rappeler les sempiternels conflits entre les musiciens et leurs managers[x]. Quentin Tarantino, l'enfant terrible du cinéma américain indépendant, est la preuve vivante que l'on peut troquer une guitare[x] électrique contre une caméra et néanmoins entrer dans le cercle très fermé des rock-stars.
Nourri aux séries B et à la télévision, le petit Tarantino, né en 1963, fut également biberonné à Frank Sinatra et aux bandes-son des films de la *blaxploitation* et de la *rock-exploitation*… Guère étonnant alors que le maître du film hommage revisite les genres cinématographiques de son enfance en les agrémentant de pépites sonores qu'il déniche dans son impressionnante discothèque ou chez les disquaires. Ce n'est évidemment pas un scoop que d'affirmer qu'une pellicule de Tarantino s'écoute autant qu'elle se regarde, que les images sont indissociables de leur habillage sonore. Difficile aujourd'hui d'écouter le « Bang Bang (My Baby Shot Me Down) » de Nancy Sinatra sans se remémorer le regard de la mariée dans *Kill Bill Vol.1* (2003) ou le « You Never Can Tell » de Chuck Berry sans penser à la parade de Vincent Vega (John Travolta) et Mia Wallace (Uma Thurman) dans *Pulp Fiction* (1994). Bien sûr, chacun a dressé son Top 5 personnel des meilleurs BO de Tarantino, mais si l'on ne devait en retenir qu'une, celle de *Jackie Brown* (1997) ferait l'affaire. Pour son osmose totale avec l'action du film, à tel point que les personnages commandent eux-mêmes la bande-son en allumant ou en éteignant leur autoradio (ce film est un hymne déguisé à l'antique autoradio cassettes) et pour la capacité de Tarantino à déterrer d'on ne sait où une poignée de titres et d'artistes oubliés qui n'auraient jamais imaginé un jour faire leur entrée au hit-parade : « Inside my Love » de Minnie Riperton, « Midnight Confessions » de The Grass Roots, « Natural High » de Bloodstone… En matière de trésor insoupçonné, Tarantino a également (et brièvement) propulsé sur le devant de la scène Urge Overkill, groupe de branquignols qui en vingt ans de carrière n'eut qu'une seule brillante idée : reprendre en version kitsch le « Girl, You'll be a Woman Soon » de Neil Diamond, sur lequel danse négligemment Uma Thurman dans *Pulp Fiction*…

**«Y a un truc qui est clair, très clair. Les gens qui ont fait des trucs cools au début des années 1990 avaient lu *Actuel*[x]. Les gens qui ont fait des trucs cools en 1995 avaient lu *Les Inrockuptibles*[x]. Les gens qui ont fait des trucs cools dans les années 2000 ont lu *Technikart*.»**
Philippe Nassif, journaliste à *Technikart*, 2006.

# Technikart

## News branché

Septembre 1991, Fabrice de Rohan-Chabot, Guillaume de Roquemorel et Raphaël Turcat lancent un bimestriel gratuit sur l'art contemporain : *Technik'Art*. Bricolé avec les moyens du bord et une PAO encore balbutiante, le journal, qui adopte un format A3, est diffusé dans les galeries et dans les soirées parisiennes. Soutenu par quelques *happy few* (Frédéric Beigbeder, Ariel Wizman, Nicolas Bourriaud…), le magazine gagne en consistance au fil des numéros, perd son apostrophe et commence à faire parler de lui dans le microcosme branché parisien… à défaut d'attirer les annonceurs publicitaires. Jacques Braunstein (ex-*Globe*) et Benoît Sabatier (auteur en 2007 de *Nous sommes jeunes, nous sommes fiers*, monumental ouvrage de référence sur l'histoire de la culture jeune française, d'Elvis à MySpace[x]) rejoignent les fondateurs, afin de respectivement prendre en charge les pages littérature et musique. Ce sont d'ailleurs les platines qui permettront au magazine de sortir du carcan de l'art contemporain et d'enclencher la vitesse supérieure : l'électro explose et avec elle une nouvelle culture numérique que *Technikart* s'emploie désormais à décrypter et à analyser.
En octobre 1995, l'ex-fanzine « chiadé » opte pour une diffusion payante en kiosque et devient le mensuel culturel et sociétal de la génération techno, à coups d'interviews belliqueuses (rubrique « Micropoing »), d'appels au boycott (rubrique « Poubelloscope »), de unes tapageuses (« Mai 68 était-il bidon ? ») et de dossiers provocateurs : « Cours connard, ton patron t'attend ! », « Les techno beaufs attaquent », « Toujours branleurs, déjà pères », « Faut-il se droguer pour réussir ? », etc. Aiguisées et azimutées, les plumes de Philippe Nassif (ex-*Événement du jeudi*), de Nicolas Santolaria (ex-*Libération*[x]), d'Olivier Malnuit (actuel corédacteur en chef) et de Baptiste Liger (actuel responsable de la rubrique « Livres ») expriment les contradictions de la génération née à la fin des années 1960 et les effets pervers de la société de consommation. Preuve de leur liberté de ton, ils récolteront au passage quelques procès dont un très médiatisé contre l'ogre Danone, suite à la création du site www.jeboycottedanone.com par Olivier Malnuit. Ce dernier, qui réagissait contre la fermeture des usines de Calais et de Ris-Orangis, remportera sa bataille juridique en 2004.
Quelque part entre *Actuel* (pour son insolence et son regard décalé), *Les Inrockuptibles* (pour son pluralisme éditorial) et *Nova Magazine* (pour sa capacité à débusquer les tendances émergentes), le *Technikart* du XXIe siècle est aujourd'hui un mensuel bien installé qui se vend en moyenne à 40 000 exemplaire, sans compter une multitude de hors-séries (musique, littérature, séries TV et art contemporain), et même, depuis février 2011, un savoureux et rock and roll *spin-off* trimestriel, *Grand Seigneur*, consacré à la culture *fooding*. Une belle réussite que les accusations récurrentes de parisianisme forcené et de rétribution des pigistes au lance-pierre n'auront pas réussi à entacher.
En 2011, à l'heure où ses lecteurs originels ont atteint la quarantaine (enfants, monospace, déjeuner dominicaux, etc.), la bible des branchés affirme sa mutation vers un format news moins élitiste, tendance *Nouvel Obs*, avec le risque inhérent à ce type de positionnement : la lassitude qui guette au coin du mainstream et du queerstream, comme affiché en couverture du numéro de février 2011. Une nouvelle formule initiée en juillet 2011 devrait permettre aux lecteurs des années 2010 de faire des "trucs cools" dans les années 2020.

# Téléréalité

## *Vois ma vie de rock-star*

**« Je n'ai rien contre *La Nouvelle Star* ou une quelconque émission de téléréalité, mais notre musique n'a rien à faire dans ce genre d'émission »**, revendiquait en 2010 Anthony Kiedis, chanteur des Red Hot Chili Peppers. En effet, nous ne nous attarderons pas sur ces radio-crochets modernes où des chèvres braient sur des standards qui n'en demandent pas tant. En revanche, il existe des programmes de téléréalité qui suivent des artistes dans leur vie quotidienne. Certains relèvent de la bêtise la plus consternante et feraient presque regretter *Loft Story*: *60 jours, 60 nuits* (diffusé sur Canal+ en 2003) avec Francis Lalanne et Joey Starr, ou bien encore *J'ai épousé une rock-star* (diffusé sur E ! début 2011), où Susan Holmes (compagne de Duff McKagan, ex-Guns N'Roses), Etty Farrell (épouse de Perry Farrell, ex-Jane's Addiction), Josie Stevens (femme de Steve Stevens, ancien guitariste de Billy Idol) et AJ Celi (douce moitié de Billy Duffy, The Cult) jouent les *desperate housewives* décolorées, entre deux séances de relooking ou de muscu de fessier botoxé. En revanche, deux émissions de *Real TV* méritent un petit détour, qui mettent en scène d'authentiques légendes dans leur jus.

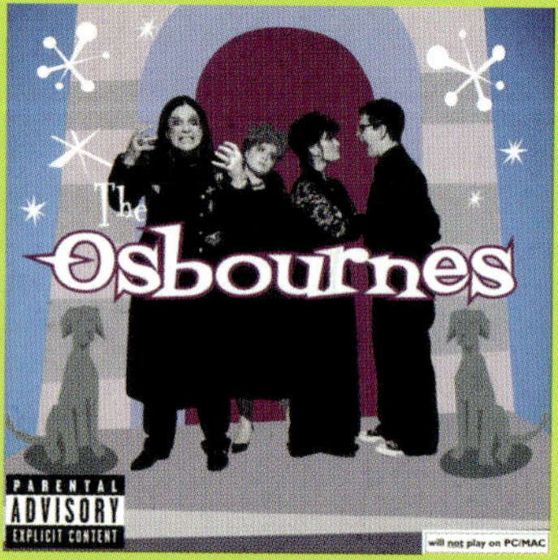


***THE OSBOURNES***. « Durant le tournage, ma femme Sharon a chopé un cancer, j'ai eu un accident de Quad, mon fils Jack s'est mis aux drogues dures… Ce qui ne nous a pas empêchés d'exploser tous les records d'Audimat », expliquait Ozzy Osbourne en 2007. De 2002 à 2005, le temps de quatre saisons diffusées sur MTV[x], le spectateur a pu suivre les péripéties de la petite famille de l'ex-chanteur de Black Sabbath dans sa villa de Los Angeles, dont le mobilier fait passer Graceland[x], la demeure du King Elvis, pour un modèle de sobriété. Outre Ozzy, dont le comportement erratique pouvait soit faire rire, soit peiner le fan[x] de hard-rock[x], une figure émergea du show : Sharon Arden Osbourne, fille du célèbre manager[x] Don Arden, elle-même manager de son mari depuis 1979. Cette femme de tête, malgré la maladie, tient aussi bien les cordons de la bourse que les rênes d'une famille qui, en termes de folie furieuse, n'a rien à envier à une autre… dénommée Adams.

***GENE SIMMONS FAMILY JEWELS***. On le sait, le bassiste de Kiss a la langue bien pendue et une haute opinion de lui-même, comme le confirme ce show (diffusé depuis 2006 sur la chaîne A&E) entièrement dédié à sa gloire : Gene fait le malin sur la chaîne TV Playboy[x] avec quelques stars du porno ; Gene se fait relifter le visage en direct ; Gene prend des leçons de conduite ; Gene doit perdre quelques kilos afin que sa compagne et mère de ses deux enfants, Shannon Tweed, daigne de nouveau coucher avec lui (un comble quand on sait que le nombre de ses conquêtes est estimé à plus de quatre mille)… Peu de spontanéité dans ces saynètes où tout semble contrôlé et qui n'accordent aucune place à la musique. Un programme à réserver exclusivement aux membres de la Kiss Army (les fans de Kiss) qui apprécieront particulièrement l'épisode intitulé *Le Démon a 60 ans* : l'anniversaire de Gene sert en effet de prétexte à la réunion du groupe au grand complet.

## Valise sonore

**En 1962, l'industriel lyonnais Marcel Teppaz, né en 1908, dit le Sphinx en raison de son caractère taciturne,** recevait l'oscar de la meilleure entreprise française à l'exportation : plus de 500 000 exemplaires de son invention avaient en effet été vendus dans plus de 110 pays – ce chiffre allait dépasser le million en 1970. À la fin des années 1950, à une époque où l'électrophone était encore logé dans un meuble encombrant, Marcel Teppaz eut l'idée géniale de créer le tourne-disque portable, contenu dans une petite valise dont le couvercle faisait office de haut-parleur. Disponible en quatre coloris, d'une puissance de 3 watts et ne pesant que 5 kilos, le modèle Presence rencontra un succès immédiat auprès des jeunes (en 1963, on comptait en France près de cinq millions de citoyens âgés de treize à dix-neuf ans), qui le transportaient de surprises-parties en surprises-parties. Jusqu'en 1968 suivront d'autres modèles (1 200 en tout) et coloris (25), alimentés par le secteur puis avec des piles, en mono puis en stéréo, et dont certains, comme le 448, permettaient même d'écouter plusieurs 45 tours successivement grâce à une colonne amovible. Mai 1968[x] marquera le début de la fin pour la société Teppaz (dirigée par Mme Teppaz depuis le décès de son mari en 1964), laquelle ne peut honorer ses commandes en raison du désordre ambiant et ne peut plus rivaliser en termes de coût de fabrication avec les imitations produites par les grandes multinationales (Philips, Radiola…). L'entreprise historique Teppaz déposera le bilan en 1971. Différents repreneurs tenteront de relancer la production jusqu'en 1978 (année de la liquidation définitive), mais tout Teppaz commercialisé après 1971 n'a plus rien à voir avec la valise sonore qui fut dans les années 1960, avec le transistor, l'une des principales responsables de la propagation de la musique pop. 💀

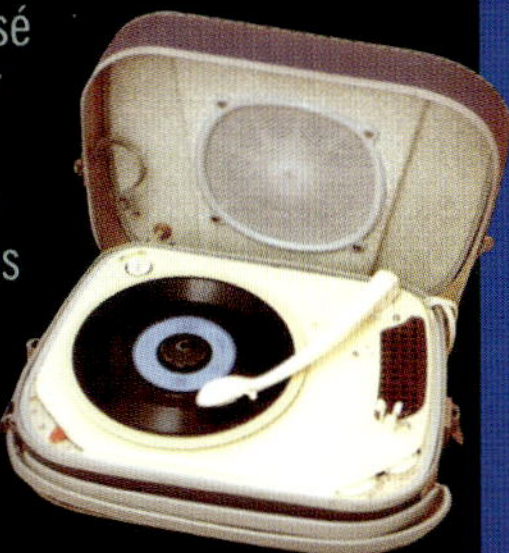

**« Ozzy Osbourne a été si traumatisé par Spinal Tap qu'il a annulé tous ses concerts et est resté cloîtré chez lui pendant deux ans, de 1984 à 1986. »**
Philippe Manœuvre, 2002.

# This is Spinal Tap

## Les potards à 11 !

Réalisé par Rob Reiner en 1984, (futur réalisateur de *Stand by me* et de *Quand Harry rencontre Sally*), *This is Spinal Tap* a été élu le meilleur film rock de tous les temps par le magazine *Rolling Stone*[x] en 2003. On peut discuter *ad vitam æternam* de ce classement… En revanche, il est incontestable que ce faux documentaire, qui met en scène un groupe bidon de hard-rock[x] du nom de Spinal Tap (littéralement « ponction lombaire »), est la pellicule

binaire la plus drôle de toute la stratosphère. Le film suit le groupe dans une tournée[x] nord-américaine destinée à promouvoir son nouvel album intitulé *Smell the Glove* (*Renifle le gant*)… L'opus tarde à être commercialisé en raison d'une pochette jugée trop sexiste par la maison de disques (une femme nue, tenue en laisse à quatre pattes, qui renifle un gant tenu par un homme) et, comme l'indique l'un des membres du groupe, il est « difficile de vendre un disque qui n'est pas sur le marché, mais on va y arriver… ». Le reste est à l'avenant, qui accumule d'irrésistibles scènes parodiques, non sans rapport avec quelques faits marquants de l'histoire du rock : la malédiction des batteurs qui disparaissent dans des accidents de jardinage, explosent sur scène ou s'étouffent dans leur vomi (référence à John Bonham >

de Led Zeppelin) ; le décor scénique, inspiré des monolithes anglais de Stonehenge (clin d'œil à Black Sabbath) ; la copine du chanteur qui ne le quitte pas d'une semelle et qui sème la zizanie (Yoko Ono) ; le guitariste qui interprète un interminable solo avec deux guitares, dont l'une comporte un violon intégré (Jimmy Page de Led Zeppelin)… On pourrait continuer ainsi pendant longtemps tant chaque scène est un monument d'humour, admirablement servi par la réalisation volontairement amateur de Rob Reiner et par l'interprétation des membres de ce groupe factice, qui composèrent eux-mêmes les titres figurant sur la bande originale.
Passé relativement inaperçu lors de sa sortie en salles en 1984 (sauf par Ozzy Osbourne), le film trouvera son public lors de sa sortie en VHS deux ans plus tard. Un succès jamais démenti depuis, lors des différentes rééditions en DVD, et qui incita Spinal Tap, le groupe, à réellement enregistrer une poignée de disques et à effectuer quelques concerts dont un au Royal Albert Hall (Londres) en 1992. Pour le plaisir, petit florilège des répliques cultes de ce chef-d'œuvre que tout fan[x] de hard-rock se doit d'avoir vu :
« Les potards de nos amplis vont jusqu'à 11, tellement on joue fort. »
« C'est difficile de relever des empreintes de vomi. »
« On a des ornithorynques dans nos slips… Les groupies s'enfuient en hurlant car on porte des pantalons très serrés sur scène. »
« Nous cherchons un batteur capable de compter jusqu'à 4… et plusieurs fois de suite. »
« Ma guitare maintient tellement la note que tu as le temps d'aller manger un sandwich… quand tu reviens, elle résonne encore… »
« On mourra peut-être, mais on ne disparaîtra pas. »

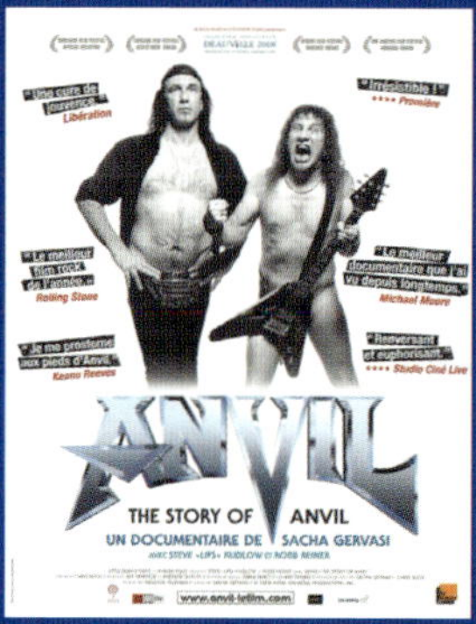


## MOCKUMENTARY

*This is Spinal Tap* n'est ni le premier, ni le dernier documentaire parodique consacré au rock.

*THE RUTLES, ALL YOU NEED IS CASH* : téléfilm réalisé par Eric Idle (membre des Monty Python) et Gary Weis en 1978 pour la BBC (disponible en DVD), qui retrace à sa façon la saga des Beatles, de leur début à leur séparation… Avec Ron Nasty, *alias* John Lennon (interprété par un fantastique Neil Innes) qui déclare que « les Rutles sont plus populaires que God, euh pardon, Rod (Stewart) », Stig O'Hara, *alias* George Harrison, dont la quête spirituelle hindoue se résume à faire tourner les tables au beau milieu de la campagne anglaise, Yoko Ono transformée en nazie dont le père a inventé la Seconde Guerre mondiale… À noter les apparitions de George Harrison en reporter binoclard, de Ron Wood en Hell's Angel[x] et de Mick Jagger et Paul Simon dans leurs propres rôles. Et comme si cela ne suffisait pas, les compositions originales des Rutles (« Rut me Do », « Ouch ! », « Twist and Rut »…) sont d'excellente facture – certaines pourraient même presque passer pour des inédits des Beatles, les vrais !

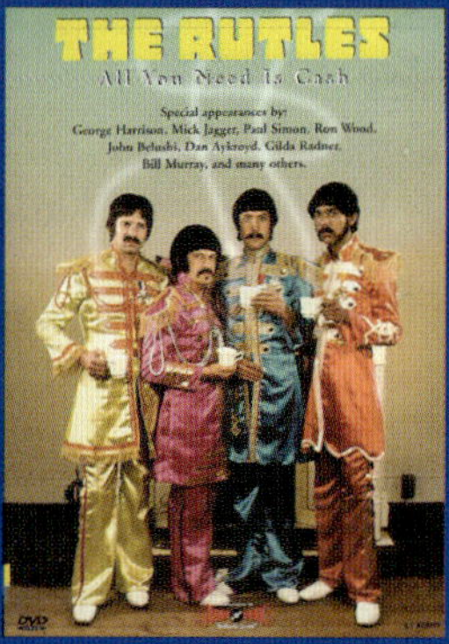


*ANVIL ! THE STORY OF ANVIL* : le groupe Spinal Tap existe réellement ; il s'est formé au Canada en 1973, il se nomme Anvil (littéralement, « enclume ») et a fait l'objet d'un rockumentaire éponyme réalisé en 2008 par Sacha Gervasi, ancien roadie[x] du groupe. Anvil, ou l'histoire de deux losers magnifiques qui ont enregistré treize albums sans jamais percer malgré la considération de groupes aussi célèbres que Metallica, Anthrax ou Slayer : le chanteur guitariste Steve « Lips » Kudlow, tout d'abord, qui a refusé de remplacer « Fast » Eddie Clarke au sein de Motörhead en 1982, et qui n'hésite pas à utiliser parfois un vibromasseur pour violenter sa guitare. Le batteur Rob Reiner, ensuite, incroyable homonyme (c'est son vrai nom !) du réalisateur de *Spinal Tap* et pionnier de la double grosse caisse, élément technique désormais indispensable de tout disque de black metal qui se respecte. Le succès du documentaire qui capte le groupe pendant une tournée européenne et l'enregistrement de leur treizième album (judicieusement intitulé *C'est le 13e !*) a enfin porté Anvil sur le devant de la scène. Ils jouèrent ainsi un mini-concert avec Slash et Ian Scott d'Anthrax lors de la première du film au prestigieux festival de Sundance (États-Unis). Enfin, pour ceux qui douteraient encore du caractère « spinaltapien » du groupe, sachez qu'Anvil possède réellement des amplis spéciaux dont les potards poussent jusqu'à 11 !

# Hunter S. Thompson

## Dévoyé spécial

**« Pour notre première rencontre, Hunter S. Thompson arriva dans mon bureau avec deux heures de retard,** coiffé d'une perruque bouclée et portant dans une main un pack de six bouteilles de bière, dans l'autre une sacoche bourrée de bloc-notes, de journaux, de magnétophones, d'alcool, etc. Il portait une perruque parce qu'il s'était rasé le crâne lors de sa campagne d'élection au poste de shérif de Pittkin County, dans le Colorado », se souvenait Jann Wenner, le fondateur du magazine américain *Rolling Stone*ˣ en 1988. Le récit de cette campagne épique que Thompson perdit de seulement six voix marqua, sous le titre « Freak Power » (*RS*, n° 67, 1970), le début de sa fructueuse collaboration avec le magazine. Auparavant, Hunter Stockton Thompson, né en 1937 et journaliste sportif de son état, s'était fait expulser de multiples rédactions pour avoir, en Pennsylvanie, transformé en compression de César la voiture de son rédacteur en chef, ou insulté, à New York, un annonceur important. Après un bref passage éthylique à Porto Rico où il collabore à un magazine de base-ball, Thompson rejoint l'Amérique du Sud et connaît ses premiers succès en 1963 grâce à une série de reportages azimutés >

**HUNTER ROCKS !**

**Pur produit de la contre-culture des *sixties*, apôtre de la libération sexuelle et de la légalisation des drogues (« Loin de moi l'idée de recommander au lecteur drogues, alcool, violence ou démence… Mais je dois reconnaître que sans tout ça, je ne serais rien »), Thompson a néanmoins très peu écrit sur la musique, même si quelques articles citaient bien volontiers Bob Dylan, Howlin' Wolf ou Lou Reed. Il fut en revanche l'un des premiers à se pencher sur le phénomène hippieˣ dans la presse grand public. Son article prophétique intitulé « The Hashbury is the Capital of the Hippies », paru en 1967 dans le *New York Times*, annonçait le *Summer of Love* en même temps qu'il soulignait déjà la prééminence des drogues sur l'utopie humaniste. En 1999, à la demande de la majorˣ EMI, Thompson sélectionna personnellement dix-huit titres pour la compilation *Where Were you When the Fun Stopped*. Un choix éclectique où Rod Stewart et Bob Dylan côtoyaient Robert Mitchum et Flaco Jiminez. Dans les notes de pochette, Thompson définissait ainsi la musique : « À mon sens, la musique fut toujours une histoire d'énergie, une question de diesel. Les sentimentaux parleront d'inspiration, en fait ils veulent parler du diesel de l'âme. En matière de diesel, je suis un client sérieux. »**

sur les bandits de la jungle publiés par le *National Observer*. En 1966, son ouvrage *Hell's Angels*[x], sur la vie quotidienne du célèbre gang de motards avec qui il a vécu un an, emprunte aux techniques du nouveau journalisme[x] prônées par Tom Wolfe[x]. Mais Thompson poussera le genre à l'extrême, créant sans le savoir le journalisme gonzo[x] le temps d'un article publié dans *Scanlan's Monthly* en 1970 : « The Kentucky Derby is Decadent and Depraved ». « Pour moi, participer est essentiel. C'est ça qui m'intéresse. Alors que Tom Wolfe, lui, il préfère être en retrait. Moi, c'est plutôt la giclée d'adrénaline que je me prends quand je suis dedans », expliquait Thompson pour définir son travail. En 1972, deux articles refusés mis bout à bout et retravaillés aboutissent au stupéfiant roman *Las Vegas Parano*, road-trip sous Quaaludes et à peu près toutes les drogues de la création. Une apothéose déjantée du style gonzo, qui achève de consacrer Thompson comme l'écrivain le plus dingue – et le plus doué – d'Amérique.
On en est là quand en 1972 Jann Wenner envoie Thompson à Washington afin de couvrir la campagne présidentielle pour *Rolling Stone*... Thompson applique à ses reportages de campagne les mêmes procédés qui ont fait sa réputation : intrusion systématique, parti pris flagrant (Thompson hait Nixon et soutient McGovern avec qui il deviendra « relativement » ami), sens du détail exacerbé, analyses brillantes, absorptions diverses et variées... Thompson écrit sur la politique comme un rock-critique impitoyable détaillerait les coulisses d'une tournée[x] d'un groupe phare : à fond ! « Après tout, en 1972, je fus le seul journaliste accrédité à comparer Nixon à Hitler, à le traiter de maquereau, de gangster congénital, de minable foireux et de loup garou lubrique. » Grâce à cette série d'articles, Thompson devient une star littéraire et un journaliste politique, certes décalé, mais respecté des cercles avertis pour ses commentaires visionnaires... l'équivalent en quelque sorte d'un Alain Duhamel qui aurait consommé du LSD[x]. Suite à un différend avec Jann Wenner en 1976, Thompson ne collabore plus que de façon épisodique à *Rolling Stone* (il couvrira partiellement les campagnes présidentielles de 1992 et 2004). Paradoxalement, à partir des années 1980, alors que sa notoriété aux États-Unis est à son apogée, il écrit beaucoup moins, réservant sa prose, entre autres, à *Playboy*[x] ou au *San Francisco Examiner* pour lequel il devient responsable de la rubrique « Média » (les écrits épars de cette période ont été réunis dans les quatre volumes de la série *The Gonzo Papers*, traduits et édités en France par les éditions Tristram). De 2000 à 2005, Thompson revient à ses premières amours et rédige régulièrement des chroniques sportives pour le site ESPN.com. Le 20 février 2005, à 17 h 42, un coup de feu éclate à Woody Creek, dans le Colorado. Hunter S. Thompson vient de se faire sauter la cervelle. Sur la machine à écrire, une feuille... sur la feuille, un mot, mystérieux : *counselor* (« avocat »). Quelque temps avant sa mort, il préparait un article qui reprenait la thèse selon laquelle les tours du World Trade Center ne s'étaient pas effondrées à cause des chocs aériens mais à la suite de charges explosives disposées dans les étages. Certains y verront un complot, voire un suicide déguisé. La vérité est sans doute plus intime, comme l'exprimait en 2007 son fils, Juan Thompson : « Je pense qu'il a juste estimé que c'était le bon moment. Il devait y penser depuis longtemps et était certainement fatigué de sa propre personne. » 💀

## PETIT DÉJEUNER GONZO

**Beaucoup ont essayé pourtant, mais force est de constater que personne n'a réussi à égaler le style gonzo de Thompson. L'un de ses secrets résidait peut-être dans les petits déjeuners gargantuesques qu'il avait l'habitude d'ingurgiter. Essayez, on ne sait jamais :**

**💀 Une tasse de café.**
**– Un grand verre de Wild Turkey avec deux glaçons.**
**– Deux Bloody Mary.**
**– Deux grands verres de jus d'orange.**
**– Deux Heineken.**
**– Quatre toasts.**
**– Quatre pamplemousses.**
**– Six œufs.**
**– Huit saucisses.**

**The Rolling Stones, Dusty Springfield, The Dave Clark Five, The Hollies, The Swinging Blue Jeans, The Beatles…** Belle affiche pour une première, celle de l'émission *Top of the Pops*, diffusée le 1er janvier 1964 sur la BBC et présentée par le DJ Jimmy Savile. Durant quarante-deux ans, le show hebdomadaire du jeudi soir (puis le vendredi soir à partir de 1996) invita cinq ou six artistes figurant obligatoirement dans le Top 20 anglais (puis dans le Top 40 à partir de 1984) et s'acheva toujours par le numéro 1 du moment, précédé de cette annonce désormais mythique : « It's number one, it's Top of the Pops ! »
Cette institution britannique, dont la dernière se déroula le 30 juillet 2006, a accueilli l'ensemble du gratin rock mondial (sauf les Sex Pistols et Frankie Goes to Hollywood, bannis en raison de leur comportement outrageux) qui sacrifiait bien volontiers aux rituels du programme, suivi dans les années 1970 par 15 millions de spectateurs : prestation en play-back et/ou à partir d'une piste pré-enregistrée spécialement pour l'émission (*voir encadré*), troupes de danseurs professionnels ou provenant du public qui gesticulaient en arrière-plan, décors kitsch qui évoluaient au fur et à mesure des différents courants musicaux en vogue… Être convié devant les caméras de *Top of the Pops* constituait une forme de consécration et provoquait généralement un effet boule de neige : après la diffusion de l'émission, les artistes invités grimpaient de plus belle dans le classement des ventes. Quelques Français, présents dans les hit-parades[x] britanniques, ont rejoint Jimi Hendrix, David Bowie, Jackson Five, The Smiths, U2 ou Franz Ferdinand au générique de l'émission : Françoise Hardy avec « All Over the World » (adaptation anglaise de « Dans le monde entier » en 1965), Patrick Hernandez avec « Born to be alive » (1979), Vanessa Paradis avec « Joe le Taxi » (1988), Mr. Oizo avec « Flat Beat » (1999), Daft Punk avec « One More Time » (2000), Alizée avec « Moi… Lolita » (2001)… mais le recordman absolu des participations est bien évidemment issu de la perfide Albion : de 1968 à 2005, le groupe Status Quo est apparu à 106 reprises !

¡TOP OF THE POPS!

*It's number one !*

Jimmy Savile, le présentateur historique du programme

**TOP OF THE FLOPS**

**La réticence de certains groupes à se produire en play-back provoqua quelques scènes qui sont restées dans les annales : En 1977, The Stranglers saccagèrent volontairement le play-back de « No More Heroes » : Hugh Cornwell « jouait » de la guitare avec ses dents tandis que le batteur, situé à l'opposé de son kit, agitait ses baguettes dans le vide. Se sentant incapable de mimer correctement les paroles d'« Orange Crush » en 1989, Michael Stipe, du groupe REM, utilisa un mégaphone pour dissimuler sa bouche. En 1995, les frères ennemis d'Oasis échangèrent leurs rôles pour interpréter « Roll With It » : Liam se mit à la guitare à la place de Noël qui singea au micro la partie vocale de Liam.**

# Hellwriter Nick Tosches

**Né en 1949 dans le New Jersey, d'un père italien et d'une mère irlandaise,** Nick Tosches a grandi dans le bar paternel fréquenté par les barons italiens du milieu local. Un univers interlope où il développa un goût immodéré pour la boisson et les affaires mafieuses qui feront l'objet de deux polars publiés dans la Noire : *La Religion des ratés* (Gallimard, 1996), avec une traduction française malheureusement tronquée, et le brillant *Trinités* (Gallimard, 1996), la sanglante saga de deux gangs new-yorkais contée à grand renfort de considérations ésotériques sur la signification religieuse du chiffre 3. Car cet énergumène

lettré, lecteur assidu de Platon dans le texte, est autant féru de William Faulkner que de l'Ancien Testament, son livre de chevet avec *L'Enfer* de Dante (auteur dont il posséderait des incunables), trame labyrinthique de l'un de ses plus récents romans, *La Main de Dante* (Albin Michel, 2003). Autant d'obsessions littéraires qui, au début des années 1970, ne suffisent pas à nourrir un jeune homme ambitieux qui gagne sa vie en exerçant la profession de chasseur de serpents avant de choisir la voie du journalisme rock : « J'en suis venu à comprendre que j'avais la chance de vivre à un moment particulier du temps où je pouvais faire ça. J'étais ce môme cinglé et azimuté, il y en avait d'autres dans le coin, je pouvais m'en sortir en écrivant comme je pensais, et quelqu'un allait aimer ça. » Nick Tosches utilisera le rock comme un ascenseur littéraire et un creuset propice à ses divagations >

## AUX PORTES DE L'ENFER

**« Je veux que les choses soient bien claires. *Hellfire* de Nick Tosches est le plus beau livre jamais écrit sur un interprète de rock'n'roll, il est sans égal. Mais il est loin de n'être que cela. Tôt ou tard, *Hellfire* sera reconnu comme un classique américain. » Greil Marcus, préface de *Hellfire*, 2001.**

**On imagine avec frayeur ce qu'aurait donné la biographie de Jerry Lee Lewis, *alias* The Killer, torchée par un Albert Goldman[x] : une accumulation de pseudo-révélations nourries par les témoignages fortement rémunérés du cousin du frère de son chauffeur et de l'oncle de son jardinier. Pas de cela ici, comme l'affirme très justement Greil Marcus[x] dans la préface de l'ouvrage *Hellfire* (Allia, 2001). Fasciné par le personnage et ses démons, Tosches compose plutôt une tragédie antique aux accents bibliques et faulknériens qui remonte jusqu'aux origines de la famille pentecôtiste du Killer. Un récit semi-fictionnel, nerveux et d'une sobriété à toute épreuve, eu égard à la vie dissolue du créateur du hit « Great Balls of Fire » : marié six fois (deux de ses femmes sont mortes prématurément dans des circonstances douteuses), alcoolique invétéré, il perd son fils dans un accident de voiture en 1973, blesse par balles son bassiste en 1976 et brûle sa vie ainsi que son piano à chaque concert… Mais quelles que soient les frasques passées, le destin du Killer s'est joué en 1958 : son mariage avec sa cousine, âgée de treize ans seulement, provoqua un scandale qui brisa net sa carrière. Une forme d'alliance courante dans le milieu pentecôtiste mais qui l'empêchera de devenir Elvis à la place d'Elvis. Au volant de sa Lincoln Continental, le Killer éméché heurtera d'ailleurs le portail de Graceland[x] avant de demander à voir son rival en personne : « Le garde le reconnut et lui dit qu'Elvis ne voulait pas être dérangé. Cela déplut au tueur. Il sortit un révolver calibre 38, et ses paupières, qui étaient déjà à demi fermées, se serrèrent avec encore plus de colère : « Va chercher ce satané téléphone et appelle-le ! Pour qui il se prend,**

philosophiques sur le bien et le mal… En retour, le rock lui devra parmi les plus belles pages écrites sur son histoire et sa mythologie, publiées dans le magazine *Fusion* (son essai *Punk Muse*, paru en juillet 1970, définit avant l'heure le nihilisme punk), *Creem*ˣ (où il côtoie Lester Bangsˣ), *Rolling Stone*ˣ, *Playboy*ˣ, *Esquire*, *Village Voice*, etc. Il écrit son premier ouvrage en 1977, *Country* (Allia, 2000), exploration méticuleuse de la face cachée de la musique country dont la lecture a incité plus d'un lecteur à se procurer la discographie de Spade Cooley, violoniste de western swing puis assassin de sa femme. Suivront, entre autres, *Hellfire* en 1982 (*voir encadré*), considéré par le magazine *Rolling Stone* comme « la meilleure biographie rock and roll jamais écrite » ; *Héros oubliés du rock'n'roll* en 1984 (Allia, 2000), hommage aux groupes précurseurs qui ont permis l'avènement d'Elvis Presley, fossoyeur, selon Tosches, de l'authentique rock'n'roll ; et enfin *Dino. La belle vie dans la sale industrie du rêve* en 1992 (Rivages, 2001), minutieuse biographie du crooner Dean Martin, qualifié de *menefreghista*, soit « un type qui n'en a rien à foutre ». Encore non traduit en France, *The Nick Tosches Reader* (Da Capo Press, 2000) compile en 600 pages et 100 pièces annotées l'essentiel des poèmes, articles et ébauches de roman de ce géant des lettres américaines, maître de la digression et du détail qui tue, capable de disserter sans fin sur la bouche de Carly Simon ou d'intituler un article sur Louise Ciccone, « Madonna, traduite en justice par le fantôme du pape Alexandre VI ». Ainsi soit-il ! 💀

**ce fils de pute ? Veut pas être dérangé ! Pourtant il n'est pas meilleur que n'importe qui d'autre ! » Sous la plume de Tosches, Jerry Lee Lewis devient le symbole de la lutte ancestrale du bien contre le mal, des valeurs religieuses traditionnelles (son cousin n'est autre que le célèbre télévangéliste Jimmy Swaggart) contre ce rock sauvage qualifié par Lewis lui-même de « musique du diable »… Des thèmes récurrents dans l'œuvre de Tosches, mais qui se trouvent ici magnifiés par l'ascension et la chute d'un géant du genre. Certes, le Killer n'est jamais devenu Elvis… Il se consolera en pensant qu'il est toujours vivant à l'heure où nous imprimons ce livre, et qu'il fut l'objet d'une immense biographie inclassable… là où Elvis doit se contenter des insanités mercantiles d'Albert Goldman.**

# Tournées

## Route et déroutes

**« En tournée, tu dois constamment adapter ta garde-robe en fonction du lieu où tu vas. Tu te crois parti pour Hawaii, et voilà que tu atterris à Edmonton… et il gèle ! »**
Charlie Watts, batteur des Rolling Stones, 2002.

David Lee Roth devant le tourbus de Van Halen en 1978

La mythologie du rock s'est forgée sur la route, lors de tournées où, loin du confort ouaté des studios, il s'agit de défendre sa musique au quotidien devant le public. La fatigue et l'isolement des musiciens dans leur chambre d'hôtel, l'enchaînement inexorable des shows plus ou moins bien accueillis, la pression des fansˣ qui font la queue des heures durant… Dans les années 1960 et 1970, la vie sur la route ne ressemblait pas toujours à une partie de plaisir, même si beaucoup de musiciens trouvaient de quoi se défouler entre consommation de drogues, de groupiesˣ et destruction de chambres d'hôtel. Dans ce domaine, The Who demeure le champion toutes catégories, qui organisa en août 1967 une fête dans un Holiday Inn du Michigan : piano brûlé, voitures du parking de l'hôtel recouvertes de neige carbonique, moquette de la salle de réception ruinée par de la pâte d'amande piétinée, plongeon d'une voitureˣ Lincoln Continental dans la piscine… la note fut salée : 75 000 dollars doublée d'une interdiction de séjour à vie dans tous les Holiday Inn de la planète. Aujourd'hui, à l'ère du numérique et des téléchargements illégaux, les tournées constituent pour les groupes le moyen d'asseoir leur réputation et de vivre de leur art. Très bien en ce qui concerne les mégastars comme le confirment les millions de dollars amassés en 2010 : 177 pour AC/DC, 161 pour U2, 110 pour Metallica, 93 pour Paul McCartney, 92 pour The Eagles, 89 pour Roger Waters… Des scores finalement guère étonnants quand on sait que ces tournées mondiales des stades >

durent au minimum un an, accueillent environ 40 000 personnes par concert, et que le fan débourse en moyenne 130 euros pour applaudir ses idoles (sans compter les tentations du merchandising[x]). Pour les formations anonymes sans contrat discographique mais dont les titres sont disponibles en ligne, les tournées peuvent être synonymes de galères (cachets misérables, transports aléatoires, public clairsemé ou hostile), mais elles se révèlent indispensables pour gagner un peu d'argent, tremper le caractère d'un groupe, roder les compositions et acquérir de la notoriété avant d'enregistrer un disque en bonne et due forme. Des Rolling Stones au groupe français Louise Attaque qui s'imposa à la fin des années 1990 sans le soutien des radios[x] mais à force de concerts, les plus grands se sont construits sur scène, en *live*… L'essence même de la musique, en somme !

## TOURBUS

**« En réalité, t'arrives en ville dans un *tourbus*, tu joues ton concert, tu en sors, tu vas te laver les pieds à l'hôtel, tu dors ivre mort pendant une heure ou deux, et tu repars en *tourbus*. »**
**Lemmy Kilmister de Motörhead, 1982.**

**Simple van ou combi[x] Volkswagen pour les groupes en devenir, chambres d'hôtel ambulantes avec salle de bains, cuisine équipée et circuit vidéo intégré pour les têtes d'affiche, les *tourbus* sont le *home* pas toujours *sweet* des musiciens en tournée. Récit de deux dérapages non contrôlés :**

**NO FUN : en 1971, Scott Asheton, batteur du groupe d'Iggy Pop, The Stooges, est au volant du van qui transporte les instruments du groupe. Un pont trop bas, un véhicule trop haut… les deux ne font pas bon ménage. Les dégâts ne seront que matériels mais serviront de prétexte au label[x] Elektra pour virer les Stooges qui avaient tous sombrés dans l'héroïne[x]. En 2008, le groupe reformé n'aura pas le temps de détruire son *tourbus*… qui sera tout bonnement volé à Montréal.**

**FRACAS MÉTALLIQUE : peu confortables, les couchettes du *tourbus* de la tournée européenne de Metallica étaient l'objet d'un tirage au sort afin de déterminer qui, parmi les membres du groupe, pouvait disposer de la moins pire, située à l'arrière droit du véhicule. Le 27 septembre 1986, le bassiste Cliff Burton gagna le droit de s'y allonger pour la dernière fois de son existence : lorsque le véhicule dérapa soudainement sur une plaque de glace en Suède, Burton fut éjecté par la fenêtre puis écrasé par le bus qui s'était retourné. Mort sur le coup, à l'âge de vingt-quatre ans.**

**Au début des années 1970, des chanteurs amateurs se faisaient engager dans de petites villes** aux États-Unis en se faisant passer pour des artistes célèbres. De faux Platters sévissaient ainsi, qui prenaient deux fois moins cher que les vrais. Beatles, Elvis Presley, Rolling Stones… Si ces grands noms furent les premiers à engendrer des imitateurs, le concept moderne du *tribute band*, ou groupe hommage, a été établi dans les années 1990 par des ersatz de Kiss (Strutter, Cold Gin…) qui dupliquaient au détail près le look, le son et le jeu de scène des quatre peinturlurés.

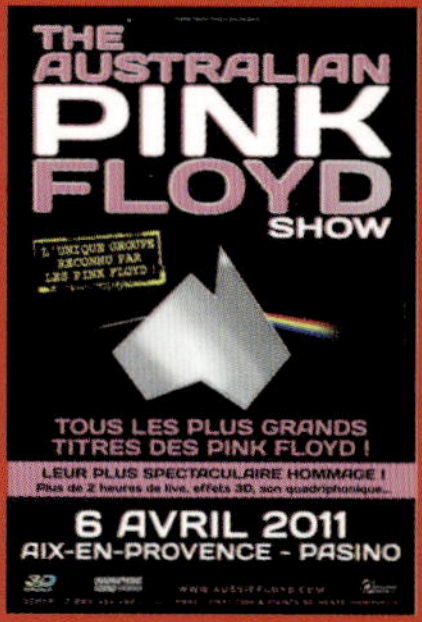


# TRIBUTE

## Rank Xerox

Depuis, ils sont des milliers à redonner vie au répertoire de leurs groupes cultes, à abandonner leur personnalité pour mieux entrer dans la peau de leurs idoles, à préférer remplir des salles avec les compositions des autres plutôt qu'à jouer devant trois pelés et un tondu avec leur propre répertoire : Queen of Fire (Queen), Battery (Metallica), Planet Earth (Duran Duran), Paradise City (Guns N'Roses)… Cas particulier : The Australian Pink Floyd Show, qui, depuis sa création en 1988, a déjà vendu plus de 3 millions de billets dans le monde. En 1996, le groupe a été convié à jouer durant la fête qui célébrait le 50e anniversaire de David Gilmour (guitariste de l'*authentique* Pink Floyd). Ce dernier, accompagné de Richard Wright (clavier du groupe originel), les a même rejoints en fin de soirée pour interpréter le tube « Money ». Encore plus fort : afin de pallier la défection de leur chanteur Rob Halford en 1996, Judas Priest a engagé le temps de deux albums Tim Owens, ancien hurleur de British Steel, *tribute band* de… Judas Priest ! Pratique, il connaissait déjà, évidemment, toutes les paroles… Si certains groupes hommage mettent leur point d'honneur à tout faire comme leurs modèles (*voir encadré*), d'autres s'écartent des sentiers battus : Gabba, qui cuisine les morceaux du groupe suédois

Abba à la sauce Ramones ; Lez Zeppelin, groupe de filles lesbiennes entièrement dédié à Led Zeppelin (les *tribute bands* féminins qui singent les groupes de hard-rock[x] constituent une vraie tendance aux États-Unis : Cheap Chick, AC/DShe, KISSexy…) ; Ou encore Premonition, improbable formation qui au début des années 2000 rendait hommage au guitar hero Yngwie Malmsteen (un concept déjà bien gratiné) tout en affirmant que le roi d'Espagne Juan Carlos n'était autre que l'Antéchrist (!!!?). En France, The Rabeats remplissent les salles depuis 1999 grâce à

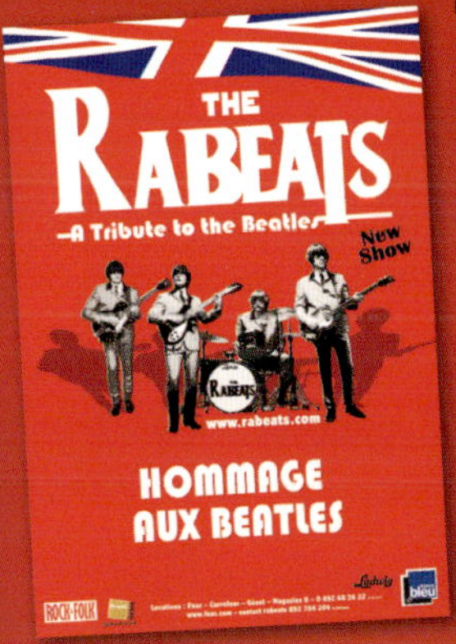


# BANDS

un show bluffant qui ressuscite l'esprit, la musique et le son des Beatles, basse Höfner comprise. Citons également Megaphone, qui reprend les tubes de Téléphone depuis 2002… Même si c'est « juste une illusion », on pourrait presque dire que « ça c'est vraiment eux ». Le pire, finalement, étant les *tribute bands* non avoués dont le répertoire original pompe sans vergogne les compositions d'artistes de référence : le groupe australien Airbourne tombé dans la marmite AC/DC dès son plus jeune âge, ou Pascal Obispo, déplorable groupe hommage à lui tout seul de Michel Polnareff.

## COPIE CONFORME

**Formé en 1993, le groupe franco-canadien The Musical Box représente la panacée du *tribute band*, qui décalque minutieusement les shows des années 1970 du groupe Genesis : costumes, coupe de cheveux, jeu de scène… Tout y est, jusqu'aux monologues qu'avait l'habitude de déclamer Peter Gabriel entre les chansons. Ce souci de la perfection a suscité l'adhésion des membres historiques de Genesis : Phil Collins et Steve Hackett ont joué avec eux sur scène, Tony Banks leur a confié les bandes masters de ses parties de clavier, Mike Rutherford leur a fait don de quelques-unes de ses guitares d'époque, et Peter Gabriel a assisté à un concert accompagné de ses deux plus jeunes enfants, afin qu'ils comprennent ce que « papa faisait avant » !**

**Moteur ! En 1997, Allan Jones, rédacteur en chef du *Melody Maker*[x], s'ennuie ferme** dans les colonnes de l'hebdomadaire qui entend rajeunir son lectorat. Le cinéma l'attire et l'idée d'un mensuel spécialisé séduit le groupe de presse IPC Media. Mais, à trois mois de la sortie du premier numéro, Jones est devancé par l'arrivée dans les kiosques de deux nouveaux magazines consacrés au septième art… Il doit donc réviser sa copie. Il s'enferme chez lui et conçoit une nouvelle maquette

# Uncut

## Rock et toiles

en cinq jours non-stop. Ce sera *Uncut*, et la couverture des deux premiers numéros, Elvis Costello puis Steve McQueen, annonce la couleur : *Uncut* traitera de rock et de cinéma avec une large section consacrée aux chroniques >

des dernières sorties. Un format rare en France, testé de 2004 à 2007 par *Crossroads*, fusion bancale de deux magazines très estimables par ailleurs : *Brazil* et *Compact-Crossroads* (*voir entrée Xroads*). Le succès d'*Uncut* tient à son subtil dosage entre les articles rétrospectifs consacrés aux légendes du rock et du cinéma (Eric Clapton, Pink Floyd, George Lucas, Stanley Kubrick ont fait l'objet de numéros spéciaux *Uncut Legends*) et à son flair pour dénicher et soutenir la nouvelle garde : Radiohead, Arctic Monkeys, Steven Fincher et Sofia Coppola en leur temps… Toujours rédacteur en chef en 2011, Allan Jones est pour beaucoup dans la ligne éditoriale rétrofuturiste du magazine, qui signe régulièrement des articles « souvenirs » croustillants sur sa carrière de rock-critique et des billets d'humeur saignants sur son blog (www.uncut.com). Autour de lui s'affairent de jeunes plumes prometteuses (John Mulvey pour la musique, Michael Bonner pour le cinéma…) et des professionnels aguerris comme Simon Reynolds, Barney Hoskyns, Paul Morley ou bien encore Ian Macdonald.
En 1997, afin de convaincre IPC Media de lancer *Uncut*, Allan Jones avait avancé que le rock et le cinéma possédaient une culture commune et qu'il serait intéressant de réunir dans une même publication les Rolling Stones et Martin Scorsese. Pari réussi. *Uncut* tire actuellement à 90 000 exemplaires par mois, et en mars 2008 les Stones s'affichaient en couverture à l'occasion de la sortie mondiale du documentaire *Shine a Light*, réalisé par… Martin Scorsese.
Tout est dit, coupez !

# Un regard moderne

## Livres à tous les étages

**Il y a des adresses qui ne s'inventent pas…**
La librairie alternative Un regard moderne est située à Paris au 10, rue Gît-le-Cœur, soit quasiment en face du 9, rue Gît-le-Cœur et du Beat Hotel, quartier général des écrivains américains de la *Beat génération** au début des années 1960. Une fois franchie la porte de cette librairie unique à Paris, le visiteur entre dans un autre monde de 15 mètres carrés, encombré de livres amoncelés en pagaille et souvent proches de la chute. Romans graphiques, éditions limitées en sérigraphie, livres sur la culture pop, publications introuvables ailleurs, ouvrages érotiques, imports anglo-saxons, espace réservé aux graphistes… L'amateur de littérature *underground* ne trouvera peut-être pas ce qu'il cherche à coup sûr… mais il y a fort à parier qu'il repartira avec un ouvrage sous le bras, tant la sélection de Jacques Noël, le gardien du temple, réserve des surprises et des trésors irrésistibles. C'est encore l'écrivain Vincent Ravalec, auteur, entre autres, d'*Un pur moment de rock and roll* (1992), qui en parle le mieux : « À mon avis c'est la meilleure librairie du monde. Si j'étais très riche j'achèterais tous les livres qui y sont. […] Il y a de tout. […] Le mode d'emploi d'une horloge martienne. Un fanzine vantant les mérites d'illustrateurs slaves. Une étude comparée des techniques d'épilation pubienne par un photographe coréen. […] Et des piles, des piles de livres. Rangés de manière particulière. Avec une logique. La logique de Jacques le libraire. »

# W


BORIS VIAN 280
VINYLE 280
VOITURES 281
WAH-WAH 283
*THE WALL* 284
ANDY WARHOL 285
JOHN WATERS 288
*WHO KILLED BAMBI ?* 289
WIGHT 289
TOM WOLFE 291
WOODSTOCK 292


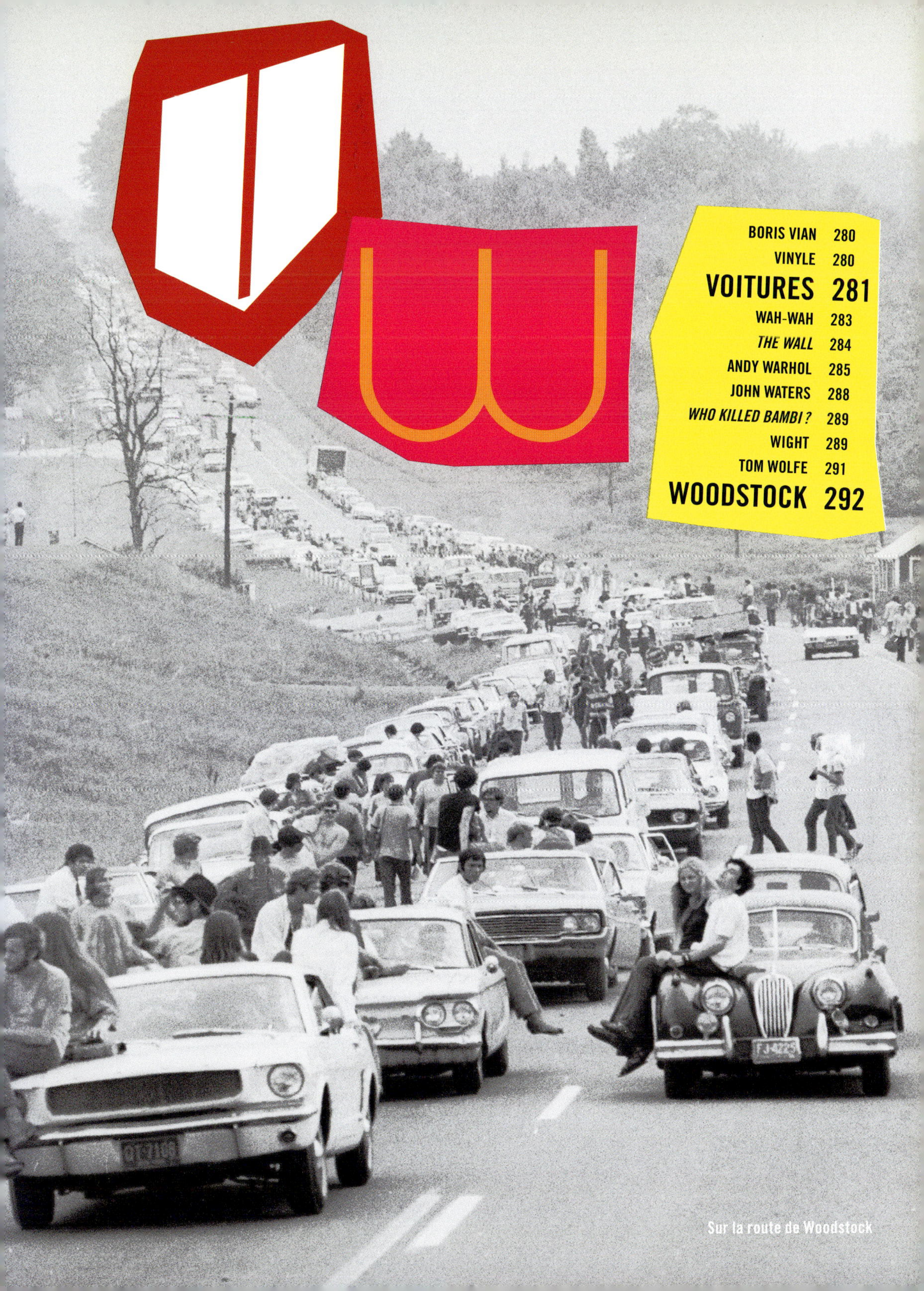

Sur la route de Woodstock

# Boris Vian

## *En avant la zizique*

**L'auteur de *J'irai cracher sur vos tombes* était aussi musicien, critique de jazz et parolier** (plus de cinq cents chansons). Publiées entre 1946 et 1958 dans les colonnes du magazine *Jazz Hot* (réunies dans le volume *Écrits sur le jazz*, Le Livre de Poche, 1999), les chroniques musicales de Boris Vian sont peut-être moins intéressantes littérairement que le reste de son œuvre mais, derrière l'érudition du propos, elles révèlent le trompettiste du Club Saint-Germain-des-Prés, le vrai passionné de jazz qui deviendra également directeur artistique chez Philips et Barclay. Il tirera d'ailleurs de cette expérience un constat amer et ô combien lucide, déjà, sur le conformisme marchand des maisons de disques dans son livre publié en 1958, *En avant la zizique… Et par ici les gros sous*. Car Boris Vian est un pur…, et quand Michel Legrand revient des États-Unis en 1956, les bras chargés de disques de rock'n'roll, c'est tout naturellement que Vian, amusé par ce nouveau rythme, écrit avec Legrand et Henri Salvador les quatre premières compositions du genre cent pour cent françaises : « Rock'n'roll-mops », « Dis-moi qu'tu m'aimes rock », « Rock-hoquet » et « Va t'faire cuire un œuf, man ». On l'aura compris à l'énoncé des titres, Boris Vian, comme beaucoup de jazzmen à l'époque, envisageait le rock comme un simple défouloir pour adolescents boutonneux et avait tout misé sur l'aspect burlesque et parodique.

Reste néanmoins cette définition du rock établie par Boris Vian, table de la loi rythmique, que tout groupe débutant devrait afficher dans son local de répétition : « Le caractère particulier du rock'n'roll, à l'audition, vient d'une systématisation.

1 : La batterie maintient un tempo two-beat (accentuation des $2^e$ et $4^e$ temps) ; à remarquer que le public français bat toujours des mains à contretemps, sur les $1^{er}$ et $3^e$ temps, selon la saine tradition des marches militaires.

2 : La basse joue une ligne boogie-woogie, caractérisée par la séquence croche pointée double croche, en "slapant", c'est-à-dire en faisant claquer les cordes sur le manche de l'instrument.

3 : On met généralement en ligne un saxo ténor gueulard qui prend ses chorus sur un nombre limité de notes et qui s'efforce à la sonorité la plus dégueulasse possible.

4 : Le thème "mélodique" est généralement réduit à un "riff" (formule rythmique) de deux ou quatre mesures inlassablement répétées et modulées selon les harmonies du blues ; usage fréquent des réponses faites par un chœur au soliste… »

Merci Boris, y'a plus qu'à ! ☠

**« Les journalistes qui n'ont pas de platine vinyle ne devraient pas écrire sur les White Stripes. »** Jack White, 2003.

Le monde de l'industrie du disque ne tourne décidément pas très rond. Après avoir été enterré dans les années 1980 par le format CD[x] et les majors[x], trop heureuses de refourguer à prix d'or leur back-catalogue sur ce nouveau support – d'abord à la va-vite puis remastérisé en bonne due et forme –, le vinyle amorce depuis quelques années un *come-back* significatif.

En 2008, Universal ressortait 5 000 titres de son catalogue sous l'étiquette Back to Black, avec les reproductions des pochettes originales et un pressage de luxe en 180 grammes, initialement réservé à quelques disques de musique classique (encore faut-il posséder une chaîne hi-fi digne de ce nom pour apprécier la profondeur de la gravure).

Le succès de l'opération encouragea d'autres initiatives du même genre. Objectif des compagnies : tenter de diminuer par l'analogique l'érosion des ventes due au développement forcé d'une technologie numérique qui s'est finalement retournée contre elles… et cela à moindre frais, puisque ces rééditions n'entraînent que des coûts de fabrication. Résultat, en 2009, 2,5 millions de 33 tours ont été vendus dans le monde, soit trois fois plus qu'en 2006 !

Qui donc achète toutes ces galettes, neuves ou d'occasion ? Les collectionneurs tout d'abord, amoureux du sillon qui gratte et toujours à la recherche d'un album jamais réédité en CD ou de l'objet collector qui provoquera la jalousie de leurs congénères. Les marchés aux puces et autres vide-greniers constituent leur territoire de chasse ainsi que les boutiques spécialisées. À Los Angeles, Amoeba, le plus gros magasin de vinyles au monde, propose un million de références, partagées entre les nouveautés et les anciens pressages d'occasion. Dans le XI^e arrondissement

# Vinyle

## Le retour de la revanche

de Paris, la boutique du label Fargo est également un Eldorado pour tous les « vinylesmaniaques ». Les puristes ensuite, qui ne conçoivent pas de sacrifier à leur passion de la techno (grâce aux DJ's, les vinyles n'ont pas totalement disparu de la surface de la planète dans les années 1990), du rock, du punk ou du reggae autrement qu'en posant délicatement le saphir sur la plage désirée. Et tant pis s'il faut se lever du canapé pour changer de face, l'amour du vinyle ne se discute pas. Les audiophiles enfin, qui préfèrent la chaleur et la rondeur du son du disque à l'ancienne aux sonorités froides et agressives des CD ou des MP3. Ces esthètes ne sont d'ailleurs pas toujours ceux que l'on croit, comme l'indiquait Joe Strummer (The Clash) en 2000 : « J'ai lu un article récemment sur un fermier qui élève des vaches à lait et qui leur faisait écouter du Mozart toute la journée. Ce type-là racontait que depuis qu'il est passé au CD, les vaches produisent 20 % de moins de lait. C'est dingue. Même les vaches se rendent compte que le CD est un format pourri ! » De quoi ruminer pendant longtemps sur les vertus comparées des différents supports…

Janis Joplin sur sa psychédélique Porsche 356c Cabriolet

**« En tournée, je roule exclusivement dans un bus de marque BMW, ça veut dire Bob Marley & the Wailers ! »** plaisantait à moitié Bob Marley. À moitié, car tout rastafari attaché à ses racines africaines qu'il était, Nesta Robert Marley, comme beaucoup de musiciens, ne rigolait pas quand il s'agissait de voitures. Dès 1936, Robert Johnson, l'homme du *crossroads*[x], avait compris la fascination du mâle pour les chromes rutilants et fut le premier à oser la métaphore sexuelle à peine voilée dans sa chanson « Terraplane Blues ». Chuck Berry prit la même direction en 1956 avec son premier hit, « Maybellene », et même les gentils Beatles avaient une idée salace derrière la tête lorsqu'ils chantaient

# Voitures

## Les fous du volant

« Drive my Car » en 1965. Les compteurs virèrent au rouge cramoisi en 1975 avec « Trampled Under Foot » de Led Zeppelin, qui comparait les atouts d'une conquête féminine aux joies de la mécanique : « Laisse-moi te faire le plein/ Laisse-moi te faire le grand jeu/ J'aime tout ce que tu as sous le capot/ Chérie, je peux te bricoler toute la nuit, j'ai les bons outils. » Symboles de liberté, les voitures constituent également pour les rockers un signe extérieur >

Genesis roule pour Volkswagen

de réussite financière qu'ils exhibent bien volontiers : la De Tomaso Pantera (1971) violette d'Elvis Presley, à l'intérieur en cuir blanc, célèbre pour son impact de balle tirée par le King en personne ; la Rolls-Royce Phantom V acquise en 1965 par John Lennon qui venait tout juste d'obtenir son permis de conduire ; la Chevrolet Corvette Ragtop (1960) de Bruce Springsteen, qu'il acheta en 1975 grâce aux royalties de *Born to Run* ; la Cadillac (1949) customisée par Billy Gibbons de ZZ Top et surnommée CadZZilla ; sans oublier Janis Joplin et sa superbe Porsche 356c Cabriolet (1965), entièrement recouverte de motifs psychédéliques[x]. Dans les années 1990, conscient des connivences rock/bagnoles, le constructeur allemand Volkswagen commercialisa même des séries limitées à l'effigie de Genesis (Polo et Golf cabriolet), Bon Jovi (Golf) et Pink Floyd (Golf). Notons au passage que le batteur du Floyd, Nick Mason, est un grand collectionneur de voitures anciennes, tout comme Jeff Beck. Pilote émérite, il n'hésite d'ailleurs pas à lever le pied de ses pédales de batterie pour enfoncer la pédale d'accélérateur dans des compétitions aussi prestigieuses que les 24 heures du Mans où il concourut à cinq reprises. En juillet 2006, il n'a pas hésité à joindre l'utile à l'agréable en accompagnant Roger Waters sur scène lors d'un concert donné en marge du grand prix de F1 de Nevers Magny-Cours. Dans un registre musical différent, citons également le *space cow-boy* Jamiroquai, qui, la veille de son passage dans l'émission *Taratata* (diffusée le 15 février 2011),

## BOULEVARD DE LA MORT

Peu réceptifs aux conseils de Bison Futé, les rockers au volant ont parfois rendez-vous avec la mort…

**EDDIE COCHRAN.** L'auteur de « Summertime Blues » avait juré de ne plus monter dans un avion suite au crash[x] aérien qui avait provoqué la mort de son ami Buddy Holly en 1959, au cours d'une tournée[x] à laquelle il avait failli participer. Le 16 avril 1960, après un concert à Bristol, Cochran déroge exceptionnellement à cette règle et monte dans un taxi pour rejoindre l'aéroport de Londres. La voiture loupe un virage, s'encastre dans un lampadaire et projette Cochran dans le pare-brise. Il mourra le lendemain de ses blessures à la tête tandis que l'autre passager, un certain Gene Vincent, s'en tirera avec quelques fractures.

**MARC BOLAN.** Alors qu'il était sur le point de relancer sa carrière, le *come-back* du chanteur glam[x] de T.Rex est stoppé net le 16 septembre 1977. Au retour d'une soirée, l'Austin Mini conduite par sa fiancée, la chanteuse Gloria Jones (première interprète de « Tainted Love »), manque un virage et percute un arbre. Bolan, qui occupait le siège passager avant, est tué sur le coup, sa compagne s'en tirera avec une fracture du bras et la mâchoire cassée. Le lieu de l'accident est devenu depuis un lieu de pèlerinage pour les fans[x].

**NICHOLAS DINGLEY.** Passionné de courses automobiles mais ivre mort, Vince Neil, le chanteur de Mötley Crüe, perd le contrôle de sa voiture et percute violemment un autre véhicule le 8 décembre 1984. Il s'en sort indemne, contrairement à son passager, Nick « Razzle » Dingley, batteur de Hanoi Rocks, qui avait rendez-vous ce jour-là avec la grande faucheuse. Vince Neil sera condamné à trente jours de prison ferme (il sortira au bout de quinze jours pour bonne conduite, sans mauvais jeu de mots), à verser 2,6 millions de dollars de compensation et à effectuer cent heures de travaux d'intérêt général.

Pop star's car smashes into tree
MARC BOLAN KILLED

**STIV BATORS.** Le chanteur des Dead Boys et des Lords of the New Church est renversé par un taxi parisien le 3 juin 1990. Victime d'une commotion, il refuse de se faire examiner, retourne dans son appartement, se couche et ne se réveillera jamais. Il aura eu le temps de confier à quelques relations qu'il était persuadé que la voiture avait agi volontairement… Conformément à ses volontés, ses cendres seront dispersées à proximité de la tombe de Jim Morrison, au cimetière du Père-Lachaise[x].

déambulait dans les travées du salon Rétromobile de la porte de Versailles… En voilà d'authentiques passionnés, qui ne peuvent être accusés de flambe, à l'inverse de Rod Stewart, propriétaire d'une Countach LP400, dite « Mardikian », pièce unique spécialement conçue pour lui, ou même de notre Johnny national, qui dépensa 170 000 euros en 2006 pour s'offrir une Ford GT 40 doté d'un moteur V8 de 5,4 L, capable de développer 500 chevaux.

« J'adorais les voitures américaines, je m'étais procuré une Cadillac rose que je garais devant chez moi… J'ai eu des voitures, oh, putain ! » confessait en 2008 un certain Daniel Bevilacqua, plus connu sous le nom de Christophe, pseudonyme qui ne laisse rien au hasard puisque saint Christophe est le saint patron des voyageurs et des automobilistes. Alpine, Austin, Jaguar, Ferrari, Cobra, Bizzarini, Lotus, Ford, Miuras… le dernier des Bevilacqua les a toutes bien connues, pied au plancher, ce qui n'était pas sans poser quelques problèmes avec la maréchaussée qui, en 1968, lui retira son permis de conduire pour une durée de trois ans. Christophe avait carrément remonté une contre-allée des Champs-Élysées à 200 km/h, terminant sa course devant le Lido, un policier sur le capot (authentique !). Aujourd'hui, celui qui avait claqué en 1996 une avance d'un million de francs (pour l'album *Bevilacqua*) dans l'achat d'une Porsche, ne touche plus un volant : « Je ne repasse pas mon permis de conduire pour ne plus jamais avoir à fréquenter les flics. Ce qu'ils font avec leurs sirènes, ça ne se fait pas… »

Jimi Hendrix fait wah-wah pour la BBC en 1969

# WAH-WAH

## Effet garanti

**« Une guitare Les Paul, un ampli Marshall[x] à fond, mais surtout le secret, c'est une pédale wah-wah dont il faut bien doser le réglage pour obtenir la bonne texture. C'est assez délicat et il y a un point précis à trouver pour obtenir ce son. »**

Mark Knopfler, de Dire Straits, à propos du riff de « Money for Nothing ».

À l'origine, comme beaucoup d'inventions, la pédale d'effet wah-wah est une erreur : en 1966, les ingénieurs de la société d'équipement musical britannique Vox tripatouillaient l'amplificateur de guitare Vox Super Beatle lorsqu'une connexion malencontreuse laissa échapper un couinement semblable à celui d'un chien ou d'une voix humaine prononçant la syllabe « Ouah ». Ce « wah-wah » ne tomba pas dans l'oreille d'un sourd, en l'occurrence celle du guitariste-consultant technique de Vox, Del Casher, qui initia la fabrication d'un prototype de pédale capable de reproduire cette altération du son pour tout instrument susceptible d'être amplifié électriquement : la basse[x], le violon, le clavier et bien sûr la guitare[x]. Sorti en mai 1967, un mois avant « Burning of the Midnight Lamp » de >

Jimi Hendrix, le riff de « Tales of Brave Ulysses » du groupe Cream, joué par Eric Clapton, est le premier enregistrement notable à utiliser cette pédale magique, qui favorise les graves en position haute et les aigus en position basse. L'alternance des deux mouvements provoque cette fameuse sensation de voix humaine « électrique ». The Stooges pour le pré-punk, Parliament et Funkadelic pour le funk, Iron Maiden pour le hard-rock˟, Pink Floyd pour la musique progressive˟ (David Gilmour utilisait une pédale branchée à l'envers pour simuler le chant des baleines au début d'*Echoes*)… Adopté par l'ensemble des groupes issus des différents courants musicaux des années 1960 et 1970, il n'est rien de dire que la wah-wah changea la face de la musique populaire, créant des rock-stars à la pelle comme l'évoquait George Harrison dans le titre « Wah-Wah » en 1970 : « Wah-wah/ tu as fait de moi une si grande star/ au bon endroit au bon moment. » Aujourd'hui disponible en modélisation numérique, la wah-wah couine dans les trois quarts des compositions rock contemporaines, à bon escient (White Stripes, -M-…) ou pesamment employée (Bon Jovi, Muse)… Une question de dosage subtil, dirait Mark Knopfler.

**« *The Wall* a été un cauchemar intégral. Néanmoins, j'en suis plutôt fier. »** Alan Parker˟, 1991.

# THE WALL

## *Le mur des lamentations*

Un cauchemar intégral, celui de Pink (Bob Geldof), rock-star schizophrène, prostrée devant la télévision de sa chambre d'hôtel dévastée. La mort du père durant la Seconde Guerre mondiale (même traumatisme que le héros de *Tommy*), les brimades scolaires, l'ascension dans le show-business puis la déchéance, la femme trompée avec une traînée, les grands-messes musicales aux relents nazis… *The Wall* est le film du voyage intérieur de Pink dans sa vie, ses fantasmes, sa déchéance et sa folie. Pas exactement *La Mélodie du bonheur*…

Un cauchemar intégral également pour les trois principaux créateurs de ce mur des lamentations, tous atteints de mégalomanie avancée et condamnés à travailler ensemble… tant bien que mal. Ainsi, Roger Waters, bassiste du Pink Floyd et compositeur de l'album *The Wall*, dont la musique et le concept très largement autobiographique constituent la trame narrative du film. D'abord jugé inapte pour interpréter le rôle de Pink, il sera ensuite « envoyé » en vacances pendant six semaines. Objectif des studios qui voulaient en finir avec un projet qui végétait depuis deux ans : laisser les mains libres à Alan Parker pour tourner sa propre vision de l'œuvre de Waters sous forme de fiction. Mais le réalisateur aura quand même à supporter les affres de la création du dessinateur Gerald Scarfe, en charge des animations, et le retour de villégiature de Roger Waters, désireux d'apporter son grain de sel au montage… bref, que du bonheur !

Un cauchemar intégral enfin pour l'acteur principal Bob Geldof : au cours des soixante jours de tournage, il se coupe sévèrement la main et manque de se noyer dans une piscine remplie de faux sang. Sans oublier une horde d'authentiques skins, engagés comme figurants, prêts à en découdre à la moindre occasion… À raison de seize heures de plateau par jour, Parker tiendra le coup en fumant comme un

pompier et Scarfe en tutoyant de près les bouteilles de Single Malt.
Pour couronner le tout, *The Wall* ne rencontrera qu'un succès mitigé lors de sa sortie en salles en 1982. « Qu'est-ce que c'était que ce putain de film ? » demandera d'ailleurs Steven Spielberg à un ponte de la Warner Brothers à la fin de la projection au festival de Cannes. Boursouflé, malsain, torturé, *The Wall* décourage les spectateurs qui ont déjà beaucoup de mal à éprouver de la sympathie pour Pink, anti-héros cinglé, égocentrique et suicidaire. La réalisation ultra-léchée qui influencera le style MTV[x], des effets visuels surprenants et quelques scènes mémorables relatives à l'enfance et à la manipulation des foules permettent à Parker de sauver quelques meubles noyés dans ce sinistre cloaque.
Que vous soyez fan[x] ou non de Pink Floyd, *The Wall* mérite néanmoins d'être vu, ne serait-ce que pour le prodigieux travail de Gerald Scarfe et de son équipe de cinquante personnes qui ont dessiné 15 000 planches pour aboutir à quinze minutes d'animation au total. Fleurs fornicatrices, figures angoissantes à la Edvard Munch, défilé de marteaux totalitaires… Charnels et suggestifs comme ne le seront jamais les images numériques, les dessins saisissants de Scarfe sauvent finalement *The Wall*… du cauchemar intégral.

## CRÊTE ET BOULE À ZÉRO

**On pourra s'étonner de la présence du punk[x] Bob Geldof (chanteur du groupe irlandais The Boomtown Rats) dans le rôle-titre d'un film inspiré par la musique de l'un des groupes les plus honnis du mouvement à crête. Et en effet, lorsque son manager[x] lui annonça, dans un taxi, qu'il lui avait décroché le rôle de Pink, le chanteur des Boomtown Rats n'eut de cesse de se répandre en injures : « Qu'ils aillent se faire foutre, je déteste Pink Floyd ! » Il ignorait évidemment que le chauffeur de taxi n'était autre que le frère de Roger Waters, qui s'empressa de passer un coup de fil à son frangin bassiste[x]. Geldof finira par accepter et s'impliquera à fond dans son personnage au point de se raser la tête en direct devant la caméra. Devenu ensuite grand gourou humanitaire[x] grâce au *Live Aid* (1985), anobli par la reine, il réussira à convaincre les membres de Pink Floyd de se réunir une dernière fois en 2005 pour le concert londonien du *Live 8*. *The Wall* aura au moins servi à quelque chose !**

**« J'ai fait la connaissance d'Andy Warhol… Le gars tout ce qu'il y a de plus normal.** Il ressemblait à Bowie dans un film de Warhol. » Cette déclaration du bassiste des Clash, Paul Simonon, qui se définit lui-même comme « un peintre qui de temps en temps tâte un peu de musique », n'aurait certainement pas déplu

Que peuvent bien se dire Warhol et Jagger ?

# ANDY WARHOL
## Pape pop

au pape pop, personnage aux multiples facettes, tant dans sa personnalité intime que dans sa production artistique protéiforme et pléthorique.
Attiré par la fascination qu'exercent les musiciens dans la culture populaire, le pionnier du pop art, né en 1928 et décédé en 1987, a fait plus que tâter de la musique… Le rock a en effet irrigué et inspiré parmi ses plus belles œuvres, quels que soient les supports. >

**THE VELVET UNDERGROUND :** « On avait une idée en tête quand on s'est déplacés pour aller voir le Velvet Underground : c'était de trouver un bon groupe pour accompagner Nico, une beauté allemande incroyable… », révélait Andy Warhol en 1980. Artiste aussi célèbre que controversé en 1966, Warhol ne pouvait qu'être attiré par ce groupe qualifié de bruitiste qui faisait fuir la moitié du public du Café Bizarre situé à Greenwich Village. Séduit par le potentiel de la formation, Warhol entraîne Lou Reed et ses complices à la Factory (son atelier-loft, utilisé également comme galerie d'exposition, studio de tournage, salle de concerts…), leur colle dans les pattes Nico, crée à partir de leur musique un show multimédia baptisé *Exploding Plastic Inevitable* (projection de films sadomasochistes, danses obscènes, projecteurs stroboscopiques…) et « produit » en 1967 leur premier album, *The Velvet Underground & Nico*, dont il conçoit également la célèbre pochette « banane ». Devant le manque de succès commercial du disque et le rejet de Nico par l'ensemble du groupe, Warhol se désintéresse vite du Velvet qui signe avec un nouveau manager. Les deux leaders du groupe, Lou Reed et John Cale, rendront hommage à leur mentor en 1990, en composant l'album *Songs for Drella*, un surnom (contraction de Dracula et de Cinderella) que Warhol n'appréciait pourtant guère. « Il nous a permis d'être nous-mêmes, et de poursuivre sur notre voie, tout simplement parce que c'était Andy Warhol », confiait Lou Reed en 1989.

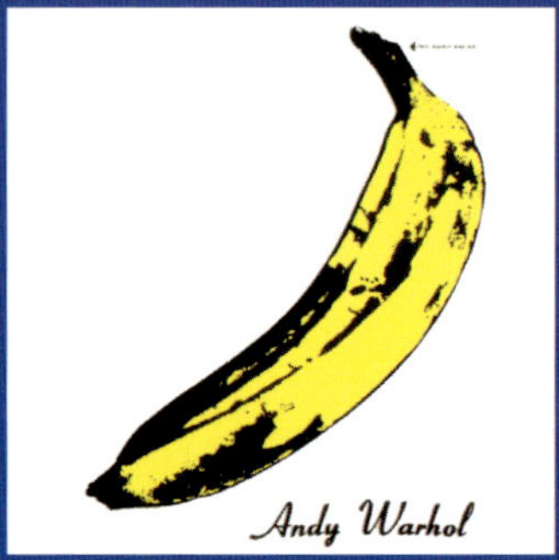


**LES POCHETTES :** de 1949 à 1987, Andy Warhol conçut plus d'une cinquantaine de pochettes de disques, qui reflètent aussi bien ses goûts musicaux (jazz, opéra, pop music, variété…) que son parcours graphique (dessins au trait, photographies retouchées, sérigraphie…). La pochette « banane » pour le Velvet et la pochette « jean* » de *Sticky Fingers* pour les Rolling Stones restent les créations les plus célèbres d'un artiste à qui l'on commandait des œuvres pour vendre des disques. Cinq des albums « illustrés » par Warhol se vendirent ainsi à plus de 500 000 exemplaires : *Sticky Fingers* (1971) et *Love you Live* (1977) des Rolling Stones, *Silk Electric* (1982) de Diana Ross, *Emotions in Motion* (1982) de Billy Squier et *Aretha* (1986) d'Aretha Franklin.

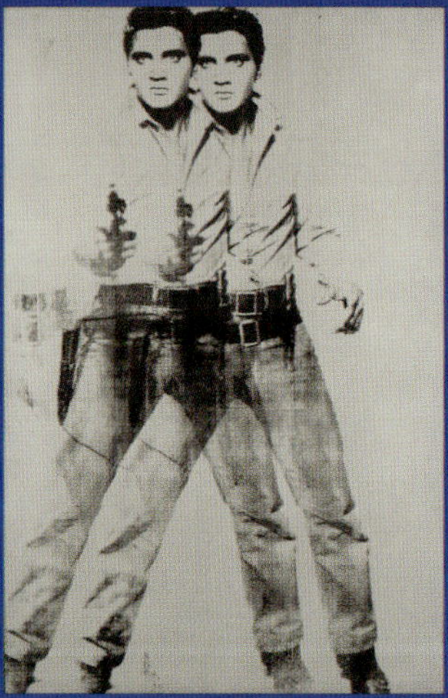

**LES PORTRAITS :** Elvis Presley, jambes arquées, un pistolet dans la main… Cette image du King, tirée du film *Les Rôdeurs de la Plaine* (1960) et démultipliée à foison en 1963, constituera le premier portrait d'une rock-star signé Warhol. Suivront de nombreuses figures des arts et du spectacle : Paul Anka, Liza Minnelli, Marilyn Monroe, Brigitte Bardot, Mick Jagger, John Lennon, Deborah Harry (qu'il avait connue alors qu'elle était encore simple serveuse au Max's Kansas City)… Entre 1972 et 1986, Warhol réalisera un millier de portraits, tous genres confondus, au tarif unique de 25 000 dollars le tableau. Une somme dérisoire pour entrer dans l'histoire de l'art, d'autant plus que certaines de ces œuvres valent aujourd'hui plusieurs millions de dollars !

**LES FILMS :** malgré sa passion pour la musique (Warhol peignait en écoutant à plein volume les mêmes titres dix fois de suite), la majorité des films de Warhol, tournés pour la plupart à la Factory, sont muets de tout dialogues et d'extraits musicaux. Ainsi, aucun larsen n'émerge d'*A Symphony of Sound*, film en noir et blanc qui capte les répétitions du Velvet Underground à la Factory… Un comble quand on sait le boucan que pouvait faire le groupe à l'époque. Parmi toutes ces pellicules expérimentales (l'Empire State

Building filmé avec une caméra fixe pendant six heures ; un homme qui mange un champignon pendant 45 minutes, ce genre-là…), le rocker cinéphile retiendra *Vinyle* (1965), adaptation sadomasochiste du roman *Orange mécanique*[x] d'Anthony Burgess, six ans avant Stanley Kubrick, et surtout *Chelsea Girls* (1966), chronique sous forme d'épisodes de la vie new-yorkaise – notamment au Chelsea[x] Hotel – de plusieurs jeunes femmes très libérées (Nico, Edie Sedgwick, Viva, Ondine…). Une fois n'est pas coutume, le film contient une bande originale et quelques scènes montées en *split screen*, un procédé innovant que n'oubliera pas un certain Michael Wadleigh lorsqu'il réalisera le film *Woodstock*[x].

**LE CLUBBING :** « C'est la démocratie à l'intérieur, mais la dictature à l'extérieur. » Andy Warhol définissait ainsi l'endroit qui, dès le printemps 1977, devint quasiment une annexe nocturne de ses bureaux : le Studio 54, célèbre boîte de nuit new-yorkaise et temple du disco où l'on pouvait côtoyer les plus grandes stars du moment : Mick et Bianca Jagger, Deborah Harry, Grace Jones, Alice Cooper, Rod Stewart… et bien sûr Andy Warhol, qui en profitait pour remplir son carnet de commandes de portraits. Pour la petite histoire, l'un des titres les plus célèbres du groupe Chic doit son existence au Studio 54. Invités par Donna Summer en personne, Bernard Edwards et Nile Rodgers avaient malgré tout été interdits d'entrée à la discothèque, étaient retournés à leur domicile et, ivres de rage, avaient composé une chanson intitulée « Fuck off », qui allait très vite devenir… *Le Freak* (1978).

**LA PRESSE :** fondé en 1969 par Andy Warhol, le magazine *Interview* satisfaisait le culte qu'il vouait à la célébrité. La sienne bien sûr, mais aussi celle des artistes, des écrivains, des comédiens et des musiciens qui remplissaient les pages de ce mensuel grand format, toujours en activité aujourd'hui. Célèbre pour ses interviews fouillées et intimes, ses couvertures de *people* shootés en gros plan, l'*Interview* période Warhol fut ce magazine qui interrogea John Lennon et Yoko Ono dans leur lit en 1969 et qui organisa en 1973 une mémorable rencontre surréaliste entre le maître Salvador Dalí et le transsexuel Candy Darling.

**LA TV :** « Sans la télévision, je deviens dingue », écrivait Andy Warhol dans son ouvrage *Ma philosophie de A à B et vice versa*, publié en 1975. Téléphage insatiable et zappeur compulsif (avant l'invention de la télécommande il regardait plusieurs écrans simultanément), Warhol passera volontiers de l'autre côté de la caméra (il apparaîtra même en *guest-star* dans le 200e épisode de *La croisière s'amuse* en 1984) et produira de nombreux programmes destinés au câble new-yorkais : *Fashion*, consacré à la mode, *Andy Warhol's TV*, une téléréalité[x] avant l'heure, et le célèbre *Andy Warhol's Fifteen Minutes*, diffusé au début des années 1980 sur une toute nouvelle chaîne baptisée MTV[x]. Toujours à l'affût de l'émergence de nouveaux médias pour exprimer sa créativité, il réalisera même quelques clips vidéo[x], notamment pour The Cars (*Hello Again*, 1984), où il apparaît déguisé en barman, et Curiosity Killed the Cat (*Misfit*, 1986). Nul doute que Warhol voyait dans la télévision la meilleure concrétisation de sa célèbre formule : « à l'avenir, toute le monde sera célèbre pendant quinze minutes ».

# John Waters

## Pape des détritus

**« Si quelqu'un vomit en voyant un de mes films, c'est la suprême récompense. »**
John Waters, 1984.

Le réalisateur américain John Waters, né en 1946 à Baltimore (ville où se déroulent tous ses films), fait preuve de modestie. Si ses premières œuvres peuvent effectivement provoquer des états critiques (lors d'une projection de *Pink Flamingos*, un producteur de Beverly Hills a été victime d'une crise cardiaque, tandis qu'à ses côtés sa femme dégurgitait son steak T-Bone), sa filmographie ne se limite pas seulement au mauvais goût qu'il a érigé en marque de fabrique. Entre le surréalisme de Luis Buñuel et la grivoiserie de Russ Meyer, la caméra de Waters est un miroir grossissant des travers de la société américaine, qu'il *maltraite* à coups de scènes atroces et/ou hilarantes (du viol de poulets vivants aux crimes en série d'une MILF psychotique), bien servies par des personnages plus alcooliques, plus obsédés sexuels et plus répugnants que nature, à l'image de Divine (*voir encadré*), son acteur-travesti fétiche. Que ce soit *Female Trouble* (1974), plongée malsaine au cœur d'une famille de dégénérés, *Polyester* (1981), le premier film en odorama qui permet au spectateur de vivre en direct les sensations olfactives des personnages (alcooliques pour la plupart…), ou même les plus récents, jugés moins corrosifs, comme la comédie musicale *Hairspray* (1988), qui célèbre le triomphe des gros, ou *Cry-Baby* (1990), qui revisite le genre teen movie en révélant au passage Johnny Depp, chaque film de Waters est un pavé dans la mare du conformisme américain bien-pensant.
Sans le savoir, le proclamé « pape des détritus », toujours tiré à quatre épingles et à la moustache finement taillée, œuvrait également dans le punk avant l'heure : « L'image de Divine dans *Female Trouble* avec sa crête d'iroquois a été récupérée par les premiers punks[x] qui la portaient sur leurs tee-shirts alors qu'ils n'avaient pas vu le film », déclarait-il en 2005. Et que dire de cette scène de *Pink Flamingos* (1972), où Divine massacre la chanson « My Way » dans un cabaret avant de tirer au pistolet sur le public ? Simplement que, à l'époque, le futur manager[x] des Sex Pistols, Malcolm McLaren, rôdait dans les parages et qu'il s'en est souvenu pour réaliser *La Grande Escroquerie du rock and roll*[x] en 1981, l'année même où Waters engageait un certain Stiv Bators (Dead Boys, Lords of the New Church) pour interpréter un délinquant dans *Polyester*. En 2011, plus en forme que jamais, le cinéaste psychopathe mais néanmoins catholique pratiquant trace sa route avec un certain succès, sans renier son penchant naturel pour l'humour noir et les plaisirs de la chair qu'il assimile dans *A Dirty Shame* (2005) à un bon vieux pogo[x] punk des familles…

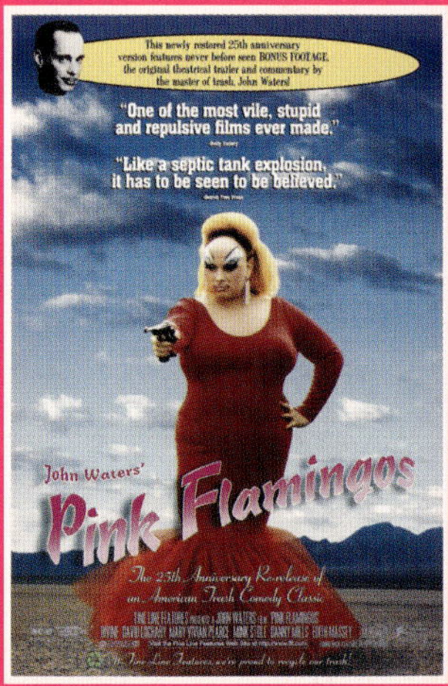


### DIVINE

**« Je voudrais pas me vanter, mais je suis le Boy George Original, ce qu'il fait maintenant, je le faisais déjà il y a vingt ans », répondait très justement le travesti Divine, en 1984, à un Boy George qui l'avait traité par voie de presse de « gras, laid et dégoûtant ». Né Glenn Milstead en 1945, Divine est à John Waters ce que Marlène Dietrich fut à Josef von Sternberg, une muse exutoire de toutes ses obsessions mais qui, contrairement à la sylphide lady Marlène, trimballe 150 kilos moulés dans une minijupe en vinyle du meilleur mauvais goût. Bonne pâte à modeler, Divine se prêta à tous les délires subversifs de son copain d'enfance devenu réalisateur, qui la fera violer par un homard géant dans *Multiple Maniacs* (1970) et ingérer une authentique merde canine dans *Pink Flamingos*… Son look, sa personnalité hors normes et sa trash-attitude font de Divine, décédée en 1988, une icône toujours vivace dans les milieux homosexuels militants, punks[x] et Riot Grrrl[x].**

# WHO KILLED BAMBI ?

## Film invisible

**« Aucune de ces punkettes n'a un gramme de nichons »,** avait affirmé Russ Meyer en atterrissant à Londres en 1977. Un comble pour le célèbre réalisateur américain, amateur de poitrines opulentes et créateur de la série des Vixens, odes aux mamelons proéminents. Malcom McLaren, le manager[x] des Sex Pistols, avait pourtant, comme d'habitude, pensé à tout, mais pas à cela ! Il avait sorti le grand jeu pour tourner un film comico-érotico-policier à la gloire des Sex Pistols… et à la sienne. La 20th Century Fox avait même financé l'affaire, séduite ou exaspérée par le bagou du rouquin hyperactif, et Russ Meyer en personne avait été engagé pour officier derrière la caméra. Mais dès son arrivée à Londres, le réalisateur avait pris en grippe la vieille Angleterre, ses puddings, ses punkettes aux embryons de poitrine et, plus grave, le scénario. Finalement, après bien des discussions, la huitième version du script de *Who Killed Bambi ?* mit tout le monde d'accord, sauf la 20th Century Fox qui prit peur deux jours avant le début du tournage, au point de retirer *in extremis* ses billes d'une production dont le budget avait déjà atteint le million de dollars. Quelques scènes furent néanmoins mises en boîte (qui seront intégrées pour partie dans *La Grande Escroquerie du rock and roll*[x]) avant que les décors soient intégralement détruits. C'en était fini de *Who Killed Bambi ?* dont le casting comprenait un faux Mick Jagger, le vrai Sting et l'authentique Marianne Faithfull (grosse poitrine pourtant !) dans le rôle de Ma Vicious, la mère de Sid Vicious. Un extrait d'une des versions du scénario laisse imaginer un film proprement barré : « Mick Jagger se personnifie en Johnny Rotten pour renouveler son capital. Jagger et son imprésario, Proby, organisent une party pour célébrer la réincarnation de Jagger en Johnny Rotten. Les Sex Pistols se faufilent à l'intérieur juste au moment où Mick est descendu par une jeune fille qui ainsi se venge de Jagger, le meurtrier de son faon domestique (Bambi)… » Au final, on retiendra donc que c'est Jagger qui a tué Bambi dans ce film qui restera à jamais invisible.

Russ Meyer en opulente compagnie

# Wight

## L'île aux hippies

**« Ils vivent comme des bêtes… nus, couverts de parasites, drogués, s'aiment en public… Ils sont possédés par la musique »,** titrait en gros *Ici Paris* dans son édition du 8 septembre 1970 à propos de la troisième édition du festival de l'île de Wight, située sur la côte sud de l'Angleterre, et qui fut en quelque sorte le Woodstock[x] européen, tant par son gigantisme que par sa portée historique : le chant du cygne d'une génération.

Tout avait pourtant commencé dans une ambiance bon enfant le 31 août 1968, avec le premier *Great South Coast Bank Holiday Pop Festivity*, organisé par l'association de la piscine de l'île de Wight et trois frères entreprenants, les Foulks, tous âgés de moins de vingt-cinq ans. Devant 10 000 spectateurs, le Tyrannosaurus Rex de Marc Bolan, The Pretty Things et Jefferson Airplane pour leur premier concert au Royaume-Uni, évoluèrent sur une scène simplement constituée de deux plateaux de semi-remorques posés sur une structure d'échafaudage de fortune.

Le succès de l'événement incita les trois frangins >

à renouveler l'expérience l'année suivante, en espérant cette fois attirer au moins 50 000 personnes.
Mais ce furent 150 000 hippies[x] vomissant des ferrys qui rejoignirent Wight les 30 et 31 août 1969 pour applaudir un revenant nommé Bob Dylan, qui avait snobé Woodstock quinze jours auparavant et qui avait obtenu un cachet mirobolant

pour sa première prestation depuis son accident de moto[x]. Devant un parterre de stars dont quelques Français (Georges Moustaki, Françoise Hardy, France Gall, Roger Vadim accompagné de Jane Fonda), Dylan arriva en costume blanc, joua le strict minimum et repartit, après avoir torché un rappel, comme il était venu : en star un brin méprisante. « Dylan à l'île de Wight, c'était Frank Sinatra à Las Vegas », écrira Philippe Koechlin dans *Rock & Folk*[x]. À l'inverse, le chanteur folk Tom Paxton, antivedette par excellence, recevra la plus belle ovation du festival, suivi de près par The Who, qui firent une arrivée très remarquée en hélicoptère, Joe Cocker et Richie Havens, lesquels venaient tout juste de rencontrer le même succès mérité à Woodstock. Quoi qu'il en soit, l'attitude de Dylan à Wight révélait déjà cet amer constat : les idéaux hippies commençaient à sentir le sapin.
L'édition de 1970, la plus célèbre, qui accueillit 600 000 personnes (plus que Woodstock !) du 26 au 30 août, confirma le déclin du *Flower Power*[x] et la fin – provisoire – de ces grands rassemblements. Sur scène, une affiche à la hauteur de l'événement mais desservie par un son exécrable : The Doors, Redbone, Procol Harum, Joan Baez, The Who… et Jimi Hendrix, qui reprendra son concert à zéro après une demi-heure de musique jugée moyenne et qui refera le coup de Woodstock, en lacérant cette fois l'hymne anglais « God Save the Queen ».
Dans la foule, l'ambiance n'est pas forcément au beau fixe : trop de monde, trop de drogues frelatées, trop de gosiers avinés, trop de ventres affamés… et trop de Français qui se distingueront notamment par des « À poil ! » adressés à Joan Baez, après avoir pénétré de force dans l'enceinte, sans payer. La resquille, un sport bien gaulois, déjà éprouvé au festival de Biot (Alpes-Maritimes) un mois plus tôt : sur les 25 000 spectateurs, 4 000 seulement s'étaient acquittés du droit d'entrée… des étrangers pour la plupart ! Las, déficitaires malgré l'affluence record, les frères Foulks jettent l'éponge, et il fallut attendre l'année 2002 pour que « l'île aux hippies » résonne à nouveau de décibels grâce à Robert Plant (2002), David Bowie (2004), Coldplay (2006), les Rolling Stones (2007) et Paul McCartney (2010)…

## *ACID TEST*

**« Dans *Acid Test*, je me suis efforcé non seulement de raconter l'histoire des Pranksters, mais aussi d'en recréer l'atmosphère mentale, la réalité subjective. Je ne crois pas que l'on aurait pu, sinon, comprendre quoi que ce soit à pareille aventure. »
Tom Wolfe, 1975.**

**« Tu es avec le bus ou tu es hors du bus. » Le bus, c'est celui des Merry Pranksters (*Les Joyeux Lurons*), groupe de freaks à la recherche de la révélation personnelle et collective à travers la consommation de LSD[x]. Leur objectif : rejoindre l'Exposition universelle de New York (1964) en organisant au cours de leur périple des *Acid Tests*, réunions prosélytes sur fond de trip musical et hallucinogène.**

**« Tu es avec le bus ou tu es hors du bus. » L'auteur de cette phrase adressée à Tom Wolfe, c'est Ken Kesey, leader spirituel et charismatique des Pranksters, qui rencontra un énorme succès avec *Vol au-dessus d'un nid de coucou*, son premier roman paru en 1962. Il dépensera d'ailleurs tous ses droits d'auteur dans l'aventure, notamment pour financer le film du voyage, le premier de l'histoire du cinéma tourné sous LSD, sans scénario ni comédiens autres que les Pranksters saisis sur le vif.**

**« Tu es avec le bus ou tu es hors du bus. » En fait, Tom Wolfe n'y était pas. Pour écrire cette**

# Tom Wolfe

## Docteur Tom et Mister Wolfe

**Né en 1931, Tom Wolfe a décidé en 1962 de porter systématiquement un costume blanc** afin de détourner l'attention des journalistes venus l'interviewer. Son look devenait ainsi le principal sujet de conversation et lui évitait de s'expliquer trop longuement sur le « pourquoi-comment » de ses livres. Mais sous ce sempiternel *dress code* se dissimulent en réalité deux Tom Wolfe.

Le premier est aujourd'hui un romancier distingué, conservateur avéré, capable du pire (*Le Bûcher des vanités* en 1987, roman à tiroirs démagogique et tapageur sur les yuppies new-yorkais), du moyen (*Un homme, un vrai* en 1998, cartographie du White Power et des tensions raciales à Atlanta) et du meilleur avec sa dernière fiction en date, publiée en 2004, *Moi, Charlotte Simmons*, roman d'apprentissage qui dépeint les turpitudes des campus universitaires américains. Le type même de grande fresque réaliste dont les auteurs français semblent avoir malheureusement perdu la recette depuis Balzac et Zola. Quoi qu'il en soit, chaque pavé de Wolfe est un best-seller mondial et voit l'auteur s'embarquer dans des tournées[x] promotionnelles mondiales dignes de stars du rock.

Le deuxième Tom Wolfe est ce jeune journaliste idéaliste et provocateur qui inventa malgré lui le nouveau journalisme[x] en 1963 et qui connut le succès dès la parution de son premier recueil d'essais et de reportages en 1965 : *The Kandy-Kolored Tangerine-Flake Streamline Baby*, peinture ironique mais bienveillante de la jeunesse américaine des années 1960.

Un deuxième recueil dans la même veine, *The Pump House Gang*, et le récit *Acid Test* (*voir encadré*) paraîtront le même jour en 1968. Après ces chroniques abrasives de la culture rock, les essais et écrits journalistiques de Wolfe adopteront une tonalité plus contestataire, qu'il s'agisse en 1975 de dénoncer le diktat intellectuel des critiques d'art (*Le Mot peint*, Gallimard, 1978) ou d'annoncer le narcissisme mercantile et stérile des années 1980 (*The Purple Decade*, 1982). Publié en 1972 – et encore disponible – aux éditions Gallimard, le recueil *Le Gauchisme de Park Avenue* réunit ses meilleurs articles, extraits des >

brillante chronique de la première communauté psychédélique[x] américaine, le jeune journaliste visionnera les quarante heures de bande filmées et rencontrera longuement les Pranksters ainsi que Kesey en 1966. « Wolfe, lui, ne participe pas aux histoires qu'il raconte, mais c'est un sacré reporter », estimait Hunter S. Thompson[x] en 1988. Wolfe restitue en effet au détail près l'atmosphère du bus baptisé *Furthur* et le quotidien de ses passagers, embarqués dans une sincère quête initiatique : coller à l'instant et accéder à l'éveil de soi en consommant au passage une quantité impressionnante de drogues.

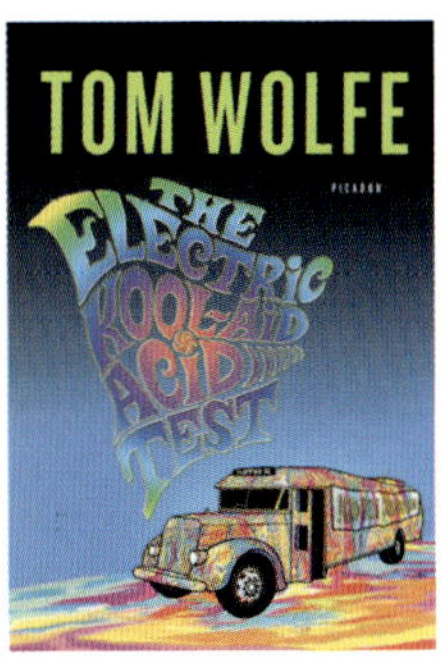


« Tu es avec le bus ou tu es hors du bus. » Grâce au talent de conteur de Tom Wolfe, le lecteur est *dans* le bus. Il troque sa carte orange contre un ticket acide pour voyager en compagnie de Mountain Girl, Brother John, Neal Cassady (le Moriarty de *Sur la route*) et participer à des rencontres historiques avec The Grateful Dead (le groupe… surnaturellement traduit en français par « Les Morts reconnaissants » dans l'édition de 1975 parue au Seuil), des forces de l'ordre peu convaincues par les vertus de « l'aventure intérieure », des Hell's Angels[x] plutôt calmes, un faux Terry Southern, un vrai Allen Ginsberg… Déliée mais précise, lyrique mais incisive, la plume de Wolfe entraîne le lecteur dans l'inconscient collectif des Pranksters et d'une génération pré-hippie* dont ce voyage halluciné signe la naissance. Tom Wolfe en restera éternellement le premier chroniqueur… en costume blanc.

différents recueils précités : *Le Premier Nabab du yéyé*, légendaire portrait de Phil Spector ; *La Grande Gueule*, récit homérique d'une séance de signatures d'autographes avec Cassius Clay et sa cour de « louloutes » ; *Le Roi des marginaux volontaires*, une visite de la *Playboy*ˣ *House* avec un Hugh Hefner en pantoufles entouré de lapines en chair et en chair…, sans oublier évidemment le célèbre article « Radical Chic », chronique d'une soirée en compagnie des Black Panthers dans le duplex du chef d'orchestre Leonard Bernstein. En 1970, Tom Wolfe y invente le concept de « gauche caviar » et ridiculise la bonne conscience snobinarde de l'élite culturelle new-yorkaise : « Cet énorme Panther, là, celui à qui Felicia adresse son sourire tango, c'est Robert Bay qui, il y a exactement 41 heures maintenant, a été arrêté au cours d'une altercation avec la police, à cause, paraît-il, d'un revolver calibre 38. […] Et maintenant  il a été libéré sous caution, et il est là qui se balade dans le duplex à terrasse de treize pièces de Leonard et Felicia Bernstein, donnant sur Park Avenue… »
En 1979, après avoir passé plusieurs mois avec les astronautes des derniers vols Apollo, Tom Wolfe publia *The Right Stuff* (*L'Étoffe des héros*), narquoise épopée de la conquête spatiale américaine et des traumatismes post-orbitaux subis par les astronautes. Précédemment publié en quatre parties condensées dans le magazine *Rolling Stone*ˣ, *The Right Stuff* mêle habilement le reportage à la fiction comme le prônent les théories du nouveau journalisme. Tom Wolfe y déshabille avec minutie les pionniers de la conquête spatiale et révèle, sous la combinaison, le courage mais aussi la peur qui tenaille ces héros à l'étoffe tout ce qu'il y a de plus humaine.
En 2008, Tom Wolfe a reçu une avance de sept millions de dollars pour la publication prévue en 2012 de son nouveau roman : *Back to Blood*. Selon son éditeur, Little Brown, il y sera question de « famille, santé, race, crime, sexe, corruption à Miami, la première ville où s'est dessiné le futur de l'Amérique ». À quel Tom Wolfe aurons-nous droit ? Celui qui vota pour George W. Bush en 2004 ou celui qui, en 1965, réglait l'éternel dilemme Beatles *vs.* Stones par ces quelques mots définitifs : « The Beatles want to hold your hands, but the Stones want to burn your town » (« Les Beatles veulent vous tenir les mains mais les Rolling Stones veulent brûler votre ville »).

**« Trois jours de paix et de musique.**
Des centaines d'hectares à parcourir. Promène-toi pendant trois jours sans voir un gratte-ciel ou un feu rouge. Fais voler un cerf-volant. Fais-toi bronzer. Cuisine toi-même tes repas et respire de l'air pur », promettait, écoloˣ avant l'heure, l'affiche du festival de *Woodstock Music and Art Fair* qui s'est déroulé du 15 au 18 août 1969, à Bethel, situé à 60 kilomètres de New York. Ancré dans les mémoires grâce au film (*voir encadré*) réalisé par Michael Wadleigh, Woodstock ne fut pas seulement un événement musical, ce fut aussi la célébration d'une génération, pour une génération et par une génération. « On avait l'impression de participer à un événement capital, et en même temps, on avait vraiment peur des réactions de cette foule immense », avouait en 2008 l'artiste folk Richie Havens, chargé d'inaugurer les festivités devant plus de 500 000 personnes au lieu des 50 000 attendues. Autant de freaks et de hippiesˣ qui braveront les embouteillages monstres pour communier pacifiquement durant trois jours dans le champ boueux du fermier Max Yasgur, sur fond de lutte pour les droits civiques, de protestation contre la guerre du Viêtnam et d'une programmation musicale riche et variée.

« Pour de vrais musiciens, le festival de Woodstock était une expérience horrible. La nuit, ils jouaient devant la foule sans pouvoir la voir. En plus, tout était trempé et chaque fois qu'on touchait à un micro ou à un instrument on risquait de mourir électrocuté. Pour couronner le tout, la scène risquait à tout moment de s'écrouler », se justifiait en 1971 Jerry Garcia, le leader des Grateful Dead, qui délivra à Bethel la plus médiocre prestation de sa carrière, au point de refuser d'apparaître dans le film. Entaché par des problèmes de son, le concert de Creedence Clearwater Revival n'est pas resté dans les annales, ni celui de Janis Joplin, qui entra sur scène ivre morte à force d'avoir trop patienté en coulissesˣ (trois personnes durent la soutenir jusqu'au micro)… À l'inverse, quelques performances sont aujourd'hui entrées dans la légende : Joe Cocker

# Woodstock

## Champ de paix

et sa reprise épileptique du « With a Little Help From my Friends » des Beatles (l'ex-plombier de Sheffield invente au passage l'*Air guitar*ˣ) ; Carlos Santana, sous mescaline, qui réussit le tour de force de convertir aux rythmes afro-cubains une assemblée essentiellement défoncée au LSDˣ ; Country Joe McDonald, qui proteste contre l'engagement américain au Viêtnam en sollicitant le public : « Donnez-moi un F… donnez-moi un U… donnez-moi un C… donnez-moi un K… Qu'est-ce que ça donne ? » ; Jimi Hendrix qui le matin du 18 août déchire à coups de distorsions l'hymne américain « The Star-Spangled Banner » devant 30 000 courageuses personnes encore présentes sur le site… Parmi les absents les plus marquants, Bob Dylan, résidant pourtant à Woodstock même, qui dira oui puis non au dernier moment, tout en laissant quand même espérer une apparition surprise (du pur Dylan !), les Beatles, qui déclineront l'invitation, les Rolling Stones qui, eux, ne seront pas conviés (*voir* Altamont), The Doors en raison de la paranoïa de Jim Morrison, qui craignait d'être assassiné sur scène, et le groupe Led Zeppelin, dont le managerˣ Peter Grant estimait que le Zep se suffisait amplement à lui-même et n'avait donc pas besoin de partager l'affiche d'un festival pour s'imposer… Et pourtant, Woodstock propulsera vers la gloire un nombre considérable d'artistes : Richie Havens, Carlos Santana, Ten Years After, Joe Cocker, Sly & The Family Stone… Les organisateurs, eux, repartiront du site déclaré zone sinistrée avec 1,6 million de dollars de perte, qu'ils rembourseront mensuellement jusqu'en 1980, grâce aux droits générés par le film et le triple album *live*.

Pas découragés pour autant, deux d'entre eux remettront le couvert en août 1994 avec la tenue d'un Woodstock II. Mais, hormis la boue, cela n'avait plus rien à voir avec le festival de 1969, qui célébrait les aspirations de toute une génération… D'ailleurs, en 1994, Bob Dylan est venu ! ☠

**CHAMP CONTRE CHAMP**

**Oscarisé en 1970 dans la catégorie documentaire, présenté au festival de Cannes la même année, *Woodstock* (le film) est une aventure extraordinaire digne du festival dont il rend compte et dont il a largement contribué à édifier le mythe. Sans ce long métrage de plus de trois heures, qui se souviendrait aujourd'hui de la prestation de Jimi Hendrix ? Zoom avant sur les coulisses d'un film dont le succès (4 millions d'entrées en France lors de sa sortie) sauvera, dans la durée, les organisateurs, de la débâcle financière :**

**☠ Engagé seulement quelques jours avant le festival, le réalisateur Michael Wadleigh embauche dans l'urgence vingt opérateurs et vingt ingénieurs du son. Un jeune débutant nommé Martin Scorsese l'assistera à la réalisation et participera au montage.**

**☠ En plus des concerts, Wadleigh prend le parti de filmer tout ce qui touche à l'événement : les organisateurs, les coulisses, les embouteillages, les paysans du coin visiblement inquiets, le responsable des sanitaires… et le public hétéroclite, véritable vedette à part entière : baigneurs nudistes, fumeurs de haschichˣ, bonnes sœurs…**

**☠ Un hélicoptère approvisionna en bobines les équipes du tournage qui dormaient, quand elles le pouvaient, sous la scène ou dans les coulisses. Au cours de la deuxième nuit, un médecin leur administra de la vitamine B-12 afin de lutter contre l'épuisement. Un cameraman avouera avoir rampé sur l'herbe pendant deux heures après avoir fumé un joint.**

**☠ Ayant collecté 120 heures de bobine et 110 kilomètres de rushs non synchronisés avec le son enregistré séparément, Wadleigh prend le parti d'effectuer un montage en *split screen* qui divise l'écran en trois cadres afin de diffuser différentes images en simultané.**

The Hacienda, Manchester, 1988

# X Y Z


X 295
XROADS 295
YELLOW SUBMARINE 296
MARC ZERMATI 297
ZIGGY STARDUST AND THE SPIDERS FROM MARS 298

**« L'ecstasy a ouvert les gens à plein de styles de musique différents. Le mec qui n'écoutait que de l'indé se mettait à la dance, et celui qui n'aimait que la dance se mettait à aller aux soirées indé. C'est l'ecstasy qui a provoqué ça. »**
Shaun Ryder, des Happy Mondays, 2009.

## Mururoa dans ta tête

Impossible d'évoquer les petites pilules multicolores (appelées X ou E) sans traverser la Manche pour se retrouver à Manchester au milieu des années 1980, plus précisément dans le club Hacienda, propriété du label[x] Factory de Tony Wilson et du groupe New Order, où le futur chanteur des Happy Mondays refourguait aux clubbers cette amphétamine synthétisée dès 1912 par les laboratoires américains Merck.

La légende indique même que ce sont les Happy Mondays qui introduisirent l'ecstasy à Manchester après l'avoir découvert à Amsterdam en 1986. Quoi qu'il en soit, l'argent provenant du trafic permit aux Mondays d'acheter des instruments et d'enregistrer deux premiers albums (*Squirrel and G-Man Twenty four hour Party People Plastic Face Carnt Smile (White Out)* en 1987, et *Bummed* en 1988), précurseurs de l'esprit rave/techno qui allait rythmer toutes les années 1990. Assemblage de rock, de funk et de house music (née à Detroit et à Chicago au début des années 1980), la techno se mariait parfaitement avec les effets psychotropes de l'X, utilisé en toute légalité dans les années 1960 pour lutter contre l'obésité : sensation de puissance et d'euphorie, sentiment d'empathie et de communion collective, exacerbation des sens et sensibilité accrue à une musique fondée sur des breaks hypnotiques favorisant la montée de la « pilule d'amour ». Cette expression est d'ailleurs très surfaite car, contrairement aux propriétés aphrodisiaques des Quaaludes, l'ecstasy n'augmente pas les performances sexuelles. Inévitablement associé aux raves parties, l'X a pourtant infiltré différents genres musicaux, notamment le rap en la personne d'Eminem qui, malgré une consommation digne d'assommer un éléphant, ne semble pas pour autant avoir trouvé la paix intérieure : « Avec l'ecstasy, on prend tout vachement au sérieux. Il suffit qu'il y en ait un qui me regarde mal et ça suffit. Dans ce cas-là je renverse la table et je lui demande en gueulant pourquoi il me fixe comme ça, putain. » C'est le problème avec l'X, la techno ou le rap : la pilule a parfois du mal à passer…

**« De la musique avant toute chose… »,** c'est la devise – empruntée à Verlaine – du mensuel *Xroads* (ex-*Crossroads*, ex-*Compact*, lui-même un peu ex-*Music Up*) et de son rédacteur en chef,

## XROADS

### Never established

Christophe Goffette. Première interview à l'âge de quatorze ans : Metallica, pour un fanzine. Il en créera plusieurs, ronéotypés, sur la musique et le cinéma avant de devenir journaliste professionnel pour *Guitares & Claviers*. Rédacteur en chef de la dernière incarnation de *Best*[x], il initie *Music Up* en 1998, magazine généraliste d'excellente facture (un *Q*[x] à la française) qui cessera sa diffusion en 1999. Au début de l'année 2000, un courrier avertit les anciens abonnés de *Music Up* de la sortie imminente d'un nouveau magazine de rock indépendant[x], *Compact*, édité par une mystérieuse société : Bandits Company. Imprimée sur du papier journal, la nouvelle publication de Goffette a des débuts >

modestes mais qui ne volent pas le lecteur : le ton libre et passionné des articles, les sommaires hétéroclites qui réunissent de vieilles gloires (Suicide, Bryan Ferry, Elvis Costello…) et de jeunes loups dont personne ne parle ailleurs (Feeder, Grant Lee Phillips…) vont séduire un public averti qui avait pourtant abandonné la lecture de la presse rock.
En novembre 2001, après trente-trois numéros et suite au succès des hors-séries intitulés *Crossroads* (consacrés au rock à l'ancienne ou à la world music), *Compact* devient *Crossroads Compact*, mensuel généraliste avec un œil dans le rétroviseur et l'autre dans le futur, comme en témoigne la présence de Ryan Adams en couverture du numéro 1. Le magazine s'étoffe (cent cinquante pages), gagne un dos carré au passage et des lecteurs de plus en plus nombreux qui se régalent des copieuses « Parallel Lines » (chroniques d'albums légendaires ou oubliés), d'articles exhaustifs sur le sixième volume des Bootleg Series de Bob Dylan (nº 19, 2003), de dossiers détaillés sur Johnny Cash (nº 40, 2004), Hunter S. Thompson[x] et Lester Bangs[x] (nº 34, 2005)… sans oublier un sens unique de l'accroche décapante : « Kinda Kulte » (nº 36, 2011), ou bien encore « The Who, What's Next » (nº 38, 2004).
Après avoir accueilli pendant quelques numéros les pages cinéma de la revue *Brazil* (une autre publication de Bandits Company), *Crossroads* est devenu *Xroads* en octobre 2007 pour des raisons administratives. Seul le titre changeait donc, l'esprit « never established » de ce magazine fort en gueule demeurait... du moins jusqu'en juin 2011, date à laquelle *Xroads* a cessé de paraître, en proie à des difficultés financières. Dommage, car en matière d'éclectisme, peu de journaux lui arrivaient à la cheville. ☠

**« *Yellow Submarine* était vraiment novateur… Il n'a pas l'air ridicule comparé à tout ce que l'on peut aujourd'hui voir à la télévision. »** George Harrison, 1999.

# Yellow

Plus de trente ans après la sortie de *Yellow Submarine*, l'opinion du guitariste des Beatles à propos de ce film d'animation pas vraiment désiré ni contrôlé par le groupe a bien évolué. Car, à l'origine, *Le Sous-marin jaune* est un coup fourré : Brian Epstein, manager du groupe, signe en 1964 un contrat portant sur la réalisation d'une série animée pour les enfants, fondée sur les aventures des Beatles. Le premier épisode est diffusé sur ABC Television (États-Unis) en septembre 1965 et remporte immédiatement l'adhésion du public. Mais Epstein n'avait pas déchiffré une clause inscrite en corps 8, dissimulée en bas dudit contrat : en cas de succès du show, le producteur Al Brodax est en droit non seulement de transposer la série au cinéma, mais également d'obtenir quatre chansons originales des Fab Four. Pris au piège, les Beatles cèdent à la condition de ne pas participer directement et que le film les libère de leur contrat avec la compagnie United Artists qui avait produit leurs deux premiers longs métrages : *Quatre garçons dans le vent*[x] et *Help*.

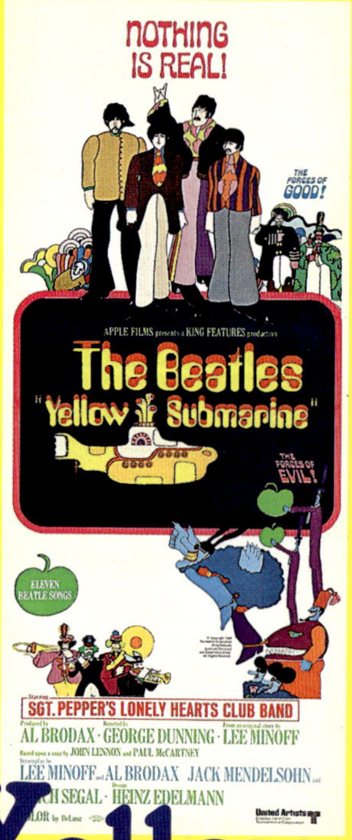


Sur le fond, le scénario tient sur un médiator : à bord de leur sous-marin, les Beatles sont chargés de rétablir la paix à Pepperland, contrée troublée par la cohorte des ignobles Blue Meanies qui ont supprimé toute forme de musique. Au-delà de cette trame simpliste destinée à un jeune public, se dissimule néanmoins, pour qui voudra bien les décrypter, quelques allusions autrement plus adultes. Ainsi lorsque les Blue Meanies, vaincus et défaits, indiquent qu'ils vont se réfugier *en Argentine, bien sûr*… en référence à la terre d'accueil préférée des responsables nazis en fuite. En 1969, les étudiants en colère de l'université de Berkeley (États-Unis) confirmeront l'insoupçonnable portée politique de *Yellow Submarine* en baptisant les forces de l'ordre (aux uniformes bleus) Blue Meanies. Sur la forme, *Yellow Submarine* constitue un pur joyau d'animation pop de la fin des années 1960, réalisé par George Dunning à partir des dessins de Heinz Edelman, assemblages bariolés d'Art nouveau, de pop art et de lettrages psychédéliques[x]. Cent trente dessinateurs conçurent 250 000 planches pour accoucher de ces 90 minutes de voyage hallucinogène bercé par les instrumentaux de George Martin et les quatre titres inédits contractuels des Beatles (« Only a Northern Song », « All Together Now », « Hey Bulldog », « It's All Too Much »). Impressionnés par la vision des premiers rushs, les Beatles décidèrent sur le tard de s'investir davantage en apparaissant en chair et en os à la fin du film et en honorant de leur présence (sauf George Harrison) la première au London Pavilion Circus le 17 juillet 1968. Ce soir-là, 10 000 fans[x] bloquèrent dans la joie et la bonne humeur Piccadilly Circus, en l'honneur d'un simple sous-marin jaune qui, mine de rien, remisait le *Fantasia* de Disney (premier dessin animé musical de l'histoire réalisé en 1940) au rayon des antiquités.

### LE SOUS-MARIN REFAIT SURFACE

**La chanson « Yellow Submarine » (issue de l'album *Revolver* sorti en 1966) a fait l'objet de nombreuses adaptations internationales, dont une française mémorable, intitulée *Le Sous-marin vert* (pour des raisons patriotiques semble-t-il) et interprétée par les Compagnons de la chanson ! Enfin, le sous-marin, bien jaune cette fois, n'est pas près de couler : Disney et Apple Corps ont signé en 2009 un accord pour la production d'un remake en 3D, réalisé par Robert Zemeckis (*Forrest Gump*[x]).**

# Submarine

## Ça cartoon !

**« Toi, ton truc, c'est la musique »**, lui avait déclaré le peintre allemand dada et surréaliste Max Ernst, un ami de son père. Et Marc Zermati, le petit juif pied noir né à Sétif, le mod[x] de la bande du Drugstore[x] qui se bastonnait avec celle du pub Renault, de s'envoler *illico* à San Francisco où il découvre la *Free Press*[x], le LSD[x] et la musique psychédélique[x]. De retour en France au début des années 1970, son sort est scellé : Zermati va consacrer sa vie à une certaine esthétique de la musique et deviendra une figure incontournable et à multiples facettes

# MARC ZERMATI

## Rock is my life

du paysage rock français et international : propriétaire de l'Open Market (*voir encadré*), grand manitou du toujours actif label[x] Skydog qu'il crée en 1972 (premier disque, *Sky High*, un *bootleg*[x] d'une jam session alcoolisée réunissant Jimi Hendrix, Jim Morrison et Johnny Winter), organisateur des deux festivals punks de Mont-de-Marsan[x] en 1976 et 1977, directeur artistique du Palace[x] en 1979, manager[x] de groupes (Flamin' Groovies, Marie et les Garçons…), promoteur de concerts (New York Dolls à l'Olympia[x] en 1973, Dr. Feelgood au Bataclan en 1975, The Clash à Mogador en 1981…)… Un CV long comme le manche d'une guitare basse et un parcours hors des sentiers battus qui fut célébré en 2008 à la galerie Chappe (Paris) avec l'exposition « Rock is my Life », qui présentait les trésors de sa collection personnelle (affiches, disques vinyles[x]…), et dans le >

prestigieux palais de la Villa Médicis (Rome) début 2011, dans le cadre de la rétrospective « Europunk, la culture visuelle punk en Europe, 1976-1980 ». Éternel punk dans l'âme, baroudeur de larsens sans frontières (Zermati est renommé au Japon où le catalogue Skydog est régulièrement réédité et où on l'arrête parfois dans la rue pour le prendre en photo), ami des stars (Nico, Johnny Thunders, Iggy Pop dont Skydog publia le célèbre *live Metallic K.O.* en 1976), le parcours de Zermati se confond souvent avec la grande saga du rock : « Je suis là lorsque les Pistols naissent, devant moi, avec Nick Kent[x] en chanteur. Nous sommes quatre dans une pièce – Kent, Jamie Reed (*voir entrée* Graphiste), Malcolm McLaren et moi – pour choisir le nom du groupe. On hésite entre The Young Lords et The Sex Pistols. On opte pour les Pistols, moins intellectuel et plus frappant. Trois jours plus tard, Nick Kent n'est plus chanteur. Johnny Rotten a pris le pouvoir. » Des histoires comme celles-là, Zermati en a plus d'une sous son Perfecto©[x], qu'il délivre chaque mois depuis 2010 dans *Rock & Folk*[x]. Autant de manifestes rock'n'roll à l'usage des jeunes générations. 💀

**OPEN MARKET**

**« Je n'ai jamais rien volé là-bas parce qu'ils étaient super-violents. Tu te faisais péter la gueule… », expliquait en 2003 le regretté Jacno. Ouverte en 1972, située rue des Lombards dans le quartier des Halles, à Paris, la boutique Open Market était le lieu de rencontre des marginaux, des rockers intègres et de quelques personnalités étrangères de passage (Nico, Iggy Pop, Chrissie Hynde…) qui y trouvaient ce qui n'existait nulle part ailleurs à l'époque : *bootlegs*[x], presse étrangère (*Creem*[x], *Rolling Stone*[x]…), *song-books*, affiches, quelques produits stupéfiants aussi, parfois… et un vendeur pas comme les autres, du nom d'Yves Adrien[x], qui écrivait ces quelques lignes dans *Rock & Folk* en 1972 : « Et demandez à Marc Zermati qu'il vous montre les merveilles de l'Open Market dont j'ai volontairement omis de vous parler afin de ne pas attirer l'attention des empêcheurs de tourner en rond… » Malheur en effet à celui qui demandait un disque de Yes ou de Genesis : il se faisait éjecter *manu militari* ou repartait, contraint et forcé, avec un *bootleg* du Velvet Underground en concert au Max Kansas City. Tout comme Harry Cover, la boutique rivale tenue par Michel Esteban, l'Open Market n'a pas survécu à la destruction des Halles historiques à la fin des années 1970.**

**« C'est le dernier show de la tournée et le dernier que je ferai jamais. Merci beaucoup… »** Il est probable que sans ces quelques mots prononcés par David Bowie/Ziggy Stardust avant d'entamer « Rock and Roll Suicide », le dernier morceau du show filmé par D.A. Pennebaker, ce documentaire *live* ne serait jamais passé à la postérité. Image délavée, bouillabaisse sonore, abondance de plans fixes…

# Ziggy Stardust and the Spiders from Mars

## Game over

Même si la réédition DVD en 5.1 (mixé par Tony Visconti en 2003) réévalue justement l'ensemble, et notamment le son, cette pellicule ne fait définitivement pas partie des chefs-d'œuvre de la filmographie de Pennebaker, par ailleurs génial réalisateur de *Dont Look Back*[x] (1967). À sa décharge, il avait été convoqué seulement une semaine avant le concert par Bowie qui avait décidé, dans le plus grand secret, d'immortaliser le départ à la retraite forcée de Ziggy Stardust, son double qui le menaçait de schizophrénie aggravée.
Ce 3 juillet 1973, au Hammersmith Odeon (Londres), seul son manager[x] et son guitariste, Mick Ronson, étaient dans la confidence. Devant les caméras, le prodigieux guitariste peroxydé des Spiders se taille d'ailleurs la part du lion, jouant comme si sa vie en dépendait, alors que Sa Seigneurie Bowie apparaît fatiguée et lassée de son numéro d'extraterrestre androgyne[x]. Pour l'anecdote, le medley « Jean Genie / Love me Do » interprété avec Jeff Beck sur scène demeure toujours inédit. Motif invoqué : plus de trente ans après, Beck en interdit encore la diffusion en raison d'une fausse note impardonnable dans l'un de ses solos (à moins que ça soit la mocheté de son pantalon pattes d'eph'). Jugez vous-même en visionnant les images pirates qui circulent sur le Web… 💀

**DENIS ROULLEAU REMERCIE**
Bernard Bacos,
Yves Bigot,
Serge Bilous,
Bruno Blum,
Arnaud David,
Michel Embareck,
Gaëlle Lassée,
Pierre Mikaïloff,
Satchiko,
Sarah Tacito,
Gilles Verlant.

**DU MÊME AUTEUR**
*Dictionnaire raisonné de la littérature rock*, Paris, Scali, 2008
*Rock critics* (collectif), Paris, Don Quichotte, 2010

# Index


2 Many DJ's : 27 - 4-Skins, The : 225 - 13th Floor Elevator : 157, 158, 223 - **A** - Aaliyah : 53 - Abba : 36, 142, 276 - AC/DC : 11, 31, 35, 50, 68, 82, 122, 123, 170, 172, 219, 222, 235, 239, 250, 275, 277 - AC/DShe : 277 - Acin, Nikola : 242 - Adam & the Ants : 212 - Adams, Nick : 133 - Adams, Ryan : 296 - Adele : 186 - Adler, Lou : 181 - Adler, Philippe : 240 - Adrien, Yves : 7, 17, 52, 80, 155, 166, 174, 200, 240, 241, 242, 262, 298 - Aerosmith : 10, 27, 31, 44, 55, 120, 188, 222, 254 - Agnostic Front : 126 - Air : 82, 192 - Airbourne : 167, 277 - Airnadettes : 10 - Albarn, Damon : 97, 117, 135, 204, 263 - Albini, Steve : 222 - Alessandrini, Marjorie : 4 - Alessandrini, Paul : 4, 201, 240 - Alexander, Phil : 178 - Alice in Chains : 120, 121 - Alizée : 273 - Allen, Corey : 99 - Allen, Lily : 186 - Allen, Tony : 263 - Allman, Duane : 60, 184, 263 - Allman, Gregg : 237 - Allman Brothers Band : 88, 184, 237 - Allsup, Tommy : 152 - Amon Düül : 223 - Anconina, Richard : 189 - Anderson, Ian et Jon : 40 - Anderson, Laurie : 23 - Anderson, Pamela : 22 - Ange : 223 - Angel Face : 8, 38 - Anger, Kenneth : 75, 235 - Animals, the : 147, 219 - Anka, Paul : 286 - Ann-Margret : 107 - Anoushka : 28 - Anthony, Richard : 64, 251 - Anthrax : 33, 260, 270 - Antonioni, Michelangelo : 264 - Anvil : 270 - Aphrodites's Child : 43 - Arbor : 111 - Archive : 87 - Arctic Monkeys : 178, 186, 278 - Arden, Don : 268 - Ardisson, Thierry : 7, 72, 201, 217, 242 - Arkush, Alan : 159 - Arno : 94 - Arnold, P.P : 53 - Aronowitz, Al : 128 - Arrested Development : 140 - Art of Noise : 232 - Arthur : 231 - Arthur H : 40 - Artur, José : 28, 162, 231 - Asher, Jane : 264 - Asher, Peter : 264 - Asheton, Ron : 50 - Asheton, Scott : 276 - Asia : 115 - Asphalt Jungle : 24, 38, 80, 180, 225 - Assayas, Michka : 39, 83, 140, 155, 241, 242 - Astbury, Ian : 70 - Atkins, Chet : 121 - Aubert, Jean-Louis : 40, 135, 209, 251 - Auger, Benjamin : 252 - Aulin, Ewa : 32 - Avalon, Frankie : 22 - Averty, Jean-Christophe : 198, 215 - Aykroyd, Dan (Elwood Blues) : 25 - Aznavour, Charles : 32 - **B** - Babaji, Mahavatar : 23 - Babes In Toyland : 236 - Bacon, Francis : 205 - Bacri, Jean-Pierre : 173 - Bad Brains : 126 - Bad Company : 103 - Baer, Edouard : 5 - Baez, Joan : 69, 219, 290 - Bahlouli, Belkacem : 248 - Bailey, David : 264 - Bailleux, Jean-Marc : 241 - Bailly, Philippe : 21 - Baker, Ginger : 54, 169, 263 - Balin, Marty : 12 - Baltimore, Benjamin : 52 - Balzac, Honoré de : 291 - Band, the : 76, 168, 184 - Bangalter, Thomas : 172 - Bangles, the : 105 - Bangs, Lester : 17, 23, 29, 67, 109, 129, 139, 141, 151, 152, 166, 225, 230, 275, 296 - Banks, Tony : 277 - Barbarian : 155 - Barclay, Eddie : 114, 153 - Bardot, Brigitte : 176, 184, 286 - Barger, Sonny : 129, 262 - Barjot, Frigide : 175 - Barker, Simon : 38 - Barclay James Harvest : 51 - Barsamian, Jacques : 64, 148, 210, 240 - Bashung, Alain : 135, 205 - Basquiat, Jean-Michel : 192, 204 - Barrett, Syd : 115, 151, 152, 158, 204, 210 - Barton, Geoff : 260 - Bators, Stiv : 35, 60, 120, 210, 282, 288 - Baudelaire, Charles : 110, 206 - Baudelet, Robert : 240 - Bauhaus : 110, 231 - Bay, Robert : 292 - Bayon, Bruno : 39, 155 - BB Brunes : 87, 103, 148 - B.B. King : 122, 154, 219, 220 - Beach Boys, the : 14, 21, 54, 67, 112, 112, 142, 151, 158, 182, 238, 254 - Beastie Boys, the : 74, 85, 222 - Beatles, the : 7, 10, 19, 23, 32, 34, 36, 38, 43, 47, 54, 57, 58, 60, 62, 64, 67, 68, 69, 72, 83, 89, 91, 94, 95, 103, 106, 110, 111, 122, 127, 128, 134, 138, 142, 145, 148, 154, 158, 162, 171, 172, 176, 177, 182, 188, 190, 195, 196, 202, 203, 221, 223, 228, 230, 234, 240, 243, 251, 253, 254, 264, 270, 273, 276, 281, 292, 293, 296 - Beaton, Cecil : 116 - Beaulieu, Priscilla : 33, 118, 254 - Beaumont, Mark : 191 - Beautiful South : 49 - Beauvallet, J.D. : 139 - Beauvoir, Simone de : 52 - Beaver & Krause : 182 - Beck, Jeff : 123, 127, 221, 282, 298 - Bee Gees, the : 188, 213 - Beethoven, Ludwig van : 36, 77, 198 - Beiderbecke, Bix : 113 - Beigbeder, Frédéric : 267 - Bell, Andy : 210 - Bellamy, Matthew : 40 - Belle and Sebastian : 189 - Bellia, Richard : 214 - Bellrays, the : 296 - Belushi, John : 25, 41 - Benain, Pierre : 38, 201 - Benedek, László : 79 - Benoît, Ted : 174 - Bérets, the : 189 - Berger, Michel : 19 - Berger, Alex : 232 - Bergman, Boris : 72 - Bernar, Gérard : 23 - Bernard, Jean-Do : 202 - Bernstein, Leonard : 292 - Berroyer, Jacky : 174 - Berthe, Frédéric : 189 - Berthon, Jean-Claude : 64, 210, 252 - Bertignac, Louis : 19, 154 - Bertrand, Patrick : 211 - Bérurier Noir, les : 13, 24, 79, 137, 174 - Berry, Chuck : 14, 85, 95, 122, 147, 165, 195, 220, 243, 266, 281 - Best, George : 94 - Best, Pete : 68, 94, 221 - Biafra, Jello : 119 - Big Bopper, the : 52, 152 - Big Brother and the Holding Company : 88, 131, 181 - Biggs, Ronald : 114 - Bigot, Yves : 34, 141, 155, 232, 233, 248 - Bijou : 6, 38, 180, 242 - Bikini Kill : 236 - Bill Haley & the Comets : 79, 113, 194 - Binet : 91 - Binoche, Juliette : 217 - Biohazard : 137 - Bird, Ronnie : 7, 72 - Birds, the : 68 - Birkin, Jane : 176, 264 - Bizot, Jean-François : 4, 80, 97 - Bjelland, Kat : 236 - Björk : 37, 44 - Black, Cilla : 221 - Black Flag : 126 - Black, Jack : 146, 239 - Black Keys, the : 75 - Black Mountain : 75 - Black Sabbath : 110, 116, 120, 122, 127, 145, 230, 260, 268, 269, 270 - Black Widow : 110 - Blackmore, Ritchie : 122, 170, 209, 223 - Blanc-Francard, Patrice : 4, 231 - Blier, Bertrand : 238 - Blind Faith : 263 - Bloc Party : 85 - Blondie : 35, 176, 213, 222, 236, 257 - Blood, Sweat & Tears : 101 - Bloodstone : 266 - Bloom, Eric : 178, 183 - Blue Öyster Cult : 53, 166, 178, 183 - Blues Brothers, the : 158 - Blues Incorporated : 169 - Bluesbreakers : 170 - Blum, Bruno : 24, 175, 212 - Blur : 31, 72, 117, 120, 135, 169, 191, 231 - Bolan, Marc : 15, 60, 105, 106, 282, 289 - Bon Jovi : 161, 172, 186, 282, 284 - Bond, Graham : 60 - Bongarçon, Yves : 248 - Bonham, John : 11, 20, 60, 120, 135, 156, 162, 198, 259, 269 - Bonnard, Pierre : 204 - Bonner, Michael : 278 - Bono : 8, 40, 88, 135, 219, 232 - Booker, James : 109 - Boomtown Rats, the : 134, 185 - Boorman, John : 165 - Bootles : 89 - Boris, Jean-Michel : 194, 195 - Boston : 213 - Bostwick, Barry : 245 - Bourriaud, Nicolas : 267 - Boutin, Patrick : 23 - Bouvard, Philippe : 208 - Bowe, Brian J. : 55 - Bowie, Angie : 15, 120 - Bowie, David : 8, 15, 19, 23, 31, 34, 39, 40, 44, 57, 66, 81, 85, 103, 105, 106, 108, 114, 120, 126, 134, 139, 140, 145, 155, 169, 178, 182, 185, 194, 198, 203, 204, 205, 210, 212, 217, 221, 222, 227, 239, 243, 246, 253, 273, 285, 290, 298 - Box, David : 52 - Boy George : 15, 220, 254, 288 - Boyd, Joe : 222 - Boyd (Harrison-Clapton), Pattie : 119, 120, 176, 228 - Boyd, Jenny : 176 - Bradbury, Ray : 216 - Bragg, Billy : 218, 230 - Brando, Marlon : 8, 32, 79, 144, 184, 206, 207, 244 - Branson, Richard : 138 - Brassens, Georges : 240 - Bratmobile : 236 - Braunstein, Jacques : 267 - Breeders, the : 19 - Bretécher, Claire : 91 - Breteuil, Jean de : 130 - Breton, Éric : 242 - Breton, Michèle : 207, 208 - Brian Jonestown Massacre, the : 63, 209, 219 - Bromley Contingent, the : 217 - Bronski Beat : 218 - Brooks, Richard : 111 - Brown, Arthur : 108 - Brown, James : 8, 26, 42, 78, 166, 177, 195, 211, 220, 230, 240, 243, 254 - Browne, Jackson : 76 - Browning, Tod : 95 - Bruce, Jack : 54, 169, 263 - Bruce, Lenny : 32, 106 - Bruckheimer, Jerry : 82 - Bruel, Patrick : 39 - Bruni, Carla : 120, 140, 142 - Bubbles, Barney : 116 - Buckler, Rick : 6 - Buckley, Jeff : 22, 60, 65 - Buckley, Tim : 130, 153, 253 - Buell, Bebe : 55, 120 - Buena Vista Social Club : 212 - Buffalo Springfield : 88 - Buggles, the : 44, 185 - Bukowski, Charles : 17, 22, 29, 41, 58, 98, 101, 166, 261 - Bulteau, Michel : 130 - Burchill, Julie : 190 - Burdon, Eric : 181 - Burgess, Anthony : 32, 198, 287 - Burnel, Jean-Jacques : 19 - Burnier, Michel-Antoine : 4 - Burning Heads, the : 126 - Burosse, Alain : 31 - Burroughs, William S. : 17, 22, 27, 32, 35, 44, 80, 200, 204, 224 - Burton, Cliff : 60, 276 - Burton, Richard : 32 - Bush, George W. : 218, 292 - Bushell, Garry : 260 - Bussoz, Michel : 147 - Butler, Bernard : 210 - Butler, Rhett : 33 - Buzzcocks : 146, 241 - Byrds, the : 32, 54, 76, 88, 158, 247 - Byrne, David : 222 - Byrne, Nicky : 172 - Byron (Lord) : 200 - **C** - Cachin, Olivier : 242 - Cale, John : 22, 223, 286 - Cali : 135 - California, Randy : 60 - Callas, Maria : 8, 142 - Calloway, Cab : 26 - Cammell, Donald : 207, 208, 246 - Camus, Albert : 39, 86 - Can : 223 - Candy Darling : 287 - Canned Heat : 17 - Cantat, Bertrand : 40, 220 - Capa, Robert : 133 - Capote, Truman : 46 - Captain Beefheart : 4, 28, 230 - Captain Sensible : 103, 180 - Carax, Leos : 140 - Carey, Mariah : 233 - Carpenter, John : 33 - Carpentier, Gilbert et Maritie : 42, 78 - Carroll, Lewis : 158 - Carrey, Jim : 239 - Carroll, Jim : 35, 150 - Cars, the : 186, 192 - Cartier-Bresson, Henri : 133 - Cash, Johnny : 40, 45, 83, 178, 210, 219, 220, 222, 253, 254, 262, 296 - Casoar, Phil : 91 - Cassady, Neal : 291 - Castelbajac, Jean-Charles de : 52 - Caunes, Antoine de : 31, 34, 39, 42, 78, 174, 215, 232, 242, 248 - Caunes, Georges de : 34 - Cavanna, François : 29 - Cave, Nick : 40, 260 - Céline, Louis-Ferdinand : 29 - Chabat, Alain : 31 - Chaland, Yves : 174 - Chalumeau, Laurent : 34, 39, 67, 212, 233, 241, 242 - Chambers Brothers, the : 82 - Chandler, Raymond : 101 - Channing, Chad : 68 - Chantels, the : 104 - Chaos UK : 126 - Charles, prince : 102 - Charles, Ray : 26, 80, 158, 163, 250 - Chats Sauvages, les : 251 - Chaussettes Noires, les : 87, 108, 250, 251, 255 - Cheap Suits Serenaders, the : 58 - Cheap Trick : 122 - Chess, Marshall : 46, 248 - Chic : 222, 287 - Chicago : 60 - Chihuahuas, les : 205 - Chirac, Jacques : 219 - Chopel, Farid : 175 - Chouraqui, Élie - Christensen, Dave : 89 - Christian Death : 57, 110 - Christophe (Bevilacqua, Daniel) : 40, 66, 283 - Clapton, Eric : 44, 45, 52, 54, 56, 121, 122, 123, 127, 130, 134, 145, 154, 169, 170, 185, 197, 204, 228, 234, 236, 237, 243, 257, 262, 263, 278, 284 - Clarke, Eddie : 270 - Clarke, Vince : 210 - Clarkson, Lana : 221 - Clash, the : 19, 21, 42, 53, 72, 85, 105, 116, 121, 172, 180, 218, 239, 241, 281, 285, 297 - Clavel, Olivia : 21 - Clavier, Christian : 173 - Clay, Cassius : 292 - Clémenti, Pierre : 29, 52 - Clerc, Julien : 252 - Clerc, Serge : 174 - Clinton, Bill : 248 - Cobain, Kurt : 23, 56, 60, 65, 71, 120, 155, 172, 185, 204, 212, 234 - Coburn, James : 32 - Cochran, Eddie : 25, 60, 282 - Cocker, Jarvis : 205, 209 - Cocker, Joe : 10, 40, 173, 290, 293 - Cocorosie : 231 - Cocteau Twins : 117, 137, 192 - Coghe, Jean-Noël : 64, 210, 240 - Cohen, Leonard : 40, 42, 172 - Cohn, Nik : 46, 52, 83, 203, 216 - Cohn-Bendit, Daniel : 76 - Coldplay : 137, 222, 290 - Cole, Richard : 120 - Coleman, Ray : 171 - Collins, Bootsy : 159 - Collins, Edwyn : 296 - Collins, Judy : 153 - Collins, Phil : 6, 20, 135, 140, 210, 277 - Coltrane, John : 142 - Coluche : 184 - Combas, Robert : 204 - Compagnons de la Chanson, les : 297 - Conte, Christophe : 140 - Cooder, Ry : 34, 188 - Cooke, Sam : 60 - Cooley Spade : 275 - Coon, Caroline : 171, 260 - Cooper, Alice : 10, 33, 49, 55, 106, 172, 188, 239, 287 - Copeland, Stewart : 7, 40, 145 - Coppola, Francis Ford : 14, 70, 133, 194 - Coppola, Sofia : 278 - Coquatrix, Bruno : 194 - Corbijn, Anton : 214 - Corgan,

Billy: 120 - Corman, Roger: 75, 159, 224, 246 - Cornwell, Hugh: 273 - Coroller, Valérie: 242 - Costello, Elvis: 85, 171, 172, 225, 260, 277, 296 - Country Joe McDonald: 293 - Courbis, Roland: 94 - Courson, Pamela: 70, 130 - Cover, Harry: 298 - Coverdale, David: 210 - Cradle of Filth: 110 - Cramps, the: 86, 89, 101, 110, 220, 230, 235 - Cream: 28, 62, 88, 127, 162, 169, 243, 263, 284 - Crickets, the: 52 - Criss, Peter: 49 - Crosby, Stills & Nash: 76 - Crosby, Stills, Nash & Young: 12, 263 - Crouilles Marteaux, les: 52 - Crow, Sheryl: 77, 233 - Crowe, Cameron: 51, 55, 121 - Crowley, Aleister: 23, 57, 60, 156, 235, 259 - Cruise, Tom: 70 - Crumb, Robert: 4, 55, 58, 98, 258 - Crystals, the: 104, 221 - Cuesta, Stan: 242 - Cult, the: 268 - Culture Club: 15, 114 - Cure, the: 6, 13, 24, 42, 55, 72, 79, 86, 110, 137, 169, 171, 182, 192, 230, 231, 250 - Curry, Tim: 245 - Curtis, Ian: 40, 60, 110, 180, 192, 210, 227 - Cusack, Joan: 239 - Cyclones, les: 255 - **D** - D'Arbanville, Patti: 119 - Daft Punk: 8, 82, 273 - Dahan, Éric: 155 - Daho, Etienne: 204 - Dale, Dick: 21, 22 - Dalí, Salvador: 204, 287 - Daltrey, Roger: 177 - Damned, the: 24, 103, 110, 117, 180 - Dandy Warhols, the: 63 - Daniels, Phil: 177 - Darc, Daniel: 135, 165 - Dard, Frédéric: 39 - Darkness, the: 68 - Darroussin, Jean-Pierre: 173 - Dassin, Joe: 162 - Dave Clark Five, The: 273 - Davies, Dave: 33 - Davies, Ray: 121 - Davis-Boyer, Andrée: 43 - Davis, Clive: 35 - Davis, Jacob: 144 - Davis, Miles: 133, 135, 139, 142 - Davis, Stephen: 165 - Day, Doris: 53 - Deacon, John: 156 - De Curtis, Anthony: 248 - De Koch, Basile: 175 - De La Soul: 117, 140 - De Laurentiis, Dino: 118 - De Niro, Robert: 41, 194 - De Palma, Brian: 70, 194, 198 - Dead Boys: 18, 35, 288 - Dead Can Dance: 231 - Dead Kennedys: 119, 126, 137, 225 - Dead or Alive: 15 - Deal, Kim: 19 - Dean, James: 41, 50, 99, 133, 207, 244 - Dean, Roger: 115 - Debbouze, Jamel: 5 - Debord, Guy: 168 - Debs, Assaad: 201 - Deep Fix: 183 - Deep Purple: 15, 19, 103, 122, 127, 145, 170, 209, 210, 260 - Def Leppard: 49, 169, 260 - Delannoy, Pierre: 193 - Delinquents, the: 67 - Delpech, Michel: 27 - Deluermoz, Cyril: 242 - Depardieu, Gérard: 238 - Depeche Mode: 24, 27, 72, 114, 137, 161, 192 - Depp, Johnny: 70, 288 - Derek & The Dominos: 185, 263 - Des Barres, Pamela: 119 - Deschamps, Stéphane: 140 - Desnos, Robert: 206 - Despentes, Virginie: 80, 236 - Deverre, Arnaud: 139 - DeVille, Willy: 35, 204 - Devo: 5, 42, 159 - Dewaere, Patrick: 238 - Di'Anno, Paul: 68 - Diament, Jacques: 91 - Diam's: 97 - Dickens, Charles: 193 - Dickinson, Bruce: 53, 68 - Dictators, the: 18 - Diddley, Bo: 121 - Dietrich, Marlène: 96, 204, 288 - Dingley, Nicholas: 282 - Dio, Ronnie James: 19, 235 - Dionnet, Jean-Pierre: 31, 78, 167, 174, 242, 261 - Dionysos: 222 - Dire Straits: 36, 42, 250, 283 - Dister, Alain: 4, 66, 83, 91, 101, 240, 242, 261 - Ditto, Beth (Mary Beth Patterson): 236 - Divine: 288 - Divine Comedy: 140 - DJ Zebra: 27 - DNA: 192, 225 - Doc Pomus: 104 - Dogs, the: 215 - Dogs d'Amour: 209 - Doherty, Pete: 40, 41, 94, 97, 130, 191, 204, 207, 234 - Doillon, Lou: 217 - Dominique A.: 140 - Domino, Fats: 85 - Donovan: 69, 110, 247, 264 - Doors, the: 6, 22, 70, 88, 92, 96, 107, 143, 153, 158, 182, 206, 290, 293 - Dordor, Francis: 24, 140, 212 - Doré, Julien: 108 - Dorothée: 175, 215 - Dorsey, Gail Ann: 19 - Dorsey, Lee: 14 - Dr. Feelgood: 7, 24, 42, 114, 180, 297 - Dr. John: 239 - Dracula: 110 - Drake, Nick: 60 - Dream Machine: 223 - Dream Theather: 223 - Dreyfuss, Richard: 14 - Driscoll, Julie: 43 - Drucker, Michel: 78, 215 - Druillet, Philippe: 174, 262 - Ducray, François: 241, 242 - Duffy, Billy: 268 - Duhamel, Alain: 272 - Dunbar, John: 264 - Dunning, George: 297 - Du Noyer, Paul: 178 - Duran Duran: 134, 186, 191, 260, 276 - Durand, Jean-Marie: 139 - Dutronc, Jacques: 19, 72, 76, 108, 140, 162, 251, 255 - Dylan, Bob: 6, 22, 24, 26, 34, 37, 40, 42, 48, 56, 63, 67, 69, 83, 98, 106, 128, 134, 142, 158, 164, 165, 167, 168, 181, 184, 194, 203, 204, 211, 213, 214, 217, 218, 235, 240, 251, 252, 263, 271, 290, 293, 296 - **E** - Eagles, the: 45, 74, 218, 275 - Earth Wind & Fire: 188 - Echo & The Bunnymen: 139, 171, 198 - Eddie and the Hot Rods: 24, 180 - Edelman, Heinz: 297 - Edge, the: 123 - Edika: 91 - Edith Nylon: 29 - Edmonds, Ben: 55 - Edwards, Bernard: 287 - Ekland, Britt: 120 - El Toro: 255 - Elastica: 117 - Electric Light Orchestra: 223 - Electric Prunes: 150 - Élisabeth II: 135, 180 - Ellen, Mark: 227 - Ellis, Bret Easton: 8, 74, 139, 214 - Ellison, Harlan: 261 - Ellroy, James: 77 - Eloy: 255 - ELP: 263 - Elvis Costello and The Attractions: 117 - Emaer, Fabrice: 201 - Embareck, Michel: 24 - Emerson, Keith: 263 - Emile Ford & the Checkmates: 87 - Eminem: 85, 295 - Eno, Brian: 192, 205, 221 - Entwistle, John: 19 - Enu, Henri-Jean: 99 - Epstein, Brian: 68, 107, 110, 164, 172, 190, 221, 256, 296 - Erasure: 137, 210 - Erickson, Roky: 158 - Ernst, Max: 297 - Erskine, Peter: 190 - Ertegun, Ahmet: 153, 163, 243 - Esteban, Michel: 298 - Eudeline, Patrick: 17, 24, 38, 52, 80, 155, 200, 241, 242 - Eurythmics: 135, 186 - Evans, Dave: 68 - Evans, Mal: 138 - Ewell, Tom: 25 - Excuse 17: 236 - Exploited, the: 126, 225 - Ezrin, Bob: 178 - **F** - Faces, the: 103 - Fad Gadget: 192 - Fairbanks, Douglas: 175 - Faithfull, Marianne: 79, 130, 164, 176, 208, 264, 289 - Fall, the: 192, 225, 231 - Fante, John: 14 - Fantômes, les: 255 - Fargo, James: 188 - Farkas, Bernard: 174 - Farrell, Perry: 268 - Farrow, Mia: 110 - Farrow, Prudence: 110 - Faulkner, William: 274 - Faultline: 82 - Feeder: 296 - Feller, Benoît: 241 - Ferrari, Enzo: 8 - Ferré, Léo: 162 - Ferry, Bryan: 74, 172, 204, 205, 296 - Fevret, Christian: 139, 140 - FFF: 212 - Fike, Lamar: 106 - Filipacchi, Daniel: 64, 217, 231, 240, 250 - Fincher, David: 44, 278 - Fish: 40 - Fisher, Carrie: 26, 198 - Flamin' Groovies, the: 150, 297 - Fleckhaus, Willy: 241 - Fleetwood Mac: 213 - Fleshtones, the: 35 - Fletcher, Tony: 233 - Flying Burrito Brothers, the: 12 - Fonda, Bridget: 266 - Fonda, Jane: 290 - Fonda, Peter: 75, 224 - Fontaine, Brigitte: 231 - Foo Fighters: 20, 72 - Ford, Glenn: 113 - Ford, Harrison: 14, 102, 111 - Ford, Lita: 49, 175 - Fossey, Brigitte: 238 - Foster, Jodie: 202 - Foulks, the: 289 - Four Skins, the: 169 - Four Tops, the: 177 - Fowley, Kim: 209, 221 - Fox, James: 207 - Fox, Michael J.: 95 - Fox, Samantha: 39, 140, 216, 242 - Foxton, Bruce: 6 - Frampton, Peter: 188 - François, Claude: 252 - Frank, Robert: 45, 46, 238 - Frank, Tony: 214, 252 - Franke, Christopher: 182 - Frankie Goes to Hollywood: 78, 256, 273 - Franklin, Aretha: 26, 163, 230, 286 - Franquin, André: 91 - Franz Ferdinand: 192, 227, 273 - Fred Perry: 96, 97 - Freed, Alan: 229 - Frehley, Ace: 49, 156 - Freud, Sigmund: 44 - Fricke, David: 248 - Friedkin, William: 70 - Frischmann, Justine: 117 - Fugs, les: 4, 225 - Fuller, Paul: 147 - Funkadelic: 55, 284 - Fun Lovin' Criminals, the: 213 - Funès, Louis de: 239 - Funicello, Annette: 22 - **G** - Gabriel, Peter: 40, 277 - Gaiman, Neil: 49 - Gainsbourg, Serge: 11, 15, 31, 40, 45, 79, 147, 161, 166, 175, 178, 197, 200, 201, 204, 206, 207, 214, 215, 219, 252 - Gale, Myra: 118 - Gall, France: 19, 290 - Gallagher, Liam: 40, 51, 94, 273 - Gallagher, Noel: 93, 237, 273 - Gallagher, Rory: 11, 60, 122 - Garcia, Jerry: 223, 292 - Garçons Bouchers, les: 13, 24, 79 - Garnier, Philippe: 17, 67, 101, 102, 139, 155, 240, 241, 242, 248, 261 - Garon, Jesse: 33 - Garrett, Peter: 77, 219 - Garson, Mike: 182 - Gascoigne, Paul: 94 - Gassian, Claude: 211, 241 - Gaston, Bruno: 139 - Gaulle, Charles de: 162, 252 - Gaultier, Jean-Paul: 144 - Gaye, Marvin: 27, 40, 44, 60, 78, 177 - Gaynor, Gloria: 94, 201 - Gazoline: 38, 66 - Géant Vert: 103, 242 - Geldof, Bob: 134, 135, 284 - Generation X: 103, 169 - Genesis: 4, 20, 74, 91, 210, 222, 277, 298 - Gentle Giant: 223 - Geoffrois, Patrick: 130 - Gérard, Danyel: 255 - Gervasi, Sacha: 270 - Gibbons, Billy: 282 - Gibson, Mel: 161 - Gilbert, Pat: 178 - Gillian, Ian: 210 - Gilmour, David: 115, 122, 123, 135, 143, 154, 214, 237, 276, 284 - Ginsberg, Allen: 22, 38, 41, 83, 90, 98, 128, 157, 291 - Giraud, Jean: 174 - Girls Together Outrageously (GTO's): 119 - Girlschool: 105 - Girodias, Maurice: 32 - Giroud, Françoise: 85 - Giscard d'Estaing, Valéry: 38 - Gleason, Ralph J.: 247 - Glitter, Gary: 106 - Glover, Roger: 19 - Go-Go Pigalle: 29 - Go-Go's, The: 105, 225 - Godard, Jean-Luc: 196 - Gods, the: 68 - Goffette, Christophe: 295 - Goffin, Gerry: 104 - Golden Gate Quartet: 296 - Goldman, Albert: 106, 274 - Goldman, Jean-Jacques: 135, 215 - Gondry, Michel: 44 - Good, Jack: 207 - Good, The Bad and The Queen, the: 263 - Goodman, John: 26 - Goossens, Daniel: 91 - Gordon, Kim: 19, 40 - Gore, Al: 135 - Gore, Tipper: 37 - Gorillaz: 31, 117, 133 - Gorin, François: 241 - Gorman, Paul: 178 - Gossip, the: 167 - Gotlib, Marcel: 67, 91, 241 - Gouvrion, Alain: 248 - Graham, Bill: 9, 88 - Grandmaster Flash: 78 - Grandperret, Patrick: 179 - Grant, Peter: 26, 164, 259, 293 - Grass Roots, the: 266 - Grateful Dead: 5, 9, 12, 27, 41, 67, 74, 88, 90, 131, 158, 181, 223, 247, 291, 292 - Grech, Rick: 263 - Greef, Alain de: 31, 78 - Green Day: 50, 213 - Greene, Graham: 225 - Greenfield, Robert: 241 - Greenwood, Alistair: 237 - Grissom, Gil: 82 - Grohl, Dave: 20, 263 - Grossman, Albert: 69 - Gruen, Bob: 212, 213 - Grundy, Bill: 180, 225 - Guéant, Claude: 77 - Guetta, David: 146 - Gun Club: 101 - Gunners: 51 - Guns N' Roses: 39, 51, 112, 122, 130, 167, 178, 268, 276 - Gunther Love (Sylvain Quimene): 10 - Guralnick, Peter: 83 - Guthrie, Woody: 121 - Gwar: 236 - Gypsy Kings, les: 154 - **H** - Hackett, Steve: 277 - Haley, Bill: 37, 60 - Halford, Rob: 256, 276 - Hallyday, Johnny: 19, 31, 40, 43, 64, 67, 79, 87, 107, 109, 142, 144, 161, 184, 195, 211, 214, 219, 220, 240, 244, 251, 255, 283 - Hammond, John: 56 - Hanks, Tom: 95 - Hancock, Herbie: 79 - Hanes, Jim: 98 - Hannah Montana: 239 - Hannett, Martin: 221 - Happy Mondays: 62, 153, 191, 295 - Hardy, Françoise: 176, 203, 251, 273, 290 - Haring, Keith: 204 - Harlow, Jean: 96 - Harper, Ben: 85 - Harpo, Slim: 256 - Harris, Steve: 19, 93 - Harrison, George: 7, 54, 60, 110, 122, 134, 154, 155, 182, 221, 228, 232, 234, 263, 270, 284, 296 - Harry, Debbie: 40, 176, 202, 236, 257, 286, 287 - Harvey, Les: 13 - Havens, Richie: 290, 292, 293 - Hawkwind: 117, 183, 223, 237 - Hayes, Isaac: 33 - Haynes, Todd: 106 - Hearst, Patty: 247 - Heartbreakers, the: 35, 102 - Heaven 17: 79 - Heaven To Betsy: 236 - Hébey, Jean-Bernard: 72 - Hefner, Hugh: 216, 217, 292 - Hélène de Troie: 114 - Hell, Richard: 213, 225 - Hellman, Monte: 238 - Helno: 130 - Hemingway, Ernest: 52 - Hendrix, Janie: 139, 252 - Hendrix, Jimi: 9, 13, 17, 41, 56, 60, 65, 67, 85, 88, 119, 122, 123, 131, 139, 146, 158, 169, 170, 181, 183, 189, 194, 211, 213, 227, 237, 240, 251, 264, 273, 284, 290, 293, 297 - Henke, James: 252 - Henley, Don: 218 - Hepworth, David: 227 - Hernandez, Patrick: 273 - Herring, Scooter: 237 - Hetfield, James: 10, 210 - Hewlett, Jamie: 117 - Hibbert, Toots: 128 - Higelin, Jacques: 52, 103, 162, 202 - Hill, Walter: 188 - Hince, Jamie: 206 - Hipgnosis: 115, 116 - Hitchcock, Alfred: 198 - Hitler, Adolf: 89,

189, 208, 272 - Hives, the: 146 - Hockney, David: 204 - Hodgson, Roger: 40 - Hoffenberg, Mason: 32 - Hofmann, Albert: 157 - Hofner: 277 - Hole: 19, 121 - Holland, Jools: 154 - Hollies, The: 273 - Holly, Buddy: 14, 52, 152, 158, 203, 243, 282 - Holly Moses: 189 - Holmes, Susan: 268 - Holzman, Jac: 153 - Homem-Christo, Guy-Manuel de: 172 - Homme, Josh: 263 - Hook, Peter: 210, 227 - Hooker, John Lee: 26, 133 - Hopkins, Jerry: 70 - Hoppa, Jocelyn: 54 - Hopper, Dennis: 41, 75, 99, 133, 194, 224 - Hopper, Edward: 133 - Horn, Clayton: 38 - Hornby, Nick: 142 - Hoskyns, Barney: 278 - House, Son: 56 - House of Love: 140 - House of Pain: 85 - Houston, Whitney: 74 - Howard, Ron: 14, 125 - Howlin' Wolf: 83 - Hubley, Susan: 33 - Huey Lewis & The News: 8, 74, 88 - Hugues, Howard: 41 - Human League, the: 171, 186 - Humble Pie: 61 - Hunter, Evan: 115 - Hunter, Meredith: 12 - Hüsker Dü: 78, 225 - Hutchence, Michael: 70 - Huxley, Aldous: 224 - Hyman, Ken: 207 - Hynde, Chrissie: 190, 298 - **I** - IAM: 94 - Ian Dury and the Blockheads: 117 - Ice Cube: 33, 126 - Ici Paris: 29 - Idle, Eric: 270 - Idol, Billy: 38, 121, 217, 268 - Indochine: 15, 110, 192 - Ingham, John: 260 - Innes, Neil: 270 - Inspiral Carpets: 237 - Iommi, Tony: 122 - IQ: 223 - Iron Maiden: 19, 53, 57, 68, 93, 169, 250, 260, 284 - Isaak, Chris: 101 - Izia: 87 - **J** - Jackson, Brenda: 24, 31, 175 - Jackson Five: 83, 194, 273 - Jackson, LaToya: 216 - Jackson, Michael: 7, 25, 40, 44, 78, 79, 81, 83, 134, 185, 194, 209, 216, 218, 220, 233, 234, 243 - Jacky (Jacky Jakubowicz): 42, 175, 215 - Jacno: 215, 298 - Jagger, Bianca: 12, 46, 50, 53, 287 - Jagger, Mick: 15, 20, 29, 45, 50, 53, 62, 81, 119, 120, 128, 129, 139, 151, 155, 161, 164, 169, 184, 195, 196, 201, 203, 205, 207, 211, 214, 220, 222, 233, 243, 246, 253, 254, 264, 270, 286, 287, 289 - Jam, the: 6, 24, 169, 177, 218 - James: 140 - James Chance and the Contortions: 130, 192 - James, Tony: 121 - Jamiroquai: 282 - Jane's Addiction: 78, 268 - Jano: 174, 175 - Janowitz, Tama: 74 - Japan: 192 - Jarmush, Jim: 45, 143, 192 - Jay-Z: 142 - Jean-Paul II: 71 - Jefferson Airplane: 12, 28, 53, 88, 90, 131, 158, 181, 223, 289 - Jeffery, Michael: 146 - Jeffreys, Garland: 34 - Jesus and Mary Chains, the: 137, 139, 230 - Jett, Joan: 74, 123, 145 - Jimenez, Flaco: 271 - Jimi Hendrix Experience: 20 - Jobs, Steve: 142 - Joel, Billy: 36 - Johansen, David: 40, 52, 239 - John, Elton: 40, 44, 51, 72, 77, 89, 93, 159, 205, 213, 216, 227, 256 - Johns, Glyn: 53, 221 - Johnson, Brian: 40 - Johnson, Don: 75 - Johnson, Robert: 56, 234, 235, 281 - Jolson, Al: 118 - Jonas Brothers: 239 - Jones, Allan: 141, 171, 277, 278 - Jones, Brian: 56, 68, 181, 197, 203, 263, 264 - Jones, Gloria: 282 - Jones, Grace: 201, 287 - Jones, John Paul: 156, 259, 263 - Jones, Kenny: 53 - Jones, Mick: 31, 103, 180 - Jones, Paul: 114 - Jones, Quincy: 134, 220 - Jones, Steve: 114 - Jones, Tom: 40, 154, 195 - Joplin, Janis: 11, 17, 40, 42, 56, 58, 60, 65, 67, 88, 90, 130, 131, 181, 184, 211, 220, 257, 282, 293 - Jordan, Frankie: 87 - Jordan, Louis: 83 - Joubert, Jacqueline: 34 - Jouffa, François: 72, 99, 210, 240 - Journey: 186 - Joy Division: 62, 110, 117, 153, 180, 192, 210, 221, 225, 227, 231 - Judas Priest: 55, 86, 161, 256, 276 - Jules, Gary: 82 - July, Serge: 21, 154, 200 - Justice: 97 - **K** - Kaganski, Serge: 139 - Kajagoogoo: 171, 191 - Kalfon, Jean-Pierre: 52 - Kan, Alain: 66 - Kapranos, Alex: 227 - Karen'O: 119 - Kasabian: 87 - Kasparian, Roger: 211 - Katerine, Philippe: 140, 231 - Kath, Terry: 60 - Kaulitz, Bill: 15 - Kaye, Lenny: 50, 55, 150, 225 - Keitel, Harvey: 194 - Kennealy, Patricia: 71 - Kennedy, John: 228 - Kennedy, Robert: 131 - Kent (Hervé Despesse): 175 - Kent, Nick: 17, 80, 139, 151, 167, 178, 190, 233, 242, 298 - Kerouac, Jack: 22, 224, 238 - Kerr, Jim: 94 - Kesey, Ken: 129, 157, 290 - Kessel, Joseph: 5 - Keys, Bobby: 53 - Khorsand, Philippe: 173 - Kiedis, Anthony: 218, 268 - Killing Joke: 57 - Kills, the: 206, 212 - Kilmer, Val: 70 - Kilmister, Lemmy: 10, 19, 40, 47, 85, 127, 209, 237, 264, 276 - King, Carole: 104 - King Crimson: 62, 222 - Kings Of Leon: 253 - Kingsmen, the: 21, 38 - Kinks, the: 85, 121, 127, 177, 264 - Kinn, Maurice: 190 - Kinnock, Neil: 190 - Kiris, Dom: 231 - Kisling, Moïse: 52 - Kiss: 6, 19, 48, 90, 106, 156, 173, 188, 209, 213, 243, 268, 276 - Klaxons: 191 - Klein, William: 15 - Knobler, Peter: 54 - Knopfler, Mark: 231, 233, 283, 284 - Koechlin, Philippe: 7, 66, 101, 240, 290 - Kohn, Howard: 247 - Kolinka, Richard: 135 - Korner, Alexis: 60, 169 - Kouchner, Bernard: 4, 135, 154 - Kraftwerk: 8, 42, 182, 192, 243 - Kramer, Barry: 54, 55 - Kramer, Wayne: 119 - Kravitz, Lenny: 254 - Krawczyk, Gerard: 189 - Krieger, Robby: 70 - Kristal, Hilly: 35 - Kruger, Serge: 72 - Kubrick, Stanley: 32, 198, 278, 287 - Kudlow, Steve: 270 - Kyuss: 263 - **L** - L7: 105, 120, 225 - La's, the: 62 - La Souris Déglinguée: 220 - LaChapelle, David: 63 - Lacoche, Philippe: 24 - Lacoste, René: 96 - Lady Gaga: 38, 61, 250 - Lafont, Pauline: 78 - Lagerfeld, Karl: 201 - Lainé, Daniel: 193 - Lake, Greg: 263 - Lalanne, Francis: 94, 268 - Lambert, Christophe: 70, 189 - Lampard, Bob: 64, 211 - Lancelot, Michel: 231 - Landau, Jon: 53, 243 - Landis, John: 25, 44 - Lane, Diane: 188 - Lane, Ronnie: 53 - Lang, Georges: 231 - Lang, Jack: 201, 219 - Langlois, Henri: 133 - Lanvin, Gérard: 173 - Larcenet, Manu: 91 - Larsen, Lulu: 21 - Lattès, Pierre: 4, 28, 231 - Lavant, Denis: 179 - LaVey, Anton: 57 - Le Mat, Paul: 14 - Léandri: 91 - Lear, Amanda: 8 - Leary, Timothy: 157 - Lebb, Jo: 166 - Leblanc, Jacques: 148 - Leblond, Philippe: 39, 242 - Lebrun, Christian: 24, 211 - Led Zeppelin: 11, 15, 20, 23, 26, 28, 35, 41, 57, 62, 103, 115, 116, 119, 120, 127, 135, 137, 153, 156, 163, 165, 195, 198, 211, 213, 221, 239, 241, 259, 260, 263, 269, 270, 276, 277, 281, 293 - Ledoyen, Virginie: 189 - Lee, Arthur: 85, 159 - Lee, Tommy: 20, 130, 233 - Lefort, Gérard: 155 - Le Guen, Pat: 215 - Legend, John: 154 - Léger, Fernand: 52 - Legrand, Michel: 189, 280 - Legras, Jean-Yves: 24 - Leiber, Jerry and Stoller, Mike: 104, 183, 244 - Leibovitz, Annie: 212, 213, 214 - Leloir, Jean-Pierre: 211, 240, 241 - Lelouch, Claude: 43 - Lennon, John: 7, 54, 60, 79, 83, 91, 95, 106, 110, 111, 123, 128, 147, 157, 158, 161, 164, 189, 203, 204, 213, 221, 228, 232, 234, 247, 251, 252, 254, 256, 257, 263, 270, 282, 286, 287 - Lennon, Julian: 158 - Lenoir, Bernard: 78, 231 - Lenquette, Youri: 212 - Lentin, Jean-Pierre: 4 - Leproux, Henri: 107, 108 - Leroux, Gaston: 198 - Lescure, Pierre: 29, 78, 215, 231 - Lester, Richard: 69, 228, 246, 264 - Lestrade, Didier: 155 - Lesueur, Daniel: 202 - Levitt, Arnold: 55 - Lewis, Grover: 102 - Lewis, Jerry Lee: 107, 118, 152, 165, 203, 234, 262, 274 - Libertines, the: 62, 94, 137, 167, 198 - Lichtenstein, Roy: 204 - Liger, Baptiste: 267 - Lio: 204, 215 - Lion, Bruno: 219 - Little Bob Story: 78, 180 - Little Brown: 292 - Little Richard: 15, 25, 47, 85, 107, 147, 164, 234, 256 - Little Tony and his Brothers: 87 - Living Color: 85 - Logan, Nick: 152, 190 - Loggins, Kenny: 142 - Loog Oldham, Andrew: 132, 164, 190, 198 - Lopez, Trini: 34, 195 - Lord of the New Church, the: 210, 215, 282, 288 - Los Lobos: 152 - Louis XIV: 205 - Louise Attaque: 276 - Loupien, Serge: 155 - Loustal, Jacques de: 241 - Love: 85, 153, 159 - Love, Courtney: 40, 120, 176, 204, 213 - Love, Mike: 110 - Lucas, George: 12, 14, 125, 194, 230, 278 - Lugosi, Bela: 110 - Lunch, Lydia: 192 - Lurie, John: 143 - Lurie, Walter: 166 - Lush: 117 - Lynch, David: 133, 139 - Lynne, Jeff: 243, 263 - Lynyrd Skynyrd: 52, 82, 123, 237 - **M** - M (Matthieu Chedid): 87, 284 - Maben, Adrian: 214 - MacGowan, Shane: 40 - Macnee, Patrick: 264 - Maddox, Lori: 120 - Madness: 72, 254 - Madonna: 37, 38, 41, 44, 49, 78, 117, 186, 202, 204, 205, 207, 214, 216, 222, 234, 275 - Maëster: 91 - Magma: 19, 34, 103, 223, 240, 252 - Mahler, Gustav: 29 - Mahogany Brain: 130 - Mailer, Norman: 193, 216 - Maître, Jean-Luc: 242 - Malaval, Robert: 204 - Malicorne: 24, 223 - Malmsteen, Yngwie: 277 - Malnuit, Olivier: 267 - Mamas and the Papas, the: 90, 181 - Man Ray: 206 - Mandela, Nelson: 135 - Mandryka, Nikita: 91 - Maneval, Alain: 217 - Manic Street Preachers: 65, 191 - Mano Negra, la: 13, 24, 137? 212 - Mano Solo: 205 - Manœuvre, Philippe: 17, 31, 39, 78, 80, 93, 109, 141, 155, 166, 174, 212, 217, 220, 241, 242, 261, 269 - Manset, Gérard: 72,231 - Mansfield, Jane: 25, 57 - Manson, Charles: 111, 134, 219 - Manson, Marilyn: 15, 38, 57, 96, 110, 112, 236 - Manzarek, Ray: 22, 143, 182 - Mao Tsé-toung: 111 - Mapplethorpe, Robert: 35 - Maradona, Diego: 94 - Marc'O: 52 - Marcadé, Philippe: 35 - Marcus, Greil: 17, 55, 83, 107, 167, 178, 274 - Margerin, Frank: 174, 202 - Marie et les Garçons: 297 - Marienneau, Corine: 19 - Marillion: 169, 223 - Marley, Bob (Robert Nesta Marley): 40, 93, 128, 154, 221, 252, 281 - Marquand, Christian: 32 - Marquis de Sade: 29, 192 - Marr, Johnny: 93, 231 - Marriott, Steve: 61 - Mars, Mick: 210 - Mars Volta: 167 - Marsh, Dave: 17, 18, 54, 178, 225 - Marshall, Garry: 125 - Marshall, Jim: 170, 210 - Martha & The Vandellas: 104, 177 - Martin, Dean: 74, 275 - Martin, George: 68, 103, 16, 188, 221, 297 - Martino, Al: 132 - Marvin, Hank: 121 - Marvin, Lee: 79 - Marx Brothers, the: 255, 258 - Mas, Jeanne: 39, 215 - Mason, Nick: 135, 214, 215, 282 - Matheu, Robert: 55 - Mathieu, Mireille: 142 - Maugham, Somerset: 57 - May, Brian: 156 - Mayall, John: 170 - Mayflower: 211 - Mayhem: 110 - Mayles, David et Albert: 12, 181, 194 - Mazzoleni, Florent: 83 - MC5: 4, 17, 18, 55, 67, 99, 103, 110, 119, 120, 225 - McBride, Jim: 118 - McCain, John: 142 - McCartney, Linda: 53, 264 - McCartney, Paul: 19, 23, 51, 53, 60, 91, 107, 110, 128, 134, 138, 154, 155, 164, 181, 221, 227, 228, 264, 275, 290 - McCormack, Geoff: 103 - McDermott, John: 252 - McDonald, Ian: 190, 278 - McEnroe, John: 140 - McGovern, George: 272 - McGuinn, Roger: 76 - McGuinness, Paul: 165 - McInerney, Jay: 74 - McKagan, Duff: 263, 268 - McLaren, Malcolm: 7, 52, 114, 116, 152, 168, 213, 225, 28, 289, 298 - McLaughlin, John: 34 - McQueen, Steve: 277 - Meat Loaf: 43, 245 - Meek, Joe: 222 - Megadeth: 198 - Meltzer, Richard: 53, 55 - Melville, Jean-Pierre: 7 - Melvins: 121 - Men At Work: 192 - Mercury, Freddy: 40, 43, 156, 204, 256 - Mère Thérésa: 134 - Merry Pranksters, the: 157, 290 - Merton Parkas, the: 177 - Mesrine, Jacques: 220 - Messi, Lionel: 93 - Metal Urbain: 38, 103, 108, 225 - Metallica: 10, 27, 31, 49, 50, 123, 170, 210, 243, 254, 270, 275, 276, 295 - Metro, Brian: 74 - Meyer, Russ: 75, 114, 119, 288, 289 - Michael, George: 134, 220, 256 - Midler, Bette: 201, 213 - Midnight Oil: 77, 219 - Mignoni, Fernando: 205 - Mika: 223 - Miles, Barry: 23, 98, 128, 178, 264 - Miller, George: 161 - Miller, Jimmy: